撒切尔夫人传
(1979~1982)

铁娘子时代

[英]查尔斯·莫尔 著
赵杰 译

图字：01-2013-8213号

Margaret Thatcher: The Authorized Biography, Volume One: Not For Turning

by Charles Moore

Copyright©2013 By Charles Moore

This edition arranged with AITKEN ALEXANDER ASSOCIATES

Through Big Apple Agency, Inc, Labuan, Malaysia.

Simplified Chinese edition copyright:

2013 WORLD AFFAIRS PRESS

All rights reserved.

图书在版编目（CIP）数据

撒切尔夫人传.铁娘子时代：1979—1982 /（英）查尔斯·莫尔著；赵杰译. —— 北京：世界知识出版社，2016.12

书名原文：Margaret Thatcher The Authorized Biography Volume One： Not For Turning

ISBN 978-7-5012-5306-7

Ⅰ.①撒… Ⅱ.①查… ②赵… Ⅲ.①撒切尔（Thatcher, Margaret Hilda 1925—2013）- 传记 Ⅳ.① K835.617=5

中国版本图书馆 CIP 数据核字（2016）第 229259 号

责任编辑：	王瑞晴　蔡金娣
策　　划：	董保军　张天罡
审　　校：	贾文渊
特约编辑：	于建梅
制　　作：	张彦普

书　　名：	**撒切尔夫人传**：铁娘子时代
作　　者：	［英］查尔斯·莫尔
翻　　译：	赵　杰

出版发行：	世界知识出版社
地　　址：	北京市东城区干面胡同 51 号　（100010）
网　　址：	www.ishizhi.cn
电　　话：	010-65265923（发行）010-85119023（邮购）
	010-85112689（编辑部）
经　　销：	新华书店
印　　刷：	北京温林源印刷有限公司
开本印张：	787×1092 毫米　1/16　26 印张
版次印次：	2017 年 1 月第 1 版　2017 年 1 月第 1 次印刷
标准书号：	ISBN 978-7-5012-5306-7
	ISBN 978-0-713-99282-3
定　　价：	49.80 元

版权所有　侵权必究

目 录

1. 1979年5月 "对于一个女人机会只有一次" /001
2. 唐宁街 "他们觉得她就像一头右翼的狒狒" /026
3. 削减 "我的要求太少了,对不对?" /071
4. 疑惑足以败事 "我不扮演慷慨姐" /097
5. 不支持转弯 "罗伯特,他们都反对我。我能感觉到" /133
6. 俄国……里根 "唯一有胆量的欧洲领导人" /165
7. 爱尔兰绝食事件 "面纱后面的夫人" /199
8. 1981年预算案及影响 "我们必须赶紧采取行动拯救她" /236
9. 福克兰群岛遭入侵 "我人生中最糟糕的时刻" /276
10. 胜利 "除了你谁也做不到" /323

注释 /375

1.

1979年5月
"对于一个女人机会只有一次"

1978年9月7日,吉姆·卡拉汉在电视广播中宣布,秋季将不举行大选。这一意外决定让每个人措手不及,或许连他本人也有些手足无措了。在国际货币基金组织介入前一度呼呼飙升的通货膨胀,在这个夏天已经下降了10%。政府在7月份开始实施薪资政策的第三阶段,薪资涨幅标准为5%。这似乎给有序管理注入了希望,公共舆论称赞有加,而这与撒切尔夫人一心追求的"自由竞争"理念相悖。然而,卡拉汉却犹疑不定。他的民意调查得票计数让他对能否胜出心存疑虑——他非常担心再次出现对自己不利的"无多数议会"局面,而且他知道,秋季可能出现劳资纠纷。他似乎相信,在1979年夏季来临之前,自己的物价与收入政策会遏止通胀,①还认为薪资上涨5%的行政规定能让自己获得救赎死而复活。结果,这日后反倒成了他被钉的十字架。[1]伯纳德·多诺休和其他接近卡拉汉的人一样,被自己的顶头上司蒙在鼓里,事先对延期举行大选的计划毫不知情,他在日记中记录了当时的心情:"我感到极为失望。"卡拉汉的政治顾问汤姆·麦克纳利[2]对多诺休说:"他(卡拉汉)要么是个了不起的政

---

1 这里使用的是《圣经》说法,"死而复活"与"被钉十字架"同时出现于《圣经》中的耶稣身上,前者代表的是救赎主完成使命;后者代表的是其为人类的罪承受酷刑。——译者注

2 汤姆·麦克纳利(1943—),毕业于黑潭市圣约瑟夫大学和伦敦大学学院;1979—1981年任南斯托克波特选区在议会的工党议员;1981—1983年任南斯托克波特选区在议会的社会民主党议员;1995年,受封麦克纳利勋爵;2004年起任议会上院自由民主党领袖。

治天才，要么已经错失了良机。"②

卡拉汉宣布大选延期的这一天，撒切尔夫人正在英格兰中部做竞选旅行。由于卡拉汉选择通过电视广播向全国宣布自己的决定，大多数人事前以为将宣布大选揭幕，所以有许多记者跟随在撒切尔夫人周围。她在广播前几小时经密报得知此事，心中既惊讶又沮丧，不过她很理智，清楚自己的机会不会因此失去。她已经为参战披挂停当，很难再次卸下甲胄。当时陪伴她的迈克尔·多布斯[1]回忆说，她像先前一样勤勤恳恳，当晚在酒店与报界随行记者侃侃而谈，直至深夜，尽管她已经疲惫不堪，但她不愿让记者们失望。最后，丹尼斯拨开会议室里拥挤的人群，挤到前面说："行了，女士。该睡觉啦。"她这才顺从地离去。③

在保守党研究处，人们对延期举行大选的消息反应相当热烈。当时克里斯·帕滕正和安格斯·莫德一起审阅保守党竞选宣言的校样。此前，他一直感到担心，觉得卡拉汉一再保证"提振管理水平"，很可能在大选中占得先机。延期大选反而让保守党得到了机会。"我们乐得跳上桌子跳舞。"④2

当时，有众多迹象表明工业领域会有麻烦，可能挫败卡拉汉延迟大选的伎俩。例如，9月22日，福特公司的工人走上街头，抗议5%的工资涨幅限额；10月初举行的工党大会上，由于工会集体投反对票，薪资政策遭到多数党员投票抵制。3不过，从短期影响来看，卡拉汉的决定对工党有利，给保守党造成了压力。卡拉汉本人在大会上的讲话一度被认为"改善了气氛"，⑤民调结果有了逆转。9月份的盖洛普民意调查显示，保守党领先7%，10月就变为工党领先5%。保守党中就薪酬政策发生了又一场公开的分裂，

---

1 迈克尔·多布斯（1948— ），毕业于牛津大学基督教会学院和塔夫茨大学弗莱彻法律和外交学院；1981—1987年任政府特别顾问；1986—1987年任保守党办公室主任；1983—1986年，1988—1991年任上奇公司副董事长；1994—1995年任保守党联合副主席；著作《纸牌屋》(*House of Cards*)及其他政治小说的作者；2010年，受封多布斯勋爵。

2 迈克尔·波蒂略当时同样在场，对当时的一幕印象深刻：帕滕迅速捧起宣言校样，投进柜子锁起来，以此证明，这些东西已经完全不再需要了。（对迈克尔·波蒂略的采访）

3 这一时期，工会领导人可以不经会员们允许而代其投票。其进行的一些运动通常会在工党会议上以非同寻常的边缘票数得以通过，比如，六百万票。

1. 1979年5月
"对于一个女人机会只有一次"

让对手占了上风。

分裂的直接原因是泰德·希思。这年年初,汉弗莱·阿特金斯和卡灵顿勋爵曾不遗余力地撮合,要拉近希思与撒切尔夫人的关系。阿特金斯建议撒切尔夫人会见希思,听听他的忠告,希思当时刚结束中东之行回国。阿特金斯没料到,撒切尔夫人竟然同意了。两人在位于弗拉德大街的撒切尔夫人的家中秘密会晤。这次会晤并不成功,撒切尔夫人认为希思仍心存芥蒂。⑥希思的说法也是一样,当然是指责对方。"她很固执己见,"他回忆说。⑦2月份,阿特金斯做了进一步试探,主要接触了希思的医生和密友布莱恩·沃伦,想搞清楚希思打算在保守党的政治事业中扮演什么角色。随后,阿特金斯会见了希思,让他沮丧的是,他发现希思将这次试探当作了是撒切尔夫人对其发出的邀请,请他担任保守党秘书长一职。希思表示,自己准备待在影子内阁里(当时还没人提起及组建影子内阁)。⑧阿特金斯不得不写信给希思,说撒切尔夫人不知道他与沃伦接触的事。显然其中存在刻意误读。而且蒂姆·吉特森有自欺倾向,有可能接受他的解释,吉特森出于善意,当时在议会仍支持希思。⑨果然不出所料。在接下来的六个月里,希思故态复萌,表现出"不可思议的愠怒",在党的代表大会上,他站在议员席发言,《泰晤士报》描述称,他的讲话"沉闷乏味"。⑩他提及撒切尔夫人认为5%的薪资涨幅限制就算有过,如今也已经突破了,而这样的话,"没什么好沾沾自喜的,也没什么值得喜悦。我们该为国家感到悲哀才对"。在那天晚上的电视节目中,他说"不受约束的劳资谈判导致了大规模的通胀",假如卡拉汉"要解散议会重新选举下议院,表示不能再容忍物价飞涨,或者不容许再来一次自由竞争,我会表示赞同"。以吉姆·普赖尔为主的希思支持者赞同《经济正道》中的措辞:"政府必须为涨薪的恰当范围做一些决定。"但基思·约瑟夫在电视节目中的解释引发了进一步的不和谐,他说,那句话指的仅仅是公共部门的薪资。

撒切尔夫人的国内政治观点处于弱势地位,民意调查显示,在薪资政策上,舆论偏爱希思—卡拉汉的观点,而不是她倡导的自由竞争理念,撒切尔夫人处境尴尬。但她决心不纠缠一项收入政策而让自己受困。在工党大会之后、保守党大会之前,她与比尔·迪兹私下交谈过一次,交谈中,她流露出一种忧虑,担心工会与政府会藉某种契约治理国家。"必须重申政府拥有独立的权力,"迪兹当时记下了撒切尔夫人的话,"政府和工会各自扮演着不同角色——都是可敬的角色,但必须明确这两种角色各属于什么性质。"迪兹提醒她说:"工会已经在两届政府中占有地位,还将持续到第三届。""不,不能这么说,"撒切尔夫人口吻谨慎地对他说,"应该说……它们必须做自己的本分工作。"她向迪兹抱怨说,吉姆·普赖尔最近表现很奇怪,拿不准他在布莱顿举行的保守党大会上要怎么说。⑪在布莱顿的大会上,普赖尔发言称,一项法定收入政策是可以在特定环境下推出的。撒切尔夫人在电视上公开反驳他:"我们谁也没考虑环境。"⑫她在党大会上发言时,萎靡不振的普通议员们认为她的观点有点缺乏锋芒。她在发言中坚持了一个准则:允许有一定的分歧,但不放弃自己的原则。她说:"我们推崇现实的、负责任的、不受政府干涉的劳资谈判。"⑬那个月底之前,在一场补缺选举中,工党以微弱多数得到了贝里克郡选区和东洛锡安选区的席位,这是工党在议会中成绩最好的一次补缺选举。希思在演讲中露面,重申自己对收入政策的支持。伯纳德·多诺休在日记中写道:"演讲似乎还是那么坦率有趣,看来我们有赢的可能。"⑭撒切尔阵营的人看到希思的不忠诚极为愤慨。乔治·加德纳说:"要想得到希思的支持简直比登天还难。"⑮但11月份的一项非正式民意调查显示,如果再次由希思担任党首,保守党3%的领先比例将上升到14%。保守党感到束手无策。历史上头一遭,保守党在错误的年份出版了其《竞选运动指南概要》,他们以为1978年秋季会有投票。当时弥漫着一种情绪:"我们只好听天由命了。"⑯

在工党内部,议会和工会两支力量内斗不断,大有扼杀对手的劲头,这对撒切尔夫人是桩幸事。12月12日,公共部门工会表示反对第3阶段的薪资政策。12月13日,议会就制裁雇主的规定投票时,否定了政府的提案。雇主中最具代表性的是福特公司,它已经突破了5%的薪资涨幅限制。多诺休当时认为,这一来政府"大势已去"。⑰然而,第二天议会在是否进行信任案投票问题上辩论时,政府的主张却占了上风,卡拉汉显然掌控着局面,而撒切尔夫人未能随机应变。多诺休记下当时的情景:"她在议会上滔滔不绝,似乎以为跟没有听众一样,不久人们便开始在后面的座位上聊起了天,有的人离开座位去喝茶——因为她谈的内容与大家无关。"随后在讨论双方的辩论时,卡拉汉对多诺休说,撒切尔夫人没有意识到,要在议会取得成功,多半靠表演成分,不过他补充说:"她若受到挑衅,就会

1. 1979年5月
"对于一个女人机会只有一次"

表现得如鱼得水。"⑱ [1]

1978年的最后一天,撒切尔夫妇在斯科特尼城堡举行了一场午餐会。这天降了那年最大的一场雪,将近一半客人未能光临。撒切尔夫人对冒着暴雪组织聚会的比尔·迪兹说,她经历了担任党的领导人期间最糟糕的两个月。迪兹评论道:"绝不是一蹶不振,只是一个低潮而已。"⑲但英国遭遇的困难为她提供了良机。1979年1月3日,卡车司机开始罢工。吉姆·卡拉汉躲在唐宁街的首相官邸,对此竟无所作为,他陷入了沉思。他对伯纳德·多诺休说:"一切都在分崩离析,再过几个星期我们才会清醒,然后发现一切都已经太晚了,人人都为20%的支持率感到满足。"⑳次日,《每日邮报》公布了一项非正式民调结果,显示工党领先于保守党3%,尽管如此,卡拉汉的警觉是正确的。他启程前往加勒比海的瓜德罗普岛参加G7峰会(世界主要经济大国首脑的聚会)。那是个遥远的地方,似乎远离国内正面临的危机。这趟旅途堪称"冰火两重天":一边是英国的严寒深冬,冰冷刺骨;一边是热带海洋性气候的海岛夏日,骄阳似火。媒体发的照片中,卡拉汉身着衬衣与其他国家领导人在一起,这引起了国人的反感。他1月10日回国时,在飞机上收到乐观的简报,称油罐车司机的纠纷已经平息(事实的确如此,不过潜伏在公路和铁路运输中的纠纷正在涌动,还波及煤炭、燃气、电力等行业,以及地方政府和行政机构),这一消息使他在机场接受媒体访问时,颇显洋洋得意。《危机?什么危机?》成为《太阳报》惹眼的大字标题。卡拉汉从未说过这话,但在他向媒体发出的评论背后隐藏着这句潜台词,这成了他挥之不去的阴影。

卡拉汉回国前,撒切尔夫人已经在准备改变自己的基调。1月7日,在接受《周末世界》节目布莱恩·沃尔登采访时,她抨击工会领导人的态度比以前更加猛烈:"我不能允许议会中的任何人得到伤害、贬损别人的许可证,不能允许这种行为免受法律制裁。"㉑罢工活动开始前,她提议采取邮寄选票的方法,不过她并不愿意强加这种方法,她还提议对罢工者得到的利益课税。三天后,撒切尔夫人在致休·托马斯的信中写道:"如果我要立一个新年的誓言,这个誓言就是不背弃自己的信念,一丁点儿都不背

---

[1] 撒切尔夫人清楚自己这种天性癖好。九天后,她在接受《观察家》报采访时说:"这头动物一旦受到攻击就会自卫。"(《观察家》,1979年2月18日)

弃。我也不怕遭到所谓自由组织的反对。"㉒1月16日，在一次关于工业状况的下议院辩论中，她对事态表达了愤慨之情。多诺休回忆道："她表现出自己的典型风格，清楚阐明了大众的怨恨和成见……如果她执掌大权，这些事态将完全归咎于工会……莫斯·埃文斯（交通及普通工人工会秘书长）及其工会成了她首当其冲的靶标。"㉓

尽管多诺休认为撒切尔夫人措辞强烈，但她在辩论中的政治立场却有一定的调和性质。她表示，如果卡拉汉采取必要的改革措施，自己就愿意支持他，比方说对工会纠察队采取果断行动，宣布二级纠察队为不合法等。㉔第二天晚上，在保守党的政治广播中，她提出这项引人瞩目的战略，这反映出她在一定程度上偏离了自己的信念——反对党不该寻求与执政党讨价还价。人们援引莎士比亚的话，形容卡拉汉的处境是"不满之冬"，并且程度在加深，撒切尔夫人的大部分顾问认为，怀柔手段比政党攻讦显然更受选民欢迎，对卡拉汉形成的打击反而更致命。持这种看法的顾问不仅仅有中间派的克里斯·帕滕，还有坚定派戈登·里斯、蒂姆·贝尔、T. E. 厄特利以及罗尼·米勒。撒切尔夫人对这种手段深感怀疑。蒂姆·贝尔苦苦求她在广播中强调这一点，简直要给她下跪了。撒切尔夫人却说："你这是企图向我推销一国保守主义信息，对吧？"㉕她担心自己被粉饰后，给插上麦克米伦的标签，让人认为她接受联合政府的安排。然而，她的顾问们努力说服她，指出这是个战术色彩浓厚的问题，并不具有原则性：采取这种策略会让她成为宽宏大度的政治家，反倒让执政政府显得像个反对党，拒绝为国家的更大利益而合作。戈登·里斯还巧妙地劝她说，如果她以这种方式表达，就会把自己置于公共舆论的正确一方，同时迫使吉姆·普赖尔既认同她所希望的工会改革主要方案，又会想方设法阻止她。㉖

撒切尔夫人完全不赞成这套想法，她在个人回忆录里流露出一些对此的看法，㉗但她像以往一样，一旦同意某事，便会投入满腔职业热情。里斯和贝尔给她做广播节目的下院办公室送去鲜花，让她感觉并没有在与他们两人的争论中认输。㉘她在广播节目一开始就说，自己打算摈弃党派偏见："目前，我们的国家、整个民族面临着危机……这时候不该将党派置于国家之上。"她问道，我们对国家甚至对人类的共同责任心出了什么问题？竟然忍心让老弱病残因这些纷争而受伤害。接着，她抨击法律对工会纠察队的不作为状态，指责这种状态是容忍"任何强硬的组织扼杀国家"。她说，这场特殊的风暴可能结束，但同样的问题还会再度发生。我们面对的是针

1. 1979年5月
"对于一个女人机会只有一次"

对我们整个生活方式的威胁，法律必须得到修改。如果不限制工会的权力，我们的困境就没有出路。她提出，如果政府愿意禁止二级纠察活动，愿意就罢工问题和工会选举问题采取邮寄的保密投票方式，愿意在诸如消防队之类的基本服务领域签订不得罢工协议，自己将在议会中与之合作。这次广播内容构思巧妙，目的是警醒观众关注工党对事态的责任，同时也在民族团结的大旗下向工党伸出援手。撒切尔夫人说："我承认，这对工党非常困难，因为他们与工会关系甚笃，没有工会，就没有工党。没有工会的金钱支持，工党就没有资金来源。"但是她希望工党顾全大局，把握机会，毕竟过去十五年里，两党都尝试过解决工会问题，但均以失败告终。"我们必须再次学会以国家的整体利益考虑问题，"在节目之末，她撇开以前对这个说法的担忧，做出总结，"否则有一天，国将不国"。㉙

这是一次成功的广播讲话。撒切尔内阁的批评家称，他们使自私没有转化为对自私的强烈憎恶，沦以工会专断权力的形式，因而撒切尔夫人才登上了首相的职位。"不满之冬"确实产生了无数的纠纷，让公众饱受其害。利物浦甚至一度出现"路有冻死骨"的惨象（在后来的年代里，保守党的宣传总是抓住这一点不放）。在这次广播中，撒切尔夫人强烈地明确表达了自己的憎恶，将压力转移给卡拉汉。她深知对手在议会中地位不稳固，碍于工会的立场，卡拉汉也无法按她的要求付诸行动，然而大部分选民却将她的提议视为合情合理。第二天，内阁开会讨论是否宣布国家进入紧急状态，最后决定不宣布。"随后，首相面无表情地对麦卡弗里[1]说：'你怎么能宣布政府的薪资政策彻底崩溃了呢？'他还对麦卡弗里说，'11周之内这一切都将结束。'"㉚工党政府的主流观点认为，政府能与工会联手取得劳资和谐局面，但这种观点突然间烟消云散了。次日，伯纳德·多诺休写道："最糟糕的一周行将结束……自从我走进唐宁街10号……从未感觉到这里弥漫着如此安静而令人绝望的气氛。"㉛卡拉汉能公开做的，只剩下谈及自愿行为守则及新的工会薪资协议——1979年2月23日，他与英国劳工联合会达成了一个协定，并敦促人们跨越二级纠察界线。就连此举也给他在自己的党内惹了麻烦。

---

1 汤姆·麦卡弗里（1922—），1974—1976年任英国外交和联邦事务部新闻主管；1976—1979年任首相首席新闻官；1979年受封骑士头衔。

最后，保守党感觉勇气倍增，他们几乎是偶然之间发现了一条可靠的路径，虽然路途艰难，但超越了党派之争。1月22日是百万名地方政府工作人员选定的"行动日"[1]，这天的领导人督导委员会记录口吻低调："我们若修订宣言草案，便有必要更加强调工会权力问题……超过去年秋天那份草案的程度。"㉜撒切尔夫人开始喜欢自己的竞选主题了。在"吉米·杨秀场"节目中，背景是大街小巷堆积如山的垃圾，电厂工人和码头工人要求加薪15%，她在镜头前谈论国家的"精神危机"。她一改先前小心翼翼的口气，这次选择了颇具战斗性的措辞："如果有人要遏制我们的基本自由；如果有人要对老弱病残者造成伤害、危害和贬损，我向上帝发誓，将与之势不两立。"她竭力让人们明白，法治正遭受威胁，并挑明了与阿瑟·斯卡吉尔的分歧，斯卡吉尔当时还不是全国矿工联合会的主席，但已经是活动的急先锋，前一天还在这个节目中露面讲过话。撒切尔指出："除非加强法治，否则不会有自由。这就是我与斯卡吉尔强烈争吵的原因所在。"㉝2月6日，《每日快报》的一份民意调查显示，保守党的支持率领先工党19%。

在工党执政的最后几周中，政府比前五年受议会席位比例支配的程度更深。直到3月1日权力下放公投，卡拉汉的工党才在议会下院勉强维持住多数席位，但是，假如苏格兰人的支持选票在合法选票中没有达到40%的最低要求比例，而威尔士人都投了反对票，政府便会立刻垮台。卡拉汉试图尽力运筹帷幄，但是自由党担心，5月份其前领导人杰里米·索普会出庭受审，对他的指控是涉嫌谋杀自己的前任情人诺曼·斯科特，因此自由党此时也对选举忧心忡忡。3月22日，卡拉汉就下放权力问题与苏格兰民族主义者进一步交谈，这一问题可望在4月底解决。但他们对此并不感兴趣。眼见大势已去，他们只能寄望于自由主义者、民族主义者和联合主义者的支持了（不过，撒切尔夫人拒绝搞任何约束性交易）。保守党提出一项不信任案动议，旨在打压政府。

在是否立即举行大选问题上，卡拉汉左右为难，态度让人难以捉摸（法定最后期限是十月份），工党仍旧做着疯狂而滑稽的努力，争取在信任案投票中获胜。以身躯肥胖而引人注目的自由党议会议员西里尔·史密

---

1 当时的"行动"，以劳资纠纷中的说法，通常意味着罢工，而不是工作。

1979年5月
"对于一个女人机会只有一次"

斯，难道会被贵族说服投票支持政府吗？遇到这类问题，他总是跟母亲商量，所有重大决定都由母亲替儿子做。北爱尔兰社会民主党人及工党在议会的议员格里·菲特[1]，假如能给他换一个不像罗伊·曼森那么反对工会的北爱尔兰秘书，他会投票支持政府吗？难道能把议会的工党议员阿尔弗雷德·布劳顿"医生"拖离病床参加投票吗？弗兰克·马圭尔是弗马纳郡和南泰隆选区独立的共和党议员，平时很少参加众议院活动，他宣称，打算出席"亲自弃权"。马圭尔常喝得烂醉如泥，一度由看护人在投票点手把手教他如何投票，不过这一次，他妻子要陪他，免得再次发生这种事。总之，直到3月28日辩论当天上午，几乎所有事都还未理清。议会下院还发生了一起餐饮等服务员罢工事件，给整个过程中增添了滑稽性。两位保守党秘书长出去，几乎将下贝尔格雷夫街的熟食店扫荡一空，[2]还买了大量的酒。

  不信任案辩论中，撒切尔夫人的演讲并不十分出色。考虑到要赢得选票，她不想赌运气，也不愿提出新的争论点。她说，英国是个"边缘国家，"其中有"过多的权力攥在中央集权者手中，"其课税和管控措施是一种"零用钱社会政策"。工党等于典当给了工会，所有实质性改革都变得次要，都让位给了政府的生存需要。㉞伯纳德·多诺休说："她做了个糟糕的单调演讲，说完就坐在一名失望的接待员旁边。"卡拉汉的表现则颇为有力，不过，演讲后他告诉多诺休一个坏消息："他们请不来布劳顿医生，他病得很重。我们输定了，请你去把奥德莉[3]找来。"㉟下院领袖迈克尔·富特为政府的演讲做归纳评论，人们都认为，他的讲话是满是党派谴责内容的精彩讲演。丹尼斯·撒切尔当时待在"走廊下"旁观，

---

1 格里·菲特（1926—2005），毕业于贝尔法斯特基督徒兄弟学校；1970—1979年任社会民主及劳工党领袖；1962—1972年任贝尔法斯特码头分区在北爱尔兰议会的爱尔兰工党议员；1966—1970年任西贝尔法斯特选区的议会共和工党议员；1970—1979年任议会中社会民主及劳工党议员；1979—1983年任议会中独立的社会主义议员；1983年受封菲特勋爵。

2 撒切尔夫人在个人回忆录中称是福特纳姆熟食店，但此表述有误。

3 奥德莉是卡拉汉的贤内助，在所有困难时刻，他喜欢有她在身边。奥德莉于2005年去世，卡拉汉11天后去世。

富特的态度让他怒不可遏。他喝了一两杯酒,一直不停地说"胡扯",直到后来一位引座员上前制止他。㊱

随后进行投票。随着唱票接近尾声,伯纳德·多诺休注意到,"保守党人个个低着头,似乎料到会输。他们中有我一个朋友,朝我做了个拇指朝下的信号。"㊲接着,汉弗雷·阿特金斯朝撒切尔夫人和威利·怀特劳走去。"他们显得失望,甚至在生气。随后,我们的计票员走进来,兴高采烈地挥舞着一张纸。我们这边开始欢呼。等到所有计票员都进来,保守党人脸上绽放出笑容,我们的人脸色变得阴郁。显然我们输了——以一票之差输了。"㊳政府得到310张赞成票,311张反对票。布劳顿未能到场。弗兰克·马尔尔曾努力在最后一分钟抵达会场给政府投一票,尽管他妻子竭力催促,但一路挡在前面的爱尔兰共和党人[1]驾驶着重型卡车挡了道,他事后"几乎伤心落泪";㊴因此可以说,爱尔兰共和军的支持者为撒切尔夫人获胜创造了机会。

此前,卡拉汉无视撒切尔夫人关于发起一次早期民意调查的请求,如今,他公开了大选日期,这是他能够选择的最晚时间——5月3日。[2]他希望借此举争取足够的时间,将公众在选举中的注意力从工党问题转向撒切尔夫人本人,对照之下,他认为自己富有经验,态度温和,行动可靠,而对手说话尖利刺耳,态度过激。无论如何,卡拉汉相信,"她在竞选中会表现出支配性人格。如果我们胜出,那是因为人们不能接受她。"㊵竞选电视辩论的机会从来都有,但是,在2010年大选之前,从未真正利用过。现任首相拒绝两党领导人进行竞选电视辩论,这好像成了个传统,但卡拉汉打破了这一传统。卡拉汉并没有低估撒切尔夫人的辩论能力,但他估计得没错,对方在辩论中的胜算不如自己,因此表示自己将接受电视辩论邀请。撒切尔夫人同样对此非常热衷,她唯恐让人认为自己怯场,特别不愿让人认为她因"是一名女士"而怯场。㊶另外,她还希望人们看到自己和首相

---

[1] 爱尔兰共和军的新芬运动已经转变立场开始反对工党政府,因为由罗伊·梅森在爱尔兰以铁腕手段控制着安全局势。

[2] 大选可推迟到10月份才会诉诸法律,但如果在议会没有有效的多数,卡拉汉推迟大选不能再超过六周,这也是一项民调的最长时间限度。

1. 1979年5月
"对于一个女人机会只有一次"

处于平等的位置上。克里斯·帕滕也建议她参加这次辩论。不过，辩论中一字排开坐的人也颇具分量，他们包括了威利·怀特劳、桑尼克罗夫特勋爵、戈登·里斯以及上奇公司的全部成员。这些人都相信，在这场辩论中，撒切尔夫人成败在此一举，但是对卡拉汉则不然，毕竟他声名在外，目前又在为争取可能性寻找"突破口"。虽然保守党有此前的民调优势，但此举无论如何都是一场冒险。还有一种观点认为，由于辩论人的性别原因，无论输赢，对于撒切尔夫人都有百害而无一利。假如她输了，就直接表明自己不能胜任；如果赢了，则表明一个抛头露面的女人会让一名男士蒙羞，这将会令许多男性选民心怀不平。就像桑尼克罗夫特对大卫·巴特勒所说："许多男人会为此愤怒，他们会说，'那就像我老婆'。这注定不是什么好事。"㊷

戈登·里斯非常担心，怕撒切尔夫人接受辩论邀请，他干脆将第一封邀请函藏起来，自己代为拒绝，希望其他事情把这事掩盖起来。㊸然而，第二封信不期而至，撒切尔夫人质问里斯，为什么自己没有看到第一封信。里斯回忆起当时情况说："当时争吵得太激烈了，搞得我口干舌燥。"㊹撒切尔夫人说："戈登，你最好滚回家去。"这天上午，里斯喝了个半醉，打电话给贝尔说："完蛋了，我的职业生涯到此结束了。"但贝尔建议他第二天回办公室工作，什么话都别说。㊺他照办了，奇怪的是，他的观点竟莫名其妙占了上风。撒切尔夫人找了个借口自我安慰，说辩论没准会让自由党领导人大卫·斯蒂尔得到优势，因为电视台方面会在各方面为对方提供某种帮助。撒切尔夫人拒绝了辩论，语气冷淡地写了回复："我个人认为，选举的决定因素是问题和政策，而不是参选人的性格。我们应当坚持这一点。我们不是选举总统，而是选择一个政府。"㊻她的决定让唐宁街10号的人们松了口气。卡拉汉觉得，他必须让人们认为，他已经为辩论做好了准备，而撒切尔夫人却拒绝了，但他曾一度担忧情况不会如此。伯纳德·多诺休这样回忆当时的情形："他（卡拉汉）获悉撒切尔夫人拒绝在电视辩论中与他对抗，显得非常高兴，我们都感到宽慰，毕竟我预料她会有上佳表现。她若出席辩论，取得的效果会比我们大多数人都好，显然会胜过她的那批顾问。"㊼不过，这对里斯及其盟友是一次重要胜利，这让他们保持了竞选战略的完整性。戴维·巴特勒这样评论里斯在大选后说的一番话："他（里斯）不想让这次选举仅为选举，而希望它能跟去年冬天的事挂钩。"㊽

从2月初开始，保守党人匆匆忙忙地改写了他们的竞选宣言。2月5日，安格斯·莫德写信给撒切尔夫人，表示宣言要重做一遍。她在信上批复："我认为，已有的草案必须从根本上改变，才能应对当前的事态，也才能应对变得更加强悍的工会政策。不过第一部分关于实现有限目标的普通方法（例如，通过减税鼓励创造财富等）应予保留。依我看，大部分普通人和许多非普通人一样，都想要'减税和秩序'。"[49]宣言新版本第二稿在3月份送到撒切尔夫人面前，她在标题页给负责起草工作的克里斯·帕滕批注道："克里斯——阅后倍感沮丧。请看评论。"在标题为《我们的五项主要任务》这一部分，她划掉自己认为太笼统或太软弱的文字。稿子中有一部分内容是："造成我国经济疲软的部分原因，是没有接受一种观点：国内所有阶级的终极利益完全一致。"撒切尔夫人在这句话上划了一道线，写道："不对，过去不是这样，如今也不是。"还有一处是这样写的："若大幅度削减开支，还想装作不疼不痒，那是不诚实的。"她写道："这取决于在哪里削减。"她在宣言内容旁边批注道："灾难性的劳资纠纷日益严峻，我们不能再年复一年卷入其中，搞得国家不得安宁。但我们很可能要继续忍受相当长的时间。"

撒切尔夫人被弥漫在稿子中的缓和腔调激怒了。关于工会改革，稿子称："基于三种变化，我们提出了一份'温和的章程'……"她潦草地批注："捍卫自由和法治，无须温和。否则两者皆失。"关于罢工纠察队，稿子称："我们将在法律中明确一点，就是确保其条款强制抵制诸如此类的行为。"她批注道："怎么做到。我根本没看到实施的提法。这一点必须更加具体。"还有一部分是关于薪资谈判的内容，表达方式犹如漫谈，"涉及薪资谈判的行为……必须恰当理解薪资的整体增幅范围，如果这一数字超限，而货币政策不变，失业率必然飙升，显然，必须得到牢牢掌控。"撒切尔夫人写道："简直糟糕透顶。"在所有提到欧洲经济共同体的材料中，她都设法删掉让更多权力向欧洲倾斜的内容。草案中提到"共同的经济和工业问题……超出任一国政府的掌控范畴"，她删去了这句话的后半部分。稿子针对欧洲共同的农业政策和渔业政策建议了一种积极的方式，她补充说："这不对。看上去好像我们该更顺从似的。"自始至终，她追求一切都要强化。不过，与此同时也表现出她本能的谨慎态度，只要看到一项承诺过于具体，她就会批注："被动！"或者"赌运气"。[50]

尽管撒切尔夫人猛烈批评这份草稿，但最终的成稿丝毫没有偏激暴戾口吻。署了她名字的前言开头甚至带有教条式的口吻:"我认为,政治的核心并非政治理论,而是人民及人民希望过的生活。"国家正从百姓手中夺走权力,"这次大选是我们夺回权力的最后机会。"她对自己的角色定位是国家未来的代言人——是一个能为国家带来更大成就的领导人——但她将这种愿景视为历史的回归。有人说,昔日的伟大国家不可能复兴,"我不接受这种观点。我相信我们不仅能够,而且必须让祖国复兴。"她的政党宣言基于:"法律制约下,人民的自由高于一切。"她几乎要唤起人们"团结一致,共同对敌"的战时情感:"我们是一个国家的全体人民,人数远胜过企图分裂我们的势力。"

保守党在竞选宣言中提出五个主要改革领域——经济和社会健康;恢复激励机制;支持议会及法治(这个说法暗指工会权力过大);支持家庭生活(例如:出售地方当局营造的廉价住宅,承诺租户有购买权)及父母在学校的权益;加强国防。在工会问题上,撒切尔夫人质疑过"分裂我们的势力"这个词语,但最后保留了下来。宣言提出三项具体改革方案——消除二级纠察豁免权;就工厂仅雇用工会会员的做法和个人申请其会员资格的要求进行恰当的投票;对工会选举和罢工进行邮寄保密投票,由公共基金支付其费用。宣言谴责薪资政策,但并没有提及休·克莱格教授主持的薪资比较委员会,尽管其研究结果在竞选等诸多方面与撒切尔夫人的愿望相悖,但保守党人认定,必须保持体面。撒切尔夫人对未来的大臣做出让步,采纳了杰弗里·豪钟爱的"协同行动"观点,她承认需要宣言所称的"更公开和非正式地讨论政府的经济目标(这类似德国及其他相关国家的做法)"。

关于税收问题,在《为了国家更加繁荣》的标题下,宣言称:"为了酬谢辛勤工作,我们将削减各个收入水平的所得税,"但并未提出具体的削减比例。宣言提出要削减公共开支,不过文件中对削减哪些公开支出语义含糊。宣言低调解释道:"只有在一定程度上将所得税转化为消费税才可实现减税。"宣言重提五年前的承诺:废除地方评级体系,不过要推迟执行,"目前,削减所得税必须优先于废除地方评级体系。"宣言谴责了国有化,但是并没有以强烈的口吻宣布非国有化措施,只具体提到造船业和航空航天业要实行非国有化,还承诺要出售全国货运公司的股票。宣言称,要给予警察更优厚的薪资待遇;将提出新的英国国籍法案,实施更严格的移民管控,提高国防预算。在欧洲问题上,宣言呼吁在外交政策上只能有

"一个声音",但是没有提到其他相关问题。"国家对预算的支付应当更贴近支付能力,"宣言低调预言了此举可能产生的争议。

新版本采用了通俗的语言风格,读起来朗朗上口,内容清晰连贯,逻辑关系分明。关于削减开支及提高增值税率的必要性,宣言中有所保留,但绝非不诚实。它传递出一种紧迫感,但并不过激,与工党宣言中安抚人心的内容明显不同。宣言还提出大量政策方面的工作,内容十分易于理解。亚当·里德利在宣言出版时,已经与伯纳德·多诺休进行了过渡性接触,里德利盼望接替多诺休在唐宁街10号的政策小组工作,里德利后来回忆说:"我感到激动。我们已经做足了准备。"[51]三年来,保守党研究处已经制定出一份影子内阁的开支白皮书,竞选后随时可呈交到财政部。撒切尔夫人本人已经与内务行政部门主任伊恩·班克罗夫特[1]碰了头,讨论她过渡到首相的相关事宜。不过除了杰弗里·豪,她禁止影子内阁的大臣们会见未来部门的常务秘书,她不希望提前承诺职位安排。肯尼斯·斯托[2]当时是卡拉汉的首席私人秘书,过渡期将任撒切尔夫人的首席私人秘书,他和伯纳德·多诺休曾谈及这一过程。"肯尼斯说,她给人的印象是希望一切都亲力亲为,很明显,整个行政机关一想到她要来,都有些沮丧。"[52]

在现代社会,在总是受到严格控制的电视竞选节目中,媒体都会从中寻找瑕疵。幸亏戈登·里斯全神贯注,总是播出恰当的电视画面,1979年5月的大选才首次采用电视竞选方式。竞选尚未拉开大幕,竞选者的瑕疵已经出现了,不过不是在电视上表现的。保守党研究处一名年轻成员叫马修·帕里斯[3],他负责处理领导人的许多信件,1978年,他在给来信抱怨

---

1 伊恩·班克罗夫特(1922—1996),毕业于蔻瑟姆学校以及牛津大学贝烈尔学院;1978—1981年任内政行政部负责人,公务员部常务秘书;1975年受封骑士头衔;1982年受封班克罗夫特勋爵。

2 肯尼斯·斯托(1927—),毕业于达哥南县高中以及牛津大学艾克赛特学院;1975—1979年任首相首席私人秘书;1979—1981年任北爱尔兰事务办公室常务次官;1981—1987年任卫生和社会事务部常务秘书;1980年受封骑士头衔。

3 马修·帕里斯(1949—),毕业于沃特福德学校以及剑桥大学斯威士兰和克莱尔学院;1979—1986年任西德比郡选区在议会的保守党议员;自1987年起,作家,《泰晤士报》专栏作家。

1. 1979年5月
"对于一个女人机会只有一次"

公房状况不佳的伊利斯（撒切尔夫人竞选旅行的第一站）的伊芙琳·科灵伍德太太回信时说：

> 应撒切尔夫人要求，我代表她回复您近日的来信。希望您不会认为我不近人情，不过您住的公房条件不令人满意实属正常。应考虑到您自己买不起房子，免费得到住房应感幸运，要知道，公房要由我们其他人纳的税款支付。㊳

这是帕里斯抱怨科灵伍德夫人吹毛求疵，他随意表达出自己内心的恼火，未经撒切尔夫人过目。

《每日镜报》搞到了这封信的复印件，竞选前一刻才突然公诸于众，人们认为这对保守党的竞选极具破坏力。3月30日，这则报道在该报头版登出，还登出撒切尔夫人的道歉："这是无礼，缺乏同情心"——工党加印了三百万份报纸，递送给全国各地方议会，让每个没有拿定主意的投票人都知悉此事。这则报道的影响在扩大，它似乎能证实许多选民的担心：撒切尔夫人是个有争议的人物，她是自己阶级言辞激烈的代言人，又是下层百姓的凶狠压迫者。

然而，那天上午，撒切尔夫人正要去自己的选区参加一场慈善活动，一枚炸弹在艾瑞·尼夫的车下爆炸了，当时他正离开下议院的停车场。艾瑞·尼夫当天不治身亡。炸弹是爱尔兰民族解放军放置的，这是从爱尔兰共和军分裂出来的一个小派别。共和党人一直在伺机谋杀尼夫，主要因为他与撒切尔夫人关系密切，还因为他对北爱尔兰问题的主张与希思当年的政策不同，他的主张类似取消种族隔离的温和联邦主义。共和党人认为，谋杀尼夫是值得的，从此以后，反对联合主义的人就会寻求"权力分享"，这将主导保守党的思想，不过撒切尔夫人绝对不同意。共和党人相信，形成联合主义者与民族主义者瓜分战利品权力分享机制，北爱尔兰最后独立的成功机会就更多，就不必成为英国管辖的一个省区。保守党在野期间，撒切尔夫人很少关注过北爱尔兰问题，她相信尼夫有能力自行推出正确的政策。尼夫的死引发了她对该问题的本能感受，她对以往打击恐怖主义从未取得胜利深感愤恨。当天晚些时候，撒切尔夫人在位于弗拉德大街的自家门外告诉英国广播公司记者："一些恶魔夺去了他的生命。我们绝对，绝对，绝对不能容许他们获胜！"㊴

说出来有些残酷无情，但尼夫被谋杀让撒切尔夫人的竞选活动受了益，公众注意力立刻从马修·帕里斯的信上转移开。这一恐怖事件将撒切尔夫人天性中的怜悯激发到了极致，尼夫的所有家人都被她给予的关注和同情深深打动了，[1] 这一事件还激发她坚守一些质朴的原则。这位先生对她的恩惠超过所有其他议员，是他替撒切尔夫人赢得了领导权。4月2日，她为这位先生致悼词说："艾瑞的死是我们的重大损失，但我们要坚定信心。他生前坚信天赋的自由，自由是我们议会民主的基石，我们坚信，自由终将战胜邪恶之徒的罪恶行为。"[55] 议院里谁也不会反对这种情感，不过谁也没有表达出如此强烈的信念。在公众心目中，艾瑞·尼夫的死让一种看法在潜移默化中深入人心：撒切尔夫人是个严肃认真的人，她代表着生活中重要的事物。几天后，阿里斯泰尔·麦卡尔平参加尼夫的葬礼时，对此同样深有感触。他感到奇怪，因为这场葬礼弥漫着相当喜悦的气氛。这个事件激发出保守党人"追求胜利的动机"。当时有一种"非常时刻的感觉，让人感到这是她的时刻。"[56]

竞选运动开始了，最初进展缓慢。里斯清楚，卡拉汉的战术是设法逼撒切尔夫人出错，因此他一直让撒切尔夫人保持平静。撒切尔夫人十分烦躁，急于行动，她的竞选团队被她折腾得倍感痛苦，罗尼·米勒请她去欣赏音乐剧，试着分散她的注意力。[57] 一次，他们推迟了报纸采访的时间，她解释的时候用了一个自己最喜欢的格言："侦察耽搁了时间算不得浪费。"[58] 但她不喜欢自己的状态。4月11日，在保守党中央办公室举行竞选开幕新闻发布会，会上要公布保守党的竞选宣言，300名记者设法挤进会场，热得让人难以忍受，但撒切尔夫人发布的信息却相当冷静。怀特劳、杰弗里·豪、约瑟夫、普赖尔、桑尼克罗夫特、莫德、阿特金斯、卡灵顿和皮姆簇拥在撒切尔夫人两旁，她希望给大家留下一种团结沉稳的印象。整个过程中，她对避免落入陷阱非常在意，没有谈起任何新话题。她违心地承诺说，会尊重克莱格委员会的薪资研究结果；表示不会突然终止发放产业补助金。她撇开分配"国家蛋糕"的争论，说关键是把蛋糕做大，"然后才能决定如何分配多出的蛋糕。"[59] 她透过一场场凭票入场

---

1 尼夫的遗孀戴安娜被授予阿宾顿艾瑞男爵夫人。

1. 1979年5月
"对于一个女人机会只有一次"

的集会，向全国电视观众发表热情洋溢的演讲，克里斯·帕滕戏称之为"狂热传播福音"。

同一天，撒切尔夫人出席了在芬奇利举行的接纳会议，她谈到人人要面对"善恶之间的选择"，㊿暗示现在就要做出这样的选择。五天后在加的夫举行的一次集会上，她大声说："主席先生，因为我持有某些观点，便被人攻击为反动分子。说我是'反动分子玛吉·撒切尔'。我要说，主席先生，有太多事物需要反动！"㊽接着，她发表了一番日后堪称经典的自我剖析："在政治方面，我学会了一些你们威尔士人自幼熟知的事情。这就是：如果你得到一个消息，传播它！（鼓掌）《圣经·旧约》中的先知们从未站在马路上说：'弟兄们，我要大家达成共识。'相反，他们说：'这是我的信仰和我看到的异象！这是我一腔热情所坚信的上帝之道！'然后，他们传播自己的信仰。"㊾拒绝达成共识的想法正是卡拉汉要利用的，不过也帮助撒切尔夫人支配了辩论。不过，撒切尔夫人在宣扬自己信仰的同时，也袭击敌人的领地。她最频繁谈到的一个主题，就是工党半遮半掩的极端主义，并与克莱门特·艾德礼那一代坚定的爱国主义者做强烈对比（她年轻时做的演讲中的确没有注意到这一点）。在加的夫，她借用罗尼·米勒的双关语表达这一观点，那是个关于啤酒的隐喻，但使用得很巧妙："如今的工党就像个酒吧，淡啤酒即将售罄，不久，剩下的只有苦酒，留下的只有苦涩。"在伯明翰，她以当地一位著名人物乔·张伯伦为例，展现政治家可以改入不同政党，却保持"对自己信仰的强烈坚守"。㊿而她要挑战这种转变。在竞选运动过程中，媒体报道称哈罗德·威尔森的妻子玛丽正考虑投票支持撒切尔夫人。法尔肯德夫人玛西亚·威廉姆斯（哈罗德·威尔森的前任政治秘书）在幕后运作这事，为里斯和麦卡尔平效力。她向自己的朋友麦卡尔平透露了其中的秘密，称自己很佩服撒切尔夫人，愿意为其提供帮助。期间，在支持撒切尔的商人詹姆斯·汉森[1]的寓所中开了一次低调的会晤，麦卡尔平向里斯和桑尼克罗夫特勋爵的一位助理做了介绍。在这次会晤中，法尔肯德夫人向保守党竞选团队转达了自己对工党想法的评估。㊿

---

1 詹姆斯·汉森（1922—2004），毕业于埃兰文法学校以及莫来阁学校（已关闭）；1965—1979年任汉森公共有限公司董事长；1976年受封骑士头衔；1983年受封埃杰顿汉森勋爵。

按照里斯制定的竞选活动计划，要让撒切尔夫人在电视上展现恰当的形象。里斯希望远离在伦敦举行的记者会，因为他从中只看到重重陷阱，但受到他的上司反对，撒切尔夫人感到，每天都应该在党中央办公室操控选战进程。里斯则认为，最重要的报道是无关政治的报道，是妇女观看的傍晚电视新闻，是地方报纸正面报道领导人访问该地区的新闻，而不是分析她每一句话的国家级媒体。他邀请撒切尔夫人离开伦敦，去莱斯特裁剪服装，到米尔顿凯恩斯由她和丹尼斯为一个心脏起搏器接线，去一家工厂跟工作人员一道品茶，之后，去了萨福克的一座农场，为了得到最佳拍摄角度，花费了13分钟抱着一头小牛摆姿势，最终成就了一幅著名照片。这些伎俩如今会让人觉得陈腐老套，但当时可都是新奇手法，更新奇的是，表演者即将成为英国政坛第一位女领袖。她金发碧眼，身高5英尺5英寸（1.65米），体重9.5英石[1]，身穿14码的服装，显得精力充沛，与众不同。弗兰克·约翰逊当时任《每日电讯报》驻议会的札记作家，他跟随撒切尔夫人前往伯明翰塞利奥克选区，访问那里的吉百利巧克力工厂，他这样描述访问情景：

> 特派记者十年来观察追求首相职位的政治家，如今目睹到一幅极为生动的景象。撒切尔夫人来到一名巧克力女工身边……她们试着交谈，但周围噪音太大，两人都听不到对方在说什么……人们鼓励这位反对党领袖，请她亲自动手包装巧克力。结果，麻烦是无法让她停下。只见她动作娴熟地把勺子插进榛子巧克力堆，一勺勺舀起来，准确倒进源源而来的一只只包装盒……多么迷人的场面啊！保守党中央办公室

---

[1] 撒切尔夫人发现降低体重是桩难事，为了两周时间的竞选运动，她强迫自己节食，目标是减重20磅，每天都要对照一份文字要求核查。要求的开头是这么写的："凡节食清单未包括的食物一概戒绝，要确保食用指定食物，非指定食物一概不吃。两餐之间不得进食。"（备忘录，1979年1月1日，THCR 6/1/1/31。）饮食计划包括：每周吃28只鸡蛋，早餐吃葡萄柚（喝"黑咖啡或清茶"），午餐吃牛排和沙拉。入住唐宁街10号时，她看起来的确苗条多了。（译者注：1英石=14磅，约合6.35千克，9.5英石约等合60千克。）

1. 1979年5月
"对于一个女人机会只有一次"

> 要是有个天才能想象出这番场面，准得受封骑士头衔。⑥⑤

果然被他言中了。1986年，里斯受封为戈登爵士。[1]

撒切尔夫人让人着迷的这种表演有个原因——她在这方面非常在行。就任领袖之后，她一开始就证明了自己的这种能力。她在电视演播室有时显得不自然，但只要跟普通人在一起，就表现得从容老练，她会表现出自己的表演天赋、讲求实际的性格、对购物的兴趣、对生产过程的好奇。她乐于谈论方便冲沏的茶包、修补衣服的最佳方式，她喜爱沿着街道来回走动，总是步履匆匆，边走边滔滔不绝。有人常常指责撒切尔夫人缺乏幽默感，她也的确很少讲笑话，但她从来都有临场发挥的趣味感。她给访问注入了戏剧性，使所有在场的人感到有趣，为自己能在现场感到激动。

在竞选运动过程中，迈克尔·科克雷尔跟随撒切尔夫人，为英国广播公司制作节目，编了一套竞选过程纪录片，被称作"一套最系统专业的节目"。他从两个角度展示玛格丽特·撒切尔，一个是"十字军东征的铁娘子"，表现了一个极富原则性的女人；一个是"我们的玛吉"，表现出一个普通家庭主妇。撒切尔夫人接受这个节目采访时说："至少有三个版本的玛格丽特·撒切尔——一个富于逻辑性；一个凭直觉做事；还有一个待在家里。"这一次，她在镜头前表现出的坦率令人惊讶。其中有一段，如今看来她的表现轻浮得近乎滑稽，她解释抱小牛犊那件事："记者们说，'我们不是为你随便拍一张照片，瞧，这群小牛看着可爱极了。'当时看到一头漂亮的小公牛，我们周围有七八十名摄影师，他们得完成自己的工作……"⑥⑥她说，认识到"你的三维形象"非常重要。她强调说，自己必须凡事都做好准备，因为"对于一个女人机会只有一次"。这是生活的法则。⑥⑦这种意识使她深感机会难得，

---

[1] 然而，撒切尔夫人全面意识到里斯的重要性时已经有些为时过晚。这确实也是里斯的看法。1981年，她提出授予里斯二等励位爵士。里斯以冰冷的口吻愤怒回信道："在我看来，除了你本人，我为1979年的竞选成果做的贡献比保守党任何人都大……如此贡献并不是为了一个骑士头衔……我恭敬地指出，我可以选择接受或不接受……我清楚二等励位爵士的身份是一种荣誉。但鉴于这种情况，我谢绝接受。"（1981年5月25日戈登·里斯写给玛格丽特·撒切尔的信，THCR1/3/6。）

让她迸发出表演天赋，与卡拉汉唱对台戏。卡拉汉是个优秀的表演者，但这时已经技穷（他当时67岁，担任过各种主要公职）。他在唐宁街10号对伯纳德·多诺休说："我没有她那种强烈的抱负。"[1]

然而，撒切尔夫人的竞选活动并未取得引人瞩目的成功，活动一开始遭遇过挫折。民调显示，保守党约有10%的领先率，但是颇有大幅收窄的趋势。有人感觉，虽然上奇公司的竞选策略前一年风靡一时，但是让选民觉得太轻浮和自作聪明。4月19日，有个宣传片描绘"国际繁荣竞赛"：竞赛被工党组织者变成了障碍赛。"运动员们"背负着沉重的税负，还有失业的压力，等等。公众对各种障碍发出抗议，保守党负责人出面调停。另一个宣传短片中，病人躺在病床上，身上盖着英国国旗，病人患了感冒，喷嚏不断。画外音说，由于工党的原因，"感冒症状好像已经转成了双侧肺炎"。在一个宣传片中，一位戴着巴伐利亚帽子的典型德国人，抽着雪茄，显出远比英国人要幸福的样子。这些政治宣传算得上有趣的创新，但有些人认为看上去有些太傻。选举与竞选似乎脱节了，选举的结果意义重大，竞选却并不着重强调选举结果的意义。随着时间的流转，媒体开始追问保守党不太愿意谈起的税收和开支问题。保守党计划将养老金与收入脱钩吗？答案是肯定的。但他们不愿深谈。将新增医疗卫生事业费用或增加投入吗？增值税会翻番吗？对这类问题，卡拉汉的回答也是闪烁其词，因为一旦工党胜出，自己也不得不增收增值税。但是到了4月末，工党开始加紧推行税收和物价政策。在竞选运动期间，迈克尔·波蒂略的工作是每天上午向媒体发布撒切尔夫人的竞选内容概要。他记得草拟了一份答记者问内容："我们不会加倍征收增值税，其他类似领域亦然。"杰弗里·豪划掉"其他类似领域亦然"几个字，他这才第一次意识到预期的税收变化有多大。[2]在保守党中央办公室，桑尼克罗夫特担心竞选运动定的基调或许

---

1 从一些事实看得出，卡拉汉阵营缺乏活力，在竞选运动期间，办公室周末没有打字员为首相打印讲演稿，因为周末工作违背了工会的规则。

2 一份如果保守党顺利主政增值税近乎增倍的协议在悄悄达成，参与起草的有杰弗里·豪、考克菲尔德勋爵和奈杰尔·劳森，还有和这项政策有关的主要人士。在这一阶段，撒切尔夫人本人对此无从知晓。结果，她在一次大选广播中说，增值税的增加将"不会太多，只是一点点"（4月27日），事实上，她没有撒谎。（采访劳森勋爵）

1. 1979年5月
"对于一个女人机会只有一次"

过于极端了,这让撒切尔夫人感到恼怒。㉑

两周后,保守党的竞选活动似乎陷入停滞状态。4月25日的民调显示,两党之间的差距缩小了5%(盖洛普公司)到6%(国际市场调查公司),当天晚上,在爱丁堡的一次成功聚会后,撒切尔夫人在自己下榻的酒店与同事们共进晚餐。保守党副主席珍妮特·杨[1]刚刚结束与桑尼克罗夫特的电话交谈回到房间,向撒切尔夫人转达了其观点,桑尼克罗夫特认为,她当务之急是与泰德·希思在同一个平台上携手,显示出党内的团结,确保得到中间派的选票。当时在场的迈克尔·多布斯回忆说,撒切尔夫人一口回绝:"不,我不接受。"双方发生了激烈争吵,她气得泪如雨下,卡罗尔待在她身边抚慰。多布斯认为,她流泪是因为挫败感,因为一群男人说她的表现不够好。㉒

她持续感到不安,加上疲倦不堪,她简直要崩溃了。两天后,撒切尔夫人返回伦敦举行了一场记者会,她的表现一反常态,对两名不抱同情心的记者无故大发雷霆。《每日镜报》的杰弗里·古德曼问科技发展对她的工作有何影响,她反问道:"你为何对此担惊受怕?"她回答英国广播公司大卫·霍尔姆斯的问题时说:"过去五十年你在哪儿呢?"她的态度和嗓音都反映出精神紧张的迹象,她的竞选组织者便取消了在富勒姆的一场演讲和徒步旅行。第二天早上,《每日快报》登出国际市场调查公司的一项民意调查结果,保守党的支持率下降了3%,让卡拉汉在"最佳首相"选项上得到空前的优势——领先撒切尔夫人19%。保守党内部的紧张气氛也因提前获悉一项非正式民调结果显示工党获得了0.7%的领先率而进一步加剧,至少根据一些消息提供者的回忆是如此。这项民调《每日邮报》事先并未报道,一直到4月30日才披露,因此,如果这些信息提前一周开始散播,那么着实有些奇怪。至于该报延迟报道的原因,至今都不清楚。另外,与不理想的民调结果相关的谣言四起,如火上浇油。竞选运动结束后不久,克里斯·帕滕做了

---

[1] 珍妮特·杨(1926—2002),婚前姓贝克尔,1950年嫁给了杰弗里·杨;毕业于牛津的黑丁顿学校以及牛津大学圣安妮学院,还曾就读于美国;1981—1983年任上议院领导人;1982—1983年任掌玺大臣;1983—1987年任外交和联邦事务部大臣;1975—1983年任保守党副主席;1977—1979年任代理主席;1971年受封杨男爵夫人。杨夫人是撒切尔夫人选择到其内阁任职的唯一一名女性。

个充满敌意的评判，他对戴维·巴特勒说："虽然保守党赢得了选举，但在竞选运动中落败了，因为党的领袖不受欢迎，而且竞选运动缺少一名精通经济学的发言人。"他记得，星期二是"极度惶恐"的一天，那是民调结果公布的九天前，(73)不过他可能记错了日子，撒切尔夫人在新闻发布会上那尴尬的一幕发生于4月27日星期五。回溯过去，可以看出，保守党人在竞选运动倒数第二周陷入紧张，结果未能考虑到潜在的局面。而吉姆·卡拉汉在这方面胸有成竹，在竞选运动期间，他与伯纳德·多诺休驱车绕过议会广场途中，非常淡定地分析了现状："说什么或做什么都关系不大，在公众的预期和实施后的现实之间都会有个转变。恐怕撒切尔夫人会面临一场巨变。"(74)

从这个意义上讲，虽然撒切尔夫人确实犯了一些口舌上的错误，但她在整个竞选运动期间还是把握得恰到好处，颇有先见之明，而桑尼克罗夫特这类小心翼翼的中间派却错了。她将自己的伟大天赋演绎得淋漓尽致，在面对错综复杂的政治问题时，常常能以一颗简单的心化繁为简。她坚持自己提出的必要事物，一方面想方设法推陈出新，一方面又以让人放心的传统方式处理。在谈话类电视节目中，最能传递出这种品质的大概就是"格拉纳达500"，这是一个为三方党首分别表达意见提供的平台，每个人都要出现在博尔顿选区的一批观众面前。选择这样一个城镇的原因是其位置极其偏远。在参加这次节目时，卡拉汉的得分极其糟糕，因为有人看到他恐吓一名护士。就职于卡拉汉政策小组的加温·戴维斯[1]在竞选结束后告诉戴维·巴特勒，撒切尔夫人在节目中的表现一度吸引了所有人的注意力，集聚了所有正能量。(75)

各种问题涉及的范围宽广，撒切尔夫人便有机会传达自己的关键理念。就"女人"问题，她插入了与伊丽莎白女王一世的比较，但谈话并没有显得过于虚荣。就工会问题，她与大多数人站在一边反对"少数破坏者"，宣称："必须有人出面解决这个问题。"就贫困陷阱问题，她强调，不工作者绝对不能拿报酬。就死刑问题，她利用机会重申自己支持绞刑，同时解释说这不能是政党制定的政策。就移民问题，有移民担心政策收紧会导致未婚夫们得不到入境许可，她在回答此类问题时，没有向提问者做丝毫让步，而是采取了

1　加温·戴维斯（1950—），毕业于剑桥大学圣约翰学院以及牛津大学的贝烈尔学院；1974—1979年任首相政策组经济学顾问；1986—1993年任高盛投资公司英国首席经济学家；2001—2004年任英国广播公司董事会主席。

1. 1979年5月
"对于一个女人机会只有一次"

强硬立场,最终赢得了观众的喝彩。这些回答没有一个是格外新颖而不同寻常的,但给人的整体印象是,她是一个对英国"中下等社会阶层"心怀忧思的女人,随时准备为人民效劳。英国普通百姓真的已经对工党失去了信心,准备改变立场了。戈登·里斯孜孜不倦地努力,就是要培植他们的立场。撒切尔夫人心里想着他们,在《太阳报》上发表了她在竞选运动中的最后一篇文章,标题是"我想要的英国"。[76]在投票日当天,《太阳报》头版通栏标题是"这次把票投给保守党——阻止腐败的唯一出路"。

就在撒切尔接受《格拉纳达500》节目访谈的当天,她做了保守党的最后一次竞选广播演说,也是她第一次无人陪伴独自演讲。她的声音嘶哑尖厉,她的组织者们一度担心影响不佳,但是她看起来清新而优雅,几乎可以说是完美无瑕,就像她身旁那盆清丽可人的水仙花。她在演讲中传递的信息主要涉及一个伟大的国家正步入歧途,提醒大家现在努力让国家步入正轨还为时不晚。她说:"近年来,我们都无法活出真实的自己,但是只要有勇气,抛弃原不属于英国甚至对全世界造成威胁的社会主义思维(她提到了苏联威胁),国家必将复兴。关键是我们的信念。"听着这番话,仿佛听到了爱国主义的背景音乐《我向你发誓,我的祖国》。她说……"有另外一批英国人,他们是些不会上《每日新闻》的思想者,他们行动迟缓得让人着急,然而一旦认准行动方向,便会下定非凡的决心"……"愿我们深爱的这片大地,再次找到尊严、荣耀与和平。"[77]唐宁街首相官邸的人觉得,这次广播听起来荒谬可笑。"太非同寻常了,"伯纳德·多诺休写道,"彻头彻尾的虚伪,通篇甜言蜜语,撒切尔夫人完全是模仿女王的圣诞广播。"[78]这次广播演说确实不够自然。但批评者并不了解其背后的满腔真诚。正如第二天撒切尔夫人在一次讲话中提到的,她是引用的维克多·雨果的话,但却未说明是引用:"有一样东西比军队更强大,那就是思想,思想的时代已然到来。"[79]她坚信自己拥有一种思想,这种思想的时代已经到来,因此,她在新闻发布会结束前表示,保守党竞选运动"全部源自我们内心深处对这个社会的深刻信念"。[80]

竞选后第二个月,奈杰尔·劳森接受了一次个人采访。他说,许多观察家习惯了哈罗德·威尔逊的政治理念,显然他们忽视了撒切尔夫人广播讲话的重要性:"理解撒切尔夫人的关键在于,她是真的言由心生。"[81]

布莱恩·沃尔登曾是议会中的工党议员,当时是一名电视记者,并且是撒切尔夫人的忠实崇拜者。大约在同一时期,他就竞选运动发表了个人分析。他说，戈登·里斯的战略是正确的，"不见记者，要面对镜头"，因为以左翼分子为主的记者们过于警惕，会在更大程度上反对她。沃尔登说："编辑们并不会与撒切尔主义保持步调一致。撒切尔夫人表达的内容相当不同，但她不希望人们认为太标新立异……这场选举围绕着一个强烈相信社会不可能平等、非凯恩斯主义者、并不担心领失业救济金的长队的女人。"他认为，如果采访者希望找到真相，他们就该问："撒切尔夫人，你相信一个更不平等的社会吗？"[82]

英国大选的参选者总是将自己的选区作为竞选旅行的最后一站。1979年5月2日，撒切尔夫人前往芬奇利，在投票前夕发表演讲。他们接近伍德豪斯学校时，随行者中的迈克尔·多布斯见一个年轻人冲出人群，朝丹尼斯·撒切尔腹部打了一拳。多布斯见丹尼斯停下脚步考虑反击。"然而，他随后耸耸肩继续向前走。这显示出惊人的自制力。他深知，一旦自己还击，将成为新闻主角的不是自己而是妻子。"[83]走进会场后，撒切尔夫人向人们做投票动员。她说："道德站在自由社会这一边。"[84]

次日，撒切尔夫人在切尔西参加投票（投给非撒切尔夫人阵线的议员候选人尼古拉斯·斯科特[1]），同时，丹尼斯则在兰博赫斯特投票。临近午夜时，她和丹尼斯到巴内特镇公所观看唱票。截至这时，前期结果已经很清楚地表明：她将成为首相，但是，她保持着一贯的谨慎和对形式的尊重，在计算出最终结果之前，她拒绝宣布胜利，保守党要获胜在议会中的席位必须达到318席。吉姆·卡拉汉的反应比她快：凌晨三点，他从自己的卡迪夫选区打电话到唐宁街10号，通知自己的团队：工党败选了，请他们在当天下午三点半之前腾出自己的办公室。[85]

在芬奇利选区，计票结果如下：

玛格丽特·撒切尔夫人（保守党）..................20,918

---

[1] 尼古拉斯·斯科特（1933—1999），毕业于克拉珀姆学院；1966—1974年2月任南帕丁顿选区保守党在议会的议员；1974年10月—1999年任切尔西选区在议会的议员；1987—1994年担任过多种部级助理职务，尤其是助理国务大臣、助理卫生和社会事务部大臣和助理社会保险部大臣；1995年受封骑士头衔。

1. 1979年5月
"对于一个女人机会只有一次"

理查德·梅（工党）	13,040
安东尼·帕特森（自由党）	5,254
威廉·威利蒂（国民阵线）	534
伊丽莎白·劳埃德夫人（无党派民主人士）	86
保守党胜出	7,878

撒切尔夫人胜出的票数几乎是1974年10月的两倍。

全国的选举结果显示，保守党以339席对工党的269席占议会下院多数席位；另外北爱尔兰12个席位，自由党11个，苏格兰2个，威尔士民族主义者2个。保守党胜出43个席位，领先5.1%，这个胜幅是自1945年以来最大的一次。各选区的情况是，南部和中部地区的得票率多于北部和苏格兰，而最大的贡献来自穷人阶层。保守党获得了接近44%的选票（共13,897,690票）。工党损失了雪莉·威廉姆斯在议会中的席位，她是该党中最具领袖魅力和吸引力的女性。保守党当晚的唯一损失是泰迪·泰勒在格拉斯哥—卡斯卡特选区的席位。

撒切尔夫人乘车来到中央办公室已经是凌晨4点钟。她依然没有承认已经胜选，但与她同车前往的迈克尔·多布斯注意到，他们途经白金汉宫时，本来是两辆护送车，忽然又多出三辆轿车和一辆摩托车。他认为，这是"权力的时刻"。⑯

在史密斯广场，撒切尔夫人对新闻界说："我有沧海桑田的感觉，但同时又感到平静的气氛。"她依旧拒绝宣布胜利。直到下午2:45才得到最后结果。几分钟后，撒切尔夫人驱车前往白金汉宫觐见女王，行吻手礼。[1]她离开时，阿里斯泰尔·麦卡尔平在她身后喊道："祝你好运，首相。""现在还不要这样称呼我。"她这么说不失宪制的正确性。⑰

---

1 其实并不真正吻手。

2.

唐宁街
"他们觉得她就像一头右翼的狒狒"

1979年5月4日下午临近3点,玛格丽特·撒切尔由丹尼斯陪同步入白金汉宫。大约一个小时前,卡拉汉前来辞行。英国第一位女首相身着一身蓝色套装,配一条百褶裙。帮她挑选服装的助手辛西娅·克劳福德说,这套服装"非常典雅考究"。①撒切尔夫人觐见女王后,便得到了就职的权威认可。卡拉汉的首席私人秘书肯尼思·斯托自动保留原职,为新首相效劳。撒切尔夫人觐见后走下台阶,他静候在王宫门前,请她登上公务车,坐在紧靠司机身后的座位上,而不是像以往一样坐在后座的另一侧。这是为了在唐宁街10号门外下车时,避免让等候的记者和摄影师先看到她的腿。②

撒切尔夫妇到达首相官邸时,大批群众向她欢呼,当时的安全警戒没现在严格,唐宁街允许群众聚集。一名记者问她感觉如何。撒切尔夫人说自己感到"非常激动,也深感责任重大。"她强调了自己作为一名有信念的女性心中的理想,承诺说将"不断努力奋斗,不辜负英国人民对我的信赖和信任,实现自己坚守的信念。"接着她引用"阿西西的圣徒圣弗兰西斯的诗句,我认为描述这一刻非常贴切。'混乱处,愿我们带来和谐;错谬处,愿我们带来真理;怀疑处,愿我们带来信心;绝望处,愿我们带来希望。'"(事实上,并非出自圣弗兰西斯之口,而是出自一名19世纪的信徒)这些话是罗尼·米勒在最后时刻提供给她的,她私人办公室的人员为此感到十分懊恼。数年后,这些诗句让指控她的人用来诋毁她,指责她播撒了前所未有的混乱。即使在当时,引用这些话也显得有点过于伪善。迈克尔·多布斯在唐宁街10号的会议厅听了这些话,说:"我看她准是疯了。"④撒切尔夫人在个人回忆录中也勉强承认,她用错谬、怀疑和绝望这几个字眼,注定会产生"一定程度的不和谐"。⑤但是她的选择反映出,带给公众最大

2. 唐宁街
"他们觉得她就像一头右翼的狒狒"

痛苦的根源正是国家和民族的分裂，这与"不满之冬"揭示出的根源一致。新首相不得不谈到这一点，尽管知道一场战争或许不日将至，但她并不渴望发生。

她借用艾瑞·尼夫的话说："我们一度希望带大家来与我们并肩作战，但当务之急是做好手头的工作。"说完要转身进门。一名记者跳出来问，她此刻对潘克赫斯特夫人有何看法。潘克赫斯特夫人在第一次世界大战前曾是争取妇女选举权运动的领导人。这位记者还问，此时此刻她对自己父亲有何想法。撒切尔夫人忽略了关于潘克赫斯特夫人的问题，直接说起父亲阿尔弗雷德·罗伯茨："我的一切几乎都归功于父亲……是他抚育我长大成人，教会我坚信自己如今笃信的一切……我在一个小镇上、在一个非常谦卑的家庭里学到的，正是支撑我竞选获胜的信念，这一点让我感触颇深。先生，麻烦您，请让我过去……"说着她挤进门去。官邸内，按惯例聚齐的工作人员欢迎队伍约有七十人。陪伴她的那一小批人等待着接受政治任命，其中一位是迈克尔·多布斯。他说："一看到大厅里不同职业资历的公务员，就认定将有一场不均衡的竞争。"⑥

做过介绍后，肯·斯托引导撒切尔夫人前往内阁会议室，他在隔壁自己的办公室编辑整理好的全部简报都放在桌上等待首相过目。撒切尔夫人在门口扭头问斯托："肯，我现在该做什么？"斯托说："首相，或许你希望与约翰·亨特（内阁秘书）谈话。你该准备组建一个政府。"⑦

这次简短的交谈让斯托及首相私人办公室的同事们受到了鼓舞，显然也证实多布斯的担忧实属多余。官员们见她向大家寻求帮助，都松了口气。不论是从情感上还是思想上，撒切尔夫人都不信赖行政机构。她在教育部供职过程中，行政机构的官僚作风让她愤怒不堪，她认为需要做的事情百般受阻，让她焦头烂额。她在反对党集团中曾抱怨难以"找到足够多有品行有能力的同僚去抵抗行政机构"，她宣称，自己能取得成功是"几乎拼了命才让教育与科学部的3000名雇员各司其职。"⑧按照许多人的预料，她会让政府这部机器发生改头换面的变化。除此之外，自由党与工党结成同盟，搞阴谋勾当，不但干扰议会下院的运作，还在政府与反对党之间挑拨离间。斯托是负责执行同盟协定的官员，担心撒切尔夫人就任后会惩罚自己。前一年他第一次会见她，是向她扼要通报王室年俸事宜（由议会拨款支持皇室开销的制度），他认为自己"从未遭遇过像她一样糟糕的聆听者"，不久之后，他就这个主题在下院列席旁听反对党发言时,"听到自己通报的内容一字不落重复出来,我惊得目瞪口呆……她把内容完全记在心上了。"⑨他深知这是个令人敬畏的女人,不能指望她富有同情心。

私人秘书中级别最低的一位是迈克尔·帕蒂森[1],于3月末来到唐宁街10号,立刻受指派到下院的政府包厢旁听对不信任投票的辩论。他后来回忆说:"我对这位一身蓝套装的夫人[2]一点儿信心都没有。"⑩受命处理外交事务的私人秘书布赖恩·卡特利奇[3]回忆说,当时首相官邸的官员中"自由党—工党联手"的气氛盛行,还对撒切尔夫人"总是棱角分明"感到担忧。⑪在权力交接当天的午餐时间,吉姆·卡拉汉召集唐宁街自己的私人秘书等最亲近的助手们举行告别午餐。午餐十分简朴,大家共进了农家馅饼,席间弥漫着忧郁情绪,之后他依规前往王宫向女王辞别。当时在场的公务员都预料,自己会被这位以凶猛著称的新扫帚扫地出门,估计她当天下午就会开始一场大扫除。然而,到了晚上,他们还在这里,陪新首相坐在国宴厅用晚餐。大家围坐在靠近壁炉的餐桌一端,一天中第二次吃农家馅饼。[4]撒切尔夫人没打算赶走任何人。

实际上,撒切尔夫人初来乍到,在这方面还根本没有一点儿计划。对于如何安排及指定任职人选去实现她追求的各项目标,撒切尔夫人根本没有表现出多少兴趣,丹尼斯称作"长期行军"中的诸多顾问和支持者为此深感吃惊和沮丧。在她的办公室里,没有人负责协调政府工作。她认为不能自上而下彻底重塑现行官僚体制,而是要重振军心。按理查德·赖德的说法,"并不是一群官僚主义者入驻了唐宁街10号"。⑫关于公务员非政治架构的想法,她是非常正确的。另外,她认为给所有高级官

---

1 迈克尔·帕蒂森(1946—),毕业于赛德伯中学以及苏塞克斯大学;1979—1982年任两届首相的私人秘书;1995—2006年任塞恩斯伯里家族慈善信托基金执行官。

2 指撒切尔夫人。

3 布赖恩·卡特利奇(1931—),毕业于赫斯特皮尔波因特以及剑桥大学的圣约翰学院;1975—1977年任外交和联邦事务部、东欧及苏联事务部主任;1977—1979年任首相外交事务私人秘书;1980—1983年任英国驻匈牙利大使;1985—1988年任英国驻苏联大使;1988—1996年任牛津大学林纳学院院长;1985年受封骑士头衔。

4 卡洛琳·斯蒂芬斯,即后来的温瑟姆·赖德夫人,当时在场,她记得当时吃的是三明治而非"农家馅饼"。还有其他人说吃的是牧羊人馅饼。

2. 唐宁街
"他们觉得她就像一头右翼的狒狒"

员指派政治顾问是不恰当的,只有资深的大臣才需要政治顾问。早在竞选前,她就邀请理查德·赖德将来唐宁街10号担任自己的政治秘书,对他说,只有她自己的私人秘书团,其中包括他未来的妻子卡洛琳·斯蒂芬斯,应当和她一同前来。至于其他任命,她"希望保留自己的选择权"。⑬她一心想把自己的随从人员规模压缩得尽可能小。她讨厌官员这个阶层,但又对自己栽培的个别榜样偏爱有加,还严重依赖他们。她从前任那里继承的私人办公室工作人员大受感动,"她全盘接纳了我们,让大家感到吃惊。"⑭ [1] 从工党政府留任的另外一位私人秘书尼克·桑德斯 [2] 回忆起当时的情况说,卡拉汉虽然从来谦恭有礼,但似乎并不把自己的真实想法透露给他的官员们。撒切尔夫人却恰恰相反,她总是"把自己的想法和盘托出"。⑮约翰·霍斯金斯是她的政策处第一处长,因此成为非职业公务员团队的领导人,他评论说:"她有个奇怪的矛盾心理:感觉害怕时,本能地要斗争。但是她十分敬畏白厅的高级官员们。"⑯或许这根本算不得什么矛盾:她理解,操作政府机器的人是重要的,只要他们愿意让机器为她效劳,她总是支持大家。上任几个月后的一天,她在自己办公桌旁抬起头,望着克莱夫·惠特莫尔 [3] 说:"克莱夫,如果没有那些大臣,只有常任秘书,我能够让政府运作得更好。"⑰克莱夫于6月份取代肯·斯托担任了她的首席私人秘书。

撒切尔夫人在政府这部机器上推行自己的意志,不是通过制度而是采取个人手段。她利用每一次评论、每一份备忘录、每一次会议,挑战现存的习惯,批评愚昧、困惑、浪费现象,不断宣讲她这届政府的主要目标。

---

1 雇员们不怎么喜欢马克·撒切尔,他当时陪着母亲走进唐宁街10号,转身问一个人这里雇用了多少人。"大约有七十个",对方回答。他说:"啊哈,可以做一番挺大的生意了。"(消息来源保密)

2 尼古拉斯·桑德斯(1946—),毕业于伯明翰爱德华国王学校和剑桥大学抹大拉学院;1974—1975年任教育大臣的首席私人秘书,在撒切尔夫人担任国务大臣时曾在教育部工作;1978—1981年任首相私人秘书;2004—2005年任教育和科技部高等教育顾问。

3 克莱夫·惠特莫尔(1935—),毕业于萨里的萨顿文法学校以及剑桥大学基督学院;1979—1982年任首相首席私人秘书;1983—1988年任国防部常务副大臣;1988—1994年任内政部大臣;自1994年起任 N.M. 罗斯柴尔德父子有限公司董事;1983年受封骑士头衔。

比方说，在竞选获胜后仅仅五天，撒切尔夫人就指示她的私人秘书与外交部联系，对他们此前向她提交的文件简报表示不满。"她希望各部今后要避免冗长的归纳，避免在简报中重复罗列接收人已经知道或应该知道的事实或结论。首相的阅读速度很快，在必要时完全可以应对那些长篇简报，但她希望大家的简报内容都采取简洁精练的表达方式。"[18]她发奋努力，决心比每一位大臣了解的情况都多，她建立起每周二周四首相回答议会问题的惯例，结果，议会下院成了她熟悉各部工作的场所。她一大早听取简报，为可能被问到的问题做准备（不过，"开放式提问"方式意味着她永远不可能准确掌握所有答案），然后，她和大家吃一顿简单的午餐，人人把盘子放在自己腿上吃饭，她一边吃一边跟私人秘书尼克·桑德斯、她在议会的私人秘书伊恩·高及其他人演练回答可能遇到的问题。[19]伊恩·高会告诉她，自己能够事先向下院"植入"哪些问题，哪些问题会让忠诚的保守党议员在信任案投票时关注。接着，她带着一叠四十页涵盖每个问题的"主题笔记"，来到下院，于3：10坐在自己的议席位置上，准备开始一场15分钟的辩论。威廉·里基特[1]回忆说："她有过目不忘的本领，从来都比反对派知道得更多。"里基特后来接替桑德斯担任她的私人秘书，专门为"首相问答"环节做准备。[20]她几乎从来没有在事实上犯过错误。福克兰群岛战争期间，在回答完一个关于工党政府销售战舰给阿根廷的相关问题后，她的文职人员立即告诉她，她的一个答案不正确。据里基特的回忆，她对简报中的错误"勃然大怒"，但结果证明，她在发言中说的内容是对的。[21]人们不时向她提议，想要将首相问答制度改革得更加合理，撒切尔夫人一概表示反对，说："假如我提议改变规则，将被视为我力不从心。"[22]在议会政治辩论和每周两次填鸭式的事实灌输之间，她表现得游刃有余。她本人在晚年时曾回忆说，假如"我没有为一些事做好充分准备"会感到最强烈的自责。[23]

她极少使用的一种控制办法是视察不同部门，亲自看他们是怎么工作的。在这些场合，她的苛刻让人难以忘怀。有一次是视察就业部，这个部门和工会关系最为密切，她自然就缺乏同情心，她的光临会让受视

---

1 威廉·里基特（1953—），毕业于伊顿公学以及剑桥三一学院；1981—1983年任首相私人秘书；2006—2010年任贸易与工业部、能源部总干事。

2. 唐宁街
"他们觉得她就像一头右翼的狒狒"

察者深感痛苦。前台工作人员忙中出错,撒切尔夫人上楼后没受到吉姆·普赖尔和他的次官迎接,当时这两位乘一部电梯下楼,而她不巧乘另一部电梯上楼。平时普赖尔脸色绯红,这时连忙紧紧追赶,急得脸变成了紫色。他的团队气喘吁吁来到首相面前,见首相的怒潮已经滔滔迸发出来。[24]这次会见中,撒切尔夫人与一位有才干的官员发生了争论,这位名叫唐纳德·德克斯的官员被她盛气凌人的态度惹恼了,说:"首相,你究竟想不想知道真相?"德克斯在公务员序列中位居最高职位之列。据说,这起事件后,他的职业生涯一直停滞不前。[25]这种场景着实令人不快,有时会导致不公平的判断,却有助于首相找到有才华有活力的贤才。在一次众星捧月般视察国防部的过程中,她注意到了一位名叫克莱夫·惠特莫尔(见上文)的官员,他的官僚企图心一直希望她注意到自己,一度自己挤向前台。她很快就安排他取代肯·斯托担任了自己的首席私人秘书。这种视察还会产生一种极其重要的普遍影响,视察意味着撒切尔夫人带给人恐惧。在十一年半的时间里,从一开始到最后,她在英国政府上下引发了多次震动。

但她没有明确表示出任命的意愿。撒切尔夫人在知人善任方面,有着相当不谙世故的暧昧,甚至是软弱,这直接引发了混乱。亚当·里德利过去一直在保守党研究处工作,为她提供主要经济建议,一心指望受命任职,与约翰·霍斯金斯一起掌管政策小组。他有十足的理由相信,在大选开始十天前,撒切尔夫人已经提出让他担任这个职务了。[26]在没有得到她最终确认的情况下,里德利在她之前来到唐宁街10号,雇用了迈克尔·波蒂略、乔治·卡尔多纳[1]和迈克尔·多布斯,按照她起初所同意的,将大家组成一个团队。理查德·赖德知道她要避免提前任命的行为,就将里德利这种冒失做法汇报给了撒切尔夫人。她感到不快,[27]对里德利说,行政人员"都棒极了",因此不需要他这个团队。她提出,由里德利和霍斯金斯在政策小组工作,除了诺曼·斯特劳斯外,没有任何人为他们提供支持。[28]里德利拒绝了,并愤怒地表示这样一个机构实在太小了。

---

1 乔治·卡尔多纳(1951—),毕业于坎特伯雷的国王学校以及牛津大学三一学院;1974—1979年,保守党研究处任职;1979—1981年任财政部特别顾问;1985—2000年,在汇丰银行(HSBC)任职。

撒切尔夫人便为他找到了另外一个位置，她任命杰弗里·豪担任财政大臣，安排里德利任他的特别顾问，这位大臣的三个次官都安排到了其他低级位置上。约翰·霍斯金斯受命负责政策组，并允许他与诺曼·斯特劳斯搭档，条件是，撒切尔永远不用见他。当时，撒切尔夫人发现斯特劳斯态度古怪，穿着随意得吓人。㉙照霍斯金斯说，大选前撒切尔夫人已经决定由他而不是里德利担任她的顾问了。3月初的一天晚上，在和沃尔夫森夫妇共进晚餐时，丹尼斯把霍斯金斯拉到一边，对他说，他将获得这一任命。"你能激励她，"他告诉霍斯金斯，而亚当·里德利这个人是只见林不见树。㉚另外，还涉及一个意识形态的问题，虽然里德利并不完全属于希思阵营，但他也不是货币主义者。尽管克里斯·帕滕在任命里德利的问题上推荐了"一试见分晓"方式，㉛撒切尔夫人还是决定藐视中间派，青睐态度激进的霍斯金斯。然而，她并没有直接本着这种想法挑选相关人员。霍斯金斯在5月8日星期二的日记中写道："我不得不将她不愿意面对的问题做尖锐化处理。"更加令人吃惊的是，她对政策小组的工作职责毫无想法，在霍斯金斯的任期内，她从未对其委以重任，没有向这个团队布置过任何特殊工作。他们不得不自行寻找工作的动力。撒切尔夫人的第一位负责经济的私人秘书蒂姆·兰科斯特[1]记得，她对战略不太感兴趣。㉜在官方围栏另一侧的霍斯金斯和他的看法完全一致。撒切尔夫人是现代首相中最具传教士理想的女首相，可她从未静下来定义自己的使命，遑论制定计划将这一使命付诸实施。

撒切尔夫人认为，当务之急是重建英国经济，她急于投身工作，便倾向于利用一切现有的工具，而不是打造新工具。以"智囊团"著称的中央政策评审委员会就是这样一件工具，它当初是由泰德·希思筹建的，编制在内阁办公室之下，而不是直接由首相领导，其职责是研究非政治性事务，目标是调查并思考超越行政任期的远期政策问题，当时的人们并没有这么说，不过其实质就是"跳出框框"。该委员会的领导人可以参加与其研究

---

[1] 蒂姆·兰科斯特（1942—），毕业于英国蒙顿康中学以及剑桥大学的圣约翰学院和耶鲁大学；1979—1981年任首相私人秘书；1988—1989年任财政部副大臣；1989—1994年任海外发展行政部常务次官；1994—1995年任教育部常务次官；2001—2010年任牛津大学基督圣体学院院长；1994年受封骑士头衔。

2. 唐宁街
"他们觉得她就像一头右翼的狒狒"

主题相关的任何内阁委员会会议，并在会上提出有益的建议报告。但是，鉴于其结构，这个委员会游离于各部门或者首相下达给部长的命令之外，虽然它由高级知识分子组成，但常常无法产生实质性效果，提交的报告要么因太具争议性而无法使人满意，要么太缺乏时效性而无法付诸行动。例如，1979年，该委员会的一个研究报告是关于汽车工业的未来，另一个是滥用酒精问题。撒切尔夫人起初没有明白其宗旨，就招来智囊团领导人肯尼思·贝利尔[1]说："如果我想了解工业问题，会咨询基斯·约瑟夫，我为什么该问你呢？"贝利尔回答："因为你可以得到独立的信息。"[33]

当时在中央政策评审委员会工作的首席科学家是约翰·阿什沃斯博士[2]，撒切尔夫人来到唐宁街10号后不久，他要求会见首相。他一进门，首相就问："你是谁？"阿什沃斯回答："我是您的首席科学家。"撒切尔夫人说："哦，我需要个科学家吗？"他解释了自己的工作，提起自己正要完成一份关于气候变化的报告，而该议题当时尚无人研究。撒切尔夫人瞪着他说："你站在那里一本正经告诉我说，我的政府应当为天气问题操心？"[3]她对阿什沃斯说，她根本不需要个科学大臣："我自己就是个科学家，我来担任自己的科学大臣好了。"[34]但是，尽管撒切尔夫人用她典型的威胁性挑战方式讨论此事，但她很快便意识到，她的政策小组规模太小，成员都没有政府工作经验，需要专家在进度跟踪方面提供帮助。不久以后，这两个机构发现了它们可以从事共同的事业，撇开其具体政治观点差异，两个机构的共同愿望是将英国从"不满之冬"的崩溃境地挽救回来。两个机构都乐于为撒切尔夫人工作，贝利尔回忆道："她积极主动，极度挑剔：你得时刻保持警觉。我不必说她喜欢听的话……我从来没发现哪个话题需要浪费时间尽可能深入地讲解。"[35]她表达出自己对改革和对新思维的激情。

---

1 肯尼思·贝利尔（1920—2009），毕业于伦敦政治经济学院以及剑桥大学三一学院；1973—1974年任财政部首席经济顾问；1974—1980年任中央政策评审委员会主任；1971年受封骑士头衔。

2 约翰·阿什沃斯（1938— ），毕业于德文郡的西巴克兰学校以及牛津大学艾克赛特学院；1976—1981年任中央政策评审委员会首席科学家；1981—1990年任萨尔福德大学副校长；1990—1996年任伦敦经济学院院长；2008年受封骑士头衔。

3 在担任首相多年后，撒切尔夫人成为第一位就气候变化议题发表主旨演讲的政府首脑。

但是，在政策小组、中央政策评审委员会和普通公务员办公室，官员们很快便发现，从正常的管理角度看，尽管撒切尔夫人大量阅读官方文件，但她并不擅长管理。约翰·阿什沃斯说："她讨厌模棱两可，但她自己又会制造模棱两可，因为她确实不懂官僚政治需要严格的规则。"㊱她不知道政府机器是如何运转的，正如霍斯金斯所指出的："我担心的是，她并不清楚自己不懂什么。"㊲

撒切尔夫人在自己第一届任期内组建内阁的过程中，就像她应付行政机构一样，表现出同样让人稍感惊讶的倾向性，她不想干扰制度的结构。她任命的原则是政治上的平衡多于思想上的亲近。她首先找到威利·怀特劳，立即任命他为内政大臣，他成了她事实上的副首相，尽管正式称谓并非如此。1975年党首竞选中，撒切尔夫人击败他当选，他曾许诺忠于撒切尔夫人，在后来的岁月中，他从未令对方失望过。另外，怀特劳拥有撒切尔夫人清楚自己所缺乏的特质和关系网。她的朋友赫克托耳·莱恩[1]曾当着她的面盛赞怀特劳："不但不狡猾，而且糊涂得可爱。"撒切尔夫人笑道："这两样我一样都不擅长。"㊳狡猾、可爱及至少表面上显得糊涂是保守党群落中应有的重要性格特点，因此怀特劳成了个不可或缺的人物。直到周五下午，他才从苏格兰边区卸任抵达伦敦。他处理完自己的事情后，与撒切尔夫人及其首席党鞭汉弗雷·阿特金斯会面，在唐宁街10号向她提建议直到深夜。为填补尼夫去世后留下的空缺，撒切尔夫人任命阿特金斯为北爱尔兰事务大臣。阿特金斯勉强接受任命后，她打电话给北部选区重地的迈克尔·乔普林[2]，告诉对方接替阿特金斯的现任职务。周五，乔普林连夜驱车来到伦敦，协助处理第二天的任命程序。

1975年怀特劳接受副党首一职时，对撒切尔夫人说："我将对你百分百地忠诚，只有一个条件：你永远不能委任基斯·约瑟夫为大臣。"㊴出于

---

[1] 赫克托耳·莱恩（1923—2010），毕业于洛雷托以及剑桥大学的耶稣学院；1972—1990年任联合饼干公司董事长；1991年受封丹菲尔莱恩勋爵。

[2] 迈克尔·乔普林（1930—），毕业于切尔滕纳姆学校以及泰恩河畔纽卡斯尔国王学院；1964—1983年任威斯特摩兰郡选区保守党在议会的议员；1983—1997年任威斯特摩兰郡和兰斯代尔选区在议会的议员；1979—1983年任执政党首席党鞭；1983—1987年任农渔及食品部大臣；1997年受封乔普林勋爵。

2. 唐宁街
"他们觉得她就像一头右翼的狒狒"

这一原因,她当年从未让约瑟夫出任影子内阁的大臣,如今她同样履行了自己的承诺。这样一来,她不得不坚持由过去四年陪在左右的人杰弗里·豪来出任财政大臣一职,并认为这是唯一合情合理的选择。她与豪的关系并不十分融洽,并且她表示:"与杰弗里这种律师相处,麻烦是他们太胆怯。"[40]她说这句话时,忘记了自己也是个律师。不过,在她的内心中,还是更偏爱基斯·约瑟夫。她不是太情愿将这份工作交给豪,当然,她也不能否认,豪如今有胜任的资格。她对约瑟夫的喜爱十分强烈,胜过对所有高层同僚的喜爱,但这未能蒙蔽她的眼睛,她认为他不能承受财政部的强压重负。她任命约瑟夫担任工业大臣。

只有在处理经济事务的这套班子中,撒切尔夫人挑的都是对她有好感的男人。她在任命豪和约瑟夫的同时,任命约翰·诺特出任贸易大臣。诺特是保守党下野期间一位最早支持自由市场理论的经济学家。为了支持豪的工作,她任命约翰·比芬为财政部首席秘书,负责控制公共开支。这个任命是基于一个误解。撒切尔夫人对比芬的学识怀有极大的敬意,崇敬他的"横向思维的能力",[41]她还相信,由于他反对希思的180度大转弯,他一定属于自己的战线。她对比芬给予母亲般的关爱,因为他一度罹患抑郁症,甚至不得不离开影子内阁一年。由于这段小插曲,比芬对她的善意心怀感激。不过,在信念上,他更倾向于鲍威尔主义而不是撒切尔主义,在气质上,他是个寂静主义者。终其一生,他都是个反对欧洲一体化的欧洲怀疑论者,坚信必须通过货币手段来平衡预算并控制通胀,不过他并不反对高公共开支的做法本身。另外,他并不好斗:"我不喜欢打碎陶器的声音。"[42]他还讨厌研究政策的细节。跟撒切尔夫人想的不同,他并不"在同一条船上"。为了协调推进经济政策,并在形势逐渐变得困难时引导其他内阁成员,豪、约瑟夫、诺特和比芬等大臣与撒切尔夫人一起,最后形成一个惯例,每周四早上举行一次不公开的早餐会。其他同僚并不了解这情况,直到1980年11月才让媒体披露出来。

吉姆·普赖尔被任命为就业部大臣。他是唯一一个接手经济工作的希思派人物,和上面提到的几个人一道加入了处理经济事务的内阁经济委员会,但普赖尔从来没有成为星期四早餐俱乐部的成员。从撒切尔夫人的私人情感上讲,她开始并不讨厌他("吉姆是一个快乐的红脸膛英国男人"),[43]她丝毫也不怀疑,吉姆认为该安抚工会的个人想法是错误的,然而,她觉得不能不任命他。这既是党内团结的需要,而且她也承认,短期内或许真的有必要施展一下安抚手段。她预料与工会的冲突迟早会发生，但并未就此制定计划，甚至暂时不想制定这个计划。她确信，当务之急是稳定经济，控制通胀。眼下，普赖尔比任何高级同僚都更熟识工会领导层，而且大多数保守党议员都信赖这一点，在这种情况下，他显然是个不贰的人选。

在撒切尔夫人做的大多数任命中，她关心的首要问题是组建的政府要反映保守党的权力与经验平衡。早在大选前，她就告诉内阁秘书约翰·亨特："我要有一位非常棒的外交大臣，我自己绝对不出国旅行。我的工作是扭转经济颓势。"㊹当然，这是不可能的，因为现代首相都不能不旅行，不过，卡灵顿勋爵显然是撒切尔夫人最中意的人选。他本人德高望重，而且他是上院议员，对自己的工作丝毫不构成威胁，他还富有外交经验、人脉和威望。美国政府十分敬重卡灵顿。这也让撒切尔夫人十分喜悦。兹比格纽·布热津斯基在写给卡特总统的一份备忘录中说："我认为，任命他为外交大臣是撒切尔夫人启动人事任命以来，最让我们鼓舞的信号。"㊺她还同意了卡灵顿的要求，安排伊恩·吉尔摩加入其团队，在下院担任外交事务办公室发言人，并且在内阁担任掌玺大臣。

基于同样的原则，她任命经验丰富的黑尔什姆勋爵担任大法官，后者曾在泰德·希思任期内担任该职；同时由弗兰西斯·皮姆出任国防大臣；由克里斯托弗·索姆斯任议会上院领袖、枢密院议长以及负责行政机构的大臣。诺曼·圣·约翰—斯特瓦斯被任命为下院领袖，桀骜不驯的彼得·沃尔克则从"冷宫"中启用，安排进对政务毫无威胁的农业部。在撒切尔夫人的第一届内阁成员中，除了她自己之外无一女性。其中有六位比她年长，只有两位（豪和约瑟夫）认同她的经济战略。大部分年长者都参加过"二战"，怀特劳、卡灵顿和皮姆均获得过战功十字勋章。要这些人由衷地接纳这位新首相实属难题。他们并没有反对她的想法，不过，谁也不认为她非常有必要存在。她意识到，人们常常以高人一等的姿态对待她，她处于少数派的尴尬境地。

5月5日星期六上午，人事任命在高效进行中。唯一的意外是撒切尔夫人任命迈克尔·赫塞尔廷为能源部大臣遭到拒绝。"不，"他说，"我已经在环境部熟悉了三年，那才是我愿意做的工作。"在撒切尔夫人手写的任命计划书㊻上，她原计划让背离工党改换门庭的雷吉·普伦蒂斯负责环境部，不过她当下表示同意改变计划，然后给普伦蒂斯重新安排了内阁之外的一个职务。赫塞尔廷一离去，她便对前往接受会见的迈克尔·帕蒂森说：

"我不希望跟迈克尔发生一对一的正面冲突。"㊼其实早在保守党下野期间，她就对此人的野心有所警觉。一天，她的护卫队军官巴利·斯特雷文思对她说，大卫·欧文担任外交大臣期间，对紧急事务处理团队要求极其苛刻，一连用过八名司机和两个私人护卫小组。撒切尔夫人的评论是："这就是过早提拔一些人导致的错误。我们在迈克尔·赫塞尔廷问题上不会犯同样的错误。"㊽

从一开始，他就证明自己是个令人尴尬难以对付的"顾客"。如今到了摊牌的时候，赫塞尔廷迫使她做了他自己希望避免发生的事情。能源部的职位转而给了大卫·豪威尔。豪威尔也是一位自由市场理念的知识构建者，在保守党下野期间，他曾一度呼吁泰德·希思重视自由市场思想。同时，他还是保守党圈子里首次使用"私有化"这一说法的人。内阁组建工作完毕时，从政党管理的角度看，内阁的组成实现了所有可利用势力与人才的成功平衡。

只有一个重要的疏漏——泰德·希思本人，这是撒切尔夫人故意所为。保守党这两位领导人在历史上有派系龃龉，她的政府以43人占多数，相当稳定，不至于遭受直接反抗，几乎没人希望她任命希思在内阁担任一个职位。她本人相信，希思绝对不能听从一个女人指挥。㊾但希思一度抱有过希望，后来让新首相的一封来信浇灭了。这封信在大选结束后的星期六上午由信使送到了萨拉·莫里森家中，当时希思正在莫里森家小住。在信中，撒切尔夫人确认自己将把外交大臣一职给彼得·卡灵顿而不是他。希思对这件事产生极大反感的原因是她在信上的签名是"玛格丽特·撒切尔"，而不只是"玛格丽特"，其实她这么签名只是出于保证正确的一种习惯，而非出于冷淡。㊿希思陷入了郁闷，更糟糕的事情还在后头，卡灵顿出于善意提议由希思出任英国驻华盛顿大使。卡灵顿回忆说："我本以为这无论如何都是个好想法，结果却成了个彻头彻尾的馊主意。"(51)乔普林转送给希思第二封撒切尔夫人写的信，这次的签名是"玛格丽特"，信中提出请他出任大使一职。"她这是想把我从该死的议院赶走。"希思抱怨道。(52)他回了她一封短信，表示谢绝（"我能肯定你会找到其他人做这份工作"）。[1]他拒绝就职的消息不胫而走，

1　到了1980年底，撒切尔夫人再次试探，希望提名希思取代约瑟夫·伦斯出任北大西洋公约组织总干事。试探者由唐宁街10号派出，但再次遭到希思断然拒绝。（采访克莱夫·惠特莫尔爵士和艾尔敏斯特的阿姆斯特朗勋爵）

从唐宁街10号泄露到了新闻界。从此以后,在撒切尔夫人的整个政治生涯中,希思对她的敌意从未消减过一丝一毫。

撒切尔夫人交由新任首席党鞭乔普林起草一份大约七十人的建议任命名单,将任命的是各部的低级职务。他注意到首相在这些选择中并未追求派系优势,"她将一些人称为'我的人',但并未让人产生政治偏见的印象;她完全是以才干来看待任命问题的。"㊳星期天,他参加了撒切尔夫人与怀特劳在唐宁街10号的午餐会,为的是讨论这份名单。乔普林发现,这是她第一次看到自己的新寓所,而她和丹尼斯未来要在这里居住十一年以上。

这处寓所位于房子的顶层,看上去既狭小又了无生气。辛西娅·克劳福德帮忙收拾房间,发现洗衣房里"满是枯死的植物"。㊴厨房小得像船上的厨房。[1]不过,这很适合撒切尔夫人。她喜欢"住在店铺楼上"的感觉,这跟她幼年时在格兰瑟姆的生活类似。㊵另外,她也喜欢距离办公室近的便利。这里无疑极为安全,她希望孩子们能够方便来看望自己。[2]丹尼斯1975年退休后,虽然担任着好几种不具有行政职能的职务,但非常乐于投身到唐宁街10号的生活中。"玛格丽特认为我可以帮忙招待大家,"他回忆起当时的感受,"我想我会非常享受这种生活的。"㊶这套寓所正在重新装修,撒切尔夫妇仍住在弗拉德大街,直到六月初才搬家。丹尼斯每年为这个寓所向政府支付3000英镑租金;撒切尔夫人也要支付装修的费用,并且应她的要求,还承担了唐宁街10号二楼个人书房装修费用,其中有个装修项目是剥除她讨厌的灰绿色壁纸。透过书房窗户,可以眺望圣雅各公园。鉴于政府规定中对这类事务异常严格的要求,在料理家务方面,撒切尔夫妇得不到任何帮助。他们要自掏腰包支付清洁女工的薪金,购买食品做饭的事情还要落到自己身上,实际上是落在撒切尔夫人身上,一般由卡

---

1 隔壁的11号院是财政大臣杰弗里·豪的官邸,埃尔斯佩思·豪花了4000英镑装修厨房。这让撒切尔夫人颇感不快,她常常很轻易地就被豪夫人惹怒了:"我可以凑合,但为什么11号就应当有个更大的厨房?"(采访阿曼达·庞森比)

2 马克在实际生活中问题百出。1984年,他遭到媒体批评,说他利用母亲的关系赚取商业利益,他不得不离开英国前往美国。卡罗尔周末则喜欢带着朋友们到这个寓所里去。她的一个当记者的男友未经安全检查就被带了进去,从那以后,安全规则就严格了。(采访德里克·豪)

2. 唐宁街
"他们觉得她就像一头右翼的狒狒"

洛琳·斯蒂芬斯和几位助理秘书来帮忙,毕竟丹尼斯在这方面坚持老套的观念。人们都知道,丹尼斯陪好朋友喝酒时给唐宁街打了电话后匆匆回家,"她说,假如我到这会儿还不回家,晚餐就是冷餐,她其实是说到时候饭菜就凉了。"[57]由于职务所迫,他回家晚了往往什么饭菜也没有,但他并不太在意,毕竟他是个男人,偏爱喝酒胜于吃饭。他要是不吃摆在自己面前的饭菜,又往往害怕"她铺天盖地的斥责"。[58]撒切尔夫人没有多余的时间,这意味着他们要大量消费健康的便利食品,而且家里还得大量储存——比如,在马科斯和斯潘塞生产的鱼肉馅饼。有时候,她会自费请唐宁街一些包办伙食的人为她家烹饪一些食物,储存在冰箱里。雪莉·华纳自1981年3月就在那里工作,经常卖给她慕萨卡(肉丁和茄子做成的希腊菜)。[59]撒切尔夫人通常吃得很开心,但是也粗心大意,有时错把食物当成燃料。[60]她会伴着姜汁汽水喝很多威雀威士忌,"但是她从来没有喝醉过"。丹尼斯则"偏爱哥顿金酒"。[61]

住进唐宁街10号后,撒切尔夫妇找人帮忙就容易多了,而政府机器并不提供这类帮助。大卫·沃尔福森是内阁政治办公室的主管,可他谢绝领取薪金。行政部门的人员常常感到纳闷,不知道他担任什么职责,但是沃尔福森称,自己的职责是"关注不多几样重要事情,确保她在恰当的时间见她想见的人。"[62]沃尔福森与商业界的关系带给撒切尔夫人安慰,他慷慨提供的金钱也带给她舒适。人们一向把她的私人秘书辛西娅·克劳福德称作"克劳菲",她在保证撒切尔夫人生活平稳的过程中扮演着愈来愈重要的角色,一直服侍到撒切尔夫人去世,她的报酬由沃尔福森支付。撒切尔夫人还把下野时期自己高度信任的侍从带进官邸。理查德·赖德虽然没有头衔,却是政治办公室事实上的日常主管;1981年与赖德结婚的卡洛琳·斯蒂芬斯是她的私人文案秘书;艾莉森·沃德是为撒切尔服务时间最长的雇员,后来做了选区秘书;特萨·嘉丁·帕特森曾在议会为撒切尔工作,后来被任命为政治秘书,她记得自己和同事们为撒切尔夫人递送饮料甚至饭菜,觉得那是自己工作的一部分。他们为做这种事情感觉很高兴,因为她总是态度谦恭地帮别人做类似的事情,还常常自己动手洗碟子,一边说:"这种事自己动手再容易不过了。"[63]她还带来两个信赖的私人侦探——巴利·斯特雷文斯和鲍勃·金斯顿。尽管撒切尔夫人是个自我中心主义者,但她从来都对团队成员及其家人给予体贴入微的关怀。"要是把孩子患了麻疹或者生病的事告诉首相,那可是犯了个大错,因为她此后好多天都会不停地问起这事……首相常把这类琐事挂在嘴边实在有些荒谬。"如果她不需要司机了，就会让司机回家，她还要询问为自己工作的人是不是都吃过饭了，这在官邸通常是桩难事，这里有宽敞堂皇的厨房可以准备宴会，却没有餐厅，"她不愿让自己成为别人的麻烦。她永远不把自己放在首位。"⁶⁴

1979年，唐宁街还没有电脑，撒切尔夫人主要依赖职业秘书和打字员们的服务，习惯上称她们是"花园房的姑娘"，因为她们在可以看到官邸花园的两间地下室里工作。她们的工作是速记口头指示，由蜂鸣器召唤，如果只有一声嗡鸣，就代表叫首席私人秘书；如果听到多声，就代表召唤多名下级官员，她们一般能保证一切都顺畅运作。每天晚上，她们要把电子打印机用过的复写纸和打印色带锁进保险柜，因为上面留下了白天打印秘密文件的痕迹。⁶⁵撒切尔夫人特别赞赏官邸采取传统的小规模。以简·帕森斯的话说，这让这里的活动感觉就像"在温暖舒适的家里，而首相就是这里的家长"。⁶⁶撒切尔夫妇入主官邸后，简就一直负责管理"花园房"，她为自从艾德礼和丘吉尔之后的每一位首相工作过。有些女工作人员骑着自行车经花园围墙的大门进入官邸。⁶⁷希思和威尔逊等几位首相，要么讨厌这种风气，要么不屑一顾，但撒切尔夫妇却喜欢。丹尼斯愿意参加一切活动，说："只要不跟橄榄球赛冲突，你让我做什么我都愿意。"⁶⁸ ¹撒切尔夫人也会"蹦跳着"走进"花园房"，看看大家在做什么。有时她稍有点空闲，就漫步走进不同的办公室，或者翻阅文件，抓起公众来信阅读。有一次，她读到旺兹沃思区一个小花商的来信，信上说，超市出售鲜花夺走了他的生意。从那以后，她将自己的鲜花订单都给了这个人。⁶⁹另外一件事发生在她入主唐宁街后不久，当时撒切尔夫人正和私人秘书们站在一起，向其中一个人询问电话系统运作情况。²指示灯一闪，她马上抓起电话："唐宁

---

1 一旦有事跟橄榄球赛事冲突，丹尼斯会倍感不悦。11月，卡洛琳·斯蒂芬斯写信提醒他出席印度尼西亚总统到访的国宴，丹尼斯在回复中极不情愿地同意前往："天哪，看看我为党做了怎样的贡献！……今晚我本打算参加今年以来最棒的橄榄球晚餐会……所有的朋友都会到场。"（丹尼斯·撒切尔写给卡洛琳·斯蒂芬斯的信，日期不详，回应她写于1979年10月17日的备忘录，THCR6/2/2/6。）

2 唐宁街的接线总机是一个传奇，因为它能接通任何人，无论他身在世界的哪个角落。然而，电话系统却非常陈旧。撒切尔夫人1979年到来时，谁也不能从自己的办公桌旁直接拨打外线，必须请总机接通后打回来。（采访温瑟姆赖德夫人）

2. 唐宁街
"他们觉得她就像一头右翼的狒狒"

街10号。"打来电话的是外交部官员斯蒂芬·沃尔[1]。他觉得回答的声音有点熟悉，问："我正在和谁通话？"撒切尔夫人说："我是首相。"沃尔镇定自若地说："哦，太好了，那得到答复就可以比平常更快了。"[70]她喜欢看到自己的办公室处于行动状态。一天，她的一位私人秘书在他自己的办公桌旁与财政部长时间打电话争论。这位秘书感觉自己输掉了一场战斗，放下听筒时，嘴里骂了句脏话。突然他注意到，首相早已进来，就坐在他的办公桌旁。她的眼睛里闪烁着愉快的光芒。"别发脾气！别发脾气！"她提醒道。[71]

这种舒适的家庭氛围扩展到了撒切尔夫人在首相别墅的生活，这是一栋由费勒姆的李勋爵遗赠给所有英国首相们居住的乡间大房子，位于白金汉郡，由武装人员保护。撒切尔夫人喜欢在周五晚上驾车到那里，星期天返回，通常能赶上回来吃晚饭。撒切尔夫人在首相别墅就像在伦敦一样，很快形成一种惯例，既注重礼节，又与服务人员保持亲切，她和丹尼斯的穿戴从来整洁潇洒。每个周末，当班的私人秘书必须在别墅的一个小屋内工作。迈克尔·帕蒂森上任后，在第一个周末带着孩子来拜访。撒切尔夫妇请他们全家人在周日午餐前畅饮。他两岁的女儿在沙发上爬到撒切尔夫人身上，抓掉她的一只耳环。[2]他后来回忆道："她得到非常亲切的对待。"[72]凡是经历过希思任期的人，都难以想象这样的场面（尽管希思不可能戴耳环）。

首位女首相有之前的唐宁街所不知道的需求。一个需求是需要经常美发，电视摄像于1989年引进下院后，她开始每周要安排两次做头发的预约。撒切尔夫人担任教育大臣时，她的私人办公室对日志中写下"美发师"这个字眼稍感困窘，因为这个字眼感觉有损办公室的尊严，如今，这种情况依然存在。办公室询问卡洛琳·斯蒂芬斯，该如何应对这种问题。经讨论，大家同意用"卡门卷发器"一语代代用语。[73]撒切尔夫人的衣服也需要有人打理，起初主要由约翰爵士的妻子蒂尔尼女士（绰号"漂亮宝贝"）负责。

---

1 斯蒂芬·沃尔（1947—），毕业于杜埃及剑桥大学塞尔温学院；1991—1993年任首相私人秘书；1995—2000年任英国驻欧盟常任代表、大使；2000—2004年任内阁办公室欧洲秘书处主任；2004年受封骑士头衔。

2 撒切尔夫人的耳朵没有打过洞。在她那个时代，人们往往认为打耳洞是吉卜赛人的做法。据约翰·阿什沃斯说，她夹着耳环的时候如果心情激动，耳垂就会鼓胀；偶尔也会因用力过猛弄掉一只耳环。

早在20世纪40年代后期,她竞争议会席位时,约翰爵士就对玛格丽特·撒切尔鼎力相助。蒂尔尼夫人有个略带取笑意味的绰号,叫"尚衣女官",如今她还要负责组织唐宁街的招待事宜。后来,克劳菲接替了这个非正式的头衔。

政府有严格的规定,禁止官员接受具有实际价值的个人礼物,不过撒切尔夫人得到允许,以借用的形式接受这类礼物。她在这个时期穿的英式服装,以及许多阿拉伯君主馈赠她的首饰,都遵循了这个规定。她以女裁缝师对细节完美的痴迷,以及战争时代"缝缝补补对付着穿"的习惯,既保持着非常潇洒的外表又不失节俭。有人仔细记录了她在什么场合该穿什么服装,为了便于识别,给每件衣服编了个昵称。例如,有一件衣服带有红白相间圆圈图案,就昵称作"气球"。㉔她对自己外表和外在环境的态度,成了一对潜在的矛盾,一方面她遵循礼仪和节俭原则;另一方面又酷爱保持魅力和高档物品,因为这能增强首相身份的尊严和英国的声望。一位官员评论说,她拥有"一种近乎玛丽女王"般收藏珍品的嗜好。在她担任第一任首相初期,一天,她得知英国海军部大楼里当时有一套闲置的房子,屋里有政府提供的一些好家具。她弄到钥匙,私自带领唐宁街10号的管家团队、她任命的秘书以及个人侦探前往这个公寓。她四下浏览,指着各种画作、椅子等物品,说:"我要拿走那个,还有那个。"于是,这个"窃贼集团"在首相带领下,带着赃物返回唐宁街10号。㉕

虽然撒切尔夫人对自己的女性气质有极强的意识,但人们仍不得不反复提醒她:她作为女性当选领导人,这个角色具有重要的象征意义。在撒切尔夫人推动的各项活动中,有一项是缩减半官方机构的数量,因为它们吸纳走巨额公款。在此过程中,她剑指内阁办公室直接负责的两个机构。约翰·阿什沃斯和约翰·亨特一道走进她办公室,对她说,有两个机构可以选择保留一个,一个是全国妇女委员会,另一个是个科学团体,名叫"应用研究与发展咨询委员会"(ACARD)。具有科学背景的撒切尔夫人毫不犹豫地说:"不能解散ACARD,那就最好取缔另外一个。"阿什沃斯向她指出,她是第一位女首相,如果取缔全国妇女委员会,或许影响不好。撒切尔夫人悻悻然表示同意,最后保留下这两个半官方机构。㉖

撒切尔夫人的私人幕僚中,最重要的成员或许是她在议会中的私人秘

2. 唐宁街
"他们觉得她就像一头右翼的狒狒"

书。亚当·巴特勒和约翰·斯坦利就是其中两位。斯坦利在撒切尔团队中曾被人叫成"胆小鬼",因为他动不动就表现出惊慌。他们两人已经离开原职,出任部级低等职位。撒切尔夫人任首相后,选择伊斯特本选区议会的议员伊恩·高担任自己的私人秘书,因为他与杰弗里·豪既是温彻斯特学院的校友,又是好朋友,1959年大选时,他在亚伯拉昂选区为杰弗里·豪助选,此后,两人一直保持着友谊关系。伊恩·高曾在1975年支持豪竞选党首,因此,起初与撒切尔夫人关系并不密切。在艾瑞·尼夫遭谋杀前,伊恩·高一直是尼夫的私人秘书,因此,他在1979年自然转向撒切尔夫人。大选结束后,伊恩·高与杰弗里·豪的朋友关系变成了一种优势,至少这有助于唐宁街10号与财政部之间流畅沟通。

伊恩·高是个秃顶,戴一副眼镜,总是一本正经身穿三件套,言谈举止有两次世界大战之间混杂着私人医生(他父亲的职业)和律师(他本人的专业)既华而不实,又谄媚奉承的做派。这是他煞费苦心表现出的自我嘲弄风度。伊恩·高是个绝顶聪明且极尽勤奋的人,他全身心忠于撒切尔夫人,且相当仗义。他在第一次描述撒切尔夫人时称其为"女伟人"。他对杰弗里·豪宣称:"我有生之年会永远爱她。"⑦ [1]但杰弗里·豪并不像他那么着迷。通常情况下,大多数人将工作视为通往更高地位的晋身之阶,而他却视作自己生命中的重大使命。每天早上七点,他会准时来到自己办公桌旁,常常伏案忙碌到第二天凌晨,一直处理上司前一天晚上在下院的事务。

---

[1] 撒切尔夫人能够取得政治上的成功,一个举足轻重的因素就是受到众多男人的迷恋。据说,她担任首相期间,这类男人中只有苏格兰系谱专家伊恩·蒙克利夫爵士向她提过不雅建议,不过许多心怀浪漫忠诚的人都在痴迷的边缘摇摆。赫科特·莱恩爵士(后受封为勋爵)当时是联合饼干公司的董事长,曾送给撒切尔夫人一些信札,要求对方将信放在枕头下面。小说家金斯利·艾米斯描述撒切尔夫人"属于我所见过的最漂亮的女人……这不是一种单纯的感官或性感美,但这并未使她的性别美减少。我想,性依旧是隐藏在她吸引力(或者是排斥力)之下一个被低估的因素。"(金斯利·阿莫斯,《回忆录》,1991年哈钦森出版社出版,第316页)。布赖恩·沃尔登对大卫·欧文说:"那种迷人的香水味,弥漫的威士忌甜美香气。天哪,布赖恩,她有着让人难以抵御的魅力。"(采访布赖恩·沃尔登)。本书作者问阿兰·克拉克他喜欢撒切尔夫人的实质原因时,他说:"我不奢求真正的性——只要一个大大的拥抱亲吻就心满意足了。"

伊恩·高对撒切尔夫人的献身精神不仅源自思想，还有个人情感因素。在官员们看来，他的行事风格难以效仿，因为他会在看过官方文件后却假装对其一无所知。他是撒切尔夫人目标性的最坚强支持者："她能够从他身上找到自己正在试图获得的精神支持。"[78]伊恩·高从内心中将整个官僚群体视为"火星人"，与之斗争是他的乐趣。虽然他在1979年大选时年仅42岁，自我感觉却像个老古董。凡是蓄着络腮胡子的官员，他都极不愿意信任，这是从撒切尔夫人那里分享到的偏见："只有性格懦弱的小下巴男人才留胡须。"[79]伊恩·高还是一位浪漫主义者，他能凭记忆脱口引述戴高乐将军的大段讲话。在支持撒切尔主义的保守党高层中，他有着特殊的吸引力，同时也是保持与北爱尔兰结盟的坚定支持者。正是通过伊恩·高，撒切尔夫人在担任首相起初几年才能与伊诺克·鲍威尔多次会面，伊恩·高将鲍威尔从后门偷偷带进唐宁街10号。

伊恩·高作为私人秘书的首要任务，就是确保首相与议会中自己政党之间保持联系畅通。这种联系在希思时代曾一度断裂，产生了灾难性的后果。他实现这一点是付出了代价的，一方面要不断地与议会议员们大量喝酒，一方面又要努力控制。"汽车跑动靠油，"他常常说，"我跑路基本靠酒。"另外他对于"白衣女士"鸡尾酒格外青睐（这种酒由两部分调和而成，一部分是君度白酒，一部分是柠檬汁）。伊恩·高来到唐宁街10号时，与理查德·赖德在一层楼共用一间漂亮的办公室，对门就是内阁办公室，没过多久，他便抱怨这屋子"太糟糕"，理由是它连个冰箱都没有。[80]很快就安装了一台冰箱，里面还塞满了特级红酒，由大卫·米切尔在舰队街的酒吧供应，米切尔也是新政府班子中的一名政务次长。伊恩·高为倾听议会议员们的抱怨花费了无尽的时间。一旦发现有人不满，他就找日志秘书说："某人不开心，需得到爱抚，请带他去见玛格丽特。"[81]

1979年数目众多的保守党议员入选议会，议会成员中约有三分之一是撒切尔夫人不熟悉的。伊恩·高及时弥补了这个缺憾，定期引她走进休息厅的茶室，"让她日复一日与大家建立起联系"。[82]人们以亲切口吻戏称他是"线人"，因为他要坐在保守党区的后排座位，列席议会各种委员会的会议，会后向撒切尔夫人报告谁都说了些什么。撒切尔夫人常以自己独特的性情批评"这个政府"，好像她这个首相与政府无关似的。在议会抵制内阁同僚提出的建议时，伊恩·高并不设法协调，这是撒切尔夫人不喜欢的，他在这方面有时会招致不必要的麻烦。但他的确是领导人

2. 唐宁街
"他们觉得她就像一头右翼的狒狒"

身边最得力的助手——撒切尔夫人完全熟知他的主要思想，所以他行动之前完全不必得到她的许可。然而，伊恩·高的活动和思想大部分没有文字记载，这对后来研究他造成了许多困难和遗憾，他于1990年遭爱尔兰共和军谋杀，身后留下的文字记录极少。见证过他工作的同时代人都证实，撒切尔夫人担任首相的最初几年，谁也没能像他那样，在帮她化解潜在政治危机方面发挥重要作用。他1983年离职后，再也没有一个继任者成功扮演过他那个角色。

首相的个人团队必须配合主人令人咋舌的种种日常要求，他们既忠心耿耿、协调一致，还任劳任怨。在夜里，撒切尔夫人要通读私人办公室晚上送来的两盒（偶尔是三盒）文件。她每天早上六点起床，先是听英国广播公司国际频道播出的新闻，然后调到第四台的《今日》节目。上午八点，卡洛琳·斯蒂芬斯在楼下的书房召集私人秘书们碰头，接下来的要务是去公寓见撒切尔夫人，此时她起床已经两个小时了，但有时会在卧室内梳洗打扮。丹尼斯同样起得很早，起床后总是走出卧室，坐在公寓内自己书房的办公桌旁。[83]八点半过后，首相离开公寓下楼走进书房，开始参加一天的各种会议。一般情况下，在议会会议期间，她一天参加的最后一次会议是在下院。除了上下公寓楼梯，她几乎不做体育锻炼，不过也没有产生明显的不良影响。除了其他事情外，去厕所也得上下楼，因为她书房所在的那层楼没有卫生间。不过她的团队注意到，她像女王一样，好像从不需要"出去走走"。

她不给自己留休闲时间，宁愿工作或者谈工作，直到凌晨一两点钟。她偶尔在晚上十一点左右打个盹，小睡十五分钟。晚上，她通常会脱掉鞋子，把双腿蜷起来坐在沙发上，跟人聊天，聊的话题总是购物。她手捧一杯淡味威士忌提神。有时候，丹尼斯会陪她喝很多酒，不过在工作压力大的时候，她通常就不理睬他。有一天晚上，她丈夫吃过晚饭才回来，当时她正在构思一篇关于罗得西亚问题的重要讲演稿。丹尼斯评论了几句，见她根本没有在意，就起身上楼去卧室。半小时后，撒切尔夫人那个房间的天花板发生强烈震动，接着传来一个巨大的碰撞声。"哎呀！"撒切尔夫人叫道，"准是丹尼斯让储物柜绊倒了。"她并没有去查看到底发生了什么事。[84]劝她上床睡觉是随员最难完成的任务。就算她已经上了床，也仍然精力充沛，保持着对工作如饥似渴的状态。尽管她相信自己的身体有无穷的精力，但她有时会变得非常疲惫，每当发生这种情况，她往往说得很多,却收效甚微。

玛格丽特·撒切尔迅速在全球发挥了巨大的影响,因为她是继以色列总理果尔达·梅厄夫人之后,西方世界民选产生的第一位女领导人。尽管撒切尔夫人曾在下野期间招致批评,可她很少考虑过与新闻界的关系。她就任时在唐宁街10号担任新闻官的查尔斯·安森[1]注意到,外界的兴趣层面发生了"绝对是瞬间的"变化。她大选获胜当天,围在唐宁街10号门外的媒体记者众多,他的同事们很难将磁带录音机放得离她足够近,无法录清她引用圣方济各的诗句和评论。来自世界各地的记者们希望知道一些新鲜事,比如在内阁会议室旁边是否有一个专门的女厕,而时尚编辑则几乎打遍了议会新闻官员们的电话。不过让安森有所触动的是,撒切尔夫人对"安排的采访计划毫无兴趣"。㊿对于身为女性之类的问题让她恼怒,新闻办公室不得不提醒国外记者不要再谈起这类话题。事实上,她除了偶尔匆匆瞥一眼丹尼斯手中的《每日电讯报》,平时不读报纸,也很难说服她去关注报纸上谈论的内容。撒切尔夫人与痴迷新闻报道的哈罗德·威尔逊不同,也与她所有继任者不同,她对媒体的重要性并不在意。她并没有考虑过改变唐宁街新闻部门的现行结构。运作媒体活动的都是职业公务员,她任命的第一个新闻负责人是亨利·詹姆斯。詹姆斯曾担任中央信息办公室负责人,后来在维克斯公司供职。撒切尔夫人任命他只是权宜之计。格外引人注意的是,她并不是从政党或意识形态背景的角度任命新闻秘书。她其实是有意识地要回归到减少媒体工作的政治路径,在她看来,卡拉汉任命的一位新闻秘书汤姆·迈克卡弗雷㊾就是过分考虑政治因素了,而她选择詹姆斯只是因为他丝毫"没有政治立场"。她与詹姆斯的关系很好,但是她并不把他的工作视为自己核心工作的一部分。首相就职伊始,就没有收到过每日新闻摘要。也没有专门围绕媒体事宜的每日碰头会,她不主动在每天上午去见自己的新闻秘书,这种事通常由她的私人秘书独自处理。

撒切尔夫人的支持者们善于使用有同情心的记者推动他们的宣传路

---

1 查尔斯·安森(1944—),毕业于蓝星学院和剑桥大学的耶稣学院;1979—1981年,从外交和联邦事务部调至唐宁街10号新闻办公室;1990—1997年任女王的新闻秘书。

2. 唐宁街
"他们觉得她就像一头右翼的狒狒"

线,但并没有像当今社会这样系统化地管理新闻报道。为设定期望中的头版通栏标题而策划言论的情况闻所未闻,"编造新闻"在英国政界没有市场。撒切尔夫人通常一丝不苟地遵循惯例行事,新立法公告、绿皮书之类都要先提交议会,而不是透露给电视台。不过她偶尔也会一时冲动,在电视摄像机和聚光灯下公开重要政策变革。不过,即使她有强烈的兴趣,当时也没有今天这种24小时循环播出的新闻节目。从1979年5月大选到她8月份第一次夏日度假,这期间撒切尔夫人只举行过四场正式的新闻发布会,并未接受过正式专访。在唐宁街10号,她很少关注自己下野期间像戈登·里斯等负责其媒体形象的人。她对里斯提出多做电视访谈的建议不屑一顾;他提出另外一个要求:为了政党发展将她的个人照片用于商业目的,她愤然一口回绝,"决不允许将照片用于任何商品。但不介意直接刊登照片。"她的主要公共交流渠道是通过议会下院,还通过一些既定演讲。在新闻方面与其他许多方面一样,撒切尔夫人恪守了现存的规则。

然而,1979年11月1日詹姆斯被维克斯公司召回,撒切尔夫人便任命伯纳德·英厄姆[1]出任新闻秘书。英厄姆曾是工党的支持者,竞选利兹市议会议员失败,后来在就业部和能源部担任新闻官员,他是个天生斗志旺盛的人。或许由于他为自己约克郡人的观念而极为自豪,便强烈认同撒切尔夫人努力在英国社会推行的变革理念。英厄姆为撒切尔夫人一直工作到她任期之末。随着他的个人权力在后期越来越大,他被指责代表撒切尔夫人策划阴谋,反对不受欢迎的官员们。然而,他从来恪守规则,这种做法使他不能和党有任何形式的接触(比方说,从未参加过党的大会,在大会期间就去休假)。不论他的个人感情受到过多么深的挫伤,他从未违反过公务员的准则。

英厄姆于10月份来到唐宁街10号之后,先替代詹姆斯工作了几个星期,在有一扇凸窗的办公室就职,透过这扇窗,他观望着唐宁街上来来往往的人们,很快便认定,自己面临的最直接问题,就是让首相完全意

---

[1] 伯纳德·英厄姆(1932—),毕业于赫布登布里奇文法学校;1952—1961年任《约克郡邮报》记者;1961—1965年任《卫报》记者;1973年任就业部新闻官;1973—1977年任能源部新闻官;1979—1990年任首相首席新闻秘书;1990年受封骑士头衔。

识到媒体如何报道她。于是,他每日准备约5页标准纸的新闻摘要,在大多数时候,上午9点钟"与她坐下来一起阅读,确保她了解其中的内容"。⑧这份简报成了撒切尔夫人了解世界的窗口。她开始关注《每日电讯报》的报道了,因为这份报纸是她天然支持者的主要信息渠道,她还关注《太阳报》,她乐于承认,这份报纸的重要性在于能够帮她从工党手中赢得工人阶级的选票。1979年10月,《太阳报》请她为本报的十周年庆典题词。英厄姆刚开始工作才三天,建议她谢绝,抱怨说"未免小题大做"。然而,撒切尔夫人潦草批注道:"《太阳报》是一位朋友!我要送。"⑧但她一般并不接近新闻媒体,也不迎合读者大众的口味。从她偶尔信手涂鸦在新闻摘要上的批注看,她显然在关注一些具体问题,比如经济危机或恐怖分子袭击中遇难军人的命运,而不是自己的公众形象或酒馆、咖啡馆最流行的话题。英厄姆回忆说:"真正的问题,是她根本不接触这些事物。"她对流行音乐或时下广受欢迎的电视节目一无所知。她在任职初期或许读《金融时报》的前两个专栏,但这些专栏并不能让她准确接触到英国正在关注的事情。有时候,英厄姆和撒切尔夫人乘坐的飞机在机场跑道上等候起飞时,他对她说:"如果你读一读某报的导读目录,或许会不无助益,"可他发现,她竟然不知道导读目录在哪个版面。⑨

她的习惯也有个优势:不必为报纸玩弄的小阴谋或恶作剧感到不快,"她没有市井小人的肮脏思想。"不过英厄姆认为,她没有充分考虑展示自己,这表现出她不够专业。虽然撒切尔夫人十分信任他,但是在传递文件时保持了"本能的诡秘",他为了随时了解她正在做的工作,需要不断地斗争。例如,在1980年,有一篇报告的内容是关于薪金审查最高机构的,其中还包含了大幅度增加薪资等有争议的提议。英厄姆在前厅预定发布消息前半个小时才得到这份报告。他此前并不清楚政府对此的行动方针。"这真是疯了,"英厄姆向撒切尔夫人抱怨说。然而,英厄姆也注意到,撒切尔夫人具有公开表演的天赋。她非常在意自己的外表,要上电视的时候,"她把自己完全交给化妆女孩摆布"。⑨查尔斯·安森注意到,她认为自己的右部轮廓比左边好些,拍摄的时候特别用心配合那个角度。⑨英厄姆证实:"必须出场时,她就是一名演员,能够驾驭大规模演出。"⑨她不是一个在意媒体的人,却是个传媒明星。

1979年5月4日,第一位打进电话祝贺她竞选获胜的外国政治家是罗纳

2. 唐宁街
"他们觉得她就像一头右翼的狒狒"

德·里根。然而在当时英国官方眼中，这位加州前州长无非是个1976年共和党竞选总统提名人的失败者。[1]唐宁街接线总机并未将他的电话接给撒切尔夫人。美国总统吉米·卡特在助手们的建议下打了电话，另外，还按惯例发了祝贺电报，"反驳贵国竞选过程中对我们态度的歪曲猜测（称我们希望工党胜出……）"。[94]卡特当天很晚才打电话，与撒切尔夫人的通话只有两分钟。

对撒切尔夫人幸运的是，她几天后决定与里根通话。里根的热情并未因唐宁街10号的怠慢而稍减。他对自己与撒切尔夫人的关系满有信心，毕竟早在1978年11月他与撒切尔夫人在伦敦进行过第二次会晤，让他感到喜悦。那次会晤安排在里根访问欧洲期间，因为他表达了要拜访撒切尔夫人的愿望，希望保持他们之间的友谊。[95]理查德·艾伦[2]会晤时在场，他说："两人都迸发出激情。"[96]撒切尔夫人向里根吐露了内心的秘密，就是她对卡特总统评价甚低，敦促里根"继续为自己的目标奋斗。她对里根说，扭转英国的局面或许已经为时过晚，但是她希望结果证明并非如此，无论如何，她都将尽自己所能争取获得最终成功。"[97]1979年5月里根再次竞争共和党总统候选人提名。在每周一次的例行电台广播中，他以旁观者身份向撒切尔夫人表达了祝贺：

> 获悉英国选出新首相，我感到无比喜悦。能与玛格丽特·撒切尔两次会晤长谈，我深感荣幸。自从我们第一次会晤后，我就一直为她当选首相鼓劲。

---

1 英国驻华盛顿大使馆在4月份的一份报告中承认，里根当时在1980年共和党候选人提名中处于领先地位，但评论说，他有诸多不利因素，其中包括"他的年龄……一副老态龙钟模样……还有个懒惰的名声"。"虽然一些精明的政治观察家告诉我们，他们从骨子里感觉他竞选无望，但现在就说他要被排除在外或许为时尚早。"（乔纳森·戴维森写给尼古拉斯·加罗尔德的信，"共和党总统候选人"，1979年4月19日，TNA:PRO 外交和联邦事务部82/973）

2 理查德·V·艾伦（1931—），1976年、1980年，曾就外交政策为罗纳德·里根提供建议，并为他的总统竞选活动效力；1981—1982年任美国国家安全事务顾问；1982—1990年任理查德·V·艾伦有限公司董事长；自1983年起任胡佛研究所高级研究员。

如果有人能唤醒英国回顾自己在二战险恶岁月中表现出的伟大，回顾英国人民义无反顾英勇投身"不列颠之战"，这个人就是英国媒体昵称作"玛吉"的新首相。

我认为，她将采取行动，振兴英国曾引以为傲的工业能力，而在过去相当长的时间中，在工党领导下形势每况愈下，一些工业领域的生产力水平甚至低于40年前，在许多行业，人均产出仅仅是20世纪30年代的三分之一。打个比方，一名砌砖工在1937年每天能砌1000块砖，如今只能砌300块。我相信"玛吉"会大有作为，愿上帝保佑她。⑱

欧洲各国领导人却没有表现出类似的兴高采烈，但肯定有浓厚的兴趣。过去因工党内部分歧，欧洲主要领导人在欧共体问题上遭受过挫折，他们非常乐意接受保守党重新执政，毕竟在当时英国两党中，保守党被认为明显比较亲欧共体。历来支持欧共体的官员欢迎保守党执政，因为保守党政府似乎更加团结和睦，"我们的共同感觉是：'感谢上帝！终于摆脱那个软弱不堪的政府了。'"⑲

按照与前一届政府的安排，第一位访问唐宁街10号的外国领导人是西德总理赫尔穆特·施密特。¹这并未使撒切尔夫人感到开心。不过她得知此事后，还是在就职前临时接受了访问。"他为什么要来？"她向约翰·亨特抱怨说，"我没有请他来。"虽然那次仓促的访问是在她获胜仅仅一周后，却相当成功。施密特对撒切尔夫人所掌握情况之全面深感吃惊。⑳撒切尔夫人即便是在私下也从来没有表达过敌视德国的情绪，只是在晚年才有所表现。㉑在公开场合，她一向表达出对德国成就的钦佩。她在欢迎晚宴的讲话中评论说，在两党的竞选宣言中均提到：在经济成功方面，德国是一个"令人羡慕的范例"。然后，她就英国对欧共体的态度发表了一个声明，虽然相当热情但也讲求实际而非空谈。"我们的态度并非不赞成参加欧共体，"她接着抱怨说，英国为剩余农产品的浪费承担了最大的份额，并强调了"我们独特民族国家的多样性"。她表示说，德国与英国之间最强有

---

1 然而，爱尔兰总理杰克·林奇先于施密特挤进来，作了一次未经事先安排的会见。见第7章。

2. 唐宁街
"他们觉得她就像一头右翼的狒狒"

力的纽带不是欧共体，"首先而且最重要的是，我们都是北大西洋公约组织的成员国"。[102]在第二天的联合新闻发布会上，记者向撒切尔夫人提到一个问题，这是她后来在任期中几十次被问到的一个问题：英国什么时候会加入欧洲货币体系的汇率机制体系，这是德国强烈敦促的。她采取的态度像以后多次回答这个问题时一样：拖延。她承诺说，政府在9月份评估这个体系时，将予以关注。[103]

她当时就欧共体议题发表评论受到了现实条件的制约，大选获胜十一天后，她被迫打响了另一场战斗。欧洲议会（有人称"欧洲大会"）举行首次直接选举。撒切尔夫人对"大会"这个自命不凡字眼保持着警惕，总是按传统名称称呼它"议会"。在5月15日公布的保守党宣言中，没有明确提出加入汇率机制的时间，描述目标的文字也十分模糊。除了公布宣言之外，撒切尔夫人只在一次选举演说中提到这一点，那是6月2日在"欧洲青年"集会上讲的。演讲中，她维护了保守党赞成欧洲一体化的传统立场，不过穿插在了其他当务之急的讨论中。她说，欧共体应当促进自由，既要在经济领域，也要在抵制苏联暴政方面，"《罗马条约》没有多涉及自由的理想，但终究定义了维持自由理想必要的经济结构。"只要柏林墙存在，欧洲的价值观就绝对没有安全。她在没有公开反对布鲁塞尔的情况下，释放出对欧洲预算强烈不满的信号：英国承担的份额"明显不公平"。[104]1979年6月7日的民调结果显示，保守党以60票对工党17票占上风。

撒切尔夫人出任首相后的第一次欧洲之行是前往法国，会见吉斯卡尔·德斯坦总统。这也是新首相第一次出国旅行。遵循她的愿望，出访团队规模尽可能小，只有她和卡灵顿，还有两名私人秘书和两名警卫人员，他们乘坐一架小型猎鹰喷气式飞机到达勒布尔热，受到了法国隆重的接待。[105]虽然两国领导人皆属中右翼政治家，但她与吉斯卡尔的会晤并不太成功。吉斯卡尔在爱丽舍宫为来宾举行的正式午宴上，他自己首先得到上菜服务，因为按照外交礼仪，国家元首优先于政府首脑。她事先未得知这一规则。"当她注意到这一点时，嘴唇绷得紧紧的，"布赖恩·卡特利奇注意到，"吉斯卡尔难以忍受她的态度。"[106]后来，她在私下交谈说吉斯卡尔"非常（以蔑视的口气停顿较长时间）贵气"。[107]

吉斯卡尔于此前曾匆匆会见过撒切尔夫人一次，当时她还处在反对党地位。他回忆起那次在爱丽舍邂逅说："我们的孩子们年幼时，我那个自命不凡的家庭雇了名英国保姆。她非常讲究，非常整洁，常常将头发打理得一丝不乱。她干活儿效率很高，宗教信仰虔诚，总是把家里的窗户打开，孩子们生了病仍然开了窗户不关；她有点让人讨厌。我一见到撒切尔夫人，就禁不住要想：'她们俩简直是一个模子脱出来的，完全一个样！'"在他看来，遵循外交礼仪根本不是侮辱宾客，"总统与皇室属一个级别"，他丝毫没有怠慢对方。[108]

官方谈话记录显示，撒切尔夫人在言辞中稍带惹人讨厌的挖苦口吻。讨论将在东京举行的经济峰会时，她说，她还从来没参加过经济峰会，不过她已经仔细研究了以前各次峰会的公告：总是老调重弹，可世界经济问题照旧，公告内容亦然。她还主动提出后来多次发表的坚定声明，称英国政府"不可能考虑制裁南非"。[109]

当时法国正担任为期六个月的欧共体轮值主席，撒切尔夫人出席的第一次欧共体部长级理事会是在斯特拉斯堡举行的。确定那次会议议程并为会议定调的是吉斯卡尔，由于撒切尔夫人觉得他在巴黎怠慢自己，便对这一切产生了偏见。理事会于1979年6月21日和22日正式举行，撒切尔夫人第一次得到正式机会，为英国在欧洲预算中分担的比例表达不满。在当时的成员国中，英国的富裕程度（按人均GDP计算）仅位列第七，却分担了仅次于德国的第二大净比例。这是因为英国与非欧共体国家的贸易水平比其他成员国都高，因此吸纳的欧共体关税就高。而英国顺应经济的农业补贴远低于欧洲大陆国家。制定"共同农业政策"是为了支持1945年后正摆脱小农经济模式的国家。英国的农业现代化规模已经远超这些国家，成本却高于收益。撒切尔夫人寻求其合作伙伴们认可她采取必要的行动，并得到建议，按下一届峰会的议程做持久的改革，下一届峰会将于秋天在都柏林举行。

此前一个星期，克莱夫·惠特莫尔成为撒切尔夫人的新任首席私人秘书。他说，斯特拉斯堡峰会"让她开阔了眼界"。[110]吉斯卡尔总统在午餐会上私下交谈时曾向撒切尔夫人表示，愿意满足她的要求，在峰会第一天安排她就预算问题进行一场恰当的讨论，便于将讨论内容反映在公报中，但他随后的行动让撒切尔夫人认为他耍了个花招。他在当天下午安排了其他议题，晚些时候才提出，预算问题将被安排在当晚的晚餐会上讨论。这无疑会使该议题不受重视，因为晚餐会没有官员出席，讨论内容也不会出现在公报中。对此安排，撒切尔夫人一口回绝。吉斯卡尔有不同的理由："我

2. 唐宁街
"他们觉得她就像一头右翼的狒狒"

感到恼火,因为她坚持要求将预算问题列入重要议程,但这不是个共同主题,只是个英国的主题。"⑪

布赖恩·卡特利奇回忆道:"她总是想自己把事情敲定;吉斯卡尔则总是把问题留给官员们去解决。"在这件事情上,她最终成功了,公报中提到,委托欧洲委员会在都柏林峰会前提出解决预算问题的建议。但撒切尔夫人对自己遭到企图陷害感到非常生气。直到晚上,人群在路旁望着她登上大使的劳斯莱斯汽车去参加晚宴时,她还怒气冲冲扭头问卡特利奇:"我真的非参加这种活动不可吗?"⑫吉斯卡尔组织共和国卫队搞了一场特别的阅兵式,在大皇宫欢迎各国领导参加晚宴,他见撒切尔夫人最后一个到来,颇感有趣(这明显不符合她的特点,只能看作她根本不情愿光临),她的穿着格外考究:"她穿着晚礼服;我们则只穿着普通服装。不过所有人都被她迷住了。她真是一位漂亮的英国夫人。"⑬从一开始起,撒切尔夫人就讨厌欧共体办事的程序和风格。吉斯卡尔认为:"她从一开始就采取了与欧共体为敌的态度。"⑭

在斯特拉斯堡进行的诸多讨论都是为1979年6月27—29日在东京举行的G7峰会做铺垫。讨论的最大议题是通胀以及日益加剧的能源危机,由于那年年初发生了伊朗伊斯兰革命,减少了全球范围的石油供给,构成了导致能源危机的部分原因。这些问题都是撒切尔夫人极其关注的重要话题。在6月5日与吉斯卡尔进行的不愉快会见中,她曾指出了英国周遭环境引起的特殊困难:

> 首相说,英国政府目前正在致力于寻求一种政策,要求英国的发电站以煤炭来取代石油;然而,一旦持续下去,该政策势必对英国积累煤炭库存的能力产生影响,而煤炭库存又是必不可少的,因为要依靠此举应付冬天矿工进一步制造麻烦的可能性。所以,政府或许不得不重新考虑。⑮

由于石油短缺,煤炭或许有所帮助,但从国内政治角度看,对保守党政府而言,要依赖煤炭这种燃料又是最危险的。因此,撒切尔夫人表示更看好核能,人们并不感到吃惊。与G7的合作伙伴们不同的是,她还意识到,自己正在治理一个快速发展的国家,由于北海石油储量丰富,英国将成为一个石油净出口国。

撒切尔夫人怀着本能的猜疑情绪去参加东京峰会。她要陪同的布赖恩·卡特利奇数一下各国代表团的人数，希望英国的规模最小，事后颇感不快，因为加拿大代表团的人数更少。她对日本热衷于搞陈词滥调的公报尤其缺乏耐心，她渴望该峰会集中讨论能源问题，并设法防止世界经济再度出现通胀。[116]日本人将前来参会的这位女首相视为迷人的异类，制定出特别的安全计划。每一位出席峰会的国家首脑都由20名男性空手道高手保卫，日本政府提议由20名"空手道女将"来保护撒切尔夫人。内阁秘书不得不为此出面。外交部的报告称，约翰·亨特向日本政府通报："撒切尔夫人将以首相身份参加峰会，而不是以一个女人的身份，他确信首相不希望看到由女将保护。"如果这是对其他首脑的一视同仁的接待形式，那么首相对20名"空手道先生"陪伴没有异议。[117]

在莫斯科机场短暂停留时，撒切尔夫人接到了克里姆林宫的即席邀请，于是中断了前往东京的航行。苏联人设晚宴接待她。穿越苏联领空飞往东京可以缩短飞行时间两个半小时，采用这个航线的决定纯粹出于后勤考虑。然而，苏联总理阿列克谢·柯西金当天下午决定，要亲自与她会晤。会晤时，她本着自己的看法就越南船民的困境指责柯西金，并告诉对方，他们是共产主义的受害者。[118]当时在场的惠特莫尔回忆说："作为一位首相，这话说得过于直率，丝毫没有顾及外交辞令等细节。不过公平地说，柯西金并未因此失态，反而尽可能提供了自己掌握的信息。"[119]撒切尔夫人此前从未接触过苏联领导人，苏联人也对这位"铁娘子"非常好奇。布赖恩·卡特利奇注意到："双方彼此感到，对方没有预想的那么坏。"[120]虽然撒切尔夫人和苏联会谈者相互并不喜爱，但双方都从这场口水战中得到一些乐趣。[1]

尽管撒切尔夫人讨厌参加峰会，却很高兴抵达东京，部分原因在于她始终是媒体最关注的焦点。"她享受着重回年轻时代的乐趣。"卡特利奇说。[121]另外，这次会议还为她提供了一个重要机会，可以借此考验自己出席这类场合的能力。她蔑视外交礼仪的表现常令官员们深感尴尬，但在另一方面，撒切尔夫人又是一位优秀的谈判者，因为她见多识广，热

---

1 对这次会面更深层次的叙述见第6章。

2. 唐宁街
"他们觉得她就像一头右翼的狒狒"

切盼望以恰如其分的谈判达成合作。卡特利奇说,谈判对她而言几乎是天赋异禀。她认真阅读交给自己的简报,严肃对待。每一场重要会议之前,她都要向官员们做一番了解,本着自己法律专业的素养向他们提出众多尖锐问题。她从不怀疑自己,但也从不过度自信。遇上她不懂的事情,立刻不耻下问。⑫如果自己需要,她从来不怕越过峰会的等级结构。与其他领导人不同,她会拜访(峰会官员中)低级别的代表们,就一些细节问题直接向他们慷慨陈述。"这太棒了,真是一种精明的游说方式,"美国代表鲍勃·霍马茨回忆说,"我记得曾对卡特说,如果你想得到自己需要的东西,或许该四处走走……他回答说:哼!让玛格丽特去做那种事吧。"⑬

撒切尔夫人在东京会议上的开场声明简明扼要,并不看发言稿。她说,应该避免"可敬的陈词滥调,"她描述了一幅世界经济的阴郁画面,由于石油物价问题,世界经济正在逐月衰落。不过,她恳请同行们"让物价机制全面发挥作用",并强调更多使用核能的必要性。她赞成推动利用核能的原因之一是出于生态考虑。她在峰会之前接受采访时表示,担忧环境题的人们"同样应该关注持续使用燃煤和石油的影响,因为这会制造一个包裹地球的二氧化碳层,对生态产生毁灭性的影响"。⑭她还警告G7国家,打响抵制通胀的战争将意味着实际收入的下降在短期内不可避免。⑮她坚决反对再次发生通货膨胀。就在七国政要齐聚东京之时,沙特石油的物价从每桶14.54美元飙升至18美元。这凸显出他们集体力量的懦弱。

在东京期间,撒切尔夫人利用会议间歇会见了吉米·卡特,这也是她担任首相后两人第一次会见。她竞选获胜后,白宫对她的态度发生了转变。1979年5月兹比格纽·布热津斯基在一份备忘录中提醒卡特:"金·布鲁斯特(全名金曼·布鲁斯特,美国驻英国大使)认为,撒切尔夫人不再是1977年5月时见过的那位反对党党魁,也不再是那年秋季来华盛顿拜访你时满嘴教条的女士,新首相是一个冷静、睿智、务实的人。"卡特在备忘录边上批注:"我同意你的看法。"布热津斯基接着写道,尽管她有所缓和,"但我认为,应对撒切尔夫人咄咄逼人的天性和盛气凌人的癖好,仍需一些耐心。"⑯尽管他们彼此比较赞赏对方看待事物时的严肃态度,但两人的关系并不热情。卡特在个人日记中评论道,她"非常固执己见,且意志顽强,她不承认自己对有些事无知"。他口吻牵强地补充道:"不过,我看她会成为英国的一位好首相。"[122] [1]不管是从全球经济还是政治状态来看，撒切尔夫人都认为卡特的分析有严重缺陷。[123]吉斯卡尔·德斯坦虽然不能与撒切尔夫人轻松相处，但还是注意到两人之间的不同，并支持她的看法，"她清楚自己要做的事，并且不遗余力地采取行动。吉米·卡特则不然。"[124]他们两人面对的最大压力源自罗得西亚问题，那是他们的当务之急，必须尽快讨论。

由于根深蒂固的原因，罗得西亚白人势力在议会、警察和军队中与人口不成比例。根据总理伊恩·史密斯的内部解决方案，1979年4月举行了多种族大选。罗伯特·穆加贝的爱国阵线等人数众多的黑人激进政党一度联合抵制大选，反对有利于白人少数种族的相关条款。结果显示，黑人人口中64%的选民参加了选举，投票者支持穆佐雷瓦主教，使政府领导权回归黑人，穆佐雷瓦主教是个态度比较通融的黑人候选人，得到史密斯的支持。撒切尔夫人一贯同情白人少数种族，使保守党介入了这场大选。她说，她已经委托殖民地事务大臣博伊德勋爵作为观察员参加这次大选，正等待他的报告。她强有力地暗示，如果博伊德报告称大选公平，她将承认新政府的合法性。[2]这一政策与吉米·卡特及前英国政府的立场严重对立。当时，大卫·欧文是外交大臣。他们的思路与国际舆论一致，反对罗得西亚的内部解决方案，因为它保证了白人少数种族的特权地位。他们打算将罗得西亚隔离在世界舞台之外，直到采纳更具包容性的宪法解决方案为止，解决过程要有穆加贝的爱国阵线及其他黑人激进党派参与。

---

1 卡特将这段日记内容用在《忠于信仰》(*Keeping Faith*) 一书中，这是他的个人回忆录，出版于1982年。不过，他更完整的日记版本是《白宫日记》，直到28年后才问世，他在出版的文本中删除了最后一句话（表示撒切尔夫人将成为"一位好首相"）。卡特拒绝承认自己在内心中隐藏着对撒切尔夫人的积极评价，表明了他个人在晚年时对撒切尔夫人的态度。

2 这种暗示的重要意义并未使伊恩·史密斯感到失落，他很高兴看到撒切尔夫人大选获胜，写信祝贺撒切尔夫人："全体罗得西亚人都感谢上帝保佑你取得伟大的成功。"（伊恩·史密斯著，《苦涩的丰收：伟大的背叛与可怕的后果》(*Bitter Harvest: The Great Betrayal and the Dreadful Aftermath*) 布雷克出版公司，2001年版，第298页）。后来的结果证明，史密斯的热情是短暂的。

2. 唐宁街
"他们觉得她就像一头右翼的狒狒"

由于美国民主党政治中黑人的核心势力及其意识形态上的信念,卡特政府在撒切尔夫人就任前曾害怕她对罗得西亚的解决方式。雷蒙德·塞茨[1]当时在美国驻英大使馆工作,他说:"如果撒切尔夫人胜选,英美关系会进入一段僵化期。早在竞选运动期间,她就旗帜鲜明地表示,一旦自己获胜,就将承认穆佐雷瓦政府,而我们则明确表示不会支持。关于是否承认穆佐雷瓦政府的问题,美国民主党和英国保守党一直存在分歧,在英国大选时该分歧也一直悬而未决。但是,就连并不赞成罗得西亚内部解决方案的卡灵顿勋爵,也感到卡特政府有点自寻烦恼。"他们对她相当反感。他们十分不快……认为她简直是右翼的一头狒狒,就连她当选后他们也是这看法。这就是她的声誉,他们为不承认穆佐雷瓦向我们施加了相当大的压力,而我认为那有点适得其反。"⑬

直到5月14日,撒切尔夫人才收到博伊德勋爵的报告。报告称,考虑到内战造成的困难局面,罗得西亚的大选尽可能保持了自由与公平。她在博伊德提交报告之前就对《时代》杂志记者说:"选举,每人投一张列出四个不同政党领袖的选票:你在非洲任何别的地方见到过这种情况吗?"⑫布热津斯基在撒切尔夫人胜选后不久曾提醒卡特:"目前的主要问题是,在承认穆佐雷瓦政府问题上,撒切尔夫人将在多大程度上保持自己曾表达的意图。"⑬承认穆佐雷瓦将会立即终结罗得西亚受国际孤立的状态,并使史密斯的内部解决方案不经审查就直接通过。卡特的人屏住了呼吸。有一个人说:"我看游戏可能结束了。"⑭然而,撒切尔夫人退缩了。5月15日,议会就女王讲话进行辩论时,她以首相身份首次发表政治演讲,她谈到罗得西亚的发展状况良好,但补充说自己希望它"在获得国际广泛认可的情况下回归合法性"。⑮而这个条件并没有得到满足。

5月21日,美国国务卿赛勒斯·万斯访问伦敦,他对卡灵顿说,卡特并不认为罗得西亚的选举是自由和公平的,美国将继续保持对罗得西亚的制裁(参议院已经投票取消制裁)。美国政府想要的是所有党派参加的国民大会、一部经修订通过的宪法和一次新的选举。卡灵顿请美国人不要公开自己的具体要求,给他留一些回旋的余地;他确实采取了一些

---

[1] 雷蒙德·塞茨(1940—),1982—1984年,华盛顿特区乔治·舒尔茨部长的行政助理;1984—1989年任美国驻英国使团公使和副团长;1991—1994年任美国驻英国大使。

行动,他派出前英国驻华盛顿大使哈莱克勋爵,要他去非洲"前线"国家走走,听取当地人的意见。他成功扭转了撒切尔夫人对内部解决方案的支持态度:"真正让她回心转意的原因,是没有人支持她。不但英联邦成员不支持,美国人也抵制,所有欧共体成员国都反对。似乎对我们形成了制裁势态。说服她的正是这种情况,而不是对黑人多数规则的偏爱。哈莱克勋爵回国后汇报了此事,当然这也正是我派他去的原因所在。她尊重他的结论。"⑬

然而,虽然她听取了意见,却不打算将政策扭转回前任政府的轨道。她相信有新的解决之道。外交部罗得西亚事务处的领导人罗宾·伦威克[1]制定了一项计划,希望能够吸引她的关注:"我向她提出一些相当激进的想法:我们应当寻求直接进入罗得西亚干预的方式,这是第一种想法;第二种想法是不再试图与恩科莫和穆加贝达成共识……基于内部解决方案……尝试把它转变为令国际社会尊敬的方式。然后,我们为每个人提供参加选举的机会,当然,这一过程中我们必须给予监督……虽然这不是她正期待的方法,不过她还是十分感兴趣。"⑬但撒切尔夫人并不急于做决定。英联邦政府首脑会议将于八月份在赞比亚首都卢萨卡举行,她清楚,自己必须在会议前奠定坚实的地位,不过直到那时她还举棋不定。东京峰会后她访问过澳大利亚,卡灵顿回忆说,她在那里做了一场可怕的演讲,⑬她在演讲中,鼓动国际社会承认罗得西亚新政府。

1979年7月12日,撒切尔夫人在伦敦会见了联合国秘书长库尔特·瓦尔德海姆,她对瓦尔德海姆说,"罗得西亚比任何其他非洲国家更接近民主,"穆佐雷瓦是一个非常睿智的人,西方世界应当支持他。联合国的记录显示,"撒切尔夫人认为,如果西方打算遵宁要子弹不要选票的政策,就没有希望……当时卡灵顿勋爵突然插话说,应当实现一些变革,比如减少议会中白人的席位和政府中白人的人数等。首相说:'可怜的彼得,向来在我陈述时,他修补漏洞。'"⑬这份报告非常生动地表现出,撒切尔

---

[1] 罗宾·伦威克(1937—),毕业于圣保罗学校和剑桥大学耶稣学院;1978—1980年任外交和联邦事务部罗得西亚事务处领导人;1984—1987年任外交和联邦事务部助理次官;1987—1991年任英国驻南非大使;1991—1995年任英国驻美国大使;1997年受封克里夫顿的伦威克勋爵。

2. 唐宁街
"他们觉得她就像一头右翼的狒狒"

夫人认为应付的人是个恐怖分子时,她心中便一直存着敌意,[1]在外交官看来,她表达个人观点的直率口吻几乎令人难以忍受。不过这份记录也暗示出她的另外一些个性特点:面对在某个特殊议题上比她懂得多的人,她会提出抗议,但会做出让步。她担心自己"受到贵族们的欺骗",[140]不过她还是挺享受这种过程的。"批评家们说得不错,"卡灵顿回忆说,"的确会走一些弯路,"[141]不过这让撒切尔夫人在讨论一种政策时,自己能与之保持距离。"她并不是唯一能够说'无可选择'的人,"卡灵顿回忆说,她接受不可避免的论点,同时也为自己留下一条退路。"如果情况变糟,她就有转向的余地。"

7月25日,撒切尔夫人终于以带有归纳口吻的语言在下院最后做陈述,其中包含了外交部想要的内容。她承诺说,英国将为罗得西亚的独立负起责任,并坚决提议做出广泛层面上可接受的宪法安排。其中的关键语句是:"我们的目标是,使这些提议可与非洲其他前英国领地的独立基础相提并论,提议将面向冲突各方。"[142]换言之,这等于证实"内部解决"方案是不充分的,如果有可能,爱国阵线应该是可达成协议的一部分。

紧接着,撒切尔夫人于7月30日抵达了卢萨卡。有人称撒切尔夫人此前从未去过撒哈拉以南的非洲地区,但卡灵顿勋爵相信这种说法不对(她在担任教育大臣时曾访问过南非),不过有一点是对的,她对那里知之甚少。卡特利奇认为,她在罗得西亚问题上没有很多个人观点,她的一般性了解受到丹尼斯的强烈影响,因为丹尼斯有亲属住在南非,而且曾因公务在非洲多地旅行。他有一个顽固的信条,就是黑人政权在政治和经济上均显得无能,同时由于他的宗族关系和对体育运动的爱好,他对南非白人怀有天然的同情。在撒切尔夫人担任反对党党首期间,有一位美国官员在大使家中出席一次小型晚餐会,他回忆说:"因为撒切尔夫妇希望观看英国广播公司一个有关南非的节目,我们就暂时休会上楼去了。节目开始后,通过玛格丽特和丹尼斯之间的交流,我第一次意识到,她根本不喜欢黑人。"[143]对撒切尔夫人态度的这一描述有失公允,那只是她在家庭气氛中的随意表现。她通常避免在种族问题上一般化,只有关于德国或(开玩笑时谈到)

---

[1] 当时,在罗得西亚内战中,每周大约有500人被杀;每周大约有1000名白人离开祖国。

爱尔兰和法国的问题除外。

她对自己亲自前往卢萨卡预感到"真切的恐惧"。⑭卡灵顿记得,她在去那里的飞机上把墨镜带在身边。他问她原因,玛格丽特非常明确地回答说:"我敢肯定,我们在卢萨卡着陆时,他们要朝我脸上泼硫酸。"当时的确有一些报道说,那里发生过歇斯底里的暴乱。卡灵顿听了大笑:"你完全误解非洲人了!……最大的可能是他们会向你欢呼。"玛格丽特盯着卡灵顿说:"我不信。"⑮在飞机上,卡特利奇特别注意到,撒切尔夫人与卡灵顿的关系非常亲密,这既让他开心又让他有些吃惊。外交大臣成功找到了逗她开心的方式。他能"逗她笑得前仰后合"。⑯其他人都太害怕撒切尔夫人了,从不敢尝试这种事。卡灵顿显然在她眼中获得了相当特殊的地位,也得到特别的自由,可以按自己的意愿办事。丹尼斯非常不赞成卡灵顿关于罗得西亚的观点,不过他很仰慕卡灵顿,提到他时常常说他是个"强者"。⑰[1]

撒切尔夫人除了有点担心赞比亚的"接待仪式"外,还担忧别的事——女王作为英联邦灵魂要到场。女王对英联邦有感情有责任,这意味着,她可能发现英国政府与她自己的意见起码在原则上不一致。在撒切尔夫人对女王的态度中,糅合了宪法的正确性、守旧的尊崇感和让她稍感不安的成分,这也许与她和女王都是女性有关。而身居高位的两个女人共事,还真没什么经验可借鉴。[2]在一系列的场合中,撒切尔夫人"感到紧张,拿不准如何与女王保持一致",要么无意间抢镜,要么让她遮挡得黯然失色。有一个问题撒切尔夫人从来没有问过,但这个问题一直存在:"谁是明星?"克莱夫·惠特莫尔在记录中写道:"这两位女士不是和谐的社交搭档。"⑱卡洛琳·斯蒂芬斯在这段时期对撒切尔夫人的看法和其他人一样,她通常会提醒新来的私人秘书:"首先你必须牢牢记住,撒切尔夫人是个非常普通的女人。"如此描述一个非凡的女人的确奇怪,不过事实也的确如此。觐

---

1 卡灵顿对撒切尔夫人有一种单纯的尊敬和喜爱,但也会被她倔强和缺乏现实主义的做法搞得焦头烂额。有一天,卡灵顿正沿楼梯去她的书房时,转向克莱夫·惠特莫尔说:"克莱夫,要是我在这个愚蠢透顶的小资产阶级女人那里遇到更多麻烦,我就撒手离开。"(对克莱夫·惠特莫尔爵士的采访)

2 这是女王的姐姐玛格丽特公主的观点。(与佩恩夫人的谈话)

2. 唐宁街
"他们觉得她就像一头右翼的狒狒"

见女王之前,撒切尔夫人像大多数普通人一样感到忧虑,为穿什么衣服担心,为何时行屈膝礼担心,为如何避免迟到担心。[1]她需要得到别人不断的安慰。

结果,与女王同时出现的担忧很快便烟消云散了,因为政府官员的就职仪式一结束,女王两天后就离开了卢萨卡。女王亲临反而使撒切尔夫人的活动变得轻松,因为来自英联邦国家领导人对女王的敬意让她受益,开始与非洲国家首脑们私人会晤,气氛大为改善。卡特利奇得知,赞比亚总统肯尼思·卡翁达和撒切尔夫人一样,有一对孪生孩子。在非洲人的文化习俗中,有孪生子女是吉祥之兆。这一点不无助益。撒切尔夫人与卡翁达进行了气氛亲切的会谈,与坦桑尼亚左翼总统朱利叶斯·尼雷尔的会晤十分成功。在大会的一次闭门会议上,她表示,不能接受在新宪法中加入偏重白人的机制,一些军事官员的任命(白人享有特权)规定也是错误的,不过她同时坚持认为,对于罗得西亚问题,英国有责任通过宪法会议找到解决办法。英联邦国家对此给予了支持。"当她前往卢萨卡时,"罗宾·伦威克记得,"大家都预料她会说:'让我们承认穆佐雷瓦吧,'不料她提出的竟是个'英国接管'计划,让人们全都大吃一惊,这正是她钟爱的效果。"[149]

8月5日星期日上午,协议达成了。撒切尔夫人突然胃部严重不适,但她仍然"参加了整整一晚上的活动,出席了向赞比亚媒体颁奖的晚会……考虑到她已经24小时滴水未进,我觉得她随时会晕倒,但她顺利坚持下来,甚至还陪卡翁达跳起了舞。"[15]卡灵顿对撒切尔夫人取得的成就兴奋不已:"她在卢萨卡的表现太棒了。真的太优秀了。她此前从未去过非洲(此处不实:见上文),我觉得她从来以为那里有许多野蛮人。他们露面后,她见卡翁达是那么优雅的老人,所有人都和蔼可亲,我看她放心了。"[151]

对自己在卢萨卡取得的成功,撒切尔夫人在本质上有清醒的认识。英国驻联合国大使安东尼·帕森斯爵士随后向她表示了祝贺:"我对她说,'首相,我实在不希望自己听起来像是说奉承话,但是你在卢萨卡的表现实在是非常、非常出色。'她放声大笑,然后说,'得了吧,托尼,你知道是怎

---

1 1979年撒切尔夫人胜选后第一次进白金汉宫会见枢密院成员,按照在枢密院会见的惯例,不能有内阁官员陪同。当时她非常害怕迟到,竟提前45分钟抵达。一名下级官员不得不陪这位紧张的首相聊天,等待女王准备停当。(采访约翰·多斯)

么回事，是你们大家让我信服的，不过嘛，在公众面活动，我想我干得比你好。'"⑬9月份在伦敦兰开斯特宫举行了一次会议。虽然与会者中包括了撒切尔夫人视之为恐怖主义分子的约书亚·恩科莫和罗伯特·穆加贝，但她在外交上和个人名望上皆取得了毋庸置疑的成功。

  因为撒切尔夫人担心自己党内有人拆台，就让自己的私人秘书伊恩·高和自己一道前往卢萨卡，其实这是将他当成了交易的筹码，必要时可以向党内右翼党派牺牲掉这个筹码，在这一点上，他很值得同情。[1]在10月份的保守党大会上，右翼风言风语不断，却并非难以控制。撒切尔夫人多次将一些做法强加给自己的政党，他们后来发现，这种做法让所有人都颇感厌恶。

---

1 伊恩·高在卢萨卡积极参与活动时曾遭遇阻碍，原因是他以为自己随身带的是治疗疟疾的药，在午饭时以酒做引服用，结果他服用的却是安眠药。服药后陷入沉睡。（消息来源保密）

▲ 撒切尔夫人新任芬奇利选区议员，1959年10月20日到议会下院就职。

▲ 1961年10月，撒切尔夫人首次在议会得到部级办公室，担任养老与社会保障部秘书。图为她阅读议会议事日程表。

▲ "议会里的女士们"：1964年6月21日《星期日泰晤士》杂志封面，图中为女议员。撒切尔夫人位于最后排上面。

▲ 撒切尔夫人与自己效命的第一位大臣约翰·博伊德—卡朋特见面。他评论说，她有着"训练有素的律师头脑"。

▲ 内阁的母亲：1970年6月保守党大选获胜后，玛格丽特在自家兰博赫斯特山村的别墅中为家人演奏。

▲ 撒切尔夫人担任教育大臣时。尽管被称为"抢牛奶的人"，撒切尔夫人还是比大多数政客更擅长与孩子们对话。图中是她1971年在伦敦的一所美国学生的学校里。

▲ 泰德·希思召开紧急内阁会议，讨论尼克松总统1971年8月采取的反通胀经济措施，此后，撒切尔夫人在唐宁街几乎总是身着假日装束。

▲ 摄于1973年，撒切尔夫人手持泰德·希思的一幅画像。当时她还没有参与推翻希思的活动。

▶ 撒切尔夫人担任环境部发言人时提出,设定抵押贷款利率上限,她在1974年10月的大选中出乎意料地发挥了重大作用。图为一场竞选新闻发布会上,位于她旁边的是卡灵顿勋爵(党主席)和泰德·希思。

◀ "无论从何种意义上讲,我的橱柜都算不得囤积居奇"。家庭主妇"玛吉"通过电视展示她储藏食物的橱柜,来规避关于她囤积的指责,当时正值希思的领导权受到挑战的1974年12月期间。

▶ "从头开始":1975年1月31日撒切尔夫人在梅菲尔社区的查尔默斯美发店。十一天以后,她成为保守党领袖。

▲ 第一回合淘汰赛：撒切尔夫人在党魁竞选的第一轮投票中击败希思后，正试着让记者们安静下来。摄于1975年2月4日。

▲ 妻子、母亲、领袖：撒切尔夫妇在庆祝她在第二轮投票中的胜利。摄于1975年2月11日。地点是在她的竞选经纪人之一威廉·舍尔顿的家门外。

◀ 胜利者做客BBC电台2频道的《吉米·杨秀场》。杨为她提供了恰到好处的平台。

▶ 这是撒切尔夫人仅存的（唯一已知的）为欧共体高举火炬的照片。在所有成员投票决定英国留在欧共体的活动期间，她穿着一件印有欧共体所有成员国国旗的运动服。照片摄于1975年3月。此次会议由温斯顿·丘吉尔主持。

◀ 馈赠袖扣见真情。这是撒切尔夫人与罗纳德·里根的第一次会晤，时间是1975年4月。两人当时都不是国家领导人，但他们的亲密关系在很久以后得到成功延续。

▲ "爸爸确实对玛格丽特姨妈妈心有眷恋":威利和穆雷尔·库伦以及他们的长子莫顿,于20世纪70年代末在他们家埃塞克斯郡富尔顿—霍尔的农场接待撒切尔夫妇。

▲ 永不下班:1978年8月,撒切尔夫人与莫里森一家在艾雷岛上度假期间低头看手表。她旁边是彼得·莫里森,后来在她任期之末成为她的议会私人秘书。她的着装主要是为工作随时待命,而非苏格兰群岛上恬淡闲适的环境:她永远也不理解度假的意义。

▲ 人们认为,著名的萨奇广告会在1979年5月的选举期间出现,实际上发布于1978年夏末。在1979年3月的一次地方政府会议上,撒切尔夫人正慷慨陈辞,讲述下面海报上的内容。

◀ 撒切尔夫人在唐宁街10号台阶上讲话的笔记,她引用了阿西西的圣弗兰西斯的话。"HM"指女王陛下。底部的"AN"指艾瑞·尼夫。

▲ "绝望处,愿我们带来希望":图中是1979年5月4日,撒切尔夫人平生第一次以首相身份进入唐宁街10号。最左边的是广播员约恩·斯诺。

▲ 1979年5月,议会开幕典礼前,首相正在帮下议院议长诺曼·圣·约翰—斯蒂沃斯除去衣领上一片碍眼的绒毛。1981年初,她把他也整个排除出去了。

▲ 人在前线:1979年8月19日,蒙巴顿勋爵和18名英军士兵在沃伦角遭杀害,撒切尔夫人身穿北爱尔兰卫队军装在北爱尔兰的南阿尔玛访问"班迪特郡"。她一身军装出现在公众面前在当时造成了极大影响。

▲ "如果你乐意就转弯,本夫人绝不转弯":图为撒切尔夫人在政党大会上,她紧握自己经济紧缩路线的方向盘。摄于1980年10月。

3.

削减
"我的要求太少了,对不对?"

撒切尔夫人就任首相第一天,就看到了内阁秘书和中央政策评审委员会呈交的英国经济状况简报,还阅读了财政部就同一主题向财政大臣提交的简报副本。这些文件向她展示出英国经济严酷黯淡的现状。

财政部预计,1979年的零售物价指数年上涨率为10%—11%,而公共部门融资缺口将从85亿英镑增至100亿英镑。增长的主要原因是公共部门薪金解决方案。该方案由克莱格教授领导的可比性委员会提出,撒切尔夫人在竞选中承诺要实施这一方案。约翰·亨特提醒她,公共雇员范围广阔,包括了军队、医生和牙医、"上层人士"、地方政府非体力劳动工作人员、邮政人员、教师等,她要尽快解决这部分人的薪资问题。亨特在一份关于时间顺序的单独文件中告诉她,当务之急是确定预算。其次,"在时间顺序上紧接着是研究……公共开支策略,这一点因内在的重要性和固有的难度都应该排在其他事务之前。"1977—1978年紧缩开支后,工党政府的开支扣除物价因素后每年上涨3%,还遗留下一系列大同小异的开支计划。亨特在总结中写道:"从目前政策的角度看,整体形势是短期内通胀继续攀升,经济增长继续迟缓,导致持续的不确定性和不稳定性。"①

中央政策评审委员会则从自己的角度指出更广泛的影响。"我国的工业表现长期萎靡不振,从西方工业角度看,英国现在成了个生产力水平低、劳动力廉价的国家。"这份报告还评论道,人们目前以"令人惊讶的平静心态"接受失业问题,但报告预言,"假如失业率持续飙升,有色人种的众多年轻人找不到工作,当前平静接受的心态或许会崩溃,在各城市中心区,形势会变得尤其严重。"面临的国际贸易形势严峻,"英国有罹患'荷兰病'的危险——石油和天然气的收入迫使汇率升高。"报告指出,货币主义政策势必加剧这一趋势。报告建议减少石油开采量,放松外汇管制,加入汇率机制。同时,应当提高所得税起征点,削减高利率(不过这一点可以推迟),而间接税则应提上议事日程。公共开支应当削减,一定程度上要借助"裁员"来实现,同时可采取"有争议的"手段:将物价去指标化,而不是将物价指标化。报告称,"舆论共识"认为国家面临的主要问题"顺序为:通胀、工业表现和失业"。这个智囊团并不知道,撒切尔夫人最讨厌"舆论共识"这个词。在这份报告中,并未提到工会改革是个重要的方面。

经济惨淡对撒切尔夫人并不是什么意外的新闻。但是,她的私人经济秘书蒂姆·兰克斯特必须让她了解这些新闻,在此过程中,兰克斯特稍感吃惊地注意到,"她就职时,对宏观经济遇到的麻烦并不很了解"。[2]从某种意义上看,一塌糊涂的糟糕局面对撒切尔夫人反倒有利。只有灾难才迫使选民拒绝吉姆·卡拉汉的缓和措施;也只有灾难才让人们接受了行事缜密的新护士送上的苦药。保守党因提出经济变革的必要性赢得了选举,如今得到了恰当的授权来付诸实施了。众所周知,保守党的守旧派一直担心货币主义、经济自由主义和削减公共开支,但他们提不出可供选择的分析结果和行动计划。激进主义的活动领域却似乎是清晰的。

但形势的确严峻,新政府真正准备下手应对时显得格外势单力薄。另外,还存在一种可能致命的因素,保守党有自鸣得意的本色,但也混杂着一代官僚穷于应对经济衰退产生的悲观情绪。撒切尔夫人对这一切保持着本能的警觉,从担任首相那一刻起就有一种危机感,唯恐机会稍纵即逝。她立刻如饥似渴般动手匆匆批注接收到的每一份文件。公务员们很快便体会到,她在文字下划直线是表示同意,波浪线则意味着反对。实际上,她从未亲自写过一份备忘录,宁愿在别人呈交的文件边缘批注。在文件边缘,她会狂暴地表达自己的感受。"不!!"或者"不"(连画三条下划线),甚至形成了很久之后她在另一种语境下而变得著名的语言风格:"不。不。不。"1979年5月4日约翰·亨特提交了一份备忘录,请她确认"(恰当的)可比性是确立公共部门薪金标准的关键。"[4]"不对",她批注道,并不顾忌自己曾承诺保守党会支持克莱格的可比性委员会的研究结果。而这个承诺的截止期限是8月。亨特为她起草了另一份供内阁讨论的备忘录,内容是关于薪金和现金限额,并就该议题提出多种选择,她在备忘录的封面上批注道:"内阁讨论这份文件纯属徒劳,其他文件也一样,提出大堆的问题,

3. 削减
"我的要求太少了，对不对？"

却没有提供多少答案！这种东西会把我们搞得软弱无力而不是强化我们的力量。从议程中撤掉。"⑤从一开始，她就害怕把内阁变成人们只发表言论的地方，尤其不愿让那些不同意她想法的人表达看法。她要集中精力采取行动。

后来，撒切尔夫人显然决心不再对克莱格做承诺。她认为可比性原则的基础是错误的，对财务具有毁灭性。可比性工资理念认为，决定工资水平的基础是与其他工人相比较，而不是基于工人的产出能力和资方的支付能力。然而，由来已久的偏见在维持这种安排方面表现非常强烈。竞选运动期间，她不顾杰弗里·豪的反对，向保守党承诺尊敬克莱格的研究结果。克莱格教授任期届满后，计划安排一个继任者，期待在比较研究和决定公共部门薪酬方面做一些整体机制方面的设计，将这一领域的工作继续下去。5月16日，亨特写信给撒切尔夫人说，"在现阶段，反对取缔该委员会的呼声似乎十分强烈。"⑥不过，她打定了主意，只能做一个短期承诺，对其他问题避而不谈，还希望克莱格改变自己的工作方式。她审查了该委员会新提名成员的资料，试图找到能与自己立场有共鸣的人。她在批文中问道：能否请帕特里克·明福德教授[1]或商人弗兰克·麦克法迪恩，"或者一些有相似观点（在最后一个字眼下划了三道线）的人？"她还尝试将克莱格的授权调查范围改为"以经济成效给予奖励"。⑦后来她意识到，做出这种变化或许只能让克莱格巩固自己的地位，便设法让内阁形成一致意见，坚持不增加其新成员，否则将意味着政府支持一个能够发挥作用的委员会。在准备回答议会问题时，有人可能提出这样的问题：克莱格是否应解职，她直截了当地用了一个字"不"，并没有说出其余的想法，让他"先完成现有工作"。⑧因为撒切尔夫人担心辞退克莱格会加速产业上的瓦解，便允许他继续工作，直到1980年8月才宣布撤销他的委员会。

吉姆·普赖尔研究这个薪金的专题，他呈交了一份备忘录，建议政府尽早与全国劳工联合会对话，并建议政府另外与工业联合会对话，协商"目标"。在这份备忘录的页边空白处，撒切尔夫人批注："不。"普

---

[1] 帕特里克·明福德（1943—），毕业于温彻斯特学校，牛津大学的贝烈尔学院以及伦敦政经学院；1971—1973年任财政部顾问；自1977年起任卡迪夫商业学院经济学教授；出版过多部著作并发表多篇文章，主题均与货币政策及国际经济有关。

赖尔还敦促说,应鼓励克莱格的委员会在提交下一份报告后继续其工作。撒切尔夫人潦草地批注了一句:"我们绝对不能根据这么一张薄薄的纸做出所需决定。"⑨在她的要求下,这事没有在内阁会议中上会讨论。讨论从内阁全体人员转向内阁经济委员会组织的论坛,论坛以财务大臣写的一份备忘录为讨论主线。然而,这份备忘录也没有提出什么好的思路。杰弗里·豪在备忘录中建议,政府应当等克莱格在8月份完成自己任期内的调查,"清点存货"后再决定该向地方政府支付多少地方税收补助(撒切尔夫人以嘲讽的口气批注道:"让预决算牵着鼻子走!")。杰弗里·豪说,一旦做出那个决定,地方政府就会自行协商,用不着干预。"这是错误的,"撒切尔夫人批注道,"付钱给吹笛手的人有权要求吹什么调子。"⑩杰弗里·豪争辩说,应该等到克莱格的研究结束,再决定可比性是否作为薪金谈判的永久性基础。

杰弗里·豪还细查了一些经济与工业论坛的主题,渴望从中得到启示,保守党也对那些论坛寄予淡淡的希望。他不赞成凭一个论坛确定薪金标准或限额,不过他说:"问题在于它(一次论坛)能否发挥好传播作用,让公众更好地理解经济发展的过程和前景。"⑪杰弗里·豪坚持认为,千万不能给劳工联合会提供正式对抗的平台,但应当与工会领导人进行"非正式接触"。随着时间的流逝,论坛的概念渐渐被人淡忘。[1]财政大臣从内阁寻求支持,同僚们认可了他那份备忘录前三段内容涉及的原则。但撒切尔夫人生气地批注道:"这些段落里没有任何原则可言。"她在这份文件上加了一页批注:"这是一份非常糟糕的文件,假如我们持宽容看法,只能假设财政部已经陷落……我们没有时间,绝对不能等到克莱格彻底完成他的全部工作。"⑫

1979年5月31日,撒切尔夫人不请自来,闯进克莱格教授和普赖尔原定单独进行的讨论,对克莱格说,他应当额外考虑提高效率问题,目前有些人浮于事的现象。克莱格反对说,绝无可能。"首相表示,听到克莱格

---

[1] 7月初,杰弗里·豪提出,论坛或许该让人感到是"偶然"举行的,而不是以正式意义上的制度化形式举行,这样做也许对未来经济政策能实现"广泛的一致"。但他使用的语言不可能让反六十年代做法的撒切尔夫人喜爱,撒切尔夫人在他的备忘录上批注:"不行"。这个"偶然"根本就没有发生。

3. 削减
"我的要求太少了，对不对？"

教授所说的效率问题她很失望，这证实了她的担心，认为委员会最初几份报告提出的解决方案可能引发通货膨胀。她请克莱格教授考虑这对委员会未来声誉的影响。"⑬

财政部"陷落"问题出自财政大臣的第一份预算草案。撒切尔夫人决心不重蹈希思政府的覆辙。希思于1970年6月就职后，按惯例第二年春天才呈交了第一份预算。政府开支预算案也是第二年才呈交的，政府决定削减支出，但这个预算年度已经过了一半。政府选择6月12日为预算日，结果导致极大的慌乱。

然而，在这之前，女王还要做一场演讲，宣布立法项目。准备该项目过程中，撒切尔夫人透露，尽管她的政府已经有明确的目标和明确的治理理念，但是尚未形成一致的策略。这一点尤其突出显示在物价管理委员会，这个法定机构尝试人为控制物价的做法与撒切尔夫人团队的原则相悖。新任贸易大臣约翰·诺特就职第一天就写信给撒切尔夫人，敦促她立即废除这个委员会。撒切尔夫人对此没有做出过多表示，她担心这会对零售物价指数产生突如其来的影响。她在私人秘书送来的一封信件上批注道：

> 我必须首先告诉你，我支持变革而不是废止。我的两个主要战略目标是：
> 一、通过削减直接税和容忍增加间接税来恢复激励机制；
> 二、通过对工会法做必要的修订来建立信誉和权威。
> 损害这些目标将是不明智的。
> 最后，匆忙做出决定日后势必后悔。⑭

她自己提出的策略偏颇得让人奇怪，没有再针对通胀和公共开支发起攻击。结果这个策略遭废弃，至少物价管理委员会没有采用。基思·约瑟夫介入后支持诺特，5月14日经济委员会达成了一致协议，立即废除物价管理委员会。撒切尔夫人在个人回忆录中写道："我们宣布废除物价管理委员会那天，也许我们的对手才头一次意识到，政府对市场的口头承诺与实际行动完全一致。"⑮情况的确如此，但是在当时，她对如何行动和以何种顺序来行动曾一度困惑，几乎让行动陷于停顿。

议会开幕大典那天，下院议员应召去上院，受女王接见。撒切尔夫人头戴一顶白帽，装束焕发出现代格调。议员们等着黑杖侍卫召唤大家前往上院时，有人见她帮诺曼·圣约翰—斯特瓦斯掸去衣领上的头皮屑。5月15日，她在下院领导了一场辩论。按照政治学的术语，她的言辞流露出旺盛的斗志。她说，这是一场"分水岭性质的选举"，[16]在此过程中人们做出了明确的选择，支持个人反对政府。她欢欣鼓舞地引用了右翼工党前大臣比尔·罗杰斯[1]的话，罗杰斯曾宣称："最重要的是，工党已经任由自由的理念被偷换。"她就各城市中心区的不幸福状态做评论时，斥责其市政当局的社会主义思潮："哪座城市的市中心区有贫穷，哪里就有社会主义者的政府多年执政。"[17]撒切尔夫人宣称，要尽快废除物价管理委员会。她向全国企业委员会下令，卖出持有的盈利企业股份，要解除对长途客车服务行业的管制，强化移民管制。她还承诺提交法案，保障租户购买所居住公屋的权利，同时引入一种新的短期租赁方式，促进私人出租行业的自由化。她还宣布了一项助学计划，日后称作"补助私校生名额计划"，资助有天分的国立学校学生在私立学校接受教育。对罗得西亚的未来，她流露出妥协迹象，对于欧共体的预算，她则暗示出对抗姿态。按照竞选运动中的承诺，为了捍卫"法律框架下的自由"，她为警察和军人提高了工资，并为此正名称："安全对我们自由国家的生存至关重要。"但她并未讨论涨薪背后涉及的公共财力问题。

撒切尔夫人还在辩论中谈起最能引起争议的措施——"在法治前提下"对待工会问题，提交旨在改革其某些做法的提案。实际上，提案并不非常激进，继续反映出党内两派之间的折中，一方是调停人吉姆·普赖尔；另一方是希望彻底调整英国劳资关系的人们。普赖尔是肩负此责的大臣，在这个折中方案中占有优势。这个提案要求限制在工作场所搞纠察活动（但未提及抵制违反罢工的公司及其产品该如何处置），对于仅雇用工会会员的工厂或商店，保障个人反对其会员的上诉权（并不损害这些工厂或商店

1　比尔·罗杰斯（1928— ），毕业于利物浦夸利岸高中和牛津大学的莫德林学院；1962—1974年任蒂斯河畔斯托克顿选区工党在议会中的议员；1974—1981年任斯托克顿狄塞德选区议员；1981年，成为社会民主党创始成员之一；1981—1983年任斯托克顿狄塞德选区社会民主党在议会的议员；1992年受封夸利岸罗杰斯勋爵。

3. 削减
"我的要求太少了，对不对？"

的机构本身），在工会选举过程中，提供公共资金，支持通过邮寄方式投票。这项提案的一个重要意义，在于推翻希思就劳资关系提出的解决办法，并指出前进的方向，但它对劳资纠纷的行为本身并无实际效果，不足以树立她的策略所追求的"信誉和权威"。

除了废除物价管理委员会，采取关键的经济举措必须在预算草案公布之后。在准备草案的日子里，杰弗里·豪除了与首相举行每周一次的协商，还越来越多地穿过分隔财政大臣官邸与首相官邸之间的门。他带给撒切尔夫人的消息越来越糟糕。大选前，卡拉汉政府在工资结算成本等方面疯狂借贷开支，对货币管理造成大混乱。1979年5月10日，杰弗里·豪向她通报说，所有硬币、纸币和银行存款的衡量手段称作英镑"M3"，如今颇受财政部偏爱，将其视为最佳货币供应衡量手段，而M3目前以12.8%的年率增长，超过了其目标范围。鉴于政府相信并公开宣称通胀是因货币供应过度增长引起的，这种现象便是通胀到来前的预警信号。6月6日，杰弗里·豪警告说："（与贸易数据一道提供的）更多坏消息显示，我们接手的烂摊子比先前预料的更糟糕。"[18]货币供应增长率已经达到13.1%，当月还将升得更高，这些数据甚至超出了丹尼斯·希利的目标区间。政府定的目标是7%—11%。杰弗里·豪接着说，英格兰银行行长戈登·理查森建议最低贷款利率在原有基础上增加2%，达到14%。这必然将按揭贷款利率推高至13%。杰弗里·豪坚持认为，为了避免卷入预算草案，这种增幅第二天就应该生效。

撒切尔夫人第一次遭遇到进退维谷的处境，后来一再受到这个问题的困扰。直到1997年，英格兰银行的货币政策委员会才依法成为独立的机构，此前，控制银行利率事实上是财政大臣的责任，由他与首相磋商后确定。提高或降低利率的决定不但是经济行为，而且不可避免地带有政治色彩。在上世纪末，这种决定比其他类似决定更加引人注目，由于通胀率居高不下，很难撼动其势头。当代常见的0.25%利率调整，要是在当时，这么小的调整根本就察觉不到。当时的利率上升常常是一次两个百分点，甚至三个百分点。那种情况将政治家们置于他们厌恶的争议之中，但同时也给予他们一种权利，很少有人愿意放弃那种权力。撒切尔夫人见英格兰银行采取的是凯恩斯主义路线，便对它产生一种本能的不信任，她对该行行长戈登·理查森也极为怀疑。"真不知道谁会信任他们，"她对亚当·里德利说。[19]

那年11月，在英国国债市场上，政府债券出现了一场危机，导致利率升高三个百分点。撒切尔夫人看了一份评论银行行为的备忘录，在页边空白处批注道："我必须在那儿安插一个靠得住的人。"[20]理查森是个知识分子，喜欢以间接而明显模棱两可的方式表达观点，这种风格一度激怒了撒切尔夫人。他是个英俊的男人，但言谈举止中并未把她当成一名魅力女性来对待。在撒切尔夫人眼中，这两种行为的组合是致命的。"理查森属于猫科动物；撒切尔夫人则属于犬科。"[21]撒切尔夫人从来态度坦率，有的官员对此感到喜悦，有的则感到惊慌。一天，政府首席科学家约翰·阿什沃斯走进她的办公室，她抬起头，以这种坦率的态度看着对方问："你对戈登有什么看法？"阿什沃斯问："哪个戈登？""哦，你知道的，就是管理英格兰银行的那个傻瓜。"[22]尽管蒂姆·康登[1]甚至哈耶克等货币主义理论精英提出，利率不应再受政治摆布，但她并没有认真考虑过把权力拱手让给理查森。理查森在希思任职期间也担任行长；早在撒切尔夫人就职前，戈登·佩珀就告诫说，理查森在巴伯繁荣[2]期间"罪恶滔天"。[23]

撒切尔夫人渴望自己成为名副其实的第一财政大臣，将调控利率视为自己反通胀战争中的主要武器，绝对不愿放弃政治对利率的控制。尽管在击败通胀方面，谁也没有她的愿望更强烈，但是，高利率对她常常挂在嘴边的"我国人民"产生的效果，谁的体会也没有她深。玛格丽特·撒切尔主导经济过程中，最具连贯性的一个思路就是她始终坚持反对提高利率，无论何时有人提出这个想法，她都会反对。有人认为，年轻人只要有意买房或动手买房，保守党政府就该给予惩罚，她痛恨这种想法。她在理论上极力反对个人或国家超过自身能力的借贷行为，不过她也知道，阻止人们借贷无疑会粉碎他们的愿望，而她出于信念和政党政治原因，都希望培养人们的愿望。

---

1 蒂姆·康登（1951—），毕业于牛津大学；经济学家。1973—1976年任《泰晤士报》经济部记者；1976—1986年任L·迈塞尔有限公司经济学家；1989—2001年为伦敦朗伯德街研究所创始人、总经理；2001—2005年任首席经济学家。

2 巴伯繁荣，又称"希思—巴伯繁荣"，是20世纪70年代初希思政府时期，由时任财政大臣的安东尼·巴伯推行的预算法案而导致高通胀现象，因其产生一系列问题而成为通胀研究中的一个范例。——译者注

3. 削减
"我的要求太少了,对不对?"

1979年6月初,财政大臣和银行行长应召来到她面前。"首相说,她不能接受财政大臣关于时机问题的论点,"她的私人秘书记录了杰弗里·豪会后说的话,因为会上忽视了欧洲大选的因素。她指出,必须在(公布预算草案的)星期二调整利率,她"怀疑是否需要提高利率整整2%",她还对按揭贷款利率心怀担忧。她要求周末进行复议。㉔

杰弗里·豪周一再次见到撒切尔夫人时,继续坚持己见。他和理查森的观点是政府必须释放出正确的信号。最基本的理念就是,政府必须能够在市场上支撑起自己的借贷规模:如果一种策略不具可信度,就不能强行。杰弗里·豪认为,有一点极其重要,就是要避免(利率)调整后产生力度不够的感觉。他补充说,"鉴于我们所承诺的货币目标,我们推出的第一个货币政策工具应当是明显立竿见影而且完全毋庸置疑的。"兰克斯特就杰弗里·豪的备忘录评论道:"虽然首相非常不情愿,看来还是按财政大臣的判断执行了。"㉕但她明确提出自己的看法,认为当前讨论的利率增幅是错误的,更好的比例应该是1.5%。

这么做的过程中,撒切尔夫人的一种技法逐渐变得纯熟了——应允一项决定,自己却与之保持距离。光明过去黑暗降临,她同意的最低贷款利率增长仍导致了按揭贷款利率上涨,撒切尔夫人颇感惊惶,竟打破在收到的备忘录页边批注意见的惯例,亲自给杰弗里·豪写了一份单独的文件:"今天媒体对按揭贷款利率的报道让我非常担忧,报道称,未来几天还可能继续上升。这种情况绝不能发生。如果需要,我们必须(像1973年那样)从应急储备中调出一部分做临时补贴,确保利率稳定在现有水平上(11.75%)。这种利率水平已经太高了。请你立即与迈克尔·赫塞尔廷和建房互助协会协商一下。"㉖最终,并没有采取这种补贴措施;不过打算干预的态度表明,撒切尔夫人对现实情况深感担忧,同时可以看出,出于政治原因,她准备脱离自己在原则上坚持的市场保守主义。财政部和各种不同的纯粹自由市场主义者一次又一次敦促她,终止住房贷款贴息制度,不再冲销按揭利息税,但撒切尔夫人拒绝了。当时不断有谣传称,住房贷款贴息制度或将终止,在"首相问答"环节,吉姆·卡拉汉向她发起挑战。她毫不犹豫地回答:"我很高兴否认此说法。顾问们并非一向正确,我常常告诉他们这一点。"㉗

第一份预算草案准备就绪后,撒切尔夫人很快就与财政部发生了矛盾。在一次财政部全体大臣和高级官员参加的正式会议上,她抱怨说,在公共开支方面，"财政部的做法……远不够强硬"。她希望的公共部门借贷需求是75亿英镑，而不是85亿—100亿这么大的规模。"首相强调说，从一开始就保持整体战略的正确性非常重要。该战略必须涉及大幅削减公共开支，并在几年后实现更实质性的压缩；还有更低的货币供应增长率……以及更低的利率。"[28]就新的削减计划达成了一致，其中包括进一步削减1亿英镑的地方税收补助，削减应急储备，并设定其他储蓄领域4亿镑的削减目标。资产出售额将增加10亿英镑。另外，将不调整现金限制额度，[1]还将在行政机构内部削减人员开支。

然而，撒切尔夫人的税收计划并不强劲。"让她极感烦躁的是，不得不将增值税从8%增至15%。这将意味着零售物价指数至少要上涨3个百分点。这个结果对下次调整将是灾难性的。"[29]杰弗里·豪在个人回忆录中指出，撒切尔夫人当时表现出"她将高水平原则和传道热情投入现实政治往往表现出的矛盾心理"。[30]杰弗里·豪对事态深入考虑几天后，写了回信。他知道自己的预算案会让她看作是紧缩性的，但如果能在政府长期决策方面提供"真正明确而令人信服的指示，"就没什么问题。他想把基本所得税率从33%降低至30%，把最高所得税率从83%降低为60%。减少的税收由15%的增值税率弥补。

在撒切尔夫人的内心中进行着一场持续不断的战斗，战斗一方是自己的小心谨慎，另一方是她激进的本能，此时倾向于谨慎。她拿不准，以这么快的速度大幅度降低所得税是否真的明智？杰弗里·豪曾在自己的专著中写道："在此背景下，她提到了1952—1953年度的预算案。当时巴特勒先生的第一份预算案内容相当严酷，他的第二份预算案，才开始真正实施降低所得税的政策。"[31]但是杰弗里·豪维护着自己的立场。公共部门借贷需求在不计算15%增值税率的情况下超过了80亿英镑。他写道："重要的是实际收入与物价之比，而且对每一个人都实质性地降低了所得税。提出这个一揽子计划能让个人得到更大的选择空间。"同时，他

---

1 现金限制额度虽然不是由撒切尔主义者发明的，却是其预算控制中的一个关键概念。它不是像过去那样按量计划开支——例如，两艘航母或一百所新学校——而是计算出应该分配给各项目的现金量。如果超出现金限制额度，即便项目已经达成协议也不能实施。

3. 削减
"我的要求太少了,对不对?"

希望这份预算案将标志着一个决定性的起点:"该预算案将给我们提供唯一的一次机会,实现从直接税向间接税的根本性改变,进而捍卫我们的信誉所仰赖的承诺。"㉜两人第二天见面时,撒切尔夫人勉强同意提高增值税,换取了不增加烟酒关税的决定,目的是稳住零售物价指数。两人还一致认为,将公共部门信贷需求维持在85亿英镑之下是非常重要的,这比当初提出的75亿英镑有所松动,她当时一提出这个目标马上就后悔了。回想起来,很多人都有过撒切尔夫人之前提出的想法(不过他们并不知道她曾提过),批评杰弗里·豪的减税政策过于匆忙草率,还批评他使公共财政陷入不稳定状态。这种批评很值得商榷,不过这是个重要的信号。一个新的保守党政府必须就税收的作用明确表达一种观点,对此杰弗里·豪比撒切尔夫人看得更清晰,必须强调动机和选择。布赖恩·沃尔登在大选前曾强调,必须明确因不平等产生的收益。预算案提交后不久,撒切尔夫人从道德角度强势捍卫自己的经济政策,用反平等主义的词语为降低最高所得税率正名:"任何国家都要依赖少数天才和果断的精英取得的成就,这样才能得到自身的健康:经济上的健康、文化上的健康、心理上的健康。"㉝如果她的第一份预算案不是果断地瞄准税收,几乎可以肯定她以后的几份预算案会采取更为谨慎的态度,追求变革的动力将不复存在。

1979年6月12日,杰弗里·豪提交的预算案主调显示出英国经济的衰落。他指出,1954年英国在世界贸易中的份额相当于法国和德国的总和。四分之一个世纪后,1979年法德的份额比英国多出三倍。坦率承认颓势是大力扭转的前奏。他提出的扭转策略包括拟推进的所有重要税务改革。另外,他还改变了国家养老金的计算基础。过去,养老金的增长一直与物价和收入增长挂钩,"以增幅较大者为准"。如今,养老金要单独与物价挂钩。由于英国的经济问题之一是工资领跑物价的趋势,却没有对生产力提高给予回报和补偿,所以这一改变对长远的影响将是巨大的。预算草案还宣布,开始分阶段解除外汇管制,这一决定也将产生长远的重大影响。一个时代以来,外国资本在英国大规模投资首次成为严肃的议题,英国向海外的新投资也是如此。

每个人都看出,杰弗里·豪第一份预算案代表着根本的变革,因评论家们对激进主义的态度不一,得到的反馈也褒贬不一,有人赞美,有人辱骂。国际货币基金组织的年度报告让政府欢欣鼓舞。自1976年的金融危机以后，该组织一直在探视英国经济这个正在痊愈的病人。该组织7月初的报告称赞限制公共开支的举措和紧缩的财政政策，还有"不计短期成本，坚决提高英国经济中生产力表现的勇敢决定"。㉞吉姆·普赖尔的反应让撒切尔夫人稍感扫兴。这个预算案让他感受到巨大的震动。㉟这或许有点让人摸不着头脑，毕竟其中的主要观点都曾在竞选运动中提到过。普赖尔在晚年承认，自己工作的基础是假定"在野时期的论点会在政府工作实践中被弱化"。㊱另外，由于撒切尔夫人极其担心泄密（后来的事件显示，这种担心是有道理的），没有在内阁讨论预算草案。各部大臣仅仅是在提交草案的当天上午才听到宣读的文本内容，而这时候要表示反对为时已晚。

普赖尔较早时候听到一点风声，说增值税率可能增至15%，他去会议室找到撒切尔夫人，对此提出反对。当时她一直反对增长，便以同情和理解的态度倾听了普赖尔的意见。㊲提交预算案的前一天晚上，普赖尔请大型工会组织"运输和普通工人联合会"的领导人莫斯·埃文斯吃晚饭，席间对他说，自己怀疑增值税率将会高达15%。㊳如果真是这样，普赖尔就会失去与工会对话的立足点，同时会感觉被愚弄甚至被误导。他私下反对预算案将造成的零售物价指数增长，发泄自己心中的愤懑，还反对鼓励国有企业以提高物价对抗"外部融资限制"（从中央政府收到补贴）。这些增长反过来将推高工资水平。普赖尔等货币主义者相信，引发通胀的是工资增加而不是货币供应量，在他眼中，预算案无疑犯了个严重的错误；在任何关心工资谈判制度的人看来，这个预算案确实冒着极高的风险。

然而，尽管提高物价引起了政治上的不安，但真正的问题并不在于提高物价。杰弗里·豪当初成功说服了撒切尔夫人，他说，因为不会反复提高物价，所以提高的部分一年后便会淡出零售物价指数。从本质意义上讲，提高物价并非引起通胀的要素。更大的困难是财政大臣主导的这一进程能否持续。政府在避免越来越多借贷的情况下，真的能够保证公共支出在一段时期内支持减税吗？撒切尔夫人立即感觉到，已经失去了在开支问题上保持坚强的机会。在庆祝预算案发布的聚会上，她问当时负责公共开支的财政部官员罗宾·巴特勒："我的要求太少了，对不对？"㊴

假如政府到头来不得不借更多的钱，那么根据政府自己的理论，又怎么可能降低通胀呢？如果不能降低通胀，又如何降低利率？如果政府花费

3. 削减
"我的要求太少了，对不对？"

太多借贷，通胀如何能够更快降低？假如像有人从一开始就断言的：货币供应措施本身根本就是错误的，那又该怎么办？事态的进展速度太快，政府在能够仔细思考之前已经做出一系列重大决定。政府提出一个立法提案和一份预算案，用意都是好的。但有没有一种策略能将其中所有环节都联系起来，找到一条走出迷宫的道路呢？

约翰·霍斯金斯认为没有。他以阿兰·布鲁克爵士观察温斯顿·丘吉尔的方式来观察撒切尔夫人："首相未能理解战争中各战场之间的关联，让我感到绝望。""她非常引人注目，但她就像丘吉尔一样，根本没有可执行的战略意识。"[40]霍斯金斯一直试图让她及其同僚全面考虑现状。就在预算案公布当天，他向撒切尔夫人提交了一份题为《政府战略》的文件，旨在寻找"扭转英国经济颓势的一致方法"，声称："问题是单一的……系统内部的期望倾向于自我解决。因此，在系统能够改变自身的行为之前，政府必须说服人们以不同的方式来思考和感知。"他的基本概念是他所称的"稳定化"，而这一点应该在第一阶段占最主要地位。这意味着要使经济处于平稳的零通胀状态和市场薪酬体系，并处于具有竞争力的稳定汇率水平，等等。他提出了一个自己亦无十足把握的建议：或许还需要冻结工资，以解决现实中公共部门不愿随时应对市场压力的问题。凭借"稳定化"，能够实施重建，可以更大程度地降低政府开支占国内生产总值的百分比；可以解放劳动力市场；可以让人才进入私营领域（"真正需要的是在十年间采取支持商业和支持工业的政策"）。没有稳定化，重建就"犹如在一场山崩中推销帐篷"。霍斯金斯说，也许最重要的一件事是改变工会的角色。他质疑拟议中的工会法改革力度是否足够大。他重新提到在反对党期间撰写的"垫脚石"文件中的论点，敦促适时启动"工会问题的辩论"：我们要迫使工会用现实世界的语言对会员讲话。[41]

撒切尔夫人画了个大大的黑色箭头，指向最后一句话，表明自己认同该观点。不过，这份文件的内容能否受到霍斯金斯追求的关注尚值得怀疑。撒切尔夫人将它作为一个战略基础，在几位大臣组成的特别小组中进行讨论，该小组的成员有杰弗里·豪、怀特劳、赫塞尔廷、约瑟夫和普赖尔，讨论于1979年6月18日进行，但很快便陷入困境。霍斯金斯当时记录道，尽管他仅仅提到工资冻结的可能性，却在讨论中"添加了一丝错误的音调"。[42]讨论中，撒切尔夫人在霍斯金斯那份文件的副本上批注道:"不考虑工资冻结。"㊸ [1]然而,对文件中的"稳定化"提法,她理解错了,认为这个字眼有凝滞不前的意义,㊹会导致国家经济增长停滞。她习惯于抓住别人谈话中的一个字眼不放。有时候此举极其有效;但是在其他时候,攻其一点会以错误告终,她错误理解霍斯金斯的"稳定化"就是这个结果。撒切尔夫人没弄明白,霍斯金斯的这个词语描述的正是两人共同希望的自由经济正常化。霍斯金斯在12月份提交了第三份战略文件,他进一步解释了"稳定化"战略构想,但是撒切尔夫人在文件边侧潦草批注道:"这种描述无法付诸有力的行动。"㊺这是一次没有必要的误解,但并非不典型。尽管她在追求长期目标和讨论追求途径时历来采取严肃态度,却从来没有设身处地站在霍斯金斯等人的角度,不能从军事和商业角度考虑到实质性的"关键路径"。从这个意义上讲,霍斯金斯说她缺乏战略眼光,这一点没说错。撒切尔夫人喜欢采取跳跃性思维方式,一会儿抓住一个句子不放,一会儿又反对另外一个,时而自相矛盾,更多的时候是与所有人发生矛盾。有时候,这种做法会使在她身边工作的人心烦意乱,但有些人认为,这表明了一种灵活性,通常是政治生存的必要之道。她的政治秘书理查德·赖德称她是一个卓越、敏感、天生的政治家,而不是一个教条主义的空谈者。㊻就连霍斯金斯也承认,只有她有着对战斗必不可少的胃口。他用这个想法与"二战"做类比:"没有她这个丘吉尔般的人物,我们早在前几个月就缴械投降了。"㊼

在政治斗争中,只有一个领域轻易取胜了——公屋出售。早在20世纪70年代中期,尽管撒切尔夫人起初对这一计划持保留态度,认为这一计划不能让保守党固有的选民受益,但保守党还是接受了公屋租户受国家支持成为房主的计划。甚至早在20世纪60年代,撒切尔夫人工作过的一个保守党委员会就曾推动过这一趋势,但是直到20世纪70年代才形成比较强势的政策。鉴于工党的许多委员会顽固反对允许租户购买公屋,该政策只是提出授予租户购房的合法权益。直到1979年大选,该政策才在保守党内消除

---

1 然而,这是她典型的政治谨慎态度。一个月前,自由党党魁大卫·斯蒂尔在下院询问她为何不排除一项全面的薪酬政策,撒切尔夫人回答说:"出于天生的谨慎和良好的财务本能。"(首相问答,下院英国议会议事录,1979年5月24日)

3. 削减
"我的要求太少了，对不对？"

争议，并受到选民的热烈欢迎。内阁大臣迈克尔·赫塞尔廷领导的部门负责实施此政策，他认为"这项购买权仅次于'不满之冬'……是获胜的一个最重要因素"。[48]5月份胜选几天后，撒切尔夫人就住房议题与赫塞尔廷进行首次会谈，在相应政策上达成诸多一致意见，她丝毫没有具体谈及购买权问题，只是将话题延伸至更广泛的领域，尤其是推广房屋所有权所必须推进的工作。她抨击按揭利率，探讨销售空置地产，集中讨论了允许"大部分年轻人进入市场"的相关议题。她强调了针对大多数人取消住房补贴的长远目标。[49]5月15日就女王演讲进行辩论时，她在议会表示，在即将提交的住房法案中将提到人民的购买权，此举将满足"安东尼·艾登拥有财产的民主梦"，同时"让我们大多数人获得自由和机动性，使人民拥有能够传承给子孙后代的财产"。[50]

这项政策背后其实包含着两个主要思想。首要的思想是政治和社会目标——赋予更多人所有权的自由；同时对国库有利。撒切尔夫人就职两周后，收到智囊团的一份文件，向她指出，保守党在野期间就默默看中了住房问题，"藉此获得比任何其他项目都大的储蓄额"。[51]因此，除了释放购买力，销售公屋还将产生收益，可以减轻未来向众多人口提供所需公屋的压力，另外，可以将公屋租金提高到更实际的水平，在政治层面也更容易。总之，从某种意义上讲，这种"授权"也是一次削减。所以，在社会和财政目标上发生局部冲突丝毫不令人奇怪。环境部的赫塞尔廷希望销售尽可能多的公屋；财政部则希望得到数目尽可能大的货币量。但两件事却未必相同。1979年保守党在竞选宣言中承诺："确保可提供100%的按揭贷款，支持人们购买公屋和新城镇[1]房产"。财政部的看法是，一旦地方议会必须出售公屋，这种按揭贷款将是个彻头彻尾的大麻烦，最好由私人钱庄供应。财政部还认为，销售公屋不应该导致建造更多的公屋。财政部金融司司长奈杰尔·劳森迅速致信赫塞尔廷，提醒他："如果折价抛出股票用于建造新公屋，将没有任何经济意义。"[52]

撒切尔夫人依照惯例担当起首相的职责，在促进政策实施的同时尽量协调不同部门的工作。她热情支持大众取得购买权，将其作为享受自由与机会等权利的组成部分给予推动。还鼓励能扩大业主所有权范围的其他措

---

[1] 正式认定的"新城镇"有一个特别计划和所有权地位。

施——可逐步取得完全产权的"部分产权"方案、可自行改善状态不佳公有房产的"宅地"计划、对建房互助协会拒绝向其视为无价值地区提供按揭贷款的"红线"予以制止。不过,她并未深度涉足这类立法的细节。记录显示,当时相关问题一度令她有些应接不暇。据她的第一位住房大臣约翰·史坦利说,这是因为政府在该政策上的承诺不容置疑。这是一项"大范围的技术活动,㊾涉及确定有效所有权、物价以及处置有瑕疵的房产等问题,因为有瑕疵的房子建于20世纪50到60年代,是按"工业化建筑体系"建造的,日后有了破损。首相没有必要参加这类活动。确定购买权的住房法案还提出,基于使用期限给予购买折扣,购买物价从房子市值的33%起,最高以50%封顶。假如有些地方议会采取预料中的敌对态度,企图阻碍购买公屋,法案还赋予中央政府干预权。

执行住房法案过程中,撒切尔夫人就100%按揭贷款问题,出面协调解决环境部与财政部之间的持久分歧,她支持赫塞尔廷的态度十分明显。1980年1月,事态发展到紧要关头时,她对自己的私人秘书强调说:"在这个问题上,我个人赞成环境部的立场。"㊾但是她感到担心,假如不提供全额按揭贷款,许多反对公屋购买权的地方议会将阻止向比较贫穷的人售房。她还支持赫塞尔廷坚持的一项主张,就是将公屋销售收入的一半拨给地方议会,激发他们的积极性,而财政部却希望自己得到更多份额。后来工党的地方议会一度试图阻止销售,撒切尔夫人耐心等待,直到积累起足够多的证据,确保政府在法律上处于有利地位,才敦促各部大臣采取行动。1981年,对诺维奇市议会的起诉成功开庭审理,这标志着住房政策的转折点。此后,购买权真正成为一项事实上的权利,不再依赖各地方议会的意愿。

但是撒切尔夫人向来谨慎。1981年4月,赫塞尔廷在杰弗里·豪的支持下,提出放宽租金管制的建议,原因是当时私人出租房屋行业在管制中濒临消亡。撒切尔夫人原则上支持这一建议,但拿不准此举在政治上是否明智。㊾她担心工党借租金上涨发起"恐惧运动"。她在住房政策上的态度完全由自己对时机的强烈本能所左右。她的直觉让她在政治上得到了回报。约翰·史坦利对电视观众说,截至1982年10月举行保守党大会时,公屋购买人每周支付的按揭贷款额只比地方议会的周平均租金多出43便士。到撒切尔夫人第一届政府任期结束时,约50万个家庭已经住进自己购买的公屋,他们主要通过行使购买权购得了住房。该政策也有

3. 削减
"我的要求太少了,对不对?"

弊端。最明显的就是住房短缺状况在逐渐积累,而这一问题在1979年并不存在。从长远看,还会煽起房产泡沫。不过这项政策非常顺利地实现了原定目标,还为撒切尔夫人带来众多忠诚的拥护者,这些拥护者往往是以前从未投票支持过保守党的人。保守党拉票游说者汇报说,一看到购买公屋后马上动手修缮门窗的人,就知道他们是自己的支持者。截至1983年,主要是工人阶级上层的人们往往会说:"玛吉给了我住房。"这种话成为当年司空见惯的褒扬。这是撒切尔夫人投入工作少获得回报丰厚的少数领域之一。

总体经济形势并没有表现出类似的平稳。约翰·霍斯金斯追求"稳定化"遭遇的最大障碍是公共支出。5月17日内阁就该议题举行首次会议,撒切尔夫人在个人备忘录中列出一些主要问题,分别与薪酬、现金限制和开支有关。薪酬问题还有些尚未兑现的承诺,保守党曾许诺要提高警察和军人的工资,还承诺不削减对公共医疗保健事业的投入。接下来还有国有化企业的问题,究竟要多久才能允许它们自主经营?如何能把中央政府流向它们的资金控制到最少?"自成一类"的煤炭局怎么办?"难道我们能要求他们全程负责,从物价、投资到矿井停业完全自行决定吗?"还有地方政府问题。地方当局应当使用其"相当庞大的现金余额",以让中央政府"下一年度和以后几年减少拨付地方税收补助"。在中央政府,非企业公务员的薪资解决方案是在选举前达成的,只有三分之一受现金限制政策影响。如果现在劳资双方恢复对话,"我们是否寻求将他们(工会)控制在他们与上届政府一致接受的目标范围内,在1982年以前维持在5%的涨幅以下?"[56]内阁开会时,撒切尔夫人告诉大家,公共部门借贷需求的削减幅度应当比初约翰·比芬描述的多5亿—6亿英镑。这样一来,即使在国防、法律和社会秩序等方面,在实现他们承诺的发展目标时都要避免浪费。资产出售是必要的,但不应当以此取代实在的削减开支,而且出售行为要置于英国制度框架下,避开外国买家。

国有企业以能源物价上涨为借口,为弥补现金限额殃及生产成本而抬高产品物价。内阁会议纪要坦率抨击其不诚实:"或许还该立即大幅度提高物价,并借口工业生产低效。"[57]5月31日,内阁同意了约翰·比芬此前提出的削减开支建议,还同意为取得账面平衡直接大量销售公共部门的资产。杰弗里·豪说,但要规定资产出售中确保新的所有权人尽可能分散,同时在一些国有工业领域适时为成功的股权处置铺平道路。[58]

然而，削减的影响立刻变得清晰了，需求也变得更大。6月4日，比芬向撒切尔夫人报告称，中央政府为保持在预定的现金限制范围而紧缩开支，这意味着要在工党遗留计划基础上削减6%—7%，比预期高出两个百分点。杰弗里·豪想使公共开支在1982—1983财年回归1977—1978财年的水平。截至7月份，他在寻找实现目标的途径过程中显得沮丧，说："这个削减幅度比我们下野时期预想的大"。即便这样削减，对防止提高税率仍收效甚微，如果要削减公共部门借贷需求在GDP中所占的比例，则更是雪上加霜。要实现这一点，公共开支就必须削减65亿英镑。他接着说，克莱格效应将推动公共部门薪资在1980—1981年度上涨18.5%，私营部门的相应涨幅为14%。杰弗里·豪问撒切尔夫人：55亿或65亿英镑的削减幅度，更青睐哪一个？撒切尔夫人说，自己的回答仅仅是"口头上的"：65亿英镑。[59]

撒切尔夫人热情高涨，但再小的经济问题都不会忽视。肯尼思·斯托认为，"花园房"需要较好的设备，便预定了32台新打字机。一天，撒切尔夫人结束"首相问答"返回，走进唐宁街10号的会议厅，看到刚送来的包装箱。她嚷起来："这是怎么回事？"大家向她作了解释。48小时后，她向斯托下了一个命令："你可以留下3台。"剩余的29台必须全部退掉。[60]

就在同一时间，开支数据证明实际情况比预想的糟糕，以吉姆·普赖尔为首的一些内阁大臣纷纷表示，这项政策付诸实施实在太难了。约翰·亨特将大家的言论汇总起来交给撒切尔夫人，准备在7月12日提交内阁讨论：

> 虽然内阁仅仅六周前才确立了预算战略，但有些大臣或许认为大气候已经变了……我相信，你仍保留着个人意见，就是政府应当坚持贯彻当前推行的年度公共部门借贷需求目标，而且下一年度的目标要进一步降低，以便为进一步的减税政策留下空间。但是，有些大臣正在对这一政策的后果提出警告（例如，普赖尔先生周一在经济委员会上就利率问题所做的评论），也许你希望给他们一个表达这些担忧的机会。眼下的情况十分糟糕，持续的时间也太长，超出了大选后大臣们的预料。因此，有些人倾向于选择一种比较渐进的方式。我认为，可以请你先考虑一下这些问题。[61]

3. 削减
"我的要求太少了,对不对?"

亨特建议,请财政大臣谈谈较高的公共开支对GDP和利率的影响。他提出,要"驾驭"讨论的方向,就要在与首席秘书的双人会谈中讨论个人开支的所有论点,并在内阁中坚持总的观点。同一天,撒切尔夫人的良心代言人基思·约瑟夫书面对她说:"这个问题的本质,是薪金方面的公共开支高企,没有切实的约束。"㉓

7月12日的内阁会议上,撒切尔夫人直接采取人们熟悉的非正统风格主持会议,会议一开始就宣布结论:"我们必须支持这个政策,否则我们将消耗财政收入的很大份额,失去进一步减税的空间。"㉔接着,杰弗里·豪对与会人员说,英国的经济表现正在恶化,所有经济指标都指向错误方向,高油价让形势雪上加霜。"必须穿过这个充满眼泪的幽谷,这是恢复理智的最后机会",亨特记下杰弗里·豪当时说的这番话。㉕官方的会议记录显示,随后发生了一场激烈的辩论,记录中写道:"目前的情况表明,本届政府的经济政策正面临严峻的局面,比战后任何政府面对的局面却更加进退两难。"㉖让撒切尔夫人耿耿于怀的是保守党过去的失策,而不是前工党政府的所作所为。她请求同僚们支持财政大臣:"请谨记巴伯消费狂热",她嚷道。㉗吉姆·普赖尔在一些人支持下表示,削减政策将导致大规模裁员,还会产生比增税更糟糕的政治后果。他提出了严重衰退的预警。㉘会议记录采用了由来已久的官方套语描述双方在这一议题上的立场:"对此,大家一致强烈认为,财政大臣对经济前景的分析无可挑剔。"㉙四天后的一次会议上,普赖尔在唐宁街10号与撒切尔夫人再次谈到此事。官方对会见的记载如下:

> 普赖尔先生表示,自己非常担心财政部过度削减公共开支。他认为,财政部对公共部门借贷需求的预判过于悲观。如果对公共开支削减过多,将会对工业造成灾难性后果。首相……不接受削减公共开支将损害工业这一前提:如果资源从公共部门释放出来转入私营领域,结果只能是工业恢复景气。㉚

撒切尔夫人无意要普赖尔改变方向,但不论在公共开支控制方法上,还是控制程度上,两人的辩论都格外激烈。避免在公共领域设定薪资标准的愿望得到维护,因为设定标准有可能遭工会联合抵制,到头来反而将上限转变成底线。不过在另一方面，地方政府等支付薪酬的各方必须基本了解政府的支付能力。这一点其实暗示出恰当的结算水平应该是多高。普赖尔和其他"温和派"赞成另一种选择：设定与薪资不挂钩的现金限制，使其仅仅反映对消费量和物价变化的决定。以后可根据薪资决定做出调整。9月份，暑假结束后，财政部和唐宁街10号至少在原则上持有一种观点，认为现金限制从一开始就应当囊括对支付权的限制。遏制开支增长的战斗依旧不够成功。1979年11月1日，约翰·比芬最终将1980—1981财政年度的公共开支计划呈交下院。比起7月份追求的削减计划，有5亿英镑悬而未决。《白皮书》的第一句话开门见山点出了真相："公共开支是英国目前经济难题的核心。"

鉴于此，财政部的战术是尽力制定出更坚定明确的中期开支计划，弥补可能有的不完美结果，在公布各项数据之前财政部就清楚，结果不会完美。内阁大臣们9月份度假归来，看到了来自杰弗里·豪和约翰·比芬1980—1981年度的开支计划备忘录："未来几年里，我们无法相信能藉GDP的显著增长而赢得声誉。因此，尽管北海石油的收入增加，以未改变的税率计算，政府总收入即使有所增加，数目也很小。"杰弗里·豪和比芬继续写道：

> 结论是不可回避的……在继承上届政府开支计划基础上，只有大幅削减1980—1981年度后若干年的开支计划，才能在货币供应和税收方面实施我们自己的政策，而货币供应和税收是经济战略的核心。解决该问题的能力将被视为对我们决心的关键性考验：我们能否坚持自己公开宣布的政策，并为影响预期而起到至关重要的作用。⑳

杰弗里·豪和比芬提到"继承到的开支计划"，为的是提醒各位大臣，并不要求他们实现实际的总量削减，不过人民大众绝对难以理解，"削减计划增加量"与"削减真实支出总额"之间有什么区别。一般认为，撒切尔政府正从事各种削减，但真正的问题是公共开支迅猛增长，远远超过了计划。第二次世界大战以来，只有在吉姆·卡拉汉领导的工党政府执政期间，有两年的公共开支真正降低过。1976—1977财政年度，公共开支下降了2.5%，而1977—1978年度则下降了6%。在撒切尔夫人执政期

3. 削减
"我的要求太少了,对不对?"

间,从来没有哪年有过类似的下降,不过公共开支占 GDP 的比重确实减少了。

政治上受到反对并非政府面临的唯一困难,还有诸如削减多少,如何实现削减目标等困难。除了克莱格的难题外,公共开支全部用于公共部门借贷需要,其中庞大的数额流向各地方政府。公共开支中的一部分由地方税支付,但其中61%由中央政府拨出的地方税收补助支付。许多地方当局当时由工党的强硬左派把持,渴望利用其地位掀起更高水平的反对活动,要求提高拨付率,而拨付的款项主要来自支持保守党的私房业主和企业。左派地方当局强烈抱怨政府影响地方服务水平的卑鄙行为。中央政府若采取严酷的办法,削减对地方政府的拨付比例,虽然会打击行事奢靡的地方政府,但同时也很容易对节俭的地方政府形成打击。撒切尔夫人一开始就发现,这是个让她头痛的问题。早在1979年7月16日,约翰·亨特就在一份呈交给她的备忘录中顺便提到:"你个人认为,有必要直接行使权力控制拨付率。"[21]中央政府控制地方政府的开支,究竟是应该通过整体补助款,还是通过某种机制更精确地分配资源,并惩罚奢侈之风呢?经济委员会9月17日的会议记录中有一项内容,提到如何使现金限制适用于地方政府等议题,记录显出当局的优柔寡断:"所有这些措施均涉及对地方政府干预的程度,这与中央政府授予地方政府更多自由的政策相冲突。既然授予了地方政府更大的自由,却要在整体上控制其支出水平和拨付需求,这种态度是站不住脚的。"[22]10月间,各方达成一致意见,认为向地方拨款应当通过统一的总体现金限制加以控制,而不是对单个地方政府限制。

环境大臣迈克尔·赫塞尔廷针对中央政府战略给出了自己的诠释,目的是避免削减地方税收补助。他写信给比芬,认为1980—1981年度的结算对整个议会都很关键:"它将为我们与本届议会中各地方政府的关系定下基调。"赫塞尔廷表示,目的应当是保持国内的低税率。"这符合我们的经济战略并可抵御通胀,也会被视为与我们取消国内财产税的远期计划不相抵触。"[23]他认为,税率不应当高于通胀率,因此地方税收补助不应该变化。他还试图为自己争取空间,宣称公房租金在上涨,他在10月18日的内阁会议上曾说:"政府面临着一个最具爆炸性的政治问题"。[24]他激起了众怒。10月24日,亨特写信给撒切尔夫人,疲惫不堪地抱怨说,在最后一刻赫塞尔廷开始围绕租金上涨制造麻烦:他"在自己选择的时间,以自己的方式来宣布这事……如果每一位大臣都像他这样设置议题,结果《白皮书》就等于不存在了。你或许倾向于支持首席秘书。"⑦她的确支持。不过,在1980—1981年度《白皮书》发布的截止日期前做的最后一次辩论中,有人说地方税收补助的比重必须保持不变,为的是保护保守党在各郡县的地位,撒切尔夫人做出了让步。

虽然撒切尔夫人在内阁讨论中支持财政部,但她对财政部给自己带来的政治压力日益不满。约翰·比芬遭遇攻击表现软弱,让她恼怒。杰弗里·豪便将财政秘书奈杰尔·劳森带进财政部,协助陷入困境的首席秘书。她感觉注意力不能集中,杰弗里·豪冗长的文件也让她恼火(他的文件长篇累牍,政府里无人能敌)。"这种形式不适于内阁讨论,"她在杰弗里·豪9月中旬谈论公共部门薪酬问题的文件上批注道,"送回去……财政部送来的糊涂文件太多了。"⑦

就在《白皮书》公布的最后几天前,内阁一致同意删除其中对失业人数假定的内容。比芬写信给首相,试图推翻内阁不公开这一内容的意见。他说,他想要在自己的发言中提及此事,因为这对议会有帮助。撒切尔夫人考虑到,这一假定公诸于众,会造成政治上的尴尬局面,就尽量避免公开,还质疑该假定本身的准确性,表示1980—1981年度预计165万失业者的假定过于悲观。[1] "如果大臣们敦促她披露这一假定",⑦她想要用较小的数字,并询问这么做的必要性。比芬是个精明老练的议会议员,在给她的回信中表现出了勇气:"我准备在适当的时候向一个委员会通报这一数字。若完全拒绝下院的要求,将会成为本届政府与下院交往的有害先例。我个人对此十分重视。"⑦首相让步了,但她对比芬的喜爱因此明显减弱了。

下院对公共开支《白皮书》的反响不错。其实,在撒切尔夫人的第一届政府任期中,面对严酷的经济措施,保守党中贵族成员提出的抗议远比一般议员激烈。不过在当天的"首相问答"环节,记者彼得·杰伊的父亲、资深工党议员道格拉斯·杰伊问撒切尔夫人:"这一届政府执政已经六个月,根据商业情报中心的数据显示,商业信心在

---

[1] 到1980年底,最终结果显示的数字是280万,因此她当时其实过于乐观了。

3. 削减
"我的要求太少了,对不对?"

下滑,工业产值在下跌,投资在下降,英镑在贬值,首相感觉自己的政策预期会产生这样的效果吗?"这个问题似乎让撒切尔夫人感到困惑,她无力地回答道:"看到商业情报中心经过调查之后公布的结果我感到高兴,它完全显示了对政府的支持。"[79]杰伊的问题指向一个不争的事实,就是截至目前政府几乎没有积极乐观的表现。尽管国际货币基金组织支持本届政府的整体立场,但也怀疑其意志。《白皮书》发布后,第二天,该组织欧洲部主管艾伦·惠托姆在提交给常务董事的会议记录中汇报称:

> 在财政部和银行的私下交谈中,有一种怀疑和不安的情绪。包括首相在内的政府成员认为,人们对政策立场的感受将改变期望值,对此大家持强烈怀疑态度……我们和许多官员相信,依赖期望值和行为或许能实现一种变化,但这只能发生在明显的经济衰退之后。一种后果是,在部级水平上,很少考虑过在诸如煤炭和交通等关键领域发生精心组织的长期罢工,该采取什么态度。

惠托姆展望的前景并不令人鼓舞。他警告称:"我们不能希望再次找到基金组织借钱给英国,不过并非完全不可能。"[80]在黑潭市举行的保守党年度大会上,撒切尔夫人发表了担任首相后的第一次讲话,其中表示自己意识到工作进展乏力。三周后,她向热情洋溢的观众解释说,保守党当选后打算在四个方面做出重大改革——通胀、公共开支、劳资关系、所得税。但这些改革的结果不会很快展现。"我们必须考虑几届议会的时间周期,"她宣称。[81]

其实,杰伊提问前仅仅一周,在提交预算案和女王演讲中都宣布改革的同时,政府已经做出了一个关键决定。1979年10月23日,杰弗里·豪在下院宣布要彻底解除外汇管制。考虑到市场保密的利益,直到最后一刻才向内阁通报,这引起人们惊讶,但也得到了支持。不过迈克尔·赫塞尔廷并不感到意外。6月份的预算案中取消了一些限制,而奈杰尔·劳森早在竞选运动中就书面提出过改革,此时便敦促杰弗里·豪深入进行改革。他信赖完全消除外汇管制的象征意义,认为这是一个"标志,标志着我们如今生存在真实的世界经济中了"。[82]虽然杰弗里·豪比劳森更加谨慎,但仍然被财政部的大卫·汉考克[1]提交的一份文件内容说服了，这份文件倡导的内容和劳森的想法完全一致。但杰弗里·豪很难说服撒切尔夫人，她更为谨慎，担心步子迈得太快了。在1979年9月24日的一次会议上，撒切尔夫人对各位大臣和银行行长说："在政府的市场哲学初见成效之前，进一步放松管制是错误的。此时采取任何进一步举措，很容易导致大量资金外流。"[83]与会者们解释说，在出售政府拥有的英国石油公司股份之前，必须解除外汇管制，最终，她被说服了，但她仍然将信将疑。她最终表示同意时说："杰弗里……假如出现闪失，这笔账要算在你头上。"杰弗里·豪把这解释为一个玩笑，但他的理解当然错了。[84]以前，撒切尔夫人曾对卡灵顿说，接受他关于罗得西亚的建议，她使用了非常类似的措辞，这是她保证政治逃生路线的方式。她的激进主义往往受到生存本能的调节。

解除外汇管制是非常大胆的一步。战后的英国各届政府相信，必须控制出入国家的货币流通，才能防止英镑崩溃。英国旅客出国度假必须登记随身携带的货币：20世纪60年代，人均最多携带金额是50英镑。当货币自由的日子到来时，就不存在崩溃问题，如果存在问题，那就是会引起相反的问题。英国经济终于有机会参与国际竞争了，特别是伦敦金融城有机会参与国际竞争。11月12日，撒切尔夫人在伦敦市长举行的年度宴会上发言，她对与会的商界要人说，英镑将不再被锁在"巴士底狱"：牢狱的大门已经洞开。[85]向下院宣布的当天，伊诺克·鲍威尔问道："财政大臣是否意识到，我羡慕他拥有宣布这一步的机会和特权？此举将加强这个国家的经济，并有助于在货币领域恢复我们国家的荣誉和信心。"尽管鲍威尔对变革的信心被证明是合情合理的，但是产生的效果还不足以直接回应杰伊在11月1日提出的问题。对于英国经济而言，形势最终或许会变得更好，但也可能变得更糟。

《白皮书》发表后不到一周，政府重视的货币供应量严重超标。10月份，英镑货币供应量正在以14%的年率增长，而政府的目标是将其保持在7%—11%的范围。《白皮书》中20亿英镑的开支目标不够强硬，无法使市场相信会对未来产生影响。杰弗里·豪很快陷入思考，不知该如何应对这些数据。以

---

[1] 大卫·汉考克（1934— ），毕业于惠特吉福特学校和牛津大学的贝烈尔学院；1968—1970年任财政大臣的私人秘书；1982—1983年任内阁办公室副主任；1983—1989年任教育及科学部常务秘书；1985年受封骑士头衔。

这样的货币增长率，加上16% 的通胀率，政府债券的购买者开始“举行罢工”，(86)继而发生了融资危机。国际经济舞台上，这一阶段出现了强硬行动。10月份，新任美国联邦储备委员会主席保罗・沃克尔[1]决定对货币供应施压，并痛苦地接受了继而引起的高汇率。英国需要表现出类似的坚韧。11月5日，杰弗里・豪见撒切尔夫人时，就形势和现实向她警告称，进一步推出财政刺激方案将是“不可想象的”，“要将货币供应量压缩到目标范围以内，唯一的选择或许是进一步提高最低贷款利率。”(87)撒切尔说，这些消息让她“深感烦扰”。杰弗里・豪补充说，他不相信1980年底通胀率可以降至14% 或15% 以下。她说她“极为难过”，问道，“既然政府推行货币紧缩政策，事情怎么会变成这样？”(88)未来数月内越来越多的人都想得到这个答案。

然而，撒切尔夫人没有什么选择，只能同意财政大臣的意见。11月15日，利率再次攀升3%，达到17%，这是一次颇具惩罚性的增长，成为英国历史上空前绝后的票面最高点。升幅设计得实在太大了，目的是让市场对此丝毫也不会产生怀疑。11月15日上午，杰弗里・豪向内阁通报了自己的决定，吉姆・普赖尔称，自己对这么高的增长“感到失望和震惊”，还说，“不知道何处是尽头”。不过杰弗里・豪的观点在此过程中表现得淋漓尽致：要实现保守党中间派更多成员渴望的低利率，就必须真正严格遵循他追求的政策。撒切尔夫人向同僚们尖锐地指出：“如果我们将开支压下来，目前的数字就不是17%。”杰弗里・豪以他典型的公式化语言对内阁说，他正在设法扭转形势，尽可能让它变得“不那么令人不快”。(89)事态渐渐证明他是对的，随之产生的那个著名字眼其实是他说的，而不是撒切尔夫人：“别无选择。”[2]随后他把这句话写进一份关于经济前景的备忘录，于接下来一个月的月初分发给相关的大臣：“总体战略仍然是唯一可行的战略，但我们面临的困难极大，胜过我们以任何理由心怀的期待。”(90)形势越恶劣，他的信念就越强烈。真是个奇怪的逻辑。

结果，政府的经济政策引发了两场争论，同时分别进行。第一场是迄

1 保罗・沃尔克（1927—），1975—1979年任纽约联邦储备银行行长；1979—1987年任美国联邦储备委员会主席；自2008年起，担任总统经济复苏顾问委员会主席。

2 该短语第一次流行是在1978年。它偶尔会以首字母缩略为TINA（*There is no alternative*），后来竟变成撒切尔夫人的绰号。

今最喧闹的，争论的一派以杰弗里·豪和撒切尔夫人及其盟友为代表，另一派则以凯恩斯主义者、希思派、工党以及社团主义者为主，争论的主题是：以粗野和"教条主义"为特点的这个经济政策是否正在破坏英国的就业和繁荣。第二场争论迄今对未来经济更有意义，争论双方认可政策的重要推动力，但有人认为平衡点找错了，有人认为改革推进得不够快，有人认为控制货币供应的方法正在产生恶劣影响。在政党管理方面，撒切尔夫人不得不安抚忧心忡忡的同僚们，比如吉姆·普赖尔就并不真正理解这项政策，而且肯定不喜欢它。撒切尔夫人有十足的把握，认为普赖尔等人是错的，便很少参与他们的争论，但这些人却有足够的政治能力，可起到制约她的作用。在决策方面，她要求这项政策取得成功，便就政策的相关方面进行辩论，参加辩论的有杰弗里·豪、诺特、劳森、约瑟夫，还有霍斯金斯等顾问以及彼得·米德尔顿[1]等财政部的公务员。这些人有相似的想法，但在实现的方法方面远未形成一致意见。这些人的观点关系重大，然而他们在政治舆论和公共舆论方面的重要性却小得多。到这时，人们开始使用国立学校的蔑称称呼撒切尔夫人在保守党内的对手，说他们是"湿派"。对她的支持者就需要创造一个对应的新字眼，称他们是"干派"。不论撒切尔夫人遭到怎样的围攻，她从来就清楚，假如被迫采取"湿派"立场，自己的政治生命将面临终结。于是，真正的辩论是在"干派"内部进行的。

　　这有助于解释早年亲近撒切尔夫人的众多人物的说法：不论政治经济压力有多可怕，她从未对经济政策的大方向产生过恐慌。唐宁街外面的世界期待着如希思时代那样的180度大转弯。唐宁街内部的一些人认为这不可能发生。他们担心的只是事态会超出撒切尔夫人的控制能力，导致选民反对或党内政变，迫使她下台。假如约翰·霍斯金斯等人是对的，经济复苏将需要整整两届议会的时间，保守党如何在自己的政府执政一半的时候，找到一条赢得议会大选的途径？　11月9日，撒切尔夫人在接受《纽约时报》采访时，自己也谈到了这一点，当时公众尚不知情，但她已经知道，巨大的利率增长正在逼近："我们能够在下一次大选到来时走得足够远，以证明我们的构想是有效的吗？"[91]

---

[1] 彼得·米德尔顿（1934—），1969—1972年任财政大臣的私人秘书；1983—1991年任财政部常务秘书；1984年受封骑士头衔。

疑惑足以败事
"我不扮演慷慨姐"

日益加剧的经济困难并没有立即损害撒切尔夫人的公共形象,部分原因是面临的困难似乎印证了她的观点,起码在1979年有这种因素。10月份,她在保守党大会上表示,自己"肩负着领导这个国家走出阴影的使命,"①因此,从短期来看,如果阴影依旧浓密,她便不至于遭受打击。另外一个原因是她面对逆境的勇气,她的自我感觉是一个女人在为胜利而战,就迸发出了与生俱来的领导风格和颇受欢迎的魅力。很快,她的领导风格不仅在经济事务中迅速展露出来,而且体现在其他许多战线上。

蒙巴顿勋爵是女王的堂弟,也是最后一任印度总督,他于1979年8月27日遭谋杀,同时遇难的还有另外三个人。遇害时他们正在爱尔兰共和国自己家附近驾驶帆船,罪魁是爱尔兰共和军。同一天,在北爱尔兰的沃伦角,十八名英国士兵中了爱尔兰共和军设的埋伏被炸身亡。因情报工作失误而出现如此可怕的后果,英国政府便创设了一个新的安全指挥部,由莫里斯·奥德菲尔德领导。[1]莫里斯刚刚从英国秘密情报局局长的位置上退休。该局以军情6处著称,在撒切尔夫人担任首相的整个任期内,这一机构的存在都受政府掩盖,保持着"秘密状态"。两天后,撒切尔夫人飞往北爱尔兰,在很少人的保护下现身贝尔法斯特。她拒绝了北爱尔兰皇家警察部队和北

---

1 撒切尔夫人在野期间就与奥德菲尔德建立起了友谊。经卡拉汉的批准,奥德菲尔德在一些情报界的专题研讨会上遇到过她,那些研讨会是为了帮助"保护政治家以免落入陷阱"(理查德·迪肯,"C":莫里斯·奥德菲尔德爵士,麦克唐纳,1985,第187页)。

爱尔兰政府办公室的安全建议，在军方鼓励下前往了解事态的严重性。于是，她飞往所谓匪徒之乡阿尔玛郡。在克罗斯马格伦，她身穿北爱尔兰防卫团女兵的绿黄相间条纹制服。该团是英国军队在北爱尔兰的唯一常设防卫机构，成员中许多是兼职的，很多人是当地居民，他们成了没完没了恐怖袭击的主要对象。步兵第三旅指挥官大卫·索恩准将向撒切尔夫人展示了女王苏格兰高地步兵的一枚肩章，这是大卫·布莱尔上校的遗物，他是在沃伦角中被杀害的英军最高将领。"首相，这是布莱尔上校的全部遗物。"撒切尔夫人伤心落泪。②她的奋不顾身、她的勇气和她表现出的同情心格外令人敬佩，她与军人发自内心的鱼水深情溢于言表。撒切尔夫人对北爱尔兰政治问题的看法有时有些混乱，关注也不持续，但她与英国安全部队团结一心的本能强烈而深刻，历来都表现得很生动。[1]

新首相还不得不对付国内各种不同的敌人。她要亲自解决一个隐藏了十五年的秘密特工。共产党间谍盖·伯吉斯和唐纳德·麦克林在20世纪50年代叛逃苏联，后来金姆·菲尔比于1963年叛变，政府已经开始搜寻原剑桥间谍圈子中的第四个人了。此人名叫安东尼·布兰特，20世纪30年代末加入共产党，1940—1945年在英国国家安全局军情5处工作期间，为苏联做间谍工作。他是一位杰出的艺术史学家，在研究普珊方面造诣尤深，后来担任科尔陶德艺术研究中心主任并担任女王收藏画作的检验师，1979年秋，安德鲁·博伊尔出版了一本名为《叛变的气候》，其中强烈暗指布兰特就是书中人物"莫里斯"。书中透露，这"第四个人"是一名大学教师，有剑桥大学背景，其姓氏以 B 开头共有五个字母。《泰晤士报》就此还做了一篇报道，错误指认清白的国王学院老研究员唐纳德·毕维斯。11月初《观察家》刊登了博伊尔这本书的摘要，书中私家侦探名叫兰特。博伊尔就这本书接受采访时，拒绝确认莫里斯的原型，转而要求政府自己去调查。③

在唐宁街，人们就这个问题热烈辩论。20世纪50年代初以来，就有官员强烈怀疑布兰特，他曾在11个场合受到询问。1964年，由于来自美国叛徒迈克尔·斯特雷特的新证据，怀疑终于变成了现实。然而，英国官方认为，斯特雷特提供的证据不能用于法庭起诉。他们相信在这个圈子里还有"第

---

[1] 关于北爱尔兰问题的全面讨论，见第7章。

4. 疑惑足以败事
"我不扮演慷慨姐"

五个人",不过后来的结果证明是个错误,因此他们最终未能成功确认人称"剑桥五杰"的叛国集团,并且不希望带有偏见的搜寻"第五个人"行动公诸于世。④他们决定以供认为交换条件,免于起诉布兰特。布兰特供认不讳。令人尴尬的是他与皇室的关系,如果政府和皇室掩盖布兰特的背叛行为,这事若泄露出去将会成为一场灾难。而且掩盖行为一旦发生,以后各届政府便会仿效。由于涉及保密,所以很难厘清了解真相的究竟有哪些人。当时的首相亚历克·道格拉斯—霍姆并不了解,但是,任女王私人秘书的迈克尔·阿迪恩爵士了解此事。

撒切尔夫人要求当时的内阁大臣罗伯特·阿姆斯特朗爵士作调查。他从文件记载中几乎没找到什么线索,有些政客们的回忆也明显有错。最后,他得出结论,认为已经有人向女王通报过此事,不过谁也没向他证实过这一点。⑤[1]至于白厅内部对如何跟进此事,有不同观点。情报5处处长迈克尔·汉莱告诫首相,不要干预,检察总长迈克尔·哈弗斯[2]则指出,假如布兰特不是由政府而是由他人指控,他就有权以诽谤罪起诉他人。这将造成一种窘境。撒切尔夫人刚刚得知这一切,她认真听取了双方的说法,倾向于指控他。她以简单的知觉认为"他背叛了自己的祖国",⑥除非曝光会让皇室或政府陷入窘境,否则没必要保护他。她还担心"手指正指向无辜的人们",⑦只有政府有权揭出真相。布兰特免受起诉的豁免权并不能让他自动得到匿名保护。后来决定,利用工党议员泰德·利德比特提出的书面安全问题,请他提出布兰特的问题。阿姆斯特朗给了布兰特的律师24小时的时间期限。

撒切尔夫人适时向利德比特提供了一份在议会指控布兰特的书面回答,随后在11月21日向下院提交了一份完整的声明。这个事件引起人们极大的兴

---

1 克里斯多夫·安德鲁教授在军情5处正式工作期间,记录了女王曾经于1963年听取过"情况概述",还在1973年希思执政期间得过更加详细的通报。当时布兰特有可能死于癌症,新闻界便自由揭露他,而不必担心遭到起诉(克里斯多夫·安德鲁,《捍卫王国:军情五处授权史》,艾伦·莱恩,2009年,第706页)。

2 迈克尔·哈弗斯(1923—1992),毕业于威斯特敏斯特学校和剑桥大学基督圣体学院;1941—1946年在英国皇家海军志愿后备队任中尉;1948年,进入司法部;1970—1987年任温布尔登选区在议会中的保守党议员;1979—1987年任检察总长;1987年受封哈弗斯勋爵;1987年任大法官,三个月后因健康原因被迫退休。

趣。布兰特对自己作为事件发端人也半信半疑,他将自己对事件的讲述独家提供给《泰晤士报》,副主编路易斯·赫伦在报社办公室请他享用白葡萄酒和烟熏鳟鱼,这让其他报纸愤怒不已。与此同时,在这栋大楼的另一个餐厅里,主编威廉姆·里斯—莫格设午宴宴请泰德·希思。希思感到奇怪,当他终于意识到情况,连忙离开大楼,却闯进林立的摄像机群。⑧这次曝光对撒切尔夫人很有利。她看上去与腐败及陈腐的办事方式完全无关。她曾对下院说,布兰特的行为是"卑鄙可耻的"。⑨她在下院大厅见到利德比特,对他说:"他(布兰特)实在是罪有应得。"⑩撒切尔夫人在下院发表声明后不久,白金汉宫宣布,剥夺布兰特的骑士头衔。由于她一直坚持公开此事,许多人对这一结果欢呼雀跃,认为撒切尔夫人将在安全服务领域开创一个信息透明的新时代,不过这根本不是她的意图。当时她在下院说:"我们现在的任务是提防他们(共产党叛国者)的同伙。"⑪她希望清除布兰特制造的尴尬处境,但她无意公开保密活动,认为这种活动对国家防务至关重要。

围绕欧共体预算的争执比任何事都更激发出撒切尔夫人的优良素质,崇拜她的人因此对她更加肃然起敬,贬损她的人则更加烦恼。1979年9月,布赖恩·卡特利奇辞去外交事务私人秘书一职。撒切尔夫人给他写了一封感谢信,其中谈到政务的态度非常坦率。她写道:"罗得西亚问题进展慢得令人绝望。彼得(卡灵顿)和伊恩(吉尔摩)的工作极其出色,比我更能承受长期紧缩的压力。我认为如今该加快点节奏了……"她接着写道:"我对欧共体感到越来越失望。我们打算针对预算问题发起一场真刀实枪的战斗,不管是通过哪种手段,都必须找到出路。我们需要钱。"⑫寥寥数语全面总结了她当时处理问题的思路。她要打一场硬仗;她需要钱;她认为欧共体的整个构架都与自己的愿望相悖。她后来才静下来仔细考虑整个欧洲事业的本质含义,但当初并没有仔细分析。自从20世纪70年代初发生纠纷以及1975年进行"支持"投票以来,关于欧洲的争议已经偃旗息鼓,这让党内管理者感到宽慰。当时有强劲的亲欧"大气候",争论便暂时停止了。撒切尔夫人采取了半屈就的态度,不过也只是一半而已。无论从何种意义上讲,她都不是个反欧派。但只要出现侵蚀英国主权的事态,她都会感到沮丧、不快、嫉恨。欧洲主要对手的态度激发出她的好斗本性。虽然她就职后同意官员们向她提出的一般建议,说新政府对欧洲必须表现得比威尔逊—卡拉汉的几个时代更友好,但她讨厌提议的大部分做法。

其中一条建议是加入或承诺尽快加入汇率机制。她走进唐宁街10号当天，约翰·亨特就递交给她一份备忘录，主张对欧洲货币稳定区概念采取"开明的做法，以便符合欧共体发展的主流趋势。"撒切尔夫人在页边写道："我怀疑这一点能否通过货币制度实现。其实不能，除非每个国家的根本政策都正确。"（另外，她补充说："鱼绝对不该当成共同资源。"）⑬卡灵顿勋爵和亨特面临着类似的压力，外交部通常采取的调和态度激怒了她，她在他们递交的报告上批注道："我对外交部的备忘录感到绝望……这些话对我毫无意义，究竟想表达什么意思？"⑭一些她与欧洲委员会主席罗伊·詹金斯之间的讨论记录显示，整个夏秋两季，对方都在敦促她加入汇率机制，而她不愿举步，"她承认其中的政治利好，但不准备……冒这个险，因为完整的成员资格要在货币供应方面冒风险。"⑮10月份，政府私下认定，英国加入汇率机制的时机目前还不成熟。

她对欧洲的态度让外交部的大臣和官员饱受闷气，但在国内大受欢迎，而且她在自己政党内部也没有因此遭遇到政治难题。伯纳德·英厄姆在通常不公开的游说活动发布会上说："我个人投票支持加入，不过我承认，我的理由中政治成分多于经济原因。但是，我像数以百万计的其他人一样，肯定不会受诱骗投票支持加入。"后来报纸竟引用了这番话，还指责他是受了撒切尔夫人指使，让他感到恼火。⑯但这或许反映了保守党支持者之间的流行情绪，好在对他的上司并未构成伤害。撒切尔夫人也未因此受到反对党责难。工党普通议员的感受与大多数领导层不同，但也心怀对欧共体的敌视态度。在"首相问答"环节，她在该议题上常感受到来自工党议员的压力，而这些人的观点几乎一直都是希望她以更大的折扣为条件，而不是她坚持的立场，不过随着谈判的进程，他们反对的态度变化不定。在她自己的阵营中，下院一位新当选的议员约翰·梅杰[1]力排众议，祝贺她坚持的强硬谈判立场。

在这年秋天第一次预约采访中，撒切尔夫人用围绕预算的争论当作

---

[1] 约翰·梅杰（1943—），毕业于拉特利时；1979—1983年任亨廷顿郡选区保守党在议会的议员；1983—1997年任亨廷顿选区保守党在议会的议员；1989年任外交秘书；1989—1990年任财政大臣；1990—1997年当选保守党党首、首相；2005年受封嘉德勋位爵士（英国勋位最高之爵士）。

试金石，看看人们是否认为英国在欧共体中受到了公平对待："这关系到自由国家人民的共处问题。"⑰在保守党于黑潭市举行的大会上发言时，她描述了一种"骇人听闻的情景"：每年度要向布鲁塞尔净支付10亿英镑（五年前的净支付额是1600万英镑）。尽管有人请她10月份在卢森堡举行的温斯顿·丘吉尔纪念演讲中放远眼光，但撒切尔夫人对预算中"明显不平等"的问题还是提出了坦率而激烈的抨击。"我们的朋友们或许会感到沮丧——我本人偶尔也有同样的感觉，"她说，"原因却是为日常琐事争吵。"她警告说："我不能在欧共体扮演一个慷慨姐，否则我自己的选民就要被迫放弃改善卫生、教育、福利等方面的要求。"⑱即便是在撒切尔夫人担任首相初期，她对欧共体的展望其他任何欧洲领导人都没有提过。她希望将欧洲经济共同体与北大西洋公约组织结合起来，让"我们欧盟的核心原则基于自由的原则"。这一原则只有在一个前提下才能推进，那就是没有什么比我们与苏联之间"武装的长期停火"更好。远离"苍白的一致性"，远离"背离自由精神的不必要的标准化"——她相信，整个事情的关键是推进自由与专制的斗争。⑲次日在卢森堡接受采访时，记者向她提出一个关于"欧洲合众国"的问题。她说："我相信，那永远是个不切实际的意图。"⑳

其实，在欧盟大多数核心人物心中，那却是个真实的意图。据当时欧盟主席罗伊·詹金斯的同事迈克尔·詹金斯爵士说："欧盟确实在创建一个有共同货币、共同宪法的欧洲合众国，"㉑而且英国外交部相关人士中，大部分持相似的观点。迈克尔·巴特勒[1]自1979年开始担任英国驻欧共体大使（该职位一直称作英国代表），大卫·汉内[2]当时在内阁办公室负责欧共体事务，他们两人毕生一致主张欧洲一体化。持同样观点的还有外交部

---

[1] 迈克尔·巴特勒（1927—），毕业于温彻斯特学校和牛津大学三一学院；1979—1985年任英国驻欧共体常任代表、大使；1976—1979年任外交和联邦事务部副大臣；1980年受封骑士头衔。

[2] 大卫·汉内（1935—），毕业于温彻斯特学校和牛津大学新学院；1973—1977年任克里斯多夫·索姆斯爵士的内阁大臣首席顾问、欧洲委员会专员；1985—1990年，英国驻欧共体常任代表、大使；1990—1995年，英国驻联合国常任代表；1986年受封骑士头衔；2001年受封汉内勋爵。

的常任秘书迈克尔·帕里泽爵士[1]。迈克尔·詹金斯说："我们是泰德的孩子"。[22]许多英国大臣或许没有对欧洲前景表现出同样的远见，不过也认为"欧洲"无疑是个"好东西"。罗伊·詹金斯和伊恩·吉尔摩这两位密友在欧盟理事会外长会议上见面时，谈及撒切尔夫人，便叹息"苦不堪言"。[23]

早在预算战打响之前，撒切尔夫人便凭直觉对欧洲大陆及欧共体缺乏好感，而许多在英国受过教育的精英却视之为文明的标志。1975年，迈克尔·帕里泽第一次见到撒切尔夫人，当时她刚当选在野党党魁，而他是英国驻欧盟大使。两人在卢森堡共进晚餐时，撒切尔夫人向他指出，欧盟专员们多有令人不满意之处："她觉得这些人像外国人一样烦人。"[24]帕里泽觉得她"非常无知，而且还有一些根深蒂固的偏见"，这些特点此后数年都未改变。其中有一条就是她认为法国人异常狡猾，因此几乎一直抵制谈判。"他们比我们聪明，"撒切尔夫人说，"会围着我们绕圈跑"。[25][2]从一开始，那些参与运作欧洲事务的所有国家的心态都和撒切尔夫人极其不同。这种不同或许更让她坚定了决心。她的性格中有非常强势的成分，一旦任何人似乎不同意她的说法，她便感觉有必要与之斗争，她对伯纳德·英厄姆说："我父亲教育我要敢于做个但以理[3]。"[26]

在欧洲，撒切尔夫人感觉自己受到了孤立，在她自己的政府官员和大臣之间，她也有相同的感觉。11月底，在都柏林峰会举行前几天，她对杰弗里·豪说，她不明白为什么里德利先生不从事经济工作。（尼古拉斯·里德利是一名自由市场理论倡导者，她任命他为外交部次长。）他是英国外交和联邦事务部官员中唯一懂经济的人。她打算和卡灵顿勋爵谈谈此事。[27]遭遇撒切尔夫人的欧洲各国领导人认为，她提出的折扣要求

---

1 迈克尔·帕里泽（1922—2012），毕业于威灵顿学校和牛津大学莫顿学院；1947年，加入外交和联邦事务部；1966—1969年任哈罗德·威尔逊首相的私人秘书；1973—1975年任英国驻欧共体代表团团长、大使；1975—1982年任外交部主任、常务次官；1973年受封骑士头衔。娶欧共体之父保罗·亨利·斯帕克的女儿为妻。帕里泽一生都是亲欧主义者。

2 很有意思的是，法国人有相同的想法，只是方向相反。"对我们而言是危险的，英国人比我们要聪明，他们想要的都是不合理的，"吉斯卡尔·德斯坦在描述欧共体预算谈判议题时对本书作者说。

3 但以理，《圣经》四大先知之一，是公元前605年被尼布甲尼撒二世掳至巴比伦的犹太青年，在异邦朝廷历任大臣，曾服侍巴比伦王尼布甲尼撒二世、伯沙撒，以及波斯王居鲁士大帝，一度扶助困境中的一些弱国变得强大。——译者注

不是皮肉擦伤的小冲突，简直是殊死搏斗。这种斗争具有准神学的意义。撒切尔夫人在提到涉及英国支付的款项时坚持使用"我们的钱"这一说法，偶尔会说"我的钱"。这种说法是对欧洲主义的冒犯，因为欧洲主义认为，"持有的资源"绝对属于欧共体，这是将增值税收入的一定比例由成员国提交给欧共体的，不能以国家为单位割裂开来看待，同样不能以"净贡献"这种语言来描述。[1]20世纪70年代初英国加入谈判期间，其他成员国做出承诺称，假如出现一种"无法接受的局面"，"为了欧共体的生存，要求找到公平的解决方案"。撒切尔夫人便援引这个承诺。[28]10月底，撒切尔夫人在伯恩出席一场联合新闻发布会，其间她一再抱怨说，英国支付的款额非常不公平且不公正，德国总理赫尔穆特·施密特严厉质问她的原则何在。假如德国也采取她的立场，要求投入和回报必须总体平衡，那将意味着欧共体在未来几周就将终结。[29]欧洲各国领导人担心，她在试图让戴高乐将军钟爱的"合理的回报"概念复苏，按照亲欧派的解释，这个说法具有破坏性的民族主义含义。三周后，在伦敦一个相似场合，法国总统吉斯卡尔·德斯坦也抨击了"总体平衡"理念。撒切尔夫人决定不受聪明的法国人愚弄，选择坚持己见。她认为，针对预算的战争并不是一个技术活儿，而事关意志力："我相信我已经表达清楚了。"[30]

1979年11月29日，在都柏林举行的欧洲理事会会议上，撒切尔夫人依旧清楚阐述了个人观点。在准备峰会过程中，她继续承受着来自内部官员们的压力，大家认为，只有通过签署文件支持大欧洲信念，她才能在谈判的具体细节上获得优势。10月底，唐纳德·梅特兰爵士辞去英国代表职务时，例行向外交大臣呈递了辞别备忘录。他以一种思想做了总结，指出共同市场和关税联盟为"应对当前面临的挑战提供的基础并不充分"，他表达了自己对"最终的政治共同体"的渴望。迈克尔·亚历山大[2]接替布赖恩·卡

---

1 天资聪颖的迈克尔·巴特勒发现，在1978年的欧共体政策文件中提到过"净贡献"。他在与对手谈判过程中提出了这一点。（采访迈克尔·巴特勒爵士）

2 迈克尔·亚历山大（1936—2002），毕业于圣保罗学校和剑桥大学国王学院；1979—1982年任撒切尔夫人的外交事务私人秘书；1982—1986年任英国驻奥地利大使；1986—1990年任英国驻北大西洋公约组织大使；1988年受封骑士头衔。撒切尔夫人虽然非常欣赏他的能力，但感觉到亚历山大坚定的亲欧立场与自己相悖。她曾警告休·托马斯说："他父亲是爱尔兰人，妻子是德国人。"（采访斯温纳顿的托马斯勋爵）

特利奇,出任撒切尔夫人外交事务私人秘书,他向首相呈交了梅特兰的备忘录。撒切尔夫人对其中的结论作了评价,在页眉上批写道:"尽管我们的合作伙伴全都自私、任性而短视,但他们是我眼下仅有的伙伴。我……相信,你一个人就能担当起为欧共体发展指明方向的大任。"㉛为了反对梅特兰"政治共同体"的理念,撒切尔夫人习惯性地画了表示不同意的波浪线。

但是,与日后盛行的某些传说相反,当时政府内部对于将在都柏林提出的要求并无重大分歧。撒切尔夫人和毕生迷恋欧洲一体化的杰弗里·豪态度比卡灵顿和外交部更强硬,但形势日益明显,英国正让合作伙伴们牵着鼻子走。梅特兰的继任者迈克尔·巴特勒爵士说:"他们肯定以为能战胜她。"㉜吉斯卡尔毫不妥协,就连相对最友好的主要成员施密特也警告她说不要陷入孤立,假如预算改革变成要么接受要么放弃的问题,"其他成员国或许有可能放弃"。㉝英国政府决定了自己的立场,不再坚持要求全面折扣,而是接受了私下约定,减少英国净贡献额四分之三到三分之二之间,以此作为可接受的最低条件,且不是一次性减少,而要"随问题的存在而适时解决";即使英国不能如愿,也不违反欧洲经济共同体的法律。但是政府愿意接受在都柏林的孤立状态,借用杰弗里·豪针对撒切尔夫人而说的一句话:除非她满意,"否则以后你们将不能推动欧共体的工作"。㉞

11月28日,内阁同意了这种方式。就连当时不能亲自会参的亲欧派索姆斯勋爵,之前也写信给撒切尔夫人说:"……我希望你会'按罪量刑',也许你最终应当拒绝支付。"㉟两天前,罗伊·詹金斯颇感苦闷,曾拜访撒切尔夫人,希望她尽量息事宁人,却无功而返。撒切尔夫人反复重申自己的立场,甚至为英国没成为欧共体预算净受益国而遗憾。她对成员国的批评不屑一顾,"欧共体其他成员国希望,英国政府表现出更多的欧洲一体化精神,首相对此表现出不耐烦。"詹金斯此前曾预言,她在都柏林将无法如愿以偿,她在回应中警告说,假如不能获胜,就"不参加欧共体"。詹金斯说,她应当避免在预算问题上变成一只"蒸汽喷嘴"。撒切尔夫人说:"已经有了一只失控的喷嘴。"当时的会议记录是这样结尾的:"詹金斯先生评论说,都柏林峰会必将是一场有趣的会议。"㊱

结果的确有趣。会议一开始,撒切尔夫人就投身战争。她在都柏林城堡拒绝使用为自己准备的各种公开声明文本,采用即兴演说,因此表达更加生动。在政府首脑晚餐会上,她说个不停,迫使大家在桌旁坐了4个小时。正如罗伊·詹金斯所说,"她的话没有间歇,但也不无重复之处"。㊲"我要收回我的钱",她一遍又一遍地说。施密特假寐。吉斯卡尔则被指席间读报,不过他向笔者否认了这一点。吉斯卡尔回忆说:"我不是个习惯晚睡的人,讨厌在晚餐后讨论问题。她的话着实让我感觉枯燥乏味。"[38]据卡灵顿的说法,撒切尔夫人简直是在"咆哮"。[39]吉斯卡尔表示认同:"令人感到不快,因为那不是交谈,而是背诵。"[40]欧共体提议,给英国3.5亿英镑折扣,但撒切尔夫人当众要求,全部10亿英镑应当悉数折扣掉,还在随后的媒体见面会上轻蔑称之为"三分之一块面包"。她感觉自己遭到联合攻击,便心生怨恨。她在会议期间信手涂鸦:"我们还以为加入了一个公平的系统呢。"[41]她认为欧洲大陆采取了排英手段:"我不能接受那种态度,好像在方程式中两端根本没有公平对等。"[42]"当然,公平历来是英国人的概念,"她就峰会事宜向下院汇报时如是回答艾伦·克拉克的问题。[43]在她看来,欧共体没有体现出这一点。会谈没有达成协议的基础,只是按英国原定计划,同意举行另一场会议。撒切尔夫人在媒体见面会上进一步发泄怒气,称谈判"令人完全不满意":"我们做的一切只是要求收回我们自己的钱。"[44]

毫无疑问,撒切尔夫人的行为的确惹恼了其他欧洲国家领导人。峰会后的几天里,外交部的电传机不断收到来自欧洲大陆同行们的电报,反映出烦乱情绪。不过,即使是迈克尔·巴特勒等热衷欧洲一体化的人们也认为,谈论"收回我的钱对她毫无益处",但也相信她的立场在本质上是对的。他认为,她"极其泰然自若"地陈述了自己的观点,而其他政府首脑是"假装被她的话气炸了"。[45]这种预算机制确实不公平,大多数国家从中受了益,他们都竭力对这个问题避而不谈。法国从一开始就特别担心拟定一份《共同农业政策》,本质上是因为这样会使其获得的益处受撒切尔夫人倡导方法的威胁,因此提出强烈反对。超过70%的欧共体预算用于《共同农业政策》,惠及英国的部分则微乎其微。鉴于国内舆论状况,撒切尔夫人别无选择,只能与之斗争,她表现出的风格对其政治生涯有益而无害。"这种办事方式令人不舒服",卡灵顿回忆说,但当时正需要这种让人不舒服的方式,而且撒切尔夫人"做了其他政府首脑没有做的事前准备"。[46]

回国后,撒切尔夫人对自己的立场感到满意,她的斗争能力因此而倍增。曾有一项悬而未决的妥协性建议,认为英国可以在北海石油的开采权方面向欧共体做出一些让步,但是,在英国日益扩大的经济困难时期,北海资源为保证英国经济收支平衡贡献颇巨。她讨厌将预算的立场与其他议题挂钩。她在罗伯特·阿姆斯特朗递交的一份备忘录上潦草批注道:"能源——我不准备用我们很少的资源跟别人讨价还价。要我们为获准收回自己的钱而放弃我们的一些石油,这种建议荒谬可笑。"㊼新年期间,外交部又作了一次尝试,就北海石油议题提交了一份声明草案。撒切尔夫人在上面批注:"牺牲我们的主要资产确保收回本来属于我们自己的钱,这种想法对外交部或许有吸引力,但吸引不了我。先来找我商量难道不是礼貌之举吗?"㊽她发火了。

　　冬去春来,对于各方而言,事态逐渐变得明朗起来,必须尽快达成一份公平的解决方案。在吉斯卡尔看来,撒切尔夫人有着良好的判断力,她很明白自己将与德国而非法国改善关系。㊾赫尔穆特·施密特通过筹备一场由所有政府首脑私人代表出席的非正式会议,来帮助推动事情进展。吉斯卡尔注意到,撒切尔夫人认为男人比她脆弱。㊿结果确实如此。¹在另一方面,法国不仅是欧洲主义的高地,也是逃避现存预算和共同农业政策方面表现出色的洼地,因此希望奋起抗争。吉斯卡尔对自己的亲密伙伴波尼亚托夫斯基王子说:"我们必须继续击打英国'牛排',使其变得柔软。"㉛随着1980年底卢森堡特别峰会日期渐近,整件事情变成了一场相互指责的游戏。密集的英国外交环绕着欧洲,其中透露出其他伙伴们正在对法国表现出焦躁不安,因为法国坚决主张将同意预算与提高农产品物价挂钩。4月21日,刚好是峰会开始前几天,吉斯卡尔语气焦虑地打电话给撒切尔夫人,指责她"无限延期"谈判。她回答说自己没有资格在峰会上协商农产品物价。在吉斯卡尔11月访问英国期间,撒切尔夫人重申公开表达过的观点,提醒对方说,问题的关键在于这不是一个技术性问题,而是关乎意愿的问题。㉜为了避免主动违规,撒切尔夫人于同一天在内阁中说,英国随时准备阻止羊肉等农产品物价增长的势头,并反对欧共体的1980年度整体预算案。㉝卢森堡峰会上,尽管对英国落实了退税措施,但问题并没有得到解决,也没有因达成一致协议而发表公报。

　　然而,卡灵顿听到了普遍渴望和解的风声,由即将接任欧盟轮值主席国的意大利居间调停,提出一个方案设法说服撒切尔夫人:以三年为交易期为长期解决方案打基础,希望最终在5月底的外长会议上通过。卡灵顿就此消息提交的第一份备忘录令撒切尔夫人颇为不快,她在上面批注道:"我对

---

1 她喜欢引用吉卜林的诗:女性这一物种比男性更致命。

这种方法感到极其恐惧。我想如果不开这个会（计划与卡灵顿一起讨论局势）将会更好。我感觉外交和联邦事务部好像要否定我的所有努力。"㊾在卡灵顿推动下，卡灵顿与撒切尔夫人之间的会议还是如期举行了，不过首先承受了撒切尔夫人的风暴洗礼。克莱夫·惠特莫尔记得，欧共体外交峰会开始前不久，在内阁办公室举行了一次会议，卡灵顿有事要离开，就站起身，一边争论着一边朝门口走，却没看清自己走的路，一头撞上一根多立克式的柱子。"我的上帝，"他失声大叫，"我又撞到一个无法撼动的障碍。"㊿

5月30日，在布鲁塞尔，卡灵顿和伊恩·吉尔摩与对手们达成了一项临时协议。卡灵顿立即向撒切尔夫人发电报告诉她相关细节，其中包括同意于1980年和1981年减少净贡献额的三分之二，退回多缴的金额。这两年的模式作为1982年的返还基础。最终达成一项为期三年的交易。他表示，谈判的结果是解除了1981年返还行为与当年农产品物价协议之间的关联。到1981年，将达成一项长期解决方案，对"自有资源最高限额"的增值税将在1%以内。卡灵顿说："我确信，这是我们能够谈判的极限。"㊽对卡灵顿来说，幸运的是欧洲大陆媒体将这次交易解释为撒切尔夫人的胜利（法国《世界报》的标题是"英国人的欧洲"），而且他提供的方案在卢森堡峰会上取得了极大的进展。克莱夫·惠特莫尔抓住这闪亮一刻，在英国大使馆从巴黎发来的一份电报上写道："迈克尔·亚历山大刚刚从巴黎跟我通电话说，所有在布鲁塞尔见证签订协议的法国媒体都认为，这是你本人的伟大胜利，同时也宣告了法国的失败。"㊼然而，撒切尔夫人对此深感怀疑。卡灵顿和伊恩·吉尔摩直接飞回首相别墅去见她时，竟遭冷遇。她不喜欢这些数据；可能她不喜欢的是风不再鼓满自己船帆的感觉。"她甚至连一口水都没给我们喝，"卡灵顿回忆说。他飞回国之前，已经连续谈判了18个小时，眼皮都没有合过一下。她说："我要辞职。"卡灵顿说："不，我辞职。"㊽

谁也没辞职。在首相别墅的会面令人不快，不过只是不欢而散。吉尔摩返回伦敦，向媒体发布消息，指出这场交易是撒切尔夫人的胜利。这一消息被忠实地反映在第二天各大媒体的头条新闻中。星期一，内阁批准了这场交易，没有提出异议，不过首相也没有表现出热情。然而，据记载，在这笔交易中，英国所得"少于最佳预期"。㊾黑尔什姆勋爵总结了接受的原因："我们除了接受别无选择。我们不可能做得再好了。媒体已经将它视作一场胜利。假如做出不同选择，那将是轻举妄动，欧盟的未来和英国的成员资格都要冒风险。"㊿

4. 疑惑足以败事
"我不扮演慷慨姐"

在接下来的几周里，一切归于平静。7月初，罗伯特·阿姆斯特朗递交给首相一份信函，标题是："内阁：欧共体事务"，全文内容如下："过去一周，内阁要求进行的讨论在欧共体没有进展。这或许是我向你提交的最短简报。"⑥在接下来的几周里，欧共体的确并未打扰撒切尔夫人及其内阁。

尽管抱怨撒切尔夫人的声音尖锐刺耳，她的第一次欧洲大战虽然持续时间较长，但一般认为是成功的。从英国人的视角来看，她纠正的预算状况原来的确不公正。她的果断行动在国内赢得了仰慕者，甚至得到了国外的敬佩，不过国外多半不情愿这么表示。卡灵顿和吉尔摩主导的交易组合为后来更持久的解决方案提供了一个良好的谈判基础，谈判最终于1984年在法国枫丹白露全部完成。

然而，同样真实的是，针对预算的争吵为许多问题播撒下种子，到20世纪80年代末大多数成长为有毒的果子。这些经历让撒切尔夫人持续不断地感到恼怒，甚至对欧共体的工作方式产生了更深层次的不满。她一次次在收到的谈判进程备忘录上批注愤怒的感叹词（"我读得越多就越震惊"）。⑥杰弗里·豪提交了一份备忘录，叙述欧共体批准退款的规则，她批注道："不——这个过程荒谬可笑。它的整个意图是贬低英国。"⑥在她看来，与欧共体的遭遇就是一连串讨厌的意外，在此过程中，她觉得拱手出让了很多权力，甚至比自己意识到的还要多。她还发现，很难通过欧共体的内部谈判解决所有问题：在国家独立的原则问题上，应当为一个具体而实质性的利益或外交部的"影响力"理念做出多少牺牲？

在5月30日布鲁塞尔交易完成后那几个相对安静的月份里，贸易大臣约翰·诺特就欧共体的未来战略向撒切尔夫人提交了一份可以引她深思的备忘录。他指出，整个事件的过程已经引起"同事之间在欧共体问题上深刻而真实的不同观点"。按照他的观点，"有太多的权力已经转移给欧共体的体系"："自有资源"不能再增加，共同农业要削减。他补充说："在我看来，在预算谈判问题上有一点很不幸，那就是我们即将实现的目标（指改革共同农业政策）受到来自法国的威胁，最终在我们接受一套暂时性解决方案时，与机会擦肩而过。"⑥撒切尔夫人在这些话语下面画了两道线，还在旁边画了三个对号。诺特明白这些意味着什么，那就是她并不喜欢卡灵顿在布鲁塞尔达成的交易，她体会到，不论具体问题多么好，哪怕算得上是个胜利，但在长远上却是牺牲了英国的最佳利益。

1979年11月，撒切尔夫人在都柏林和欧洲各国领导人一发生对抗，她就开始准备自己就任首相后的首次访美之行。她与欧洲大陆诸国有着天然的距离，但她对美国有种本能而根深蒂固的情愫。她已经是美国十分感兴趣和仰慕的对象了。尽管如此，她在华盛顿的政治精英中仍缺少一个得力的盟友，希望在来年的总统角逐中，自己与罗纳德·里根之间的亲密关系能够开花结实，但在目前这个阶段，甚至连他能否成为共和党总统候选人都不明朗。她与现任总统吉米·卡特之间的关系虽然没有瑕疵，但并不亲密。撒切尔夫人本希望于9月份造访，但卡特婉拒了，因为他的日程已经排满。当国家安全顾问兹比格纽·布热津斯基建议总统亲自给撒切尔夫人电话，讨论日期变化事宜时，总统表示反对，转而要他通过国务院传达这一信息。⑥这两个人彼此尊重，但都不特别喜欢对方。当时他们确实在许多关键问题上不能达成共识，尤其是在如何对待苏联的问题上没有共识。[1]另外，两位领导人心目中还有一个问题，就是彼此应该投入多大精力来推动他们之间的关系。

在美国政府中，一种广泛的看法是英国不再是非常重要的。10月份呈交给卡特的一份美国中央情报局的报告显示，英国"目前在政治、经济和军事方面很大程度上扮演着二等国家的角色，"并声称美国和英国之间的"特殊关系"此时已经失去了很多意义。这份缺乏先见之明的报告补充说："在目前这种情况下，撒切尔政府志在扩张自己的角色，显然扩张的意图在欧共体框架下，而不是在大西洋框架下。"⑥撒切尔夫人清醒地意识到了卡特总统的弱点。11月4日，美国驻德黑兰大使馆被描述为"学生"的伊斯兰极端主义分子占领，使馆工作人员被挟持为人质。随后，美国总统开始受到伊朗谨慎把握尺度的长期羞辱。卡特任期内还发生了经济疲软和能源危机——沙特石油的现货物价在1979年底比1978年初高出三倍，这些事态结合在一起，占满了卡特政府的日程，耗竭了他的意志。国家安全委员会的工作人员吉姆·伦奇勒回忆说："椭圆形办公室变成个黑洞，总统几乎

---

[1] 6月底，外交部的一份内部文件警告说，撒切尔夫人在胜选的余波中就与华盛顿方面产生了日益增长的分歧。一位官员评论说："现在美国人与我们之间的争论焦点比一年前多……目前，我们双方关系的基调或许比过去要差"（约翰·莱希在拉姆塞·梅尔休伊什备忘录上的批注，"英美关系"，1979年6月26日，TNA：PRO 外交和联邦事务部 82/980）。

无法逃离。一切都要为人质危机让路，因此无法将英美关系插进'待办事项'，主要留给官僚机构去处理。"⁶⁷

撒切尔夫人出访之前，国务卿赛勒斯·万斯呈交给总统一份简报，内容中流露出些许不安，既出于两位领导人之间的关系也出于他们即将讨论的议题。万斯提出，在会谈的各主要目标中，重要的目标是"你与固执己见的首相……增进个人关系"，并且"让英国重申支持批准战略武器限制条约。"万斯介绍"背景"后解释说："英国经济形势好转之前，将会持续恶化"，但是他描述撒切尔政府"为安全度过风暴期摆正了姿态，毕竟它在下院拥有43个席位的多数……工党则一团混乱。"他还指出保守党人的一些疑虑，因为卡特和吉姆·卡拉汉私交甚笃，"撒切尔政府已经表达了自己的愿望，在美国感兴趣的议题上做决定时，要比卡拉汉政府更加自主。"⁶⁸

撒切尔夫人自己在意的，主要是在她访问期间创造有利的总体影响。从这一角度考虑，她对外交部提交的第一份活动安排不感兴趣。唐宁街的一份备忘录评论道："她认为当天的活动计划在整体上不够引人关注。"⁶⁹ 于是补充了在五角大楼的会晤，以及与英国商人的会面。她打破自己历来出访随从团队最小化、删繁就简的惯例，这次访问带了一个门类范围广泛的专家团队，可随时供她咨询。除了唐宁街10号的阁僚和外交大臣，她不仅带了内阁秘书，而且还有来自外交部和国防部的几位常任秘书。这次会面要讨论一些重要议题，其中包括美国支持英国更新核威慑力量，支持罗得西亚谈判进程等。不过在当时，这些内容没有一个是至关重要的。这位仍属于新上任的首相要做的，其实是像演员般在华盛顿舞台亮相，树立自己的形象。

撒切尔夫人12月16日抵达华盛顿，当晚在英国大使馆时，大使尼古拉斯·亨德森爵士（昵称"尼科"）[1]见她倾听外交大臣卡灵顿勋爵的意见，感到既吃惊又开心。撒切尔夫人一行讨论了是否应该支持美国的计划：在伊朗人质事件上，根据联合国宪章第七章，从联合国安理会得到授权（其中包括制裁甚至动用武力）。由于英国在伊朗的利益，撒切尔

---

[1] 尼古拉斯·亨德森（1919—2009），毕业于斯托学校和牛津大学赫特福德学院；1969—1972年任英国驻波兰大使；1972—1975年任英国驻西德大使；1975—1979年任英国驻法国大使；1979—1982年任英国驻美国大使；1991年受封骑士头衔。

夫人受到国内压力的影响，显得犹豫不决。这次采取强硬立场的是卡灵顿："彼得·卡灵顿坐在沙发上俯身向前说：'玛格丽特，你不能不同意。你必须同意的。'"[70]至于在这个问题上撒切尔夫人做何打算，她没有当场明确表态。

次日上午，首相在白宫草坪上受到总统和第一夫人场面壮观的单独接待，欢迎仪式上有阅兵式。撒切尔夫人在欢迎仪式上讲话时，盛赞卡特处理人质事件这一"痛苦问题"的方式，她接着说："出现这种情况时，你们有权向朋友们寻求支持，我们是你们的朋友。我们支持你们。我们将一直支持你们。这一点不容置疑。"[71][1]她私下对卡特说："这个欢迎仪式是一次美好的情感体验，"还强调说，在伊朗问题上，英国政府愿意做任何事，提供各种可能的帮助。如果卡特希望按照联合国宪章第七章采取行动，她将给予支持："其他行动方式是无法想象的。"[72]随后，她向等候采访的媒体诠释了这一点，确认自己将力挺按第七章采取行动的决定。[73]虽然确实并未涉及新政策，她话语的力量还是立即产生了效果。"寒冬暖语：撒切尔发誓支持制裁伊朗"是当时《华盛顿邮报》次日头版头条的标题。《每日电讯报》的报道认为，她在卡特总统和美国公众面前取得了巨大的个人成功。[74]兹比格纽·布热津斯基则更为现实地看待这件事："白宫为撒切尔夫人举行了欢迎仪式，她是位意志坚定的夫人，让人肃然起敬。她和总统的会见顺利，不过我认为，总统敦促她对伊朗实行经济制裁时，口吻不够有力。我本人就此与她交谈了几句，但感觉总统对我介入谈话并敦促她做出保证感到不悦。"[75]卡特的副手们敏锐地意识到，需要来自英国的切实支持。"如果让别人感觉到，撒切尔首相访问华盛顿时，我们没有得到英国自愿的全面合作，盟友支持的声誉将崩溃"，卡特的新闻秘书乔迪·鲍威尔私下警告说。[76]布热津斯基热切盼望英国对伊朗实施一些制裁举措，最好是在诉诸联合国第七章框架行动之前。撒切尔夫人并不希望采取这一步骤，也没有准备为美国做任何具体事。不过她既然定下了这样一种支持的基调，相对于美国人可能担心的问题而言，这种

---

1 这段温暖而富有人情味的内容让人联想到"友情"，这是撒切尔自己撰写的演讲稿，取代了之前由外交部所提供的那种相对冰冷僵硬的语言风格（《白宫草坪演讲集》，1979年12月17日，TNA：PRO PREM19/127）。

承诺更重要。

当天在英国大使馆的午餐会上,撒切尔夫人即兴宣布,针对罗得西亚的宪法解决方案此前已经在兰开斯特宫启动。次日的《纽约时报》评论说,撒切尔夫人首次步入唐宁街10号时,人们一度认为她是位外交新手,但"昨天以首相身份首访美国的玛格丽特·撒切尔一露面,人们便认为,她是传说成'超人麦克'的哈罗德·麦克米伦以来最富效力的英国政治家(她蔑视'女政治家'这个字眼)。"㉗当天下午,撒切尔夫人在美国国会山受到欢天喜地的欢迎。亨德森回忆起当时情况说,有一位资深参议员三次对他说,她太棒了,还说:"在我记忆中,从来没有哪个访问美国的人能产生如此大的影响。"我问他指的范围是不是到国会的访问者。"不是的,"他回答说,"我指的是到美国所有地方的所有访问者。"㉘当天晚上在白宫为撒切尔夫人举行的晚宴上,卡特引用了狄更斯《匹克威克外传》中的话向撒切尔夫人致意:"她知道事情的本相,她的确知道。"有一种微弱的感觉就是,总统从她的愤怒中发现了这种特质。

第二天上午,撒切尔夫人飞往纽约,在那里更加自由地沉湎于自己擅长的"福音传播热"活动。她在外交政策协会举办的午餐会上说:"反省对于任何社会的健康而言,都必不可少。但是,或许我们反省过头,走上极端导致了麻痹。西方世界——尤其是整个欧洲和美国——必须开始以行动来代替反省了。"她提醒自己的听众说,她的敌人一度称她为"铁娘子"。她接着说:"他们说的没错——我就是个铁娘子。"㉙撒切尔夫人并不为外交上不得体心怀内疚,她在修辞和对西方世界的态度方面故意露出个破绽,许多美国人认为这是卡特的不果断造成的。当晚在大卫·洛克菲勒举行的晚餐会上,艾夫里尔·哈里曼、亚历山大·黑格¹和亨利·基辛格等要人均悉数出席,撒切尔夫人抛开讲稿即兴讲话。

当时担任联合国副秘书长并负责特别政治事务的英国人布赖恩·厄克特写道:"她旗帜鲜明地抨击社会主义和世界各地普遍令人不满的行为,几乎创造了复兴运动般的气氛。当她讲话结束后,老迈的银行家们脚步蹒跚地站起身,声称要抛弃美国《独立宣言》,提议她来当美国总统。当时

---

1 亚历山大·黑格(1924—2010),1973—1974年任总统助理兼白宫办公厅主任;1974—1979年任北大西洋公约组织欧洲盟军最高司令;1981—1982年任美国国务卿。

美国正处在人质危机的痛苦中，人们迫不及待地请她向美国指出，美国到底错在哪里。我和当时在场的所有英国人一样，感到极为尴尬。"⑧在整个撒切尔夫人担任首相期间，厄克特这种自以为是的反应在大多数高级别英国官员中颇具典型性，不过，他的观察如同一幅精确的画面，反映出当时美国大众群情激昂的场面。撒切尔夫人甚至让政府中的一部分人感到了魅力，他们便认为自己国家的领袖缺乏这种魅力。吉姆·伦奇勒回忆说："卡特的个人力量并未得以彰显。鲍勃·布莱克威尔（国家安全委员会中处理欧洲问题的官员）从卡特和撒切尔出席的会场走出来说：'会议室里有一个巨人和一个侏儒，那个巨人是个女人。'"⑧

罗得西亚问题的兰开斯特宫协议终于完成，撒切尔夫人基本没有参与。她对这个进程没有多少本能的热情，其实，她对约书亚·恩科莫有一种强烈的厌恶感，对罗伯特·穆加贝更是如此。她决定将整个谈判交给卡灵顿负责，信任他，而她自己在这个问题上的表现几乎始终是正确的。罗得西亚事务办公室主任罗宾·伦威克记得："她在兰开斯特宫表现得非常优秀，因为她拒绝采取任何干预措施。我们向她解释说，在不满的与会者中，她不应该扮演一名上诉法官的角色……她说，卡灵顿及外交和联邦事务部将负责此事，谁也不会站在卡灵顿身后操纵。"⑧

在10月份举行的保守党大会上，当发生叛乱威胁时，撒切尔夫人带头起立向卡灵顿致敬。在谈判进程中，她将每日谈判完全交给自己的外交大臣处理，外交大臣则每晚向她递送当日进程的简报。在唐宁街10号不公开的讨论中，这些简报常常引起激烈的交锋。迈克尔·亚历山大回忆起当时的情况说："她扮演的角色相当极端，总是批评所有与会者。（她的批评太严酷了，结果我没有保留那些夜间讨论的记录，免得有辱她的名声！）她不断地说：'我不愿听这个；我不愿做那个'还有'绝不！''你们干吗不把这些新方法提供给穆佐雷瓦或恩科莫？'彼得回到兰开斯特宫说，首相令他很难堪，参会者最好就他的所有提议达成共识，免得'发生更糟糕的情况'。"⑧在一次这样的夜间对话后，伊恩·史密斯毫不妥协。伦威克向美国使馆做了情况简介，称撒切尔夫人已经处在"焦躁、好战的情绪中"。她决定推进大会，美国使馆向华盛顿做了汇报。"如果卡灵顿不能成功，撒切尔首相准备自己上阵迎战史密斯。"⑧撒切尔夫人也定期向卡特总统通报新情况。美国对英国的意图保持着怀疑，担心英国人

4. 疑惑足以败事
"我不扮演慷慨姐"

从某种程度上回避一项全面民主的解决方案。卡特是美国南方人，从来感受到民主党内黑人激进分子的压力，民主党人认为，罗得西亚问题好像与奴隶制问题不无相似：他们对达成和平过渡所需的妥协缺乏耐心，而且他们对英国人不友好。

然而，有一两件事需要美国人合作，撒切尔夫人就此与卡特协商，有时通电话讨论。第一件事发生在1979年10月，当时在兰开斯特宫的谈判因土地改革问题几乎谈崩。她成功说服了美国提供金钱帮助（结果他们没提供多少）。另一件事是卡灵顿决定派遣索姆斯勋爵在停火协议签订前赴索尔兹伯里市（今天的哈拉雷），索姆斯勋爵被指定为罗得西亚独立前过渡期的总督。为保证成功，英国希望得到国际支持的信号，需要立即解除国际制裁。美国人不愿意。美国国务院拒绝让步，要等到选举过程开始。外交部便请撒切尔夫人出面与白宫协调。12月14日，也就是前往美国访问两天前，她致函卡特，称"爱国阵线"故意拖延对话，她请卡特宣布，一旦索姆斯以总督身份到达罗得西亚，他将解除制裁。卡特立即答应了，第二天便发表了声明。

虽然撒切尔夫人一向精明谨慎，在促进兰开斯特宫的谈判中善于劝说卡特，但有证据显示，她仍然心生怀疑。自从在野时期以来，她就保持着与北卡罗来纳州右翼参议员杰西·赫尔姆斯的联系。赫尔姆斯是个坚定的反共分子和种族隔离主义者，因而支持伊恩·史密斯在罗得西亚的白人政府，后来局面无法维持，内部解决方案授权给了穆佐雷瓦。1979年7月4日，赫尔姆斯曾经在唐宁街10号拜访过撒切尔夫人。9月，赫尔姆斯团队的两名成员约翰·卡尔伯格和詹姆斯·卢西亚前往伦敦，试图说服史密斯。他们认为史密斯在兰开斯特宫智谋过人，希望他拒绝做任何让步，终止谈判。[85]他们还试图挑起保守党内部发难，为此拜访了主要颠覆分子朱利安·埃默里，但并未得逞。撒切尔夫人同意会见卡尔伯格。卡尔伯格回忆了他们之间的交流：

> 我对她说："我向你保证，你将得到一个人，一张支持票，一个时机。"诚然，她一直跟进着谈判，但感到极不满意。我说："撒切尔夫人，彼得·卡灵顿为你办事不力。"她说："这不该由你来决定。"我说："当然不。我是个愚蠢的美国人，承蒙您厚爱接见我，不过他为你办事不力。应该有人告诉你，他们一直想为你穿上新制服。"她说："你不该这么说。"我说："是的，

尊贵的夫人。不过感谢上帝，'铁幕'这边是个自由世界。"⑧

如果卡尔伯格的说法是对的，就表明撒切尔夫人并不是真的有兴趣遵循赫尔姆斯的方式，但是，她竟然愿意接见卡尔伯格就是个证据，证明右翼势力对兰开斯特宫谈判形成的威胁让她感到警惕，或许证明她对那种威胁有同感。赫尔姆斯派副手访英的消息传到美国后，国会山发出一片谴责声，国务卿万斯要求卡灵顿对这种干预行为提出书面照会。卡灵顿出于国内政治因素的考量没有这么做。⑧毕竟卡灵顿批评赫尔姆斯的人将意味着间接批评撒切尔夫人。当万斯告诉赫尔姆斯办公室，伦敦方面已经提出外交照会，指出卢西亚和卡尔伯格已经违反了法律，卡尔伯格为赫尔姆斯与撒切尔夫人安排了一次电话通话："撒切尔夫人拨通了电话，我要赫尔姆斯接听，（赫尔姆斯介绍情况后）有一阵沉默，后来撒切尔夫人说：'并没有提出这个外交照会。'"⑧这样一来，她保护了赫尔姆斯。或许，她试图将两条路都保留下来。卡灵顿回顾往事，归纳了她对整个事情的态度：

> 我认为玛格丽特内心深处根本不相信这个进程会出错……（说到此处，卡灵顿做了个切喉手势，然后放声大笑），这我能理解，也不为此太责备她，她本来用不着承担那种困难任务，该负责任的是我，在某种程度上的确是这样。她给予我支持，但那是一种相当不情愿的支持："我的心告诉我，这么做是正确的，但我的直觉告诉我，你是一头蠢猪。"随着整个进程看上去在朝成功方向发展，她给予我的支持的确更多，因为我想，她意识到这涉及信誉。总之够公平的。⑧

很久之后，津巴布韦[1]的变故证实，撒切尔夫人当初对全部努力持悲观态度是有道理的，从20世纪90年代中期开始，罗伯特·穆加贝开始压迫自己国家的全体人民，将国家带入贫穷的深渊。那个曾经繁荣的国家因循了诸多非洲前殖民地国家的悲哀模式，浪费了自己原本极好的优势。

---

1 津巴布韦：原罗得西亚。——译者注

4. 疑惑足以败事
"我不扮演慷慨姐"

在另一方面,她就职后的任务基本上是为每个问题找到一种共识,结果是消耗了英国政府的大量时间却毫无明显效果。面对国内如此巨大的诸多问题,同时面对处于低潮中的英国经济和外交声誉,撒切尔夫人自然想要寻求快速解决方案。在卡灵顿指导下,她选择了在特定环境中大胆行动。比如抛开联合国参与计划,比如冒着让最亲密盟友美国不满的风险,并不顾及美国已经计划参与其解决方案。还不顾忌暴力威胁,索姆斯勋爵私下说,他以总督身份前往监督选举和权力交接时,原来预料随行的350名保安人员中,伤亡会达到50%。⑨但是,尽管竞选运动期间有一些派系暴力活动,但索姆斯和他的军事人员并未遇到大麻烦。按照谈判所定标准,兰开斯特宫协议算是一场惊人的成功,撒切尔夫人顺其自然的态度表现出领导人所需的灵活性和机会主义态度。前工党外交大臣大卫·欧文看到她推翻了自己原来的罗得西亚政策,评论说,她跟芭芭拉·卡斯尔实在太相像了。当撒切尔夫人第一次竞选党魁成功时,他在卫生和社会保障部的上司卡斯尔曾经提醒他,不要低估这位女士。欧文说:"她非常像芭芭拉——同样的头发,同样的着装品位,同样漂亮的脚踝,非常相似的才能。两个人认输前都会坚持抵抗到最后。"⑨通过采纳自己凭本能讨厌的政策,撒切尔赢得了国际声誉,还因此获得了日后证明至关重要的立足点,后来于20世纪80年代,在南非问题上达到了登峰造极的最高点。

撒切尔夫人从来没有为罗得西亚解决方案高兴过。1979年12月21日,她站在唐宁街10号门厅里,按卡灵顿的要求,将自己名字的首字母签在兰开斯特宫协议上,然后离去,在最后一刻表达了自己的愤怒。她转向克莱夫·惠特莫尔说:"我不跟恐怖分子握手。"惠特莫尔举着她的外套说:"穿上吧,首相。我们要去兰开斯特宫。"她照办了,不过十分勉强。⑨

1979年渐进尾声时,撒切尔夫人处在一个奇怪的境地。她被称作信仰坚定的政治家,有人仰慕有人斥责。批评者说她是个刻板的、教条主义的、毫无感情的人。这对她是个政治上的危险因素。更严重的问题是,有人怀疑她在经济政策方面优柔寡断。

"货币主义"思想并非撒切尔夫人政府的创新。她就任新职时,便继承了工党政府在1976年国际货币基金组织介入后形成的方法。工党财政大臣丹尼斯·希利此前曾采取货币控制政策，这并不是哪个货币主义者做出过承诺，而是出于政治考量，因为通胀比失业更不受欢迎，至少在当时是这种情况。早在1976年6月，他就宣布过一项来年货币供应的增长目标（增长12%），这是英国政府首次使用这种目标。1978年，在试图实现特别货币汇率时发生了各种灾难，希利更加明确地摆脱了凯恩斯的需求管理理论。他表示，政府决定控制公共开支增长，使财政政策与货币政策保持一致。⑬撒切尔夫人的新政府希望做同样的工作，但她与希利不同，认为这既是一个原则问题又是一种权宜之计。彼得·米德尔顿当时在财政部任负责货币政策的次官，他还是个对货币主义情有独钟的官员，照他说，杰弗里·豪"更像丹尼斯·希利，这跟人们的看法不同"。杰弗里·豪与当时资历尚浅的"真正热心人士"⑭奈杰尔·劳森不同，他不但具有特别的经济视野，更是个善于利用便利工具的政治家。鉴于工党政府在1978—1979年之交的冬季未能实现自己的目标，同时考虑到英国衰落的思想如今在政治和经济话题中已成事实，人们便怀疑新的保守党政府能否做得更好。市场不信任政府。人们真想知道，1980年的情况达到财政部官员私下戏称的"滚蛋点"，而且不再受国际货币基金组织监管，那会有什么后果？正如米德尔顿所说："你必须首先证明自己是严肃的，然后才敢松懈下来表现出老练世故。"⑮

要证明这一论点，像1979年11月那样大幅度增加利率是不够的。正如卡尔·布伦纳[1]所说，货币主义理论的一个关键部分，就是政府和中央银行严格遵守货币规则，而不是仅仅行使自由裁量权。奈杰尔·劳森对该方法最为推崇，在下野期间曾就此公开辩论过。他说："是规则在支配，对吧？"⑯在国际货币基金组织显然施压后，上届政府被迫提出过"意向书"，但应当有自愿发表的财政目标声明，还应注明日期。为获取选举优势而暂时抑制通货膨胀与长期承诺保持通货稳定，这二者有着天壤之别。人民不仅需要了解当前目标，而且还要了解未来几年实现目标的途径。劳森和杰弗里·豪相信，规则还会对政府内部起到激励效果，将怀疑者纳入正确方向，才不容易发生倒退。这是渐进主义思想，得到米尔顿·弗里德曼的理论支持，同时免受弗里德里希·冯·哈耶克等知识分子的攻击。它强调的

---

[1] 卡尔·布伦纳（1916—1989），1979—1989年任纽约罗彻斯特大学高恩经济学教授。

方向在财政部内部工作中很重要。泰利·伯恩斯[1]就是这个理论的支持者，1980年初，他来到财政部，担任经济顾问。常务秘书道格拉斯·沃思[2]则是偏爱凯恩斯主义的主要怀疑者，撒切尔主义者视他为创新道路上令人扫兴的人。遵循规则能创造经济利益，支持者还认为规则能产生政治利益，因为可以通过展望明天的蛋糕来解释今天没有蛋糕的原因。如果公共债务下降，规则可以显示出减税政策的空间有多大；假如公共债务没有下降，则可显示没有减税空间。为这套规则定的名称叫"中期财政战略"。

　　撒切尔夫人在个人回忆录中没有提到这一点，不过她对中期财政战略感到紧张不安，以轻蔑口吻称之为"图表经济学"[97]，说它是"数字在页面上行军"。[98]她担心，采取中期财政战略，就失去了政治灵活性的空间，约翰·比芬的鼓动让她加深了怀疑，比芬也反对中期财政战略，他认为政府绝对不该把自己挂在钓钩子上。然而，在劳森和杰弗里·豪的心目中，这正是中期财政战略的绝对优势：可以防止胆怯的官员找到当今所谓的"回旋余地"。[99]杰弗里·豪巧妙利用了撒切尔夫人削减利率的强烈欲望，让她逐渐改变观念，同意了这一战略。他表示，中期财政战略将会对利率施压，对大手大脚的官员形成约束。[100]还对她说，在中期财政战略影响下，1980年的预算表现会大大加强："我们克服未来两年的紧张后，这一战略将能够让我们得到大幅减税的前景。"[101]最后，中期财政战略在1980年3月提交预算前由内阁通过了，并未引起太多大惊小怪的反应，不过普赖尔、吉尔摩、迈克尔·赫塞尔廷等人却对它产生有利数据的设计表达了怀疑，在未来几年，政府将因为这些数据受到评判。[102]杰弗里·豪退休后异乎寻常地作了刻薄的评论，指出内阁中的"湿派"批评家们当时并未明显反对中期财政战略，尽管这根本违背了他们改善经济要求的愿望，而且设定的路线是他们所反对的。或许他们当时以为这种战略毫无意义，希望撒切尔夫人必然会反对，会推翻米考伯先生的评论。

1　泰利·伯恩斯（1944—），毕业于霍顿—斯普林文法学校和曼彻斯特大学；1979年任伦敦商业学院经济学教授；1980—1991年任财政部首席经济顾问兼政府经济服务部主任；1991—1998年任财政部常务秘书；1998年受封伯恩斯勋爵。

2　道格拉斯·沃思（1923—），毕业于诺丁汉高中和剑桥大学圣约翰学院；1974—1983年任财政部常务秘书；1981—1983年任内政服务部主任之一；1975年受封骑士头衔。

然而，杰弗里·豪心里很清楚，因为自己已然是撒切尔夫人计划中的一部分，所以她尽量避免在内阁中就经济学作辩论，不给潜在的反对者留下机会。虽然她原则上同意应该进行一般性讨论，但她从1979年11月一开始就决定，要通过创立一个核心团队来打好根基，这个团队包括了杰弗里·豪、约瑟夫、约翰·诺特、比芬、大卫·豪威尔、帕特里克·詹金，还有蒂姆·兰克斯特等人还向她提出的"怀特劳先生和索姆斯勋爵（或许可以依靠这两位与那些对战略缺乏共鸣的人进行辩论）……"[103]索姆斯并未被当作核心团队的成员。内阁大臣罗伯特·阿姆斯特朗向撒切尔夫人汇报说"很明显，普赖尔先生感觉自己遭到了围攻……他已经告诉财政大臣……他对整个方法都不赞成。"国防大臣弗兰西斯·皮姆同样蒙在鼓里——"文件并未拷贝给他"——阿姆斯特朗解释说，杰弗里·豪希望为削减国防开支留下开放余地："他的文件中故意没有提到这一点。"[104]阿姆斯特朗建议，核心团队的工作应当与中期财政战略的声明挂钩，她提醒撒切尔夫人，谨防内阁声称自己有权在货币政策上做决定，[105]因为那将剥夺财政大臣传统的行为自由。由于杰弗里·豪只在核心团队散发其关于经济观点和进一步削减公共开支的文件，罗伯特·阿姆斯特朗被迫向首相提出抗议："我认为，要求大臣们做影响深远的政策决定是错误的，这些决定要基于财政大臣年度公共开支文件中的两三个方针，涉及主要的政治问题。"对于一名公务员而言，"错误"这个字眼是必须小心使用的重要词汇，内阁大臣也不例外。撒切尔夫人批注道："不对。他们应当了解自己的部门，并且了解正在发生的事态。"[106]通过某种方式，内阁中的一般性经济讨论推迟到预算案发布之后。即便到了那时，由于对日程做了一些巧妙的操作，撒切尔夫人的官员们仍设法将内阁对公共开支计划的讨论与总体经济讨论分离开，分成两组，在七月份讨论，摆脱了计划于当月晚些时候举行的既定会议，批评者们本打算在会议上摊牌。克莱夫·惠特莫尔以温和的口吻致信阿姆斯特朗："如果我们沿着这条路线继续走下去，7月16日星期三的内阁专门会议就没有必要举行了，也用不着谈论取消会议的事宜。"[107]

就在内阁批准中期财政战略之前，约翰·霍斯金斯向撒切尔夫人呈交了一份关于预算的文件。他回顾说，英格兰银行行长在前一周的会议上反对中期财政战略，将它描述为"潜意识中的渴望：做一种艰难的事情前，唯恐失败，所以避免宣布。"霍斯金斯支持中期财政战略，因为他认为，这对预算中的"主要信息"有益，也就是"承诺在一段时间中结束通胀"，

4. 疑惑足以败事
"我不扮演慷慨姐"

不过他抱怨说,"由于公共开支中适度规模的去指标化¹没有成功,我们的活动余地受到了限制。"在公共开支上的软弱做法减缓了私营领域的发展速度,而不是政府领域,"我们处理问题的方向完全错了。"他不止一次地警告说,政府必须在明年某些时候基于哈耶克原则另做尝试(即按我在一月份建议的"一揽子休克措施"作尝试)。⑩

相比之下,杰弗里·豪的神色或事实让人感觉悲观阴郁,但他的态度还比较乐观。奈杰尔·劳森对他所谓的"荒谬预测"深感怀疑。⑩在劳森的提示下,杰弗里·豪私下对撒切尔夫人说,他认为财政部的预测太黯淡了,那项预测称"1980年的产量降幅会超过任何预测机构的预期"。他也认为,公共部门借贷需求会少于预期,不过建议不要发表"过度乐观的"预测。⑩他也许下意识地使用了中期财政战略的思想,作为推迟做一两个艰难决定的方式。他警告撒切尔夫人说,预计货币供应量的增幅不低于7%—11%,"我知道这让你失望,但假如不这样,利率必然高企,让人无法收拾"。⑪杰弗里·豪在预算案中宣布,中期财政战略设置了一条路径,使增幅每年下降1个百分点,到1983—1984年度,货币供应量的增长率将降低为4%—8%。公共部门借贷需求将从1980—1981年度占GDP的4%,下降至1983—1984年度的1.5%。3月份,财政部公布了题为《货币控制》的绿皮书,随后在6月,又公布了其《货币政策备忘录》。中期财政战略自身并未改变既定政策,不过它的确使其定位正式化了,并且使政府参与其中。眼下,政府推崇货币主义已经有了一套货币主义战略。

基思·约瑟夫很久以前说过:"货币主义并不够。"对于经济复苏而言,稳健的货币是一个必要却不充分的条件。除非伴随着经济转型、劳资态度的转变并创造机会,否则成功控制通胀只是一种徒劳的安慰。约翰·霍斯金斯在抱怨,克莱格获了奖,利率和英镑汇率却因抑制公共开支失败而一路飙升,这些对私营领域构成了猛烈的打击。1980年6月,霍斯金斯向撒切尔夫人递交了一份文件,他引用道格拉斯·黑格的话力挺自己的观点,这份文件名为《公共开支的核心问题》。黑格曾写道:"即使公共领域的产出比例是个常量,

---

1 去指标化:打破薪资福利随通胀自动上调的机制。——译者注

如果私营领域的生产力比公共领域提高得快,那么'可比性原则'将意味着税率将按指数增长……我们其实是设计了一套摧毁英国经济的安排。"⑫霍斯金斯认为,经济复苏的过程就像一只三条腿的凳子:遏制通胀、终结指标化和国有领域的其他特权、抑制工会的权力。中期财政战略已经采用,但并没有产生效果。经济复苏这只凳子只剩下一条腿了。

最尖锐的内部分歧与工会这条腿有关。保守党于1979年5月上台时,吉姆·普赖尔认为抓住时机推出自己谨慎起草的《就业法案》会相对容易。5月14日,他向撒切尔夫人书面表示说,"纠正这一状况绝对是我们整个政府任期的关键。"还指出,"如果沿袭1970年的模式急于求成,将会产生致命后果。我们必须履行协商的承诺。"⑬尽管保守党宣言中曾承诺要重新审查工会的法律豁免权,以"确保法律不仅要保护与纠纷无关的人,还要保护目前可能遭受继发行为(罢工纠察、拒绝装卸〈货物〉的抵制行为以及封锁要道)损害的人",普赖尔明确反对"让我们希望赢得的支持者遭受风险,这些支持者在工会运动或更广泛的领域中持温和观点。"⑭高里勋爵[1]当时是普赖尔的一名次长,他认为:"(就业部的)公务员们在屈指盼望恢复收入政策的日子。"⑮普赖尔原则上并不反对恢复收入政策。他希望恢复后更容易与工会领导人建立和睦相处的关系。

撒切尔夫人意识到,不仅需要维持自己的内阁,还要应对自己政府在第一个冬天面临的罢工威胁,对此,她尚未做好应对的准备。虽然她对普赖尔的迟钝感到恼火,但还是尽量让普赖尔按照自己的方式准备第一份《就业法案》。然而,截止1979年底,劳资关系状况变得更加令人绝望。在一个允许工会活动范围的审判案件中(麦克沙恩与快报集团有限公司争讼案),上诉法院在12月13日发现,如果引起纠纷的人认为情况属实,那么任何事都可视为助长劳资纠纷。换言之,法律不保护卷入与己无关纠纷的厂商。随后,1980年1月2日,一场钢铁行业的罢工开始了。为了抵制亏损巨大的英国钢铁公司推行一项裁员52000人的计划,钢铁工人工会发起了

---

[1] 亚历山大·帕特里克·格雷斯蒂尔·霍尔—鲁斯文(1939—),第二代高里勋爵,毕业于伊顿公学和牛津大学贝利奥尔学院;1974—1979年任反对派经济事务发言人;1979—1981年任就业部大臣;1981—1983年任北爱尔兰事务部大臣;1983—1985年任艺术大臣;1984—1985年任兰开斯特公国大臣。

4. 疑惑足以败事
"我不扮演慷慨姐"

一场要求加薪的罢工运动。1月16日，工会将罢工扩大到私营钢铁厂商，尽管这些厂商并没有卷入纠纷。因普赖尔行动迟缓感到不满的人们变得极其焦虑。1月28日，霍斯金斯呈交给撒切尔夫人一份备忘录，提到他与基思·约瑟夫、大卫·沃尔夫森和当时的内政部国务大臣利昂·布里坦之间的一次谈话。¹备忘录说："惩罚工会的唯一方式就是攻击它们的资金。永远不要针对个人……工会领袖们唯一真正在意的是它们的资金。"工会是"在无风险基础上运作的金融企业"。因此，法律豁免权必须改变，因为它是"一个权力问题"："如果我们不采取行动，弗兰克·查普尔（温和而有力的电力工会领导人）随时会被激进分子取代，到时候就会错失良机。同样，斯卡吉尔最终将取代戈姆利，成为矿工领袖。"⑯霍斯金斯坚持认为，政府必须在钢铁工人罢工活动中坚定立场，立即采取行动抵制豁免权。

霍斯金斯在那份备忘录之后进而提醒撒切尔夫人，说这次情况与之前那个冬天不同（"不满之冬"），当时是在反对党的位置上，同僚们按是否接受工会现状分成两派。不言而喻，他这时给她的建议与当时一样：应当付诸行动，而且要不顾普赖尔的愿望公开采取行动。2月1日，普赖尔写信给撒切尔夫人，说解除工会的豁免权将是一个严重错误。他说，豁免权拥有"巨大的象征意义。"他劝告她不要"草率行动"。撒切尔夫人在"草率"一词下面画了表示不认同的波浪线。⑰2月3日，普赖尔获得了第一次报复的机会，当时他对英国广播公司的《周末世界》记者说，自己不会匆匆寻求改变豁免权，如果政府在劳资关系上处理不当，"我们国家的前景，我的确是指我们的国家，前途会变得非常暗淡。"⑱尽管他有个"死绵羊"的名声，但有时也能变得十分凶猛。次日，杰弗里·豪写信给撒切尔夫人，要求对豁免权采取行动。他写道：除非保守党采取行动，否则我们还不如

---

1 霍斯金斯的备忘录没有提到前工党议会议员布赖恩·沃尔登，后者是他在汇报中提到的交流成员之一。尽管身为一名电视记者有着理论上的公正性，可沃尔登强烈关注工会权力应当被打破的说法，并且担心政府像1974年那样，在这个问题上搬起石头砸自己的脚。当时，他见了撒切尔夫人并告诉她"工会已经变成了一个独立王国"，凌驾于法律之上。"她说，'告诉我一些我不知道的东西。'"（采访布赖恩·沃尔登）第二周，沃尔登的注意力集中于抵制继发行为所需的法律上，与阿瑟·斯卡吉尔和其他人形成了敌对之势。

不为最后一次大选奋斗并取得胜利。"他同意了"逐步行动"的原则,但补充说,不管政府怎么做,都会伴随着来自工会的大量麻烦,因此回避没有意义。杰弗里·豪说,工会的问题是"生活中最重要的问题,不仅是本届政府生活中的问题,而且是整个国家生活中的问题。"[119]

到这时,几乎每一个人都希望努力投入。桑尼克罗夫特勋爵向内阁散发了一份内容强硬的文件。约翰·诺特痛斥工会给国际航运抹黑的行为。霍斯金斯、政策研究中心和富有同情心的商人们不遗余力地反对普赖尔。《每日快报》开始嘲弄他是"鬼鬼祟祟的普赖尔"。英国工业联合会会长约翰·梅思文一边呼吁"深刻变革",一边却力挺普赖尔,使每个人都颇感迷惑。联合饼干公司主席赫克托耳·莱恩爵士是一位撒切尔夫人的狂热仰慕者。多年后,他说:"我认为,她非常富有魅力,不管是她的体态,还是她的命令口吻。"[120]不过他也是吉姆·普赖尔的朋友,后来他将普赖尔拉进自己的董事会。莱恩写信给首相说:"你知道伊丽莎白一世对威廉姆·西塞尔说过:'即使不尊敬我个人的意志,你也要向我提出你认为最好的忠告。'"[121]他认为吉姆·普赖尔"逐步行动"的途径是最佳途径,否则冲突一触即发。周末,撒切尔夫人从家里给莱恩打去电话。他问道:"你好吗?"她回答:"收到你的来信之前我一直很好。"[122]在接下来的一个星期,撒切尔夫人在回复莱恩的私人信件中非常坦率地描述了自己的处境。她说,如果政府不改变法律,"我们就不如干脆对守法的市民说,我们愿意强化那些伤害别人者的权力,而不帮助受到伤害的人。那些本着保守党宣言为上次大选而战的人们并不知道有这条道路,我自己也不知道。"她表示,豁免权的适用范围应当局限于主要活动,习惯法中的救济方法应当恢复,适用于继发行动的受害者。她认为修改法律现在正逢其时:

> 我们听到了公众和工会的大量意见,假如我们现在从这项任务中退缩,来年冬天要采取行动,他们就不会对我们抱有太多信心。
>
> 出于明显的原因,我还没有公开这个想法。从我收到的来信中可以判断出,很多企业家都有这种想法,而且希望更进一步。有人希望将"非法纠察"定为刑事犯罪。我倾向于通过民法解决。

4. 疑惑足以败事
"我不扮演慷慨姐"

> 你在来信中引用了一句名言。请让我以另外一段著名的引语回答你:"疑惑足以败事,遇事畏缩害怕尝试,往往失去成功的机会。"⑬¹

然而,尽管在信上这么写,但撒切尔夫人清楚,撇开内阁的紧张不提,就可操作性而言,有关豁免权的新内容都不能写进普赖尔的法案。1980年2月13日,经济委员会同意修订该法案,不过表示"工会豁免权最终应当加以考虑",另外要准备一份绿皮书。⑭

普赖尔不急不忙地撰写着这份文件,撒切尔夫人一度担心有可能错过机会,造成又一个冬天没有必要立法的局面。虽然传统观点认为吉姆·普赖尔的战术是正确的,"逐步行动"的确是改革工会的途径,但他与撒切尔夫人之间的不同并不仅仅在于行动节奏。普赖尔确信,全部实践的初衷并非破坏工会权力的结构,而是采取更加温和的态度,为的是开拓一个合作的新时代。在每天给首相做的媒体摘要中,3月11日,伯纳德·英厄姆报告说:"普赖尔先生在电视上以《就业法案》赌自己的政治前途;承认他在政治上正受到考验。只要他还是大臣,就没有攻击工会资金的可能性。"⑮在这一时期,普赖尔有个野心,就是希望出任工业大臣,⑯他还认为,与工会建立良好关系和与商业界建立良好关系相辅相成,属于组合主义者的做法。相反,撒切尔夫人相信,只有在根本上改革工会的合法权益,并将其置于适用于所有人的法律框架之下,才能产生进步。她无意与工会建立良好关系,而是希望创造一种条件,让政府根本没必要与工会建立任何关系。到了晚年,普赖尔说:"那真的是关于节奏的争论,"不过他随后补充道,"不过,也许节奏算是比较基本的要素。"回顾往事,他还强调说,自己和撒切尔夫人之间冲突的政治因素对政府很有助益,"在政府内部,她打压,吉姆·普赖尔抵抗,这使她的地位保持得很稳定。"⑰

撒切尔夫人这时被缓慢的进程搞得灰心沮丧,感到随时要爆发。1980年2月17日周末,机会终于来了。那个星期天,她待在首相别墅,面对着几条新闻:在谢菲尔德的私营哈德菲尔兹钢铁厂设置了大规模纠察线,组

---

1 出自莎士比亚戏剧《一报还一报》第一幕第四场。译文取自朱生豪译《莎士比亚全集》。——译者注

织者是阿瑟·斯卡吉尔，他是希思政府时期索特里焦炭库事件的主要激进分子，斗争曾经获胜。当天上午，撒切尔夫人接到了基思·约瑟夫的电话，说罢工活动已经违反了普通法的诸多条款。[128]她说，不，这肯定不是刑事案件，属于民事范畴。撒切尔夫人对自己政府表现出的无效愤怒不已，她致电内政大臣威利·怀特劳。"政府不能袖手旁观，"她对他说，"这一周应当出台只有一个条款的法案来防止此类纠察活动。"

在那天的剩余时间中，电话交谈往返不断。约瑟夫打回电话，向撒切尔夫人通报：大法官黑尔什姆勋爵欲以非法滋事罪起诉斯卡吉尔。撒切尔夫人回复说："起诉斯卡吉尔先生再合适不过了。"她寻求针对纠察的新条款将采取较好的途径：允许启用禁令。约瑟夫随后说，记录称，"另一个人"将于下周提交自己的提议——指的是普赖尔。撒切尔夫人表示，她担心普赖尔先生利用钢铁工人罢工，"试图将政府卷入一场法庭调查。"撒切尔夫人的情绪变得愈发激昂，打电话与总检察长迈克尔·哈弗斯交谈。晚上9∶30，怀特劳给她打来电话，她对他说："《人民》报头条新闻说得对。哈德菲尔兹的事态并不是一场大规模纠察，而是大规模恐吓活动……首相表示，郡警察局长要与检察官见面。内政大臣说，这种事必须谨慎对待，因为警察局长不能接受检察官指挥。"撒切尔夫人要求内阁或内阁委员会第二天进行讨论，因为事情太紧迫，无法拖到下周二的例会。晚上10∶45，怀特劳再次打电话给她，介绍希尔内斯钢铁厂的情况，当地依然受到大量纠察活动的威胁。肯特郡警察局长决心保持希尔内斯钢厂正常运作，他希望大臣们能够支持他，不过也担心他们不支持。撒切尔夫人重复了自己对民法补救措施的渴望："要为希尔内斯钢铁厂寻求禁令尚无法律基础。拟议的新法律将提供这个基础。她刚刚收到希尔内斯钢厂工人的妻子们发来的电报。"

这一天十分忙碌，而且事态具有连贯性，这天的记录显示，撒切尔夫人的确非常惊恐。阿瑟·斯卡吉尔在哈德菲尔兹现场露面五分钟，便成功组织起纠察活动，她担心自己也要遭遇"索特里焦炭库事件"。那是个遭工会击败的经历，让她不寒而栗。此刻，泰德·希思正盯着她看。此刻，由于普赖尔作梗，政府本身、政府雇员、警察都没有必要的法律权力，这让她感到忧虑。所以她才想方设法，拼命要在最后一刻通过法律补救措施。第二天，经济委员会举行的专门会议同意，由总检察长提醒下院，纠察不属于刑事犯罪范畴，不能单独出台一项关于纠察的刑事条款。在第二天的

"首相问答"环节中，在没有咨询普赖尔的情况下，撒切尔夫人怒气冲冲地表示，要改变规则，要让罢工者要求的利益由其工会支付。几天后，撒切尔夫人接受"全景"节目采访，主持人罗宾·戴提问时称，在一个非正式午餐会上，普赖尔对英国钢铁业管理层提出批评。"我认为这是个错误，"她说，"吉姆·普赖尔对此非常、非常内疚，并且非常诚挚地道了歉。但是，总不能仅仅因为一次错误就解雇一个人。"㉚或许不会，但是她谈到了解雇他，这本身就反映了她潜意识中的想法。

不过，后来的结果证明，哈德菲尔兹激进分子的胜利并非政府与工会间更广泛战争的开端。工会没有在希尔内斯钢铁厂取得同样的成功是个非常重要的因素。本质上属于温和派的钢铁业工会希望达成一项交易，而不是你死我活的杀戮，英国商业界通过其他渠道弄到足够的钢铁，保证了钢铁正常供应。政府的政策是不介入国有行业的纠纷，留给管理方和工会去解决，这一政策得到了回报。多年来，工党和保守党政府一直期待国务大臣提出"新增款项"，却没有实现。基思·约瑟夫退出了谈判过程，钢铁工人工会开始寻找出路。政府不干预政策惩罚了工会，当英国钢铁公司申请法庭调查纠纷时，工会几乎毫无办法。这产生的回报比政府采取行动要多得多。尽管这种解决机制造成的金融成本极高，但政治上的赢家却是政府。改革工会的巨大内部张力缓和了几个月，不过这个问题仍然没有得到彻底解决。1980年5月，劳工联合会发起"行动日"活动，抵制政府政策，结果以失败告终。钢铁业的纠纷未能扭转政府的政策，反而加快了变革。英国钢铁公司遭受的损失太惨重了，政府要付出更大的精力重组它。4月份，在吉姆·普赖尔推荐下，苏格兰籍美国商人伊恩·麦克格雷戈尔[1]获得任命，接替刚刚辞去英国钢铁公司董事长职务的查尔斯·威利尔斯爵士。撒切尔夫人在公开场合称呼他为一名"大力士"，这是丹尼斯描述自己敬慕者时最喜欢使用的词语。㉛麦克格雷戈尔有机会也有能力将英国钢铁公司转入正轨。

---

1 伊恩·麦克格雷戈尔（1912—1998），毕业于爱丁堡乔治·沃森日间学校、格拉斯哥希尔海德高中和格拉斯哥大学；1980—1983年任英国钢铁公司董事长兼首席执行官；1983—1986年任国家煤炭局局长；1986年受封骑士头衔。

比英国钢铁公司规模更大，因而损失也更惨重的是汽车制造商英国利兰汽车公司。这家公司是1968年在工党政府撮合下合并的不幸产物，在撒切尔夫人就任首相时，公司雇用着16万名员工，还有数目同样多的工作岗位直接仰赖公司的存在。利兰产品在英国的市场份额在1974年是33%，到1979年跌至20%。在技术层面，这不是一个国有化行业，而是由政府控股，并为此不停地付出。虽然公司拥有路虎和捷豹等颇有前途的品牌产品，但利兰公司总体上是个并不成功的大型汽车生产商，由于严重的工会问题，公司的生产力水平太低，无法与沃克斯豪尔和福特等外国汽车制造商竞争。公司是在赖德的扩张计划背景下运作的，该计划出台于1975年，预计在未来七年注入17亿的政府资金，当时一度遭到保守党的反对。撒切尔夫人并不看好这家企业。富有活力的董事长迈克尔·爱德华兹爵士[1]于1977年接任该职，1979年初曾邀请撒切尔夫人与自己的董事会成员共用午餐，当时撒切尔夫人还是反对党党魁，"我请她坐在我对面的座位，为的是方便对话，但没过多久她就说：'说吧，我为什么该给你钱？'"[13]就任首相后，撒切尔夫人一再提出这个问题，却从未感觉得到过一个完全满意的回答。然而，她的确在给钱——不止一次，而且每次都是大笔投入。

撒切尔夫人和她的经济顾问们都倾向于关闭利兰公司，或者申请破产，变卖其可经营的工厂。中央政策评估组的罗宾·伊布斯[2]就这个问题向她提过建议。他记得利兰公司与她的信念相悖："她拥有比较实际的想法，她还有丹尼斯。"丹尼斯擅长阅读公司公文，会告诉她这些文件的真正意义。在利兰的公文中，他看到的只有灾难。伊布斯和阿尔弗雷德·谢尔曼以更为耸人听闻的说法对她说，利兰简直是个"污水坑"，而且是个"谁都拿它没办法的可怕问题"。[13]在撒切尔夫人与利兰公司

---

1 迈克尔·爱德华兹（1930—），毕业于南非格兰厄姆斯顿圣安德鲁学校和罗德斯大学；1977—1982年，1984—1985年，任利兰公司（前英国利兰公司）董事长；1979年受封骑士头衔。

2 罗宾·伊布斯（1926—），毕业于多伦多大学附属格雷沙姆学校和剑桥大学三一学院；1980—1982从工业化学品公司借调至中央政策评估组；1983—1988年，在政府担任首相的效率和效能顾问（兼职）；1982年受封骑士头衔。

的关系中横亘着双重政治难题。首先,如何在不造成失业的情况下解决现实经济问题?大规模失业将使保守党失去在西米德兰德郡的所有席位,毕竟那里的人们完全仰赖这家企业维持生活;另外,她如何支持迈克尔·爱德华兹从事艰难而必要的工作,实现理智的劳资关系,同时又撤出政府资金?

1979年9月,在赖德的承诺下,一个新的利兰公司"振兴计划"募集到更多的钱(最终为1980年多筹到3亿英镑)。约翰·霍斯金斯给撒切尔夫人写了一份简报,在其中指出目前进退两难的困境。"拒绝救援"将产生一波劳资关系纠纷、失业以及短期内外汇收入的损失。换个角度看,"救援"将削弱政府公信力,对公共部门借贷需求会产生不良影响,并且还意味着"有95%的把握,整个问题将卷土重来。"霍斯金斯认为还有第三条救援之路,就是"借助更负责任的工会行为,为我们买到额外的优势"(撒切尔夫人对其中一些话做了画线标注),同时给工会施压,以改变其他领域的劳资关系。如果这家公司日后垮了,责任将扣在工会头上,而不是堆在政府门前。霍斯金斯承认,这一战略与爱德华兹的想法有冲突:"他和我们的目标大相径庭。他已经将旗帜插进了利兰公司的桅杆,而我们则希望将这根桅杆当成杠杆,撬动更大战略。"[133]

10月份,爱德华兹为新计划发起一轮投票。基思·约瑟夫计划对投票结果做出反应时,撒切尔夫人恳请他:"请不要抵押未来。"[134]不过,政府当然不能忽视投票结果:87.2%的员工投票接受爱德华兹的计划。霍斯金斯评论说:

> 如今,关闭利兰公司面临的主要问题是心理层面的,也确实与爱德华兹的人格和形象有关联……从某种意义上讲,他象征着英国管理界可能发生的文艺复兴……利兰投票被视为工人信任好的管理者,而不是信任政治动机明显的工会活跃分子。假如以关闭措施来回报爱德华兹的努力及支持他的劳动者,这看起来像是故意打击政府鼓励的所有活动。[135]

爱德华兹解雇了绰号"红色罗伯"的德里克·罗宾逊,自己的地位得到了强化,罗宾逊是长桥工厂的工人代表、强硬的左派分子,还是许多工会破坏活动的操控者。[1]撒切尔夫人为此感到开心,不过继续反对挽救利兰公司的建议。她在一份敦促拯救利兰反对抛售的文件上批注:"为什么?"但是,圣诞节前不久,她因循政治逻辑,接受了约瑟夫的建议。补充3亿英镑资金的承诺做出了,条件是爱德华兹签署了一份协议书——假如公司因罢工活动脱离正轨,废除了振兴计划,将彻底关闭公司。

到了1980年2月,罗宾逊因遭解雇而威胁发动一场罢工,汽车市场持续跌落。大臣们开始考虑中止振兴计划,不过并未行动。撒切尔夫人不要工会参与政府决策的所谓"唐宁街10号啤酒加三明治",她也要与国有企业的领导人保持同样的距离。基于这种考虑,她从未真正与爱德华兹会过面,在基思·约瑟夫的撮合下,5月21日,她与利兰公司董事会成员一道用午餐。到这时,爱德华兹已经成功降低了罢工威胁,但是这次午餐依然弥漫着硝烟味。霍斯金斯事先已经提出了深思熟虑的边缘政策,将这次会面视为"通过爱德华兹的理解与合作,增加我们……出售或兼并的机会。"[137]午餐会上,爱德华兹向撒切尔夫人介绍说,"宝驰牌迷你小轿车"计划将于秋季启动生产,这有助于挽救这家企业。他正在与一家德国企业协商合作协议,但是并未提及该公司的名字(其实是德国宝马汽车公司),尽管如此,现金流仍不足于维持计划。汇率非常具有破坏性,未来三到四年利兰公司需要额外注入5亿英镑资金。气氛立刻变得冷淡了。[138]

撒切尔夫人的态度让人联想到"西班牙宗教裁判所"。[139]她对他说,自己"非常不安"。[139]"不要假设"会提供额外的资金。爱德华兹回忆说:"我没有提交预算,这让她担忧……由于汇率变动我们尚未做好准备……她感到恼怒。我们不得不泛泛而谈,可她要的是确切数据。"[140]她显得不愿提供帮助。饭后,大家走进客厅。突然,她彻底改变了方向……转向杰弗里·豪说:"杰弗里,我们有多少应急基金?"杰弗里说:"你认为让他们知道这个合适吗?""说吧。告诉迈克尔有多少钱,"她说。其实,有20—30亿……我离开的时候知道这是个迹象……我有了信心,这场战斗已经打赢了,我自信我们能拿到钱。[141]

---

1 英国军情5处筹划了针对罗宾逊的行动,向爱德华兹及其他人士泄露了一份秘密会议记录。记录显示,罗宾逊与英国共产党米德兰地区党委在1979年9月召开会议,计划颠覆利兰振兴计划。(见安德鲁著《捍卫王土》,第672页)

4. 疑惑足以败事
"我不扮演慷慨姐"

或许撒切尔夫人认为爱德华兹有足够的说服力,想再给利兰公司一次机会,但事实上一切变得非常糟糕。1980年12月,约瑟夫向同事们报告说,利兰公司1980年的公司计划提出的资金要求是1.3亿英镑,而1981—1983年的要求是11.4亿英镑。每生产一辆车,利兰公司都会损失600英镑。撒切尔夫人在约瑟夫提交的文件中密密麻麻地画满了感叹号,其中对捷豹和路虎的批注是:"低价处理库存。"⑭"我好像记得他(爱德华兹)告诉我们,如果不能执行之前的公司计划,他就来政府请罪。可他根本就没来。"⑭

内阁大臣中意见有分歧。贸易部的约翰·诺特对撒切尔夫人说,假如政府支付了要求的额外资金,"我们会受到嘲弄,也理应受嘲弄,因为人们会认为,这种投资和我们五年来推行的工业和经济政策完全相悖。"⑭基思·约瑟夫退缩了,感到极为痛苦,心里还怀着一丝圣诞前的奢望,觉得可能得到更多钱,而理智却让他明白,这是不可能的。年初,撒切尔夫人将自己的新盟友诺曼·特比特带进工业部,担任约瑟夫的国务大臣。"诺曼,"她说,"我希望你照顾好基思——亲爱的基思,他们对他太不友好了,他需要有人保护。"⑭观察家们注意到,尽管撒切尔夫人喜爱约瑟夫,但是,在他叹息、犹豫甚至试图将人情味掺杂进经济需求时,她对他的态度并不亲切。在1981年1月12日的会议中,杰弗里·豪称,与申请破产相比,进一步补贴对公共部门借贷需求不会显得更糟糕。撒切尔夫人使用了一个她不常用的短语:寻求"中间路线"。爱德华兹要想换取支持,就要同意出售或兼并公司。会议认为,"钢铁和造船业的出路应优先考虑停业;但骤然实现这一点,在政治上没有可能性。"⑭

然而,依旧未能做出最后决议,撒切尔夫人开始再度坚决反对额外补贴。诺曼·特比特回忆说,在当时的一次会议上,撒切尔夫人将约瑟夫和他召集到一起,表达了对"公司计划"的忧虑。"你还需要别的东西吗,内务大臣?"两人出发去唐宁街的时候,约瑟夫的私人秘书问。"需要,"约瑟夫说,"叫救护车三点半来。"⑭关于怎么办的争执拖延的时间太长,爱德华兹书面抱怨说,假如他不知道企业两周后能不能存在,就无法管理这个企业。⑭在经济委员会开会做决定之前,罗伯特·阿姆斯特朗意识到,撒切尔夫人的政治地位显得岌岌可危,便建议谨慎行事,"我认为你不该插手干预讨论,这一点非常重要。我认为,如果决定财政继续给予支持,必然产生严重后果……到那时,我担心做出的决定很可能跟你的意见相反。"⑭他是在警告撒切尔夫人,应革除疏远忠心内阁同僚的陋习。

最后，就额外投资达成了共识，但是撒切尔夫人并不开心。在向议会发表的声明草案上，她讨厌一种表述："政府希望利兰公司董事会和公司雇员在完成艰难任务时诸事顺遂。"她圈住了"艰难"一词批注道："与没有获得10亿政府补助者相比，并无艰难可言。"[150]实际上，"中间路线"的确使该企业在不能抛售、步履维艰之时步入了一条稍显轻松的道路。在1981年期间，"私有化"一词开始成为政府讨论英国利兰公司的主要热词。但当时对利兰公司的要求达成了条约，许多撒切尔夫人的支持者视之为一场大灾难。艾伦·沃尔特斯当时刚就任首相的经济顾问就表示反对。在政策研究中心，阿尔弗雷德·谢尔曼把基思·约瑟夫的相框面对墙翻过去。[151]

不支持转弯
"罗伯特,他们都反对我。我能感觉到"

撒切尔夫人执政进入第二年时,已经积累起诸多严重的尴尬记录,1981年1月向英国利兰公司支付巨款只是其中之一。1980年6月19日,约翰·霍斯金斯呈交给首相一份长长的文件,列出下一轮支付详情。文件上附了一个短简:"往届政府的经验表明了一种趋势,我们正在进入历史学家未来会承认的关键期,任何人对此都束手无策。我们现在正走进不成则败之年的关键性前六个月。在发生喧嚣之前,我们必须谨慎思索。"①

撒切尔夫人没有对这份短简做任何反应,不过这可能包含了恼怒与认可。如果自己的政府中有这种趋势,其隐含的意思就是她本人会遭到批评。这份短简表达出霍斯金斯为撒切尔夫人缺乏战略观感到的恼怒。但她本人也同样感到恼怒。

前一个月,撒切尔夫人的感情已经成熟。她一年前刚入主唐宁街10号,便为调查政府内部的浪费行为设置了一套机制,任命前玛莎百货的德里克·雷纳担任自己的效率与浪费问题顾问。人们都知道,雷纳审查组以内阁办公室为基础,不仅要找出有关浪费的特殊案例和浪费纸张的无意义文件,还致力于改变白厅的文化。审查寻求改变最高行政机构中以为只有思想才重要的信条,鼓励重视结果的思想,希望从私营领域引进一些包括绩效评价在内的管理理念,奖励工作出色者,惩罚业绩不佳者。以往历任首相难得对这种事感兴趣,但撒切尔夫人对此却持续高度关注。效能组(审查组的正式名称)副组长克莱夫·普利斯特里说,这种方式适合她"家务管理的女性主题",②也由于她对行政机构串通阻挠民选政府实现目标有疑心。她就职时,行政机构的人数、结构以及工作条件由财政部下属的独立部门文官部管理。雷纳和撒切尔夫人本人认为,这种隶属关系会给改革产生更大阻力,因为改革意味着削减成本、削弱权力。从一开始,她和常务秘书伊恩·班克罗夫特之间的关系就不稳定。

起初，同僚和高层官员都感到莫名其妙。雷纳审查组成员去见威利·怀特劳讨论工作时，怀特劳说："我不知道她为什么想这么做，不过既然她要做，我们就必须帮助她。"③然而，1980年初，撒切尔夫人和怀特劳、班克罗夫特、索姆斯勋爵、负责行政机构的大臣、罗伯特·阿姆斯特朗开会时，想要常务秘书们在场，以便使大家热心投入工作。怀特劳也许感觉到有麻烦，便提出午餐会比开会更恰当，于是就按他的建议于5月6日在唐宁街10号举行午餐会。

午餐会开始六天前，伊拉克训练的伊朗阿拉伯恐怖主义分子突袭位于王子门的伊朗使馆，将使馆人员扣为人质，提出一系列要求，其中包括释放在伊朗的政治犯。起初，尝试过谈判解决，一方面通过电话谈判，另一方面通过穆斯林中间调停人联系，但均无结果。便另外制定了计划。周一银行休假日下午，[1]负责此事的内政大臣怀特劳致电当时正驱车从首相别墅返回伦敦的撒切尔夫人，他介绍说，从使馆大楼抛出一具尸体，落在大街上，[2]请她下令支持伦敦警察局长的要求，动员特种空勤团"支援警方"营救人质。"同意，实施。"她说。④在这场危机过程中，撒切尔夫人三次前往内阁"战情室"参加筹划营救措施。怀特劳的私人秘书约翰·奇尔科特[3]说，前两次，她的模样"可怕极了"，并未真正掌握具体情况就竭力要控制局面。然而，第三次进去时，她明白了恐怖分子所提要求的严肃性，开始显得放松，果断，乐于信任怀特劳采取行动。⑤"她的表现好极了，"特种空勤团的指挥官彼得·德拉·比列艾尔评价说，他当时在内阁"战情室"指挥，"她只是设定了政策大方向，然后授权怀特劳执行。"⑥那天下午，透过架设在楼顶的几台摄像机，全世界看到蒙面枪

---

1 在个人回忆录中，撒切尔夫人错误地将这次通话记成了头一天，或许忘了星期一是银行休假日。

2 后来证明，这具尸体是较早时候被杀害的一名人质（新闻官阿巴斯·拉瓦萨尼），但是，在当时看来好像是许多被害者之一，恐怖分子在威胁将危机升级。

3 约翰·奇尔科特（1939—），毕业于布莱顿公学和剑桥大学彭布罗克学院；1978—1980年任内政大臣首席私人秘书；1987—1990年任内政办公室副次官；1990—1997年任常务次官；2009—2013年任伊拉克战争调查委员会主席；1994年受封骑士头衔。

5. 不支持转弯
"罗伯特,他们都反对我。我能感觉到"

手从炸开的使馆窗户跳进大楼发起攻击,营救出的所有人质都活着。一名恐怖分子被捕,其他四名被击毙。这是首次授权特种空勤团动用武力解决英国本土发生的危机。公众的反应极其热烈。之前鲜为人知的特种空勤团,成为家喻户晓的英雄主义词汇。虽然当时的负责人是怀特劳而非撒切尔夫人,但这起事件增加了她勇敢果断的声誉。后来,有人幻想出撒切尔夫人浑身披挂黑色作战装备的形象,她双手持枪潜入大楼,这成了报纸漫画家引人注目的作品。

第二天,撒切尔夫人请常务秘书们共进晚餐。她因"王子门围攻"成功显得兴高采烈,但克莱夫·普利斯特里记得,她回顾事件中"身穿黑制服的小伙子和身穿灰西装的男人",为他们之间的差别而感慨。⑦在场的人们都不能准确记起当时说过什么,但是都说那次晚餐不欢而散。"她在讲话中说,'你们和我联合在一起,能够击败体制。'可他们却回答说,'我们就是体制。'"⑧国防部的弗兰克·库伯爵士[1]不知什么时候离开了房间。"弗兰克哪儿去了?"有人问道。"他去特种空勤团了。"有人低声回答。⑨撒切尔夫人只记得"一连串的抱怨和负面态度"。⑩罗宾·伊布斯当时刚受委任负责中央政策评审组,他记得,他们当时言不由衷正话反说。⑪撒切尔夫人和阿姆斯特朗窃窃私语道:"罗伯特,他们都反对我。我能感觉到。"⑫最后,她冷冰冰地说:"先生们(当时并无女士在场),你们的车正在外面等候。"⑬伊恩·班克罗夫特在理论上负责公务员事务,由于这场失败而招致她的责备,他再也没有修复与撒切尔夫人之间的关系。

后来,撒切尔夫人喜欢说,"那场会议铭刻进了我的灵魂"。⑭她不仅在自己努力打造更高效行政机构过程中感到气馁,更感觉常常陷入困境,这让她厌恶、愤怒。她不知道自己能否将这个国家扭转过来面对现实。

虽然并没有发生约翰·霍斯金斯曾警告过的骚动,但1980年最初几个月,她听到比先前更响亮的抱怨声。2月份,伊恩·吉尔摩在剑桥大学作了一次演讲,谈到"湿派"和她在路线上的根本分歧时,表现出不同寻常的坦率(当然,没有点撒切尔夫人的名)。他说:"就最终竞争优势及干预市

---

[1] 弗兰克·库伯(1922—2002),毕业于曼彻斯特文法学校以及牛津大学彭布罗克学院;1973—1976年任北爱尔兰事务办公室常务次官;1976—1982年任国防部常任次官;1974年受封骑士头衔。

场力量的危险性做演讲,并不能让身处困境的人感到满意。"他还宣称,"以保守党的视角来看,哈耶克教授的经济自由主义太严酷,且不能创造一种社群意识,因此对政治自由不是一种安全保障,反而是一种威胁。"他从现实层面提出有可能失败的警告:"虽然我同意从事一个需要两届议会期才能完成的项目,但我也注意到在两届议会之间,选民们将有一次发表意见的机会。"在公开场合说这种话,几乎违背了内阁集体责任的信条。在批评撒切尔时代的《与教条共舞》一书出版十二年后,吉尔摩承认了这一点,但他为自己的行为正名称,这是因为撒切尔夫人本人已经脱离了集体路线,经济政策是在一个"秘密货币主义者小集团"中做出的。[15]他写道,自己发表那种讲话还有其他理由:"虽然如今看来似乎荒谬可笑,但是我像许多我经常淡淡回顾起往事的同事们一样希望,常识……将很快被引入经济政策行为。"[16]或许,这是一种扭曲而怀旧的表达方式,当时,吉尔摩和他的盟友们觉得有胆量提出批评,因为他们相信撒切尔夫人几乎注定要失败。

撒切尔夫人对吉尔摩演讲的反应可能让他变得更加大胆了。她曾在一次电视采访中解释说,吉姆·普赖尔对自己评论英国钢铁公司董事长的言论感到非常、非常抱歉。在这次采访中,她否认内阁中对施政战略有任何分歧。"我们只是对时机有过争论,"她说。主持人具体问到她对吉尔摩那次演讲的看法时,她说,吉尔摩的所有演讲都表现出"横溢的才华",其中有"适合任何人的内容"。[17]她并未公开反驳过这些批评,亦未试图压制这个人,不过,在内阁(并不完全)私密的环境中,罗伯特·阿姆斯特朗曾作过这样的记录:"首相请大家注意维护集体责任的重要性,同事之间的相互信任和信心都有赖于此。"[18]当时,"湿派"的结论或许是对的:撒切尔夫人无权压制他们。在接下来的一个月,中期财政战略公布时,内阁几乎没有提出什么抱怨,但是他们对各种实施措施开始提出反对意见——工会改革、银根紧缩、开支削减,而只有实施这些措施才能让撒切尔夫人的经济意图产生效果。

与此同时,基本上认同她目标的人也开始变得越来越惊慌。4月份约翰·比芬在一次讲话中不安而坦率地警告,要有"三年空前的紧缩"。撒切尔夫人在《吉米·杨谈话》节目中以明显动容的态度指责他说:"我认为他说得不对。大家要知道,这是比芬主义。"[19]不到两个月前,米尔顿·弗里德曼来唐宁街10号拜访了撒切尔夫人。奈杰尔·劳森

5. 不支持转弯
"罗伯特,他们都反对我。我能感觉到"

在他到来之前预先提交了一份简报,解释说,尽管弗里德曼大力支持中央政府力推的各项政策,但他担心政府选择的控制货币供应方法是错误的。劳森在简报中接着写道:"他最近一直感到担忧,唯恐英格兰银行对外汇市场干预过重。他向来强调,追求货币供应目标与汇率之间是不相容的。"[20](多年以后,对劳森本人的主要批评,集中在这种不兼容说法上。)撒切尔夫人召集了一个由少数高级官员组成的小组一道会见弗里德曼,其中包括劳森、杰弗里·豪、伊恩·吉尔摩和戈登·理查森。大家在讨论中使用了广泛的术语,几乎使用了哲学术语。弗里德曼的发言充满智慧,撒切尔夫人用手指扫了大家一圈,说:"现在,我们都相信了,对吧?"她指向吉尔摩时,手指停了片刻,神态中带着责难。[21] 7月初,弗里德曼出席了下院的财政部特别委员会会议,虽然该委员会是保守党多数中的机构,但是也对政府的经济路线表示出不满。弗里德曼在这个委员会讲话说:"我强烈赞同中期财政战略公布的货币战略大纲",但他接着对《货币控制绿皮书》中一个关键语句提出商榷:"控制货币供给的首要手段必须是财政政策……及利率。"弗里德曼表示,这句话"有错误之嫌。只有里普·万·温克尔[1]或许能写出这种句子。"[22] 于是,围绕一个政府应当瞄准货币供应采取哪些措施引发了争论。1976年,国际货币基金组织救援英国经济时,主张货币供应的首选措施是整合英镑M3,包含在现金、银行存款以及所有贷款、信贷和其他流动性金融工具方面采取广泛的措施。中期财政战略规定,货币供应量是首选措施。正由于选择了货币供应的广泛措施,财政部才提议将财政政策和利率作为控制的必要工具。弗里德曼的批评基于两点:首先,财政政策只能通过对信贷供给的影响对货币供应施加间接而不准确的影响。它充其量对通胀产生迟钝的二阶效应。其次,认为能控制货币供应是一种落后的想法。其实正相反,利率反映了对货币的主要供应和需求。为了避免这些困难,弗里德曼主张控制货币基础(又称英镑M0),这是一种比M3窄得多的货币供应手段。这种方法不依赖利率或财政政策,而是需要中央银行采取诸如少印钞票等直接措施改变货币流通量。弗里德曼认为,M0不仅更易于控制,而且比M3更能直接对应于通货膨胀。

---

1 美国作家欧文作品中的人物,寓意是时代的落伍者。——译者注

这一论点在撒切尔夫人的唐宁街10号时光中大行其道。1979年5月18日，戈登·佩珀曾会见撒切尔夫人，建议转换为货币基础控制。下野期间她曾在很大程度上依赖佩珀的观点。这时她慎重对他说，同意他的见解，却又担心根本性的改变会影响种种数据。㉓这在一个层面上是一种技术性的论点。接近撒切尔夫人的一些人批评她，说她为自己并不完全理解的事伤脑筋。然而，这个论点在政治上的重要性于1980年日益凸显。政府因严厉的"货币主义"而招致攻击；英国进入急剧衰退期，当时选择的货币供应措施是M3。利率是惩罚性的，汇率也是这样。英镑对美元的比值从1976年10月的1.63美元升为1980年10月的2.42美元。1980年3月底，就在中期财政战略批准两周后，杰弗里·豪向内阁报告，他公开预算案时，"货币供应量好像要置于控制措施之下"。㉔但结果显示并非如此，至少根据政府的首选措施并非如此。M3的增长率在1980至1981的目标期间是19.4%。

产生这一明显灾难的部分原因是财政部门对政府改革的热情反应。经济学家布赖恩·格里菲斯说："人们认定，她说到做到，所以大家踊跃购买英镑。"㉕在1980年3月的预算案中，杰弗里·豪宣布除去"紧身衣"。这是对银行急速扩张其存款而实施的惩罚性制度，因终止外汇管制而遭淘汰。7月份，"紧身衣"除去时，M3立即跃升了4—5个百分点。政府还解除了银行对按揭贷款的陈旧限制条件，这样一来，也为信贷爆炸性增长制造了空间。同时，高利率使人们比以前更愿意保持储蓄，反过来促进了M3的增长。所有这些没有一件是坏事，所有行为都是对解除管制自然产生的短期反应，但也没有一件是事先充分预计到的，因此数据令人惊慌。撒切尔夫人看到一份官方简报，内容是"除去'紧身衣'将在未来一两个月内推高M3增长率；其潜在趋势可能难以估计。"她表现出非同寻常的沉默。在这句话旁边批注："！！！"。㉖

整个1980年夏天，撒切尔夫人和财政部大臣们开始与开支部门的大臣们进行了一场更为激烈而仍然毫无结果的斗争。撒切尔夫人发现，很难通过私下方式表现自己，便明显增强了在公开场合雄辩的激情。她运用这种非同寻常而又有效的政治技术时，几乎总是忽视丹尼斯·希利的"第一洞穴定律"："如果你身处洞中，不要挖掘。"但她狂暴地挖着。6月11日，她在英国报业协会讲话时称："哪天我没有引发争议，这天准没有干好工作。"她说自己正在向平等发起挑战，向政府的经济基础发起挑战，正在回归"古老的价值观"。她以挑衅的口吻说："大臣们，财政部的骑士们，公务员们，永远不

5. 不支持转弯
"罗伯特，他们都反对我。我能感觉到"

能通过现金来理解预算"（这与总量相反），但是现金限制是"每个女人都知道的事情"。"在这条道路上没有180度大转弯，"她补充道。[27]两周前，政府宣布了一项裁减公务员的计划，将在四年内将人数705,000减至630,000。在政府内部的私下讨论中，记录显示，在一系列场合人们都不愿让步，但谁也不愿为有人不得不离去公开斗争。约翰·霍斯金斯在5月28日的日记中记录了这种情绪："大卫（沃尔夫森）对玛格丽特目前的表现非常绝望。阅读文件只看表面，对待同僚十分粗暴，身为首相却依然态度过激，不愿坐下来思考关键问题。普赖尔及其合作者只是简单地将自己的保留意见记录下来存档，等待180度大转弯的时刻到来，届时，她将不得不辞职。"[28]

6月17日的经济委员会会议上，撒切尔夫人以一番简短讲话开始了会议，她在讲话中描述了自己当时的心态及对主席身份的总体想法。罗伯特·阿姆斯特朗记录下她说的话：

> 产出指标下降，工资收入上升。
> 我们没钱用于分配。
> 如果公共领域继续保持现状，我们将不得不把私营领域的财富分配至公共领域。
> 人们对公共部门大幅增加工资极为愤恨。
> 通过储蓄贬值让公共领域增加（收入）。[29]

这是支持杰弗里·豪的前奏。杰弗里·豪正试图对公务员工资施加现金限制，迫使其增长率低于私营领域的增长率。杰弗里·豪使用了可比性战略，"退居次要地位而非全然抛弃"。克里斯多夫·索姆斯被激怒了，称："如果我们这样做，将会在公共领域引发大规模劳资冲突。"[30]

此后不久，在吉姆·普赖尔的《就业法案》推出前，大家试图逼他强化其中反对继发纠察行为的条款，但并未成功。多方面的左翼同行提出一个针对该法案的修正案，尽管他们违反了撒切尔夫人自己的国务大臣的意愿，但她还是对大家予以鼓励。她要求普赖尔及其副手帕特里克·梅休到下院她的办公室会见反对者。大家就一项条款发生了激烈争吵，她指责梅休说："该条款的作用跟你说的不同，你那么说只能让这种想法受挫。""我不能接受不诚实的指控，"梅休说。普赖尔说："我不干了。"[31]保守党的后座议员在上院和下院都组织抵抗，一天晚上，梅休走进会议室，不由吃了一惊，他听到伊恩·高正在对保守党议会议员们高喊："讨论首相修正案到这边来。"㉜他颇带煽动性地描述说，这是在支持反对者抵制普赖尔。结果，修正案失败了。据梅休说，普赖尔憎恶所有立法细节，倾向于认命，并不想打一场全面战争。但首相与就业大臣之间的关系明显一直在恶化。

内阁中分歧如此之大，如何最有效地讨论至关重要的经济问题呢？为了解决这个问题，撒切尔夫人同意请财政部新任命的首席经济顾问特里·伯恩斯来做一次演讲，并请中央政策评审组的罗宾·伊布斯做辅助性演讲，讨论指标化的风险问题。听演讲的官员入场时竟然拥挤推搡，暴露出紧张气氛。在计划这次演讲之初，财政部的道格拉斯·沃思可能感到恼火，罗伯特·阿姆斯特朗便写信给他："我几乎确信，如果财政大臣同意你参会，你与特里一道来或单独来，首相会十分满意的。"㉝可她一点儿也不满意。几天后，阿姆斯特朗致函首相，建议沃思出席，撒切尔夫人在旁边批注："不。"㉞不过阿姆斯特朗在这类活动中通常扮演汉弗雷爵士的角色，他的意见占了上风，沃思陪同伯恩斯一道出席，但演讲的是伯恩斯而不是沃思。1980年7月3日，伯恩斯在国宴厅的演讲配以幻灯片图示，针对财政情况，从专业的角度详解了这场危机的严重性以及政府采取货币政策的必要性。伯恩斯指出了通胀率正开始下降的初期苗头。他让霍斯金斯深感佩服："特里的演讲获得了成功，让同事们意识到货币主义有诸多历史证据支持，也让大家意识到，我们的政策备选方案实在太少了。"㉟但是，官僚等级意识强烈的内阁成员和官员觉得，坐下来听一个30来岁的年轻人指手画脚，心里颇感恼怒。沃思回忆说：伯恩斯给出的是"一个孩子的经济指南……我不知道有什么用处。"㊱罗伯特·阿姆斯特朗在他的内阁笔记簿中记录了当天的情形，标题带有嘲笑口吻："伯恩斯——他那演讲"。在伯恩斯回忆中，自己的演讲后的讨论"粗鄙不堪"。㊲

在那场讨论中，政治上的担忧主要集中于失业数据及其可能的下限。普赖尔担心1982年会有260万失业人口，[1]赞成采取措施帮助年轻失业者；

---

[1] 1980年8月，该数据达到200万，达到了普赖尔1981年6月对1982年预估的水平。1982年1月，该数字达到了300万。

5. 不支持转弯
"罗伯特,他们都反对我。我能感觉到"

伯恩斯预测(后来证明是错误的)说,失业人数应该没有那么高。彼得·沃尔克警告说"没有能够复兴的英国工业"。威尔士事务大臣尼古拉斯·爱德华兹[1]并不属于"湿派",他担心经济低迷的态势会持续,时间会超过中期战略目标允许的时段,亟需在利率方面有更多的灵活性。这给了杰弗里·豪一个提示,他接着对大家说,将于当天宣布对利率进行1%的削减。对这条消息应答者寥寥,撒切尔夫人不得不问大家:"都听到了吗?"可能是普赖尔的声音说:"这是个错误做法。人们会认为,只是为这次会议应景。"[38]杰弗里·豪承认,事态十分严重:"当然,我们正面对一个危险局面。各种措施丝毫未能减少这种危险……如果我们放松,终将付出高昂代价,并减少竞争力方面的回报。"他说,"从根本上破坏工业基础的"并不是政府的政策,而是"不变革的态度"。他希望随着政策发挥的冲击力,态度会随之发生改变。撒切尔夫人紧接着说:"有一件事是我们能控制的:公共开支。如果我们不控制,利率将会反弹。"[39]

在这次引进的讲座铺垫下,在接下来的一周,撒切尔夫人及其支持者举行了一次更加严厉的公共开支会议。7月10日,杰弗里·豪在同僚面前挥舞一份《金融时报》,报道称,三个月内已经花完占全年公共部门借贷需求份额的40%。在此背景下,首席秘书约翰·比芬宣布,他希望保持支出总额不变,但是其中有一个更大份额的应急储备金要应对诸如煤炭、钢铁和铁路等国有行业的超支问题。这意味着开销部门需要进一步的削减政策。吉姆·普赖尔发怒了,他问道:"在经济不景气的年头这样做对吗?经济衰退过程中,国有行业不能实现目标,如果我们削减补偿,会促进衰退的。"他补充的一句话堪称异端邪说:"公共部门借贷需求的一次增长未必提高利率。"迈克尔·赫塞尔廷则从一个完全不同的方向反击,他一如既往地渴望针对工业推进一套更具连贯性的组合战略。"我不能继续砍掉本部门的经费去填补其他地方的财政需求",他抱怨说。这激怒了撒切尔夫人,让同僚讨厌的率直脾气再度爆发出来:"我们从未在消费领域搞过削减……包括你们在内的人不用削减。"她说,其实,"用于投资的钱很多,大量的

---

[1] 尼古拉斯·爱德华兹(1934—),毕业于威斯特敏斯特学校和剑桥大学三一学院;1970—1987年任彭布罗克郡选区保守党在议会的议员;1975—1979年任威尔士事务反对党发言人;1979—1987年任威尔士事务大臣;1987年受封克里克豪厄尔勋爵。

钱用于投资，至于这些钱为什么没有产生效果，原因在于使用者的态度。"她厌倦了讨论，提到《金融时报》关于公共部门借贷需求的报道，她厉声说："今天上午我们必须就（支出）总量做出决定，否则就毫无信誉可言。"普赖尔在阿姆斯特朗支持下也厉声回敬说："内阁让媒体牵着鼻子走，真让人受够了。"⑩然而，普赖尔对自己提出的简报并无些许不满。五天后，他发泄了自己对撒切尔夫人的失望感觉——当然，并没有归咎于《星期日时报》雨果·杨的采访。"她在整个内阁没有一个真正的朋友，"普赖尔的评论相当不公正，"原因是她要每个人经受最让人情感上精疲力竭的辩论；另外一个原因是她自始至终不停地打断别人的话。这让大家全都怒不可遏。"㊶下院暑期休会之前，进行了最后一次对经济和公共开支的充分讨论。8月初，撒切尔夫人在首相别墅召集亲密的顾问们，举行"期末"晚餐会，参加者中有霍斯金斯、道格拉斯·黑格和诺曼·斯特劳斯等人。参加晚餐会的特里·伯恩斯说："这是一种非常奇怪的事……感觉她要与全世界作对。"晚餐会之前的讨论非常"饶舌"，撒切尔夫人"以非凡的直率"批评吉姆·普赖尔。伯恩斯记得，当时他"相当震惊"。㊷

　　8月份前往度假前，撒切尔夫人说了句临别赠言，假如换个背景，这话准会闻名于世。《星期日泰晤士报》记者雨果·杨问她，将放松紧缩政策吗？"不，不，不！"她大声叫道。她接着说："在他们（英国人民）内心深处，凭直觉知道我说的话做的事都是正确的……假如我放弃，我们将失败。"㊸她在接受美国记者采访时，冒着显得自负的风险做了个比较："有时候有人要求我以经济眼光看这个国家，以同样的眼光看，假如我们将敦刻尔克大撤退看作一种资产负债表，那我认为我们就不该在那个时候撤退。如果你将它看作一件关乎英国人民精神的事件，那就完全不同了。"㊹关于"人民精神"的本能直觉是她的一种信念，有些人会把这种信念当成近乎精神错乱的迹象，但是在种种数据、新闻标题和民意测验结果展示出的一片阴郁中，是这种信念支撑了她。

　　有一个人想要她放弃自己的政策，这个人就是她曾为之效力的第一位首相哈罗德·麦克米伦。应她邀请，麦克米伦在8月初到首相别墅拜访了她。他事后将这次交谈整理成一份备忘录。他对撒切尔夫人说，由于国际石油现状，"整个大环境……要求的……不是限制和通货紧缩，而是强有力的通货再膨胀措施。"他接着说："所谓'货币供应'政策就像汽车仪表盘的里程计，作为当下发生的事情或许有指导作用，但里程计本身并不能使机器变得更快

5. 不支持转弯
"罗伯特，他们都反对我。我能感觉到"

或者更慢。"[1]麦克米伦提出矫正方法：如果抛弃薪资政策，可能要通过一个诸如"工业议会"之类的形式让生产力起驱动作用，他说，丘吉尔曾坚持过这种形式。如果人人讨论生产力，"我们或许有希望返回有些人嘲笑的'共识'政治学，但是这正是保守党民主的本质。在民主体制中，应用分裂政治学（他的原话如此）不可能在足够长的时间内有效，不过这种方法是令人满意的。"[45]尽管麦克米伦的语气保持着礼貌，他的备忘录实际上是在指责撒切尔夫人完全错了。其中还包含着一种暗示，就是她的政策注定要失败，而这种暗示当时给了"湿派"熬过他们视为撒切尔主义漫漫长夜的动力。不过并无记录显示她对麦克米伦的回应。

撒切尔夫人历来讨厌休假，认为休假会打乱她所谓的"节奏"，让她感到心神不宁，而且她也不知道如何打发休假时光。她原来担任教育大臣时，有一次和丹尼斯前往科西嘉岛度过一个为期十天的假期。四天后，她的秘书艾莉森·沃德接到她的电话，不由吃了一惊，"嗨！亲爱的，我们在希思罗机场。""啊，"艾莉森说，"难道发生什么可怕的事了？""哦，没有，亲爱的，我们已经结束了科西嘉岛之旅。"[46]在撒切尔夫人就任首相后的第一个暑假里，她第二次与莫里森家族一道去赫布里底群岛的艾雷岛度假。保守党党魁泰德·希思当时也在那里，甚至还猎杀了一头雄鹿。撒切尔夫人是个比希思受欢迎的游客，她兴致勃勃参与各种活动，但是要"穿上一双健步鞋并非易事"，她首次步行穿的是黑色漆皮鞋。[47]

1980年暑假，她去了瑞士楚格州，与道格拉斯爵士和格洛弗夫人一道下榻在弗罗伊登贝格城堡。她1978年就去过那里，后来又多次去过。道格拉斯·格洛弗曾是保守党在议会中的长期后座议员，现已退休。他的妻子埃莉诺富有而聪明，是一名瑞士实业家的遗孀。格洛弗夫人是一个思想活跃的女人，喜欢给撒切尔夫人提建议，比如如何打扮才最漂亮，还喜欢向她引见有趣的人物。她给撒切尔夫人请了一名女仆和理发师。她遍寻瑞士和邻国或智力超群

---

[1] 麦克米伦喜欢将撒切尔夫人比作驾车。有一次，一名参观者前往他名叫"桦木林"的乡间别墅，说："我买的一辆新款车，能以日本味的英语对我说'现在系好安全带'之类的话。""啊哈，"麦克米伦说，"那是一款撒切尔夫人式的车。"（与大卫·迪尔克斯的通信）

或地位显赫的名人,出席她为撒切尔夫妇举行的午宴和晚宴。在那个8月份,有过5个这样的聚会日子。据偶尔与撒切尔夫妇一道做客的高里勋爵说,那些宴会"稍带一抹噩梦的色彩"。⁴⁸除了这些活动,在弗罗伊登贝格城堡就没有太多事可做,只能欣赏壮丽的景色和散步。撒切尔夫人总是穿着裙子散步,还攀登最近的小山丘。⁴⁹在1980年的那些场合中,撒切尔夫人遇到了出生于瑞士、在美国长大的货币主义经济学家卡尔·布鲁纳(耶胡迪·梅纽因则为午宴增添了艺术基调),还有一位是瑞士央行行长弗里茨·鲁特威勒。他们就像弗里德曼一样向她指出,她的政府对货币M3手段的依赖正在危害克服通胀的努力,还认为,英格兰银行误用了货币供应管理手段。

撒切尔夫人怒气冲冲离开阿尔卑斯山返回伦敦,离开之前甚至气都没喘一口。她为自己听到的说法感到愤怒。要对英格兰银行指责一番,就叫行长及其副手来见面,却发现两人都在度假。这没有让她的怒气缓和一点。转而把气撒在了另外两名助理官员身上,其中一名是艾迪·乔治[1],后来成了银行行长。戈登·理查森终于度假返回时,被她传唤,遭到斥责。首相对银行大发雷霆,指责理查森虚荣而又优柔寡断,还指责他的副手基特·麦克马洪:"只要我是首相,他就永远别想当英格兰银行行长。"⁵⁰[2]

撒切尔夫人越来越相信一种观点,就是需要脱离广泛的M3货币供应目标,支持其他形式的货币基础控制。英格兰银行和财政部都正式表态反对,她便在财政部内部找到一名支持者。1980年9月2日,她的私人秘书迈克尔·帕蒂森送给她一份文件,附在封面上的信写道:"这是为明天货币政策主题会议准备的议程,准备者匿名(彼得·米德尔顿准备的)。如果你能避免到处展示这份文件,彼得·米德尔顿将不胜感激,他尚未向财政大臣和财政部同事承认这份文件是他准备的。"⁵¹米德尔顿摇身一变成为撒切尔夫人身边的间谍,这本身就是财政部与唐宁街10号之间关系不安的症状。道格拉斯·沃思、安东尼·罗林森、比尔·莱利和肯尼思·卡曾斯等大部分财政部高级官员,没有一个人真正信任撒切尔夫人要采取的路线。米德尔顿资历较浅,却负责执行货币政策的细节,是

---

1 艾迪·乔治(1938—2009),毕业于达利奇学校和剑桥大学以马内利学院;1990—1993年任英格兰银行副行长;1993—2003年任行长;2000年受封骑士头衔;2004年受封乔治勋爵。

2 她说到做到:麦克马洪从未成为行长。

5. 不支持转弯
"罗伯特,他们都反对我。我能感觉到"

财政部里货币主义路线的主要支持者,也是老练而雄心勃勃的操控者。米德尔顿的文件问到现在是否适合尝试货币基础控制。特里·伯恩斯参加了随后由撒切尔夫人和杰弗里·豪的会谈,他记得当时受到了撒切尔夫人"有点咆哮"的对待,㊾与她盛怒中的习惯一样,一遍遍重复同样几个观点。她抱怨说,银行获准按自己喜欢的方式自由借贷,伴随的是利率上的灾难性后果。她寻求其他控制方法:"在她记忆中有早年学到的储备资产比率知识,"㊿可她尚未完全认识到,此举将为国际化做出贡献,而且这意味着不能再像以往那样通过实际手段控制货币。然而,她并不试图否定杰弗里·豪,因为"他们仍旧属于同一个小阵营"㊼,她只是要找到更好的方法,去控制开支、公共借贷,将通货膨胀控制在允许的框架范围内。

来自大西洋彼岸的艾伦·沃尔特斯教授同样支持货币基础控制,撒切尔夫人在自己处在反对党期间就曾经与他交流过,此后一直保持着联系。9月份,她说服了沃尔特斯,请他前来唐宁街,从1981年1月1日起担任自己的经济学顾问。但是,在和约翰·霍斯金斯通电话时她表示自己已经阅读了他提供的关于目前现状的不同文件资料,沃尔特斯问她:"这些事还没有做吗?我拿不准是不是已经太迟了。"㊽

如果撒切尔夫人失去了议会中后座议员们或乡下地区保守党人的支持,或许一切就太晚了,但结果并非如此。伊恩·高与议会中保守党议员们的勤勉收获了回报,并且,从比例上讲,内阁里的反对者远远多于后座议员中的反对者。[1]然而,对撒切尔夫人明显至关重要的是努力维持住党内草根阶层的支持,因此,她比平时任何时候都更细心地准备着1980年10月第二周将在布莱顿举行的保守党年度大会。

在党的大会上作演讲无疑是最重要的头等大事,准备讲稿产生的压力让撒切尔夫人变得狂暴,让约翰·霍斯金斯深感厌恶,称她"为这个该死的演讲浪费时间",㊿他当时和主要起草人罗尼·米勒一起准备讲稿。

---

[1] 11月11日,在后座议员保守党财政委员会会议上,18位发言人中有7位对一种理念嗤之以鼻,就是失业情况和数据显示的一样严重,只有两个人表达了明确相反的观点。艾伦·克拉克甚至说"这样的失业水平正好可以在许多选区内将党的积极分子牢牢地团结在一起。无论更好还是更糟,看起来都会将工会抛诸荒漠。"(财政委员会会议记录,1980年11月11日,由彼得·克罗珀记录,THCR2/6/2/48。)

他10月6日的日记记述道：撒切尔夫人"显然惊恐万状"。她自己亲自撰写了部分草稿，霍斯金斯称之为"经济学的糟粕"。10月7日的晚餐会成了她与米勒的"嚷叫比赛"；10月8日，她因为没有拿到讲稿草案"一夜没合眼"。㊼10月9日星期四是发表演讲前一天，她才平静了一些：

> 伊恩（高）和克莱夫（惠特莫尔）应付玛格丽特的态度变得更坚决。丹尼斯的不耐烦态度则更加粗鲁："老实说，亲爱的，我们不是在撰写《旧约》。"克莱夫和蒂姆（兰克斯特）不断爆发出一阵阵压抑的咯咯偷笑，笑得前仰后合……要是玛格丽特还在卧室，我们会变换方式，为一些事开怀大笑。后果是肯定的，克莱夫对我们说，结果很严重，她对卡洛琳（斯蒂芬斯）说："要保证让他们埋头干活。"㊽

第二天演讲时，撒切尔夫人利用了一周前黑潭市工党大会上发生的事。由托尼·本恩领导的工党左派显示出前所未有的强势，一通大吵大闹使全党震动，他们争吵的主题是如何选举下一任党魁，还提出支持单方面核裁军。撒切尔夫人在演讲中说，在国内，有一些类似恐吓的行为，发出恐吓的正是那些想要诋毁"我们人民内心最深处本能"的人。在国外，1979年圣诞节苏联入侵阿富汗之后，一度呈现出"黑色的地平线"。失业是一种"人类的悲剧"，只有战胜通胀，才能在这方面获得真正成功。接着，她表达了不言而喻的恐惧，按照她的观点是"希望"——政府将改变在泰德·希思统治下的做法："有些人屏息静待，希望听到媒体最常喊的口号'180度大转弯'，对他们我只说一件事，'你想转自己去转。本夫人不支持转弯。'"㊾这句打动人心的话是典型的罗尼·米勒的语言风格，套用了克里斯多夫·弗莱当时尚未流行的剧名《不该烧死她》。[1]霍斯金斯当时听她讲出这句话，认为极为成功："如珠妙语用得恰到好处，起到恰如其分的效果，赢得了经久不息的笑声和掌声。"㊿

结束演讲前，撒切尔夫人指出国家内部的政治分歧："让工党奥威尔

---

[1] 《不该烧死她》(*The Lady's Not for Burning*) 的英文原文与撒切尔夫人的话（The lady's not for turning.）只有 T 和 B 一个字母之差。——译者注

5. 不支持转弯
"罗伯特，他们都反对我。我能感觉到"

式的左派噩梦成为对我们的鞭策吧，激励起新的紧迫感，奉献出我们的每一分精力和道德力量，共同重建这个自由国度的命运。"⑥她赢得了来自会议厅长达6分钟的真诚起立喝彩，也激起会场外左翼示威者的极端敌意。5天后，吉姆·卡拉汉辞去了工党党魁的职务。11月10日，他被迈克尔·富特取代，富特是候选人中的极左派，起初选民看好的候选人丹尼斯·希利却未当选。工党仿佛决意实现撒切尔夫人描述的英国二元分化政治前景，富特当选却对她非常有益。这年夏天，工党的左派社会民主主义领袖谢利·威廉姆斯、大卫·欧文和比尔罗杰斯开始在工党之外寻找未来，到布鲁塞尔争取罗伊·詹金斯的支持。毫无疑问，工党此时将分崩离析。

不过，政府内部受到的冲击愈发强烈了。1980年10月，当月的最新收益数据显示，中央政府的年化开支上升了34.5%，而私营领域为20.5%。吉姆·普赖尔想把这些数据套入他所谓的"恰当视角"来淡化其影响，但约翰·霍斯金斯在备忘录中向撒切尔夫人提出了相反的看法："那还不如说，我们的表现就像一群贪婪的白痴，现在则要付出代价。"⑥撒切尔夫人采纳了这一观点，潦草写信给蒂姆·兰克斯特："不能瞒报数据……要利用数据中的信息——本届政府处理公共领域的方式超过了任何一届政府。私营领域复苏前，这种状况将持续。"⑥

在11月12日的一个会议上，议题是财政大臣的秋季预算报告，杰弗里·豪和撒切尔夫人一致同意削减利率2%，降低为14%，并对令人沮丧的现实及黯淡的前景作了估计，"首相说，在公共开支调查委员会最新的审查报告中，最令人失望的特点是国有化行业的财务状况恶化，破坏了中央政府的整体公共开支战略。"⑥杰弗里·豪评论说："根据政府对国有企业在过去18个月的经验，废除国有化的论点得到了增强。"⑥然而，这一论点目前没有立足之地，因为政府依旧感觉在财政上步履维艰，政治上疲软无力，无法将庞大的国有企业推入不确定的市场。但有一点正变得更加明朗：为了保持目前的方向，政府的态度必须更加严厉。对此的官方记录内容是："政府是否有足够的能力保证财政收支平衡步入正轨，这是个问题，这或许意味着下一财政年度的预算案将更加严厉。"⑥

内阁不同意进一步紧缩银根。"湿派"仍然相信，撒切尔夫人最终将被迫改变路线，弗兰西斯·皮姆私下悄悄对雨果·杨说："扼杀这么多政策实施的可能性,她简直是疯了。她究竟为什么坚持说自己不支持转弯这类话?"⑥在个人回忆录里,撒切尔夫人表示,内阁于1980年10月30日原则上同意在1981—1982年度进一步削减公共开支,当时杰弗里·豪对与会者说,预期的117.5亿镑公共部门借贷需求是无法容忍的,并且"我们要想获得成功的机会,就必须面对大多数内阁成员想要逃避的问题。"⑧敌对者和撒切尔夫人眼中胆怯的大臣们会反对其中的大部分具体问题。"湿派"的确不愿与撒切尔夫人及其思想正面对抗,普赖尔是唯一的例外。霍斯金斯回忆起当时的情形仍满腔怒火:"吉姆是唯一有胆量的人。天哪,他真是个傻瓜。"⑨10月30日达成的"协议"尽管有正式记录,却没有真正呈现出来。罗伯特·阿姆斯特朗爵士的内阁笔记簿的记录显示,普赖尔、沃尔克、皮姆和索姆斯等几名大臣讨厌这项协议,后来威利·怀特劳提议全面削减2%。普赖尔抗议说:"我认为我们赞成的不是同一件事。"⑩"湿派"认为得到了工业联合会领导层的支持。工业联合会正在举行年度会议,11月11日,会议力挺普赖尔针对工会改革采取温和方法,同时,理事长特伦斯·贝克特爵士发誓,要就利率问题与政府进行一场"无情的斗争"。英国利兰公司主席迈克尔·爱德华兹在大会上说,鉴于北海石油对汇率产生了惩罚性的效果,最好"不提这该死的问题"。

1980年11月13日,杰弗里·豪对内阁同僚说,应当根据通胀对收入利益去指数化,这样可以省钱。普赖尔警告说,这会导致社会动荡:"如果我们信赖同一个国家的理念,就不能那么做。"⑪就连忠诚的威利·怀特劳也说:"我们应当长期勒紧保守党的裤腰带。"⑫从去指数化获益的提法遭到反对,但是内阁同意将员工的国民保险分摊额提高1%。讨论中的部分内容泄露了出去,报纸开始发表政府内部分歧和丧失信心的文章。《卫报》的彼得·詹金斯称,对撒切尔主义的"怀疑曙光初露",还声称撒切尔夫人对财政大臣失去了信心。⑬杰弗里·豪在个人回忆录中不无悲伤地承认,"尽管我们提出种种反对意见,"但他的秋季预算报告变成了一份"微型预算"。这是保守党在丹尼斯·希利时代曾遭严厉责难的做法。⑭提交这份预算报告本来就是一次拙劣的表演,还让另外一件事情搞得更惨,当时杰弗里·豪忽略了因工资水平上升需自动增加国民保险分摊额。预算报告的方向、方式、表现出的诚意都引起了普遍的愤怒。财政部特别委员会主席爱德华·杜·卡恩是杰弗里·豪不能共患难的朋友,这时趁机攻击财政大臣的路线。政府威信滑落到了谷底。在个人回忆录中,

5. 不支持转弯
"罗伯特，他们都反对我。我能感觉到"

撒切尔夫人写道："1980年底，我开始感觉到，我们的经济战略冒着丧失公众信心的风险。"㊄圣诞节前夕，《每日电讯报》的编辑比尔·迪兹记录了与布赖恩·格里菲斯的一次交流，格里菲斯刚去唐宁街10号见过撒切尔夫人：

> 杰弗里·豪匆匆去隔壁屋子，遇到格里菲斯，请布赖恩·格里菲斯不要吹毛求疵"她现在情绪非常古怪……"布赖恩·格里菲斯说，他与首相会见的一个小时中，她有两次几乎落泪。出什么毛病了？英格兰银行行长哑然无语……他被这次经历搞得非常沮丧。明显感觉财政大臣已经失控了。（他想到首相和财政大臣本来配合默契。《麦克米伦的阴影》，1962年，塞尔温·劳埃德）格里菲斯离开时感觉不明不白，不清楚被召去的目的何在。只有一点是明确的：我们都认为1981年1月或许是决定性的……㊆

撒切尔夫人非常心慌，而且怀疑自己的所有助手。

不过，对局面做出最公正评价的人是杰弗里·豪。在新旧年交替之际，他写信给撒切尔夫人，对约翰·霍斯金斯刻薄而悲观的最新战略文件作了评论。他对首相写道："你我都会焦虑不安，因为大西洋两岸的评论家提到'撒切尔化'时，指的是但凡可能就应当避免的情况！"但他接着以奉承的口吻写道，在政府的立场中有一股潜在的力量："撒切尔因素。人们确实有一种感觉，就是本届政府拥有一种韧性——尤其是你。只要这种要素存在，政府就会一切正常。""不少人认为我们简直是疯了！"他继续写道，"然而极少有人能拿出一套连贯的备选解决方案。"㊆伯纳德·英厄姆借用最新版的预言出版物《老摩尔人年鉴》评论首相，"历史上有一些罕见的时刻，"他评论道，"当时一个男人或女人几乎能够独自塑造一个国家的未来。现在就是这样一个时刻。玛格丽特·撒切尔就是这样一个女人。她的个人命运体现出令人着迷的模式，并且与英国当前的命运密不可分，难以想象她在彻底治愈英国的顽疾使之复兴前会放弃权力。"㊆杰弗里·豪、英厄姆和老摩尔人都认识到了其中的重要意义。"撒切尔主义"根本不是一种哲学，而是一个非凡的女人体现出的精神和品格。

经过圣诞节期间的沉思后，撒切尔夫人计划搞一次改组。鉴于她对自己内阁中有些人感到恼火,此次改组的变化却很小,这表现出,她感觉自己的地位并不很稳固。似乎谁也没注意到她7月底接受美国杂志《人物周刊》采访时表现出广阔的视角和引人注目的直率。记者问起她被称为"女领袖"时的感想,这是一个由下院领袖诺曼·圣·约翰—斯特瓦斯发明的具有讽刺意味的字眼。她的回答带有恶意:这个字眼的创造者通常是个幽默诙谐的人,本该多表现出一点品味才对。[79]圣·约翰—斯特瓦斯是她改组过程中最明显的牺牲品。这次改组是1981年1月5日宣布的。弗兰西斯·皮姆曾猛烈抵制削减国防开支,大半取得了成功,但惹恼了撒切尔夫人,他被调去替代斯特瓦斯的职务。他还受命负责报告政策,考虑到他对政策方向的怀疑主义以及他忧郁、悲观的性情,这实在是个不同寻常的选择。约翰·诺特接替了他在国防部的职位。约翰·比芬在开支谈判中不够得力,接替了贸易部诺特原来的职位,他的职位由其密友和杰弗里·豪的盟友利昂·布里坦接任。撒切尔夫人按自己的意愿轻而易举转移了重心。

她的新闻秘书伯纳德·英厄姆给新上任的皮姆写了一份语气生硬的备忘录,同时向首相递交了一份副本。他在备忘录中写道,政府"往往按一首知名颂歌的歌词行事:你我各自照亮自己的小角落……政府处于分裂状态,并且眼睁睁看着被分割,最大的损害产生于对1981—1982年度公共开支的审查。此举就像一张公然把持内阁的许可证……希望这次改组是个新的起点。"英厄姆说,政府在两个世界里都变得越来越糟糕:"因无情的货币主义招致批评,同时货币供应至少在一个意义上正随公共部门借贷需求而飙升。"[80]

撒切尔夫人和杰弗里·豪努力将国有企业置于恰当的财政控制下,并未打算放过煤炭行业。1979年5月撒切尔夫人一就任,便要求准备好与全国矿工工会打一场战争。她召集了威利·怀特劳和内阁副大臣罗伯特·韦德—盖里开会,宣称:"上一届保守党政府是让矿工罢工搞垮的,我们要遭遇又一次罢工,但我们将获胜。威利,由你负责此事。"[81]怀特劳掌管着国内突发事件小组,该小组致力于制定战略原则和可操作的实际措施,认为矿工工会如果举行罢工,应当是从春天开始,届时应当通过关闭矿井政策而不是通过薪资手段分化矿工;总之要团结他们。这个小组还试图说服财政部,在发电站使用石油和煤炭"混合燃料",而首先要做好增加煤炭库存量的计划,不仅在坑口,还要在发电站。然而,该小组遭遇到的直接困难是没有任何一个部门听他们的意见。按照韦德—盖里在回忆中的描述,

5. 不支持转弯
"罗伯特,他们都反对我。我能感觉到"

人们说:"那个女人疯了。跟矿工罢工作对不可能获胜,只能收买矿工。"⑧另外,在政府内部缺乏应对紧急情况的协调机制,在应对1926年大罢工期间有过这种想法,但当时基本上属于军事任务。另外还缺乏薪资与关闭矿井的管理策略。

还有个进一步的问题。虽然囤积煤炭在政治上有意义,却没有直接的财政意义。从一开始,财政部就寻求终止煤炭生产以尽可能控制这个行业疯狂的过度开支。缺乏整体战略意味着这种矛盾在相当长的时间内不会得到解决。财政部自己也承认这一点,1980年4月,杰弗里·豪的私人秘书写信给克莱夫·惠特莫尔,谈及协调政策的必要性,指出:"电力成本包括煤炭储存量的风险及相应的矿工罢工风险。去年秋季,我们竭力在矿工薪资奖金背景下向首相提起整个问题,但当时没有列在重要讨论事务中。"⑧

国有行业40%的能源需求量要由煤炭满足,其中包括三分之二的发电量。在没有更多核电站的情况下,降低消费国际石油的压力也要求未来更多依赖煤炭。虽然矿工较大幅度的工资增长(为其他国有企业工人树立了一个不好的榜样)已经抑制了矿工的斗争性,但政府向国家煤炭局下达了严峻的财务目标。6月份,经济委员会收到一份来自相关官员们的报告,预测到新旧年交替时,可囤积五到六周的煤炭用量。不过,他们补充说"安全期取决于本行业之外纠察活动的程度和范围,如果其间有继发活动,煤炭囤积量很容易受到纠察活动影响。"⑧该问题的法律状态不能提振人们的信心。至于突发事件,"调集军队支持的计划如今是不可行的。"⑧

1980年9月,能源大臣大卫·豪威尔将自己的煤炭战略呈交经济委员会。他认为,煤炭产量增加的原因是"其他化石燃料供应下降",不过认为增加的产量产自低成本矿井,认为许多现存的高成本矿井应该关闭。他警告说:"关停措施会产生爆炸性的反应",并提议,在即将到来的冬季,应当先解决加薪要求,然后向矿工通报关停计划。⑧撒切尔夫人在这份文件的副本上批注道:"单薄——我在这些文件中没发现任何降低生产成本的努力。那可是私营企业不得不做的事情。"在这一点上,她对行业动荡没有表现出任何担忧。关停计划在推进。

11月份,矿工们的年度加薪要求解决了。伯纳德·英厄姆向首相提交每日新闻摘要时汇报说:"矿工们勉强接受了加薪9.8%……为期十个月。一般认为可能高达13%,这是政府政策的一次胜利……"⑧矿井关停计划的细节继续在秘密制定中,不过即将启动全面关停计划的新闻招致了媒体批评(《每日邮报》1月17日的标题是"关闭矿井铸大错",认为此举易于招致工会联合抵制。基思·约瑟夫宣布了9.9亿英镑拯救英国利兰公司的一揽子计划,三天后,在1月29日,撒切尔夫人会见了煤炭委员会主席德里克·以斯拉爵士,她在原则上支持关停计划,因为"没有备选方案"。㊸23座矿井有待关停,不过流言骤起,很快将这个数字传成了50座矿井。在2月11日与全国矿工工会举行的会议上,国家煤炭局仍旧拒绝提供推荐关停矿井的准确列表,也没有提到将进行的裁员计划,它还试图与工会一道向政府施压,要求得到更多补贴和抵御煤炭进口的保护政策。在铁路工人、钢铁工人和矿工之间形成了著名的"三边联盟"。似乎有可能突然发动一场抵制关停的全国性大罢工。

这时,伯纳德·英厄姆凭借在能源部工作的背景,暂时偏离自己的正常工作范围,呈交给撒切尔夫人一份备忘录。他提出忠告说,国家煤炭局做得有些过分,步伐也太快,温和派矿工领袖乔·戈姆利为了保护自己一方,被迫采取行动坚决抵制斯卡吉尔。他认为,公众喜欢"捍卫自己的生计"这种理念,因此会同情矿工。他表示:"我们需要对表象背后的现实做更广泛有力的评估,而不是仅仅依赖经济委员会提交煤炭行业的裁员计划。"㊹2月16日和18日,撒切尔夫人与大卫·豪威尔碰头,明确了政府不准备应对一场罢工,而煤炭库存量也经不起一场罢工。豪威尔记得在第一次会面中,撒切尔夫人举起伯纳德·英厄姆提交的一份《标准晚报》说:"就是这样的,难道不是吗。"这份报道的标题是"政府踌躇不前"。撒切尔夫人说:"结束这种局面吧,大卫。做出必要的让步。"㊺没有经过内阁讨论,她决定让步。虽然豪威尔讨厌她对自己发火,因为自己处理这件事的方式不当,还引发了始料未及的危机,但她断然决定放弃的做法确实是对的,毕竟"我们尚未准备好"。㊻

2月18日,政府彻底放弃后,英厄姆向撒切尔夫人提交了备忘录,介绍游说团对他发布的简报做出的反应。他汇报说,媒体想要证实几点:第一,政府是否做了一个180度的大转弯;第二,豪威尔是否在并不了解成本(其实他了解)的情况下授权做出让步;第三,这对政府的经济战略和薪资谈判是否将产生深远影响;第四,是否将"采取一种完全不同的灵活路线应对国有企业的重要事务。按照英厄姆的叙述,他的答复是:"任何政府都不会从A到B走一条直线的。"㊼当天英厄姆编制的媒体摘要流露出他残酷的快感,一改惯例直接引用了关于180度大转弯内容的每一个标题——《快报》:"向煤炭大王俯首称臣";《每日星报》:"小伙子们,你们赢了",等等。同时,他还向自己的上司通报了《太阳报》的判断:"你上台以来首次遭遇信任危

5. 不支持转弯
"罗伯特，他们都反对我。我能感觉到"

机。"⑨³2月19日撒切尔夫人与豪威尔深入会谈，撒切尔夫人表示自己对德里克·以斯拉缺乏信心，并坦率表示政府的政策要"继续推进，推向更大范围，按照戈姆利的所有提议去做，确保好斗分子不能重获支配地位。"⑨⁴政府的让步造成了4亿—5亿英镑的损失，并且促成了矿工不可战胜的神话。政府似乎正在步希思政府的后尘，1972年希思也曾向矿工妥协。人们认为，按照同样的逻辑，保守党政府下一步要面对的就是垮台（与1974年2月相同）。即便是忠心耿耿的《每日电讯报》也称，在处理国有企业问题中，当前的变化接踵而至，已然变成一种灾难。⑨⁵

接下来发生的一件事及时让政府从悲哀中分了心：1981年2月24日，威尔士王子和戴安娜·斯宾塞女士宣布举行订婚仪式。

第二天，撒切尔夫人飞赴美国，作新任总统罗纳德·里根的客人。她之前与里根的会面是在1975和1978年，为双方关系奠定了坚实的基础。如今他既然当选，双方便会建立起一种亲密关系。里根在竞选运动期间，曾安排自己的副手威廉·J·凯西[1]和理查德·艾伦秘密拜访过撒切尔夫人，向她简要介绍自己的竞选战略和外交政策立场。"他的外交政策几乎完全定位在东—西方和北约。"艾伦回忆起1980年7月那次会面，说："我认为她十分热情。"⑨⁶[2]艾伦的判断没错。1981年1月20日，里根总统在就职典礼后接到撒切尔夫人的电话。她对里根说，听到他的就职演说和美国人质被释放的消息，她"激动不已"。伊朗操控的时间点让可怜的吉米·卡特受到最大限度的羞辱。她继续说："许多报纸说，里根总统必须避免撒切尔夫人犯的错误（经济政策方面），因此，我必须向你扼要介绍这些错误。"

---

1 威廉·J·凯西（1913—1987），"二战"期间曾在战略情报局效力；1971—1973年任美国证券交易委员会主席；1980年任罗纳德·里根总统竞选运动经纪人；1981—1987年任中央情报局局长。（译者注：比尔是威廉的昵称。）

2 艾伦通过休·托马斯向她提供了一份名单，名单列出里根政策团队的人员和顾问人员。迈克尔·亚历山大问她，这些是否该送外交部。"不，"撒切尔夫人厉声回答，"外交部会四处传播。把这个名单留在这里。对内容要严格保密。"（托马斯给亚历山大的信，1980年6月9日，首相的文件资料，美国：理查德先生和凯西先生拜访首相；作者在内阁办公室查阅此文件。）

里根的回答声音十分亲切："我认为我一点都不担心那种事",同时对她正在自己国家打的"硬仗"表示同情:

> 撒切尔夫人:你知道,这一切都值得,因为正在为之奋斗的,正是我们都为之奋斗的目标……
> 里根:我们要相互支持。
> 撒切尔夫人:是的。[97]

几天后,休·托马斯向撒切尔夫人书面汇报他与爱德华·勒特韦克[1]的一次私下谈话。勒特韦克当时做新政府的顾问,准确概括了总统的特点:"他知道的比他表现的少得多,"但"他的个人地位和社会地位是稳固的,"并且"在道德上有真正的勇气"。撒切尔夫人在最后一句话下面划了线。勒特韦克认为,"只要英国和美国恰当把握住机会,现在可以享有一个关系非常亲密的时期。"[98]撒切尔夫人决定把握这个机会。

几个月前,在1980年7月,里根的副手们就曾秘密与英国官方谈论与撒切尔夫人尽早会见事宜,因为他当选总统已成定局。[99]意外情况应对计划已于大选前拟定好了。这样一来,撒切尔夫人就很容易抢在赫尔穆特·施密特前面,成为里根宣誓就职后第一个与他会见的外国领导人。1月底,撒切尔夫人在感恩节晚宴上说:"下个月,我将应里根总统之约访问美国,成为第一位与他会晤的欧洲国家领导人。也许有人会说这不过是个巧合,但这并不完全是个巧合。我相信这次访问会加强两国之间的亲密友谊,我还能确定,这还将标志着开启了两国政府首脑亲切谅解的新时期。"[100]三天后,里根向她发电报致谢:"你说得对极了,民主与自由是我们共同关注的焦点。"[101]他还指示自己的副手"专门造访"。[102]国务卿阿尔·黑格说,其目的是在"公开和私下都表明,主要西方领导人中,撒切尔最认同你关于东西方关系和安全问题的观点。最重要的是,首相希望建立与你的关系,让世人感到,她的访问是有力重申这种'特殊关系'。"[103]用国家安全顾问理

---

[1] 爱德华·勒特韦克(1942—),自1981年起任爱德华·N·勒特韦克有限公司国际咨询公司董事长;1981年任国务院政策规划委员会顾问;1987年任国家安全委员会顾问;1987年任国防部顾问。

5. 不支持转弯
"罗伯特，他们都反对我。我能感觉到"

查德·艾伦的话来说，其中的挑战是如何使两位领导人的一致想法"引人瞩目"。[104]这些热情的字眼听起来好听，实际上对撒切尔夫人却显得比较困难。就连里根的支持者在内的许多美国人也往往认为，撒切尔主义正驶向错误方向，开始偏离英国的路线。1月初，唐宁街10号新闻发布官查尔斯·安森致信撒切尔夫人的私人办公室，评论说：最近的美国报纸上刊登出很多篇社论，"提到撒切尔经济实验的失败"，建议罗纳德·里根不要步其后尘。[105]财政部及时向她扼要介绍了这些观点。

批评者来自不同阵营。供给学派倡导者相信减税能够自动带来收益，他们讨厌撒切尔夫人未能削减整体税负，更偏爱经济学家赫伯特·斯坦所称的"快乐经济学"。[106]伴随着更审慎的态度以及对政府赤字规模的忧虑，撒切尔夫人此时代表的是痛苦经济学。当时里根的办公室主任詹姆斯·贝克[1]回忆说："我不确定她是否会像对罗纳德·里根承诺的那样，认为如果税收足够低，将能够通过经济增长来增加总税收额。"[107]撒切尔夫人自己曾写道："我们担心新政府的减税计划或许会扩大财政赤字，不过在这一阶段我们仍心怀希望，盼望总统按照向国会提交的方案，成功地大幅度削减开支。"[108]伯纳德·英厄姆记得，因为性格的缘故，她在经济问题上与里根存在着根本差异：

> 我认为，她可能认为里根在经济管理方面比在任何其他方面都刚愎自用。她特别担心他庞大的支出偏好和拒绝课税的策略，感觉整个都过于宽松了。她说，里根相信，到头来一切都不成问题。这是一种阳光的性格，乐观的人生态度。可她这个英国政治家就没有这种权利。她目睹了战后35年间的管理不善，如今总是为预算赤字担忧。[109]

在另一方面，就连那些支持货币主义的人也对她持严厉批判态度。当时的美国联邦储备委员会主席保罗·沃尔克记得："我对英国的印象是那里一切都不正常。"[110]他个人倡导的货币政策几乎从不以英国为例。在撒

---

1 詹姆斯·贝克（1930— ），1981—1985年任白宫办公厅主任；1985—1988年任美国财政部长；1989—1992年任美国国务卿；1992—1993年任白宫办公厅主任兼高级顾问。

切尔夫人访美之前，里根的财政部长唐纳德·雷根[1]要求极端货币主义者、负责货币事务的副部长贝利尔·斯普林克尔紧急准备一份文件，对撒切尔夫人和里根的计划作详细比较和对照。斯普林克尔指出，撒切尔夫人增加的税收"在国民收入中仅占1%，她没能成功削减政府开支，在政府承诺严格控制下，M3形式的货币供应明显'飙升'。"

斯普林克尔接着汇报了"艾伦·沃尔特斯与特里·伯恩斯两位先生"之间的交谈，根据他们的交谈，他"确信英国实际上已进入严重的银根紧缩时期"。他总结道："我应当补充一点，撒切尔夫人的政府拥有和我们一样压倒一切的目标，就是削减公共领域开支，同时促进私营领域增长。到目前为止，其结果喜忧参半，但是我确信这位女士将不会改变方向，如果她能够在政治上坚持更长时间，我坚信她会坚持住，她将取得进一步的发展。"[111]

美国国务院就撒切尔夫人访问提出的简报仍持比较矛盾的看法："到目前为止，她未能有效实现自己压缩预算赤字、压缩政府开支、控制货币供应增长等政策目标，至于她最终能否获得成功，现在下结论还为时尚早。"简报显示，这次访问的一个核心目标将是"就撒切尔夫人的个人经验交换观点，在某种程度上要从英国的错误中吸取教训。"[112][2]

新任总统忽视一切困难。他喜欢撒切尔夫人，知道她和自己的实质立场相同。"你知道，我想在美国做的事情，正是玛格丽特·撒切尔已经开始在英国做的，"里根在竞选期间就曾告诉撒切尔夫人的助手们，"要让政府得到人民的支持。"[113]他对次要的或技术上的分歧不感兴趣。有人提问："在讨论贯彻经济政策的方法时，总统持什么立场？"保罗·沃尔克回答："我认为总统有一些基本的信念，但在所有这类讨论中不持明确立场。幸运的是，总统的信念之一，就是坚信通货膨胀是个坏东西。"[114]这对撒切尔

---

1 唐纳德·雷根（1918—2003），1971—1980年任美林证券公司主席兼首席执行官；1981—1985年任美国财政部长；1985—1987年任白宫办公厅主任。

2 当年晚些时候，赫尔穆特·施密特访问了华盛顿，与里根就经济政策和"政治不稳定"风险发表了演讲。这位西德总理称："从撒切尔政府施政方针中，你读不到太多关于稳定的信息，我可以向你保证，这个政府一点都不稳定。"里根未予置评。（交流备忘录：里根和施密特，1981年5月21日，Exec Sec，国家安全委员会：主题资料，备忘录，总统里根〈1981年5月〉，里根图书馆48格。）

5. 不支持转弯
"罗伯特，他们都反对我。我能感觉到"

夫人很有利。理查德·艾伦在1981年2月26日里根会见首相前提交了简报，简报绪言中谈论两位领导人关系的口吻读起来像个墓志铭：

> 英国首相玛格丽特·撒切尔的前大使尼科·亨德森称她是个"货币主义的信奉者"。你与她重新团聚将诠释过去数年间在美国和西欧领导人之间交流中一种罕见的理念：意见一致不仅表现在哲学上的亲和力、相似的经济前景、共同发誓振兴国防等方面，还在于要坚定、务实、果断地在这些方面有所作为。

艾伦认为：

> 列出撒切尔夫人的问题（他一一列出她面对的经济和工会难题）只是强调了我认为她公开和私下遇到的主要问题。最能有效归纳他们会谈的景象，就是两位所见略同的领导人已经采取措施应对各自国家的种种困难，他们都没有低估事态的严重性，但既不为这些问题而气馁，又不怀疑解决的过程必然以成功告终。这次访问给人的印象是，他们跃跃欲试，清醒乐观；这次访问尤其有效证明了国内外在政治上的有效共鸣。⑮

这位女首相出席了《泰晤士报》称作"美国首都四年来最慷慨华丽的欢迎仪式"。⑯她的访问日程排得很满，不过她也十分谨慎，要给观众留下得体的印象。[1]她的办公室人员每天要留出40分钟为她美发（用卷发器），在接受美国乔治城大学的荣誉学位前，事先提供了她的个人详细资料："身

---

[1] 接待仪式开始前，撒切尔夫人流露出紧张情绪。在布莱尔国宾馆就围绕自己和团队要待在哪里等问题开始争吵。她严厉斥责卡灵顿，口称"你那所谓的中东政策"，认为该政策有一种危险倾向，就是试图与巴勒斯坦解放武装组织恢复关系。她补充了一句："我会因此失去芬奇利选区的席位。"按这位外交大臣自己的说法，他当时说："而我将失去自己的脾气。"说完摔门而去（采访卡灵顿勋爵）。克莱夫·惠特莫尔赶紧递给撒切尔夫人一张便条："这个地方受到窃听。"她当时用手指在头上画了一个圈以表示窃听。（采访克莱夫·惠特莫尔爵士。）

高五英尺四英寸[1]；体重10.5英石；外套尺码14号；帽子尺码7号。"在白宫，里根迎接她时称："我们两国有共同的法律、文学、血统和道德品格"，[117]她回应说："我从大西洋彼岸带来的信息是，我们英国与你站在一起。美国的成功将是我们的成功；你们的问题就是我们的问题；你们要寻找朋友时，我们会出现。"[118]以个人名义举行的招待会同样热情，这激发了撒切尔夫人的直率性格。里根在个人日记中写道："我们在椭圆形办公室单独会见，她在苏联问题和精简政府方面的坚定态度一如既往，对她削减政府冗员的努力、削减政府开支的努力等一个个步骤均以失败告终感到遗憾。（我）说，她应当照我们的一揽子战略方式运作，要么全面解决，要么什么都不碰。"[119]

但是，并非里根政府的每一个人都像总统一样愿意支持她。同一天，里根先生在一个国会委员会上作证称，撒切尔夫人未能成功控制货币供应，由于公共部门雇员加薪和税收过高，导致"爆炸性的通胀浪涌"，这"对经济复苏不能构成激励"。他补充说："她也未能控制外汇市场，由于英镑价值过高，摧垮了英国的出口贸易。"[120]尽管她努力洗刷自己，但政府的政策与玛格丽特·撒切尔的错误脱不了干系。在整个访问过程中，这种看法在美国媒体报道中司空见惯。[2]听证会后，里根离开国会山，匆匆赶往英国大使馆与撒切尔夫人共进午餐。

她没有表现出不合时宜的反应，反而公开盛赞里根总统，将自己私下对他说的内容加以美化：他对开支的重拳出击是"我本希望我们能更加成功的事情"。[121]里根在个人日记中写道，撒切尔夫人"到了山上（国会山），完全是我们经济的支持者。一些参议员试图让她下不来台，她以典型的英国礼节坚定地作了回击。"[122]

这次访问很少触及实质性议题。撒切尔夫人有点担心美国政府会偏爱中美洲，而她认为更多的精力应当放在东西方关系问题上。不过，她和里根确实讨论了苏联主席列昂尼德·勃列日涅夫2月23日的讲话，勃列日涅

---

1 撒切尔夫人提供的身高有时候是5英尺4英寸，有时候则是5英尺5英寸。

2 "华盛顿的词典中添加了一个新动词，"《纽约时报》宣称。"可以用这个动词说：经济'撒切尔化'。虽然没有对该动词作准确定义，但许多人将这个词的意思视为要做糟糕事。因此'撒切尔化'成为代表保守党的一种标签，有些人担心我们的新保守派总统将带领大家沿着相同路径一路直下，而这条道路是大家不愿接受的。"（《纽约时报》，1981年5月1日。）

5. 不支持转弯
"罗伯特，他们都反对我。我能感觉到"

夫呼吁举行一次国际峰会，在欧洲中止部署中程核导弹，他们同意采取谨慎的反应（见第6章）。

对双方而言更重要的是这次访问要取得辉煌的成功，要生动展示迪克·艾伦描述的"意见一致"。白宫为撒切尔夫人举行的国宴给了里根团队一个机会，可以展示总统的新特征：

> 里根支持者决定摆脱卡特政府时期猥琐不雅的外在形象……卡特身边的一些人习惯光着脚绕着白官散步。里根一上任，就禁止工作人员穿牛仔裤，禁止穿凉（拖）鞋，要求每人必须着正装。"魅力"是经常被用到的一个词，另一个词是"高雅"。于是，里根团队将撒切尔夫人欢迎宴会计划为一次"白领结"庄重活动，要注入好莱坞的魅力元素，向全世界展示里根团队的高雅。⑫

然而，撒切尔夫人向白宫询问，宴会上是否可以打黑领结，因为她的团队有些人没有准备要求的服装。另外她还有一重顾虑：她是杂货商的女儿，不希望穿成那样露面，毕竟当时的英国正处于贫困时期。这一要求获得了认可，但是公平而言，整场宴会依然显得豪华隆重。

接着是举办答谢宴会。利用里根团队缺乏经验的机会，尼克·亨德森已经得到迪克·艾伦承诺，总统将按习惯出席次日晚在英国大使馆举行的答谢晚宴。这种行为有违现行规定，因为只有副总统会参加这种答谢宴请，但是里根团队不清楚这一点。等他们意识到自己的错误试图挽回时，亨德森已经送出了请柬。⑬里根最终欣然前往。[1]

在当晚的演讲中，撒切尔夫人在亨德森提供的讲稿中加入了即兴发

---

[1] 虽然亨德森的计谋令那些负责礼仪的人感到不快，但是艾伦和其他人都承认，总统出席这场答谢宴会（及其他会议）很有好处。美国国家安全局的一份备忘录称，这是一种"凸显实质重要性"的方式，里根将这种重要性灌注在美国与核心盟友的关系中。同时，这也是打破以往跨大西洋联盟彼此不合作局面的一种信号。（伦奇勒给泰森的信，"撒切尔之访与相关思想"，1981年1月26日。5.关于英国首相撒切尔来访的官方工作。02/26/1981 1/8，查尔斯·泰森档案第4格，里根图书馆。）

挥，谈到所有领导人都必须拥有的"凌晨两点的勇气"，因为在那个时间，人人要独自面对挑战并做决定。[126]这让里根感到由衷地开心，他回应说，她本人在太多场合已经显示出了这种勇气。[127]"真是一个温暖而精彩的场合，"里根在个人日记中写道。[128]唯一令撒切尔夫人失望的是，里根没有伴着乐队演奏的音乐跳舞就离开了。宾客离去后，亨德森邀请她步入舞池。"撒切尔夫人接受了我的邀请，没有多想也没有推辞，我们在舞池中翩翩起舞时，我才发现，她希望活动能通宵达旦。她酷爱跳舞之类的活动。我发现她跳得棒极了。"亨德森在自己的书中这样回忆。[129]她极不情愿上床睡觉，扬言要以"凌晨两点的勇气"换一种方式消磨时光，到外面去看灯光照亮的华盛顿纪念碑，"但是丹尼斯坚持己见，大喊'睡觉'。"[130]在美国的最后一晚，她在纽约一个兴高采烈的招待会上做了演讲。乘飞机回国前，撒切尔夫人将亨德森和副手们召集到在华尔道夫酒店的套房里。"撒切尔夫人依旧为刚才受到鼓掌喝彩沉浸在兴高采烈的状态，那些掌声出于真诚，喝彩声着实响亮，她不禁喊道：'听我说，大家都该去跳舞'……丹尼斯重重踩了一下地板。"[131]

　　双方都对这次访问感到欣喜。"这是一次了不起的成功，"亨德森回忆说，"他们的看法完全一致。"[132]里根的新闻秘书吉姆·布雷迪说："要想把他们分开，得用一根撬棍才行。"[133]里根评论道："我相信，在首相及其家庭和我们之间存在着真正的友谊。"[134]这种友谊的本质简单而有效。他们相信同样的前景，都渴望积极行动，使之成为现实。"我对总统完全信赖，"撒切尔夫人在写给亨德森的一个致谢信下面写道，"相信他将实现自己的愿望，绝不会放弃。"[135]虽然双方在有些地方的观点截然不同，但是他们拥有相互包容的气度——他是一名轻松到几乎有些怠惰的多面手，以自己随和的方式迷倒了每个人；她则是一名活跃、热情、知识极其渊博的领导人，将全部精力灌注到自己的所有工作中，展示出里根眼中英国女士典型的高尚与优雅。他们以自己的形式向全世界展示了一种共同的道德前景，从审美学角度看，他们穿着潇洒，俨然是美国人审美标准中的高雅典范。个人魅力更是毋庸置疑。罗宾·巴特勒回忆说："他对待她非常彬彬有礼而又稍显轻佻，而她以同样的方式做出回应。"[136]后来的事实显示，他们在战术问题上时常有分歧，在无核化未来的可能性方面，里根日益乐观而撒切尔夫人的观点却不那么阳光，但他们相互间的个人信任和共同的目标却从未动摇过。

　　然而，尽管撒切尔夫人对这位自由世界领导人有着强烈的热情和爱慕，

5. 不支持转弯
"罗伯特，他们都反对我。我能感觉到"

但对他的局限性也并非视而不见。卡灵顿勋爵在回忆他们第一天会见的情景时说：

> 欢迎仪式过后，我们走进椭圆形办公室，记得里根说："当然，南非是白人的地方，他们在战争中是为我们而战。黑人没有前途……"我想，即便是玛格丽特也会认为这种说法太过简单化……她走出来转向我，指着自己的脑袋说："彼得，脑中空空。"这并不十分准确，那里肯定有东西，毫无疑问，那并不是她的真正意思。⑬

撒切尔夫人开始意识到，里根的力量和思维能力与她自己非常不同，但她从不掩饰自己内心深处对他的钦佩。在亲手写给他的感谢信中，她最后补充说："我们从来没有经历过这次访问中的快乐场面。"⑱她感觉自己有了一位强有力的朋友，深知对方将会在经济和政治斗争中第一时间施以援手。她的快乐和感激都真正发自内心。

1980年11月，约翰·霍斯金斯向撒切尔夫人提交备忘录，提醒她说，她自己曾谈到需要个"一揽子休克措施"。他写道："如果不改变工会权力的基本结构、公共开支、公共部门指标兑现承诺、国有企业及其工会垄断权，英国经济将完全失控。这也将成为政府垮台的根源。"他接着指出，她的政府向来低估了问题的深远程度，要做决定，"我们还有18个月"的余地，1981年预算案和《公共开支白皮书》是我们的最后机会。"⑲九天后，霍斯金斯呈递给她一份关于撒切尔主义中"怀疑冒头"问题的文章副本，并围绕1981年预算案将讨论推向深入："一方面，我们越来越朝着'政治可能性'的方向走，而这根本解决不了问题；另一方面，我们必须找到一些表面上没有'政治可能性'的方式，只要还有一丝机会返回我们的战略路径，按这种方式做就显得至关重要。"⑭

在接下来几个月，事态迫使政府进一步偏离了上述战略路线。针对矿工、英国利兰公司和其他国有企业的法案；关于如何实施货币供应措施的争吵；来自"湿派"日渐增多的满腹牢骚；普赖尔在1月份关于工会豁免权的绿皮书未获通过，看来也提不出任何解决办法，当然，还有公共开支与失业人口持续增长，所有这一切似乎都迫使政府挤进霍斯金斯警告的"政治可能性"窄路。

然而，事实上，撒切尔夫人的情况并不像大多人认为的那么糟糕，原因有二。第一个因素是政治方面的。1981年1月底，工党在温布利举行的一个特别会议上，针对选举党魁明确了新规则，最终驱逐了叛逆的温和派。"四人帮"宣称要组建社会民主党委员会。1月25日，罗伊·詹金斯、谢利·威廉姆斯、大卫·欧文和比尔·罗杰斯发表了《莱姆豪斯宣言》，宣称"英国必须面对政治格局的重组。"虽然没有明确表示，但暗示这年夏天将出现一个新的政党。《泰晤士报》登出了一份模拟讣告："悼念：工党……长期患病而逝。"[40][1]这些信息导致的直接后果就是工党民意支持率崩溃，从高于保守党16个百分点跌至仅超过2个百分点。2月1日，一项《观察家》的民调结果显示，一旦新政党成立，将会有45%的人给予支持。虽然从这些事态进展看，这个新政党有可能将保守党挤下核心地位，但也给了政府一定程度的支持。社会民主党正式成立于三月底，成员几乎全部是脱离工党的人，[2]与工党争吵不断。公众的注意力集中于工党极端主义和该党的分化问题上，另外还有迈克尔·富特的领导不力。

---

1 同一个月，工党制定了一份名为《人民与媒体》的政策文件，呼吁就媒体刊登文章的权限予以立法管制。这种威胁加上工会在实际活动中对报纸的破坏，使得媒体对工党恨之入骨，因此也更热衷于由撒切尔夫人领导。1981年2月，已经实际掌管《太阳报》和《世界新闻报》的鲁伯特·默多克投标购买《泰晤士报》和《星期天时报》，负责此事的大臣约翰·比芬最终批准了。此前，《泰晤士报》和《星期天时报》对撒切尔夫人越来越不抱幻想。但是，默多克拥有完全股权后，撒切尔夫人在剩余任期中，一直得到他旗下报纸的支持，也得到罗瑟米尔的联合报业公司旗下《电讯报》集团和《快报》集团的支持。这对她是个极大的帮助。数年后发表的评论指出，当时比芬没有将此宗购买向垄断和并购委员会提出审议是有争议的，甚至有欺诈嫌疑。但这不是个问题，因为《泰晤士报》当时正处于亏损状况，销售商和高级编辑团队欢迎默多克并购。然而，撒切尔夫人1981年1月4日在首相别墅招待默多克共进午餐，的确讨论过这宗并购。官方记录（B·英厄姆，供存档的评论，1981年1月4日，玛格丽特·撒切尔基金会。）并未表明，她正式答应支持他，但如果公平地推断，她应该是以非正式形式支持过。默多克曾指出："或许因为《太阳报》的政治立场，她知道我的态度。我能肯定，比芬必然接到过指示，至少敏锐察觉到了她的言外之意。"（采访鲁伯特·默多克）

2 加入其中的只有一位保守党在议会中的议员克里斯多夫·布罗班科—富勒。

5. 不支持转弯
"罗伯特，他们都反对我。我能感觉到"

真实的情况是，"四人帮"并未太多考虑过撒切尔夫人。只有大卫·欧文是个例外，他曾受到吉姆·卡拉汉和彼得·杰伊的影响，并且一直重视货币主义的重要性，其他人则一概不注意撒切尔夫人。"罗伊和谢利以及比尔认为，撒切尔夫人正在偏离正轨，他们则面向未来。这些人假设，一旦撒切尔主义失败，他们就可以取而代之。"[142]负责经济事务的詹金斯盼望回归物价和收入政策。欧文记不清他们在制定计划时关于撒切尔夫人的讨论细节。[143]然而，当时撒切尔夫人及其政府非常不受欢迎，在某种程度上，政府不受人关注。其他政党的政治对手没有一个人采取战略攻击她：他们轻率地假定她将垮台。那个时代最令人敬畏的政治家们做出了悲剧性的错误判断，却给撒切尔夫人留下一些空间。

第二个帮助撒切尔夫人生存下来的因素，是她团队中的核心成员并不严重怀疑自己的方向。虽然霍斯金斯等人以种种理由抱怨战略缺失，尽管围绕如何最好地采取措施和控制货币供应等问题有过激烈的争论，但以杰弗里·豪和撒切尔夫人本人为首的主要政府成员认为，不能放弃也不应放弃自己选择的道路。比起重重包围着他们的批评者，尤其是政党内部的批评者，他们在知识层面更有自信心。重重压力下，他们甚至维护着良好的团队精神。在罗宾·伊布斯的记忆中，霍斯金斯、蒂姆·兰克斯特和克莱夫·惠特莫尔等人是愉快的工作伙伴，"我们不相信她的尝试会失败。"[144]除了所有这些因素，领导人内心有信仰是撒切尔夫人推动所有事情向前的驱动力。政策小组的安德鲁·杜吉德回忆道："人格的力量是她最打动人心之处——她的人格力量实在太强大了，根本没必要做简单的理性讨论。"[145]就连她的过度谨慎和危险的冒失等让人难以忍受的要求和情绪，也能让她与身边工作的人们培养起友情。她的一些女性特质激发出人们的忠诚。遇到异常艰难的时刻，人们感觉到了山穷水尽的地步，伊恩·高便会说："今晚我们的姑娘累了。"而核心圈子里的人便会产生保护她的冲动，给她更多的帮助。罗尼·米勒便提出抗议："不要滥施怜悯！"但他自己也会向这种情感屈服。[146]

假如奈杰尔·劳森谈论一个迷失方向的政府，就不可能于1981年1月14日在苏黎世发表演讲。劳森是财政部的财政司司长（原本有望受提拔进入内阁，但在此十天前暂时搁置），虽然很重要，但并非资深官员。但他是第一个公开使用"撒切尔主义"一词的政府官员，他的演讲题目是"实践中的撒切尔主义"。他选择了最动荡不安的时刻提出这个说法，他认为这是"政府经济政策首次详细而连贯的阐述"。⑭这种自我解释对杰弗里·豪没有很多吸引力。劳森直到最后一刻前都没让杰弗里·豪看演讲稿。他或许将这个说法当成自己的私事，却让撒切尔夫人感到开心，也给那些感觉需要引导的旁观者们留下了深刻的印象。

劳森力图向人们解释，撒切尔主义并不仅仅包含"货币主义"，而是贯穿在抵制通胀的战斗中，致力于创造一种劳森最终命名的"进取文化"。他后来解释说，自己这样做是因为"经济成功的必要前提是对事业的乐观主义，其基础是自信心和必胜的决心。英国在撒切尔时代之前的失败主义从来源自自我实现。"⑭从比较狭义的角度看，他是努力为预算案即将面临的艰难挑战做舆论准备。他说，政府借贷问题迄今变得比预期更严重，他也承认，在总体上，政府目前的整体税收负担增加了。⑭

尽管劳森仔细阐述了共同目标，但即使是在阳光普照的高地，直接的难题也极其严重。1月17日是个周末，在首相别墅召集的一次讨论会上，大家讨论霍斯金斯的最新战略文件，杰弗里·豪以一个警告改变了讨论主题。与会者有撒切尔夫人、基思·约瑟夫、艾伦·沃尔特斯（已经担任首相经济顾问）、特里·伯恩斯、罗宾·伊布斯、大卫·杨[1]、诺曼·斯特劳斯和霍斯金斯。根据霍斯金斯当时的记录，杰弗里·豪解释说，"所有最新预测都表明，公共开支继续'从我们手中溜走'，我们看不到它的终点。因此，借用基思的话说，我们'在未来两三年面临的是一道悬崖绝壁'……我们正在讨论时，玛格丽特说：'我们一年前就该采取一些措施才对。'"⑮霍斯金斯后来回忆说："现在看起来，我们正走进1976年让丹尼斯·希利和工党政府不知所措的那种危机——由于对政府控制公共财政的能力丧失信心，导致一场资金危机。""3月10日就要提交预算案，我们要打破困局还有不到八周时间。如果失败，我们就完了。"⑮

---

[1] 大卫·杨（1932—），毕业于芬奇利基督学校和伦敦大学学院；1979—1982年任政策研究中心主任；1980—1982年任工业部特别顾问；1982—1984年任人力服务委员会主席；1985—1987年任就业部大臣；1987—1989年任工业和贸易部大臣；1989—1990年任保守党副主席；1984年受封格拉夫汉姆的杨勋爵。

6.

俄国……里根
"唯一有胆量的欧洲领导人"

撒切尔夫人任首相的最初几年，经济政策必然占据她的舞台中心，但这只是她整个斗争中的一部分，她认为，这场斗争是要恢复西方生活方式中的力量和自由。她做出各种努力时的全球背景是西方的软弱，"冷战"主导着一切。她要确保英国处于恰当的应战地位。

撒切尔夫人就任首相几天后，收到外交大臣卡灵顿勋爵的一个建议。苏联主席列昂尼德·勃列日涅夫[1]已经"连任"最高苏维埃主席团主席（毫无疑问，没有人竞争该职位），卡灵顿要女王发信祝贺，因为其他欧洲国家领导人都发了祝贺函。在建议书的边缘空白处，撒切尔夫人潦草批注了几句话："请不要这么做。不过是个当选。让外交大臣写后发出，或由大使递送。不能以女王的名义发。"①在来自唐宁街10号的这种压力下，卡灵顿最终决定不发祝贺函。

这是撒切尔夫人一贯的做法，她要通过小事表明自己的大观点。她是在"冷战"中一个微妙的时刻担任首相的。1976年初，她便以著名的"铁娘子"演说表现了对缓和国际关系的极度怀疑，她不信赖苏联的诚意。在以后数年中，她的想法得到了强化。她相信苏联正在拼命努力，企图在政治上和军事上征服世界。西方国家要与之讨价还价，只能强化自身的实力。另一方面，她还认为，北大西洋公约组织内部不团结便是对苏联最大的奖赏。因此，尽管她看到北约领导层软弱，自己心存忧虑，但她决定在公开场合对此只字不提。另外，她打算兑现自己竞选宣言中的承诺，英国每年向北约防务增加3%的投入，但她领导的是个濒临破产的国家。英国没有能力成为她想要树立的强大榜样。

---

[1] 列昂尼德·勃列日涅夫（1906—1982），1964—1982年任苏联共产党总书记。

撒切尔夫人从两个往往相反的渠道汲取营养，完善自己的思想。第一个是她的"非正规军"。卡灵顿说："她和俄罗斯之间的问题在于她不信赖外交部。她开始行动时，有自己的大师们辅佐，而这些大师从来都不是外交和联邦事务部的成员。"②这些人中，最重要的是罗伯特·康奎斯特。她入主唐宁街后，采取了非同寻常的一步，就是将她与康奎斯特的通信资料都转移到了唐宁街10号，而她在反对党时期的大部分文件却送到了保守党中央办公室存档。1979年5月，她写信给康奎斯特，表达出对他提供建议的感谢："既然战斗已经打响，我比以前更需要你的鼓励。"③1978年6月，她作为反对党党魁在布鲁塞尔发表外交政策主题演讲，准备的演讲稿就大量吸收了康奎斯特一部新书的手稿内容。后来她写信向康奎斯特致谢："你的书稿在真正至关重要的场合提供了知识营养。"④1979年，康奎斯特出版了这本书，赠送给撒切尔夫人一本，书名叫《现实的危险》。⑤按照作者的归纳，这本书的信息是："只要我们将自己的武装水平保持在恰当的级别，苏联就无能为力。"⑥这正是撒切尔夫人所遵循路线的本质。

按照康奎斯特的看法，未来数年将是严重的危险时期。虽然他担心苏联的举动，但更让他担心的是西方人的意识和勇气遭侵蚀，⑦他尤其认为美国总统吉米·卡特性格软弱。1979年8月底，他写信给撒切尔夫人说："我感觉当务之急是华盛顿要强硬起来。"撒切尔夫人用绿墨水钢笔在此观点下划了着重线。康奎斯特尤其担心苏联军队在西德策划军事"事件"，造成停火状态，苏联便能从中获益，"苏联部队现在就在莱茵河上（意思是说，假如发生军事事件，将会如此）。"⑧他相信，美国官方对这一局势很不了解，而撒切尔夫人能够做得更好："你警告西方关注现实的方法好极了，很振奋人心。"⑨他认为，撒切尔夫人的警告更可能触及美国政府的痛处，而不像华盛顿体系内部的做法那么不痛不痒。

撒切尔夫人还从休·托马斯那里汲取到思想营养。康奎斯特是一名苏联问题专家，托马斯则与英国学术界和文学界有着良好的关系。他有能力将军事历史学家迈克尔·霍华德、艾利·凯杜力[1]和伦纳德·夏皮罗等专家组

---

1 艾利·凯杜力（1926—1992），毕业于巴格达、伦敦经济学院和牛津大学圣安东尼学院；1953—1990年在伦敦经济学院任政治学讲师、教授；《查塔姆研究所版本（1970）》一书作者。

6. 俄国……里根
"唯一有胆量的欧洲领导人"

织在一起，还善于将撒切尔夫人推介给领域广泛的思想家。他以一名历史学家的视角来装备她，让她汲取局外人的意见，就前首相们使用"非正规军"（丘吉尔所造的词）的方法归纳起来，提交给她一份备忘录，提醒她这些人在抵制官员建议时的做法："例如，按照约翰·科尔威尔爵士的记载，丘吉尔'丝毫不钟爱外交部，也不信任他们的判断，因为他怀疑他们在追求自己政策的同时，不顾及政府的愿望，'……有一点是可取的，就是要避免仅仅通过偶然性的评论而得出一般性的结论。但反思历史或许可以产生对现代有益的判断。"⑩撒切尔夫人依赖知识分子的部分原因，就像她在反对党时期的情况一样，是她的女性魅力使然。康奎斯特1983年写信给伊恩·高，提到一次"由休·托马斯去年11月为首相举办的聚会，为的是让她在那里跟十几位作家见面。有些人还给我写信谈起那次聚会，我想你或许喜欢安东尼·鲍威尔[1]的评论。他说，后来'我做了一些调查，想弄清楚人们是否像我一样感觉她很有魅力，受调查的人包括维迪亚·奈保尔[2]，大家都完全认同。'"⑪诗人菲利普·拉金[3]同样感到神魂颠倒："既理智又漂亮的女人实在太少了。"⑫

在即将到来的1979年大选中，康奎斯特提出一个想法，请撒切尔夫人就任首相后任命他担任驻联合国大使。她拒绝这么做，并且她那与生俱来的谨慎使其权衡之后不任命他担任任何职位。"我希望我们能够利用他，"她在理查德·赖德提交的一份备忘录上潦草批注道，"我认为必须通过政策研究中心，因为他们的大部分研究是不付费的！"⑬尽管她热衷于利用非正规军的思想，但也保留着自己的观点：支付薪水的公务员不应当取代花费公共费用才能得到的服务。康奎斯特为了收入更高的生活离开了英国，而那样的生活他在本土无法得到。他最终在加利福尼亚斯坦福大学的胡佛研究所落了脚。他们之间继续保持着通信，那些信件对她依然重要，但康奎斯特很明显不再在每个环节和政策转型上为她提建议了。这种建议转而由正规公务员来提交。

要是以为撒切尔夫人在苏联政策问题上对自己密切交往的官员们不满意，那就错了。她高度信任自己的首位外交事务私人秘书布赖恩·卡特利

---

1 安东尼·鲍威尔（1905—2000），小说家，《与时代合拍的舞蹈》作者；1988年受封荣誉勋爵。

2 奈保尔（1932— ），小说家；1990年受封骑士头衔；2001年获得诺贝尔文学奖。

3 菲利普·拉金（1922—1985），诗人，小说家；1985年受封荣誉勋爵。

奇。卡特利奇是从吉姆·卡拉汉政府留任的，不过卡特利奇的观点和撒切尔夫人有很大的不同。1979年9月，卡特利奇成为驻匈牙利大使，他原来的职位由迈克尔·亚历山大继任。迈克尔是外交部东西方关系问题最了不起的专家，也是一个智慧超群令人敬畏的人。撒切尔夫人常常感到，他的观点太接近外交部的正统思想，不合她的口味，不过她敬重迈克尔。据她的首席私人秘书克莱夫·惠特莫尔说，"迈克尔曾近距离观察过苏联人，他丝毫也不相信苏联人真的坚强。她非常信赖他的建议。迈克尔绝对不软弱。不过他是外交使团的一名优秀成员，意识到我们必须承认苏联人，这也是撒切尔夫人的路线。"[14]迈克尔也十分尊重撒切尔夫人，但是他认为，撒切尔夫人"往往将问题过于简单化或者过分夸大。"[15]

外交部向撒切尔夫人转达看法，认为迈克尔·亚历山大会帮助将摩擦降低到最小，但有时也会遇到困难。一次，卡灵顿邀请她去会见罗德里克·布雷思韦特[1]和克里斯多夫·马拉比[2]等"外交部大师级专家"，以便于她将这些人和"你自己的大师"做一比较。她说："哼，他们对俄罗斯问题一窍不通。"然而，她到那里后，却被对方展示的知识深深迷住了。[16]马拉比详细陈述了苏联在经济、技术、社会和政治上面临的一系列困难。"那么，"撒切尔夫人反驳道，"既然这样，苏联就无法生存，不是吗？"[17]官员们礼貌地表示否定。"变化的萌芽正在苏联社会内部发生作用，那里的制度最终有可能变得比较民主，变得不太扩张。但只要苏联共产党及其镇压机器仍然完整无损，变化就并非易事。"[18][3]分歧不仅集中在知识层面，

---

1 罗德里克·布雷思韦特（1932—），毕业于比戴尔斯学校和剑桥大学基督学院；1979—1980年任外交和联邦事务部计划办公室主任；1981—1984年任英国驻华盛顿大使馆公使；1984—1988年任外交和联邦事务部副次官；1988—1992年任驻苏联大使；1988年受封骑士头衔。

2 克里斯多夫·马拉比（1936—），毕业于伊顿公学和剑桥大学国王学院；1977—1982年任外交和联邦事务部苏联和东欧规划部武器控制处主任；1985—1988年任内阁副大臣；1988—1992年任驻西德大使；1993—1996年任驻法国大使；1988年受封骑士头衔。

3 1980年，撒切尔夫人与外交和联邦事务部专家就苏联问题进行过两次深层探讨。2月，在首相别墅的午餐会上，她和他们直接就以休·托马斯、迈克尔·霍华德和艾利·凯杜力为代表的"非正规军"进行辩论。罗德里克·布雷思韦特后来得知，她感觉外交和联邦事务部团队"出类拔萃"。（采访罗德里克·布雷思韦特爵士）

6. 俄国……里根
"唯一有胆量的欧洲领导人"

而且还体现在态度方面。如今，苏联具有无可争辩的全球影响力和军事力量，但它的远期未来又是个未知数，在这种背景下，英国应当如何应付怀有敌意的苏联呢？外交部数年前已经将战略调整到缓和紧张局势方向，许多官员对她曾经就赫尔辛基《最后文件》及缓和立场所发表的演讲深感不满。[19]他们认为她的语言修辞富有挑衅性，而且不是外交辞令。外交部官员在这一点上对苏联的批评很敏感，有一次，莫斯科反对西方国家常常提起以"实力地位"进行谈判，马拉比就此撰写了一份内部备忘录敦促英国表示赞成。他对自己的一个同事说，"如果各位大臣说，我们希望基于平等地位进行谈判，或者我们要确保不以一个弱势地位进行谈判，"这样或许"更好"。[20]外交部流露出的胆怯大大激怒了撒切尔夫人。任何时候这类请求递交到她面前，她都不屑一顾。

撒切尔夫人从来都比外交部更乐于关注苏联在履行承诺方面的失败。苏联无视《赫尔辛基协定》，持续镇压持不同政见者就是一个重要例子。外交部就像所有官僚机构一样，对非政府间接触本能地持怀疑态度。因此，外交部将苏联持不同政见者视作讨厌人物，在莫斯科的英国外交官报告称，他们在自己国家极不受欢迎。"非正规军"便担负着另外一个任务，保守党在欧洲议会的议员贝瑟尔勋爵[1]就是"非正规军"的著名成员。撒切尔夫人常常鼓励他们，将逃出苏联的持不同政见者带来拜访她，让她听听这些人的故事，注意到他们遭遇的困境。[2]她将践踏人权的行为视为苏联集权主义顽疾的象征，当然也认为是赫尔辛基缓和关系协定建立在错误信心基础上的证据，因此希望公开宣传这些行为。外交部讨厌这么做，认为这是令人恼火的节外生枝。

无论对苏联的远期预判如何，撒切尔夫人就任首相之始就决定向莫斯科发起挑战，认为对峙比静默外交更有效，外交部对她这一理念倍感不安。接替迈克尔·亚历山大担任其私人秘书的约翰·科尔斯[3]指出："在苏联问

---

1 尼古拉斯，第四世贝瑟尔勋爵（1938—2007），毕业于哈罗公学和剑桥大学彭布罗克学院；1975—1994年任伦敦西北选区的欧洲议会议员；1999—2003年任伦敦中心选区的欧洲议会议员。

2 1980年1月，应贝瑟尔勋爵建议，她在唐宁街会见了持不同政见者亚历山大·金兹伯格。

3 约翰·科尔斯（1937—），毕业于布拉克利的莫格德林学校和牛津大学莫格德林学院；1981—1984年任首相私人秘书；1984—1988年任驻约旦大使；1988—1991年任驻澳大利亚高级专员；1991—1994年任外交和联邦事务部副次官；1994—1997年任外交服务部主任、常务次官；1989年受封骑士头衔。

题上,外交和联邦事务部从未与她有过相同的看法。他们习惯于应付苏联人,认为应付总比不应付好。我认为,他们通常感到沮丧,因为她不支持与苏联建立任何关系。"[21]有些官员认为,她这种态度的根源是她的经验有限。内阁大臣约翰·亨特小心翼翼地对美国大使馆官员提出忠告,请他们"对撒切尔政府要有耐心,他说该政府有一条'学习曲线',在与苏联谈判问题上有一种根深蒂固的抵触情绪。"[22]卡灵顿不愿将她的观点归结为缺乏经验:"我相信,她认为谈判根本没有意义。其真正目的是要打胜这场冷战。我认为她丝毫没有看到这场战争何时会终结,但我们必须继续战斗,因为对手是危险邪恶的人。"[23]撒切尔夫人就职后的第一个秋天,外交部呈交给她一份阐述苏联问题的分析性文件,文件的题目是"管理苏联"。撒切尔夫人并不想"管理"20世纪80年代面对的苏联,她要打败它。

卡特政府并未幻想过撒切尔夫人会给东西方关系带来变化。"保守党与工党完全不同,他们不相信缓和政策对西方国家有利的一面。"布热津斯基在撒切尔夫人就任后不久便这样提醒卡特。[24]卡特祝贺新首相大选获胜时,在向她发出的第一封函件中强调,自己批准的美苏之间第二阶段《限制战略武器条约》具有压倒性重要意义。在这份条约框架下,双方同意广泛而平等地限制进攻性战略核武器系统。撒切尔夫人根本不喜欢这个限制战略武器条约,潦草批注道:"我们将不得不送上一份冗长而坦率的回应。"[25]她对这份条约有双重顾虑,一方面担心这一交易会无视英国自身核方面讨价还价的能力;另一方面也担心这样公开专注于限制核武器,会使得西方国家提高核武能力的目标更难实现,而她认为提高核武能力是至关重要的。她认为,苏联最新建造的SS—20导弹,对"二战"以来欧洲赖以维护和平的核威慑构成了威胁。[1]SS—20是一种中程导弹,按设计打击的目标是欧洲而不是美国。核威慑只有在潜在侵略者认为核打击将导致核报复时才有效。人们怀疑,面对苏联限于欧洲目标的核打击,美国是否会冒着苏联打击美国本土的风险使用本国基地的远程弹道导弹。欧洲基地的核武器大部分已经陈旧过时,失去了效力,撒切尔夫人相信,要保持核威慑的

---

1 1978年11月,在双方会见期间,她已经与罗纳德·里根就这一关注的问题进行过长谈。(采访彼得·汉纳福德)

6. 俄国……里根
"唯一有胆量的欧洲领导人"

可信性，北约重建新的中程核力量¹就至关重要，将美国新式潘兴二型导弹和陆基巡航导弹部署在欧洲。克莱夫·惠特莫尔回忆说："她就职后不久，很快便敏锐地意识到，西方联盟必须基于中程核力量推出一系列可靠而连贯的政策。她有一种观念，认为盟国不推出一套可靠的政策，便会在精神上严重败给苏联。"㉖

撒切尔夫人回复卡特的信一个多月后才最终发出，她敦促卡特，在批准限制战略武器条约和确保公共舆论领会北约维持并促进核力量现代化的需要之间，确保正确的平衡。年底前，必须就中程核力量现代化和部署做出"具体决策"。㉗撒切尔夫人开始在唐宁街10号办公一周后，接待了来访的西德总理赫尔穆特·施密特，双方讨论了与中程核力量相关的议题。施密特对她表示，西德愿意接受基于本土的新核武器计划，这个计划首次确保中程导弹有能力打击莫斯科，但前提条件是欧洲的无核化国家也愿意接受。这种出手相助的意愿鼓励了撒切尔夫人，她滔滔不绝地向对方讲述自己的构想，认为西方国家有必要转变勃列日涅夫强加给大家的必败心理，勃列日涅夫只是在1978年借开发中子弹在战略上智胜了卡特。她感到，从那以后有一种情绪增强了："在英国，绝大多数人承认苏联全面发展起了强大的军事力量，"㉘因此，政府在公共舆论授权下，增加了国防投入。北约不得不设法应对苏联的 SS—20导弹。施密特同意她的这些说法，但警告她，苏联开始掀起了反对部署中程核力量的宣传运动。

一个月后，撒切尔夫人还接见过亚历山大·黑格将军。1981年初，他将再次走进撒切尔夫人的生活，届时的身份将是罗纳德·里根的国务卿，不过1979年6月的这次偶然造访是他刚刚卸任在欧洲的北约盟军最高指挥官。撒切尔夫人对他说，西方国家"显然不经意间已经降低了自己的军事优势，从高于苏联，降至与之对等。"㉙

她深信，美国的领导地位对盟国的稳定至关重要，法国总统吉斯卡尔·德斯坦的观点恰恰相反。11月份，吉斯卡尔来访，到唐宁街拜访撒切尔夫人时说："美国占据战略优势的时代已然结束。"他追求组建一个捍卫西方的"欧洲集团"。㉚她对吉斯卡尔的方向不感兴趣，但是既然优柔寡断的天真汉卡特主政白宫，她就只能与美国总统维持正确的关系，并不能有

---

1 中程核力量通常又称战区核力量，更准确的说法是远程战区核力量。

更高的奢望，否则盟国便群龙无首了。

1979年7月末，撒切尔夫人接见了黑格的继任者伯纳德·罗杰斯将军。罗杰斯将军认为，勃列日涅夫健康恶化，预期不久会去世，新上台的苏联领导人会产生一种"试探西方的欲望"。按照他的预测，1982年将是"西方世界重要的年份"，他对撒切尔夫人说，北约必须在圣诞节前就中程核力量通过一项决议。[31]三天后，她写信给卡特，赞成年底前必须通过中程核力量决议："你可以信赖我们的支持。"[32]欧洲计划部属464枚陆基巡航导弹。9月份，内阁同意英国接受其中144枚。（应西德的要求，后来又接受增加16枚。）

从单纯的国内政治角度，撒切尔夫人的决定并未遇到困难；她也没有与政治同僚发生纠纷。不管是在国内还是国外，重要的是她的基调与工党执政时期的缓和基调大相径庭。她在所有的讨论中都注入了紧迫感和危机意识。"我们在欧洲拥有无与伦比的自由，"10月份，她就任首相后第一次出席保守党大会时说，"但是，我们决不能认为这是理所当然的。时下，自由面临的危险比1945年以来任何时候都大。苏联的威胁咄咄逼人，正在不断增强。"[33]在欧洲大陆，她也传播相同的观点。当月晚些时候，她在卢森堡举行的温斯顿·丘吉尔纪念演讲中，将苏联威胁作为首要议题："苏联人已经武装到了牙齿，他们的军力与理念符合进攻性政策的要求，而不是防御性政策，他们的野心意在控制全球。来自苏联的挑战并不局限于军事方面，还包括了政治和意识形态领域。"[34]

她与敌人会见时，表现得很坦率。1979年5月，当时的贸易大臣西塞尔·帕金森带领与他同级别的苏联官员拜访撒切尔夫人，苏联当时在伦敦伯爵宫举办苏联国家展览会：

> 他担任贸易部长已有21年，经常开一句玩笑："每次我来到这里，你们都有一位新的农业、贸易等大臣。"我带他去见首相时，他说："每次我来到这里，你们都有一位新首相。"撒切尔夫人说："我无法保证像勃列日涅夫先生一样长期执政，但我并非没有野心。"
>
> 然后她说："你知道我对苏联和共产主义的想法，但我们是这场展览的东道主，所以我会前往参观。"他显得吃惊。撒

6. 俄国……里根
"唯一有胆量的欧洲领导人"

切尔夫人说:"我不只是说说而已,我言出必行,既然说了要参观,就会去。同样,如果你说要做什么事,我就期待你说到做到。一旦我们都遵守诺言,就能融洽相处。"㉟

她准时出席了这场展览会。她围着展区四处走动时对媒体说,尽管她出席苏联的展览,但她依旧是"铁娘子"。[1]

6月份,她前往东京峰会途中曾在莫斯科机场停留,并与苏联总理柯西金共进了午餐,记录显示了一种类似强硬的玩笑:"柯西金先生告诉首相,苏联是一个热爱和平的国家,并未生产首相指控的大规模武器。首相对柯西金先生说,他不必这么谦虚。见识过苏联坦克和导弹浩浩荡荡穿过红场,谁也不会低估苏联的实力。"她还就苏联在伊斯兰世界的问题指控柯西金:"当首相谈及当前在阿富汗和巴基斯坦的动荡局面时,柯西金先生未予置评。"㊱

与柯西金见面,已经超出了撒切尔夫人的忍耐限度,但是在她与苏联的关系上,她保持着极度的敏感。这次遭遇后不久,《每日电讯报》报道称,柯西金邀请撒切尔夫人再次访问莫斯科,她做出了积极回应。㊲柯西金的确以非常随便的口吻提出过邀请,请首相再次访问莫斯科,撒切尔夫人以礼相待,同样以非正式口吻一语带过,说乐于来访。这种应答往来不过是一种礼貌,绝对没想到会引起公众的兴趣。"首相对泄露这条消息大为光火,"外交部官员斯蒂芬·班德写信给驻莫斯科大使馆的一名同事说,"外交和联邦事务部不得不发表正式声明,称此事并非他们所为……外交和联邦事务部与唐宁街10号之间的关系已然不佳,此事更是火上浇油。"㊳班德后来的一番评论反映出外交部的沮丧:"以首相为首的大臣们极其在意他们赖以赢得选举的平台,同样在意议会内外的右翼利益集团,因为那是他们的同盟。因此,他们决心不让公众看到自己与苏联太接近。"㊴实际上,撒切尔夫人对右翼集团极度忠诚,对苏联深度怀疑,她认为苏联人不值得信任,而且对他们有着固有的敌意,各种事态很快证实了她的立场。

---

[1] 外交部曾经提前建议她拒绝出席展览会,并且提出有约在先为借口。她以卫理公会信徒的诚实回复说:"不要以有约在先为理由,除非那完全是真实的。"(苏联外贸部长帕托里切夫先生的访问,1979年5月23日,首相资料;内阁办公室托管文件。)

撒切尔夫人与柯西金会晤整整六个月后,苏联于1979年圣诞节当天入侵阿富汗。当时,阿富汗共产党政权已经出现崩溃迹象,共产党领袖遭暗杀,一个新的傀儡巴布拉克·卡尔迈勒被扶上台。苏联坦克很快占领了喀布尔的大街小巷。圣诞节前,撒切尔夫人在华盛顿会晤了卡特总统,卡特私下告诉她,苏联正向阿富汗边境大举调兵。⑩12月20日,外交部召见苏联外交官,表达英国的忧虑,但得到的答复是并无干预计划。撒切尔夫人给勃列日涅夫写了一封正式抗议信,开头是这样的:"我对阿富汗的最新进展深感不安……"㊶但是,她真正感到的是愤怒,"不安"并不是个贴切的字眼。那次入侵符合她对苏联行为的预料。罗伯特·康奎斯特给她的办公室写信说:"任何人只要还有一丁点意识,便会认为阿富汗事件不出所料:这一事件只是以引人注目的方式做出了证明,让许多人更加清楚,也让更多关心西方政策的人心明眼亮。眼下,对苏联的行为和动机抱有幻想的人,面对现实时一定感到震惊。"撒切尔夫人在这几句话下面划了着重线。㊷这也是她的观点。她召见了苏联驻英国大使,称入侵阿富汗比1968年入侵捷克斯洛伐克的行径更恶劣,因为阿富汗并不是苏联的卫星国。㊸当这一入侵行动开始时,迈克尔·亚历山大和撒切尔夫人一道关注事态的详细情况,注意到她对该新闻的反应,并记载了自己的不同看法:"她将这次入侵行动解释为苏联扩张主义的一场实践……我必须承认,我当晚与她进行过争论,我认为此举应该看作苏联人的绝望行为,完全违背了他们通常表现出来的谨慎。苏联人采取军事入侵,是因为他们无法以其他的方式控制局面。我感到,我们不该因为这件事而损失太多睡眠。"㊹

"不愿失去睡眠"这种话让撒切尔夫人感到恼火。她认为,目前大敌当前,证明了自己的预判正确,她感觉热血沸腾。如今,人们更愿意接受她的论点,在欧洲部署陆基巡航导弹和潘兴二型导弹也更容易落实了。卡特总统属于康奎斯特描述的"面对现实感到震惊"的那种人,他暂缓批准第二阶段限制战略武器条约,对销售给苏联的粮食实施禁运,还在1980年1月底的国情咨文中表示,入侵阿富汗"是二战以来对和平构成的最严重威胁"。撒切尔夫人热衷于帮他唤醒西方世界。卡灵顿致函给她,关于西方国家对入侵行为的反应,以颇带倦意的口吻写道:"当然,要制定可供采取的恰当而积极的战略尚需时日。"她在这封信上批注:"!"。㊺但是,她本人的确不是很清楚怎样反应才是最好的。她看到这条新闻的第一反应是,能够推动西方国家拦住伊朗。两月前,伊朗人曾攻占美国驻德黑兰大

6. 俄国……里根
"唯一有胆量的欧洲领导人"

使馆,劫持了52名外交人员作人质。部分原因是出于本国商业利益的动机,撒切尔夫人一直避免对伊朗采取卡特总统希望的贸易制裁,她指出,阿富汗的事态使联合国对伊朗的制裁决议变得不再合适。她要外交部确保不能对入侵"暴行"无动于衷,但并未提出该如何行动。⁴⁶

惩罚苏联最明显的方式,就是按照美国提出的想法,联合抵制在莫斯科举行的夏季奥运会。撒切尔夫人和卡灵顿碰头讨论此事,她敦促发起抵制行动,不过她也说,如果有运动员想参加,政府无法禁止。卡灵顿以傲然事外的态度评论说:"也许最可能的结果是,尽管政府建议抵制,但各种委员会和参与者本人仍决定前往莫斯科。"⁴⁷

结果确实如此。卡特禁止美国运动员参加,但其他国家并未追随他。撒切尔夫人游说赫尔穆特·施密特和其他国家领导人,希望另选奥运会举办地,建议大家考虑转移到蒙特利尔举办,但是并未成功。撒切尔夫人这样做的部分动力,是想抚慰美国人在伊朗问题上感情受到的伤害。她向海外和国防委员会¹表示,因为英国反对制裁伊朗,所以要在美国发起联合抵制奥运会的行动中给予特别支持。⁴⁸ ²至于伦敦和其他地方对苏联侵略行为的回应,卡特总统起初并没有太在意。"英国和其他欧洲国家对苏联和阿富汗局势的反应非常软弱,"他在国家安全顾问兹比格纽·布热津斯基的一份备忘录上批注道。⁴⁹但是,布热津斯基后来解释说,卡特对撒切尔政府的看法很快发生了转变:"她对所有事情都给予全面的考虑,远比大部分欧洲国家首脑要有远见。我们对英国的行动非常满意。"⁵⁰ 1月底,撒切尔夫人在下院发表了一次演讲,在其中谴责苏联的侵略行径,号召欧洲各国支持美国,此举尤其受到白宫方面的欢迎。⁵¹"坦率地讲,我认为这是在该问题上的最佳声明,"布热津斯基写信给英国驻美大使尼克·亨德森说,"我这样说完全出自内心,代表了我个人的观点。"⁵²虽然美国人起初对欧洲国家的反应倍感失望,但是据《时代周刊》的报道,对撒切尔夫

---

1 内阁海外和国防委员会(the Overseas and Defence Committee of the Cabinet),该委员会的大部分业务与处理"冷战"相关事宜有关。

2 撒切尔夫人曾在4月份极不情愿地倡导一场全欧洲范围内的制裁伊朗行动,以示对美国的同情。当时达成了一份协议,但是5月20日进入投票环节时,一场来自后座议员的抵制活动迫使政府退却了。未能颁布欧共体框架下的制裁协议,华盛顿对英国极为不满。

人却是个非凡的例外。㉝

　　首相与英国奥委会主席丹尼斯·弗洛斯之间通过一系列信件做了交流。不过，撒切尔夫人丝毫没有花言巧语，直接提到柏林奥运会在1936年帮助纳粹进行宣传的例子，然后谈到当下的现实，认为一旦进入莫斯科，运动员们就"好像赦免了一场国际犯罪"。㉞奥委会无视议会投票支持的联合抵制，径自推进参加这场赛事的计划。女王的丈夫菲利普亲王引发了更深层次的尴尬，他是国际马术联合会主席，因此起初期待前往莫斯科。4月底，他在一份由国际奥林匹克运动联合会起草的声明上签字，谴责联合抵制。据了解，他后来私下写信向撒切尔夫人道歉，解释说自己会尽力降低这份声明产生的负面影响。撒切尔夫人此时已经学会给王室写信的格式了（"以我卑微之职，先生，我是殿下您忠心顺服的仆人……"），但她反驳政治与运动会无关的思想却十分尖锐："然而，所有与苏联相关的事情都有政治味道。不幸的是，这是问题之所在。"㉟最后，联合抵制莫斯科奥运会的行动半途而废。有些英国运动员在其组织机构鼓励下，还是去了莫斯科，另外一些人则响应撒切尔夫人的号召留在国内。这场运动会没有取得很大的成功，但是联合抵制行动也不太成功。

　　同样，西方对入侵阿富汗的短期反应效果平平。一方面，苏联人在宣传方面和军事方面都铸下了大错，苏联共产党因此再也没能彻底复原；另一方面，西方的反应大部分没有效果。当时做过一些决定，却产生了具有争议的严重后果——武装阿富汗圣战组织抵抗苏联、西方国家极力支持巴基斯坦总统齐亚的伊斯兰政权增强军事力量（撒切尔夫人对此声称自己"有点不开心"）㊱——但更直接的行动则无关紧要，还往往显示出西方国家的态度分歧。

　　撒切尔夫人曾敦促西方盟国做出强有力的协调反应，结果倍感失望。她看了2月初的法德首脑峰会阿富汗问题联合公报，在上面批注道："全是空话！！！"（下划了三条线）。当月晚些时候，她与赫尔穆特·施密特会见时，表示对欧共体未能支持卡特联合抵制奥运会深感失望。施密特说，他认为现在已经明显露出"第三次世界大战"的危险端倪。㊲应卡特的要求，她曾试图就阿富汗问题召开北约紧急峰会，结果未能成功。其实，她虽然怀有强烈支持卡特的愿望，却怀疑他的策略和能力。她与施密特讨论了北约会议的提议，承认自己也对该提议是否明智感到怀疑，只是感觉有必要支持卡特总统。㊳假如真的召开峰会，她担心会凸显各国之间的不团结。6月份，法国总统吉斯卡尔认为，苏联从阿富汗撤出一些部队是个“新的积极因素”，提议让法国在西方与苏联之间斡旋，与苏联外长葛罗米柯做一些可能的对话。迈克尔·亚历山大将此动议转交给撒切尔夫人，附函写道：“吉斯卡尔传递这一信息时，动作非常敏捷。”撒切尔夫人信手批注了一句：“没错——他这个人——接近内维尔·张伯伦的水平了。”(59)

阿富汗问题之后，她感觉自己的论点能稳操胜券。在秋天举行的保守党大会上，她明确表达了自己的这一论点：

> 早在我们主政之前，也是在阿富汗遭入侵之前很久，我就指出要警惕来自东方的威胁，当时被指为危言耸听，但一系列事件已经完全验证了我的观点。苏联的马克思主义已经在意识形态、政治领域和道德层面全面破产了。但在军事上，苏联是一个强大而正在崛起的威胁……英国政府对攻占阿富汗的行为不会袖手旁观，我们不允许这件事被忘记。除非苏联武装撤军，在此之前，其他国家必然想知道，哪个国家会是它的下一个受害国。当然，也有一些人说，我们公开谈论这种事，会将东西方关系复杂化，说我们危害了国际关系缓和。但是，真正的危险其实在于保持沉默，国际关系缓和是不能与现状割裂开对待的，它是一个双向过程，东西双方必须相互坦诚相待才能实现。”(60)

在与苏联马克思主义做斗争的过程中，她仍旧缺少一个能与之分享世界观的强大盟友。而这种情况即将发生变化。她在党大会上发表上述讲话时，美国总统竞选活动全面展开了，吉米·卡特也正在为连任而战。当年7月，共和党大会在底特律举行，罗纳德·里根被提名为该党总统候选人。他在前往参会的航班上曾与政治学专家斯图尔特·斯宾塞聊天。“斯宾塞拿着所有支持者们可能提出的问题问他：‘你为什么这么做，罗？你为何想当总统？’”里根毫不犹豫地回答：“为了结束冷战。”(61)

11月，里根当选总体让撒切尔夫人激动不已，却让不少英国官员感到惊慌。克里斯多夫·马拉比回忆说：“我想我们都担心对苏政策变得非常强硬，甚至粗鲁。”(62)然而，吸引撒切尔夫人的正是这种“粗鲁”方式，按她本人所说，是坚持原则的方式。卡灵顿归纳说：“我认为，里根和撒切尔在许多方面都完全一致。她对苏联人基本上持极端敌对态度。她说那是个邪恶帝国……她相信它的确是个邪恶帝国；他们两人有着共同的价值观。但他们之间的不同在于，里根拥有良好的直觉，她则拥有里根缺乏的睿智。"[63]

当然，"邪恶帝国"是里根本人最先用过的字眼。她1983年3月使用这个字眼，为的是要把外交官们吓得脸色发白，这也反映了里根和撒切尔夫人在描述苏联时坚持的共同道德基调。里根总统的密友兼法律顾问埃德温·米斯[1]说："里根相信，从道德层面揭露苏联至关重要：侵犯和压迫本国及外国人民的行为绝不能姑息。"[64]里根在就任总统后的第一场新闻发布会上宣称："在道德上认同（苏联）等于对其行为推波助澜，意味着他们有权继续犯罪、撒谎、欺诈……"[65]同一天，也就是在伦敦的1981年1月29日，撒切尔夫人攻击苏联履行缓和国际关系的诺言没有诚意。听了她的话，里根立即发来一封感谢信。数周后在伦敦举行的美国记者见面会上，她集中谈了一个问题，就是苏联在缓和国际关系上缺乏诚意导致对本国百姓的压迫："你们或许已经看到，萨哈罗夫[2]被流放到高尔基城；而大家已经知道尤里·奥尔洛夫[3]因要求当局履行《赫尔辛基协定》而受到迫害……缓和国际关系应当是双向的……"[66]她的所有看法都与里根形成共鸣。在这一时期，里根私下谈到撒切尔夫人时，说她是我认识的"唯一有胆量的欧洲领导人"。[67]

里根就职后刚刚一个月，勃列日涅夫想利用里根经验不足，突然向他发出一份邀请函，希望与他举行超级大国峰会，讨论他愿意讨论的任何事宜。这一想法为的是表现莫斯科通过对话消除紧张局面的热切渴望。其实在那个时期，勃列日涅夫的健康状况已经很差，无法清晰连贯地讨论国际问题了，因此发这份邀请函时明知道这次峰会绝对不可能举行。里根谨慎

---

1 埃德温·米斯（1931—），1980年任罗纳德·里根竞选幕僚；1981—1985年任总统法律顾问；1985—1988年任美国司法部长。

2 安德烈·萨哈罗夫，苏联物理学家，诺贝尔奖获得者，在入侵阿富汗行动发生后不久遭内部驱逐流放。

3 尤里·奥尔洛夫，苏联核物理学家，持不同政见者，因要求苏联遵守《赫尔辛基协定》于1977年被捕，遣送至西伯利亚古拉格集中营。

6. 俄国……里根
"唯一有胆量的欧洲领导人"

地对这次邀请公开表示欢迎，但三天后在华盛顿私下与撒切尔夫人作了探讨。当时她正在首次拜访担任总统后的里根。

> 首相撒切尔夫人问里根总统是否考虑过，对勃列日涅夫的会晤提议，该以何种基础给予回应……当然，他承认不能简单地说一句"不，我们将永不对话。"在每个人的潜意识中都有一个想法："我们当然必须对话"，但是，只有在仔细核查过每一个问题、每一个陷阱之后，才能进行对话。苏联人是训练有素的谈判专家，可以预料到，他们会玩弄热爱和平、同情人民的把戏。撒切尔夫人就曾被勃列日涅夫邀请函中的中止部署战区核力量等相关提议所打动。首相说，她自己的态度是，与魔鬼共餐，必须带一把长勺。最好带很多把长勺。[68]

她建议说，对这份邀请函，应该回应："接受，在适当的时候会晤。"里根回答说，"这正是我们采取的立场，既不说好，也不说坏，只表示我们正在非常认真地考虑。"[69]

两天后，撒切尔夫人在纽约发表的一次讲话中就该路线作了引申："苏联的制度中难道有值得推崇的东西吗？物质繁荣？根本没有。精神满足？干脆拒绝。"[70]。她对苏联的批评言辞太激烈了，卡灵顿被迫避免出席。他回忆说："她做了一个非常、非常、非常右倾的演讲，其中有许多内容我不能苟同。"[71]但她其实是重申了自己和里根共同的立场：在时机成熟时应该探索对话方案，"在这个险恶的世界上，政府间的谈判必须进行，尤其是在军备控制领域，更准确地说是在裁减军备领域。我们需要在东西方之间实现军事平衡，并确保这种平衡能够维持。"[72]

1981年3月初，苏联驻英国大使向撒切尔夫人呈交了一封勃列日涅夫的信函（同时也呈交给所有盟国领导人），倡议举行一次国际峰会，讨论中止部署中程核力量的相关事宜。撒切尔夫人对他说，只有从安全立场出发，英国才会考虑裁减军备。苏联从阿富汗撤军，缓和国际关系才有可能，否则，"将会引发一个问题，'下次是哪个国家遭入侵？'"她说，"这场冲突萦绕在全球人民的心头。"她接着谈到古巴在非洲和加勒比的冒险主义活动（罗伯特·康奎斯特曾为她简要描述过这一主题）。这一切都得到解决，举行峰会才能进行"真正的"讨论。她向苏联大使猛烈抨击苏联迫害尤里·奥尔洛夫，说："我们的国家是个开放的社会，苏联则不然。"㊷

外交部追求的却是一条截然不同的路线，这让她感到恼火。1月底，她得知卡灵顿打算与苏联就一份新的《文化协定》进行磋商。她评论说："没想到我们在谈判一个新的文化协定，我对此事感到非常遗憾。阿富汗问题当头，他们将从中获益，而我们将受损。"㊸就在她会见苏联大使后不久，卡灵顿再次反对撒切尔夫人的对抗立场，表示自己应该亲自去莫斯科与苏联建立较好的联系。她批注道："我真心感到担忧。我们应当与美国商量。我们去保持这种联系，难道不是背离了国际主流舆论吗？"㊹[1]一个漆黑的夜晚，她站在唐宁街10号门口，抬头凝视着对面外交部庞大的楼宇。"看看那里，"她对一名官员说，"那个地方发出的光亮都照到唐宁街以外了。"㊺

撒切尔夫人投入自己的主要精力，履行在纽约强调要恢复军事平衡的承诺。在她内心中，部署中程核力量是个关键。虽然她不愿与苏联磋商中程核力量事宜，但她意识到，说服欧洲盟友部署中程导弹的最佳方式是"双轨制"战略，将部署与美国寻求磋商的承诺挂钩。她深信，如果盟国要使运抵美国的新导弹赢得公共支持，谈判的意愿是必要的。里根政府上台后，她发现自己处在一个两难境地，一方面，她不得不维持卡特曾同意的计划，另一方面，她面临着华盛顿新朋友的批评。美国新政府的成员中有相当了解欧洲的新任国务卿阿尔·黑格，他同意撒切尔夫人的想法，强烈支持"双轨制"；而其他人，尤其是政府内部的鹰派人士，则抵制与苏联磋商的想法。还有一两个人反对部署中程核力量，最为典型的是当时的助理国防部长理查德·珀尔[2]，他们的理由是危机发生时，欧洲公共舆论绝对不允许发射美国导弹，因此武器将被证明毫无用处。㊻据理查德·艾伦的说法，里根

---

[1] 最后，卡灵顿决定于1981年7月在英国担任欧共体轮值主席国期间代表欧共体访问莫斯科。"我认为她不会太不高兴，"他回忆说，"不过我想我算是侥幸成功了。"（采访卡灵顿勋爵）

[2] 理查德·珀尔（1941—），1981—1988年任国防部负责国际安全政策的副部长；2001—2004年任国防政策顾问小组成员。

6. 俄国……里根
"唯一有胆量的欧洲领导人"

总统本人支持"双轨制",㉘但在当时那个阶段,他还没有太多精力去应对习惯性的怀疑论调,毕竟是自己政府内部的许多人提出的。

撒切尔夫人与里根团队之间的看法差异其实源于各自不同的处境。新一届共和党政府渴望弥补卡特时期的游移状态,改变对苏整体战略。这也是撒切尔夫人的想法所在。但是,姑且不论心理层面,单就地缘因素而言,她身在欧洲,很担心盟友间分裂的潜在危险,担心苏联促成这种分裂的强烈愿望。1979年秋,她经历了欧洲人在部署中程核力量问题上的焦虑不安,尤其是荷兰、比利时和德国,这让她对分裂的危机非常敏感。她尤其清楚,英国在欧洲大陆的软弱或美国的单边行动(抑或两者兼而有之)中易受伤害。她正在不习惯地扮演着桥梁建造者的角色,结果扮演得非常出色。国务院的一份简报中提到:

> 撒切尔首相的政府在处理东西方关系问题时,一方面直言不讳反对共产主义,一方面采取务实态度,协调苏联冒险主义活动中的西方利益……英国的担心受到美国和欧洲路线冲突的割裂。虽然他们赞成在整体上有更多的联合行动,[1]但意识到实践中的更大限制(尤其是德意志联邦共和国),因而支持一种就事论事的联合行动。这使英国成为盟国磋商与和谐关系的强大支持者。㉙

虽然撒切尔夫人是里根的支持者,但仍站在政府中最狂热的鹰派分子的对立面,这些人此时正冲在前面。就像阿尔·黑格回忆的:"奇怪的是,五角大楼'不浪费金钱'。你会明白这会给你带来怎样的麻烦。玛格丽特·撒切尔一直坚定地赞成'部署'。她的立场是毫无疑问的。这对我在政府内部的工作是个非常宝贵的帮助。"㉚

---

[1] "联合行动"要求苏联的行为在某一领域受到西方以行动表示出嘉奖,在另一领域受惩罚。西欧国家是苏联的邻国,倾向于支持在贸易和军事领域控制苏联,但在整体上希望与其保持一种积极的关系。他们认为,诸如人权等领域的分歧不应当用来破坏双方关系中的积极领域。相反,华盛顿的强硬派称,苏联的行为在其他方面不可接受,要试图与其在某个领域共事实属错误之举。

1981年2月，她出访华盛顿前，英国官员强烈游说政府，要坚决支持"双轨制"。美国国务院的简报有如下记载：

> 英国寻求要我们再次保证，我们在部署中程核力量问题上没有重要的政策变化，也希望美国继续支持北约的双轨路线……只要他们相信我们不会低估欧洲的军控压力强度，英国与其他盟友就依然对我们有帮助，能为我们制定政策赢得时间。[81]

黑格的国务院适时向白宫提交了美国承诺"双轨制"的文本，美国国家安全委员会的人员将这个文本纳入一份公开声明，由总统在撒切尔夫人访问结束时发表。[82]起草这些文件的人认为，其中的语言不值得注意，"全都是官样文章，"[83]但有些话却非常重要，因为将总统对"双轨制"的支持记录在案了。[1]鹰派对于磋商的反对立场依然没有稍减，他们拒绝接受失败，现在开始寻求避免政策实施，或至少要推迟实施。4月底，黑格结束了自己的欧洲访问回国，敦促里根尽快推进"双轨制"，并开始启动谈判确定具体日期。他恳求对所有主要欧洲参与者施以援手：

> 英国仍然是我们最可靠的盟友，迄今法国最强健。然而，撒切尔夫人和吉斯卡尔均深感担忧，要我们考虑德国的现实情况。在伦敦时，撒切尔夫人几乎是恳求我切忌孤立施密特总理，她说施密特总理是"美国的真正好朋友"。正如我以前向你作的汇报一样，他们唯恐复苏的美国与暴露的德国之间有可能产生误会。[84]

---

[1] 有一种日益盛行的理论认为，采用这种说法是国务院想要在谋略上胜过五角大楼，而且经过撒切尔夫人事先同意（见理查德·奥尔德斯著，《里根和撒切尔：艰难的关系》，W.W.诺顿，2012年，第41页，以及杰弗里·史密斯的《里根与撒切尔》，利海出版公司，1990年，第48页）。这似乎并不属实，理查德·艾伦和国家安全委员会成员詹姆斯·伦奇勒对此矢口否认。英国官员则对此事毫无印象，撒切尔夫人从未做过评论，官方文件未能支持。撒切尔夫人的观点是众所周知的，但是并无证据证明她会撇开里根而与美国国务院联络。

6. 俄国……里根
"唯一有胆量的欧洲领导人"

历史往往忽略撒切尔夫人在盟国间的疗伤者角色，然而，在当时那个阶段，她的确扮演了这样的角色。里根决定同时推进"双轨制"中两个方面的工作。

然而，假如真的举行了谈判，目的又是什么？里根否定了黑格国务卿的愿望，批准了理查德·珀尔提交的所谓"零选择"方案。[1]按照该方案，美国只考虑一种协议：现存所有苏联中程弹道导弹撤出欧洲战区，换取北约不在欧洲部署美国的中程核力量。除非涉及的中程导弹全部撤出，否则有关双方较近距离中程导弹的提议将不予讨论。珀尔解释说："我坚信，除了对苏联有利的一些枝节协议可以轻松商定，主协议根本不可能达成。但是，一旦能达成协议，就非常有用。我并不渴望为了达成协议而达成协议，有意义的不在于过程艰难，而在于有实在用处。"⑧1981年11月公布"零选择"战略后，撒切尔夫人在下院对其盛赞有加，因为它提出的"不仅仅是限制核武器，而且是实际的核裁军削减常规力量。我相信他（里根）已经掌握了主动权。"⑧迈克尔·富特称，"零选择"将更受工党欢迎，因为该党的防御政策同样支持这样一种战略。当然，不同点在于，里根推崇的是双方进行零导弹谈判，而富特倡导的则是西方国家的零单边行动。撒切尔夫人很快指出，便坚持这一点："'零选择'需要双方同意。"⑧

然而，撒切尔夫人欢迎零选择其实是她深思熟虑之后认为对方不会接受。"我以前一直反感最初的中程核力量'零选择'方案，"撒切尔夫人在个人回忆录中写道，"因为我感觉这种武器安排会使西欧对华沙公约组织突然发起大规模袭击毫无准备；我已经做好准备，希望苏联永远不会接受。"⑧她希望部署中程核力量不仅能够抵御苏联的SS—20导弹，而且能够阻止常规武器攻击。她相信，"零选择"方案一旦被接受，将使西方同盟冒美国核战略力量与欧洲防御脱钩的风险。

她思想深处与里根有本质的差异，这种差异在当时显得微不足道，但后来却变得意义重大。担任军控与裁军中心主任的肯尼思·阿德尔

---

[1] "零选择"的概念源自赫尔穆特·施密特的社会民主党，但是经珀尔加工改造后由里根采用，最终产生了比西德更加强硬的姿态。

曼[1]说:"撒切尔一直非常热衷于零选择,前提是它不会在任何地方实行。在这点上,她不像里根那么有热情,并不希望真的能实现。"[89]其实,撒切尔夫人是个核武器的坚定支持者,因为她相信威慑论,认为要避免世界战争,就要通过西方自身的核武库对东方形成威慑力。因此,要维护世界和平,拥有一个庞大而可靠的核武库至关重要。

里根则不然。他虽然更多的只是希望击败苏联的极权主义,并且笃信要通过实力来换取和平,但事实上他希望废除核武器,认为核武器是不道德的,而且是凌驾于和平之上的不安定因素,认为能够将世界从核武中解放出来。里根与撒切尔夫人相似的是,他也希望建立起西方军事力量,只是目的有所不同。"总的来看,里根的基本目标是解除武装力量,"理查德·艾伦说。[90]这一点是他在戈尔巴乔夫时代极力践行的方向。在个人回忆录中,里根将"零选择"战略描述为"从地球上消除核武器迈出的第一步"。[91]当时他并未对撒切尔夫人说到这一点,一旦讲出来,撒切尔夫人势必极其恼火——她后来就有这样的表现。然而,在20世纪80年代初,美国总统和英国首相一致希望重新审视西方与苏联之间的力量,而"零选择"作为一种战术安排不无助益。

撒切尔夫人于1979年就任首相时,便立即着手寻找英国已老化的北极星潜载核导弹的替代品,卡拉汉政府做过计划,但不敢采取行动实施。这将是英国的第三代核武器。撒切尔夫人重拾卡拉汉放弃的旧业,请求卡特总统批准其购买美国的三叉戟导弹系统。然而,卡特踟蹰不前,一直将此事拖到1980年。部分原因在于,他一心盼望参议院批准第二阶段限制战略武器条约,更根本的原因是卡特"对太多核武器过敏",认为向英国提供导弹的想法"颇值得怀疑。"[92]按照撒切尔夫人的说法,他甚至用了一个借口,声称宣布提供三叉戟的决定"会被视为对阿富汗事件的过度反应",[93]以此拖延同意英国的请求。其中确实有物价争议的因素,但卡灵顿和迈克尔·帕里泽等人[94]否认这是个重要问题。与撒切尔夫人在个人回忆录中的说法相反,最终达成了一项交易协议,卡特同意放弃相应比例的导弹研发费用,换取英国承诺,

---

[1] 肯尼思·阿德尔曼(1946—),1981—1983年任美国驻联合国大使、常务副代表;1983—1988年任军控与裁军中心主任。

6. 俄国……里根
"唯一有胆量的欧洲领导人"

允许美国将英属印度洋迪戈加西亚岛用于军事目的。⑨⑤1980年6月2日，撒切尔夫人和卡特的国防部长哈罗德·布朗在唐宁街会晤，敲定了交易细节，这项交易的条件对英国可谓相当昂贵。[1]里根入主白宫后，情况发生了变化。新政府热衷于让英国拥有三叉戟导弹，但正在考虑升级现存的C—4版至更强大而又更昂贵的D—5版，前者是卡特曾经答应提供给英国的。1981年3月，由里根任命为国防部长的卡斯帕·温伯格[2]会见了英国国防大臣约翰·诺特。温伯格重申了美国方面的承诺，将提供"我们认为可完成交付的任何三叉戟导弹（C—4版或D—5版）。"⑨⑥八月份，他告诉英国方面，美国已经解决了升级到D—5版的问题，可供英国使用。诺特回忆说："我非常希望引入D—5版，但困难在于资金不足。"⑨⑦

英国本应该有的独立核威慑力却要由美国授予或扣留，这的确有点讽刺意味。巴特勒勋爵在采访中说道："我们不得不依赖他人，这是撒切尔夫人不能完全满意的。我们总是有点担心，万一我们真的需要这个东西，美国是否允许它投入使用。但这是我们能得到的最好结果了。"⑨⑧由于成本高昂，并有引发军备竞赛不断升级的担忧，因此购买三叉戟导弹引发了争议，甚至蔓延至保守党内部的不同阶层。1981年初，诺特提醒撒切尔夫人，三分之二的党内人士和三分之二的内阁成员表示反对。⑨⑨但撒切尔夫人的想法与诺特和卡灵顿一样，确保英国未来的威慑力是根本大计。卡灵顿评论道："得不到三叉戟将会使法国成为欧洲唯一拥有核力量的国家，这是无法容忍的。"⑩

在首相及其高层同僚的强势领导下，内阁原则上同意接受D—5。[3]剩

---

1. 除了迪戈加西亚岛作为交易条件，英国还同意名义上支付1亿美元用于研发成本和驻英美国基地的曼宁空军防御体系的开支。后来，因为当地居民遭到驱逐，割让迪戈加西亚岛一事变得颇有争议。
2. 卡斯帕·温伯格（1917—2006），出生于加利福尼亚；律师；1968—1969年任加州财务主管；1973年任总统顾问；1981—1987年任美国国防部长；1988年，荣获英帝国大十字勋章（GBE）。
3. 在自己所写的撒切尔夫人传记中，约翰·坎贝尔断定，在努力赢得怀疑者支持的过程中，内阁接受了由国防部官员迈克尔·昆兰提供的两小时D—5展示（约翰·坎贝尔著，《玛格丽特·撒切尔》，第二卷，乔纳森·凯普，2000，2003年，第二部分：铁娘子，第187页）。这并不符合事实。据后来的迈克尔·昆兰爵士的说法，所谓的展示并不存在。实际上，当时他早已离开了国防部。（采访迈克尔·昆兰爵士）

下的是物价问题。1982年2月1日，撒切尔夫人致函里根，提出准备派官员去敲定这桩交易。她当时并不知道，美国政府希望尽可能提供帮助。1981年10月，理查德·珀尔和温伯格已经互通信件，谈到对英国免除三叉戟导弹的研发成本。⑩根据法律规定，研发费用只有在涉及国家利益时才能免除，因此，交易双方确认，英国保持强大的海军实力符合美国的国家利益。这比诺特提出削减未来的国防开支更妥当。这样一来，为换取美国放弃三叉戟导弹的开发成本，英国承诺保持更多的海上舰艇。理查德·珀尔回忆说："有人会说，我们结束了对皇家海军的补贴。"⑩里根希望交易条件对英国有利："总统和我让官僚机构得到一种感觉，就是我们要敲定这笔三叉戟导弹交易。这是箭袋中的一根利箭。英国是北约的关键，比任何一个其他的国家都重要。"⑩交易推进得很快，于1982年3月11日正式达成协议。撒切尔夫人对达成该交易的速度和条件都颇为开心，毕竟与卡特时代比起来顺利多了。⑩她在以个人名义写给里根的信函中对他提供的帮助表达了感激之情："在有力诠释贵我两国共同捍卫自由的决心方面，在表现加强彼此实力的独特努力方面，我想不出比这更好的方式了。"⑩

1980年5月，撒切尔夫人与联合国秘书长库尔特·瓦尔德海姆作了一次坦率的讨论。她说，卡灵顿勋爵相信，苏联人正在寻找撤离阿富汗的台阶，但是"她采取了更为冷静实际的看法，认为苏联人会长期赖在那里。"苏联人要的是卫星国，"他们攻入另一个国家，只是个时间问题。"⑩

其实，苏联的下一次侵略并未采取真正入侵的方式。侵略目标是个与阿富汗不同的国家——波兰。国际公认这个国家属于苏联的势力范围，但它正显示出渴望变化的迹象。自从1978年卡罗尔·沃伊蒂瓦[1]当选教皇约翰·保罗二世以来，仍然坚持共产主义的道德权威在东欧已然枯萎。这位波兰籍教皇次年回到故土访问自己的国家时，数百万人集会聆听他的演讲，当局也无力阻止民众。波兰精神层面的反抗开始采取更多的政治形式。团结工会在莱赫·瓦文萨[2]的领导下，组织大规模的产业工人（后

---

[1] 卡罗尔·沃伊蒂瓦（1920—2005），1964—1978年，教皇约翰·保罗二世，克拉科夫大主教；1978年，当选教皇。

[2] 莱赫·瓦文萨（1943— ），1980—1990年，工会团联合创建人兼主席；1990—1995年，波兰共和国总统。

6. 俄国……里根
"唯一有胆量的欧洲领导人"

来包括农业工人）对抗共产党政府，尤其引人注目的是格但斯克造船厂的罢工活动。

撒切尔夫人对这些事态的反应自然是激动不已。起初，波兰政府试图以近乎同情的方式对老百姓做出反应。1980年12月，撒切尔夫人收到波兰副总理亨利·吉赛尔的来信，告诉她民主化是人民的权利，并且新一代工人相信他们掌握着生产资料，希望在使用方式上拥有话语权。他引用了瓦文萨的声明："波兰人与波兰人之间总能找到解决方案。"他希望团结工会能够相信，政府不会采取镇压行动。撒切尔夫人的回复措辞激烈："我已经目睹了过去60年来社会主义国家未曾发生过的一种变化……目前的发展让那些像我一样崇尚自由的人感到非常兴奋。"[107][1]吉赛尔告诉她，人们最根本的渴望就是能够掌握自己的未来。他表示，前一周，波兰领导人访问莫斯科回国后已经有了一种更放松的心境，他不希望出现来自苏联的麻烦。撒切尔夫人对此却不怎么乐观，她敦促吉赛尔先生不要太过放松，要记得捷克斯洛伐克的前车之鉴。[108]她对自己的警告有一个非常具体的理由。就在前一天，她接到了卡特总统的第二条信息，情报显示苏联军方已经做好准备决定介入波兰。她当时的回复是："这比我们的预料更严重。"[109]不过她明显感到焦虑。

1981年期间，让人激动的事情一再发生，卡特对波兰的预言结果是错误的。北约盟国制定出种种毫无效果的对策。撒切尔夫人在一套设想报告边缘批注道："整个这份列表，有价值的部分寥寥。"她的个人观点露出一些具有弹性的苗头，这一次好像要接受外交部的路线。4月份，她会见阿尔·黑格时说："有迹象表明，团结工会为了自身目的，正寻求政治权力，"她提醒黑格反对苏联不要过于强硬，免得孤立德国，"德国遭到分裂，还处在前线。这是欧共体重要性及保持存在的一个原因。"她

---

1 撒切尔夫人个人对波兰事业的感情非常强烈。在1940年卡廷大屠杀中，苏联军队残杀了4000名波兰官员。她就职时，在一年一度的卡廷大屠杀纪念活动中，她曾因出席活动引发过争议。外交部唯恐引起苏联方面的愤怒，辩称不能确定施暴者是苏联人还是纳粹分子，苏联宣称凶手是纳粹，因此外交部建议不要发表具体陈述。撒切尔夫人在就职之前曾派艾瑞·尼夫代表自己出席纪念活动，她回答说："我不同意……这正是去年我要艾瑞·尼夫参加的原因。"（来自亚历山大，1979年9月10日，首相文件资料，国防部：卡廷大屠杀纪念活动；文件存放于内阁办公室。）

的欧洲主义一如既往地基于反共思想。她为北约"处于非常脆弱的状态"而担忧。⑩

波兰的"复兴"并未被扑灭，但气氛变得严酷了。苏联公开攻击团结工会及部分个人，而波兰政府的反应软弱无力。10月份，自2月份开始担任波兰部长会议主席的雅鲁泽尔斯基将军以波兰共产党第一书记的身份开始接管政府。1981年12月13日，他强行在波兰实施戒严令，突袭团结工会总部，并任命一个军事委员会管理国家。

直到11月份前，英国政府一直采取相对乐观的态度。卡灵顿给撒切尔夫人写信建议她接受波兰政府的邀请，于1982年前往访问，因为这"能及时证明我们对波兰复兴感兴趣"。⑪后来波兰开始实施戒严法，她和欧洲盟国都没有感到吃惊，只是她尚不十分确定如何做出反应。

对此，里根总统采取了最为有力的看法。"亲爱的玛吉，"[1]他在1981年12月给撒切尔夫人写信，提醒她苏联发动直接干预的可能性，"这或许将是人类政治史上的一个分水岭，这是对暴政的一次内部挑战。"他希望得到盟友强烈的共鸣："该防止悲剧发生了。"⑫次日上午，正在首相别墅的撒切尔夫人与卡灵顿通电话，讨论了里根提供的信息。外交大臣表现出不屑一顾的态度。他说，里根的信息显得"如此模糊，照我看根本不值得你昨晚阅读。"更奇怪的是，撒切尔夫人也持批评态度。她说："只不过是一种内部情况。"卡灵顿认为里根是要把气撒在苏联人身上，她回答说："如果俄国人没有真正到前线采取行动，指责他们就有点荒诞。"不过她确实攻击苏联人"扼杀自由的苗头"。卡灵顿说："坐下来仔细想想，我们又能采取什么行动呢？"⑬美国政府让他感到生气，因为它公开了北约四个主要大国的秘密会议内容："美国人再度食言，把事情搞得一团糟。"撒切尔夫人说："这的确是个可怕的错误。"她一反常态地以软弱的口气给里根回信，说这是个"复杂而又困难的局面，"避免做出承诺。⑭

---

[1] 在早期通信中，里根称撒切尔夫人为"首相女士"，1981年8月初开始变为"亲爱的玛格丽特"。然后一直努力拉近亲密程度，后来开始使用"玛吉"（第一次使用见于1981年10月），毫无疑问，这让唐宁街10号苦笑，毕竟从来没人这么亲昵的方式称呼撒切尔夫人。意识到出错了之后，里根在下一封信中又转变为"亲爱的玛格丽特"，在两人后来的所有通信中，里根一直保持着这一称呼。

6. 俄国……里根
"唯一有胆量的欧洲领导人"

这年年底之前，美国政府在没有与北约盟国达成一致的情况下，推出一系列抵制苏联的措施。其中包括暂停苏联民航总局的航班，中止与苏联谈判长期粮食供给协议，推出制裁措施，禁止向苏联出口石油和天然气开采设备。最后一条播撒下产生巨大争议的种子。

在里根的早期信条中，有一条重要思路，他认为能够并且应当在经济上逼苏联投降。里根团队对卡特总统默许一项经济协议感到惊骇，1978年，他默许西德与苏联达成协议，建设一条横跨西西伯利亚的天然气输送管线，为十个欧洲国家供应天然气，其中包括西德、法国、意大利和荷兰。里根认为，此举让俄国人得到将能源作为外交政策的一个筹码，还使其获得了硬通货币。1981年7月，新一届政府决定尽其所能阻止建设这条管线。"苏联的说法就像希特勒在《我的奋斗》中所说的一样明显，"里根在国家安全委员会的一次会议上表示，"他们明确说要统治世界——我们要坚持什么立场呢？"⑮卡斯帕·温伯格打头阵，希望不购买苏联天然气的英国愿意与其合作，但是，白宫副官们提醒人们说，英国人在出口天然气管道中有商业利益，因为有合同在先，要帮助完成建设，所以不可能希望他们放弃。其中还有供应发电机的苏格兰企业约翰·布朗工程有限公司，成百上千人的就业有赖于此。7月和12月之间，美国试图努力说服英国等欧洲国家，但收效甚微。

里根决定继续采取制裁措施，同时无法忍受他所说的"那帮欧洲胆小鬼"。⑯"胆小鬼们"大发雷霆，部分原因是他们想要这条管线；部分原因是他们讨厌单边主义做法；另外还有一部分原因是他们感觉美国正在让他们陷入困境，自己却置身事外。欧洲各国尤其愤怒的是，里根在推动管线制裁行动的同时，为了帮助美国中西部的农民，取消了对苏联的粮食禁运。

撒切尔夫人比大多数欧洲人都更体谅里根的目的。[1]在新的一年发给里

---

1 撒切尔夫人对采用经济手段击败苏联的想法非常熟悉。1980年底，休·托马斯和伦纳德·夏皮罗就曾为她准备了一份文件，名为《西方对苏经济政策》，其中倡导针对苏联的弱点发动"经济战"。她对托马斯说，这个想法吸引了她，但感觉当时不适于接受。(《针对苏联经济的西方政策》，1980年12月31日，THCR1/10/17；采访斯温纳顿的托马斯勋爵。)

根的一封函件的底稿上批注道："……迄今，我绝对不欣赏欧洲的反应。"[117] 发出这封信函之前，卡灵顿劝说她删掉这句话。但是，面对不断增长的失业问题，她对英国人的工作严重担忧，同时也害怕未来盟国之间发生不团结。结果，她发出去的草稿强调说："我们必须确保将注意的焦点集中于应该关注的地方，最明显的是苏联体制及其思想的失败，避免强调盟国伙伴的差异，毕竟大家的目的是相同的。"[118]

1982年底，她会见了黑格。在里根政府团队的所有高级人物中，只有黑格在担心盟国不团结方面与她观点最接近。她说，法国和德国不同意美国的做法。她对黑格说："我们不能造成分裂，不能替苏联对付他们。"美国避开了粮食禁运，由于这对其他欧洲国家产生了影响，她带着讽刺口吻评论说："缺乏某种统一标准。"黑格对她说，还将推出进一步的制裁措施，她回答说："要是那样，就没什么可害怕了……苏联人或许会做出结论，认为他们入侵别国不会再失去更多东西了。"西方国家采取的行动将无法扭转波兰局势。"她认为波兰追求自由的新事态是苏联体制的致命疾病，她希望它进一步蔓延。"黑格请她就这一主题以个人名义给总统写一封信，因为里根对她极为尊重。撒切尔夫人说自己对总统抱着同样尊敬的态度，也将赫尔穆特·施密特视为伟大的朋友，尽管他在自己政党中遭遇困难，但他是西方盟国中最忠诚的成员。[119]她就像做出"双轨制"决定时一样，不希望施密特处在无法应付局面的地位。黑格向里根报告说，撒切尔夫人表现出"非同寻常的热心"。[120]

同一天，撒切尔夫人将自己的信发送给了里根。"如果我们行动过于草率或者步调不一致，就会冒着失去荣誉的风险，"她这样告诉里根，并指出法国和德国不能也不愿意放弃天然气管线项目。她敦促里根放松对现有和约的制裁，作为回报，欧洲各国可以"在一定范围内与你推出的相关举措达成协议，我们因此会表现出坚定和团结。"[121]在她所说的"荣誉"背后，压倒一切的信条是部署中程核力量的需要，为了达到这一目的，盟国的团结必须实现最大化。她的话看来起到了一些效果，里根在次日的个人日记中提到："我们的选择：单刀直入，针对波兰采取更为严厉的措施，却要冒盟友分裂的危险；或者与欧洲盟国在一些我们能携手共进的事情上达成共识，相互谅解。我选择后者。不言而喻的是，我们单独行动无法对苏联造成尽可能大的伤害。联合行动会让苏联深受触动，因为他们试图分裂盟国的企图会落空。"[122]"我必须为自己过去的粗心承受责备，"2月份总统

6. 俄国……里根
"唯一有胆量的欧洲领导人"

在国家安全委员会的一次会议上坦承。里根解释说，他曾经假设天然气管线建设更多地要依靠美国的支持，而不是欧洲。"如今，"他继续说道，"玛吉·撒切尔使我意识到我错了。"[123]

1982年4月2日，阿根廷入侵英属福兰克群岛。[1]撒切尔夫人开始为国家荣誉及她的政治生命而战，几乎无暇顾及其他。她对待英美关系的方式突然受到另外一种因素主导——对付阿根廷就必须赢得美国的军事及外交支援。在战争过程中，她投入大量精力，顾不上关注华盛顿对付苏联的辩论。在她看来，福兰克群岛事件过程中进行这种辩论，只能使事情朝糟糕方向发展。

新年之初，法官威廉·克拉克[2]就任美国国家安全顾问，击败而非遏制苏联共产主义的"里根主义"基础变得更加坚实。里根恢复了最初对俄国人发动经济进攻的主张。3月份他在国家安全委员会的一次会议上问："我们为什么不依赖苏联自行破产？"他自己回答说，"那正是我们的方向。"[124]5月份，他签署了一份绝密政策文件（第32号国家安全决策指令），力图"遏制并扭转苏联在全世界范围内的扩张主义和军事存在……通过强迫苏联应付其经济短板，削弱苏联的加盟体系"。[125]本着这种精神，里根政府现在开始对付那条天然气管线了。虽然美国官方更愿意彻底取消这条管线，但他们意识到这一想法缺乏国际支持，并不实际。便转而试图采用制裁手段尽可能长时间拖延管道建设，使苏联在整个过程中付出更多成本，在此期间，欧洲国家有机会开发其他天然气资源。他们还希望阻止苏联未来增建第二条天然气管线的计划。正如国家安全委员会国际经济事务高级主管罗杰·罗宾逊所说："我们需要对付西伯利亚天然气管线，因为它将使欧洲过分依赖苏联的天然气，让莫斯科的硬通货币收益跃升一个台阶——每条管线年进账约100至150亿美元。"[126]

---

1 见第9章和第10章。

2 威廉·克拉克（1931—），1966—1969年任萨克拉门托里根州长的幕僚长；1973—1981年任加利福尼亚高级法院法官；1981年任美国副国务卿；1982—1983年任国家安全顾问；1983—1985年任美国内政部长。

撒切尔夫人十分幸运，包括福克兰群岛问题在内的种种事态碰巧是在里根总统正式访英期间发生的（出于技术原因，并非国事访问）。由于里根预定出席1982年6月在凡尔赛举行的G7峰会，撒切尔夫人早在1981年就建议美国总统顺道访问英国。12月，里根夫妇还收到在温莎宫觐见英国女王的邀请。对这次拟议中的访问，双方就活动安排做了大量交流。总统乘坐敞篷马车是否安全？鉴于他在访问欧洲时向西德示好的重要性，他究竟是否愿意花费时间来访英国？如果来，总统愿意发表演讲吗？2月份，白宫的想法是总统不做演讲。这让撒切尔夫人大为失望。她的私人秘书约翰·科尔斯向她汇报白宫的意见时指出，里根来访的一个主要原因是"帮助减轻片面限制武器论的影响"。[127]"我真的认为我们应当要求他做一次演讲，"撒切尔夫人信手写了一句，不仅仅在女王的招待晚宴上讲话，因为那"不能涵盖任何有争议的话题，也不能满足我们的需要。"[128]最后双方同意了总统在议会两院做一场演讲的想法，不料这一想法让总统办公室副主任迈克尔·迪弗[1]泄露给了美国媒体。

一场激烈的争吵接踵而至。反对党议员普遍不满，迈克尔·富特也抱怨说，在议会演讲发邀请的一方应该是议会而不是政府，却没有向议会咨询。[2]这种说法从程序上讲是正确的。后来采取了折中方案，里根改在威斯敏斯特宫的皇家美术馆做演讲。这里的堂皇气派不及威斯敏斯特大厅，在所有国外领导人中，只有戴高乐将军在威斯敏斯特大厅做过演讲。撒切尔夫人很生气，既为白宫的过失生气，也生富特等人的气。接下来发生的争议更让她气恼，白宫方面再次建议最好不要让总统发表任何演讲。她提醒工作人员，美国是"我们最坚定的盟友"，而且"里根总统应当得到与戴高乐将军同等的待遇"。[129]在官员们之前提交给她的议会演讲稿中，她补充了相关内容以强调自己的想法："里根——英国坚强的密友、自由世界的捍卫者。"[130]然而，议会的不满情绪也变得非常强烈，

---

[1] 迈克尔·迪弗（1938—2007），20世纪60年代期间担任里根州长的助理；1981—1985年任总统办公室副主任。

[2] 里根夫妇生怕这次伟大的旅行遭破坏。"南希·里根对我非常不满，因为我走漏了消息，"迪弗说（采访迈克尔·迪弗）。里根写信给撒切尔夫人对泄露消息一事表示道歉。

6. 俄国……里根
"唯一有胆量的欧洲领导人"

到头来，她别无选择，只得接受皇家美术馆的妥协方案。白宫得到通报，假如总统决定根本不做演讲，撒切尔夫人"个人会非常失望"。[132]里根最后向她的意愿屈服了。

白宫方面最初有些犹豫，后来对这次访问的整体构想感到着迷。与女王一道骑马游温莎宫大花园的建议尤其让里根感到兴奋。克拉克法官是一名农场主和骑手，他宣称，如果除了两位首脑之外还可以再增加一个骑马人，自己愿意成为这个人。[133]当时还讨论了应当送给里根什么样的礼物，克拉克法官表示说，总统"从来对再多的皮革制品都不嫌多"。于是，双方同意礼品是一副英国马鞍和一套马缰绳。

对愉快和友好的期待有助于撒切尔夫人赢得里根对福兰克群岛行动的支持。他不喜欢在不受欢迎的国际气氛中访问英国，但他更不愿取消这次访问。另外，当时有一种普遍看法，认为凡尔赛G7峰会的盟国对撒切尔夫人构成又一个有利因素，她可以鼓励里根将天然气管线制裁方案贯彻到底。这种看法与事实不符。其实，里根受到强硬派的敦促，如果盟友们不同意对苏联的信贷进行严格限制，就考虑自行扩大制裁范围。"有许多说法都谈到不要对盟友们设限，"里根在个人日记中提到，"最后我说：见……鬼。该告诉他们这是我们将苏联带回现实世界的机会，要让他们采取与我们相同的立场——切断信贷之类途径。"[133]凡尔赛峰会并未达成任何协议。让里根尤其失望的是，他努力要赢得对更严厉信贷限制措施的支持，却没有得到响应。

峰会结束后，里根于1982年6月7日开始访问英国。撒切尔夫人对他的到来感到欣喜，美国最初有些踌躇，但最终慷慨支持福兰克群岛行动，这也让她感到高兴。里根总统在皇家美术馆向议会议员和其他政要发表演讲时，如何出现在电视屏幕上至关重要。英国首次使用了透明有机玻璃自动提词机，使这场演说看起来好像里根是在即席演讲或背诵记忆中的内容。每个细节都精心设计安排。总统先遣组的吉姆·胡利记得："在里根演讲过程中，我们希望拍照时周围有身穿迷人制服的人们（指身穿伦敦塔卫兵制服的侍卫）。我们的英国同行听了显得困惑，但是我们一再说：'不能让他们再靠近一点吗？'"[134]但演讲不是兜售图像，其中充满了严肃的内容。里根有意用了丘吉尔在密苏里州富尔顿演说时用的字眼"铁幕"，说从波罗的海的斯德丁到黑海的瓦尔纳，三十年来从未有过自由选举。演讲陈述了里根政府的经典理念。他说，波兰"位于欧洲文明的中心"，而柏林墙是"划过全城的一道灰色骇人伤口"。苏联受到"野蛮攻击人类精神的所谓马列主义鼓动",整个国家正在自相矛盾的重压下开始崩溃。他呼吁进行一场"自由改革运动",建立"民主的基础",推翻苏联暴政,但苏联也在试图颠覆西方自由。其中有一段是他个人坚持将英国在福兰克群岛的军事行动与自己的宏观事业挂钩:他们正在为"绝不允许武装侵略得逞的信条"而战。[135]

撒切尔夫人听了非常激动。皇家美术馆演讲之后,在唐宁街10号的午餐会上,她与里根私人谈话时说,由于他在福兰克群岛问题上的鼎力相助,"我们要向你表达发自民族内心的感激之情。"[136]在她的记录文本中,她亲自插入一句艾森豪威尔将军的话:"我们的全部思想与行为必须受一个真理支配。在自由国度生活的全体人民团结一致是最可靠的国防。"[137]这次访问和里根在皇家美术馆做的演讲是对美英团结的极其重要的证明,而且积极而有力地提升了西方的价值观,这正是撒切尔夫人所追求和信奉的价值观。里根的演讲还发展补充了她对和平的态度,福兰克群岛的事态更支撑了这种态度。她眼中的和平不是为避免战争而做出卑微姿态,而是坚韧持久的事物——"伴随着自由与正义的和平"。

然而,天然气管线问题并未获得成功。在凡尔赛峰会上,撒切尔夫人一度在该议题上与里根发生争执,但里根没有做出任何让步。意识到这种现象可能会在伦敦再次上演,尤其是涉及约翰·布朗公司涡轮发动机制造工人的就业问题,黑格建议推迟讨论此事:"我建议你告诉撒切尔夫人……你回到华盛顿后要仔细考虑这个问题。"[138]撒切尔夫人在里根访问期间向她提出约翰·布朗公司的问题,但是并未进行讨论。

里根返回华盛顿后,发现自己政府中的保守派对凡尔赛峰会未能获得成果感到愤怒,而且他的白宫团队正密谋反对黑格。他们认为黑格试图绕过总统推行自己的外交政策。1982年6月18日,黑格前往纽约时,里根在国家安全委员会的一次会议上决定,延长治外法权制裁,这让许多试图履行苏联合同的非美国公司感到头疼。公布这一决定并未征求盟国的意见。

撒切尔夫人说,这一决定简直是"晴天霹雳",[139]使她"非常、非常愤怒。"[140]里根访问欧洲期间,她已经表示得非常清楚,希望解除制裁行动。结果,里根总统却要扩大制裁范围。按照预定日程,撒切尔夫人要在纽约就裁军问题发表一次演讲,她应阿尔·黑格邀请到华盛顿与里根会晤,抵

6. 俄国……里根
"唯一有胆量的欧洲领导人"

达的时间是6月23日。¹尽管总统与首相之间的关系无比良好，但是这次会谈气氛紧张。国务院官员向美国在伦敦的大使馆通报称，撒切尔夫人对照美国继续向苏联出售粮食和美国关于天然气管道问题的两个决定："她指出，美国正在得到一个非常糟糕的国际名声，因为它是一个不履行承诺的国家。"⑭通常情况下，为了保持自己与里根之间的关系，撒切尔夫人宁愿避免与他发生直接冲突，会转而与他的顾问团交涉。"她会转向相关秘书或者官员说，'比尔，你怎么能沿着那个方向走呢？'"克拉克回忆说。"里根总统会安坐不动，脸上浮出猫鹊般的假笑，骨碌碌转动着眼珠子，仿佛在说：'是啊，比尔，你怎么能做这种事？'"⑫然而，这次她的怒气越过了里根的副手。国务院的托马斯·尼尔斯参加了当时的会谈，对当时的情景记忆犹新：

> 首相情绪不佳。她很不高兴……彻底摊牌。"这是不可接受的……我们的企业不能受美国法律的支配。"
>
> 会谈中真正的关键时刻到来了，当时我们并不知道国家安全委员会已经为总统准备了一些材料。看了材料，他说："听我说，玛格丽特，我们已经与你们的约翰·布朗公司谈过，他们对我们说这种做法不会妨碍他们，他们其实并不在乎。"听了这话，她勃然大怒。她告诉我们停止做记录。"放下你们的铅笔，"她说着猛拍桌子。我将永远忘不了那一幕。她对总统说："罗，你的公司你去谈，我的公司由我谈。"气氛十分紧张。总统说出那种话，的确不很明智。

里根做了个有趣的反应："总统表现出懊悔神色。显得深感懊悔。但我看出，他没有表现出犹豫。他的表现极度优雅……但这是事关东西方关系的大事。确实是个原则性的问题：不能向苏联提供金钱。"⑬"首相的

---

1 黑格经由尼克·亨德森发出邀请函后，克拉克试图收回，最终没有成功（尼古拉斯·亨德森著，《资深官员：一位大使的日记》，1969—1982年，韦登菲尔德&尼克尔森出版，1995年，第477至479页）。克拉克称日程安排有困难，但他刚刚说服里根延长制裁期，或许不愿让总统遭到撒切尔夫人正面反对。当然，黑格的动机恰恰相反。

反对让总统百思不得其解，"当时担任美国国家安全副顾问的罗伯特·巴德·麦克法兰[1]回忆说。"她的信念非常强烈，就是要遏制并最终消灭苏联。因此，总统对她矛盾的立场感到迷惑……但总统的情绪从来是感到悲伤而不是愤怒。但他绝不动摇。"[144]

这个插曲对撒切尔夫人是一次震动，因为它触及了她与里根之间关系的界限，而当时双方关系似乎良好。据克莱夫·惠特莫尔说："里根已经决定，并且是在主要议题上已经做出了自己的决定，不会真正太在意对别人的影响。我认为，这确实在一定程度上对她形成了打击。她不能开导他，不能让这种美好的个人间老朋友关系发挥作用。"她从里根本人身上了解到了让自己惊慌的东西。

> 我认为，她当时真的颇为沮丧，认为里根好像没有理解这些问题。她对重大政策每个方面的细节都有充分的把握，总统显然没有这种把握……我想，这是她第一次为对方不能就自己关心的事做出回应而感到不快……因此她开始有了新的想法，或许他并不像自己一直认为的那么有智慧……他是一头没脑子的笨熊。她感到失望。这次访问结束后，人们感觉到，她的情绪发生了显著的变化。

她的随行官员反而隐约有些开心。他们"一连几个月"都在对她说，里根是个很多事情都不懂的人。惠特莫尔这时感觉到，"她终于觉醒了。"[145]

争执持续了整整一个夏天。撒切尔夫人写信给里根表示，约翰·布朗公司确实会因美国的制裁措施而遭受严重打击。他在回信中维持自己的立场不变，认为不会受到打击。这种分歧后来公开化了，撒切尔夫人采取了带有典型个性特点的立场，并未以管线问题本身讨论是非曲直（她并不太喜欢这件事），而是从法治角度强调，美国人无权管辖英国公司。[146]7月底，撒切尔夫人写信给里根说，她将禁止四家企业按照美国法

---

[1] 罗伯特·巴德·麦克法兰（1937— ），1981—1982年任美国国务院顾问；1982—1983年任国家安全副顾问；1983—1985年任国家安全顾问。

6. 俄国……里根
"唯一有胆量的欧洲领导人"

令行事，其中包括约翰·布朗公司。她说到做到，不过采取了一种缓和的基调："我想强调的是，我们正在采取的不过是最低限度的行动，我很担心这件事，我们不应该允许它进一步升级，成为我们关系中的一个严重刺激源……我非常希望你的政府愿意以相同的精神做出回应。"在这份电报的副本上，里根写道："我们必须将我们的关系保持在一个水平上，而这条消息就可以当作范例。"㊵他的回复也相当正式，显示出相似的情绪。9月份，作为一种隐性补偿，五角大楼开始增加从约翰·布朗公司的购买量。

撒切尔夫人的不满无疑对里根发挥了影响。罗杰·罗宾逊回忆说："总统感到，这事让他与撒切尔夫人之间的关系有压力，他会定期问我们目标推进的进程。'我们还不能搁置这种倒霉事儿吗？'他这样问道。"㊸但真正打破僵局的事态是里根更换国务卿的决定，6月底，由乔治·舒尔茨[1]接替阿尔·黑格出任国务卿。舒尔茨回忆说："我对里根总统说：'这是一种消耗性资产，随着时间的流转，我们所有的公司无论如何都会背离这个项目。我们应当尽可能撇开它得到其他利益。'"舒尔茨理解让撒切尔夫人深感忧虑的广泛背景："我深切地考虑到，明年将是在欧洲部署导弹之年。我们不能带着这种尚未解决的纠纷进入新的一年，因此我们要解决它。"㊹这也是黑格提出过的，但舒尔茨与里根及其新政府的私交更深，能够让大家听取他的意见。

在10月份举行的北约外长会议上，舒尔茨的意见赢得了认同。为了回报美国解除制裁，盟国推出一系列基于安全考虑的东西方经济政策。这对西欧而言，意味着将重新评估能源问题的备选方案，并且没有与苏联签署新的天然气供应协议。"我制定了一项新政策，借此我们在志同道合的国家之间获得了更加充分的认同感，大家达成协议不卖给苏联人东西，玛格丽特对此非常配合。虽然她反对制裁，但我们提出的解决方案正是她所认同的，因此在这个意义上她是个很好的盟友。"㊺许多鹰派人士反对舒尔茨提出的协议。凯普·温伯格说："我还不知道，这能成为放弃天然气管线

---

[1] 乔治·舒尔茨（1920— ），毕业于美国普林斯顿大学；1969—1970年任美国劳工部长；1970—1972年任管理与预算办公室主任；1972—1974年任财政部长；1982—1989年任国务卿。

制裁方案的理由。"[151]但舒尔茨占了上风，也挽回了颜面。[1]1982年11月13日，里根宣布将解除制裁。鹰派人士强调指出，是他们推动延期铺设管线强加给苏联不少额外成本。他们还强调，第二期管线建设的提议已经无限期搁置了。然而，英国大使馆的看法是美国人遭受了惨败，只不过官方有严格命令，不准这么说。[152]约翰·布朗公司现在终于得到了允许，在管线建设过程中向莫斯科卖出自己的设备。撒切尔夫人给里根发了一份电报。她说："解除制裁是个非常好的消息，我感到愉快，我们终于可以在处理东西方关系问题上达成一致，坚持共同路线，当前必须让外界看到我们团结一致。"[153]

管线事件的这一小插曲戳穿了对撒切尔夫人的一个谣言，有人曾指控她是美国的"哈巴狗"。她以坦率和执着坚持了自己的立场，给华盛顿造成了冲击，而且在长达十个月的争论过后，她获胜了。同盟未受损害，准备好要应对来年在欧洲部署中程核力量的重要任务。不过，这场争论让撒切尔夫人在看待自己最伟大的盟友时变得更加现实，她也意识到，尽管在福兰克群岛之战结束后她的威望大大提高，但她仍然不敢指望轻松应对所有事态。

里根宣布解除制裁三天前，苏联共产党总书记列昂尼德·勃列日涅夫去世了。外交部呈交给撒切尔夫人一份为她撰写的吊唁信草稿。她亲手做了一些修改，删除了所有带悲伤意味的词语和蕴含，并补充了一句话，"他去世的影响将超越他自己国家的边界。"[154]这句话的目的是做一个乐观的预言，而不是葬礼上的陈词滥调。她在展望未来，图谋变革。

---

1 除了里根顾问团这个小圈子之外，撒切尔夫人和涉及管线问题的其他人都不知道，美国中央情报局设法在苏联购买的管线操作软件中插入了一段病毒。据当时国家安全委员会的工作人员汤姆斯·里德说，当这个携带着潜伏危机的软件最终上线运行时，美国卫星从太空监测到苏联腹地"规模史无前例的非核爆炸和大火。"（托马斯·C.里德，《身处深渊："冷战"历史内幕》，要塞出版社，2004年，第269页。）得知这方面的能力也许对里根解除制裁的决定起到了某种作用。

7.
爱尔兰绝食事件
"面纱后面的夫人"

夫人刚担任首相时,还没有针对北爱尔兰问题的相应政策。竞选活动之初,随着艾瑞·尼夫被炸身亡,北爱尔兰政策也随之消逝了。那时,她失去的不仅是一位朋友和盟友。她回想起当时情况说,尼夫的去世是"一次可怕的打击,因为我根本想不出有谁精通北爱尔兰问题……他做过研究,深谙'爱尔兰元素。'"①她认为自己委任的国务大臣汉弗莱·阿特金斯是个"非常好的人选,"②有人甚至说她宠爱他,但他表示对那里的问题一无所知,不接受这份工作。③撒切尔夫人只好自己担任北爱尔兰问题的领导人,不过她同样知之甚少。

更严重的是,她对于该问题几乎没有感觉。由于丈夫丹尼斯对北爱尔兰问题像酒吧常客一样缺乏耐心,她对这个问题也没有深究过。丹尼斯说:"爱尔兰人想要互相杀戮,我看那纯属他们的事儿。"④其实,撒切尔夫人从原则上讲是一个强烈的联合主义者,但不管怎么说,她都具备罗伯特·阿姆斯特朗所说的"非常英国的英国风格"。⑤(阿姆斯特朗在爱尔兰事态中扮演了核心角色。)另外,她跟爱尔兰人还有点天生的默契,打心底赞成他们的事业。她欣赏北爱尔兰人那种节俭的生活态度,在担任教育大臣时,虽然斯托蒙特的学校由北爱尔兰政府管辖,但她根据观察到的一些枝节情况,对该省的教育标准颇为钦佩。⑥但是,她是以一名局外人的身份观察爱尔兰的。在一次私人交流中,她以一种真情流露的方式表达了自己的态度:"艾瑞是一名令人信服的联合主义者,并且从某种意义上讲,我也是,因为他们一直乐意忠于我们。"⑦她指爱尔兰人民,甚至那些联合主义分子时,一直使用代词"他们",完全与"我们"分割开来。

另外,她发现爱尔兰人在两个方面令人恼火——他们倾向于在威斯敏斯特的议会中将文化政治凌驾于更加明晰的经济辩论之上;另外他们说话啰唆，她认为他们不可信赖。她私下说："你不能指望任何像样的事情出自爱尔兰人之手。"⑧当然这只是半开玩笑的说法。她还发现一种极难接受的思想，就是她自己国家民众的感觉：他们应该忠于另一个国家。她退休后，在一次私人交谈中曾表示，北部的民族主义者都是"叛徒，"因为他们希望英国撤军，让爱尔兰统一。随后她自己连忙打住："不，不。我不该这么说。这么说不对。"⑨但她从未用正确方式说过这事。整件事情都令她不安。她在个人回忆录中写到北爱尔兰问题时，整个基调都是恼怒和固执。她就像面对所有重要政策问题时一样，以认真和专注的态度对待北爱尔兰问题，竭力寻找解决方案。在面对暴力威胁时，她从来表现出勇气，对那些不得不去处理恐怖主义问题的人们，尤其是士兵和警察，她表现出感同身受的强烈情感。她入主首相府后，是从收到一封公众来信后开始介入北爱尔兰问题的，来信抱怨说，英国在该省的武器装备不够精良。撒切尔夫人称："我们对此必须认真采取措施。"⑩但是，这和经济事务或者东西方关系问题不同，北爱尔兰是一个她不愿意触碰的问题，她希望它并不存在。

艾瑞·尼夫是一个神秘莫测的人，他对北爱尔兰的态度永远能引起争议。有些人相信他是个令人信服的能消除种族隔离制度的人，他认为该省应当和英国其他地方一样接受管理。如果这真是他的立场，本来是具有重大意义的，可惜他根本没有机会付诸实施。这个立场若以某种方式践行，本可以逆转1921年爱尔兰分割以来的政策，毕竟这么多年来北爱尔兰都被视为一块分割的土地。即使是在1969年英国军队入驻该省重整秩序，以及1972年工会占主导的斯托蒙特议会被伦敦的直接统治所取代后，英国占主流的正统观念仍然认为，北爱尔兰虽然仍受王权统治，但应由不同于主流威斯敏斯特的法规来管理。由于权力下放和"分权"理念能够确保该地社会双方在统治方面相安无事，因而被认为是神圣的，不过，由于冲突不断发生，这种理念通常被搁置，让位于直接统治。然而，其他人认为尼夫的立场比较接近实用主义。他们看到1973年根据桑宁代尔协议建立起的分权和权力下放体系已经崩溃，便采取缓慢而谨慎的态度。¹1979年保守党竞

---

1 在1978年对北爱尔兰联合主义委员会讲话时，尼夫曾提出成立一个区域委员会或区域议会的想法，但表示这"不应视为政府最终权力下放的替代品"。这好像表明了一种渐进主义而非单纯的反对种族隔离主义。

7. 爱尔兰绝食事件 "面纱后面的夫人"

选宣言中的话使用了尼夫故意采取的模棱两可的表述方式:"在权力下放的政府尚未建立起来时,我们将寻求建立一个或多个经选举产生的区域委员会,其权力在广泛领域内高于地方政府。"这些不负责任的说法让北爱尔兰的联合主义分子和保守党内部建立起了信心,因为表面上听起来好像是在鼓励该省回归自我管理状态,至少在地方事务中不会强行分权,也不会受到爱尔兰共和国的干预。但这一说法并未完全否定权力下放。

撒切尔夫人担任首相后,发现自己政府的公务员中,没有人期待履行竞选宣言中的政策。上任后第一天,内阁秘书约翰·亨特提交的一份备忘录已经放在她办公桌上,告诉她说,人们普遍期待一份"新规划",并且"都柏林和美国方面的期待同样很高",撒切尔夫人用表示怀疑的波浪线划在"新规划"和"都柏林"几个字眼下面(这两个字眼常用来指某种形式的分权或权力下放,以及"爱尔兰人方面")。⑪

不过,"都柏林"为竞选宣言中区域委员会的承诺感到担忧。虽然有官方记载的史料显示,撒切尔夫人以首相身份接待的来访问的第一位外国政府首脑是德国的赫尔穆特·施密特,但其实第一位访问者是爱尔兰共和国总理约翰(杰克)·林奇[1]。5月10日撒切尔夫人会见施密特前不久,他第一个前往进行"礼节性拜访"。就当时的讨论来看,至少在林奇看来,内容超越了礼节性范围。当时的会议记录显示,撒切尔夫人在谈到北爱尔兰提出的问题时没有提出见解,只是说:"这个问题不能瞬间解决。"不过,林奇是有备而来,他带来了一项议程:"林奇先生提到了已故艾瑞·尼夫关于区域委员会的观点。"他说,这些将导致"在住房问题上出现歧视……这种做法会迅速毁掉多年来逐渐建立起来的善意。"⑫都柏林一直试图鼓励的民族主义者"北爱尔兰社会民主及劳工党"认为,分权是他们参与爱尔兰政治事务的必要条件。

在美国,总统吉米·卡特受到了爱尔兰裔美国人的游说压力。众议院议长蒂普·奥尼尔写信给卡特说:"我确信,由你个人出面向撒切尔夫

---

[1] 约翰(杰克)·林奇(1917—1999),毕业于科克郡北寺基督徒兄弟学校,科克郡大学学院和都柏林国王司法学院;1948—1981年任众议院爱尔兰共和党议员;1966—1979年任共和党领袖;1966—1973年,1977—1979年任爱尔兰共和国总理。

人阐明其中的利害关系,将会鼓励新政府努力寻求一种更有效的政治解决方案。"⑬总统立即以个人名义与撒切尔夫人通了电话,请她制定一套针对北爱尔兰问题的解决方案。奥尼尔的希望落空了,撒切尔夫人在制定文件时采取的态度是在政治上尽可能谨慎小心,在安全方面尽可能坚定。尽管有撒切尔夫人以个人身份提出请求,卡特政府还是默许了议会阻止向皇家北爱尔兰骑警队提供美国鲁格公司的个人防护型武器。1979年12月,撒切尔夫人与卡特会晤时,对他说,她亲自用过北爱尔兰骑警队目前用的手枪以及需要购买的新枪:"毫无疑问,美国鲁格的产品比较好。""她从未想过,按订单购货会发生问题。"她接着追问,总统的困难是否涉及"原则或者时机"。卡特承认是时机,还软弱地将决策权交给了议会。"总统说他本人非常乐意批准出售武器,但不希望在议会被击败,或者与他们发生太多争执。"⑭纽约州长休·凯里试图拉汉弗莱·阿特金斯和爱尔兰外长一起讨论北爱尔兰未来的一项计划,撒切尔夫人介入阻止此事,责备阿特金斯不该见凯里,因为北爱尔兰是英国的一部分,而且她本人也不想与卡特总统讨论此事,这就如同英国不能讨论美国的黑人政策。⑮

伊恩·佩斯利[1]的宗派主义民主统一党用一个完全不同的观点看待此事,他们反对与英国的其他地方实行一体化。他们过去采取过不同的立场,但后来在1979年6月北爱尔兰欧洲议会选举的民意调查中,这位"大人物"获得成功,便认为自己更强大了。一体化将会颠覆佩斯利的梦想,他想成为宪法认定的北爱尔兰事实领袖。他在写给撒切尔夫人的信中说,自己事实上已经是这个领袖。⑯正确的权力下放对此有助益。至于她内阁中的资深同僚,除了大法官黑尔什姆勋爵外,所有在这方面有一些经验的人,都支持某种权力分享方案,让爱尔兰共和国发挥更大的作用。内政大臣威利·怀特劳是北爱尔兰政策的部级团体主席。泰德·希思政府1973年在北

---

[1] 伊恩·佩斯利(1926—),毕业于巴利米纳示范学校,巴利米纳技术高中,南威尔士圣经学院以及贝尔法斯特改革长老会神学院;1946年被授为牧师;1951—2008年任北爱尔兰自由长老会教会主持;1970—1974年任北安特里姆新教统一党议会议员;1974—2010年任北安特里姆民主统一党议会议员;1972—2008年任民主统一党党魁;1998—2011年任北爱尔兰议会成员;2007—2008年任北爱尔兰第一部长;2010年受封班赛尔勋爵。

7. 爱尔兰绝食事件
"面纱后面的夫人"

爱尔兰强制实行分权措施（最终因第二年发生北爱尔兰工人大罢工而宣告失败），怀特劳曾是桑宁代尔协议的一名设计师，他后来从未脱离过那种设计思维模式。凡北爱尔兰形势恶劣时，他通常的回答一概是："局势恶化，就召开大会。"⑰

总之，尼夫死后，他提出的政策好像成了个孤儿，几乎所有参与解决北爱尔兰问题的人都反对与之类似的政策。唯一的例外是北爱尔兰最大的政党"正式"联合主义分子，正式称谓是北爱尔兰民主统一党，由吉姆·莫利诺[1]领导，同时由因诺克·鲍威尔等知识分子提供严谨的法理支持。他们在保守党内有盟友，迄今最重要的一位是伊恩·高。其他人员中唯一的例外是撒切尔夫人本人，虽然她清楚什么是自己不喜欢的，但她自己确实没有一套连贯的政策。

撒切尔夫人上任后的几个月中，对北爱尔兰问题一直缺乏方向性的指导政策。她和整个政府当时都忙于其他事务。1979年8月27日蒙巴顿勋爵遭暗杀，这以后整个事态才发生了变化。同一天，18名英国士兵在沃伦角遭杀害，两桩杀人案都是爱尔兰共和军所为。暴行产生的明显影响是让撒切尔夫人变得坚强，她确信需要采取更强有力的安全措施，对爱尔兰共和国施加更大的压力，防止恐怖主义活动。她在第二天的资深大臣会议上愤怒地说，爱尔兰共和国正在"包庇已知的杀人犯，"⑱希望"采取措施对付爱尔兰共和国，"其中包括"对爱尔兰移民采取行政措施，"⑲将嫌疑犯引渡到英国。发生暴行后，撒切尔夫人视察北爱尔兰省，振奋士兵们的士气，那次视察的成功让撒切尔夫人充满渴望，想要查明军队与北爱尔兰皇家骑警队之间缺乏协调的问题，建立起边界安全合作框架。她以典型的强烈同情心，给18名遇害士兵的每一个家庭写了慰问信，每封信内容都不同，全部由她亲手写成。以前的首相从未想过做这种事。这后来成为她一直保持的惯例。除了向这些家庭表示吊唁和慰问，撒切尔夫人在每一次死亡后都

---

[1] 吉姆·莫利诺（1920—），毕业于安特里姆阿德格洛弗学校；1970—1983年任南安特里姆选区北爱尔兰联合主义分子在议会中的议员；1983—1997年任拉甘谷选区在议会中的议员；1974—1979年任下院北爱尔兰联合主义政党党魁；1979—1995年任该党党魁；1997年受封吉尔里德的莫利诺勋爵。

意识到，这是北爱尔兰悲剧造成的生命损失。[1]

撒切尔夫人与杰克·林奇的第二次会面安排在他来伦敦参加蒙巴顿勋爵的葬礼期间。汉弗莱·阿特金斯请撒切尔夫人向爱尔兰总理承诺"政治进步"。她回答说："面对这种局面，我看不出与林奇先生沟通的可能性……我们能预见到的最好局面，就是使地方政府更有效。其他的听起来纯属多余，仿佛我们把他们（北爱尔兰）当成一个殖民地，而不是英国的一部分。"[20]结果，撒切尔夫人在会谈中向林奇施压，要他在安全方面做更多工作。林奇则表示说，任何事情都很难办。他希望采取政治解决方式，在两国政府间达成一致。撒切尔夫人对此反应谨慎："如果人们不再谈论整个爱尔兰统一问题，对局势会大有帮助。"[21]同一天在一次双方代表都参加的会议上，讨论变得激烈。撒切尔夫人不同寻常地得到强硬派人物卡灵顿的支持，她警告林奇说，如果她和林奇先生不能（就安全问题）有新的突破，她在本国便不能制止公共舆论的抨击，只能到此为止。她问"爱尔兰方面是否准备好考虑基本事实。"[22]听了她的激烈言辞，爱尔兰代表团吃了一惊，林奇一时语塞。爱尔兰副总理乔治·克莱试图辩解。据当时在场的爱尔兰代表团总理办公室副主任德莫特·纳利[2]说："有一位部长发表评论指出：'你或许不喜欢这种想法，但是有些人对那些施暴者同样怀有一定的同情。'这个说法激怒了她。'你是要赦免凶手吗？'她几乎要按捺不住了。与林奇的会谈并不成功。"[23]

真正让撒切尔夫人怒不可遏的，是爱尔兰共和国想借此推动政治主动，他们声称，没有政治上的和解，就没有更好的安全保障，因此姑息其境内

---

1 撒切尔夫人从未停止对恐怖主义活动中受害者的密切关注，并且为他们的遭遇深感悲痛。1981年10月，爱尔兰共和军炸毁了切尔西兵营附近的伦敦塔卫兵的台阶，致使23名爱尔兰卫兵受伤，2名平民死亡。指挥官罗伯特·科比特叙述了撒切尔夫人次日探望受伤者的过程："她见他们中许多人伤势严重，深感伤心，扭向一边，满脸是泪。我不得不扶她走出病房待了一阵。"数周后，她邀请科比特夫妇前往唐宁街10号。"让人感动的是，她准确知道每个受伤士兵的伤势和治疗进展情况。"（与罗伯特·科伯特少将爵士的通信。）

2 德莫特·纳利（1927—2009），1973—1980年任爱尔兰总理办公室副主任兼北爱尔兰事务主任；1980—1993年任总理办公室秘书长兼内阁秘书。

7. 爱尔兰绝食事件
"面纱后面的夫人"

活动的恐怖分子。10月份，阿特金斯宣布了一项倡议，其中涉及与北爱尔兰所有党派对话，谈论引入权力下放的各种可能方式。但资深大臣和官员私下对阿特金斯及其尚不成熟的计划表示怀疑，试图推进其他方式。1979年9月底，教皇约翰·保罗二世访问爱尔兰共和国，呼吁结束暴力，并呼吁填补政治真空。爱尔兰共和国借助教皇受到的热烈欢迎，寻求更大的政治主动。约翰·亨特向撒切尔夫人建议，应当绕开阿特金斯，转而由一个更具效力的机构提出一份咨询文件。[24]在英国政府机器内部，有一些迹象表明问题可能在更高层面上得到解决——主要通过外交部和内阁办公室的结合。英国政府内部认为，应当较少关注北爱尔兰各党派的想法，更多地想办法对付爱尔兰共和国。

接着，阿特金斯的倡议与撒切尔夫人发生了冲突，两人发生了一次尴尬的意外。正式联合主义分子在各联合主义党派中属温和派，他们拒绝参加与阿特金斯的讨论，因为阿特金斯的计划反对主张取消种族隔离的人。这个事情本身出乎意料，但他们不合作的准确动机却非常清楚。在与联合主义分子领袖会见之后，伊恩·高一直在政府和北爱尔兰统一党之间扮演桥梁角色，他写信给撒切尔夫人：

> 本月早些时候，吉姆·莫利诺告诉我，他同意在1979年3月28日星期三晚上10点的关键性投票中，让议会中的正式联合主义分子站在我们一边，这是基于一种谅解：如果我党在其后的大选中获胜，我们将建立起一个或多个区域委员会。如果艾瑞没有明确指明这应当是我们的政策，吉姆·莫利诺能否让北爱尔兰联合主义分子投支持票就（起码）有些疑问……艾瑞从未告诉我关于向莫利诺做过承诺的信息……当然两天后艾瑞就遭到谋杀。不过，你和艾瑞已经同意北爱尔兰的相关政策，而该政策已经在正式联合主义分子中获得了广泛赞同。[25]

伊恩·高随信附上一份由 T·E·尼特利提交的备忘录，称阿特金斯的战略是"灾难性的错误"，终将失败，而放弃艾瑞·尼夫的政策构想是个"严重的错误"。"在北爱尔兰建立一个权力下放的议会……可能会让强硬的新教徒把持，这将比克雷加文或者布鲁克伯勒（北爱尔兰第一届和第三届〈联合主义分子〉领袖所在地）更加令人紧张、痛苦，感觉与任何英国政党治理该省的决心没有特别关联。"㉖撒切尔夫人在这句话下面划了着重线表示认同。

在处理北爱尔兰问题的所有工作中，撒切尔夫人将伊恩·高和自己的公务员们仔细区分开，她看来是将尼夫对联合主义分子的承诺搁置了起来，什么行动也不采取。几个月后，官员们注意到了这种情况。肯尼思·斯托当时已经从首相首席私人秘书升任北爱尔兰事务办公室常务副主任，在首相首肯下与因诺克·鲍威尔频繁做私下交谈。1980年3月末，鲍威尔向他提起尼夫的承诺。斯托"对此深感震惊"，因为他和阿特金斯在北爱尔兰时曾明确否认有过这样的承诺。㉗他对这次谈话做了一份官方记录，由阿特金斯和他本人交给撒切尔夫人，在这份文件上标注着"私密"字样。斯托说，鲍威尔要求见首相本人，讨论所谓不履行承诺之事，称这一承诺是向他个人做出的。斯托说："让我深感吃惊的是，鲍威尔先生谈到尼夫先生与他之间的那份协议，条款明确精准。另外令我吃惊的是，他好像并未提到国务大臣也是一方当事人，国务大臣甚至不了解这份协议，但明确说首相是当事方，因此决意要会见首相。"㉘斯托和阿特金斯去见撒切尔夫人和伊恩·高，她声称自己当时对此一无所知。㉙高也不了解此事。他们还询问了威利·怀特劳，他同样否认了解这份协议，自己部门团队的任何人都不知道"这桩交易"。他还警告说，"如果少数派对英国人明显的表里不一彻底绝望，"实施这种协议将产生可怕的后果。㉚换言之，如果英国人对待大多数人明显表里不一，仿佛后果反倒不太严重了。

不管怎样，撒切尔夫人本人会见了因诺克·鲍威尔和伊恩·高，时间是5月1日。鲍威尔批评了阿特金斯提出的建议，因为那些建议是朝权力下放迈出的一步，但奇怪的是，他并未提及尼夫的承诺。由于尼夫已经不在世，因此没有任何证据，撒切尔夫人及其同僚认定，无法采取别的行动，只能推行阿特金斯的计划。他们倾向于这么做不仅因为制度层面普遍支持推动权力下放，而且在一些官方圈子里有一种信念，认为伊恩·佩斯利或许是一股建设性的力量，其实比较倾向于达成一份协议而不是表面上玩弄坚定的辞藻。正式联合主义分子与撒切尔夫人政府之间的关系受到很大的损害。从那时起，信任遭到了瓦解，联合主义分子认为撒切尔夫人本人正在欺骗他们，或者认为她在自己内阁并不能完全主事——尽管他们中的许多人因为她对恐怖主义的坚决态度，常常敬慕她的个人魅力。指责外交部

7. 爱尔兰绝食事件
"面纱后面的夫人"

的传统阴谋论再度萌发,厄特利曾预言,温和派联合主义分子现在持观望态度;只要出现对"出卖"和"背叛"的怀疑,佩斯利主义便会滋生。希望以"爱尔兰视角"解决北爱尔兰问题的人认为,撒切尔夫人似乎不了解尼夫"承诺",这是个至关重要的关键。他们相信,如果的确如此,她将永远不会批准英国官员与爱尔兰总理办公室对话,这一点从长远来看将非常重要。㉛

1980年前半年,阿特金斯的建议书迟迟没有出笼,英国政府而非撒切尔夫人本人对直接与都柏林打交道表现出更多兴趣。在直接应付方面,首相迫于官方压力,采纳了查尔斯·豪伊[1]举行一次会谈的建议,豪伊已于1979年12月成为爱尔兰总理。撒切尔夫人没有接受豪伊、卡灵顿、阿特金斯以及斯托等人提出的要求,这些人要求在布鲁塞尔举行的欧洲委员会间歇中举行一次会议,讨论北爱尔兰问题("首次与他会见有别人在场时比较方便,"她写道,语气间几乎有些羞怯。),㉜她后来接受了在唐宁街10号与豪伊共进午餐的提议。5月21日两人如期会面,从个人角度看,会面进展顺利。豪伊赠送给撒切尔夫人一套格鲁吉亚的银茶壶,还配有一个银质的滤茶器,上面雕刻着意大利阿西西圣方济各的祷告词,而这段话也正是她进入唐宁街第一天引用过的:"纷争处,愿我们带来和平。"㉝送这套礼品的目的是要刺痛她的良心。"那句话将会使她有所反思,"豪伊曾预言说。㉞关于这次午餐会并无官方记载,但是豪伊之后有些洋洋得意,㉟并且在离开时对撒切尔夫人心怀一种极大的敬慕,认为她是一位守信的女士。㊱他告诉英国驻都柏林大使罗宾·海登,自己并没有宗教偏见,并且,在选择这句话时并未充分考虑到撒切尔夫人的严肃气质,如果有人想"崇拜阿里巴巴和七个小偷(原话如此)"他并不介意。㊲[2]撒切尔夫人从自己的角度非常喜欢这次午餐会,但这并未导致她在任何重要事情上做出让步。后来一名官员说:"首相喜欢由豪

---

[1] 查尔斯·豪伊(1925—2006),毕业于都柏林菲尔伟的圣约瑟基督徒兄弟学校、都柏林大学学院、都柏林国王学院;1957—1992年任共和党在众议院的议员;1979—1992年任共和党党魁;1979—1981年、1982年3月—12月和1987—1992年任爱尔兰共和国总理。

[2] 从豪伊后来被曝光的腐败事件看来,说这句话时他可能想到了自己。

伊带着在花园小径上漫步，但她初来乍到时并不喜欢这个花园。"㊲豪伊对她解决罗得西亚问题的成功大加恭维，希望它成为应对北爱尔兰事态的模板，不过撒切尔夫人表示反对，说两者的情况截然不同，但她对豪伊的另外一个建议非常感兴趣，就是如果北爱尔兰"解决了"，爱尔兰共和国或将重估自己的中间立场，并准备加入北约。㊳[1]然而，当时散布着很多加入北约的说法，让因诺克·鲍威尔怀疑美国对爱尔兰的动机，他的偏执想法日益强烈。几乎没有证据证明美国或其他国家力推此事。撒切尔夫人对会谈后的联合公报非常满意，其中描述在爱尔兰人民与英国之间有着"独特的联系"。她并未考虑到其危险性，在政治合作方面比她更有远见的人可能会利用这个说法的基础，因为政治合作就是众所周知的"平行"发展理念。

在接下来的一个月里，阿特金斯撰写的建议书草案散发了出去。毋庸置疑，其中包含了会见豪伊后产生的"平行对话"等想法。草案重新阐述了英国对北爱尔兰的"保证"，豪伊对此极其反感，他感觉这就像是说："没有人民中大多数人的同意，北爱尔兰将不会脱离英国。"撒切尔夫人评论道："整个草案的口吻都很负面，好像真的想要北爱尔兰脱离英国。"㊵她要伊恩·高和自己一起工作，帮她修改草案。伊恩·高盯上了其中的一句话，就是关于发展"与爱尔兰共和国的特殊关系"，他写道："这句话绝对不能要"，针对这句话撒切尔夫人批注"效忠的誓言"，表示赞同。高继续写道："……我们的建议书框架绝对不是为了取悦爱尔兰共和国。"草案中有一处指出，地方政府的扩张"将招致许多反对"，她潦草地批注："这个（草案）也是一样。"她对英国其他地方可能存在派系的说法表现出敏感。对于应当成立一个北爱尔兰问题顾问委员会的建议，她写道："难道要导致产生一个苏格兰议会？"她也反对国务大臣应当仅仅对议会负责的提议。草案中还提出将这些想法应用于英国大背景中，她嘲弄说："难道我们打算与永久的社会主义国家进行分权？或者与永久的保守党国家分权？"㊶简言之，她一点也不开心。她找到内阁里的一些盟友，坚持在实质上重新起草方案，涉及苏格兰关

---

1 在个人回忆录中，撒切尔夫人没有提到这一试探性的提议，认为讨论这个说法将违背豪伊提出的私密要求（THCR4/3）。

7. 爱尔兰绝食事件
"面纱后面的夫人"

系时减少听天由命的感觉。根据办公室主任的备忘录中记载，要删除草案中的"负面特点，避免产生中央政府的长期政策是要抛弃北爱尔兰的感觉。"㊷

尽管撒切尔夫人不愿意向爱尔兰人的观点做太多让步，但她与豪伊的关系却对阿特金斯的计划产生了意想不到的破坏效果。北爱尔兰社会民主及劳工党曾对撒切尔夫人与豪伊的会面感到鼓舞，他们不太愿意支持纯粹由英国人主导的解决方案。阿特金斯修改后的建议书还是于1980年7月2日正式公布了，就在每个人都开始离开工作岗位去度暑假之前，北爱尔兰办公室忧心忡忡地与唐宁街10号联系，用一种听不懂的语言而不是爱尔兰语低声咕哝。约翰·休姆[1]汇报说，豪伊告诉他，6月12—13日在威尼斯举行的欧洲理事会会议上，撒切尔夫人曾对豪伊说，不希望公开中央政府的倡议书。在这份报告的边缘，撒切尔夫人一口气画了三个感叹号，批注道："我确定没有说过这种话。"她抗议道，不过稍有点心虚地说，自己当时的意思只是说放假之前不公布。她的私人秘书迈克尔·亚历山大提议说以后她无论何时遇到豪伊，都应当带一名记录员。"我同意，"首相写道。㊸

撒切尔夫人一贯十分谨慎，休假前要求为她提供一份关于爱尔兰问题的阅读列表，在北爱尔兰事务办公室的建议下，带着一些书籍去度假，其中有F·S·L·莱昂斯的《饥馑后的爱尔兰》，黛芙拉·墨菲的《分裂之地》，还有朗福德勋爵的《和平的磨难》，但没有一本是从联合主义分子的视角写的。㊹秋天到来，政治活动重新恢复，各政党之间并未达成共识，未能让阿特金斯计划向前推进。后来发生了一些戏剧性事件，政治提议变得无能为力。

爱尔兰共和军有一个自认有理的信条，他们认为自己是一支军队，如果成员定罪入狱，应受到战犯的待遇。英国政府反对这种要求。1976年，工党政府纠正了希思政府犯下的一个严重政治错误，取消了所有新恐怖分子罪犯的"特殊类别"，至少在原则上将他们与普通罪犯同等对待。这激起了两种抗议活动，一种称作"毯子"抗议，罪犯身披毯子拒不穿囚服；

---

[1] 约翰·休姆（1937—），毕业于德里的圣哥伦布学院和梅努斯的圣帕特里克学院；1979—2001年任社会民主及劳工党领袖；1979—2004年任北爱尔兰议员；1983—2005年任福伊尔选区社会民主及劳工党在议会中的议员；1998年成为诺贝尔和平奖获奖者之一。

另一种是"肮脏"抗议，囚犯用粪便弄脏牢房。[1]1980年，共和军囚犯见这些抗议活动未能奏效，而且对特殊类别的限制更加严格了，愤怒中梅兹监狱的共和军囚犯决定采取进一步行动。10月10日，他们宣称从10月27日开始绝食抗议。有人警告撒切尔夫人，若这种抗议进行下去，圣诞节前会有人饿死。

压力迫使她迅速做出让步。奇怪的是，她在绝食抗议开始前已经做出了让步。10月23日，查尔斯·豪伊发来一条秘密信息警告她，绝食活动会对爱尔兰的安全局势造成严重影响。[45]同一天，内阁决定允许囚犯穿"平民款服装"，而不是现在的囚服。[2]撒切尔夫人就此向内阁同事们解释了自己的想法："我关心的是在绝食开始前我们就要占据最合理的地位，并坚持下去。"[46]她还指出，自己不希望失去豪伊在安全上的合作。像以往一样，她内心中占主导地位的安全问题再次与她作对，削弱了她的政治果断性。考虑到要防止爱尔兰大主教、红衣主教托马斯·欧菲克再次抨击这一让步的信誉，从而激怒新教徒，她要确保占得先机。即便如此，联合主义分子和保守党后座议员们还是愤怒了，他们攻击阿特金斯，说他在这样不祥的环境中还试图推行自己的倡议。

绝食抗议还是开始了，参与者有七名囚犯。一旦抗议真的发生，撒切尔夫人反而变得强硬了。当时罗伯特·阿姆斯特朗写信给她说，有一点很重要，就是要找到让绝食者和爱尔兰共和军妥协的方法。[47][3]她的外交私人秘书迈克尔·亚历山大认为，要让爱尔兰共和军让步不是政府的事："我们的目的应该是破坏这次抗议活动。"撒切尔夫人表示赞同，潦草地批注："我们不做任何让步。"但她接着提起已经做出的让步，并补充写道："新服装何时准备发放？"[48][4]

---

1 撒切尔夫人一直对"肮脏"抗议做出极其厌恶的反应。

2 "平民款"服装和"平民的"衣服并不相同，前者虽不是制服款式，监狱管理方仍做了标记，不是囚犯的个人财产。有人提出争议说，这一点还是应该加强控制。

3 1969年爱尔兰共和军内部分裂，形成了一个临时爱尔兰共和军。官方爱尔兰共和军发誓放弃暴力行为，而临时爱尔兰共和军表示支持暴力活动。

4 此后不久，阿姆斯特朗将亚历山大与共和党一起引入了缓和政策框架内，将他作为来自豪伊办公室相关绝食活动的消息管道，这样也使他成为让步过程中的一部分。

7. 爱尔兰绝食事件
"面纱后面的夫人"

教皇约翰·保罗二世给爱尔兰的主教们发了一条私人信息，敦促他们说服绝食抗议者停止活动。1980年12月24日，撒切尔夫人拜会了罗马教皇，得知有个叫停禁食活动的好机会。[49]但两位天主教监狱牧师推进的妥协方案要求政府做出更大的让步。12月初，当豪伊在卢森堡举行的欧洲理事会开会间隙会见撒切尔夫人时，紧急敦促她在峰会开始前对绝食活动采取主动措施，因为下周要在都柏林举行两国首脑峰会。撒切尔夫人表示，自己将不会做出任何新的让步，不过准备让因犯穿上已经提供的新服装。[50]12月初，阿特金斯发表了一份内容相同的声明。在都柏林峰会上，豪伊私下对撒切尔夫人说，他认为英国应当不动声色地秘密通过监狱牧师与绝食者对话。他相信绝食者正在寻找出路，可以自己做主而不是听任监狱外的爱尔兰共和军领导层下命令。[51]

这对撒切尔夫人是一种危险境地，她害怕与某种形式的政治运动发生关联，而爱尔兰共和国却想要她通过这种关联向恐怖分子做出让步。但英国官方其实正在不动声色地秘密采取着行动，而且比豪伊要求的更加深入。20世纪70年代中叶，有一位秘密情报处的官员正在北爱尔兰服役，他通过伦敦德里郡一个名叫布兰登·达迪的商人与爱尔兰共和军建立了联系。达迪在伦敦德里郡经营一个炸鱼和薯条店，联络地点在他店面楼上的公寓里。与他密切接触的是爱尔兰共和军伦敦德里郡旅指挥官马丁·麦基尼斯[1]。这种联系未经军情6处授权，却一直维持着，达迪在1980年12月初再次开始利用这种联络。他对这位官员说，[52]杰拉尔德（盖里）·亚当斯[2]和马丁·麦基尼斯希望停止绝食活动，他们当时已经在临时爱尔兰共和军中占据了支配地位。他们需要一个停止绝食的准则，在挽回爱尔兰共和军面子的前提

---

1 马丁·麦基尼斯（1950—），毕业于伦敦德里郡的基督徒兄弟技术学院；自1983年起任新芬党副党首；1997—2013年任北爱尔兰中部选区新芬党在议会的议员；自1998年任北爱尔兰选区在议会的议员；1999—2002年任教育部长；2007年任副首席大臣；2011年在爱尔兰竞选中为新芬党总统候选人。

2 杰拉尔德（盖里）·亚当斯（1948—），毕业于贝尔法斯特的圣玛丽基督徒兄弟学校；1978—1983年任新芬党副党首；自1983年起任党首；1983—1992年、1997—2011年任西贝尔法斯特选区新芬党在议会的议员；1998—2010年任北爱尔兰选区在议会的议员；自2011年起任劳斯郡选区共和党议员。

下做出明显让步。那位官员认识到，这不是一桩交易，而是要英国摆出合理明显的姿态。他决定将这一信息传达给国防部的弗兰克·库伯（前任北爱尔兰政府机关领导人），按照库伯的建议，又传给认为应该推进此事的北爱尔兰政府机关的肯·斯托。斯托草拟了一份文件，内容涉及政府应表现出的必要姿态。

斯托认为这名官员是个"非常敬业的间谍"，[53]有必要让他立即将此消息带到北爱尔兰，把文件交给爱尔兰共和军的联系人。由于存在政治风险并且自己的前途有可能遭绑架，斯托决定得到撒切尔夫人的许可再采取行动。他与首相在下院安排了一次紧急会见，阿特金斯也参加了。他把发生的情况和提议的内容向首相作了通报。发生这一切的时候，那名官员就坐在斯托的公务车里，等待奔向希斯罗机场。撒切尔夫人同意了这项任务。据斯托说，她明确赞同该计划，"充分意识到这涉及对付新芬党（爱尔兰共和军的政治分支机构）。"[54]撒切尔夫人认为，这与她本人或其他部长与爱尔兰共和军新芬党之间的直接对话非常不同。她只是从前任那里继承到一个联系线索，允许利用它而已。"我没有直接与爱尔兰共和军领导人接触过，"她后来回忆说，"我一生绝对、绝对没有过，我不会跟这种人接触——他们杀戮左派、右派和中间派。"但她补充说："安全部门做的工作是接近某些人，传递信息。"[55]但她这个态度并不坦诚。斯托认为，那位秘密情报处官员提出的是"在对待囚犯方面做一种表面上的让步，给他们个台阶。"[56]做出的让步体现出"人道主义"，因此适用于北爱尔兰的所有囚犯，而不仅仅是恐怖分子——可以在探视时间穿上家人送的平民服装，还会尽快允许他们有娱乐活动，工作日可以穿"平民款"服装，周末期间可以自由结合，还提出了恢复减刑的前景。政府表示，绝不动摇的核心问题是控制和权威。1980年12月18日，囚犯沿着提供的"台阶"走下来，停止了绝食抗议。阿特金斯适时宣布了人道主义让步措施，还不得不抵挡所谓政府与绝食者做过交易的指控。不管怎样，绝食抗议以失败告终是撒切尔夫人的一场胜利。但政府坚称这些有限让步措施与绝食抗议无关，这个说法播撒下未来麻烦的种子。囚犯们自然愿意相信自己赢得了真正的让步，但很快便发现了受蒙骗的证据。爱尔兰共和军也了解到一些至关重要的情况，对此他们过去有过经验，却不相信撒切尔夫人会有如此表现——包括首相本人在内的英国政府准备在实际上参与谈判。[57]在一场他们其实并不真正想要的抗议活动之后，

7. 爱尔兰绝食事件 "面纱后面的夫人"

他们收获了这个认识,让他们下次可以把活动策划得更好。

撒切尔夫人晚年回忆起得知绝食抗议结束的消息时,她正在唐宁街10号主持办公室的圣诞聚会,迈克尔·亚历山大冲上楼梯告诉她这一好消息。"记得当时我们以为已经彻底终结了绝食抗议的伎俩。"[58]但结果并非如此。

撒切尔夫人非常幸运,十天前她与查尔斯·豪伊在两国首脑峰会上见面,这已经引起了联合主义分子的愤怒,绝食示威者的失败使她以坚韧著称的名声锦上添花。在爱尔兰问题上,她认为微不足道的、讲求实际的场合,却常常让爱尔兰共和国赋予强烈的象征性意义。这是自区域分割以来,由首相带队的英国大臣代表团第一次在都柏林参加两国代表团的会议,而且是在圣灵感孕节的大宴日。地点是曾在英国权力治下的一个古老领地都柏林城堡。由于最后一刻才决定让撒切尔夫人降落在那里的草坪上,而不是到达巴尔达内尔机场,所以她提前抵达了,来迎接她的是一些初级官员和为访问做最后准备的几名电工。一名官员即兴带她参观了城堡。他回忆说:

> 她带着自己惯常流露出来的那种颐指气使的姿态四处走动,不停地问:"那是什么?"……她走进一个房间看到墙上一块巨大的装饰板,上面的文字是爱尔兰语,她以自己惯常的口吻问:"那上面说些什么?"一名官员开始结结巴巴地回复她。当时有一名正在修理灯开关的工匠,他说:"我来告诉你它是什么,尊贵的夫人。那是一个标志,意思是说,这里是你们将詹姆斯·康诺利(1916年反叛的都柏林旅指挥官和社会主义共和党工会领袖)带出去击毙之前,生擒他的地方。"她说:"噢,非常有意思。"大家接着往前走。这对于和查尔斯·豪伊会面可能是最好的说明,因为他不得不解释爱尔兰历史上的那些依旧大开的伤口,未来推动一些事情尚需花些工夫。[59]

撒切尔夫人带着一个精力充沛的代表团,其中包括卡灵顿和杰弗里·豪。在她心目中,这是要强调此次会议要涵盖广泛的商业领域交易,尤其是与欧共体的关系——而不仅仅是北爱尔兰——但在爱尔兰人眼中,它只是增加了该场合的历史意义。她事先已经得到简单的通报，爱尔兰正在寻求促进发展政府间合作的方式。任何时候有人向她提出这种建议，她都会划上波浪线以示反对。她收到的简报文件提到英国在此次会谈中的目标，表达语气几乎带着滑稽的痛苦和谨慎——来自官方的压力指向"绿色"运动（指爱尔兰民族主义者），由于了解她的高度怀疑态度而有所约束："为英国的利益着想，谨慎探索可能的安排，使北爱尔兰问题在发展'独特关系'的背景下得到考虑。但要避免激起北爱尔兰忠诚人士强烈反感的任何风险。"[60]

这次会谈本身进展得足够顺利。豪伊向撒切尔夫人表示，希望1981年召开一次大会，终结暴力活动，并回顾"贵我双方整体关系的根本途径"。撒切尔夫人拘谨地回答说："现在召开这样一次大会为时尚早"，[61]不过同意"共同研究"的想法，因为借此可以开发关于合作的新结构。她声称自己对安全合作很感兴趣。午餐前，豪伊向撒切尔夫人展示了都柏林城堡的正殿，并请她在当年专属维多利亚女王的王位上就坐，她"坚决"拒绝，不过向豪伊建议说，如果他想坐可以坐上去。"两人放声大笑。"[62]撒切尔夫人离开城堡后，豪伊返回正殿，他身边一位官员转过头对他说，现在可以坐上王位而免受惩罚："今天过后，你不就是爱尔兰国王吗？"[63]新任英国驻都柏林大使伦纳德·菲格向迈克尔·亚历山大报告说，豪伊当时坐上王位，"他的双脚够不着地板，还对陪同的人说，他们现在都该下跪。他很有幽默感，而我们也颇感欣慰，因为他明显认为这一天诸事顺利。"[64]

有人一定想知道撒切尔夫人得知后来的景象是否感到开心：一个爱尔兰小丑假扮国王，盘踞在英国王室的先祖宝座上。她为豪伊感觉顺利而不开心。她认为，他的成功让她付出了代价。麻烦就隐藏在联合公报的字里行间。这份公报宣称，两国领导人1981年将举行下一次会议，致力于推进"英伦三岛的整体关系"，并已经为此展开了共同研究。这引发了联合主义分子内部的骚动，他们认为都柏林现在开始扮演决定该省未来的角色。因诺克·鲍威尔将这次峰会描述为"迷你慕尼黑"。伊恩·佩斯利发怒了，在圣诞节前两人都参加的一次会议上还侮辱了撒切尔夫人。第二个月，他为集会的男人们开辟了一条"卡森小径"，有时候举起猎枪许可证以示做好了战斗准备，此举是在模仿20世纪初期联合主义分子的伟大领袖爱德华·卡森。

7. 爱尔兰绝食事件
"面纱后面的夫人"

撒切尔夫人后来为一件事感到自责，就是没有更多地去关注联合公报的起草工作。她一度不太理解"整体关系"这句表述背后的煽动性寓意。她身边的官员们斯托等人如参与起草这份文件，几乎可以确保万无一失，但是，或许他们支持这种思想，却没有提醒她。撒切尔夫人回忆说："从那以后，我变得谨慎了。"⑥

情况让爱尔兰外交部长布赖恩·勒尼汉[1]搞得愈发糟糕，他对英国广播公司电台北爱尔兰分部说："在我们这一方面，所有事情都放在桌面上来讨论了，这是总理一贯的态度。关于新制度结构，我们认为这是南北之间现存问题的政治解决新途径，不管是北爱尔兰自身还是爱尔兰和英国双方之间，都是如此。"⑥第二年三月，勒尼汉进一步发表公开评论，这次谈到他设想英爱会谈可以为整个爱尔兰构建一个联邦式结构。豪伊和撒切尔夫人在马斯特里赫特举行的欧洲理事会间隙见了一面。她告诉豪伊，勒尼汉大放厥词会使所有未尽事宜继续被搁置。⑥豪伊承认，事情整个"一团糟"。在这次交谈中，德莫特·纳利在场，他记得，撒切尔夫人大发雷霆："我只字未提制度，无论如何都没有发表看法。"她一再重复，在批评中极尽尖酸刻薄之能事，这颠覆了她对此理念的信心，亦未能与豪伊达成协议。这件事破坏了她对他的信任。⑥

然而，整个事件的进程并未遭到破坏。"联合研究"让英国和爱尔兰官方机构建立起一个定期联系的框架，这是官僚们为推进其进程从来都需要的一种框架。关于联合公报的争吵发生后，英国官员们紧张不已，担心撒切尔夫人对继续推进的方式感到不满。罗伯特·阿姆斯特朗以巧妙的语言写信向她解释说，外交部将按照惯例负责与外国的讨论，他们希望不参与"共同研究"。卡灵顿勋爵告诉撒切尔夫人，自己担心"他和自己的部门有可能被指与'出卖'行为有关联，在罗得西亚或福兰克群岛[2]等问题上就是如此，如今可能受到指责，说他们正准备在爱尔兰

---

[1] 布赖恩·勒尼汉（1930—1995），毕业于阿斯隆的圣玛丽学院（玛利亚兄弟）和都柏林大学学院；1961—1973年、1977—1995年任众议院爱尔兰共和党议员；1973年1月—3月、1979—1981年、1987—1989年任外交部长；1987—1990年任副总理。

[2] 这一问题刚刚重新回到了公众的视线，因为议会议员们对于"售后回租"理念颇感愤怒，按照这一思想，福兰克群岛的主权将被割让给阿根廷——见第23章。

问题上扮演相似的角色。"⑩卡灵顿还认为，都柏林的相关事宜是由纳利主持的爱尔兰总理办公室处理，而不是爱尔兰外交部。因此按照审慎和对称性要求，建议"联合研究"应当交由内阁办公室负责，当然应由阿姆斯特朗本人统筹管理。内阁秘书补充说，出于和"出卖"指控有关的相同理由，潜在的"湿派"（这不是他使用的原话）大臣们不希望主持团队来负责这些研究。威利·怀特劳感觉"让桑宁代尔的刷子涂了一道"。⑪这些相互推诿的意思不言而喻，就是要撒切尔夫人本人来主持，而她不愿表现出心领神会的意思。"我对这些提议非常不满，"她写道，"外交部必须牵头，否则与爱尔兰共和国的关系将显得与其他欧共体国家的双边关系完全不同。"⑫她还希望避免自己与这桩她非常怀疑的事有关联。但是，她授予阿姆斯特朗及其内阁办公室控制权，而这正是他所追求的。

　　罗伯特·阿姆斯特朗谈到怀特劳时，也以自己的措辞异曲同工地表现出"让桑宁代尔的刷子涂了一道"。他担任泰德·希思的首席私人秘书时，在当时的协议谈判过程中扮演过重要角色。当然，他知道撒切尔夫人对希思的态度，因此"没有过多提醒她与桑宁代尔协议有关的事情……但还是要谈到那个协议。"⑫长期以来，阿姆斯特朗个人对爱尔兰问题都很感兴趣，他的思维模式一直和桑宁代尔协议有关联，那是个分权和某种形式的爱尔兰视角，例如桑宁代尔提议建立爱尔兰议会。从桑宁代尔时代开始，他已经与德莫特·纳利建立起了良好的关系，纳利自1980年以来一直是都柏林和他级别对等的角色。在阿姆斯特朗这个执政思维的精英人物看来，将北爱尔兰的未来安排交由政府间处理，而不是让外省居民自行决定才更具吸引力。这条理由加上他同情爱尔兰统一的想法，成为他愿意让自己的内阁办公室牵头此事的动力。他希望联合主义分子受到牵制，另外，尽管他与北爱尔兰政府机关的肯尼思·斯托关系密切，但斯托于1981年离开后，他就悄悄地将北爱尔兰政府机关从主要决策层挤了出去。斯托说："罗伯特绝对不愿意走我的老路，但是我走后，他走的还是那条老路。"⑬阿姆斯特朗是个忠诚、能干而又专业的公务员，一直谨慎地保护着撒切尔夫人的地位，向她提出最佳建议，但是，他无疑同样试图让首相接受她并不喜欢的爱尔兰观点。

　　"共同研究"方案在都柏林一经达成共识，双方便不可避免地沿着撒

7. 爱尔兰绝食事件
"面纱后面的夫人"

切尔夫人讨厌的方向推进。阿姆斯特朗能够利用他在都柏林的联络人,在"共同研究"问题上了解都柏林的想法,推动政治形势向前发展。除了亲自前往都柏林出差,他还派自己的副手罗伯特·韦德—盖里去那里与爱尔兰总理办公室的官员秘密会面。韦德—盖里回忆说,他们"非常谨慎"地开始讨论后来在1985年成为《英爱协议》的相关内容。㉗其实,在"共同研究"启动之前,这类接触已经有过。出于安全考虑,韦德—盖里不会到靠近英国驻都柏林大使馆的地方与当地人接触,他隐姓埋名在一个预先约定的时间走进总理办公室,然后"墙上的一扇门会打开"。这种联系活动并未受到禁止,"撒切尔夫人其实不得不同意他们这么做,"但他们讨论的所有内容都没有向首相通报。在韦德—盖里看来,撒切尔夫人敌视爱尔兰,而且"根本不通情达理,要说服她值得这样做就得消耗漫长的过程。"㉘韦德—盖里除了比较非正式的活动,还负责起草"共同研究"的相关报告。因此,他也算很有资格的。

在"共同研究"计划的开发过程中,撒切尔夫人尽其所能矫正他们的工作,挑战大家的假定。1981年1月,她将参考条款交给伊恩·高征求他的意见。伊恩·高在"公民权利"条款下补充了从爱尔兰共和国引渡罪犯的内容,并表示,这项研究的一个任务应该是审查爱尔兰宪法中(条款二和三)对英国部分领土的要求。㉙他的想法未受到持续关注。撒切尔夫人本人不敢强求爱尔兰共和国就北爱尔兰问题做宪法改变,她告诉因诺克·鲍威尔,因为自己希望"共同研究"讨论的问题只针对制度而非宪法。如果首相打算与爱尔兰政府提起宪法问题,将会在英国内部引发北爱尔兰的宪法地位问题,而这是首相永远都不同意讨论的事情。㉚[1]联合主义分子准备与爱尔兰共和国讨论的一个议题被撒切尔夫人认定违反规则。有一段时间,"共同研究"的准确形式模糊不清,与此相关的保密性增加了联合主义分子的忧虑。当初的联合公报曾解释说,这项研究关注"可能的新制度结构,公民权利,安

---

[1] 鲍威尔持有不同的看法:"他说如果自己正考虑把自己的割草机借给对门邻居,而邻居声称这个割草机是自己的而不是鲍威尔的,鲍威尔先生将很难继续讨论是否应该把割草机借给邻居。"(高对鲍威尔与撒切尔夫人的会谈记录,1981年2月10日,THCR2/6/2/116.)这种类比并不准确。事件的争议点在于所有权,和割草机并无关系,和草坪亦无关联。

全事宜，经济合作和促进互相理解的措施等。"议程的性质宽泛，官员们可讨论他们希望讨论的任何事情。虽然"共同研究"这个字眼曾给撒切尔夫人造成过不少麻烦，但也确实涵盖了"英伦三岛内部的整体关系"，在公报公开几乎一年后，这种模式仍一再使用。整个研究的主要宗旨是为两国政府间形成一种更正式的关系奠定基础，同时使该理念看起来尽可能无害。

1981年3月，韦德—盖里向阿姆斯特朗报告说，爱尔兰政府正寻求借"共同研究"成立一个英爱委员会和联合议会论坛。他们的"最终目标是建立爱尔兰联邦"。[78]撒切尔夫人得知后烦躁不安，召集主要人员开会——怀特劳、卡灵顿、现在主持"共同研究"工作的伊恩·吉尔摩、阿特金斯、阿姆斯特朗以及韦德—盖里（所有这些人，除了阿特金斯有部分例外，私下里全跟她有分歧）。她抱怨说对话推进过快，超过了她起初的预期，并表示她特别讨厌一个词——委员会："……不论实现了什么成果，豪伊先生确实夸大了其中的意义。"[79]4月底，"共同研究"的全套文件完成时，她终于气炸了：

> 在我读过的英爱关系问题的所有文件中，这一套最令人担心，这些文件赤裸裸揭示出一种完全不同的方案，我们要尝试得到的是增进两国间的合作和谅解……可每一项研究都朝被接管走近了一步。假如这种文件公布时仍存在意见分歧，我可不准备参与这种研究。爱尔兰人的观点将在北部招致怀疑、敌意和彻头彻尾的愤怒，将使英爱关系倒退数年，一旦新的准军事组织有所反应，将会对许多无辜老百姓造成无限的伤害。这不再是改动几句话几个词语的小问题，照这样，我们要置身事件的漩涡中心了。

在所有的研究文件中，她都批注上"不"，甚至有时候会在同一页上写四次，在关键处还会用"不！"做强调。英国官员建议"委员会"一词应予以保留，为的是维持爱尔兰人的善意，她写道："那我们的善意呢？"爱尔兰方面建议他们的公民应当在北部担任陪审员或政府职位，对此她批注："简直荒谬透顶。"[80]论辩和愤怒是撒切尔夫人对该项目的经典包装，她对其中展现的整体前景强烈不满，没有任何她希望看到的清晰理念。她

7. 爱尔兰绝食事件
"面纱后面的夫人"

愤怒的后果，加上6月份爱尔兰共和国内部即将开始的大选，接下来是一段暂停下来反思并重新起草的时期。

考虑到当时同时发生很多事情，撒切尔夫人仍全身心投入，竟仔细阅读了大堆往往十分枯燥的文件。在"共同研究"项目过程中，同时因1981年预算案和四月份的布里斯顿骚乱引发了经济和政治危机。[1]在北爱尔兰内部，规模更大的第二次绝食抗议活动这时正在进行。就在撒切尔夫人在"共同研究"文件上写下愤怒评语的当天，她得知第一个绝食者鲍比·桑兹即将饿死。

早在1981年1月，撒切尔夫人便得到消息，称梅兹监狱的强硬囚犯正策划发起第二轮绝食抗议活动。他们声称，英国已经错过提前联络做出让步的时机。他们的抱怨表面上让人感觉真诚，其实不过是个借口。爱尔兰共和军的囚犯们认为，第一次抗议失败就意味着必须进行第二次，为了保护自尊心也要成功。阿特金斯通知撒切尔夫人，这种活动的本质是争取政治地位，囚犯追求至少要有一人死亡。[81]梅兹监狱的爱尔兰共和军囚犯领袖是桑兹，这是个有浪漫主义情怀、崇尚暴力、热爱诗歌的年轻人，在监狱里曾试图炸毁一个家具产品陈列室。他妻子因不堪家庭暴力离开了他。[82]桑兹感觉死对他没什么损失。3月1日，桑兹本人开始绝食。3月5日，撒切尔夫人在贝尔法斯特讲话中重申了自己的简单立场："没有所谓的政治谋杀、政治爆炸或政治暴力，只有刑事谋杀、刑事爆炸和刑事暴力，在这一点上我们不会妥协。没有什么政治地位可谈。"[83]同一天，弗马纳郡和南泰隆选区的共和党议员弗兰克·马圭尔死了。囚禁中的桑兹成为一名候选人。共和党人认为，如果桑兹当选为议会议员，便获得了无可争辩的政治地位。社会民主及劳工党决定不参加竞选，桑兹成为联合主义分子一边唯一的候选人，4月9日，他当选了。继而发生了骚乱。此前，临时爱尔兰共和军的新芬党曾回避竞选过程，但现在一名爱尔兰共和军成员在英国的一场竞争中获胜，还受到欢迎，这为他们提供了一个极好的宣传机会。

撒切尔夫人承受着巨大的压力。在英国本土，以及在北爱尔兰联合主义分子中，人们几乎完全支持抵抗绝食活动；她比自己的同僚更

1　见第8章。

清楚，不辜负大多数人的信任至关重要。在世界其他地方，人们的态度恰恰相反。在爱尔兰共和国、美国和欧共体，要求寻找出路的呼声渐高。[1]4月22日，阿姆斯特朗写信给撒切尔夫人，谈及爱尔兰共和国的态度。带着一种近乎负疚的小心谨慎，他解释了德莫特·纳利当天上午给他打电话的准确原因："来电的首要目的是讨论关于英爱共同研究项目指导小组的下一次开会日期。"[84]但是据阿姆斯特朗的笔记，这次电话的真实意图是要传达豪伊对绝食行动的忧虑。阿姆斯特朗在汇报中说，纳利表示，爱尔兰总理担心，桑兹很快会死亡，整个事态将会毁于一旦。[85]豪伊试探性地问，是否让欧洲人权委员会介入此事？他希望有委员作为调解人进入梅兹监狱，允许他呼吁示威者放弃行动。撒切尔夫人拒绝由人权委员会介入调停，不过口气并不绝对。一份当时她与汉弗莱·阿特金斯电话交谈的记录显示，她已经做好了桑兹及随之绝食者死亡的准备：

> 首相：但在他（桑兹）之后还有两三个人，对不对，汉弗莱？
>
> 北爱尔兰事务大臣：对……我认为以后的影响注定会减弱。
>
> 首相：对，我想如果一个人死了，接着第二个人死了，随后是第三个，然后什么事都没发生，他们终究会害怕。
>
> 北爱尔兰事务大臣：前景不太迷人。[86]

从阿特金斯表达不够完整的说法看得出，形势对任何一方都不太具有吸引力。1981年5月5日，桑兹死了。三万普通民众在贝尔法斯特参加了他的葬礼——组织方宣称有十万人。桑兹死后变成个世界知名人物。巴黎和德黑兰都有以他命名的街道。豪伊敦促撒切尔夫人做出

---

1 尽管美国议会中有众多批评撒切尔夫人立场的言论，里根总统及其顾问却从未介入言论。"在那里目前的局势下，我们不希望给英国造成任何压力，"国家安全顾问查德·艾伦在此期间写信给里根说。"事情取决于撒切尔夫人的政府与北爱尔兰的居民一起努力，同样也要与爱尔兰共和国政府协作。"（艾伦给总统的信，1981年5月26日，UK：撒切尔首相，第35格，Exec Sec，NSC：国家首脑文件，里根图书馆。）

7. 爱尔兰绝食事件
"面纱后面的夫人"

让步，担心共和国和北爱尔兰省内的新芬党在政治上崛起。社会民主及劳工党的约翰·休姆前往唐宁街10号拜访她，乞求她在囚犯服装和自由结社方面做出让步，以免自己因出现骚乱在政治上遭"清理出局"。撒切尔夫人驳回了他的焦虑："遭到临时爱尔兰共和军残杀的人们死前毫无选择，而绝食抗议者还有一种选择……在政治地位问题上摇摆不定，等于为谋杀行为提供许可证。"[88]当天晚些时候，迈克尔·富特前往会见她，要求针对绝食事件提供一条"逃跑路线"。撒切尔额夫人指责他的说法与休姆先生毫无二致。她的回答是"不"。富特此时证明自己是个软弱的人。[88]

5月12日，第二名绝食者弗朗西斯·休斯死了。5月19日，撒切尔夫人收到一些冷冰冰的证据，显示一些相关人士的态度。一名绝食示威者雷蒙德·麦克里什表现出想要结束绝食的迹象，他哥哥天主教神父布赖恩前往探视。有人听到麦克里什神父当时告诉雷蒙德："你哥哥和我将自豪地为鲍比·桑兹和弗兰克·休斯扶棺。他们正在天堂等你。"[89]1

在这段紧张时期，罗伯特·阿姆斯特朗自始至终坚决反对向囚犯让步。他跟急于息事宁人的罗伯特·韦德—盖里态度不同，坚持了与撒切尔夫人相似的立场。[90]不过，他继续坚持自己的信念，认为必须在政治方面有长足的发展。[91]他还警告首相，有另一个"血色星期天"的危险（1972年在伦敦德里郡发生暴乱，13人遭英国士兵击毙）。他对天主教的反应心生忧虑，爱尔兰共和军称作"军警官僚"的人们也有这种忧虑。5月27日，在首相别墅，北爱尔兰事件总指挥理查德·劳森将军、北爱尔兰皇家骑警队的警察局长杰克·赫蒙和肯尼思·斯托会见撒切尔夫人，说现在天主教人口的疏远倾向比安全挑战更严重，政府应当"消除让人产生的顽固印象"，可以对监狱情况做一次调查，[92]向天主教徒做个姿态。汉弗莱·阿特金斯的话明显有点夸张，他警告撒切尔夫人说："我现在强烈感觉到，绝食抗议显然将持续不断，死亡事件累积增多将使我们既失去北爱尔兰天主教人士的支持，也失去国际

---

1 2011年国家文件披露之后，麦克里什的家人表示："在最近公布的一名监狱官员的报告中，将事件归咎于家庭成员，这一声明失实、不准确、属于伪造。"英国政府将其中的一些诉求用作"诽谤"其家庭的部分内容。（《爱尔兰时报》，2011年12月31日。）

舆论的同情。"他建议在北部推进更多的政治发展，配合与都柏林关系的相关政策，因为我们已经在致力于发展与都柏林的关系。[93]然而，阿姆斯特朗以温和的态度表示出对阿特金斯的所有提议不屑一顾，阿姆斯特朗正在为讨论这个问题的内阁国内事务会议作主要准备："在你潜意识里可能希望不久以后任命一位新的国务大臣。"[94]他知道，对内阁要员重新洗牌迫在眉睫。

国际呼声越来越强烈。蒂普·奥尼尔总是直言不讳地代表爱尔兰人游说，希望里根总统介入此事，私下与撒切尔夫人一起帮助打破僵局。里根刻意避免做任何承诺，撒手度假去了。6月初，爱尔兰正义与和平委员会的几位成员表示，他们可能在终结绝食活动中发挥作用。该组织由爱尔兰天主教建立，主要向第三世界国家提供援助。6月23日，北爱尔兰政府负责监狱事务的国务大臣迈克尔·艾利逊[1]，与爱尔兰正义与和平委员会成员举行了一系列会议。6月29日，汉弗莱·阿特金斯发表了一份声明，爱尔兰正义与和平委员会认为其内容非常积极，但实际上声明强调的是政府的"底线"——绝食活动结束前，政府不会做出任何让步或改革举措。在梅兹监狱的爱尔兰共和军领袖布林顿·比克·麦克法兰经常组织秘密联络，以口头方式悄悄带出去，他告诉盖里·亚当斯，自己很担心绝食者家属的意见："如果布里茨不与委员会见面或者提出一份非常无关痛痒的意见书，我们怎么对付这些家属，也就是说，如果我们拒绝就要考虑防止他们瓦解蜕变……看起来，他们（英国人）对于简单破坏我们不感兴趣，而是要彻底消灭我们……他们疯了。无论如何，至少玛吉疯了。"[95]但"玛吉"并没有疯，也没有决心消灭他们。她对下一步战术有些不知所措，甚至感到困惑。

接下来发生的事态混杂了不同党派证明自己正确的需要，因而不可能理出完整准确的头绪，即使在政府文件三十年保密期满披露后，其中涉及的相关行为和动机都引起了极大争议。[96]

从撒切尔夫人的立场来看，目的是不做任何让步，然而她认真考虑了

---

[1] 迈克尔·艾利逊（1926—2004），毕业于伊顿公学和牛津大学的瓦德汉学院；1964—1983年任巴克斯顿—阿什选区保守党在议会的议员；1979—1981年任北爱尔兰政府国务大臣；1981—1983年任就业大臣；1983—1987年任首相首席私人秘书。

7. 爱尔兰绝食事件
"面纱后面的夫人"

1981年6月30日新任爱尔兰共和国总理加勒特·菲茨杰拉德[1]的建议，就是应当允许爱尔兰正义与和平委员会发挥更重要的作用。根据建议，将允许这个委员会的委员走进梅兹监狱，向囚犯们重申政府的信息，不能协商，只能带回囚犯的答复。[97]撒切尔夫人与艾利逊和高层同事们探讨了这一想法，虽然她认为此举不可能奏效，但还是被卡灵顿和怀特劳等同事们说服了，允许他们去试试。她认为，如果这能证明绝食抗议者的罪魁祸首在于他们自己，[98]这个计划至少还算有些价值。在与爱尔兰正义与和平委员会的会谈中，艾利逊指出"面纱背后的女人"才有最终决定权，也是他履职的严格仲裁者。委员会明白他指的是撒切尔夫人，但艾利逊后来表示，这只是一种与委员会谈话的象征性表达方式，意思是自己并非最终权威。[99]7月4日，撒切尔夫人在电话上两次告诉艾利逊，谈及他与爱尔兰正义与和平委员会的讨论情况，指出这些提议的严肃性。她指示艾利逊，只要爱尔兰正义与和平委员会接受女王陛下政府的控制和安全要求"，就能够进入监狱。她同意艾利逊的意见，委员会将告诉囚犯，他们必须无条件结束抗议活动，但是条件是政府在一个道德框架下有义务推进一些领域的工作，包括服装、自由联络等方面。[100]爱尔兰正义与和平委员会认为，着装问题是一个大转变，应该可以产生效果。

1981年7月4日和5日，就在下一位绝食者乔·麦克唐纳濒临死亡时，爱尔兰正义与和平委员会走进了梅兹监狱。他们带来的建议看来可以满足抗议者的要求。爱尔兰正义与和平委员会很清楚，囚犯家属与布兰登·麦克法兰之间有矛盾，使得更难找到一种解决方案。[101]然而，在这一点上，爱尔兰正义与和平委员会的努力与昔日和爱尔兰共和军秘密联络的英国人之间出现了交叉。通过这名联络人弄清楚了一点，就是爱尔兰共和军在担心爱尔兰正义与和平委员会的角色。由此，从某种程度上，秘密渠道变成了交流的主要媒介。爱尔兰共和军一名代号为"即刻"的助理人员是中间对话人。许多年后，布兰登·达迪证实，[102]他当时不止一次参与过讨论。那名联络人

---

[1] 加勒特·菲茨杰拉德（1926—2011），毕业于沃特福德林森德学院、贝尔韦代雷学院、大学学院以及都柏林国王学院；博士；1965—1969年任爱尔兰参议员；1969—1992年任爱尔兰统一党在众议院的议员；1973—1977年任外交部长；1977—1987年任爱尔兰统一党党魁；1981年6月—1982年3月、1982年12月—1987年3月任爱尔兰共和国总理。

要求英国允许临时新芬党的一名代表秘密走进监狱。英国政府拒绝了爱尔兰共和军推荐的亚当斯或者麦基尼斯,却批准了丹尼·莫里森[1]。在与那名联络人的交谈过程中,政府的一些人可能与麦基尼斯在场,[2]临时爱尔兰共和军陈述了自己的要求。随着在服装等问题上(低于囚犯的五项要求,但他们可以考虑接受)开始进行实质性让步,爱尔兰共和军非常担心潜在的危险,他们称之为"恐慌",意思是害怕自己内部出现背叛行为,或者受英国人欺骗。因此,他们希望示威活动一停止,立刻发放打包的衣服,让囚犯穿,并且活动结束后如英国发表声明,要预先征求他们同意。[103]呈交给撒切尔夫人的信息草稿将会通过秘密通道送过去,她做了一些修改,在工作和组织等几个方面加强了一些,还批准了下列条款:"如果我们收到的答复不满意,而且随后有任何人公开这次交易,我们将阻止执行。"[104]因此,毋庸置疑,撒切尔夫人背离了自己公开宣称不与恐怖分子协商的诺言,而且协商得很积极,只是无法得到证明。"面纱后面的女人"示弱了。

7月7日,撒切尔夫人、阿特金斯、怀特劳、吉尔摩等人开了个会。同意了阿特金斯的提议:声明稿事先让临时爱尔兰共和军了解。其中有些条款按照撒切尔夫人的要求做了修改。[105]消息送出去后,午夜刚过不久,阿特金斯去见撒切尔夫人,解释说临时爱尔兰共和军对收到的内容表示反对,政府回应称讨论已经结束。爱尔兰共和军做出非常快速的反应,表示他们反感的是声明中的腔调而不是内容本身。[106]因此,政府决定连夜对原声明草案做"精心润色",希望能达成共识。然而,这天早上5:40,乔·麦克唐纳成为又一名死亡的绝食者。要想结束绝食抗议,一切手段都已为时过晚。

最后阶段,亚当斯及其联系人处理不当。麦克法兰在当晚10点给他写的信中说:"我一直在想我们是否把这事搞砸了。乔死了,爱尔兰共和军受到四面八方顽固分子的压力。"[107]亚当斯和麦基尼斯的问题是,绝食抗议活动所造成他们政治上的成功似乎太大了,让他们不敢冒险结束,除非他

---

1 丹尼·莫里森(1953—),绝食抗议活动期间任新芬党宣传部长;1982—1986年任北爱尔兰议会成员。1990年至1995年期间是一名囚犯。

2 2009年,马丁·麦基尼斯证实自己曾经与达迪联络过,不过当时英国方面尚未做出任何让步。(《爱尔兰新闻》,2009年9月28日)

7. 爱尔兰绝食事件
"面纱后面的夫人"

们能够声称这是一场毫不含糊的胜利：因此他们的注意力更多地放在英国政府声明的"腔调"上而不是其内容。[108]另外还有一个原因，盖里·亚当斯担心，他的那些高层同事们并不知道地下联系渠道的事，他担心会被怀疑为两面派。随着绝食活动展开，很明显爱尔兰共和军已经错失了一次达成交易的良机，并且已"插上了门闩"。[109]1

当然，英国人也遭到了指责。在宣传战过程中，英国坚持不与对方达成协议，而据称当时囚犯们也已经收回了对政治地位的要求。爱尔兰正义与和平委员会指控政府不守信用。加勒特·菲茨杰拉德也指责英国人不妥协导致未能找到解决办法。在一封写给撒切尔夫人的信中，他愤怒地表达了这些想法，并对未来的跨境合作表示怀疑。她还受到来自驻外使馆报告的困扰，尤其是驻都柏林和华盛顿大使馆的报告，内容提到外国的不利反应。她当时接受卡灵顿的建议，因担心影响与爱尔兰共和国和美国的关系，曾允许国际红十字会进入梅兹监狱。[110]但她拒绝了他的另一条建议，就是应当给绝食囚犯秘密静脉注射葡萄糖。她坚称，强迫喂养几乎是对人身的一种暴力行为，如果人们希望自杀，应该被劝解而非强行阻止。[111]在英国，公共舆论继续坚决支持她。

在处理绝食事件中，撒切尔夫人深受困境的困扰，7月份，她采取的措施进一步彰显了她的困境。她不得不利用秘密渠道与爱尔兰共和军沟通。7月18日，菲利普·伍德菲尔德 2 接替斯托出任北爱尔兰政府的常

---

1 2005年，前囚犯理查德·奥拉韦出版了一本颇具争议的回忆录，提到了绝食抗议一事。《披毯子的人们：高墙内绝食活动中鲜为人知的故事》，新爱尔兰图书出版社，2005年出版。其中，奥拉韦披露了包括麦克法兰在内的监狱囚犯领导层一度希望接受英国的要求，但他们的决定被监狱外的共和军领导层驳回，尤其受到包括盖里·亚当斯在内的一个专门委员会驳斥。奥拉韦称，新芬党领导层想推迟结束绝食活动，为的是换取更多政治利益。这一点未经证实，也没有包括国家文件在内的证据予以否定，但是在共和军运动中有一处引发激烈争辩，就是决定继续抗议的责任何在。同时可参考理查德·奥拉韦所著的《劫后余生：改变爱尔兰历史的绝食示威和秘密行动》，利立浦特出版公司，2011年。"丹尼·莫里森与奥拉韦观点之辩"见于《安德森斯通新闻报》，2012年1月12日。

2 菲利普·伍德菲尔德（1923—2000），毕业于德威的阿莱恩学校和伦敦的国王学院；1972—1974年任北爱尔兰政府副秘书；1974—1981年在内政部任职；1981—1983年任北爱尔兰政府常务副主任；1983年受封骑士头衔。

务副大臣,他向撒切尔夫人汇报说,临时爱尔兰共和军刚刚要求一名英国官员前去探视绝食抗议者。他问撒切尔夫人,这样做使该官员有机会阐明政府的立场,还能提供更多的解释,这不是个好主意吗?伍德菲尔德还口吻冷淡地说,按北爱尔兰的说法,"有很多理由让绝食抗议继续下去"。[112]但爱尔兰共和国和美国的立场相反。撒切尔夫人说她很少在意都柏林,但会关注北美。她决定当晚利用那条秘密渠道,第二天召见那名官员,不过她先跟阿特金斯通了电话。阿特金斯或许让两周前发生的事刺痛了,建议不要采取这种方式,称这种事注定会泄露出去。因此,撒切尔夫人改变了主意,对自己发生的思想变化自我安慰,说,她更"关心的是让北爱尔兰把事情做对,而不是试图迎合国际批评家。"[113]然而,次日上午,据悉那条秘密渠道没等撒切尔夫人最后批准,已经开始使用了。既然已经如此,阿特金斯便决定利用它给临时爱尔兰共和军送去一条消息,表示在监狱服装问题上会做更多工作。临时爱尔兰共和军并未反馈有用信息,于是阿特金斯命令该渠道于7月20日晚上关闭。闹剧与悲剧简直形影不离。

布兰登·麦克法兰明确说过,囚犯们无权放弃[114]他的意思是说,他们的生死只能由爱尔兰共和军决定,因此政府只能跟爱尔兰共和军对话。但是,爱尔兰共和军对囚犯的控制能力其实已经变弱,囚犯的家属自然不想让他们死。7月31日,已经绝食长达47天的帕迪·奎恩的家属介入,要挽救他的生命。到了8月中旬,又有三名绝食者死了。8月20日,欧文·卡伦作为鲍比·桑兹的代理人参加了弗马纳郡选区的第一轮递补选举,在第二轮胜出,就在选举日当天,第十名绝食抗议者死了。随着每一次死亡事件,便会有抗议活动和新的骚乱,但公众注意力每一次都在减弱。撒切尔夫人的政府正在逐步取得胜利,至少谁也不相信她会向爱尔兰共和军妥协。加勒特·菲茨杰拉德在7月份曾大声反对她,随着夏季逝去,如今已经偃旗息鼓了。他意识到,公开批评英国政府破坏了在政治方面进一步发展的可能性。他或许还意识到,爱尔兰要求向绝食者做出让步的论点底气不足,毕竟它自己的历史就是一个强硬拒绝让步的过程。德莫特·纳利记得,菲茨杰拉德引用过可能是最富民族主义品质的爱尔兰总理埃蒙·德·瓦勒拉的话:"我领导的政府,从不曾向这种敲诈行为屈服。"[115]菲茨杰拉德改变初衷,希望爱尔兰与英国政府间的关系有所变化,并公开宣称自己的理念,认为爱尔兰宪法中对北爱尔兰领土主权的要求应当修订。

7. 爱尔兰绝食事件
"面纱后面的夫人"

1981年9月14日，撒切尔夫人对自己的内阁做了人事调整。吉姆·普赖尔替换了汉弗莱·阿特金斯担任北爱尔兰国务大臣。吉姆·普赖尔竭力反对调动，[1]而他不情愿去北爱尔兰的态度使他很快在联合主义者人口中不受欢迎。作为对他这次"流放"的交易条件，普赖尔可以带自己的人赴任，这也让联合主义者感到不满。他选择了一些助理次官，其中最有代表性的是高里勋爵和尼古拉斯·斯科特，众所周知，这些人都心怀"绿色"思想。[2]而且，撒切尔夫人向普赖尔授予了相当大的自由支配权，至少使决策过程变得清晰明确。他比阿特金斯拥有更多的权限。他对绝食抗议活动加以利用。"他走进来，带着自言自语的口气对大家说，他要推动事情发展。为了笼络社会民主及劳工党，他要在与绝食抗议者的关系上取得进展，为的是与政治进展挂钩。"[116]9月17日，他亲自视察梅兹监狱。

9月24日和25日两天，有两名绝食者放弃了绝食。其中一个人的母亲莉亚姆·麦克罗斯基曾以个人名义写信给撒切尔夫人，请求与她见面，并救自己儿子一命。撒切尔夫人拒绝了会面，但她在写给官员们的一封信中，提到了麦克罗斯基夫人，其中充满了极大的同情，母亲的真诚而非政治性质的方式指示出事态发展的方向。当时，监狱牧师丹尼斯·福尔神父通过会见绝食者的亲属，努力推动示威活动结束。在公开场合，囚犯领袖批评他的行为，囚犯发言人攻击福尔神父，说他是个背信弃义、同流合污的人。在私下里，他也许认为自己成了爱尔兰共和军的替罪羊，但爱尔兰共和军当时正在寻找出路不能这么说，以避免进一步发生死亡事件。[117]

吉姆·普赖尔本人相信，在他接任新职之前，绝食抗议活动已经开始失去影响力了，但他仍将终结此事视为至关重要的任务。[118]他同意会见天主教的红衣主教托马斯·欧斐济（在7月初的一次会议上他与撒切尔夫人进行过一次交锋）和福尔神父。普赖尔回忆说："结束绝食活动的让步条件是允许囚犯穿他们自己的衣服，我认为总体而言，这是个很小的代价，因为有些囚犯什么都不穿（指的是披毯子的抗议者）。红衣主教和福

---

1 见第8章。

2 高里勋爵回忆说，他要求与普赖尔一道前往北爱尔兰，因为他和高里出生于爱尔兰，并且现在越来越多地关注绝食事件。（采访高里勋爵）

尔神父来见我，说如果你准备在着装方面让步，我看我们能了结这事。"[119] 对9月30日他们这场会面的会议记录显示，福尔神父还对普赖尔说，应当允许囚犯保留他们的"军事结构"（即结社自由），并恢复他们丧失的豁免权。福尔确信，这些让步将有助于因犯们从抗议活动失败的痛苦中走出来。[120]

双方即将达成谅解。10月2日，普赖尔在一份声明中承诺改善监狱体制。次日，绝食示威活动结束。囚犯在一份声明中抱怨，绝食这一有效的抗议武器被夺走了，"爱尔兰天主教统治集团成功发动了对我们痛苦中亲人们的进攻"，这个声明既表现出爱尔兰共和军的愤怒，也掩盖了他们的投降。普赖尔在10月6日的声明中明确了一点，就是囚犯现在将拥有更多的组织自由，在选择工作以及选择穿衣方面有更多自由，而且部分恢复了豁免权。这些变化与福尔神父提议的内容大同小异。他们在7月份谈判的基础上做了进一步的轻微妥协，但是他们并未对撒切尔夫人曾经准备提出的一些条款做原则上的改动。在绝食抗议活动结束前，这些变革并未实施。

说到让步，甚至是事后分析起来的让步，伊恩·高感到十分担心，他可能不知道，推动绝食结束的秘密行动夏初就开始了。伊恩·高意识到吉姆·普赖尔打算做的工作后，稍后给撒切尔夫人写信，向她推荐"你收到的枢密院委员的建议（他可能指因诺克·鲍威尔）……他建议在处理绝食问题上应当有合适的间隔，让有些人感觉他们在对抗'当局'方面取得了部分胜利"。[121]当天晚些时候，高在同一份文件上补充写道："很明显，吉姆·普赖尔提议的声明已经泄漏……这可能意味着，无论你对普赖尔的声明有何保留意见，要修改为时已晚。"[122]情况的确如此。这位私人秘书补充道："首相同意在一种理解的基础上发布这份声明：关于服装问题的做法不能超过在大不列颠及北爱尔兰的女子监狱中已经推行的做法。"[123]实际上，已经发生的事情是撒切尔夫人允许普赖尔自行决定的。普赖尔退休后，有人问，撒切尔夫人是否担心他正在做的事情，普赖尔回答说："坦白地说，我拿不准她是否担心。我想，她或许有点……顾虑，但是她并未提出任何异议。"[124]

绝食抗议中的胜利者是谁？撒切尔夫人的确从中崭露头角，她的坚定和勇气得到了加强。这对她在联合主义者眼中的形象大有帮助，让她政治方面更加令人敬畏。假如她向示威者屈服，"铁娘子"的声誉或许永远也无法恢复。爱尔兰共和军曾指望撒切尔夫人被迫让步，或许因为她是一名女性。[125]但事实证明他们错了。此外，他们曾预期，每次死亡都会引发不

7. 爱尔兰绝食事件
"面纱后面的夫人"

可遏制的愤怒浪潮，称作"1916综合症"。但是，这种情况从第六个人死去后就再也没有出现过。他们对囚犯的纪律约束强得令人恐怖，但结果证明并非绝对有效。

在另一方面，由于抗议活动导致他们的战略在新芬党获得暂时性的选举成功，丹尼·莫里森在其10月底的年度大会上清楚地表示，要"一手拎票箱，一手握步枪。"值得争议的一点是，囚犯们的确取得了实质性而非形式上的成功，他们争取到了更多有利的监狱制度，确保爱尔兰共和军可以或多或少在梅兹监狱做自己想做的事情。还有一点毋庸置疑，在交易中撒切尔夫人为保持自己的强势，在推进政治进步时受了更大压力，而这是她曾设法避免的。众所周知，对她的名声造成最大损害且让她良心不安的，就是她的确在实际上与恐怖分子谈判过。她对此从不愿过多承认，哪怕是私下也不愿承认，但事实的确如此。

撒切尔夫人本人对绝食事件感到悲哀。她敬佩绝食者的勇气："你不得不钦佩这些爱尔兰共和军的男孩子。"她又说他们是些"可怜虫"，因为他们知道"假如不坚持绝食，就将遭枪杀……多大的浪费啊！对生命多么可怕的糟蹋！"为了强调此举毫无意义，她补充说："我甚至不记得他们的名字。"[126]当然，她也提到了对自己的影响。绝食行动的一个后果是，她被列在了爱尔兰共和军死亡黑名单的首位，尽管她并未马上知道。所以后来撒切尔夫人说："所以我将永远不得不受到保护。"[127]在公开场合，她从未提到过这种不可避免的恐惧，但她的确感觉到了恐惧，不管是为自己还是为整个家庭。她私下说："在那（死亡威胁）以后，步入人群会产生恐惧。如果有人献给你鲜花，你得马上看看里面藏了什么。想想拉吉夫·甘地吧，他就是被送鲜花的女子用炸弹炸死的。"[128]

尽管绝食抗议引发了重重困难，但是伦敦和都柏林之间一直保持着联系，纳利和阿姆斯特朗之间共同平静地开展着工作。1981年11月6日，撒切尔夫人和加勒特·菲茨杰拉德在伦敦举行了一次峰会。地点是阿姆斯特朗选择的，他在程序上采取了不同寻常的步骤，就是由菲茨杰拉德单独计划。在会前预备阶段，撒切尔夫人不断地给会议出难题。她仍旧对英爱委员会的名字不满，而这是"共同研究"项目已经提议的。她表示除非被叫作"英爱政府间委员会"自己才能认可。凡是可能意味着爱尔兰共和国在北爱尔兰问题上涉及管辖权的事情，她都非常警惕，她特别反对菲茨杰拉德的一项要求，因为他提出，英国应保证修改北爱尔兰事务相关内容的措辞，他认为这是一种"过于绝对"的形式，他的意思是说，这是一种民族主义形式。阿姆斯特朗写信给首相，试图在这一点上说服她，但他犯了一个严重错误，因为他借用了桑宁代尔联合公报，而这份公报曾承诺英国将支持多数北爱尔兰人的愿望，未来使其变成统一爱尔兰的一部分。"我们从未收回那项承诺，"他补充说。[132]撒切尔夫人对泰德·希思的任何行动都不敢恭维，她潦草地批注道："那种东西绝对没有任何持久的地位。"迈克尔·亚历山大颇感绝望，认为有必要提醒她，友好的英爱最高级别峰会应该是她热衷的事情："伦敦和都柏林之间的关系改进是你的成就，而你也希望保持并巩固这种关系。"[133]实际上，她这种思想仅仅停留在表面上，还不断地对自己同意过的事情感到愤怒。1983年，她与菲茨杰拉德的一次会谈中，她读到一个短语"英爱政府间委员会"，她以轻蔑的语调问道："这是什么东西？"菲茨杰拉德说："玛格丽特，这可是你发明的。"[131]

然而，峰会本身在撒切尔夫人和加勒特·菲茨杰拉德之间建立起了一种良好工作关系的基础。虽然她在个人回忆录中可能是出于对他向自己提出批评的嫉恨，谈及菲茨杰拉德时她义愤填膺，但当时她确实很喜欢他，也认可奈杰尔·劳森的观点，认为他是爱尔兰共和国有史以来唯一一位真诚的总理。[132]在联合公报草案的封面上，她批写了几个形容词，描述这次会议："友好、建设性、务实。"但她从都柏林返回后，对于联合公报中语言的精确性感到极其担心，并征求伊恩·高的意见（高提醒她说："放心吧，我们都记得外交部上次是怎么为我们做的！"）。[133]高的建议完全站在联合主义的立场，许多是因诺克·鲍威尔提出的，但当天并未受到采纳。不过撒切尔夫人坚决拒绝了一项草案，内容是：如果北部多数人强烈希望，英国政府将"支持"一个统一的爱尔兰。她用"接受"一词取代了"支持"。[134]在下院，为了维护联合公报，她列举了许多事实，证明菲茨杰拉德已经公开接受了和北部地区相关的处理原则。但是她遭到了联合主义分子的质问，这些人担心新委员会和"共同研究"话中有话。有一个人问她，她是否仍旧像自己三天前在贝尔法斯特所说的一样，对统一笃信不疑。"北爱尔兰是英国的一部分，"她回答说，"就像我的选区是英国的一部分。"[135]在荒诞传说中，这句话被篡改成了北爱尔兰是"像芬奇利选区一样是英国的一部分"，但这并不是她的原话。她并未声称，亦并不确信北爱尔兰和伦敦北部在文化层面具有相同性。然而，她坚决捍卫宪法地位，并且捍卫由宪法保护的人民的权利。

7. 爱尔兰绝食事件
"面纱后面的夫人"

1981年11月11日，"共同研究"的五个项目中有四个正式公布了，关于安全问题的报告没有包括在内。第一份报告的主题是"新制度结构的可能性"，报告提议组建一个英爱政府间委员会，虽然该委员会的性质和权力定位仍然模糊，但是两国同意建立一个秘书处运作此事。其中关于任命一位常任秘书的想法在当时及以后都令联合主义分子心神不宁。一些事态迅速分散了大众对"共同研究"的关注。三天后，正式联合主义分子在议会中的议员罗伯特·布拉德福德牧师遭爱尔兰共和军暗杀。伊恩·高向撒切尔夫人做汇报时指出，联合主义分子的主要想法是，"整个区域就是一枚定时炸弹，"⑬ 大多数人认为，一说到政治解决方案，听起来就像是并入爱尔兰共和国。在布拉德福德的葬礼上，吉姆·普赖尔受到愤怒的哀悼者推搡。他对这种局面采取的补救方式是再次寻求权力下放，并试图向撒切尔夫人兜售该理念。她仍然不能信服，从北爱尔兰看到内陆地区的问题："我主要担心权力下放组建的政府会对苏格兰产生影响。再说，我几乎看不到达成有效权力下放协议的前景。"⑬ 普赖尔设计出他称作"滚动性权力下放"的理念：权力将在达成协议的阶段下放，但这样做的问题几乎和阿特金斯时期一样多，民族主义者坚持分权，而联合主义分子站在多数人的权利一边。1982年2月，他将自己的想法提交给内阁国内事务会议。撒切尔夫人在他的草案上画满了曲线，而伊恩·高又措辞热情地写信给她，提醒她政府在宣言中的承诺和艾瑞·尼夫的承诺。他嘲弄权力分享是"试图将共和军与联合主义分子组合在同一个分权执行委员会中，就像1940年要贝当和戴高乐同在一个内阁一样荒谬。"普赖尔的计划正在"走向一个根本错误的方向"并且"注定要失败"。他的口吻坦率，显示出他清楚自己的上司不会对破坏提议的想法感到吃惊，伊恩·高写道："由于政府对北爱尔兰问题的态度整体上是冷淡的，我担心因此会支持吉姆·普赖尔的提议。要防止这种事情发生，最佳方式也许是不在本次议会中讨论……"⑬

普赖尔的建议在政府内部引起了许多争议，内阁国内事务委员会未对此达成一致。修改后的文本返回来时，已接近3月底，《白皮书》在《双边协议》的标题下提议，通过议会及议会的相关部门，针对爱尔兰共和国设置一个职位，负责北爱尔兰事务。当时高告诉撒切尔夫人，如果普赖尔的计划成为法律，他就辞职："我很理解将会出现什么后果，但是我不能投票赞成对这个提案进行二读，我认为它将对北爱尔兰和整个王国的统一造成严重损害。"⑬撒切尔夫人左右为难。她或多或少同意高的意见，毕竟还担心自己政党内部出现纠纷。为此，她安排普赖尔去了北爱尔兰，为的是把两人分开；当时阿姆斯特朗还提醒她，一旦普赖尔的提议遭到否决，他的个人处境将会非常艰难。⑭[1]这一说法也许是对的。撒切尔夫人也知道，内阁中的大多数人倾向于普赖尔的立场。但《白皮书》即使在进一步修改之后，仍然让她感到惊慌，在1982年4月1日的内阁会议上，她继续缓和一些措辞的调门，尤其是那些关于英爱合作的措辞，她称之为"毁灭性的"措辞。⑭但她认为必须向议会提交这一提案。要么是她安抚了伊恩·高，要么是悄悄授权挑动他不服从，不管怎样，她平息了伊恩·高。4月2日，高写信给她说："好吧，生米已经做成熟饭，但你了解，我的位置有多难。也谢谢你理解。我忘不了艾瑞。"⑭

内阁通过了普赖尔提案后，第二天，阿根廷入侵福兰克群岛。[2]这场危机使撒切尔夫人下令，将这份提案（不过不是《白皮书》）推迟至复活节后再提交。这一推迟命令帮了高的忙。在撒切尔夫人看来，现在伊恩·高比任何时候都重要，因为他有能力让下院支持她的立场。但是，另外有一种感觉是，这种做法同样帮了普赖尔。面对一场关系自己政府生死存亡的战争，还事关国家荣誉和个人的毕生事业，撒切尔夫人没有时间做任何别的事情。确实，伊恩·高拥有撒切尔夫人的"尚方宝剑"，可以给普赖尔制造麻烦。[3]而像尼古拉斯·巴登[4]这样的统一保守党核心人物辞去了党鞭职

---

1 阿姆斯特朗本人对于普赖尔的建议书并无热情，因为在推进的过程中并未咨询爱尔兰共和国（从2月份开始，再次由查尔斯·豪伊任总理）。如果建议最终失败，他不会在意，但他不希望这些政策在政府内让更多的联合主义政策取代。

2 见第9章。

3 高的信件中附带着一份撒切尔夫人亲笔信，信中列出内阁官员中"支持我们"或"反对我们"名单。其中有10个人在"反对"栏，包括杰弗里·豪、弗兰西斯·皮姆和黑尔什姆勋爵。有5个人在"支持"栏，包括基思·约瑟夫、奈杰尔·劳森和西塞尔·帕金森。这份列表只是和北爱尔兰法案有关，并不能反映内阁中更广泛议题上的分歧。（"撒切尔夫人笔记"北爱尔兰法案终止辩论动议，1982年6月17日，THCR2/6/2/117。）

4 尼古拉斯·巴登（1937—1998），毕业于牛津的圣爱德华学校和剑桥大学的基督圣体学院；1974年2月任伍尔弗汉普顿西南选区保守党在议会的议员；1982年因北爱尔兰权力下放问题辞去党鞭职务；在20世纪90年代，他是一名欧洲怀疑论者，曾发起运动反对《马斯特里赫特条约》。

7. 爱尔兰绝食事件
"面纱后面的夫人"

务，而克兰伯恩勋爵¹辞去了首席私人秘书一职，他们强烈抵制这一提案。为了息事宁人，党鞭们决定终止对提案的辩论。吉姆·普赖尔回忆起当时自己的第一反应："我一直忘不了我告诉内阁不得不终止辩论时的情景。撒切尔夫人扭头对我说，'感谢上帝，我打算去美国，而不希望为它投票。'我的意思是，她并未使我的生活轻松起来。"⑭随后，有26名保守党后座议员投票反对终止辩论动议。撒切尔夫人在自己的权力范围内可以阻止提案通过，但是她没有做这种选择。在她看来，表达了自己的不满，目的就达到了，然后会对它"开绿灯"。

福兰克群岛事件还起到了冻结英爱关系的效果。查尔斯·豪伊仍然认为，是撒切尔夫人在绝食行动期间的作为使他输掉了1981年夏天的大选，但他1982年3月9日重新当权。他将福兰克群岛事件视为一次报复机会。在欧共体和联合国，爱尔兰变成了迄今为止最讨厌的西欧国家，它投票反对制裁阿根廷，反对联合国提前讨论针对阿根廷问题的决议。²豪伊还因为自己的政府并未参与，便对普赖尔的建议表示反对，如今他尽其所能要在所有事情上从中作梗。他当时的私人秘书肖恩·艾尔沃德解释说："我认为现在并不是他的辉煌时刻……但这时确实产生了政策上的困难……因为很简单，福兰克群岛或马尔维纳斯群岛在殖民地历史上属于典型问题（所以在爱尔兰政治上也是悬而未决的问题）……爱尔兰对阿根廷的立场抱有实质上的同情，对撒切尔政府在绝食事件中施加影响的方式有积怨，两种情况加在一起影响了我们当时的外交政策。现在回顾起来，当时的做法无疑是错误的，因为不能简单理解为我们只是在针对英国，结果我们由此失去了许多朋友。"⑭五月底，英国驻都柏林大使菲格与豪伊进行了一次非常不愉快的会谈。爱尔兰总理告诉他，英爱协议的精神已然"完全死了，"因为之前没有与都柏林商议。⑮

---

1 罗伯特·西塞尔，后来的第七世索尔兹伯里侯爵（1946—），毕业于伊顿公学和牛津大学的基督教会学院；1979—1987年任多赛特南选区保守党在议会的议员（以克兰伯恩子爵的身份）；1992—1994年任国防部副部长；1994—1997年任掌玺大臣及上议院议长；1997—1998年任上议院反对党党魁。

2 详见第10章。

撒切尔夫人与自己的下属不同，她并不在意爱尔兰政府撤销政治合作伙伴关系。在回答因诺克·鲍威尔的问题时，她在下院几乎是以欢快的语气说："在事关北爱尔兰的问题上，女王陛下政府从未承诺过要与爱尔兰政府商议。这历来都是我们的立场。我们要重申并强调这一点，以便每个人都清楚。"⑭¹ 但她非常在意的是，爱尔兰试图阻碍英国在福兰克群岛取得胜利。在一次关于酝酿多时的改善互惠表决权的讨论中，阿姆斯特朗写信给撒切尔夫人，含蓄地指责她不愿推动这件事，并且提醒她这项改革是英国承诺过的。撒切尔夫人用钢笔潦草地回复说："这事我知道，但是在那以后事态已经发生了变化。我确实不打算与爱尔兰总理做进一步的双边会谈。"对整个爱尔兰的问题，尤其是对爱尔兰共和国，她一时毫无耐心了。1982年10月20日，普赖尔的北爱尔兰议会进行选举，她证实了自己对其过程的担心。新芬党获得了10%的票数，成为选民的首选。换言之，这个党的得票在整个民族主义一方中占三分之一。

伊恩·高为了他在联合主义分子同盟中的利益，希望转变撒切尔夫人对北爱尔兰问题的失望情绪。11月中旬，他致函首相："下一次大选后，我希望你会发现，我们完全可能制定全新的北爱尔兰政策。"他接着表示，"当前普赖尔和高里的组合对北爱尔兰有极大的损害。"⑱ 然而，撒切尔夫人很快就受到了其他因素的影响。1982年12月初，她请沙克尔顿勋爵共进晚餐，感谢他为恢复福兰克群岛经济所做的工作。随后，她邀请几位官员上楼喝酒。其中一位名叫大卫·古道尔²的内阁副大臣是个有爱尔兰血统的罗马天主教徒，他长期以来致力于英爱友好，这天把话题转到了爱尔兰问题上。他有点冒失地对撒切尔夫人说，英国军队在福兰克群岛取得了胜利，却在英国国内陷入北爱尔兰愤怒的漩涡中，实在是一桩"丑闻"。首相与他谈

---

1 这一回复不幸被因诺克·鲍威尔误解了，他认为撒切尔夫人是要"冻结"英国政府与爱尔兰政府之间的讨论。他谈到了正式联合主义分子与保守党交流的"实在前景"。而伊恩·高注意到鲍威尔"追求逻辑的热情"，意识到撒切尔夫人的回答"并未暗示因诺克认为的内容"。（高给首相的信，1982年8月2日，THCR2/6/2/117。）

2 大卫·古道尔（1931—），毕业于安普尔弗斯学校和牛津大学的三一学院；外交家；1975—1979年任外交部西欧事务部主任；1982—1984年在内阁办公室任职；1984—1987年任外交部副部长；1987—1991年任驻印度高级代表；1987年受封骑士头衔。

7. 爱尔兰绝食事件
"面纱后面的夫人"

论了爱尔兰人的特质。撒切尔夫人说："我是地地道道的英国人。"古道尔说："我不是，我的祖父和外祖父都是爱尔兰人。"首相条件反射式地回答说："我曾祖母姓沙利文[1]，因此我是十六分之一的爱尔兰人。"她若有所思地说。"如果我们（在下一次大选之后）继续执政，"她说，"我乐意处理爱尔兰的事情。"[⑱]

---

1 其实，她姓奥沙利文，是她父亲家族的姓氏。据信，她的祖先是陆军上校约翰·威廉·奥沙利文爵士，1745年叛乱时期在查尔斯·爱德华·斯图亚特王子（邦尼王子查理）麾下任军需将军。（与伊恩·索伯的通信）

1981年预算案及影响
"我们必须赶紧采取行动拯救她"

由于"成事人人争功,失败无人引咎"1981年预算案之始作俑者引发了激烈争论。包括撒切尔夫人在内的政治家们努力促成预算案通过,不料却卷入一场危机的漩涡,只得全力应付日益恶化的数据。他们对可能的后果太担心了,大家都奋力拼搏,竭力避开灾难。只有在预算案看来像是获胜的时候,他们才认领了作者身份。这一天迫近前,撒切尔夫人的首相地位曾遭遇灭顶的威胁。

1981年1月17日,在首相别墅的一次会议中,撒切尔夫人及最亲近的顾问人员对经济的绝望状态已经十分清楚。政府未能遏止公共开支残酷的增长势头,一场资金危机中潜伏着推垮政府的切实可能性。因此,紧随这次会议之后,大家认为迫切需要一套严厉的预算案对公共部门借贷需求严加控制。特里·伯恩斯回忆说:"在讨论严厉的预算案初期,撒切尔夫人曾显得相当紧张。"①

约翰·霍斯金斯、艾伦·沃尔特斯和大卫·沃尔夫森感觉,他们并不能使撒切尔夫人专注于这些问题。她好像既疲惫又生气:第二天她露面时,竟忘记昨夜曾开会到深夜。霍斯金斯在个人日记中写道:"啊,天哪!我看她可能空腹喝过一两杯酒。"②2月10日,沃尔特斯在与撒切尔夫人、杰弗里·豪等人开会时,得到确认当时预测的公共部门借贷需求是130亿英镑。会议结束后,沃尔特斯向首相呈交了一份备忘录,提醒她预算案不够有力的后果:"预测公共部门借贷需求呈上升趋势,根据外推预测的性质,实际情况不可能低于这些数据……所以,我们对公共部门借贷需求的削减量预测可能过低(正如1980—1981的情况)。"沃尔特斯继续写道:"这要么导致夏末或秋季的预算增加(这是应当避免的),要么带来巨大的资金压力。而最后一条或许会导致一场资金危机,

8. 1981年预算案及影响
"我们必须赶紧采取行动拯救她"

但必将导致利率升高,汇率保持高位,私营领域再受挤压。这种结果必须避免——对竞选来讲,这是不能允许出现的前景。"他呼吁"现在就做痛苦的决定。"③

霍斯金斯提交给撒切尔夫人一份备忘录,认同沃尔特斯的观点,在表达方式上更具警示性。他表示,预算案在"杀伤力不足"和"过度杀伤"之间提供了一种选择。过度杀伤就要求增加税收。杀伤力不足为的是实现较高的经济增长和较低的失业率,在政治上受欢迎,但是"如果预算案杀伤力不足,仲夏就将面对一场资金危机,随之会竭力尝试进一步削减政策,造成内阁分裂,储蓄少得可怜,导致最低贷款利率进一步升高,紧接着是利率升高。经济活力会变得更低,失业率更高,公共开支需求更高,在大选之前将无法逆转。中期财政战略失去可信度,杰弗里本人将遭灭顶,我们自身的地位也将不保。"④

他的备忘录增加了撒切尔夫人的焦虑感,但凭借独立的专家对高汇率造成的损害分析坚定了自己的立场。2月5日,霍斯金斯送交撒切尔夫人一份瑞士经济学家于尔格·尼汉斯的研究摘要,该研究试图回答一个问题:"英镑汇率为何如此之高?"尼汉斯认为,货币控制是击败通胀的唯一方式,但他辩称,政府的货币紧缩政策造成的冲击太大也太迅猛。英镑M3的数据在货币供应上给人一种错觉:仿佛可以靠严厉压低货币基础反映货币供应目标。然而,不愉快的结局是政府的政策冒着破坏自身目标的危险。财政部推出的中期财政战略已经在沿着米尔顿·弗里德曼倡导的"渐进主义"路线前进,但市场对这一进程做出的反应是高汇率,转而助长了危机,弗里德里希·冯·哈耶克认为,这是一种值得提倡的必要冲击。当时任奈杰尔·劳森私人秘书的戴维·威利茨[1]记得:"虽然我们在试图遵循弗里德曼的理论,但实际上却朝着哈耶克的方向走去。"⑤在与霍斯金斯的交谈中,尼汉斯非常坦率地表明了自己的观点:"如果中央政府继续推行目前的货币

---

[1] 戴维·威利茨(1956—),毕业于伯明翰的国王爱德华学校和牛津大学的基督教会学院;1984—1986年任首相政策小组成员;1987—1992年任政策研究中心研究处主任;自1992年起任哈凡特选区保守党在议会的议员;1995—1996年任内阁办公室、公共服务办公室常务秘书;1996年任军需官;2005—2007年任影子内阁的教育与科技部大臣;2007—2010年在大学和技术创新部任职;自2010年起任大学及科学部国务大臣。

紧缩政策，得到的将不只是经济不景气，还将发生一次经济大衰退。"[6]道格拉斯·沃思称，一些"无懈可击的外部资料"[7]预测到灾难即将发生。

大卫·沃尔夫森注意到，在那几周随着他与财政大臣和首相举行的每一次会议，公共部门借贷需求都在持续膨胀，"如果你是一名零售商（他本人就是零售商）你就知道，一旦发现一种趋势，这种趋势就可能持续下去。沃尔特斯、霍斯金斯和我对撒切尔夫人说：'如果我们允许这一趋势持续，我们在经济工作上的可信性将不复存在。'"在沃尔夫森的记忆里，撒切尔夫人领会了他们话语间暗含的建议，就是必须不惜一切手段控制住公共部门借贷需求，包括进一步削减开支和增加税收。她回答说："你们确信自己的判断是对的吗？如果不是，我的首相生涯将为时不长。"[8]在2月13日举行的会议上，参会者有撒切尔夫人、杰弗里·豪、伯恩斯、沃尔特斯、霍斯金斯和沃尔夫森等人。沃尔特斯建议应当将公共部门借贷需求压缩至100亿英镑，同时提高基本所得税率。豪则力主115亿的公共部借贷需求就可以，他和撒切尔夫人都反对税率提高。撒切尔夫人在个人回忆录中提到了这次讨论：

> 艾伦是经济学家，但是杰弗里和我是政治家。杰弗里提出合理的评论说，在20世纪30年代以来最严重的经济衰退期引进通货紧缩的预算方案是相当困难的；通过提高基础利率来控制通胀，将会带来一场政治噩梦。我附和杰弗里关于提高所得税的种种问题的判断，虽然我没有太多信心，随着一天天过去，我的不安在增加。[9]

那些当时在场的人都没有注意到撒切尔夫人在谈到提高税收议题时缺乏信心。艾伦·沃尔特斯回忆说："她朝我尖声喊叫：'你不过是一介学究，怎么会明白其政治含义何在？'"[10]他当时回答说，金融市场崩盘将给她带来政治上的毁灭，还提到（知道这一点会刺痛她）爱德华·希思就是因为这一点导致"猛增"计划惨败的。[11]霍斯金斯等人发现，有一点很不同寻常，她没有读过他们在文件中讨论的这个问题。随后，霍斯金斯在个人日记里记录了这些内容，他和沃尔特斯作了交谈，"我高兴地发现，艾伦一直在想自己是否应该离开，整件事情是否在浪费时间。"[12]沃尔特斯、霍斯金斯和沃尔夫森开始谈论，一旦他们的预算建议不被采纳，就集体辞职。

在接下来的一周里，进一步开会似乎没能扭转撒切尔夫人的观念。沃尔特斯一再对她说，除非降低政府的借贷额，否则利率不可能如她所愿降得更

8. 1981年预算案及影响
"我们必须赶紧采取行动拯救她"

低。如不能靠压缩开支削减借贷，就只能提高税收。他觉得自己无法说服她。在整个一周时间里，她常常被矿井停业问题引发的灾难搞得心神不宁。2月20日，也就是煤炭行业让步两天后，霍斯金斯交给她另外一份备忘录，提到公共部门借贷需求现在将变得更加庞大，并重申过度杀伤式的预算将是个拐点。她在上面批注道："尖刻的评论"，而霍斯金斯感到，"现在我们在接近一个临界点，就是提建议者与被建议者之间的关系开始断裂，并且提建议者自身被视为问题的一部分。"[13]但是，正值万事看起来都到了穷途末路之际，霍斯金斯写于2月24日的日记显示："今天下午，我们听说……撒切尔夫人发生了奇妙的转变。她开始摇摆了，在与杰弗里·豪和道格拉斯·沃思谈到预算时，提到需要压缩公共部门借贷需求的规模，还可能要提高所得税……然后她说，这是他们的问题（因为杰弗里·豪和道格拉斯·沃思已经表示，这在政治上是不可能解决的），该由他们去解决。接着，就在他们动身离开时，她说了句话，大意是'如果发生一场资金危机，那么你（杰弗里）得做好离职准备。'"[14]官方记载证实了其中的一些内容，但是做了过滤。杰弗里·豪的私人秘书蒂姆·兰克斯特在2月24日写的一个文件中报告说："首相说，对1981—1982年度高达112.5亿英镑的公共部门借贷需求预测，她倍感沮丧（这是杰弗里·豪当时提出的）。如果不能将公共部门借贷需求降低到105亿英镑，降低最低贷款利率是否合理？对此她感到疑惑。从政治角度看，由于国家煤炭总局和英国钢铁公司方面的支出增加，在基本税率基础上提高1%可能说得过去。"杰弗里·豪坚持认为，提高基本税率从政治角度看极其困难，而且对维护商业信心是件很糟糕的事，撒切尔夫人最后表示，她准备接受他对政治的判断，但她保留了降低公共部门借贷需求的观点。[15]

次日上午，艾伦·沃尔特斯拜会撒切尔夫人。她正在打包自己的帽子，为第二天的美国之行做准备。她告诉沃尔特斯已经和杰弗里·豪谈过，必须将公共部门借贷需求规模压缩35亿英镑。沃尔特斯问："你确定？"撒切尔夫人回答说："我当然确定。这正是你希望的，不是吗？"[16][1]

---

[1] 在如此重要而忙碌的一天，撒切尔夫人还向议会和科学委员会发表了一次准备全面的演讲。她的私人秘书尼克·桑德斯在准备过程中要她注意一篇彼得·梅达沃爵士写的论文，论文引用了西莱尔·贝洛克作品中描述的一个贵族的命运（被处以电刑），那人不承认"富人的责任是为技术工人提供就业机会"。梅达沃的论文出了个错，将这位贵族人称为诺维奇勋爵。撒切尔夫人知识渊博，注意到了这处错误，并做了修改，正确的名字是芬奇利勋爵。（采访尼克·桑德斯）

或许因为随后撒切尔夫人去美国访问,或许因为预算案既复杂,工作强度又大,所以大家并没有立刻意识到,已经做出了决定。其实在某种意义上并没有做出决定,杰弗里·豪在增税问题上采取的精明解决方案最终受到采纳,也就是货币不应当来自增加基本税率,而应当来自通胀中不提高所得税起征点。沃尔特斯不了解讨论进展,给杰弗里·豪送去一份备忘录,倡导更大规模地削减公共部门借贷需求。希金斯、沃尔特斯、沃尔夫森各准备好一份辞职函,因为他们仍旧预料自己的预算建议不会被采纳("扭转英国经济的机会已经错过了……")。[17]但撒切尔夫人已改变主意,要考虑他们的方法了,并在想办法要杰弗里·豪接受。

财政部的记载抵制1981预算案是在唐宁街出笼的"神话"。道格拉斯·沃思坚持说,是财政部的官员准备出了"广泛中性"的预算案,为的是与中期财政战略保持一致。撒切尔夫人说,她想削减公共部门借贷需求,达到降低利率的目的,他们早已做好了合作的准备。杰弗里并没有过多坚持。既然这是目标,就以它做目标吧。[18]在杰弗里·豪的个人回忆录里,他公允地指出,他和沃尔特斯或多或少态度一致。[19]他确保沃尔特斯和彼得·米德尔顿两人保持亲密关系,这能在唐宁街10号与财政部之间扮演协调角色。杰弗里·豪的特别顾问亚当·里德利记得:"我们都事先预测到了后来的事态。"金边债券市场的危机带来的威胁主导了一切。财政部和唐宁街10号都希望造成一种情况,可以让人们说:"本届政府是可靠的:我们可以大量购买金边债券。"[20]在两个部门之间存在一定程度的竞争,"每一方都认为会战胜另一方。"[21]彼得·米德尔顿回忆称,自己和沃尔特斯之间并不存在争执:"有一种逐渐增强的感觉,觉得整个反通胀政策或许要从我们手心里溜出去。在财政部与唐宁街10号之间发生的所有预算前讨论中,杰弗里谈到任何事情的时候,从未显得像在吵架。"[22]

撒切尔夫人在预算案讨论过程中转变思想并非不同寻常:她处在试图说服自己的矛盾中,往往表现出困惑和艰难。如果她在没有抗议声的情况下仓促接受紧缩型的预算案,有人就会诋毁她的政治判断。不过,她的唐宁街顾问团无疑协同努力,完成了这份重要的紧缩预算案。沃尔特斯本人的建议及其性格特点发挥了重要作用。特里·伯恩斯从财政部的角度密切观察了讨论的全过程,"在一些阶段(2月份),她摇摆不定且凌驾于我们之上。"[23]伯恩斯认为,"她真正听从的是沃尔特斯的意见,"他清晰表达的观点让她感到宽慰。沃尔特斯"证明自己绝对正确的表达方式让人解除了

8. 1981年预算案及影响
"我们必须赶紧采取行动拯救她"

戒心。"㉔撒切尔夫人反过来增强了财政部的信心。由于以沃思和赖里为代表的守旧派与米德尔顿和伯恩斯等人的新生代之间有分歧，财政部的信心一度被削弱。㉕她还鼓动财政部里最激进的官员奈杰尔·劳森，抵制杰弗里·豪的"老好人"倾向。㉖在克莱夫·惠特莫尔看来，撒切尔夫人怀疑杰弗里·豪受财政部里凯恩斯主义守旧者的影响过重，这也使沃尔特斯尤其显得重要。㉗在杰弗里·豪这个位高权重的民选政治家看来，让他窝火的是首相的一名私人顾问竟有这么大的影响，这种影响在日后会让他的继任者劳森无法忍受，但这毕竟是个事实。在完成1981预算案的几个星期中，撒切尔夫人过于担心发生灾难及更大的灾难，开始被迫面对自己真正失败的可能性，而这种失败将是一种耻辱，因为她将不得不放弃自己所坚信的一切。沃尔特斯和她其他的亲密顾问则帮助她保持正常的思想路线。

1981年3月10日，杰弗里·豪向议会提交了自己的预算案。截至这时，财政部预测公共部门借贷需求已经升至145亿英镑（占GDP的6%）。[1]杰弗里·豪设计增税政策的目标是把它削减到105亿英镑。儿童福利和单亲家庭福利实行指标化，但税收起征点不与通货膨胀挂钩，这一决定可节省20亿英镑。对酒类、烟草、汽车和燃油税按通货膨胀率双倍征收。对银行的无息储蓄实行一次性征税，这可以得到4亿英镑。储蓄利率将下降两个百分点，达到12%。杰弗里·豪还宣布，未来将以现金形式而不是账面金额的形式控制公共支出。[2]最后一条措施控制公共开支比过去更严厉，而且更具可预测性，因此更容易把握。如果各部门预先知道自己的现金限制，就不太可能遭遇让他们痛恨的"年度"削减问题。

过去到现在一直有个惯例，就是财政部在决定预算案方面拥有绝对权威。它是基于财政大臣个人的判断，并与首相磋商后的产物，并不参考内阁各方面的意见。然而，杰弗里·豪深知这次预算案比往常更具争议性，便在公布前一天私下谨慎地向政府高官披露，还为此单独会见了怀特劳、

---

[1] 他这是为了举例说明现实状况有多糟糕，大家应该牢记的一点是，在后来三十年中，赤字占GDP 3%被认为是能够承受的极限。然而，2010年戈登·布朗政府结束时已经高于11%。

[2] 换言之，各部门将不能批准直升机、医院等需求的数量，也不能为之寻求拨款，而只能为所需项目协商需要的数额，在力所能及的范围购置。

卡灵顿、普赖尔和皮姆。他们谁也没有表现出激动，普赖尔还表现出厌恶，对杰弗里·豪说，这简直是一场灾难。㉘第二天上午，在财政大臣向全体内阁陈述预算案之前，普赖尔与彼得·沃克还有伊恩·吉尔摩和其他持不同政见的官员们共进早餐，围绕他们是否应该辞职一事争辩不休。据彼得·沃克说，他们在听完预算案的全部细节后还在内阁会议室外争论不休，不过最后得出结论：考虑到对英镑的影响，他们还是不要辞职了。㉙吉尔摩记得当时特别想辞职，但是在其他人劝说下打消了念头，他们认为需要为信仰和原则而战。㉚回顾往事，普赖尔认为他们当时的决定或没做决定态度相当优柔寡断："我们是名副其实的'湿派'。"㉛

在内阁全体会议上，杰弗里·豪和撒切尔夫人不同，他通常在自己的讨论中顾及"湿派"，为他们不愿参与讨论而颇感失望，他集中讨论了这些人主要忧虑的问题——失业。他说，这个问题取决于通货膨胀。"我们都身处暴风的中心。"除了基思·约瑟夫表示坚决支持外，人们的反应显得沮丧。吉尔摩谈起"政治灾难"；沃克说自己"非常担忧"；皮姆则警告说，工业领域将感到"沮丧和失望"。普赖尔说，自己的感受是"极大的失望"和"深深的忧虑"。就连威利·怀特劳也把批评掩藏在忠诚的表象之下，说"迫切需要看到希望"。卡灵顿勋爵表示，"我们已经奋斗了两年，看来似乎没什么效果。"当时他打开一条讨论线索，而这种话题正是"湿派"的撒手锏：政府的整体未来正处于危急关头。他还抱怨说，他们过去没有机会讨论预算案的内容。㉜针对所有这些反应，撒切尔夫人感觉自己唯一能够说的就是大家应当与财政大臣团结在一起。

"预算案未获好评，"伯纳德·英厄姆在第二天为首相整理的每日新闻摘要中使用了这样一句开头。《太阳报》使用了一个大标题"杰弗里·豪很受伤"，声称政府未能履行诺言。《金融时报》称："除了通货膨胀，承认全面失败"，并使用了一个标题"战略的最后机会"。但也有赞誉——《每日邮报》称之为"富有政治勇气的顽强行为"。但赞誉的报道并不多，而且媒体报道了至少六位内阁官员的忧虑。新闻摘要还转变话题，报告称："马克·撒切尔在日本电视台为苏格兰做广告。"㉝在出席《卫报》举办的"年度青年商人颁奖仪式"时，撒切尔夫人抛开预先准备的讲稿，愤怒地谈到针对自己的批评者。她说，"我收到的信息来自那些对特别税抨击最强烈的人，正是那些人对额外开支的要求嚷叫声最响亮。"㉞第二天，英厄姆向撒切尔夫人打小报告，递交给她一份秘密备忘录，内容是弗兰西斯·皮姆

8. 1981年预算案及影响
"我们必须赶紧采取行动拯救她"

在议会新闻厅发布新闻时的行为,"我认为你应当知道,今天下午皮姆……相当巧妙地将公共压力用于内阁在预算案前的经济战略讨论中。"英厄姆继续写道:"他的观点在内阁中是否典型?也许具有典型性,他说……他认为在秋季进行下一轮公共开支审查期间,财政部制定的强硬路线将不会特别受好评。"英厄姆称他随后从一名记者处得知,大臣们要举行一次经济战略讨论会,可能周末在首相别墅举行。"并不仅仅是个别大臣怀有这种想法,而是正开始酝酿。"㉟不出所料,第二天的报纸上充斥着关于一批大臣的报道,说他们要在预算案战略中讨一个说法。英厄姆的新闻摘要说:"在公布前的当天早上,他们再也不能忍受得知其秘密带来的冲击了。这种情况可以用'暴乱'这样的字眼来形容……而这是怀特劳、皮姆、普赖尔、沃克、吉尔摩和卡灵顿等诸位先生使用的字眼……《卫报》报道说,许多官员和后座议员们在公开讨论一件事:中央政府被迫改变政策时,夏季发生宫廷政变的可能性。"㊱

对于撒切尔夫人而言,幸运的是,后座议员们的情绪虽然并不兴高采烈,但也并不像《卫报》报道的那样要发生暴乱。他们通过关注其他次要议题缓解自己的情绪,这些议题要么与农村选区有关,要么与增加对柴油的课税有关,杰弗里·豪做出一些让步,减少了对柴油的课税,提高烟草关税做弥补。但毫无疑问,在撒切尔夫人的内阁中曾明显有过基本一致的反对派。或许并没有一个要除掉她的阴谋产生,因为持不同政见者中缺少一个冒失鬼,但已经出现了披着程序改革外衣的动向,要孤立她,或者要创造一种局面,让她在自己的大臣同僚中失去多数人的支持。与此同时,她信任的伙伴队伍开始缩小。预算案发布大约一周后,约翰·霍斯金斯在个人日记中写道:

> 罗尼(米勒)对玛格丽特的损失非常担心,也担心她失去那么多支持者——理查德·赖德[1](离开唐宁街10号为竞选议会议员做准备)、戈登·里斯(在美国为安默德·海默工

---

[1] 撒切尔夫人觉察到了这些损失。1982年初,她曾试图劝说理查德·赖德回来,没有成功。她对他说,自己担心艾伦·沃尔特斯缺乏政治敏感,希望赖德前来为他"保驾护航"。(采访温瑟姆赖德勋爵)

作)……阿里斯泰尔·麦卡尔平(已经被桑尼克罗夫特勋爵临时推迟了在中央办公室担任财务主管),等等。他说,戈登在美国听基辛格说,英国内阁的朋友们(卡灵顿?)称,她将在一年内出局。他感觉我们必须赶紧采取行动拯救她。㊲

这种情况用英厄姆的话描述也许比较准确:"364名经济学家要轮番谴责你的经济政策。"㊳刊载于《泰晤士报》的一封信上,有五位政府前首席顾问签了名,其中包括特里·伯恩斯的前任弗雷德·阿特金森、前中央政策评审委员会主任肯尼思·贝利尔,还有很久以后成为英格兰银行行长的莫文·金。信中说道:

通过降低需求永久性控制通胀,并因此实现产出和就业领域的自动复苏——政府的这一信条没有经济理论基础,也没有证据支持;

当前的政策只能加深不景气的局面,腐蚀我们经济领域的工业基础,并威胁社会和政治的稳定;

本来我们有其他政策选择;

现在该放弃货币主义政策了,其他政策选择能提供持续复苏的最佳希望。

无论公众多么讨厌政府的政策,但他们并不太喜欢经济学家的观点,也不认为364个人肯定比1个人好。同一天,英厄姆的新闻摘要提到这封信时也汇报说,《金融时报》的萨姆·布里坦称,这或许是经济复苏的一个有利苗头。㊴彼得·米德尔顿记得,364人刚开口不久,"一切都开始转而上升了。"㊵

奈杰尔·劳森在个人回忆录中说:"时机选得真是太美妙了。"㊶就在364位经济学家的信发表当天,产出数据在季度末触到了最低点。从1981年至1989年的8年间,GDP实际增长率为年均3.2%,然而这其中还有从1980年到1981年间16个月的负增长。从1983年第一季度开始,就业人数开始上升,并且自1986年第三季度开始,失业率开始下跌。艾伦·沃尔特斯曾预测,通胀率在1982年将跌至5%,这一预测或许显得过于乐观,但1983年该数据为4.6%。至于公共部门借贷需求,其最后结算量为85亿

8. 1981年预算案及影响
"我们必须赶紧采取行动拯救她"

英镑，比预算还少20亿英镑。当然，不管是364名经济学家还是对手们在当时都不知道这一切，但很重要的一点是，《泰晤士报》刊载的信里除了提到存在其他政策选择，却只字未提这些选择的内容。就像"湿派"的内部批评一样，这封信明显表达了对政府工作的厌恶，但是对究竟该怎么做却没什么信心。一旦信心不足，对财政扩张的传统修复方式就无法奏效，但批评者并不承认这一点。彼得·米德尔顿描述说，预算案不过是对正在发生的事态起到了示范效果。[42]艾伦·沃尔特斯强调指出，在这样的大环境下，财政扩张成了动荡的征兆，因此打算"扩大"赤字的实际效果反而导致经济紧缩。这样一来，"记忆中和平年代最艰难的预算案"倔强出炉，激发出所需的信心。[43]非货币主义者道格拉斯·沃思回忆道："1981年预算确实使我们降低了利率，而且相应降低了汇率。"[44]

信心和平静并非很快便得到了恢复。当时有一些诸如股市高位运行等经济利好的新闻，但麻烦仍然存在。3月底，公务员工会开始了一场"选择性"罢工，这场活动很快破坏了政府收入的流动性，使公共财政更加恶化。撒切尔夫人的政府面对的情况具有典型性：工业产出十个月来第一次上升的那天，也是伦敦街头爆发严重骚乱的一天。1981年4月13日，在南伦敦的布里斯顿区发生了一场主要由黑人青年参加的反警察暴乱，暴乱中150名警察受伤，200多暴乱分子被捕，还引发了大范围的抢劫事件。四天前，囚禁中的爱尔兰共和军绝食抗议者鲍勃·桑兹，在弗马纳郡和南泰隆选区的补缺选举中胜选，成为议会议员。极端分子参与了在布里斯顿挑起的争端。在英厄姆的新闻摘要里，有一篇报道称，爱尔兰共和军（在梅兹监狱）H区囚犯的支持者宣布，一名被刺伤的黑人青年已经死亡，消息立刻引发了暴动。撒切尔夫人在新闻摘要上涂鸦表示强烈反对。[45]她态度坚定露面称暴动"没有任何借口"，还说公共资金被"倾注到"朗伯斯区，却收效甚微。[46]朗伯斯选区在议会中颇有争议的工党议长"红色泰德"骑士等工党左翼分子参与了反警察活动，这可能让她在政治上受了益。公众与大城市的精英们态度不同，他们对大规模的暴乱深感震惊，往往强烈谴责暴乱分子。但另一方面，撒切尔夫人并没有对拥护自己的人们提出任何解决暴乱问题的实际答案，还准许内政大臣威利·怀特劳任命了一位左倾自由主义法官斯卡曼勋爵，对暴乱事件介入调查。批评她的人自然会宣称，动乱活动是回应她制造的失业问题，"湿派"便有机会称，他们曾预言社会各阶层会流出痛苦的眼泪，如今业已成真。

5月份情况并未好转。5月4日，鲍勃·桑兹在绝食中死去，他的死激起了北爱尔兰的暴力活动和世界范围的抗议。5月7日，工党控制了大伦敦地方议会，次日，没等民意调查出笼，称作"左派疯子"的新人肯·利文斯通[1]在一场内部政变中便替换了现任温和派领导人。5月10日，弗朗索瓦·密特朗[2]当选法兰西第五共和国的首位社会主义总统，他推行的政策包括了银行国有化。5月13日，教皇约翰·保罗二世在罗马圣彼得广场遭职业杀手枪击，幸免于难。很久以后发现，这名杀手可能与保加利亚秘密组织有关联，而幕后指挥者或许是苏联克格勃。5月18日，撒切尔夫人认为不得不解雇她的海军大臣基思·斯皮德，因为他抵制约翰·诺特在她支持下实施的削减政策，称之为不受欢迎。在这个时期，各种事件的压力搞得她疲惫不堪，她的牙病也参与作乱，一再侵蚀她本来非常健康的身体。结果，她的团队不得不取消了一次预定在首相别墅举行的会议，按照计划，这次会议的参加者有沃尔夫森、霍斯金斯等人。会议是与庞大的公共开支做斗争的一个组成部分，在预算案之后，这是引发内阁冲突的又一个领域。[47]

对同僚讨论经济战略的要求，撒切尔夫人采取的态度极其谨慎。杰弗里·豪一贯采取安抚态度，他对首相提出的理由是："如果不能让同僚相信我们是对的，就很难让整个国家信服。"[48]基于以往的痛苦经历，她受到泄密的危险困扰，还担心遭到伏击寡不敌众。然而，她最后还是接受了大家的意见，同意就控制公共开支进行一些讨论。她还决定，与伯恩斯前一年的"演讲"不同，这次要讨论由杰弗里·豪亲自起草的文件。杰弗里·豪的文件散发后，大臣们有机会在会前考虑自己可能提出的问题。杰弗里·豪陈述了1979年以来公共支出的增长幅度，总结说，除非进行政策变革，否

---

1 肯·利文斯通（1945—），毕业于图尔斯山综合学校和菲利帕—福赛特教育学院；1973—1977年任大伦敦议会中诺尔伍德选区的议员；1977—1981年任北哈克尼选区议员；1981—1986年任帕丁顿选区议员；1981—1986年任议会议长兼工党组织领袖；1987—2001年任东布兰特选区工党在议会的议员；2000—2008年任伦敦市长。

2 弗朗索瓦·密特朗（1916—1996），1954—1955年任法国内政部长；1956—1957年任法国司法部长；1965和1974年，在总统选举中为左派候选人；1981—1995年任法兰西共和国总统。

则"我们将带着比我们接任时候更重的总体税负参加选举。不管是从政治层面，还是从经济角度，这都是无法接受的。"在这份草案中，撒切尔夫人补充了提议改革的一个领域，也是她和"湿派"之间的共同立场，她写道："训练年轻人并使之忙碌的计划。"㊾在开会前，罗伯特·阿姆斯特朗警告撒切尔夫人说，普赖尔将会发起一场辩论，议题是在政治上能否接受三百万失业人口，而且迈克尔·赫塞尔廷会提出要求：由活期储蓄账户提供资金供更高的资本支出。他用最得体的官话风格补充说："你可能希望内阁同意采取与媒体一致的路线，请他们抵制粉饰的诱惑。"㊿

在1981年6月17日的会议上，普赖尔率先发难。阿姆斯特朗对他当时的话做了记录："真不知道我们将怎么熬过下一年。我看到的方案不是减少公共开支，而是增加。"沃克、卡灵顿、皮姆等人也表达了不满。甚至威利·怀特劳也说："我担心失业对大气候的影响非常严重，"并警告说要防备"未来布里斯顿"的风险。(51)第二天，媒体以兴奋口吻描述了撒切尔夫人是如何送别反叛者的（"玛吉粉碎了'湿派'借就业发起的反叛——孤独的普赖尔提出就业请求遭拒"），文章内容暗示出，英厄姆其实做过粉饰。随后的例行内阁会议上就早上的泄密事件引发了激烈争吵，还围绕削减国防开支的提议争吵不休。报纸开始将撒切尔夫人描述为成功而冷酷的政治家。次日，通胀率达到了两年来的最低点，《金融时报》报道，一季度，英国公司的利润在快速回升。在6月24日围绕失业问题的一场辩论中，公开报道的月度数据是268.0977万失业人口，大家普遍认为撒切尔夫人已经击败了迈克尔·富特，后者的不着边际和滑稽可笑被《泰晤士报》描述为"完全误判了形势"。泰德·希思一如既往地攻击她，但是效果适得其反，反倒成了一种帮助，他说政府的经济政策不可理喻，还警告说会造成严重的社会和种族冲突。

但是冲突和危机感在增加。新一轮暴乱于1981年7月4日从伦敦西部的索撒尔区爆发，波及了整个国家的许多地方，其中包括曼彻斯特的莫斯赛德区，在那里，一群暴徒围攻一个警察局，口中大喊"杀，杀"。尤其突出的是利物浦的托克斯泰斯区，还发生了针对消防员和救护人员的袭击事件，这在英国大陆是前所未闻的。撒切尔夫人利用一个主要针对失业问题防御性政策的政党政治广播，在广播之前插入一段关于骚乱事件的讨论。她的态度很坚决，强调指出单单在利物浦就有200名警察受伤。她说："法律必须受到尊重。人民必须受到保护。"她否认失业问题与暴乱之间有关联。(52)

但实际上她勉强同意这些问题有交叉，而没有在整个广播中讨论那些令人震惊的事件，这显示她拿不准处理危机的最佳方法。据称，撒切尔夫人的私人秘书在看到暴动的相关新闻时，第一反应就是大叫："那些可怜的零售商！"这句话让雨果·杨利用，在他大半带有敌意的传记《我们中的一员》中，作为其中一章的标题。㊼他认为撒切尔夫人本人必然有相同的反应，这种说法让人觉得可笑甚至有些卑鄙。其实，这个说法未经证实，也许是假冒的，不足为信。但是考虑到社会秩序，撒切尔夫人的情绪或许更贴近大众而不是那些批评她的人。问题并不是她的感情与选民不和，而是她看起来似乎未能控制住局面。她的用词坚定有力，然而她显得有点懦弱。7月10日，有12个城市发生了暴乱，这是有史以来范围最广的一次。

在事态进行中，伯纳德·英厄姆代表经济部门信息处负责人致函政府领导人弗兰西斯·皮姆，介绍说："昨天我召开了一场会议，可以用一个词语概括大家的共识：深为担忧。"7月份从来是个危险时期，如今又发生了叛乱，沃灵顿市补缺选举中社会民主党人跃跃欲试，还有预料之中糟糕的失业数据；另外，在"全国气氛一塌糊涂"的月底，皇室还有可能举行婚礼。他说，保守党将在"深度不安状态中"进入议会休会期。㊼

7月9日，怀特劳从暴乱区向内阁发回报告。他说："这个区的情况令人震惊。造成的破坏比1972年的贝尔法斯特还惨。"他呼吁为警察配备更结实的头盔。撒切尔夫人要求恢复《取缔暴动法》，该法经宣告恢复后，就能授予警察广泛的权限，可以在暴乱过程中实施逮捕、遣散甚至开火。她还要求设立即决法院。怀特劳低声说，这些几乎不会有真正的效果。迈克尔·赫塞尔廷报告说，左翼分子渗透的工党和相关地方议会在暴乱区正造成破坏，呼吁"政府找到支持就业和创造财富的方法"。还有一些人呼吁参考哈罗德·麦克米伦的模式进行干预，麦克米伦曾在20世纪60年代初委派黑尔什姆勋爵作为特别大臣介入萧条的东北部地区。撒切尔夫人并未接受，"为支持默西赛德郡的众多人口就业，我们耗费了大量金钱，结果并未奏效。工党当局制造了很多问题：可怕的住房、高层楼宇，等等。另外，我们培育的整整一代人每天要花5个小时看电视。"她最后说了句不完整的话："或许我们必须把一些媒体叫到一起。"赫塞尔廷重提前面的话题，要求委派一位黑尔什姆风格的大臣，言外之意是他自己就是这个人选。撒切尔夫人说需要一些时间来考虑。㊼

7月13日，她亲自视察了利物浦，正如英厄姆在新闻简报中介绍的一

8. 1981年预算案及影响
"我们必须赶紧采取行动拯救她"

样,有人向她"投掷西红柿和成卷的卫生纸;大多数报纸报道了撒切尔夫人执政以来最令人担心的10天。"㊱在距离上次会议大约一周后,内阁再次开会,撒切尔夫人决定委派赫塞尔廷去利物浦视察两周,看看如何采取行动,不过她谨慎地强调说,这不是一次特别的、部长级的任命,而是一个试点的、打头阵的方案。㊲[1]这天正是沃灵顿市补缺选举的日子。虽然保守党表现不佳,痛失赌注,但这事比起工党的损失无非小巫见大巫。在社会民主党候选人罗伊·詹金斯的大量宣传挑战下,虽然工党的席位之前看似坚若磐石,如今只抓住区区1759票的多数,而反对方比例占到了13.3%。在投票日,公布的通胀率是11.3%,成为撒切尔夫人执政以来的最低点。

内阁7月23日开会讨论1981年的公共开支调查事宜。撒切尔夫人刚从在渥太华举行的G7峰会返回,在这次峰会上,最终的联合公报让她颇感开心,因为强调了市场地位以及"亟需削减公共借贷"。撒切尔夫人私下对里根总统说,自己很担心美国的高利率,因为这会对英国造成影响,"现在要使通胀进一步降下来很困难,由于美元利率问题,英镑相对美元下跌。我们的情况其实是在输入通胀。"㊳但是在峰会的一个相关环节,她一度抵制法国和德国试图联合起来在这方面向里根施压(赫尔穆特·施密特描述现在碰到了"自从耶稣降生以来"的最高利率)。她感觉有必要保护里根总统,毕竟他这次出现在公共舞台之前,3月30日刚遭遇一名疯狂枪手的攻击,受伤严重。她的想法是,里根就任以来第一次在这种类型的峰会露面,需要获得支持,以便有力量说服国会削减税收和公共开支。"里根总统是这个场面中的新生儿,而大部分欧洲人认为他是个没有脑子的好莱坞演员。"里根的贴身副手迈克·迪弗回忆说,玛格丽特·撒切尔不仅帮助里根摸清门道,而且还给以正确引导。㊴峰会开幕时,只有里根受到撒切尔夫人公开在他脸颊上的一吻。㊵在与各国领导人共进午餐时,这位总统竭尽全力解释自己的经济路线,但即使不算遭到嘲弄,也是受到各方面的批评。里根后来回忆说,当时支持并捍卫自己的人只有玛格丽特·撒切尔。会餐后,他找到撒切尔夫人表达感谢,他说话间,"她俯身拍着我的肘部说,'别担心这些,罗尼,男孩儿就是男孩儿。'"㊶她表达出丰富的善意。里根离开峰

---

1 最后,撒切尔夫人很不情愿地授予赫塞尔廷一个更持久的角色,为他赢得了一个绰号"默西赛德郡大臣"。他访问此地时呼吁更多的政府干预,引起极大的轰动。

会回国途中,在采访中表达了自己的感激:"在那些会议上,有许多次是玛格丽特·撒切尔准确讲出我们正着力解决的事情。"他在个人日记里写道:"这是一次成功的峰会——没有不和,不过针对我们的利率问题本来会有麻烦……但玛格丽特·撒切尔成了我们的中流砥柱,她是美国最可信赖的朋友。"撒切尔夫人在内阁说,这次峰会是政府参加过的最好的经济会议。[1]

然而,内阁的紧张空气并没有因此缓和,反而酝酿着一次摊牌。刚刚体验过利物浦暴乱的迈克尔·赫塞尔廷首先发难,他像之前的"湿派"一样,反对杰弗里·豪削减50亿英镑的计划,"减税与默西塞德郡的问题毫无关联。各位同事不了解那里的形势有多糟糕……我们的整个社会正充斥着越来越多的暴力。"他用"深感失望"来描述自己对杰弗里·豪文件中公共开支内容的看法,并表示政府应当牢牢掌控国民经济,可以冻结工资,这样就拥有50亿英镑可供支配了。撒切尔夫人大叫道:"这算什么提议,冻结工资、冻结养老金还是冻结社会安全?"赫塞尔廷说:"我要拥有我能得到的最优化的一揽子计划。"他用的"我"字并不打算让撒切尔夫人对他的动机感到舒心。撒切尔夫人从来对希思的前车之鉴感到可怕,说:"出了这间办公室的门,绝不允许说谈论过冻结工资的事情。"

内阁的批评者全都表达了不同意见。彼得·沃克说,问题"令人绝望"。弗兰西斯·皮姆说,失业问题比通胀更让人担心。伊恩·吉尔摩表示:"这份文件像是要表明保守党的没落和垮台。"吉姆·普赖尔警告说,现在的问题有可能"压垮我们,破坏我们政党的根基,甚至破坏我们国家的根基。"卡灵顿则声称,"对我们的支持正在逐渐消失。"约翰·诺特和约翰·比芬在理智上坚持货币主义,不过他们其实属于"湿派"。只有约瑟夫支持财政部团队。威利·怀特劳只是指出,7月份从来是个做决定的糟糕时间,不过他对撒切尔夫人说:"从政治角度看,社会的忍耐力会在某个时刻到达一个临界点。我们还没有抵达这个点,但离这一点已经不远了。"他认为,"我们不能搞这种削减"。大法官黑尔什姆勋爵从来机智善辩,也因智

---

[1] 撒切尔夫人或许相当钦佩里根总统,或许对他着迷,她注意到他在峰会开会时涂画了很多脑袋和面孔,就把这些纸带回去当作纪念品。如今,这些图文资料还保存在她的个人资料里。(THCR 1/3/6 f101, http://www.margaretthatcher.org/document/114249)

8. 1981年预算案及影响
"我们必须赶紧采取行动拯救她"

慧和经验受到尊重,他的话最让人伤感情。他对比了1930年前后的美国和大萧条开始前的美国总统赫伯特·胡佛。黑尔什姆说:"胡佛毁掉了共和党,我们则有毁掉自己的危险。罗斯福的几乎所有政策都是错误的,但政治经济学是应用心理学,是能够奏效的。"杰弗里·豪反驳说,20世纪80年代与30年代截然不同,因为通胀"依然猖獗"。撒切尔夫人以她自己提出的历史实例回应说:"我们党以前执政期间,在1972—1973年使通货再膨胀,导致了巴伯繁荣,房地产市场兴盛一时,最终崩溃。那是持续6年的社会主义。"金融利率再次上升,而人们都在谈论增加公共开支。"我听过的最恐惧的说法就是放弃压低通胀的政策。有能力的人当然没事……但其他人的存款将化为泡影。"她最后说,"咱们拟个文件,将资产和负债两方面都列出来。我们千万不能搞成零花钱社会(她对社会主义的高税负经济的说法)。否则我们就完了。"⑥

在同一天,撒切尔夫人向1922委员会发表了一个期末谈话。据英厄姆第二天做的媒体新闻简报,她在谈话中表达的信息是:"对中央政府的经济政策而言,要么现在动手,要么痛失机会;握紧手中枪;我们能成功;不要虚假的繁荣。"⑥但是,虽然她一如既往地保持着昂扬斗志,但还是为内阁中的争论感到非常不安,尤其是黑尔什姆将现实与胡佛时代所做的比较。⑥她并不在意说她破坏自己政党的观点,她在意的是不认同她的政策。媒体当然报道了内阁在公共开支领域的分歧,还有些人提到弗兰西斯·皮姆是撒切尔夫人的候选领导人,并认为秋季或将重新洗牌。最不满的是公众。美国大使约翰·路易斯以《漂浮的英国》为标题撰文向国内做了报告。"各种问题与撒切尔及其政府如影随形。最近几周,政府已经失去了掌舵能力……最近的暴乱活动对它是个残酷的打击。党内的温和派始终支持撒切尔,认为她为抵制通胀的战争中做出了很多牺牲。上周,这些温和派在内阁打赢了一场硬仗,获得了一份青年人就业一揽子方案。现在,他们证明自己是正确的,不过仍有挫败感:温和派并无更好的处方确保通胀不再卷土重来,也没有表达让人感到安慰的言辞……"⑥

然而,就在这种残酷的时刻,转机出现了。7月27日,3月份以来持续不断的公务员争执明显停息,罢工结束重返工作意味着工会的失败。7月29日,威尔士亲王与戴安娜·斯宾塞女士成婚,这是女王加冕典礼以来首次出现这么全民欢腾的时刻。令撒切尔夫人颇感有趣的是,英厄姆在新闻简报中写了苏联电视台对该场面的反应:"伦敦人民希望婚礼的钟声淹没北爱尔兰的骚乱声，同时掩盖利物浦年轻人惨遭痛殴的悲声。"在同一天的报道中，撒切尔夫人在一则新闻旁边画了一个巨大的箭头表示赞同，这条新闻是美国众议院已投票通过里根的减税提案。[69]英厄姆月初曾写了封内容沮丧的信给弗兰西斯·皮姆，月底再次写信给他，报告了与同僚在一次会议上做出的结论："我们终于从最艰难的一个月份崛起……形势比我们合理预期的情况好得多。"沃灵顿选区的形势政府胜过工党。通胀、失业和劳资纠纷等方面的表现都比预期好。皇室婚礼成了一剂"国民补药"。[70]

英厄姆的报告刚刚从打字机中出笼，争吵就再度发生了。杰弗里·豪在同一天公开宣布经济衰退业已结束，一些批评者认为这话言过其实。弗兰西斯·皮姆表示否认，认为与事实不符，呼吁采取补救措施。保守党主席桑尼克罗夫特勋爵在一次采访中表示，亟需"一揽子生存方案"，他对"湿派"和"干派"的分歧发挥着重要影响：他感觉自己内心中有一丝徐徐上升的湿气。[71]两人提出负面批评，在公开演讲中指责政府的政策，这些造成了破坏性影响，他们自己的名声也因此受害。他们仿佛在密谋，好像能从坏消息中获益。保守党支持者们感到愤怒。《太阳报》表示，政府正在计划一次重新洗牌，其中包括解雇桑尼克罗夫特。[72]一项民意调查显示，社会民主党—自由党联盟得到45％的支持率，工党29％，而保守党仅得到25％。到休会时间了，这对撒切尔夫人有利。

在7月份的内阁公共开支会议上，撒切尔夫人说过，休会能提供一段"重新审查"的时间。但吉姆·普赖尔说："这不是重新审查，而是新面孔。"[73]在这个夏天她已经看出，要与自己现存的团队合作管理已变得不可能。她私下咒骂"湿派"都是些"蠢货"。[74]向她提建议的人比她本人更清楚，现在的内阁无法合作治理国家。威利·怀特劳和首席党鞭迈克尔·乔普林对7月23日内阁成员向她的权威挑衅的行为格外愤慨。尽管两人在党内学会了温和的态度，但他们还是告诉她说，一个不能支持首相的内阁是不能容忍的。[75]她的一些支持者认为，她面对阁僚叛乱时态度太被动。《泰晤士报》副主编查尔斯·道格拉斯—休姆[1]私下写信给她，说已经与她的高层同僚普赖尔、

---

[1] 查尔斯·道格拉斯—休姆（1937—1985），毕业于伊顿公学；1965—1970年任《泰晤士报》国防版记者；1981—1982年任该报副主编；1982—1985年任该报主编。

8·1981年预算案及影响
"我们必须赶紧采取行动拯救她"

皮姆、诺特和怀特劳交谈过,发现他们的基调相当沮丧。他说:"你不能让他们继续这么干,整个政府的动力会受创……你的大臣们在观众面前炫耀自己的良心、挫败感、歇斯底里的情绪、势利态度、刚毅气概或抱负。"[76]他建议撒切尔夫人以个人名义去直面每一个批评者,要求他陈述自己的想法。她没有采纳这些建议。一个女人一旦拥有一个过于独断专行的名声,就会反过来受害。她带着一丝战栗,设想着自己在政治上必死的命运。她对自己的私人秘书说:"我总能擦洗地板吧。"[77]

撒切尔夫人事后回顾,觉得重新洗牌是个直截了当的过程,可以清除异己者和摇摆不定者,提拔真正值得信赖的人。但实际过程远不是这么直截了当。起初,她受到夏天的情势所迫一度非常动摇,曾认真考虑过要除去杰弗里·豪。克莱夫·惠特莫尔回忆说:"在一次私下讨论中,她几乎要接受这个想法了。"惠特莫尔含蓄指责她将"政府"看成个自己可以置身事外的实体。他说,不能置身于财政大臣的经济决定之外,"一旦杰弗里·豪走了,你也得走。"[78]他说:"她在政府中的表现仍像在领导反对党。"部分原因是她"在政治上很精明,一直希望自己处在主导话语权的地位。"[79]但她这个地位的力量来源是谁也不能离间她与财政大臣的关系,假如她自己搞这种破坏,那将是致命的。杰弗里·豪风闻到自己的地位受威胁,便对自己的新任私人秘书约翰·科尔[1]说,在10月份的政党大会上,自己有可能离开。[80]首席党鞭迈克尔·乔普林认为,她从来没有真正考虑过摆脱杰弗里·豪,但内心中确实萌生过对他的怀疑,因为他"本能地站在中间立场上"。[81]她这种感觉是对的,但考虑摆脱杰弗里·豪则是不明智的。虽然杰弗里·豪这段时期在一些主要政策领域和她有分歧,但是他的态度截然不同。关于失业产生的痛苦,他认为自己出于威尔士背景感受比撒切尔夫人更强烈。

撒切尔夫人怀疑杰弗里·豪是一个更广泛问题中的一部分,该问题是由这一年承受的压力所引发的,她对盟友和对手的恼怒几乎程度相当,他

---

1 约翰·科尔(1942—),毕业于格拉斯哥学校和牛津大学彭布罗克学院;1981—1984年任财政大臣首席私人秘书;1987—1990年任外交和联邦事务部助理副大臣;1990—1995年任英国驻欧盟大使、常任代表;1995—1997年任驻美国大使;1997—2002年任外交和联邦事务部常务副大臣;2004年受封金洛查德科尔勋爵。

们对她的态度也是一样。8月的第一周，霍斯金斯专心致志拟了一份自己称作"重磅炸弹"的备忘录，提交给上司。为了避免她轻蔑地认为只有他最令人讨厌，他请大卫·沃尔夫森和罗尼·米勒在上面签了名（不过，由于文件中点名提到了米勒的优点，因此米勒是作者之一的谎言就骗不了撒切尔夫人）。米勒参与此事颇令人奇怪，毕竟他从不看政府文件，而且他无论如何都不是一名政策制定者。霍斯金斯找他签名，因为米勒是撒切尔夫人信任的朋友，米勒希望她成功，如果告诉她一些她不想听的事情，必然是做过了充分准备。[82]米勒极其喜欢撒切尔夫人，谈起她总是说："可爱的小宝贝！"[83]如果看到她出了一些错误，或者觉得她的伟大事业会垮掉，他会感到绝望。沃尔夫森是个和她走得很近的同事，能签名帮助霍斯金斯同样让人惊讶。但这份备忘录坦率地表述了他们都感觉当时的情况很糟糕。8月20日首相出发去度假，这份文件装进了她的红色文件匣，文件的题目是《您的政治生存》。[84]

这份"重磅炸弹"很有可能是唐宁街有史以来最直率的官方文件。虽然它承认"您的政府在私营领域已经开始取得近乎革命性的成就，在工业方面尤为突出，"并且"在经济领域的表现比人们想到的要好。"但是也警告说："就在此刻，同僚们紧绷的神经开始崩裂，开始出现内部叛乱（现在所有报纸都明确认识到这一点），威胁着您的地位。"霍斯金斯告诉她"您的个人信誉和威望正在迅速消失。"最可能的结果是"您会成为又一位失败的保守党首相，与希思排在一起"，但她极有可能在下一次大选之前就被抛出局。随后他列举了撒切尔夫人的缺点。"您缺乏管理能力"是其中一段的小标题；"您的个人领导风格是错误的"是另一个小标题。他提出论点支持自己的主题："您打破了所有人员管理的好规则；您欺凌比较软弱的同僚；您当着所有人的面和他们长官的面批评同僚。他们不能当着别人的面顶嘴以免表现出大不敬，尤其不能跟女士和首相顶嘴。你搞砸了这种局面。你难得表扬或奖励别人，却抓住一切错误大肆责备别人。"在第二部分开头这样写道："结果这里成了一艘不愉快的航船。""大家士气萎靡，却只对您隐瞒。人们开始感到一切都是在浪费时间，又一个政府即将变成历史的脚注。人们开始推测，您离去后谁可能重新将保守党团结在一起，这种情况与麦克米伦在苏伊士事件之后的情况相仿。但是谁也没告诉您正在发生的情况，如同当时谁也没有告诉泰德。"为了生存，"您绝对有责任改变自己的管理方式。"

8. 1981年预算案及影响
"我们必须赶紧采取行动拯救她"

霍斯金斯的备忘录呼吁撒切尔夫人"领导团队要通过鼓励而不是批评":"丘吉尔像您一样提供了意志和勇气的元素,没有这些必然一事无成。但是当'不列颠之战'结束后,他将所有荣誉归于他人。有必要让您团队中的所有成员都感觉自己有十英尺高,而不要徒增大家的惧怕和自我怀疑。多说'我们'而不是'我'。"[1]霍斯金斯希望有一位焕然一新的党主席,一次彻底的重新洗牌,并有一个内阁指导小组提供方向性指导,朝"下一届议会的激进型内阁"方向推进。撒切尔夫人应该恢复自己的公共形象,多采纳罗尼·米勒的建议而减少个人日记中的承诺,"坦率地讲,我相信您每天要写不少日记,因为那是一种避免做不愉快战略思考的好方式,战略思考要涉及不可知的和不确定的事务,而这不是您喜欢的,也并非您的专长。"最后他总结说:"没有哪位政治家……不会不遗余力地尝试领导这个国家走上正确的方向。但是当您走进历史后,被冠以'最惨败将'的名声,那就什么都不能安慰您,不能安慰我们,甚至不能安慰整个国家了。"他恳求给他机会,"心平气和而又认真地讨论这份文件。"

在霍斯金斯看来,"重磅炸弹"成了哑炮。"两三周后,她对我嘘声不断。当时我们在她的书房举行一次会议,刚一坐下,就听见她轻声说:'我收到了你的信。以前没有一个人曾以那种口吻给一位首相写信'……很明显,她之前没有经历过这样的提建议方式,而且我们的工作关系在大多数时候都不舒服,现在无疑是要被颠覆了……除非我们大家能够一起谈论,这封信才能对她有所帮助,但是我们从来没有这样做。我怀疑这意味着她认定已经受够我了。"[85]随后,霍斯金斯坚持认为,1981年是撒切尔夫人首次开始在高层办公室遭到孤立:"不论是怎么发生的,总之她要垮台的种子已经落地生根。"[86]这种分析或许是正确的,但是他确实忽视了一个最简单的事实,就是几乎没有哪个人在巨大的压力下,能轻易接受这种残忍的批评,像撒切尔夫人这样的人就更不能接受。霍斯金斯因为她没有合理使用政策小组,沮丧中提出如此负面的个人批评,让撒切尔夫人很难与他"心平气和而认真地"讨论其中的内容。

---

[1] 撒切尔夫人很可能听从了这条建议。众所周知,她开始避免使用"我"字,偶尔会采用皇室的自称,用"我们"指自己。最显著的情况是她的第一个孙子出生后,她在公共场合提起这事,说:"咱们当上祖母了。"

但是霍斯金斯的愤怒确实反映了人们对撒切尔夫人的普遍情感。在他们的眼中,她具有振奋人心、令人钦佩、富有勇气等特点,许多人甚至认为她可爱得出奇,但是她还有让人强烈厌恶的一面。霍斯金斯对她的批评中提到她逼迫内阁同僚过度工作,对同僚缺乏同情,不喜欢做长期打算,缺乏管理能力等,从本质上讲都是真实的,不过他根本没有考虑到她非凡的政治天赋,她能够看出什么时候时机成熟而什么时候没有成熟。他的"重磅炸弹"证明她多么令人难以忍受,甚至朋友们也有同感,也许朋友们特别有此感触。这个文件也是那个夏天政府内部弥漫着危机感的有力证据。

虽然撒切尔夫人从未直接对这个建议表达过感激,但的确采纳了其中一些内容。霍斯金斯、米勒和沃尔夫森都注意到的确发生了一些变化。桑尼克罗夫特正在威尼斯度假,撒切尔夫人派伊恩·高飞过去,要他辞去党主席职务。这次见面颇显冷酷。此后在8月25日,桑尼克罗夫特写信给撒切尔夫人,递交了自己的辞呈。他的信中还包括了措辞讲究的赞誉:"我们保守党从来是个立场坚定、没有教条、富有同情性的政党。"[87]第二天,撒切尔夫人已经从斯科特尼城堡的寓所短暂休假回来(本月早些时候她和沃尔夫森等人在康沃尔小住了几天,在那里,沃尔夫森告诉霍斯金斯,因为过于紧张和劳累,她看上去像一具僵尸,[88]她的首要任务就是召集霍斯金斯、沃尔夫森和伊恩·高等人开会,提议内阁重组事宜。最重要的提议是吉姆·普赖尔的就业部职务由诺曼·特比特接替,普赖尔受委任到北爱尔兰就职。西塞尔·帕金森接替桑尼克罗夫特担任保守党主席。应基思·约瑟夫本人要求,他从工业部调到教育部。克里斯多夫·索姆斯退出内阁。伊恩·吉尔摩离开自己外交部二号的位置,由道格拉斯·赫德继任。大卫·豪威尔前往交通部,而奈杰尔·劳森接任他在能源部的工作。[89]这一任职安排照顾到了所有细节,只有一个例外:前往北爱尔兰接替吉尔摩的不是道格拉斯·赫德而是汉弗莱·阿特金斯。

然而,吉姆·普赖尔听说正在酝酿的安排后,决定抵制。当时有传言说,他将被特比特替代,他听到后,自己的决心更加坚定了。"湿派"认为,普赖尔是个特别强硬的人,然而社会地位低下。第二天的《每日邮报》用大版面报道了对普赖尔的一次采访,大标题是"我将拼命奋斗"。[90]9月2日,撒切尔夫人、普赖尔和其他人碰头讨论工会豁免权改革事宜,因为其《绿皮书》的咨询期已经结束。这次会议充满了火药味儿。普赖尔坚持己见,说:"历史表明,只要工会愿意,就能击败立法。"撒切尔夫人说,他的终结工会单

8. 1981年预算案及影响
"我们必须赶紧采取行动拯救她"

方面协议等想法"太谦虚了"。考虑到社会民主党,她警告说:"不能为确保选民支持其他人提建议而敞开这个领域。"㉑接着出现了一个僵局。大部分人认为,撒切尔夫人地位不够稳固,不敢动普赖尔。然而,随着重组的期限迫近,普赖尔阵营乱了阵脚。他在议会中的年轻支持者理查德·尼达姆[1]对媒体说,如果派普赖尔去北爱尔兰,他将辞职。这形成了一种糟糕的印象,就是普赖尔认为新职务无关紧要,甚至可能因为他惧怕那里的危险。在一次电视采访中,普赖尔坐在自己萨福克农场的多功能收割机上,这个画面增加了一种他要直接挑战撒切尔夫人权威的架势,让撒切尔夫人不得不避开他。另外,大选以来与工会的政治对峙第一次开始发生变化。社会民主党崭露头角后,来势汹汹地反对工会的政治权力,这意味着保守党在反工会的投票中失去了垄断地位。普赖尔在该问题上的谨慎或许导致了保守党遭挫败:他的地位并不像自己坚信的那么强大。

内阁重组发生在1981年9月14日。普赖尔接受了北爱尔兰的职务,作为安慰,保留他在经济委员会的位置,同时带极端"湿派"分子尼古拉斯·斯科特作为助理部长去该省赴任。据报道,克里斯多夫·索姆斯向朋友们抱怨说,撒切尔夫人对他不够礼貌,他可以表现出更好的礼貌,解雇重组执行人(至于为什么在就业问题上重组执行人们不及索姆斯勋爵礼貌,就不清楚了)。索姆斯在上议院的议长职务由珍妮特·杨接替,杨是撒切尔夫人的老朋友,有牛津大学城市政治学的教育背景,是内阁中第一位也是最后一位受任命的女性。吉尔摩写信给撒切尔夫人,以大臣离去时彬彬有礼的惯例说:"你要求我递交辞呈……考虑到我们的分歧,这丝毫不令人惊讶或不愉快。"㉒不过,他当然感到不愉快:遭解雇和为坚守原则而辞职,这两者在"湿派"看起来显然后者更高贵;在他们的感觉中,被一名傲慢的女士解雇有一种遭侮辱的感觉。他们并未对此讨价还价。伯纳德·英厄姆向撒切尔夫人汇报媒体对这次重组的报道时说:"受到各媒体的欢迎(只有《镜报》和非常讨厌的《卫报》是个例外)。"㉓在《每日邮报》上,保罗·约翰逊撰写的文章称之为"自从'长刀之夜'(1962年7月,哈罗德·麦克米

---

[1] 理查德·尼达姆(第六世吉尔莫雷伯爵)(1942—),毕业于伊顿公学;1979—1983年任切本哈姆选区保守党在议会的议员;1983—1997年任北维尔特郡选区议员;1985—1992年任北爱尔兰政府议会次官;1992—1995年任工贸部国务大臣。

伦曾解雇了自己内阁中三分之一的人）以来，这是首相权威最专横的一次展示"。内阁中真正值得撒切尔夫人信赖的人仍旧未能占多数，但是增加特比特、帕金森和劳森等人后，她扶植起一批新生代人士，这些人更主动、活跃、聪明、饱含热情，而且是她的支持者。同样重要的是，她证明自己能够解雇那些达官贵人，天也没有塌下来。

然而，撒切尔夫人的命运并未由此立即产生明显的改观。重组当天，预算公布后炫耀般降低的利率为了保护英镑而上涨了两个百分点。国际利率增长、管制放松后国内私人信贷极度扩张、对金边债券市场感到担忧，这些迫使政府采取行动。9月23日，股指跌至17年来的最低水平。10月1日，利率再次上升两个百分点达到16%，高得令人苦恼。[1]一项保守党私下搞的盖洛普民意调查显示，如果出现一个社会民主联盟，40%的选民将给予支持，而只有16%的人愿意支持保守党。[94]有一项决议可能挽救了濒临崩溃的工党，工党在选举中以微弱优势推选温和派丹尼斯·希利担任副党魁，淘汰了托尼·本。

泰德·希思选择在政党大会的预备阶段发动对现政府经济政策最猛烈而直接的攻击："三百万人失业换取了通胀降低到比两年半前还高的水平，那么还要另外几百万人失业才能将通胀降至……什么水平呢？难道不能公布这个水平吗？"他说，"现在到了必须说话的时候。"他希望重返共识政治，成为欧洲汇率机制的成员，重新引入外汇管制，同时进行更多的资本投资和大规模再培训项目。[95]他怒吼道："造成历史上最大预算赤字的人怎么敢责怪别人印钞是令人发指的罪行？"

希思发难的文本事先传到正在澳大利亚访问的撒切尔夫人手中，她当时正要在墨尔本做一场讨论罗伯特·孟席斯爵士选择优势的讲座，便将自己对希思的反驳插进演讲内容。她说，共识的过程是抛弃所有信仰、

---

[1] 10月1日利率第二次增长时，杰弗里和埃尔斯佩思·豪正与亨德森一起在英国驻华盛顿大使馆。尼克·亨德森的老朋友罗伊·詹金斯和伊恩·吉尔摩碰巧也在那里。亨德森请詹金斯和吉尔摩吃午饭，同时安排杰弗里·豪等人及其随行人员在他们的房间用午餐，当时几个人笨拙地打赌，看谁可能进来，谁会出去。埃尔斯佩思·豪对大伙儿说："楼下正在密谋叛乱。"（采访金洛查德科尔勋爵。关于这个故事，另外还有一个经过处理的版本见杰弗里·豪的回忆录《忠诚的冲突》，麦克米伦出版社，1994年版，第228页。）

8. 1981年预算案及影响
"我们必须赶紧采取行动拯救她"

原则、价值观去追求谁也不信任的政策,并且对此没有一个人反对。⑯结果与过去的情况一样,希思介入政治再次帮了撒切尔夫人。争论好像成了个人之间的矛盾,这种事一旦发生,整个政党会本能地忠心耿耿团结在领导人周围。

同一周,保守党议会议员中的新生代代表制作了一本名为《换档》的小册子,其中礼貌而明确地打压抵制撒切尔夫人政策的趋势苗头。小册子是一个绰号"蓝筹股"的非正式组织发出的,该组织成员包括了1979年引进的最聪明最优秀的人员,由克里斯·帕滕和威廉·瓦德格拉夫领导,成员中包括克兰伯恩勋爵、约翰·帕滕[1]、特里斯坦·盖雷尔—琼斯[2]、理查德·尼达姆等人。不久,约翰·梅杰也加入其中。从其成员来看,这确实是个相当壮观的组织网络,⑰克兰伯恩勋爵的妹妹罗斯·西塞尔夫人甚至还为他们画了集体肖像。该组织的大部分成员都达到大臣级别,一般有内阁身份。若干年后,许多人倾向于将"蓝筹股"看作密谋组织。1981年,他们显然是些雄心勃勃的年轻人,以克里斯·帕滕的话说:"我们的一个问题问了太多次",⑱这对撒切尔夫人不是个好兆头。到小册子出版时,瓦德格拉夫已经在政府得到一份初级职务。

这本小册子充满麦克米伦时代的精神,最后由麦克米伦出版社出版,它引用了麦克米伦老首相说过的双关语作为题词:"在我们中央政府的头脑中,至少还有最重要的事情,我希望一位有胆识的首相不会偏离古老的共识传统。"小册子呼吁更大规模的资本支出,回报有组织的工资限制,小册子中还包括了一些温和的异端理念,比如使用比例代表制选举上议院。在瓦德格拉夫和克里斯·帕滕之间一番博弈之后,⑲文件最终反映了瓦德格

---

1 约翰·帕滕(1945—),毕业于温布尔登学校和剑桥大学的西德尼—苏塞克斯学院;1979—1983年任牛津城选区保守党在议会的议员;1983—1997年任牛津西区和阿宾顿选区的议员;1981—1983年任北爱尔兰政府议会次官;1987—1992年任内政部国务大臣;1992—1994年任教育部国务大臣;1997年受封帕滕勋爵。

2 特里斯坦·盖雷尔—琼斯(1941—),毕业于坎特伯雷国王学校;1960—1970年任西班牙马德里语言学校校长;1979—1997年任沃特福德选区保守党在议会的议员;1982—1989年任政府党鞭;1989—1990年任副首席党鞭;1990—1993年任外交和联邦事务部国务大臣;1997年受封盖雷尔—琼斯勋爵。

拉夫在经济意义上更具"干派"特色的思想，而不是帕滕带有希思特点的凯恩斯主义，尽管如此，它仍然批评了撒切尔主义产生的社会效果，代表那些相信保守党将会在下一轮大选落败的人。它宣称，基于经济理论的政治战略是建在沙子上的房屋。杰弗里·豪立即写信给撒切尔夫人谈论此事。小册子的发布一度被希思的攻击行为所遮盖，杰弗里·豪写道："从更长远的角度看，我怀疑他们的相关重要性会发生扭转，泰德突然发飙，在语调上和内容上都显得非常不理智，也不像是精心撰写的"。他继续写道，"从某种意义上，提供的这些建议都不切实际……比如，类似赫塞尔廷的通过更低工资的权衡以实现更高的投资，但是所有的辩论主要是关于基调和灵活性，我们必须给予关注。"⑩

在政党大会上，希思在会议大厅说他最近已经在会场外表达过更加明确的思想。几乎每一位主要"湿派"人员，不管是政府内部还是外面，都发表过媒体称为"加了密码的"批评讲话，不过实际上这种密码太容易被破解，根本称不上什么密码。然而，撇开对撒切尔夫人政策的批评，普通议员们更担心的是撒切尔夫人或许不会成功。反抗活动并未平息。那一周最引人注目的讲话发自新任就业大臣诺曼·特比特。早在20世纪30年代他还是个小孩子的时候，经历过那段艰苦岁月，他便以一种带有些许威胁的口吻娓娓道来，吸引了大家专心倾听。他说自己是一个失业的父亲抚养大的："他没有焦躁反叛，每天蹬着自行车去找工作。"后来，这次演讲以"蹬着自行车"而著称，成为左派仇视的目标，也成为撒切尔团队工作的包装方式。这段演讲尤其在听众中间流行起来，不仅因为它体现了处理夏季暴乱的方式，毕竟这种暴乱为大家所痛恨；还由于它释放出对众多愤怒抗议者的蔑视，众多要求"工作权"的人们围攻黑潭冬季花园，大声侮辱进进出出的保守党代表。从那时起，虽然诺曼·特比特的政治路线其实相当微妙，甚至多变，但人们一直认为他是撒切尔主义的擦鞋童。

为了准备撒切尔夫人在保守党大会上的发言，她的顾问们做出一种努力，约翰·霍斯金斯称之为："目前传递历史重要意义的尝试"，但收到的效果却让他形容为："我从未听她发表过如此枯燥乏味而又毫无层次感的讲话。"⑩由霍斯金斯和米勒起草的草案充满了富有凝聚力的号召，一再重申正确与谬误之间的差别。他们引用了撒切尔夫人最钟爱的T·S·艾略特的诗歌《磐石》改编的合唱词："梦想的体制无比完美，谁也无需刻意向

8. 1981年预算案及影响
"我们必须赶紧采取行动拯救她"

善,"赞颂其道德价值的选择,以及高于这个梦想的资本主义。[102]但讲话的草稿或多或少被"乔克(布鲁斯—加戴恩)的大片'壁纸'所覆盖,更糟糕的是被(约翰·塞尔温)古默的材料"所取代。霍斯金斯在自己的日记中哀叹道:"把这推荐给玛格丽特,她无论如何都没胃口,没准连个评价都不给。"[103]她的演讲应该在缓和的语调中糅合进强硬的信息:面对经济难题将坚持不懈地奋斗。演讲"欢迎激烈的讨论和异议",说到泰德·希思:"在如何最佳导航方面,我们的理念或许不同,但我们同乘一艘船,行驶在同一片大海上。"演讲表达了对失业痛苦和承受痛苦者的理解,还表达了对工作尊严感的感激。针对180度大转弯的争论用了实用主义理论,她说:"这完全是常识。"其中概述了更大程度地去国有化方向的努力(仍避免使用"私有化"一词),撒切尔夫人说:"如果这是教条主义,那它也是马克斯先生和斯宾塞先生的教条主义,我随时愿意向他们认罪。"她追求"英国人民齐心协力团结一致为国家繁荣而努力,而这种繁荣已经离开我们太久。"[104]这次演讲非常不具体,没有引起任何反响,更没有带领观众进入理性推理的新领域。例如,工会改革虽然是重组后内阁议程上的首要任务之一,却没有作讨论。伯纳德·英厄姆第二天交给撒切尔夫人的新闻摘要中汇总了报纸言论:"这是多年来领导人发言后受到起立鼓掌最短的一次。"[105]黑潭会场的观众们感觉到了些许安慰,但并不振奋。媒体自信地预测会有一场针对领导人地位的挑战。

1981年10月20日,内阁再次开会,讨论提议中节省35亿镑公共开支的相关事宜。尽管内阁已经重组过,但仍难以达成共识。杰弗里·豪试图让每个人放心,指出这"不是个教条的问题,要基于实践经验做出判断。要由市场决定该为我们的借贷支付多少钱。"[106]在8月中旬到9月之间,政府未能售出债务。当时的政府债务年利息额为150亿镑,而1978—1979年度该数字为85亿。其中更多开支用于医疗卫生、国防或教育领域。杰弗里·豪称,除了削减计划别无其他道路可选,因为超过政府能合理承担的借贷是危险的。许多同僚对此表示没有同感。迈克尔·赫塞尔廷就利物浦问题呈递的文件《它引发了一场骚乱》被撒切尔夫人搁置一旁,他抱怨说:"我未能说服同僚们做出正确选择……我看不到自己的出路。"他说自己宁可增加公共借贷也不愿提出削减计划。约翰·比芬自预算案公布以来一直犹豫不决,认为需要更高的税收,因为这是政治生存的需要。普赖尔的说法自然相同。卡灵顿勋爵表示:"我认为这样的一揽子计划拿不出手……你的一些提议是在抨击穷人。如果你丝毫不动富人而打击穷人,你将会造成严重不和。"彼得·沃克宣称,以当前的政策要走出经济衰退根本不可能,而弗兰西斯·皮姆警告说:"我们尚未带来一丝光明,却要求人们在没有希望的情况下做出牺牲。"[107]

然而,这次包括基思·约瑟夫在内的一些声音反过来支持财政大臣。如今在工业部的帕特里克·詹金斯、帕金森、劳森和特比特等新"男孩们"都力挺杰弗里·豪。特比特认为,国有企业对外部融资的限制扰乱了公共部门借贷需求,主张在其中"捏造"投资以降低数据。英国国家石油公司及其天然气展厅被宣布私有化,国家货运公司也出售给了雇员。负责管理英国国家石油公司的是能源大臣奈杰尔·劳森,他第二天骄傲地描述说,这是有史以来呈现在议会面前的最大去国有化项目。极度谨慎的僵局开始逐渐被打破。

内阁同意设立一个小规模特别行动小组(称作 MISC 62),由威利·怀特劳管理,努力通过各种选择实现削减目标。但是,就像之前频繁发生的情况一样,其中分歧的细节再次泄露给了媒体。英厄姆在其新闻摘要里这样写道:"报道用大标题宣称大部分内阁成员反对你,还称中期财政战略正在崩溃。"[108]撒切尔夫人愤怒地警告内阁:"如果这儿的任何人正在做泄密给媒体的事情,最体面的下场就是辞职。"她说,如果再发生这样的事,内阁将不得不在未来以不同的方式管理。[109]不良感觉仍旧在持续。

不过创新精神也增强了,随着普赖尔前往北爱尔兰,通往工会改革的道路终于打开。10月底,诺曼·特比特提交了一份改变经济委员会在内阁中的同僚的建议书。与此同时,他坚持"一步一步走"的方式,不过包括了普赖尔曾拒绝采取的步骤——对工会得到的损害赔偿金不再免税。他建议取消了工党在1974年的"工会和劳资关系法案"第14条的内容,根据该规定,即使在工会没有采取行动的情况下形成劳资纠纷,也会受到免税待遇。工会特权将被削弱至和个人在相同情形下同等的地位。对合法劳资纠纷将做更严格的定义,并且做出了多种改变,其中包括周期性选举,以便削弱封闭工厂的行动,但并不是取缔。特比特向各位同僚明确呈现出各种措施,这跟他处理其他事情的办法一样,采取侧面包抄社会民主党的方式,当时为的是配合11月底克罗斯比选区候选人谢利·威廉姆斯的补缺选举。建议书的精华部分在1982年12月被收进法令全书。工会独特的法定特权终结了,后来证明,这具有决定性的意义。吉姆·普

8. 1981年预算案及影响
"我们必须赶紧采取行动拯救她"

赖尔宽宏大量地承认了这一点，简单说了句："特比特是正确的，我不对。"⑩

秋去冬来，无论是经济还是撒切尔夫人的政治地位都未出现引人瞩目的改观。夏天曾出现过几个复苏的小苗头，虽然当时十分真实，但如今大多数人已经看不到了。11月底，谢利·威廉姆斯在克罗斯比选区的议员补缺选举中以超过5000票的多数胜出，其中有保守党人投的选票。第二个月的盖洛普民意调查显示，社会民主党与自由党结成的联盟得到50.5%的支持率，工党为23.5%，而保守党为23%。1982年1月底公布的失业人数首次达到300万，和长期以来的预料一样。尽管批评者未能增加对领导人地位的挑战，但撒切尔夫人并未感到安全。1981年12月2日，财政大臣就公共开支问题发表秋季声明，就在前一天晚上，她担心杰弗里·豪在准备过程中处理不当，于是不请自来，突然出现在杰弗里·豪正主持召开的官员会议上，当时已至深夜。杰弗里·豪的私人秘书约翰·科尔记得，她的模样就像灌足了威士忌。⑪当着每个人的面，她大声斥责杰弗里·豪的发言内容，并且予以全盘否定（不过第二天上午她就全忘了）。杰弗里·豪记载说，她一度大喊道："如果这是你能够做到的最好结果，那么我最好送你进医院，我亲自来发表这次声明。"⑫这次爆发可能是一种报复形式，数周前，她曾在伦敦金融城市长官邸晚宴上发表年度演讲，为复苏的一些先兆而欢呼。⑬财政部试图对草稿做三处修改，逼迫其新任经济私人秘书迈克尔·斯科勒[1]，要他照办。斯科勒把这些观点告诉撒切尔夫人时，她怒发冲冠："听我说，'年轻人，你在这里要听我指挥。'我还以为这下我完蛋了。"⑭[2]整整一年，她感到自己地位不稳，这使她处于一种紧张状态，使她变得非常难以相处。但是她离开市政厅宴会返回唐宁街10号时，她等在门口直到斯科勒进来，然后邀请他和夫

---

[1] 迈克尔·斯科勒（1942—），毕业于柏孟塞的圣奥拉夫文法学校和剑桥大学的圣约翰学院和加利福尼亚大学伯克利分院；1981—1983年任首相私人秘书；1996—2001年任贸易工业部常务秘书；自2001年起任牛津大学圣约翰学院院长；1999年受封骑士头衔。

[2] 撒切尔夫人这两次发怒后，以颇具典型的方式感到懊悔，同样很典型的是，她以间接形式表达自己的懊悔。对于杰弗里·豪，她在对方做秋季声明时给予祝贺，同样庆祝该声明获得成功。（见杰弗里·豪著：《忠诚的冲突》，第233页）

人上楼喝了一杯调和威士忌。⑮

不过，撒切尔夫人在伦敦金融城市长府晚宴上提到的趋势并没有错。她在市政厅对听众说，经济衰退的低谷在年中已经过去，真实情况确实如此。小的复苏迹象包括：股市开始上升；住房开工率在前一年基础上增长了20%；出口达到有史以来第二高的水平，这些小迹象都出现在11月份，构成了一幅整体改善的画面。杰弗里·豪在秋季公布的预算报告没有受到欢迎。特别行动小组做了妥协，这意味着公共开支削减幅度没有满足财政部的希望，而财政部也没有对增加更多收入的需要让步；50多亿英镑的额外资金只好通过其他途径获得。雇员的国民保险分摊额进一步上升了1%；公屋租金和处方药费上涨额和大多数社会保障福利的增幅均低于通胀率。在解决额外资金的内阁会议上，弗兰西斯·皮姆沮丧地说："我们已经到了一个非常严重的境地。我们战略的核心条款已经失去……不错，我们正在花更多的钱，但谈论的内容仍然全是削减。"⑯一个绰号"二十五人帮"的后座议员组织写信表达了焦虑，谈到有些保守党党员脱党倒向社会民主党。首席党鞭告诉撒切尔夫人，这是非常严重的情况。⑰还有对经济措施反感的表现——14名保守党议会议员在投票中弃权。这些表现与夏天有过的愤怒和分歧极为不同。《卫报》的彼得·詹金斯称："现在，已经为撒切尔主义拟定了一份简短的讣告。"⑱但是，事实上战事正在保守党变节者中打响。11月，撒切尔夫人终于撤掉了文官部，白厅的这个部是她提高效能活动的绊脚石。伊恩·班克罗夫特退休后，文官部一分为二，一部分由内阁大臣罗伯特·阿姆斯特朗管辖，另外一部分并入财政部，由常务秘书道格拉斯·沃思负责。1983年沃思退休后，内阁大臣承担其全部管理责任。这一重组本来可以避免，撒切尔夫人曾公开表示不愿做这件事，当时克里斯多夫·索姆斯是负责的大臣，但这跟就业部的情形相同：只要吉姆·普赖尔留在那里，工会豁免权就不能消除。如今"湿派"在内阁中被削弱，他们开始意识到，下次大选前要力挽狂澜为时已晚。包括"干派"在内的所有各方都知道，为了政党生存，大家需要有某种形式的停火协议。伯纳德·英厄姆向撒切尔夫人汇报说："《每日电讯报》称，财政大臣认定，上周的公告将是大选前公布的最后一份令人不快的文件。"⑲这个说法归纳了大家的观点。

另外，政治局面有利于保守党内部的团结。可怜的迈克尔·富特变成一个滑稽人物了。在和平纪念碑举行的纪念仪式上，他身穿一件像长

8. 1981年预算案及影响
"我们必须赶紧采取行动拯救她"

了霉的风雨衣。[1]《每日电讯报》报道称,他献花圈时的模样,带着"流浪汉扫视烟蒂般的虔诚与尊严"。[120]在公众心目中,这一刻看来可以确认一点,富特永远不可能令人信服地成为首相。随后,他着手进行了漫长、混乱的一场角力,结果以彻底失败告终,对象是强硬的左派工党候选人彼得·塔切尔[2],要在预期的柏孟塞选区补缺选举中迫使他出局,但双方竭尽努力后,最后却败给了社会民主党。1981年12月初,阿瑟·斯卡吉尔当选全国矿工工会主席,托尼·本公开欢呼,认为这给议会内外的战斗带来了希望。[121]矿工们拒绝调整后的9.3%工资提高率,人们认为未来数周在保守党和矿工之间将发生宇宙级大冲突,1974年初的大规模冲突即将重演。同一个月,波兰宣布了戒严令,软禁了团结工会领袖莱赫·瓦文萨,几十位游行示威者惨遭杀戮。全世界忧心忡忡地关注着局势,担心苏联会入侵镇压。这种威胁感不止一次帮助撒切尔夫人将人民团结到自己这一边。

在年度交替之际,伊恩·高致信撒切尔夫人,感谢她馈赠的圣诞礼物(称"皇冠德比牌咖啡杯和碟子堪称一流"),此信的目的是鼓励她增强信心,他写道:"你就像侏儒群中的巨人。你对国家问题的诊断和对民族复兴的预判,比同时代任何人更敏锐,目光也更长远。"他还写道:"我很高兴听到你在9月份说,你希望我看着你走到最后。"[122]同时,这封信也表达出背水一战的心态和对"最后"结局的坚定希望。

1982年初,撒切尔夫人还揭示出人们往往忘记的一点:她自己也是个普通人。马克·撒切尔在参加巴黎—达喀尔汽车拉力赛时,困在阿尔及利亚的撒哈拉沙漠中。他回忆说:"汽车毁了,我不得不静静地坐在里

---

1 富特的妻子吉尔抗议说,那其实是她为丈夫买的一件时髦的蓝绿色搭配的新外套。另据报道,女王的母亲还称赞过她的外套。撒切尔夫人本人对富特的着装非常礼貌。在活动仪式中的一次短暂的私人交谈中,她表示:"那是迈克尔·富特第一次抛头露面参加重大活动,他有点拿不准该怎么表现。"(MT私人资料,1981年11月8日,玛格丽特·撒切尔基金会。)

2 彼得·塔切尔(1952—),毕业于墨尔本的韦弗利山高中和北伦敦的理工专科学校;1971—1973年,伦敦同性恋解放阵线活跃分子兼组织者;1987—1989年,参加组织英国艾滋病守夜活动;1987—1989年,绿党和社会主义大会成员。

面。"当时他坐在车里读弗雷德里克·福赛斯的《战祸兵燹》消磨时间。[123]虽然他并未失踪,但是人们在发现他消失四天后谁也不知道他在哪里。伯纳德·英厄姆准备的新闻摘要直率得有点残酷:"阿尔及利亚人认为是绑架活动。"[124]撒切尔夫人为此心烦意乱,异乎寻常地取消了一些活动,包括取消了与匈牙利外长的会见,她是个大部分情况下不与共产主义领导人接触的首相,假如这次会见正常进行,那将是一次令人瞠目的冒险。不过她准时出席了全国个体户联合会的午餐会。离开的时候,她遭到记者和摄像机的围堵。媒体问起她儿子失踪一事,她忍不住落下眼泪。在撒切尔夫人身边工作的人们记忆中,这是她唯一一次因私事干扰了正常工作。[125]虽然她身边的许多人都反感媒体的干扰,但这些报道却帮了她。大众报纸报道了她如何"打动了人民的心,赢得人们的同情,"[126]如今人们同情地把她看作"一个女人,一位母亲。"[127]

敏捷而周到的善意是撒切尔夫人永远不会忘记的,密特朗总统为帮助她找到儿子,提供了各种所需的军事支援,不过还是让阿尔及利亚人抢得了先机。丹尼斯乘坐赫克托耳·莱恩提供的飞机飞往阿尔及利亚,现场了解人们的营救活动。[128]借助阿尔及利亚军方哈利勒上校对本地情况的熟悉,31个小时的空中搜救之后,父子再次团聚。马克毫发无损平安回家。撒切尔夫人的私人秘书们被目睹的母爱深深打动了,为她买了一大束鲜花。[129]除了阿尔及利亚政府和其他各界的慷慨相助,马克还需为此次冒险支付1191英镑的账单,用于支付电话、电报等费用。外交部考虑到这些属于合法的"外交成本",打算公费支付账单,但撒切尔夫人表示反对,在文件上潦草批注:"这1191英镑必须由我支付。然后我才能说,没有为英国纳税人造成额外负担。支票收款方我该写谁?"[130]1 英厄姆报告说,她女儿卡罗尔接受一份小报采访时,说了几句批评弟弟的话,说希望马克停止赛车,免得给首相增添这种额外的麻烦。[131]

1982年1月21日,矿工对拟举行的罢工投了反对票,只有苏格兰和斯卡吉尔的家乡约克郡投票支持。即将卸任的温和派工会主席乔·戈姆利出面调停,影响了反对斯卡吉尔的投票。普遍的观点认为"抵押力量"比斗争收效更好。越来越多的中产阶级工人不希望发生政治对抗。这对

---

1 最后,撒切尔事实上支付了1799.96镑,其中包括额外的杂项差旅费。

8. 1981年预算案及影响
"我们必须赶紧采取行动拯救她"

撒切尔夫人是个好消息。似乎让阿瑟·斯卡吉尔懂得，他再也不该冒选举的危险了。

1月28日，内阁就预算案的想法首次开会讨论，内阁中的争论已经神秘地消失了。杰弗里·豪向同僚介绍说，公共部门借贷需求可以实现75亿到90亿英镑之间的总量，出口的状况也比较好。他细致讨论了削减基本所得税率，或提高起征点的问题。尽管吉姆·普赖尔要求公共部门借贷需求应该在110亿英镑，并要求英国加入汇率机制，不过他也说："我认为我们正在走出衰退期。"奈杰尔·劳森归纳了"干派"对经济复苏的描述："这份预算案与去年的不同。正因为有了去年的预算案，才能产生这样的结果。"撒切尔夫人为这次讨论做总结时说，这次讨论"非常有趣而和谐"。[82]3月9日，正式提交了预算案，杰弗里·豪在自己的财政大臣任期内首次能够自夸说，公共部门借贷需求已经低于预期数据，利率已经从去年秋天16%的高点回落了3%。他将所得税起征点提高到了通胀之上，并减少全民保险附加税1.5%。考虑到有人支持英镑M3作为增加货币供给的措施，又有人倡导货币基础控制（M0），两者之间发生争执，杰弗里·豪做了妥协，确定最终要实现一个多样化的目标。他还发起一项社区项目计划，让长期失业者在社区内做有偿服务。这是诺曼·特比特和大卫·杨的工作成果。杨是特比特引进来的，替换了前任人力服务委员会主席理查德·奥布赖恩，该委员会作为一个政府实体组织，主要负责处理失业问题。

媒体对1982预算做出了有利的反应，保守党议会议员们的反应也一样有利。虽然经济困难仍大量存在，但1981年那种非常有害的争议已然消除。一种撒切尔夫人式的复苏，或者说因撒切尔夫人坚定主导的复苏已经萌芽。数周后，来自南太平洋的一则新闻即将震撼英国政坛。

◀ 1980年5月在王子门的围攻事件中，英国空军特勤队成功解救了被恐怖分子劫持在伊朗驻伦敦大使馆的人质，杀死了恐怖分子。这一大胆的行动成为撒切尔夫人政府风格的一个受人推崇的象征。

▶ 1980年8月，撒切尔夫人在帕特森家的公租房里喝茶，他们一家显得有点紧张。帕特森夫妇是大伦敦议会实践它们的"购买权"计划中的第12,000个住户。该计划虽然引发了争议，但在当时也是撒切尔夫人最受欢迎的行政措施之一。

◀ 1981年4月的布里克斯顿骚乱。撒切尔夫人的批评者说，这些事件是由她的政策引起的。她对那些遭受抢劫的店主表示同情。

▶ 1981年10月泰德·希思气势汹汹地在政党大会上攻击政府政策时,撒切尔夫人在不满地倾听。他的攻势之猛烈或许使反对撒切尔夫人的主流异见者都相形见绌。

◀ 1982年1月,马克·撒切尔在北非沙漠短暂失踪。这是官员们唯一一次发现撒切尔夫人伤心得无法从事正常工作。她离开伦敦帝国酒店的会议时,流下了眼泪。

▶ 玛格丽特和丹尼斯在首相别墅。"我很高兴首相别墅在福克兰群岛事件中发挥了举足轻重的作用,"她写道,"温斯顿在'二战'期间曾多次使用过它。"

◀ "开怀欢庆":撒切尔夫人对南乔治亚的收复表示祝贺,这是福克兰群岛战争爆发以来的第一场胜利,在她的身边的是国防大臣约翰·诺特。摄于1982年4月25日。

▲ 这张著名的照片捕捉到了福克兰群岛战争中皇家海军敢死队的胆略。英国军队"来之不易"的胜利挽救了撒切尔夫人的首相职务与任期。

▲ 1982年10月,在圣保罗大教堂进行的福克兰群岛庆典纪念仪式中,撒切尔夫人与她信任和钦佩的、担任国防参谋总长的海军上将勒温勋爵站在一起。圣保罗大教堂神职人员企图阻止为福克兰群岛战争作感恩弥撒,她被激怒了。

▲ 1979年6月,撒切尔夫人与法国总统吉斯卡尔·德斯坦、德国总理赫尔姆特·施密特一起在斯特拉斯堡的街头漫步,这是她第一次参加欧洲峰会。她憎恶这次会议。

▲ 1979年6月,撒切尔夫人与美国总统吉米·卡特在东京,参加七国集团首脑峰会的第一次会议。他们的关系显得彬彬有礼,但并不热情。

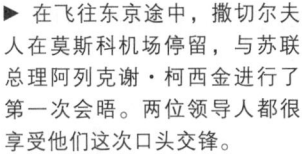

▶ 在飞往东京途中,撒切尔夫人在莫斯科机场停留,与苏联总理阿列克谢·柯西金进行了第一次会晤。两位领导人都很享受他们这次口头交锋。

▲ 1979年7月,撒切尔夫人与女王陛下在赞比亚首都卢萨卡,当时正在出席英联邦的政府首脑会议。这次会上引发了一个问题是:"谁是当红明星?"

▶ 撒切尔夫人以为当她抵达卢萨卡时会遭到人身攻击。相反,她太令人着迷了。图中她与赞比亚总统肯尼斯·卡翁达在一起跳舞,这张照片激怒了保守党右派。

◀ 1981年4月,撒切尔夫妇访问印度。玛格丽特身穿印度服饰显得自在,而丹尼斯似乎有些拘谨。

▶ 1982年,欢迎英迪拉·甘地到唐宁街。两国领导人利用机会,津津有味地谈论她们的孩子们。

▲ 王室最崇拜撒切尔夫人的王太后迎接首相,来参加兰开斯特宫举行的太后80岁寿辰庆典。撒切尔夫人向王太后恭敬行屈膝礼。一旁的索姆斯勋爵和在场的许多人觉得这一幕很滑稽。

▲ 罗纳德·里根确认,撒切尔夫人是他1981年1月就任总统以后第一个到白宫拜访他的欧洲人。"她是我所认识唯一一位真正勇敢的欧洲领导人。"

◀ 图为撒切尔夫人与艾瑞·尼夫在一起。他是一名军人,是个有很多秘密的人,也是女王政府的拥护者,后在暗杀中罹难。

▲ 戈登·里斯,公共关系与政治战略家。尽管他很欣赏撒切尔夫人,但决定让她避免参加电视辩论。

▲ 撒切尔夫人直率而又老练圆滑的新闻发言人伯纳德·英厄姆。有时候他似乎在首相行动之前就知道了她的想法。

▲ 和伊恩·高在一起。高是撒切尔夫人在议会的私人秘书,或许也是她最忠实的部下。"不管未来的境况如何,"他告诉她,正是她给了自己"特权去试图帮助最出色的领袖,也是最善良、最体贴的朋友,任何男士都希望为之效劳"。

◀ "四人帮"：大卫·欧文、比尔·罗杰斯、雪莉·威廉姆斯和罗伊·詹金斯。他们花费大量精力削弱了工党左翼，因此没有足够重视撒切尔夫人，这帮助了她。

▲ 撒切尔夫人在哈罗德·麦克米伦旁边。但是他已经没有时间为她提供经济政策方面的帮助，她也清楚这一点。

▲ 吉姆·普莱尔是"湿派"人物中唯一勇敢采纳撒切尔夫人经济政策的人。而她成功地把他放逐到了北爱尔兰。

◀ 1981年11月，阵亡将士纪念日纪念仪式上，撒切尔夫人和身穿"风雨衣"的迈克尔·富特在一起。她以宽容的笔调写道："他有点不太确定该怎么做。"

▲ 撒切尔夫人与杰弗里·豪在一起，后者是她的财政大臣（1979—1983）。两人的关系从来没有真正亲热过，但他却是"撒切尔主义的缔造者"。

▲ 图为基斯·约瑟夫，是撒切尔夫人最亲密的政治朋友。他为她成为领袖搭桥铺路。她爱他，但却由于他缺少政治头脑而常常粗暴地对待他。

▲ 诺曼·特比特，1981年以来担任就业部大臣，是撒切尔主义的"肇事男孩"。他是撒切尔夫人的右翼同事，只有他能够配合她的激情，并且在才智上超过了她。

▲ 威利·惠特劳——起初是她的对手，后来成为其忠实副手（和内政大臣）。"每个人都需要一位威利这样的人"，她说，却不明白别人为什么会大笑。实际上，惠特劳属于"湿派"，但他让这些人失望了，却没有让撒切尔夫人失望。

9.

福克兰群岛遭入侵
"我人生中最糟糕的时刻"

1982年4月2日星期五一大早,阿根廷军队入侵了英国在南太平洋的殖民地福克兰群岛。此前,入侵的意图在3月31日才变得明朗,但直到伦敦时间次日下午五点,内阁办公室官员还说,收到的情报中没有即将发生入侵的明确证据。①早在一周前,阿根廷人尚未决定发动侵略。一个月前,连一丁点危机的苗头都没有。入侵当天,福克兰群岛时间上午9:25(伦敦时间下午12:25),英国总督向首府斯坦利港保卫政府大楼的人数很少的皇家海军陆战队先遣队下令投降。阿根廷军队让他们趴在地上拍照。阿根廷国旗飘扬在斯坦利港上空。英国受到的这次羞辱突然而彻底。除非能扭转局面,否则撒切尔夫人将不能保持首相地位。

这种事怎么会发生呢?入侵的最后一幕非常突然,但发动战事背后的激情却是根深蒂固的。围绕福克兰群岛的纠纷最早可追溯到欧洲人发现这些岛屿的时代。第一个在群岛登陆的人是英国皇家海军的一名船长,时间是1690年,当时他以第一位英国海军大臣福克兰勋爵的名字命名该岛。而阿根廷人把这个群岛称作马尔维纳斯群岛,是从西班牙名称马洛于内演变而来的(据说群岛位置与布列塔尼的圣马洛湾相似),这个名字反映出,法国曾在18世纪中期占领过此地。西班牙人从法国手中买下此群岛后,宣称对该岛拥有长期主权,却一直受到英国的质疑,几乎于1770年引起战争。1阿根廷于1816年脱

---

1 在这个群岛的主权问题上,英国人情绪高涨。查塔姆伯爵(老皮特)曾向当时的政府发出挑战:"难道你要无耻背叛国王的荣誉,竟为是否收复国王陛下领地进行谈判?"在福克兰群岛战争期间,历史学家休·托马斯(斯温纳顿的托马斯勋爵)递交给撒切尔夫人一份文件,谈到福克兰群岛的未来发展问题,引用这句话支持她应对立场不够坚定的外交大臣弗兰西斯·皮姆。

9. 福克兰群岛遭入侵
"我人生中最糟糕的时刻"

离西班牙独立时，认为自己是所有西班牙宣称拥有领土的继承者。于1774年已经离开福克兰群岛的英国依然声称拥有这里的主权，1829年阿根廷在当地委任了一名政治和军事总督，英国重申自己在该群岛的权益。1833年1月，英国重新占领福克兰群岛直到现在。

英国政府认为，原来对福克兰群岛的法律定位不是绝对安全的，[1]但政府法学专家对于"惯例"权抱有十足的信心——事实上，自1833年以来，英国对该岛的统治和占领是持续不断的，当地居民大部分具有英国血统，满腔热情地效忠英国王室。在另一方面，阿根廷对岛上居民的意愿不感兴趣，仅是将马尔维纳斯视为阿根廷版图的一部分。阿根廷国内政治动荡，1982年由一个不稳定、不受欢迎的军事寡头统治，这个群岛成了唯一能凝聚全民情感的问题。随着阿根廷称作英国不义占领福克兰群岛150周年纪念日迫近，军政府抓住了这个自认为可以拨乱反正的象征性时刻。

恰巧遇上英国正处于经济特别疲软的时期。现代英国政府越来越倾向于认为福克兰群岛是个麻烦，岛上居民人口只有1800，距离英国倒有8000英里，几乎没有明显的战略意义。该岛需要经济发展才能拥有未来，但不依赖阿根廷帮助就非常困难，毕竟最靠近阿根廷的地方距离只有约300英里。英国外交部认为，福克兰群岛与拉丁美洲建立起了良好关系。许多年里，大家一致在努力尝试，试图在矛盾中找到一条折中路线：矛盾的一方是声称拥有群岛主权的阿根廷专制主义政权，另一方是岛民，他们对阿根廷人持有深深的怀疑态度。1979年撒切尔夫人执政后不久，外交大臣卡灵顿勋爵曾提出一个解决方案。他反对由沙克尔顿勋爵[2]就该问题上提出的置阿根廷于不顾的"堡垒福克兰群岛"经济发展政策。卡灵顿在内阁的海外和国防委员会说，堡垒福克兰群岛将导致来自阿根廷入侵的严重威胁，需要有大量英军武装人员驻扎。[2]1979年9月20日，他在写给撒切尔夫人的一封信中说，可以采取移交回租的形式，将主权割让给阿根廷，换取英国

---

1 关于这些议题的更多讨论，见劳伦斯·弗里德曼勋爵所著《福克兰群岛运动的官方历史》，第二卷，劳特里奇出版社出版，2005年，第一部分：福克兰群岛战争的起源，第8—12页。
2 沙克尔顿勋爵，南极探险家欧内斯特·沙克尔顿之子，被哈罗德·威尔逊的政府请去对福克兰群岛进行一次综合性调查。他的报告出版于1977年，呼吁对该岛进行一些核心项目的新投资，促进其发展。

政府持久稳定的管理，保持岛民的生活方式。

对移交回租想法，撒切尔夫人直接而本能的反应是愤怒。她在卡灵顿的信上和约翰·亨特关于该问题的一份备忘录上潦草写了一些批注，表达出所有的主要反对意见，后来，每条意见都变得极其重要。呈交的文件中有一段谈到需要尊重岛民的意愿，撒切尔夫人表示反对，批注道："他们不应该迫于压力表示同意。"对移交回租理念本身进行评论时，她批注道："这就像香港问题，九十九年的租期将满，结果要引发众多问题。"在卡灵顿那封信上，她最后批注道："恕难认同外交部提出的路线，也不会向下院和内阁提交讨论——更不用说向议会中的保守党提交了。"③接下来的一个月中，外交部将一份更加详细的备忘录送交海外和国防委员会，撒切尔夫人更加怀疑了。她认为这等于是出卖了她。"我不喜欢这份文件，"她在第一页批写道，"……按照定义，设计'选项'不是为了列举'选择'本身，而是为了实现预想的结果"。在备忘录中有一句话："阿根廷的主张不仅仅是法律问题，而且事关国家荣誉和气概。"对此她在旁边批注："按外交部的说法，难道我们的国家荣誉根本无关紧要？！"④"在罗得西亚问题尚未结束前，请不要这样处理，"她补充了一句，不仅担心来自时间的压力，而且害怕保守党右翼分子作乱。她的最后一条要求得到了执行，1980年1月3日之前，此事再没有返回海外和国防委员会讨论。在此之前，卡灵顿已经在按自己的想法推动此事。会议记录显示，首相在总结发言中表示，有一种"危险：只要重启谈判，就预示着拱手让出主权……这种投降行为没有任何法理基础"；不过会议记录还记载了她和委员会从外交大臣的观点中看到了"力量"：应该与阿根廷进行"一般的探索性"对话，"尤其因为这可以反映岛民的想法"。尼古拉斯·里德利当时在外交部是相对低级的官员，当时要求他负责了解移交回租战略是否有可操作性。

虽然里德利在经济事务上是撒切尔夫人的政治盟友（她在外交部团队中仅有这一位盟友），但他对英国的海外资产缺乏感情，这与她的意见不一致。他还用过一次危险的反面措辞。据记载，他在纽约曾与阿根廷对手卡万多利海军准将交谈，谈话中明显表现出无所谓的态度："我们已经放弃了世界总面积三分之一的领地，感觉这样做总的来说有益无害。他的强烈感觉是，英国唯一想要得到的是波尔多，他指的是那里出产的红葡萄酒。他认为，对一个不出产葡萄酒的群岛，很难说英国有什么动机。"⑤8月份，在日内瓦附近，里德利和卡万多利还进行过一次秘

9. 福克兰群岛遭入侵
"我人生中最糟糕的时刻"

密对话,谈话内容是移交回租原则,双方对99年租赁期的可能性达成了假设性共识。

1980年11月7日的海外和国防委员会会议上,撒切尔夫人表达了自己的疑问。"放弃主权将非常困难。"罗伯特·阿姆斯特朗记录下她的话。[6]根据她自己的回忆,她对里德利说英国不能保护福克兰群岛的言论极其愤怒:"如果没有别的顾虑,我们能够炸平布宜诺斯艾利斯。"她补充说,"那只是一种本能反应,并未记录在案。"[7]阿姆斯特朗记载在案的是她表达的看法:"要说我们不能为岛民提供保护,等于说我们向威胁屈服。"卡灵顿说,移交回租是唯一有点前途的理念。撒切尔夫人敦促里德利去跟福克兰群岛居民交谈,并表示:"与岛民达成共识前,我们什么也不做,这是我们的立场。"

这种共识并没有达成。临近11月底,里德利访问了该岛,与尽可能多的当地居民交谈。一位岛民在一次公开会议上说,"我认为我们不该出让主权,那等于我们放弃自己与生俱来的权利。"对此,里德利回答说:"好吧,那么你来承担(不放弃主权造成的)后果,而不是我。"[8]虽然他补充说英国将保护福克兰群岛不受阿根廷的攻击,但是关于要别人承担后果的说法还是让人不快。它深深刺痛了岛民们的心。他离开福克兰群岛时,并未坚持自己的观点,不过也没有一个人明确反对他的提议。1980年12月2日,他向议会做了一次陈述,与撒切尔夫人起初预料的一样,移交回租的想法遭到议会各派议员的强烈抨击,认为这是对福克兰群岛岛民的背叛。一个月前,在海外和国防委员会上,撒切尔夫人一再表达过自己的焦虑:"我的担心是来自后座议员们的可怕争吵。"[9]后来的情况证明她是对的。

"可怕争吵"过后,在海外和国防委员会第二天的会议上,官员们在讨论中左右为难。按照即将实施的《英国国籍法》,将排除福克兰群岛居民理应享有移民到英国的权利,撒切尔夫人沉思后说:"我们必须给他们一个承诺:让他们到这里来。"[10]但这一提议后来不了了之,因为这样一来,将树立一个先例,今后所有英国属地(现在对殖民地的正式称谓)的公民都可以照此办理。1981年1月7日,福克兰群岛民选的政务会委员对移交回租理念表达了强烈反对,倡导冻结主权争端。外交部并未尝试研究新政策以积极回应岛民的愿望,而是以边缘化的蔑视态度对待他们。迈克尔·帕里泽在6月间强调说,岛民们都是"质朴的人,坚持着单纯的想法"。[11]如果他们不同意将移交回租方案放在台面上谈,外交部就感觉谈判毫无意义,其结果就是陷入僵局，而阿根廷日益失去了耐心。1981年7月，在来年3月份发生危机之前，对该问题再次进行了评估，而后来证明，这是最后一次评估。联合情报委员会[1]并未预测到形势最糟糕的一面，不过确实预测到，如果阿根廷开始相信主权不能和平过渡，将不能避免大范围入侵。⑫

这种不安的形势碰巧遇到国内公共开支的压力。国防大臣弗兰西斯·皮姆反对撒切尔夫人的节俭要求，她为此感到愤怒，1月初调他担任下院议长。皮姆的继任者约翰·诺特得到的任务就是一个词语：削减。因为英国已经向北约做出为同盟国增加贡献的承诺，就不能削减欧洲防御的预算，只能削减其他地方的防御预算。诺特提出一种理念，认为海军水面舰船不再像以往那样必需。在一次讨论该议题的海外和国防委员会会议上，总参谋长埃德温·布拉莫尔将军[2]记得，撒切尔夫人要卡灵顿发表对这种新理论的看法。"我从未听过如此荒谬透顶的想法，"外交部长表示，"但国防大臣别无选择，因为我们从未通过北约实现削减目标。"⑬非北约削减措施在海军内部比其他领域更容易实施，这就有了之后发生的事情。抵制者来自海军参谋长亨利·利奇上将[3]，他的抵制太猛烈，几乎产生了副作用。据诺特的私人秘书大卫·奥曼德[4]说，海军未能对海面舰船进行现代化改造，已经退回到大西洋护航舰队的状态，不过其实也是对的，国内斗争如此激烈，"我们已经完全无心顾及国防的真正意义了。"⑭

这个争执过程让一艘舰船受了害。这艘船是英国皇家海军的破冰船

---

1 联合情报委员会是白厅的一个实体组织，责任是代表内阁利益直接指导全国情报组织。

2 埃德温·布拉莫尔（1923—），毕业于伊顿公学；1976—1978年、1978—1979年任英国陆军总司令；1979—1982年任总参谋长；1982年成为陆军元帅；1987年受封布拉莫尔勋爵；1990年受封嘉德勋位爵士（英国勋位最高的爵士）。

3 亨利·利奇（1923—2011），毕业于达特茅斯皇家海军学院；1977—1979年任东大西洋和海峡盟军最高统帅、英国舰队总司令；1979—1982年任海军参谋长和第一海军军务大臣；1982年成为海军五星级上将；1977年受封骑士头衔。

4 大卫·奥曼德（1947—），毕业于格拉斯哥大学和剑桥大学的耶稣圣体学院；1981—1982年任国防大臣私人秘书；1992—1996年任国防部副次官（负责政策问题）；1996—1997年任国家通信情报局（政府通信总部）局长；1998—2001年任内务部常务副部长；自2006年起任内阁办公室安全和情报协调员；2000年受封骑士头衔。

9. 福克兰群岛遭入侵
"我人生中最糟糕的时刻"

"坚韧号",是唯一有规律地在南大西洋服役的皇家海军舰艇。1981年6月海军宣布,这艘船完成1981—1982年度的任务后要撤回。外交部表示反对,因为撤出的信号会让阿根廷接收到,不过外交部并未坚持自己的主张。撒切尔夫人并不太相信"坚韧号"的重要性。直到1982年3月初,她与理查德·卢斯[1]聊起此事。卢斯当时已经接替了尼古拉斯·里德利在外交部的职位。卢斯告诉她"坚韧号"很重要时,她说,"'坚韧号'没任何用处,只会在航行中发出'嘭,嘭,嘭'的声音。"⑮

英国未能与阿根廷达成协议,也未能找到别的方法为福克兰群岛的重建提供更多支持。宣告"坚韧号"的死刑,等于发出不再保护这个群岛的信号。福克兰群岛总督雷克斯·亨特在自己的1981年年度述评中写道:"到了年底,就连我们最忠实的朋友都开始怀疑女王陛下政府的信心。"⑯他期待进行下一轮对话,讨论阿根廷可能的入侵,并推荐"应急计划"应对万一发生的入侵。

1981年12月初,以阿根廷陆军司令列奥波尔多·加尔铁里将军为首的一个新派别篡夺了阿根廷政权。该政权迅速做出决定:解决马尔维纳斯群岛归属问题是1982年的头等大事。1月中旬,一条秘密的国家战略指令流传开来,称军事委员会"决定分析使用军事力量取得政治目标的可能性"。⑰这些信息英国情报机构并未得到,也没有通过外交途径得到。理查德·卢斯后来写道,英国驻布宜诺斯艾利斯大使安东尼·威廉姆斯从未向他提供过关于新政府对福克兰群岛态度的信息,他从来没有紧迫感,一点印象都没有。⑱卢斯代表英国于2月底在纽约与阿根廷对话,虽然没有达成任何实质性共识,但对话好像设置了一种可继续的进程。双方的联合公报对其描述为"一种热忱而积极的精神"。

然而,3月3日,出现在英国媒体上的新闻显示,阿根廷拒绝公开发表共同联合声明。相反,军政府迫使外交部长发表了一份单方面声明,披露

---

1 理查德·卢斯(1936—),毕业于威灵顿学校和剑桥大学基督学院;1971—1974年任阿伦德尔和肖勒姆选区保守党在议会的议员;1974—1992年任肖勒姆选区议员;1981—1982、1983—1985年任外交和联邦事务部国务大臣;1985—1990年任艺术大臣;1997—2000年任直布罗陀总督;2000—2006年任王室宫务大臣;2000年受封卢斯勋爵。

了纽约秘密谈判内容,还坚持要求英国在限定的时间内承认阿根廷对该群岛的主权,限定的时间必要时将不得不缩短。如果英国没有照办,阿根廷将自由选择符合自己利益的最佳方式。[19]与此同时,充满火药味的文章开始出现在阿根廷媒体上,称如果英国不同意,就将在数月内采取直接军事行动。在威廉姆斯发自布宜诺斯艾利斯的报告中,谈到了颇具威胁性的声明,撒切尔夫人写道:"我们必须制定应急计划。"劳伦斯·弗里德曼爵士在官方史书《福克兰群岛战争》中说,撒切尔夫人的要求好像并未成为情报部门工作内容的一部分。[20]

当时盛传的观点依然是阿根廷其实不会攻打福克兰群岛。华盛顿的里根政府与阿根廷建立了较好的关系,但这使新上台的军政府更加有恃无恐。就在军政府以好斗的口吻公布纽约秘密谈判内容的当天,美国负责美洲事务的助理国务卿托马斯·恩德斯访问了布宜诺斯艾利斯。他向华盛顿发的电报说,此前那份声明"或许仅仅是为了满足国内舆论的需要,但我们无法确定。显然解决这一古老争端仍很遥远,而当地好战分子再次策划出动阿根廷军队登陆该群岛。"[21]但是,3月12日,恩德斯告诉英国方面,在他看来,阿根廷并未考虑任何过激行动。[22] [1]3月19日,威廉姆斯大使写信给卢斯,认为阿根廷不会动武:"我们知道,目前这帮人聪明过人,不会做这种傻事。"然而,一收到这封信,外交部就在上面批写道:"事态始料未及。"[23]这些事态很快激起阿根廷"目前这帮人"的热情,他们确实要做一些非常傻的事。

1982年3月18日,阿根廷的废金属经销商登陆英国在南乔治亚岛的附属领地,此地同样由福克兰群岛管辖。他们在履行与一家英国企业签订的合法合同,但是并未得到登陆的许可,而且他们是由阿根廷海军送往南乔

---

1 没有证据证明恩德斯或任何里根政府的相关人员预先知道阿根廷入侵,但一些接近撒切尔夫人的人士看出一些内在关联。"很难相信阿根廷将军没有向美国同行暗示过3月份要采取的行动,"休·托马斯后来在4月份给撒切尔写信如是说。"毫无疑问,在助理国务卿恩德斯最近一次访问布宜诺斯艾利斯后,至少科斯塔·门德斯博士肯定对他使过眼色。"撒切尔夫人手捏钢笔审读这封信之后,在"恩德斯"几个字下面划了至少四道横线。(托马斯给首相的信,"根据阿根廷心理学针对福克兰群岛问题的英国外交政策",1982年4月23日,THCR1/13/26。)

9. 福克兰群岛遭入侵
"我人生中最糟糕的时刻"

治亚岛的。他们一上岸就破坏、抢劫英国南极调查局的财产，还升起阿根廷国旗。总督雷克斯·亨特命令他们离开。3月21日，在撒切尔夫人坚决赞同下，已接到退伍通知但仍在服役的"坚韧号"从福克兰群岛调遣至南乔治亚岛。外交部心里开始翻腾。"坚韧号"抵达南乔治亚岛会不会让阿根廷人态度更加坚定？英国提高了调门，但是假如最终不能将自己的意志贯彻始终，这样做是否明智？在国内，下院正在寻求答案。理查德·卢斯在一份声明中承诺采取坚决行动，但是没有人真正相信。保守党的众多后座议员对这个问题深表怀疑，不仅怀疑外交部，甚至怀疑撒切尔夫人。艾伦·克拉克与同事们讨论局势时建议撒切尔夫人真正考虑包括他在内的一些人，他们在以"帝国主义思想"思考问题。尼克·巴德根回答说："艾伦，别在那上面押赌注。她只会按美国人的想法管理，她内心中不过是个庸俗的中产阶级，还是个里根的追随者。"㉔

没有证据表明阿根廷策划了最初的事件，但阿根廷肯定利用了那个事件。3月23日，就是卢斯向下院发表声明的当天，阿根廷军政府决定派遣海军陆战队侵入南乔治亚岛的雷斯。入侵的士兵于3月24日夜晚登陆，同一天，军政府秘密提出入侵福克兰群岛的计划。两天后下令开始入侵，当然，又是秘密进行的。可怜的威廉姆斯大使当时在布宜诺斯艾利斯，不安地意识到自己被蒙在了鼓里，以悲哀的口吻向英国外交部谈起阿根廷外交部长："我深感科斯塔·门德斯对我一点儿都不诚实。"㉕

3月25日，内阁讨论这一事件，结果并无成效。卡灵顿对同僚们说，局势升级到了非常难以对付的程度，很难通过政治和外交手段解决。㉖撒切尔夫人表示，自己并不想知道"坚韧号"能做些什么。大法官黑尔什姆勋爵迫切要求采取军事行动："我们说过要铲除他们。"但是卡灵顿闪烁其词地说："不……我们只是说，他们必须离开。"

阿根廷入侵福克兰群岛事件开始提上议事日程。内阁会议记录记载了当时的结论："如果阿根廷人随后以军事行动相威胁，英国将面临一项几乎不可能完成的任务，毕竟距离太遥远，要保护福克兰群岛确实困难。"㉗对"坚韧号"的拆船工作现在可能需要重新考虑。但直到这时，政府机构和唐宁街10号自身都没有准备好应对一场全面爆发的危机。同一天，理查德·卢斯说服唐宁街10号一起宣布称，"坚韧号"将会保留，但是克莱夫·惠特莫尔告诉他，这事要与国防部官员谈，而不是首相。㉘第二天，国防大臣向撒切尔夫人呈交了一些匆忙撰写的应急计划。他向首相表示，要阻止阿根廷的全部侵犯活动，将需要一支可观的皇家海军舰队，由"赫尔墨斯号"或"无敌号"率领。按照专家们的判断，这样规模的武装力量一旦到了南大西洋，将足以抵挡任何入侵，但面对事先登陆的阿根廷占领者，将不太确定是否能撕裂对方的防线。撒切尔夫人后来回忆说："你能想象出，这番话就像一把刀戳进我的心脏。"㉙她最担心的是，假如采取这样的行动，有可能激起对方入侵，而她正试图阻止对方入侵。如果入侵发生在舰队到达之前，行动将不可能撤销。"那对英国来说将是最大的耻辱。"撒切尔夫人总结道。㉚她及时拒绝了这一计划。3月29日，卡灵顿和撒切尔夫人一起飞往布鲁塞尔参加欧共体峰会，并在飞机上讨论了局势。他们一致同意派遣一艘潜艇[1]前往南大西洋，同时命令第二艘潜艇随时待命，以此方案替代一个舰队。卡灵顿将这场危机和事态书面通报了美国国务卿阿尔·黑格，请他出面与阿根廷斡旋，但双方认为，卡灵顿原定的访问以色列之行应当照常进行。据当天与撒切尔夫人一同出行的海外事务私人秘书约翰·科尔斯说，当时她和卡灵顿在内心中都不相信，阿根廷会发动入侵。㉛

当天，外交部收到了关于阿根廷舰船航行的第一个迹象，但"没有得到一场侵略即将发生的警告情报"。㉜第二天，卢斯在下院做的陈述中表示，英国将尽最大能力捍卫福克兰群岛："我深知这些话听上去多么苍白和空洞。"㉝在卢斯陈述的问题上，政府感到很难堪。吉姆·卡拉汉曾于1977年在下院表示，如果阿根廷制造麻烦，他将命令英国舰队在福克兰群岛400英里外的海面上严阵以待，必要时随时提供保护。后来有消息称，阿根廷当时并不知道这次行动，㉞因此卡拉汉揭露的真相并没有形成威慑力，而下院甚至根本不知道这件事。

1982年3月31日星期三上午11点，联合情报委员会自去年7月以来首次立即发出对福克兰群岛的评估信息。信息避免正面表述，没有断定阿根廷将入侵，却提出另一种看法："阿根廷政府并不希望首先采取武力手段。"㉟白厅笼罩在一种不确定的气氛中。

然而，那天傍晚，一切都变了。一份截获的情报向伦敦明确显示，阿

---

[1] 有时候，这里被认为是"核"潜艇。这种描述是一种误导。这艘船是采取核动力装置，但是并未携带核武器。

9. 福克兰群岛遭入侵
"我人生中最糟糕的时刻"

根廷将于周五入侵福克兰群岛。㊱爆出这条消息时，白厅竟然没人主事。卡灵顿勋爵在以色列访问；外交部常务副次官迈克尔·帕里泽爵士那一周正要退休；国防参谋长、海军上将特伦斯·勒温爵士[1]在新西兰访问；而总参谋长埃德温·布拉莫尔将军在北爱尔兰；舰队总司令、海军上将约翰·菲尔德豪斯[2]在直布罗陀。这些人的缺席徒增了当天的茫然和迷乱，但是从对撒切尔夫人的有利角度看，这些情况或许为整场戏的结果产生了积极的不同影响。

入侵的第一份情报由约翰·诺特交给撒切尔夫人，他是当天唯一在伦敦的相关内阁官员。

傍晚时分，他们在下院撒切尔夫人的办公室碰头，诺特带着自己的常务秘书弗兰克·库珀爵士。另外迈克尔·帕里泽的继任者安东尼·阿克兰[3]也在场，另外一位参会的是理查德·卢斯。撒切尔夫人在克莱夫·惠特莫尔和约翰·科尔斯陪同参加碰头会。伊恩·高一直进进出出。诺特对即将发生的入侵做了说明，后来撒切尔夫人将其描述为"我人生中最糟糕的时刻"。㊲办公室里的所有人都记得当时的气氛沮丧而充满困惑。当务之急是起草一份紧急信息发给里根总统，通报即将发生入侵，请求他干预。他们要求亨德森去见黑格，申诉英国的立场。然而，撒切尔夫人表现出受到压力时的常态，很快绕开所有细枝末节。她认为，最糟糕的不是入侵这一惊人的事实，而是与会者的态度，是他们对下一步行动的立场。诺特记得，会议当时侧重于支持外交部寻求外交解决方案，㊳而卢斯记下的几乎

---

1 特伦斯·勒温（1920—1999），毕业于唐布里奇的嘉德学校；1939年在皇家海军服役；曾参加"二战"（DSC 1942）；1977—1979年任海军参谋长兼第一海军军务大臣；1979—1982年任国防参谋长；1982年受封格林威治勒温勋爵；1983年受封嘉德勋位爵士。

2 约翰·菲尔德豪斯（1928—1992），毕业于达特茅斯皇家海军学院；1945年在皇家海军服役；自1948年，担任潜航员；1979—1981年任海军指挥官；1981—1982年任舰队总司令；1980年受封骑士头衔；1990年受封菲尔德豪斯勋爵。

3 安东尼·阿克兰（1930— ），毕业于伊顿公学和牛津大学基督教会学院；1953年，加入外交和联邦事务部；1970—1972年任阿拉伯事务部主任；1977—1979年任驻西班牙大使；1982—1986年任外交事务常务副次官、主任；1986—1991年任驻美国大使；1991—2000年任伊顿公学校长；2001年受封嘉德勋位爵士。

是相反的看法：人们几乎没有关注通过外交渠道阻止入侵。㊴由于其他主要领导人不在场，能够向首相提出自己坚定立场的就只有诺特了。但他没有提出看法。他在库珀的支持下表达了自己的想法，认为要夺回福克兰群岛几乎是不可能的。据约翰·科尔斯说，撒切尔夫人意识到，对夺回福克兰群岛持怀疑态度的还有一些主要官员，尤其是布拉莫尔，因此专家的看法与她不同。科尔斯回忆起国防大臣与首相之间的一次交谈，撒切尔夫人说："你们必须收回失地。"诺特回答："我们不能"。撒切尔夫人接着回复："你必须收复。"㊵她有愿望，却没有办法。

收到这条情报的另外一位是海军大臣亨利·利奇，他在朴次茅斯附近海域视察了一天，刚返回办公室，就看到自己办公桌上放着入侵在即的情报和海军对局势做的简报，文件夹上面写着："勿动。"㊶两份文件内容相互矛盾，让他感到迷惑。他认为如果发生入侵，海军就该尽一切可能做出反应。利奇身穿海军上将制服[1]径直走进国防部诺特的办公室，得知诺特在议会，正与首相在一起，他匆忙赶过去。尽管穿着制服，中央大厅的接待员还是不放他进去，让他等了15分钟，直到一位党鞭过来解了围，请他喝了杯威士忌。最后走进首相办公室，发现所有人笼罩在沮丧的气氛中，谁也不说话，大家显然都在苦思冥想。利奇觉得，撒切尔夫人在场实在是"意外的好运气"，因为他起初就估计到，如果与诺特单独会面，诺特将不为所动。㊷利奇鄙视诺特，因为这个人不公正，执意要破坏海军的现状。利奇受到重大突发性事态的激发，加上首相在场，可能还有恢复往日势头的冲动，他脱口而出："我坚信，拥有海军而不用等于没有。"㊸

撒切尔夫人历来对军装情有独钟，利奇和她当时都意识到，这个房间里只有一名军人。当时掌握谈话主动权的是这位海军上将而不是首相，利奇请求她为组建一支特遣舰队做好政治上的准备。利奇回忆说，当时谁也没说一句话。"这么做的意思是什么？"撒切尔夫人最后问道。㊹他做了一番解释。然后她进一步询问了海军的能力，比如航空母舰和直升机的情况。利奇指出，一切都供应不足，但还没有到难以置信的地步。据科尔斯说，当时并未直接提到撒切尔夫人和诺特正在推动的压缩国防

---

[1] 关于这次会议，通常大家描述利奇全副武装。在个人回忆录里，撒切尔夫人说他穿着平民服装。两种说法都不正确。

开支事宜，但是言语间显然有这种意思。㊺这让利奇在说话时获得了一种主动权。“组建这样一支‘特遣舰队’需要多长时间？”撒切尔夫人问。“三天。”利奇说。[1]“多久能到那里？”“三周。”“三周！”首相尖叫起来，表现出她缺乏地理和海洋知识。“可你说过是三天。”“不，我没这么说。”㊻

“我们能做到吗？”撒切尔夫人迫不及待地问道。“能，首相，”利奇表示，“另外，虽然以我的职位不该这么说，但我要说我们必须做。”“为什么这么说？”“因为如果我们不这么做，如果我们一味谨慎行事，我们将成为一个说话无足轻重的国家。”利奇记得，撒切尔夫人听了这话露出一丝微笑，好像这正是她想听到的话。㊼几个小时后利奇离开会议室，他受命全权负责组建特遣舰队，但还不是启动。

3月31日的会议在福克兰群岛之战中取得了传奇般的地位，亦理当如此。撒切尔夫人在此后的生活中，经常在谈话中回顾这次会议，一直把利奇当作这出戏的英雄人物。是他给了她“巨大的信心”，据克莱夫·惠特莫尔说，㊽当时她最需要的就是信心。外交途径已然彻底毁了；在即将到来的入侵中，英国败局已定。她的国家荣誉，她的政府，还有她的事业在未来重要的几天里或许都将化为乌有。她的直觉告诉自己：要战斗，但是考虑到所有专家意见她又不能这样做。利奇横空出世，为她提供了对抗这些意见必需的专家支持。诺特对利奇表现出宽宏大度，他在晚年承认，他并未得到如何组建特遣舰队的简报。㊾他被撇在一边了。他的私人秘书大卫·奥曼德当时也在会议现场，注意到撒切尔夫人确实因缺乏经验而变得无畏：“她对海军寄予了政府的全部信赖。”㊿

第二天，4月1日周四，愚人节，内阁成员都攥紧了拳头开会。外交部的二号人物汉弗莱·阿特金斯对同僚说：“我们正努力通过外交手段来解决问题。”(51)撒切尔夫人补充说：“美国是我们可利用的最强的力量。”(52)对卡灵顿先前提出的请求，黑格给了个“非常不实在的答复”，撒切尔夫

1 撒切尔夫人记得他说是48个小时（见《唐宁街岁月》，哈伯柯林斯出版公司出版，1993年，第179页），但是这几乎可以肯定是错误的。

人对此非常失望，亲自出面恳请里根帮忙，现在正静等结果。在美国这边受挫很快就成为一个反复出现的主题，戳痛了白厅内部的神经，因为这唤醒了大家对早在1956年那场灾难的集体记忆，当时美国决定不支持英法占领苏伊士运河。结果造成了首相安东尼·艾登的垮台，也终结了英国作为一个强大帝国的存在。然而，这一天，里根总统尽了全力。因为他当时正在医院接受泌尿系统检查，不能给加尔铁里打电话，要到美国东部时间下午6∶30才行。令白宫人士吃惊的是，加尔铁里拒绝接电话。美国国家安全委员会人员丹尼斯·布莱尔很快意识到原因所在：" 我说'不，稍等。他们正在发动入侵，但他还没有决定好该怎么对我们总统说。'"布莱尔随后给英国大使馆的罗宾·伦威克打电话，告诉他说，肯定会发生入侵。㊱大约两个小时后，加尔铁里同意与里根对话。"很显然，加尔铁里喝醉了酒，"国家安全顾问威廉·克拉克回忆说，"并且这一习惯或许影响了他的行动。"㊲

这场折磨人的交谈持续了50分钟，加尔铁里一直对里根的问题顾左右而言他，最后拒绝了总统关于找到共识的斡旋。当里根要求他确保第二天不登陆时，加尔铁里报以不祥的沉默。㊳据布莱尔在国家安全委员会中的同事吉姆·伦奇勒回忆，里根警告加尔铁里"如果诉诸军事力量，我们将不能站在你这边……你将是有罪的一方"。㊴他还警告对方称，撒切尔夫人将以武力收回群岛，如果她这么做，美国将支持她。㊵英国驻华盛顿大使尼克·亨德森很快确认了这次不成功的交谈。据伦威克的说法，亨德森随后给首相打电话直接向她通报这个消息。亨德森凌晨四点把首相叫醒，[1]发现她一点儿好战情绪也没有，而是以一种阴沉的口气，全面了解面临的危险。与此同时，伦威克"请国防大臣提醒福克兰群岛总督，第二天一早他会发现阿根廷舰队停到了自己家门口。"㊶

其实，亨德森向撒切尔夫人介绍的情况，她几乎全都知道。午夜前不久，她在唐宁街10号会见了卡灵顿。卡灵顿刚从以色列回来，一下飞机就直接赶过来，显得精疲力竭。同时在场的还有利奇、诺特、卢斯和几位私人秘书。卢斯感到奇怪的是，就像前一天在议会撒切尔夫人办公室里的那次长时间的会上一样，"没有私人秘书做适当的记

---

[1] 伦威克错误地记成了下午两点。

9. 福克兰群岛遭入侵
"我人生中最糟糕的时刻"

录"。⑩[1]会议常常被黑格打给卡灵顿的电话所打断。黑格最后向总统报告说,与加尔铁里之间的交谈无果而终。㉑当时会议决定将英国军队迅速部署在南大西洋。第二天一早,利奇即发布指令:"特遣舰队待命,准备启航。"

卢斯后来写道:"第二天(4月2日)是一场噩梦,我知道侵略正在发生,而我们无能为力。"㉒内阁于9:45开会时得知,入侵即将发动,敌人注定会得逞。撒切尔夫人解释了"特遣舰队"计划,并表示政府要公开宣布"我们已经命令人员待命,随时准备起航去战斗。"弗兰西斯·皮姆更加好斗:"为什么不命令起航?""我不希望放弃选择,"撒切尔夫人回答道。㉓杰弗里·豪认为,这么宣布其实是个坏消息,因为"给人的印象是我们正处于逆转局势或者再征服的地位。我们应当传递相反的印象才对。"然而,奈杰尔·劳森认为人们将会热情高涨地参与其中:"公共舆论不会认为这是一个遥远的小岛。"㉔撒切尔夫人希望避免议会辩论,倾向于对下院发布一份简单的声明。她还宣布整个局势将由一小批官员主导:怀特劳、卡灵顿、诺特和皮姆。这个小组取代了内阁中海外和国防委员会的全部成员,成为后来闻名于世的"战时内阁"的雏形。她后来解释说:"只要你们四位主要大臣迅速团结一致,就可以取代海外和国防委员会或任何别的部门。"㉕

上午11点钟,汉弗莱·阿特金斯就最新局势在下院做了一次陈述。他不能证实入侵的消息,不过错误地报告说,总督已经能够与外交部进行交谈。而就在官员们正要离开下院时,约翰·诺特来到撒切尔夫人的办公室,报告了来自海军陆战队的可靠消息:入侵行动已经发生;这一消息早上6点才得以证实。卢斯大声读最新的情报,给残酷的现实带来一抹滑稽色彩,上面写着"没有关于入侵的可靠证据"。撒切尔夫人对情报部门的表现深感不安。在入侵情报一再明显出错后,新任联合情报委员会主席帕特里克·莱特[2]被传唤到首相别墅。莱特在该职位上仅仅待了几周时间,但撒切尔夫人

---

1 科尔斯和惠特莫尔都表示做过记录。然而,档案中并没有。
2 帕特里克·莱特(1931—),毕业于马尔伯勒夫学校和牛津大学莫顿学院;1977—1979年任驻卢森堡大使;1979—1981年任驻叙利亚大使;1982—1984年任外交和联邦事务部副次官;1984—1986年任驻沙特阿拉伯大使;1986—1991年任外交事务部主任、常务副次官;1994年受封莱特勋爵。

认为这没有关系。这次会见结束时，克莱夫·惠特莫尔刚好走进房间，撒切尔夫人说道："克莱夫，我想莱特先生需要来杯烈酒。"⑯

入侵已成事实，内阁为此开了第二次会议。首相表示，大家首先要决定，是否命令舰队出海。出海不一定意味着投入战斗："各种选择仍然是开放的。"利奇应召参加会议，大臣们向他提问军事上的困难。他表示"面对空中威胁时（在福克兰群岛登陆时，这将是一个特殊问题），部队从来都没有自信，但我们有足够的防空能力，我有成功的信心。"大法官黑尔什姆勋爵总结说："我们是奋起抵抗，还是畏缩不前？"但撒切尔夫人宁愿直奔主题："我们必须决定是否命令舰队起航，明天要向下院宣布。"（自从1956年苏伊士危机以来，已经吸取当年的教训并达成共识，下院应当在周六开会作充分辩论，而不是满足于撒切尔夫人偏爱的声明。）卡灵顿说："如果我们不命令军队起航，我非常怀疑我们的讲话是否具有可信度。"迈克尔·赫塞尔廷表示："如果不启动舰队，我们将失去一张信心票。但如果启航，我们不知道将去往何方。"⑱撒切尔夫人轮流征求了每一位内阁官员的意见。只有亨利·利奇眼中的那个"小矮子"约翰·比芬⑲勇敢地表示反对派出特遣舰队。[1]

"这天真是外交部糟糕透顶的日子，"卢斯坦言，"这个部门看起来要崩溃了。"⑳外交部向首相提交了一份备忘录，由约翰·韦斯顿[2]代表国防部门执笔，其中的内容触怒了撒切尔夫人。它显得悲观失望，宣称如果使用重型武器，英国将不会在联合国安理会获得支持，也不能指望欧洲同盟国，而且不能信赖美国"保持明确立场……他们在1956年就没有支持英法军事行动。"如果英国收回福克兰群岛，也很难有把握治理好，文件继续说，无论如何，除非1800名岛民明确遭受到来自阿根廷占领军的残酷迫害，否则将难以说服老百姓值得耗时耗力。㉑在写个人回忆录时，撒切尔夫人提

---

[1] 比芬勋爵后来告诉本书作者，黑尔什姆勋爵同意他的意见，但是没有在内阁明确表示。对此并没有其他证据能够证明，并且听起来很奇怪，但是黑尔什姆确实经常很好斗，还比较多变。

[2] 约翰·韦斯顿（1938—），毕业于谢伯恩学校和牛津大学沃赛斯特学院；1981—1985年任国际安全政策部主任；1992—1995年任英国驻北约常任代表；1995—1998年任英国驻联合国常任代表；1992年受封骑士头衔。

9. 福克兰群岛遭入侵
"我人生中最糟糕的时刻"

到了这份文件,并对当天收到的外交部建议发表评论说:"总结中体现了原则的灵活性,完全代表着那个部门的特色。"㉑第二天,查尔斯国王街也递交给她一份讲话稿,她认为写得不够得体,其中没有提到派遣特遣舰队一事。晚上九点半,撒切尔夫人打电话给卢斯,告诉他情况令人担忧,要讨论一下不同观点。卢斯提出修改,但她表示要亲自连夜重写。㉒事实上,这份讲稿是由惠特莫尔和科尔斯完成的,由于时间紧张,就由两人各写一部分。惠特莫尔起草了关于特遣舰队的目的等关键内容——群岛的所有权、驱逐出阿根廷人,以及满足岛民的愿望,等等。"这些用词都经过了仔细推敲。"㉓起初,他们认为目的是"恢复英国主权",但是认为使用"英国治理"更安全也更准确(因为主权尚未被侵略者夺去)。撒切尔夫人承受着巨大压力。在准备演讲稿的过程中,她意识到所有自己在讲稿中提到的格林威治标准时间,都被错误地计算成了阿根廷时间。"她几乎明显要崩溃了,"约翰·科尔斯回忆说,"惠特莫尔巧妙地安慰她,让她冷静下来。"㉔[1]

但她保持了自己锐利的语锋,这也是她独有的智慧。那天,内阁决定冻结阿根廷在英国的资产。深夜,杰弗里·豪的私人秘书约翰·科尔意识到,在场签名的财政大臣人数不足,冻结令不能立即生效。他便拿着必要的文件找首相本人签字,因为撒切尔夫人的正式头衔包括了第一财政大臣。撒切尔夫人对他说:"谢天谢地,白厅还是有人知道该怎么办事的。"科尔指出,如果英国拿走阿根廷的钱,阿根廷也会拿走英国的钱。"我认为现在不是谈这种事情的时候,你说呢,约翰?"撒切尔夫人说。㉕

加尔铁里将军在当晚对阿根廷人民的广播中,指责英国人在谈判中缺乏诚意,迫使他不得不发动马岛战争。南乔治亚岛事件最后证明了这一点。"我以一名基督徒的信仰祷告,"他说,英国现在将认识到自己的错误。他引用了一句祷告词"愿上帝及圣母保佑我们",然后声称:"荣耀归于伟大的阿根廷人民。愿上帝的旨意与我们同在。"从虚荣自负、富有挑衅性和粗野狂

---

[1] 贯穿福克兰群岛战争始终,"特遣舰队"保持着格林威治标准时间,军方速记代号为"祖鲁"。这意味着英国军队在南大西洋的工作日开始得比阿根廷人早得多。这被普遍认为是一种优势。

躁的阿根廷人看来，加尔铁里的立场并非完全不可理喻。他必须让布宜诺斯艾利斯人认为，英国人从来乐于谈判放弃主权的可能性，但是从不照办，谈判完全是一种欺诈性游戏。军政府原本用不着做这种结论，毕竟英国经济疲软，还采取了诸如撤销"坚韧号"的计划和行动，完全没有对抗阿根廷的愿望。在听任发生入侵略行为的过程中，英国一直没有理解一个军事独裁者的心态，对福克兰群岛岛民给予的关心也太少。但是阿根廷犯了个更大的错误：它没有理解到，由于那里的岛民自视为英国人，他们身处困境，便唤起了英国强烈的同情，也唤起了英国议会的力量。

1982年4月3日星期六，议会开会，媒体的激烈报道激发起议员们激昂的情绪。人们广泛相信，斯坦利港的皇家海军陆战队已经接到命令不战而降。这并不是事实，但政府对此没有准确的情报。[1]当时的消息少得可怜，无法澄清情况。卡灵顿等人的看法是正确的，如果政府不能宣布舰队已经准备星期一起航，就不能平息议员们的怒火。考虑到这场灾难的规模，立即在军事上做出明确反应是起码的要求。撒切尔夫人首先在辩论中发言。按照艾伦·克拉克的记录，她起初"语速缓慢，带有教训口吻"，后来有人喝倒彩，她"提高了语速，变得滔滔不绝"。[76]发言中常有人插话，但她并未偏离正题，不过也未能振奋起自己的同僚们。首相叙述了导致灾难发生的一系列事件，陈述了政府的立场："我必须向议院申明，福克兰群岛及其属地依然是英国的领地。挑衅和侵略行为不能改变这一简单的事实。政府的目标是将这些岛屿从占领者手中解放出来，尽早回归英国管辖。"[77]这些话从一开始就束缚了她，而她也决意受到自己意愿的束缚，这是个最低限度。撒切尔夫人以一番话结束了自己的演讲，既反映了议院双方的感受，也将问题带回到国内："福克兰群岛的人民就像英国人民一样，都是岛屿上的民族。他们的生活方式是英国式的；他们发誓效忠英国王室。他们有权选择并保留自己英国人的生活方式，而英国必须竭尽所能支持这一权利。"[78]

---

1 事实上，武器不足的海军陆战队曾猛烈抵抗。阿根廷的伤亡数字存有争议。弗里德曼记载阿根廷一死三伤，而其他人提出死亡总数为五个。（弗里德曼著：《福克兰群岛战争的官方历史》，第二卷：战争与外交，第七页；"雷克斯·亨特爵士"，《每日电讯报》讣告，2012年11月12日）。海军陆战队没有任何伤亡。

9. 福克兰群岛遭入侵
"我人生中最糟糕的时刻"

对于撒切尔夫人而言,幸运的是,工党党魁迈克尔·富特将阿根廷军政府看作是一个半法西斯政权,因此完全可以蔑视这个政权,用不着考虑它是否属于左翼。富特在下院发言称,对福克兰群岛的袭击是一种"邪恶野蛮的侵略行径",如果说英国的立场无论如何都是帝国主义的,他不能认同。他抨击政府事先不做准备,但没有对大臣们进行个人攻击,他还接受了派特遣舰队的动议。因诺克·鲍威尔很理解撒切尔夫人的心情,向她发出最有趣的挑战。他说,撒切尔夫人以"铁娘子"著称,"未来的一两周内,议院、国家以及这位尊贵的夫人本人,都要看看她是由什么金属制造的"。[29]艾伦·克拉克在个人日记里记载了后来的辩论:"当鲍威尔发表自己的著名论断时,她的头耷拉得那么低,表现出无比的痛苦、恐惧和焦虑。"[80]辩论过后,撒切尔夫人感到的正是议会、国家和自己的良心强加给自己的考验。约翰·科尔斯注意到鲍威尔的言论对她触动最强烈:"她回到自己的办公室,显然心里一直在想着那番话。"[81]

约翰·诺特为政府做了最后的辩论,由于他发言之前频繁离开会议室,带回各种最新信息,遭到议员们群起追问。等到他发言时,用艾伦·克拉克的话说,"成了一场灾难。他说话结结巴巴、语义混乱……可他不愿放弃;后来还是住嘴了。没一会儿他改变了想法,再次站起来;接着又坐下了。他这些动作引发了持续不断的咆哮声,大家反对他,蔑视他。"[82]撒切尔夫人的演讲并不是一场雄辩的胜利,但把握住了底线并避免了党派政治。诺特犯了一个可怕的错误,[83]在自我辩解过程中对工党进行攻击。撒切尔夫人私下回忆说,那是一次糟糕的演讲,[84]他在议院失去了民心。早在去年的12月,诺特私下里已经决定离开政坛,但撒切尔夫人不放他走。他感觉自己的职业生涯已经遭到损害,因为他先是抵制削减国防费用的方案,继而改变主意表示接受。[85]或许他感到自己正在受到应得的惩罚:确实,他已经心不在此,显得灰心丧气。[86]

按照上议院的惯例,诺特陪卡灵顿在那里做了一次演讲,受到了礼貌性的认可,接着不得不出席在1922委员会[1]会议上一次即兴演讲(还有保守党的同事),这次会议由首席党鞭迈克尔·乔普林临时发起,此间他们受到了抨击。乔普林记得后座议员们血脉贲张。[87]伊恩·高当时也参加了,

---

1 1922委员会:又称保守党成员委员会,是议会中保守党成员的一个委员会。——译者注

草草给撒切尔夫人写了一封关于该过程的备忘录，附带着对每一位议会议员发言的记录和整理。他在会后立即前往撒切尔夫人在下院的办公室，告诉她情况十分糟糕，尤其是对卡灵顿而言更是如此。在他的书面记录中，他感到高度紧张，字迹就变得特别潦草：

> 会议座无虚席。
> 巴克：最令人不安。最让人担心……格里菲斯：我们能表现的真正忠心是坦率。这才是保守党政府的信用——鼓掌……霍格：必须恢复主权。除非我们动手，否则人们无法对党忠诚……斯托克斯：工人对所发生的事情感到震惊……外交部有绥靖主义气味……沃勒：他们应当辞职。科尔文：现在不辞职……翁斯洛勋爵：炸沉整个舰队。埃特金：舰队一起航就宣战。弗洛伊德：我们到底为什么要谈判。

对这些攻击，伊恩·高记录下诺特和卡灵顿类似嘟囔的低沉回答——"因为接受这种政治局面对我党不好"，"我们没有钱"，"地理上很困难"，"误解"。[1]卡灵顿的职务并不是通过选举得到的，而且在议会中与保守党的关系不好，这次他的地位受到严重动摇。诺特也一样。两个人都打算辞职。会后，卡灵顿在撒切尔夫人的办公室向她陈述了许多事情。乔普林担心卡灵顿的状态不佳，让怀特劳邀请他在多尼伍德的官邸共进午餐，次日，他们认为自己已经说服他留下了。㊿卡灵顿也前去拜访霍姆勋爵征求意见。霍姆勋爵面对面说服他，认为他应该留下。但是当卡灵顿离开休息室前往盥洗室时，在过道上遇见了霍姆夫人，这位夫人对他说："霍姆说，如果他在你的位置，会毫不犹豫地离开。"㊿外交部不仅未能预见到，更不能避免英国领土遭受

---

1 所有保守党的议员并不都似1922委员会上发言的人那般嚣张。三日后，乔普林起草了一份关于后座议员态度的报告。其中提及数人——其中包括朱利安·克里奇利和克里斯·帕滕——都认为尝试夺回群岛未免过于危险（"军事上的困难是难以克服的"），伊恩·吉尔摩说："这会让苏伊士事件显得轻而易举"，肯尼思·克拉克的观点被总结为"希望没有人认为我们要去和阿根廷人开战。我们会摧毁一些船只，但不会有其他收获。"（据迈克尔·乔普林1982年4月6日致弗兰西斯·皮姆报告，THRC1/20/3/2，第四册。）

9. 福克兰群岛遭入侵
"我人生中最糟糕的时刻"

侵略，于是各大报纸愤怒的头条文章中谣言四起，包括次日的《泰晤士报》。有一种感觉就是卡灵顿必须承担责任，立刻辞职。虽然西斯廷·帕金森建议，卡灵顿有必要离开，⑩但撒切尔夫人却最不情愿看到他走，撇开别的事情不谈，这样一来她会感觉自己没有了挡箭牌。[1]

但是，到了周日晚上，卡灵顿决心已下，周一早上《泰晤士报》的头条新闻像谣传一样言之凿凿，最终促成了他辞职。他反问阻止他辞职的迈克尔·帕里泽："我不能捍卫自己在下院的政策主张，还怎么留下？"⑪卢斯和汉弗莱·阿特金斯也随卡灵顿迅速辞了职。令约翰·诺特愤怒的是，没有一个人提前告诉他卡灵顿将辞职的事。他感觉自己处境尴尬，请求撒切尔夫人也允许他离开。撒切尔夫人以自己的理由表示拒绝：特遣舰队还在海上，不能接受他辞职。⑫撒切尔夫人这个决定的真正原因是出于政治考量：她担心又一位身陷困境的内阁大臣离去后，自己要独自处于不堪一击的脆弱境地。即便诺特不离开，卡灵顿及其同事辞职已经让她内心增加了孤独感。多年后她对理查德·卢斯说："我感觉失去了一切，感觉被抛弃了，这里空荡荡的，我非常孤独。"⑬

卡灵顿向撒切尔夫人辞职时，她尽可能表现出极大的善意。随后，她告诉他，准备提议由弗兰西斯·皮姆继任。按卡灵顿自己的说法，他说："玛格丽特，你不能那么做。你讨厌他。最后一切会以眼泪收场的。"撒切尔夫人回答说："我知道，但他是唯一有经验的人选。"⑭至于选择皮姆，她说自己的理由是真实的。皮姆像卡灵顿和威利·怀特劳一样，曾在二战期间赢得过军功十字勋章。（"别忘了，他是一位勇敢的战士，"撒切尔夫人批评他后感到愧疚，曾这么说过。）⑮他曾在泰德·希思的政府短暂地担任过北爱尔兰事务大臣，在撒切尔夫人的政府担任国防大臣。他成为外交大臣前是下院议长和前任首席党鞭，他让下院深刻理解了自己做的工作，这是卡灵顿完全不能胜任的。

至于撒切尔夫人感觉自己必须提拔皮姆的其他原因，是他此时最希望成为首相的继任人——这也是最不受欢迎的原因。事后回顾起来，这似乎

---

[1] 美国国务卿阿尔·黑格缺乏这种动力。黑格起初不相信卡灵顿会为了原则而辞职。相反，他恳请尼克·亨德森（后来还有他的妻子玛丽）告诉他撒切尔夫人解雇他的真正原因。（采访斯坦利·奥尔曼）

不大可能，因为这个人有些神经质，犹豫不决，公共形象从未赢得普通公众的喜欢，很难将他视为撒切尔夫人的潜在继任者。但当时她的地位岌岌可危。甚至在福克兰群岛危机发生前，她就等于是进入了保守党的试用期，党内更高层面的许多人不认可她。皮姆给自己的角色定位是万一她出事，就立刻出面挑起担子。这样一来，卡灵顿的私人秘书布赖恩·福尔于4月5日成了皮姆的私人秘书，他感觉皮姆并不否认别人对他野心的描述。⑯如果要提拔，就不能忽视他：他的地位坚实，但撒切尔夫人的地位往往会遭到质疑。另外，卡灵顿对他们两人私人关系的预测是对的。皮姆弯腰驼背，面露焦虑，实在不是撒切尔夫人中意的男人。20世纪70年代，他患过轻微的神经衰弱。官员们认为他非常勇敢，⑰但是对他在会议上的仪容实在感觉失望，尤其是与首相一起出席会议时，他就像根让风吹弯的树枝……常常不能很好地阐述自己的想法，闹个大红脸。⑱皮姆属于那一代人中常见的类型：不愿跟女人争辩，却发现撒切尔夫人挺吓人。当撒切尔夫人走近他时，尤其是看到她翘起的头发和炯炯有神的眸子，他会感到恐惧。⑲据安东尼·阿克兰说，他们两人碰面有点像帽子匠的疯狂茶点聚会。她待在正面，而弗兰西斯就像悄悄溜进茶点聚会的睡鼠，接着变得越来越小、越来越小。⑳¹

当天下午，包括撒切尔夫人和卡灵顿在内的保守党领袖们，参加了R·A·巴特勒在威斯敏斯特圣玛格丽特教堂的悼念礼拜。在卡灵顿辞职的同一天发生此事，为葬礼增添了一种辉格式的保守主义色彩。比尔·迪兹也参加了悼念会，他记得："看着首相一身黑衣，沉着镇静……卡灵顿以清晰的嗓音念第一篇悼词，好像什么事情都没发生过。她目光无神……大主教带领大家为统治者们祷告时，首相才猛地一动，双手捧住脑袋。"㉑巴特勒生前一直将政治描述为"可能的艺术"，他的回忆录就用这个字眼做标题。撒切尔夫人过去批评过这话。如今，不管是在经济政策方面，还是福克兰群岛危机中，她真切体会到，这的确是一种可能的艺术。²

---

1 在那本书中，睡鼠其实没有变小，只是给塞进了茶壶。（此处引自《爱丽丝漫游奇境记》中的情节。——译者注）

2 比尔·迪兹在气质上具有巴特勒式的风格，记载了与自己老板哈特维尔勋爵之间的一次交谈，当时他参加完悼念会后回到《每日电讯报》的办公室："告诉他，①首相身处险境；②远征是一场闹剧。"（迪兹勋爵的日记〈未公开〉，1982年4月5日。）

9. 福克兰群岛遭入侵
"我人生中最糟糕的时刻"

这天,伴随着军乐队的演奏和亲人们的哭泣,特遣舰队在航空母舰"无敌号"和"赫尔墨斯号"率领下,离开朴次茅斯港起航了,伴随左右的是"无畏号"攻击舰,还有11艘护卫舰和驱逐舰。"无敌号"上有一位是女王的次子安德鲁王子,他是一名直升机飞行员。在撒切尔夫人的回忆录中,她说女王明确表示,"绝对不能将皇室成员与其他军人区别对待。"[102]撒切尔夫人反对派安德鲁王子前往,因为她担心万一发生劫持人质事件会引发相关政治问题,但皇室坚持立场不动摇。[103]舰队起航时,撒切尔夫人从女王那里得到了鼓舞。电视采访时,记者问她,一旦战争失败,她是否辞职。"失败?"她回答说。"你记得维多利亚女王说过的话吗?'失败——这种可能性根本不存在。'"[104]撒切尔夫人提到这次战争的回忆录手稿写于一年以后(见下文),在书中她总结那天的情景时出了一处滑稽的笔误:特遣舰队离开了,以其速度和震惊世界的低效力(原文如此),使我们感觉到非常自豪,非常英国。[105][1] 弗兰克斯·密特朗的顾问雅克·阿达里在个人日记里写道:"一大群英国舰艇开始了前往南美长达14000公里的旅程。至于玛格丽特·撒切尔,弗兰克斯·密特朗不知道:'我是羡慕她……还是嫉妒她?'"[106]

当天晚上,迈克尔·帕里泽放弃了原计划要在外交部举行的告别宴会,相反,它成了卡灵顿的"守夜日"。现代的外交部可能永远不会有当时那么低迷的场面了,但唯一的这一次却带来战争中维持最长久的外交成功。阿根廷入侵福克兰群岛的行动迫在眉睫后,英国驻联合国常任代表安东尼·帕森斯[2]立刻明白,英国在联合国的行动越快,成功的可能性就越大。他知道,要联合国支持英国对福克兰群岛的主张不会有前景。现在的联合国大会对这类问题的解决方案有一点是明确的:不支持殖民行为,但他相信,对阿根廷动用武力的直接谴责是可以实现的。4月3日周六晚上,也就是英国议会内部辩论的那天,他呼吁安理会举行一次紧急会议,毕竟英国

---

1 舰队离港时,内阁副秘书罗伯特·韦德—盖里从大陆度假回来乘船抵达朴次茅斯港。他有一段时间没有听到任何新闻,也不知道发生过什么事。第二天,他得知自己被委任为"战时内阁"秘书。(采访罗伯特·韦德—盖里爵士)

2 安东尼·帕森斯(1922—1996),毕业于坎特伯雷国王学校和牛津大学的贝烈尔学院;1974—1979年任驻伊朗大使;1979—1982年任英国驻联合国常任代表;1982—1983年任首相的外交事务特别顾问;1975年受封骑士头衔。

是联合国的常任理事国。他寻求通过一种解决方案谴责阿根廷。在外交部，卢斯驳斥了官员们谨小慎微的意见，授权帕森斯采取行动。

在那个充满忧虑的周六傍晚，撒切尔夫人接到法国总统密特朗最让她鼓舞的电话，密特朗对她说："我十分明白，英国足够强大，可以找到属于自己的解决问题之道。但重要的是要意识到，其他人愿与你一起反对这种侵略行为。"[107]1他的信息着实非常重要，表明了一个遥远的国家愿意以其财力物力与另外一个国家团结一致，并且给了她心存盼望的理由，毕竟她希望获得来自欧共体的大力支持。该信息还表示，密特朗与撒切尔夫人有相同的思想，两人都经历过20世纪30年代，"你一定不能接受以武力改变边界。"[108]它使撒切尔夫人与法国总统这名社会主义者的私人关系绑在了一起，超越了彼此之间相当大的意识形态分歧，2就在那一时刻，她增强了对安理会解决方案的信心，法国将在其中提供支持，并有助于法国势力范围内的国家支持英国。然而，帕森斯发来的一条消息很快显示出，英国仍缺一张选票，他请求撒切尔夫人以个人名义与约旦国王侯赛因联系。卢斯打电话到唐宁街10号她的寓所传递了这条消息，解释说只剩下25分钟。[109]撒切尔夫人打电话给约旦国王，他承诺命令约旦代表投票支持安理会的解决方案，并表示："希望我还算及时。""你是一个非常热心的好盟友。"撒切尔夫人回答说。[110]安理会502号决议适时出台了，尽管阿根廷请求苏联动用其否决权，但苏联弃权了。该方案呼吁阿根廷武装力量迅速撤出，并要求两国政府寻求外交途径解决，消除分歧，并充分尊重联合国宪章的宗旨和原则。这些宗旨和原则包括了第51条：自卫的权利，基于此，英国现在可以放心地证明武力回应是正当的。帕森斯从一开始就知道，这是一场不可能更完美的外交胜利，撒切尔夫人后来一再宣扬这一胜利，取得了最大的宣传效果。从某种意义上讲，帕森斯代表了亨利·利奇的外交，他匆匆忙忙带回了一项明确的解决方案，而其他人

---

1 法国外交使团中并非每个人都愿意分享密特朗的团结感。在4月7日的一份备忘录上，法国驻英国大使以马内利·德·马尔热里将撒切尔夫人描述为"维多利亚式的帝国主义者，冥顽不灵，还有一种得意忘形的好斗倾向。"（英国广播公司广播4频道文件，2012年3月5日）

2 雅克·阿达里当时为这次电话交谈担任翻译，他回忆说后来无论何时有人向撒切尔夫人提起这个电话，她都会热泪盈眶。（采访雅克·阿达里）

9. 福克兰群岛遭入侵
"我人生中最糟糕的时刻"

还是犹豫不定。就利奇的此番表现，撒切尔夫人开始对他敬爱有加。

危机爆发大约一年后，在1983年的复活节，撒切尔夫人撰写自己对这场危机的个人记录，旁边放着一份福克兰群岛战争的"战时内阁"会议记录。她秘密保存着自己的记录，包括私人秘书在内的任何人当时都不知道她做过这么一份记录。多年后她说，自己记录的动机是认为"要非常负责地为后代留下一些东西"。[110]这可能还促使她在脑海里考虑战争周年纪念日的活动。[1]撒切尔夫人给自己的个人记录定了个干巴巴的标题《紧急内阁委员会备注》，并且没有以"首先"开头，而是先写道在白厅提出如何打这一仗的问题。按照法律建议，一旦宣战就会将其他国家置于中立地位并禁止援战，据早期决定，不能正式宣战。"冲突"一词被认为更可取。然而，在实际层面这毫无疑问是一场战争。这样看来，内阁作为一个实体太过庞大和笨重，除了最重要的原则性决定外，不适宜做任何其他决定，即使是最重要的原则性决定，实际上也会事先在别处酝酿。4月4日星期天，弗兰克·库珀在午餐时见到了撒切尔夫人，[112]建议她采用一些手段避免财政大臣终止行动，当年的财政大臣哈罗德·麦克米伦在苏伊士运河问题上就对艾登这样做过，他切断货币供给，警告说人们对通货丧失了信心，在此过程中他当了首相。她应该复制"二战"期间由温斯顿·丘吉尔开创的成功模式。4月6日周二，哈罗德·麦克米伦亲自到下院撒切尔夫人的办公室去见她，他的第一个问题是："他们有（原子）炸弹吗？"（没有。）第二句话就是："你需要个'哈巴狗'伊斯梅式的人物。"[113]哈斯廷斯·伊斯梅将军曾是丘吉尔的"战时内阁"主任和副大臣，他的工作是确保将军与政客之间在战争问题上凡事顺利。那个人以"油滑的男人"而著称。有些人想方设法要找到这样一种人。人们认为，前国防参谋长卡弗勋爵就是这么一个人，但人们不接受他，因为他太特立独行而且是左翼。[114]但是并没有做这一任命，部分是因为发现这份工作的最佳人选是现任国防参谋长特伦斯·勒温上将，另外一部分原因是撒切尔夫人不

---

1 她写个人回忆录时很好地利用了这份手稿。她的大部分自传是他人代笔的，不过有她大量的参与和最终的全部许可。福克兰群岛事件几乎是她书中独一无二的部分，主要由她亲自完成，显得栩栩如生且常常情真意切。然而，就像大家看到的一样，出版后的版本做了低调处理，或者删除了她的一些个人观察，还删除了她下划线的着重处理。

像丘吉尔，并不试图告诉将军们如何指挥战争。[1]

麦克米伦对她说，将战争相关的"经济委员会"与"竞选委员会"混淆起来的做法是致命的。[115]这个说法并没有让撒切尔夫人讨厌，她在内阁和国防委员会注意到，杰弗里·豪喜欢喋喋不休大谈对和平的需要，让她感到厌烦。她便将他排除在"战时内阁"之外。杰弗里·豪一直表示接受这项决定让他感到开心，不过据他的私人秘书约翰·科尔说，他"感到的其实是沮丧"。[116]约翰·科尔斯说，杰弗里·豪"在生闷气"。[117]

对机构问题的解决方式是将南大西洋小组委员会并入国防委员会。这样一来国防委员会就成为"战时内阁"的官方称谓。该委员会每天都要开会，通常每天上午9:30开始，偶尔一天开两次会，到1982年8月12日解散之前，一共开了67次会。会议由首相与相关成员主持：怀特劳、皮姆、诺特和西塞尔·帕金森等，其中西塞尔的部分工作是处理与媒体的关系，还要平衡怀特劳和皮姆的立场，他们两人有可能变成失败主义论调的轴心，颇令人担心。[118]当时撒切尔夫人召见帕金森，要他进入"战时内阁"工作，对他说，那里将不给三心二意留下任何余地。[119]这番话是套用了她父亲当年讲道的内容："上帝希望自己的使徒们没有三心二意。""战时内阁"由阿姆斯特朗和韦德—盖里负责，同时还有国防参谋长勒温和总检察长迈克尔·哈弗斯参加。其他频繁到会的有安东尼·阿克兰、弗兰克·库珀、迈克尔·帕里泽，以及外交部法律顾问伊恩·辛克莱尔爵士。除了勒温、舰队总司令约翰·菲尔德豪斯上将之外，其他的军队长官也多次参会。其中大约有20位重要人士在政治、官方或军事层面介入福克兰群岛战争，大约有四分之三的人士曾在军队服役（几乎所有人都参加过"二战"，有的当年是后勤官员）。有几个例外，一个是阿克兰，他当年太年轻；另外两个是阿姆斯特朗和亨德森，他们因身体原因没有服役；当然还有一个最明显的例外，就是首相本人。

丹尼斯在"二战"时曾经服役，这对撒切尔夫人是个重要的了解机

---

[1] 两天后，撒切尔夫人召见即将退休的迈克尔·帕里泽以表达感谢时，请他担任自己的福克兰群岛事务办公室主任（采访迈克尔·帕里泽爵士）。但是他的工作与伊斯梅的性质不同。事实证明，对福克兰群岛问题将有一个长期计划。另外，撒切尔夫人在有关外交部"湿派问题"上，并未真正听过他的建议。

9. 福克兰群岛遭入侵
"我人生中最糟糕的时刻"

会,可以补偿她对战争的无知。丹尼斯热爱自己在军中的岁月,此后高度关注军事动态,阅读过很多该领域的书籍。在最艰难的时刻,撒切尔夫人向丈夫咨询对福克兰群岛战争的看法。丹尼斯的回应甚至超出了他的个人原则,即使妻子没有问到,他也会提出一些建议。㉑在理解关于战争的话题方面,他的妻子明显处于劣势。有时候,她在同僚面前提出军事建议,大家都会茫然地环顾左右。有一天她向"战时内阁"建议说:"我们不能用一种烟雾障眼法吗?"她以为这可以作为应对阿根廷的空袭。约翰·科尔斯回忆说:"内阁办公室响起一片窃笑声。"㉒她也会谈到一些诸如占领火地岛等生动却不切实际的想法,内阁便有了几个"丘吉尔时刻"。㉒但是她有一种缺乏知识的模糊感觉,她因此变得谦卑,在其他一些重要问题上她却没有这种谦卑态度。她倾向于更多倾听怀特劳等有军事经验者的意见。[1] 谦卑态度还使她在政治使命上保持头脑清晰,并以单纯的态度迫切地为特遣舰队做一些力所能及的事情。国防部官员们感觉"很明显,从第一天开始,军方就能得到他们想要的一切"。㉓缺乏经验反而让她得到了不折不扣执行任务必需的乐观主义。福克兰群岛危机前刚被任命为国防官员的"二战"老兵菲利普·古德哈特说:"假如首相是个男人,或者在战争期间曾参过军,反而可能不会这么干。她可能会意识到一切都处于无药可救的状态。"㉔

1982年4月7日周三,"战时内阁"第一天开会,一次在上午,一次在晚上七点,当时的任务是拟定时间表,4月11日,第一艘潜艇要在靠近福克兰群岛的位置就位;4月24日,第一支海面舰队要就位。当时有人迫切要求在福克兰群岛周围圈定一个打击阿根廷船只的海上封锁区。这遭到弗兰西斯·皮姆的反对,担心此举会让即将来访的美国国务卿阿尔·黑格抱有成见。阿尔·黑格宣布称,作为英国的盟友,打算前往伦敦,在英国和阿根廷之间为和平斡旋。按照撒切尔夫人个人的说法,当时进行了一场"漫

---

[1] 撒切尔夫人在这一领域的知识缺乏意味着她几乎看不懂海军地图。曾在英国皇家海军志愿后备队服役的迈克尔·哈弗斯熟悉这种地图。他们两人会在地板上铺开地图,撒切尔夫人毫不犹豫指向一处,说那是福克兰群岛,结果是错误的。哈弗斯便帮她找到了那个群岛。(采访王室法律顾问菲利普·哈弗斯)

长的辩论"并且"通过我们其他人的耐心坚持，最后战胜了弗兰西斯的反对意见。这个模式后来重复了许多次。"[125]撒切尔夫人要黑格将他要求见面的时间推迟24个小时，因为当天下午在下院有一场辩论，这是自上周六大戏开幕以来的第一次既定议程。

在这场辩论中，撒切尔夫人的前任吉姆·卡拉汉对她发起的巧妙攻击尤其引人注目，卡拉汉希望通过明确陈述自己曾满意应对过福克兰群岛以前出现的危机，以此与她的表现作鲜明对比。他的言辞犀利："我们派出了一艘航空母舰，而这艘航母原来已决定在一个即将关闭的港口卖掉以符合现金限制，500名舰上人员口袋里还揣着裁员通知，"[126]同时他认为首相个人对此负有责任。在准备个人回忆录时，撒切尔夫人回忆起了这段不舒服的经历，将卡拉汉描述为一个非常讨厌、心怀敌意的人。[127]那场辩论是弗兰西斯·皮姆担任外交大臣后第一次亮相，撒切尔夫人并未发言，要让他崭露头角，并要求诺特讲话，以便给他一次恢复名誉的机会。在个人演讲中，诺特宣布了一个200海里的海上封锁区，将于4月11日午夜时分开始部署，同时派出第一艘潜艇随时待命。撒切尔夫人在第二年写道："这件事值得注意，福克兰群岛战争期间，在没有做好充分准备时，我们决不说我们将采取行动……我下定决心，决不虚张声势，我们说到做到。"[128]下院第一次注意到首相和外交大臣之间的差异。工党后座议员埃里克·奥格登在福克兰群岛有近亲，他说："我闻到了被出卖的味道。"托尼·本的立场是坚决反对战争，他宣称："假如首相认为能够派英国舰艇远赴8000海里将1800名人质运出福克兰群岛，那她准是过分倚重个人权势了。看看美国吧，卡特一直蒙受耻辱，直到自己的继任者举行完就职典礼，阿亚图拉霍梅尼才释放了人质。"丹尼斯·希利从自己作为影子外交大臣的角度，开始承认工党支持使用武力，提醒说反对登陆会带来各种危险。现在更容易看明白反对派将如何在事情开始变糟的时候，对政府进行釜底抽薪。在第二天的首相问答环节，大卫·欧文呼吁对福克兰群岛灾难进行官方调查。撒切尔夫人立即认可，表示应该进行这种调查。

然而，首要的问题是美国。美国作为英国迄今最重要的盟友，在确保对英国的国际支持方面至关重要。在后勤补给方面，美国也至关重要，部分原因是在1956年巴哈马群岛协议框架下，他们使用英国在大西洋中部的殖民地阿森松岛作为一个军事基地，该岛是特遣舰队能够有效采取行动的

9. 福克兰群岛遭入侵
"我人生中最糟糕的时刻"

唯一停靠点。美国人有权拒绝或者同意以必要的卫星信息、情报、技术和军事硬件来帮助英国。美国人积极主动的支持非常必要,假如美国持反对态度,则肯定是致命的。

鉴于撒切尔夫人与罗纳德·里根的个人友谊,她对美国的态度,以及她单纯相信阿根廷入侵的不公正性有目共睹,因此总体而言她确定美国会全心全意提供帮助。克莱夫·惠特莫尔回忆说:"我认为她只考虑到这是一种赤裸裸的侵略行为,无缘无故且毫无必要,因此,美国人无疑会采取和我们一样的看法。"[129]约翰·科尔斯说:"鉴于事态发展,她发现很难理解华盛顿为何会进行所谓'平衡'对话。"[130]看到美国的公共舆论,她的直觉很快被证明是正确的:美国公众对英国的支持很容易使阿根廷受到打击。但是对于美国政府的反应,撒切尔夫人很快就失望了。就在入侵当晚,美国驻联合国大使珍妮·科克帕特里克[1]还接受了由阿根廷使馆安排的晚宴。科克帕特里克夫人是区分"极权国家"(糟糕)和"独裁国家"(偶尔可忍受)理论的提出者,又是里根政府战略明确的狂热推崇者,她认为美国应当接近拉丁美洲,目的是打击那里的共产主义威胁。她对安东尼·帕森斯迅速要安理会通过502决议的做法颇感愤怒,见美国不可能投否决票或弃权票,她在投票环节愤然离席,转而派自己的副手参加。在美国国务院,恩德斯和其他一些拉丁美裔美国专家关注着尼加拉瓜桑地诺政权的危险,以及萨尔瓦多国内的破坏,她和这些人还一起参与了一个政府中大多数人忽视的研究。另一方面,五角大楼的世界观是围绕北约同盟国的重要性而建立的,尤其是处理欧洲与苏联之间冲突的主要参与者都是亲英派。海军部长约翰·雷曼及其上司国防部长卡斯帕·温伯格,从一开始就尽其所能帮助英国。"温伯格非常、非常坚信英美联盟。很明显,对他而言这是对付苏联的根基,也是确保西方世界最终打赢'冷战'的基础。他对联盟的重要性通常都有一种强烈的感情,不过这种关系的确非常特别。亲英派人物不仅有温伯格,还有约翰·雷曼。他曾在剑桥大学就读,几十年来一直是最强有力的海军部长。他与白宫有一条直接沟通渠道,完全、彻底承诺要帮助英国。"[131]温伯格的行

---

[1] 珍妮·科克帕特里克(1926—2006),1980年竞选运动期间曾担任里根的外交政策顾问,后来进入内阁;第一位担任美国驻联合国常任代表的女性。

动还基于一个信念，他认为一旦发生战争，英国可能会获胜，[1]不过起初他想的更多的是海上封锁方式而不是成功登陆。按照英国记者通常的说法，里根政府由加利福尼亚人主导，看待事物采取"西海岸"视角，与英国之间保持着比传统中更大的距离。虽然珍妮·科克帕特里克作为最不同情英国的主要角色，所持观点是"东海岸的"，但亲英派温伯格是一名加利福尼亚人，他与总统的关系极其亲密。

在美国国务院，拉丁美洲部与欧洲部之间存在分歧。阿尔·黑格曾担任北约欧洲盟军最高统帅，个人对英国有感情，是一名亲英人士。他对一位欧洲部同事说："我们怎么能保持中立呢？这是我们最亲密的盟友，而他们管辖的领土刚刚遭到了入侵。"[132]亲英派进一步强调，如果撒切尔夫人不能获胜，她的政府将垮掉，美国在英国本土部署中程核导弹的计划也将面临危险。另一方面，黑格意识到美国在拉丁美洲的地位有潜在的危险，他希望自己能成为两国之间诚实的调解人。更进一步的因素是黑格既有着雄辩的机智又有自我膨胀的个性。自从被任命为国务卿以来，有人认为白宫许多人不支持他，特别是头一年发生里根总统遇刺事件后，他在处理过程中显得笨拙无力。巴德·麦克法兰说："在白宫高层团队中，对国务卿黑格一直弥漫着怀疑情绪，他的行为动机部分来自个人的政治野心，这些不仅仅体现在福克兰群岛相关的问题上。"[133]

在此期间，里根总统犹豫了。4月5日周一回答记者提问时，他说："这一局势对美国非常艰难，因为发生纠纷的两个国家都是我们的朋友，我们随时准备尽可能帮助他们。我们希望并愿意帮助他们达成一份和平解决方案，不要有军事行动或者流血事件。"[134]在第二天的内阁会议上，撒切尔夫人认为里根的言论毫无帮助，同时与密特朗总统的态度做了对比。[135]尼克·亨德森在两天后给伦敦发电报称"习惯性地把水搅浑是美国政府的特点"。[136]4月7日，美国总统参加了一个国家安全规划小组的会议，由国家安全顾问威廉姆·克拉克法官主持，到会的有黑格、温伯格和珍妮·科克帕特里克在内的所有主要负责人。会议记录是吉姆·伦奇勒做的，他说，黑格称美国制定一份外交解决方案只剩14天时间，他感觉能成功。他建议首先去伦敦摸清英国人的底线，然后再到阿根廷查明同样的问题："弗农·安

---

[1] 按照这种说法，他并不同意自己收到的来自五角大楼的早期建议。

东尼（迪克）沃尔特斯将军[1]一道去，他能以当地人的西班牙母语与那里的军官交谈，能把他们吓个半死。"⑬据国家安全委员会成员罗杰·方泰安说，黑格还宣称："南大西洋不会发生战争。"⑱伦奇勒回忆说："随后总统加入了讨论。他说：'我感觉我们现在有个做善事的机会。最主要的是，我们得把这两个打架的家伙从酒吧弄出去。'"⑲总统得到温伯格的支持，授权黑格前去完成斡旋任务。当时里根身穿蓝色运动衣和马球衫，正打算去巴巴多斯度复活节，感觉自己已经做出了决定，但珍妮·科克帕特里克插话了："总统先生，我希望你决心在这个事件中保持中立，不要让人认为是在支持英国人。"⑭此话既出，就引得鲍比·雷·英曼介入了，这位中情局副局长进行了一番慷慨陈词。美国必须坚持"语言、法律、文化、祖国等联系"，英曼以自己南方人的口吻坚持说，更不必说还有"我们在每一次自己感兴趣的军事和情报工作中都与他们（英国人）进行过极其严肃且无与伦比的合作"。

他接着说，假如他们任凭阿根廷人侵略得逞，那他们会认为该自行开发核武器了。⑭说到此，里根很明显渴望要去度假了，于是人们纷纷起立准备离开，"当时里根看着科克帕特里克说：'听着，我热爱与阿根廷人的友谊，但我认为，一旦形势更加恶化，我们的忠诚和处理事务的优先考虑首先是倾向于英国。'"⑫黑格出发去伦敦时，得到的就是这样的授权，他要根据这一理解去寻求达成交易，如果不能达成交易，美国将支持英国。

在黑格到达伦敦前，撒切尔夫人写道："我们要公开明确一点，他是以朋友身份来访，而不是以调停人身份，"⑬但这并不是黑格的立场，此前不久，外交部的文件便开始客观地提到国务卿的"斡旋"。美国驻伦敦大使馆报告说"保守党温和派和外交部担心，撒切尔首相已经广泛听取了国防部的意见，尤其是高级海军军官的意见，不太可能充分考虑非军方的选择"。⑭黑格明白，自己的工作是确保把这类选择明确放在桌面上。离开华盛顿前，他已经告诉亨德森，应当由"混合行政机构"运作福克兰群岛问题。他建议由美洲国家组织建立一个国际委员会，让阿根廷撤出福克兰群

---

1 弗农·安东尼（迪克）沃尔特斯（1917—2002），美国军队陆军中将；1972—1976年任中央情报局副局长；1981—1985年任联合国特别使命的美国流动大使；1985—1989年任美国驻联合国常任代表；1989—1991年任美国驻德国大使。

岛。亨德森立即表示反对。他说，这纯粹是个可悲的想法。⑮黑格抗议说，如果阿根廷什么也没得到就离开福克兰群岛，加尔铁里将无法存活。亨德森回敬说："帮助加尔铁里存活不是我们的目的。"⑯他强调了英国人的情感在这个问题上产生的强大力量，以此与卡特执政期间伊朗绑架52名美国人质时美国人的感情相提并论。

4月8日周四，黑格抵达伦敦，在机场受到美国驻伦敦使馆临时代办爱德华·斯特里特的迎接。[1]黑格对斯特里特说，虽然美国最终会在福克兰群岛问题上支持英国，但现在要为谈判能出成果，表现出不偏不倚的态度。斯特里特提醒说，首相丝毫没有妥协的念头。他对黑格说："如果你认为自己能使她动摇，那就大错特错了。"⑰黑格并不气馁，他与沃尔特斯将军、恩德斯等人当天下午晚些时候前往唐宁街10号会见撒切尔夫人。

撒切尔夫人带着皮姆、诺特、勒温等官员上场。虽然黑格显得友好而礼貌，撒切尔夫人也尽量以礼相待，但这次会晤显得生硬无趣。陪同黑格前往的吉姆·伦奇勒描述了当时的情景："玛吉来了，出现在小餐厅旁边一个装点着鲜花的小会议室里……她的确非常迷人，身穿黑天鹅绒套装，罗缎嵌边，颇显轻柔的发型让她一头英国人的金发更显色泽明亮。'听着，我要向你们展示一些东西，要以我们的想法来考虑这个问题！'她带着我们看一些新近挂起的油画，一幅是尼尔森，另一幅是惠灵顿！"⑱在晚宴前交谈时，撒切尔夫人说，她对里根公开宣称与英、阿两国之间的友谊非常不安。黑格先生说首相应该很清楚总统真正站在哪一边，但是他在公开场合不得不出语谨慎。⑲黑格试图告诉撒切尔夫人面临的一些问题，其中包括军事难题和美国公共舆论的不确定性，此刻是非常亲英，或许很快又转向另外一边了。他希望找到一种方式，使阿根廷人离开福克兰群岛而又完全不失脸面：这对避免做主权问题的先决判断非常重要。能否形成某种中间执行机构，或许由加拿大人介入？但是撒切尔夫人不愿接受阿根廷通过武力得到任何好处，而这些不可能通过正常谈判获得。黑格说，如果英国一味坚持这种立场，冲突就不可避免了。撒切尔夫人说："照这样说，俄

---

[1] 入侵发生时，约翰·路易斯大使正在佛罗里达休假。使馆方面起初建议他没必要返回。后来黑格开始穿梭斡旋，路易斯大使便改变了计划，但是直到黑格离开伦敦，他才回国。

9. 福克兰群岛遭入侵
"我人生中最糟糕的时刻"

罗斯人都可以住进柏林了。"⑱她决心不让大原则受到威胁。伦奇勒后来记载了晚餐会上的情景：

> 她双颊放着红光，嗓音中的怒气越来越强烈。她俯身靠在抛光的桌子边上，直截了当拒绝了她称之为"毛茸茸"的提议。那是我们的第二阶段构想，是按照我们的传统想法为加尔铁里留点面子。"我发誓……要恢复英国的治理。我派出一支舰队不是为了得到一种没有权威的朦胧安排。临时授权！——授权做什么？我恳求你回忆1938年内维尔·张伯伦就坐在这张桌子旁讨论过的一项安排，听起来多像你正在要求我接受的这个安排；假如我接受了，就会在下院受到谴责——而且谴责得合情合理！我们英国人决不奖励侵略——这是我们从1938年学到的教训。"⑲

可怜的黑格颇为焦头烂额。他提出的建议被称作"某种建设性的糊涂概念"，遭到冷遇，但他继续坚持自己的立场，认为需要有一种过渡管理。他还得到一个重要印象："我到达伦敦时，有两个人无疑一直支持着她，一个是特里·勒温，一个是约翰·诺特。其他人并没有支持她。可怜的老皮姆。迪克·沃尔特斯坐在我身旁，我说：'他不久于人世了。'"⑳皮姆请撒切尔夫人听完黑格的话。她瞪了皮姆一眼说："上帝让我待在这个星球上，不是为了让我允许英国公民受阿根廷独裁者的践踏。"㉑但是，黑格从她的咆哮中觉察到一个深层次的道理："我意识到撒切尔夫人需要这样。我们美英两国需要这样，让人感觉是在努力寻找和平解决方案。"㉒尽管撒切尔夫人对黑格表达了愤怒，却并未对最后一点提出异议："她内心深处清楚，必须让外界认为，自己正在努力寻求一种外交结果。这对我们处理与其他国家的关系是必要的，其中也包括与美洲的关系……对于处理政府与英国公众之间面对面的关系同样必要。"㉓撒切尔夫人像往常一样默认了让步的必要性，只是在谈判中还是竭尽全力辩论。4月11日，官员们向她提交了一份为政府发言人准备的讲稿草案。这份题为《把握原则》的文件提到："在阿根廷军队撤出、英国政府恢复治理前，福克兰群岛的未来地位问题不能谈判。"尽管对黑格极尽苛刻，她还是拿起钢笔在草稿上划掉了"英国政府恢复治理"这句话。㉔

黑格离开伦敦前往布宜诺斯艾利斯时，给里根发了电报："首相不愿松口，原因在于统一国家的政治观念和议会的愤怒，另外她本人也确信一些原则正处在危急关头。她显然已经准备好动用武力，不过她承认外交解决是优先选择。她坚持恢复福克兰群岛地位的态度十分强硬，看来打定主意，认为任何解决方案都必须让阿根廷接受一些惩罚。"⑮虽然黑格在个人回忆录里强调，并未试图敦促撒切尔夫人做任何原则上的妥协，⑱但他当时的想法还是有些不同。黑格为在布宜诺斯艾利斯与加尔铁里的会谈做准备时，回顾了撒切尔夫人所坚持的观点，就是在任何谈判开始之前阿根廷要撤出武装部队。"我对她说，我相信你不能接受谈判，"黑格说，"坦率地讲，我相信你也不该接受。"⑲他告诉里根："如果阿根廷人给我一些有效承诺，我计划在周末返回伦敦。到时候需要你给撒切尔夫人施加一些压力。如果阿根廷人的让步非常小，那我就回国与你协商。在这种情况下，如果我们要试图阻止战争，或许有必要对英国施加更大压力。"⑯然而，黑格的原则像往常一样不完全清晰。¹在同一天发给总统的第二份电报中，他第一次声称，撒切尔夫人提出的不该奖励侵略的原则对美国和英国都至关重要："事实上，她追求的成功对我们同样重要，因为那些原则除了我们的战略利益考量外，正是你对国际秩序愿望的核心。"不过他补充说，"敌对状态的后果将是灾难性的。我们在拉丁美洲的利益将受到破坏，而苏联甚至会在南美之角插足。"因此，撒切尔夫人必须坚持自己的方式，而战争也必须避免不惜一切代价。她的愿望与事实不符，"撒切尔夫人一定要证明，加尔铁里动武将一无所获，加尔铁里也一定要证明，她什么也得不到。"⑯

里根本人感到矛盾。一方面，他真心同情撒切尔夫人，非常担心她的政府垮掉，鲁伯特·默多克曾让他想到这种前景。默多克以前曾要副总统布什提醒里根："不把阿根廷人逐出福克兰群岛，撒切尔夫人的饭碗就保不住，"还补充说，他非常担心撒切尔夫人垮台的后果。布什一再向默多克保证"大家都不希望看到撒切尔政府垮台。"⑯据克拉克法官说，里根无疑知道刀刃该指向哪里，而且总统一开始就授权亲信温伯格"把精良武器从后门送给英国。"⑯虽然里根一直坚持寻求和平解决的方针，最后却转而支持撒切尔夫人，里根的做法口是心非，几乎是一种讽刺。4月16日，记

---

1 皮姆的私人秘书布赖恩·法尔当时记录了黑格在当时会谈中的话，并回忆说他的观点常常显得毫无意义。（采访布赖恩·法尔爵士）

9. 福克兰群岛遭入侵
"我人生中最糟糕的时刻"

者杰克·安德森违法公布了总统打给黑格的电话录音，当时黑格正在飞往布宜诺斯艾利斯的飞机上。电话中，里根问起英国发动进攻的可能性："他们那艘潜艇，你认为它能在200英里范围内惩罚对方或者击沉什么船吗？那样会足以证明他们是正确的吗？"⑯这则报道经过撒切尔夫人和尼克·亨德森确认是真实的，这让她感觉痛苦。她开始动手写个人回忆录时，决定不提这件事，因为她依然为那事感到酸涩：⑯她希望在自己与里根的关系中注入一些积极元素。

对撒切尔夫人来说，幸运的是黑格团队在布宜诺斯艾利斯遭遇了非常痛苦的时光。相比在伦敦的经历，他们在当地受到的对待更尖刻。"阿根廷人在对待美国代表团时完全误判了形势，"惠特莫尔回忆说，"他们甚至没有为对方提供像样的办公和住宿条件，也没有允许他们进行必要的交谈。甚至没有提供给他们充足的食物饮料等，虽然这些都是小事，但是在非常时期就显得不同，这些琐事打中了美国人的要害。公平而言，黑格的态度已经明显软化。他们受够了阿根廷人。我们从中也学到了东西，对英国的同情更多了。"⑯在说服阿根廷军政府应当严肃对待特遣舰队的过程中经历了最大的艰难，不得不以取消谈判相威胁。到头来，他在给里根总统的电报中说，他与加尔铁里进行了将近12个小时折磨人的情绪化谈判，参加谈判的还有其外交部长尼卡诺尔·科斯塔·蒙德兹。从他们那里获得了"美—英—阿三方监督当地治理的公式，我们对谈判是否会导致阿根廷获得主权的问题避而不谈"。⑯他认为，这一点值得带到伦敦继续谈。周日是复活节，当天黑格离开布宜诺斯艾利斯时收到科斯塔·蒙德兹递交的一份文件，文件指出英国让步后就会有效撤军。他把这份文件撇在了一边，因为科斯塔·蒙德兹对他描述说，这是他的"个人想法"。他接着飞到伦敦，提前送去一条消息："在阿根廷的铜墙铁壁中试探性地凿开了一线裂缝，"而当前的局势"需要双方政府的最高政治智慧来化解"。⑯

黑格团队于4月12日上午抵达伦敦。虽然唐宁街由于重新粉刷显得有些凌乱，但仍然向黑格和随行人员提供了办公室。他们使用英格兰教会牧师一位秘书的房间，墙上挂着一幅按教区划分的英国地图。黑格以为能在上面看到南大西洋的海图，以为能看到南图勒群岛和潘塔·阿雷纳斯的名称，结果他看到的名称是"巴斯与威尔斯"和"索德与曼"。这张地图对他富有奇特的魅力，他问罗伯特·韦德—盖里："告诉我这些C和E代表了什么，"接着就不停地谈论起来。最后，美国方面在会见撒切尔夫人时迟到了。"罗伯特，你们怎么用了这么久？"撒切尔夫人问。他回答说："首相，如果我告诉你，你不会相信的。"⑩黑格将思绪从安东尼·特罗普那个扑朔迷离的世界抽回来后，向首相叙述了在布宜诺斯艾利斯的情况："海军正在寻找作战机会，空军并不想要战争。陆军处在摇摆状态。"他说加尔铁里警告他，古巴已经"在苏联的全力支持下"为阿根廷提供了所有可能的帮助，苏联还准备炸沉英国舰队。黑格提醒撒切尔夫人，如果处理不当，阿根廷或许会变成苏联的前哨站。⑳然后提供了许多看似不同实质相同的版本，其中第七点包括了相互撤出军队，由美—英—阿"委员会"暂时接管，恢复"传统地方行政管理"，但由阿根廷代表，英国总督不再返回；最终的解决方案将必须在当年12月31日前达成一致。

当天下午讨论这些提议时，"战时内阁"并未明确提出拒绝。傍晚时分，撒切尔夫人、黑格与各自团队成员碰头，更加仔细地研究来自布宜诺斯艾利斯的方案。后来，撒切尔夫人在个人记录中写道，"情况很快变得明朗了，我们尚未掌握全部信息，加尔铁里想在特遣舰队撤回的同时签署一份协议"。㉑她解释说："如果特遣舰队赶在阿根廷完全撤退之前停止行动，我将无法向下院交代。"不过她提供了比后来记载的更多的实际行动：让特遣舰队减速前进是可以做到的。㉒在谈到提议中的联合行政机构时，撒切尔夫人甚至同意去掉"过渡"一词，只要看到一些模糊不清的观点，她就会加以反对。她接受了一点：如果阿根廷能够保证撤退，或许值得做出更大让步。㉓

然而，那天上午的《纽约时报》刊登了一篇文章，内容正是科斯塔·蒙德兹交给黑格的"个人想法"，但报道称这些内容代表了阿根廷官方的立场。黑格之前并未向撒切尔夫人提及这些想法，晚上，他打电话给撒切尔夫人，说自己现在与科斯塔·蒙德兹通了话，真实情况是：他的要求是"绝对的"。撒切尔夫人大叫道："这可太糟糕了！"㉔凌晨1：20，在与科斯塔·蒙德兹进一步电话交谈后，黑格再次打电话给她，说阿根廷还是坚持绝对主权，这是一个令人无法接受的最后通牒。她后来回忆起当时的情况说："好像我们前一天（她指的是这天早些时候）的努力白费了，难道这不正是我们预料一个军政府会做的事吗。¹一边提着撤退的条件，一边夺走侵略的战利品。"㉕她告诉黑格，阿根廷在原来的条件上倒退，他现在就不

---

1 撒切尔夫人在手稿中照例遗漏了问号。

9. 福克兰群岛遭入侵
"我人生中最糟糕的时刻"

能再去布宜诺斯艾利斯,他应当公开讲明这一点,并解释原因。⑯

撒切尔夫人说,阿尔·黑格非常沮丧。⑰在外交部,人们也有一种可怕的沮丧感,随着敌对状态的升级,人们开始感觉到一种不可阻挡的失控感。⑱吉姆·伦奇勒在个人日记中写道,第二天是4月13日,这天上午或许是整个事态的最低点:当天一大早,形势就陷入极其悲观的状态;黑格昨天深夜与他的阿根廷对手进行电话探讨几乎没有为下一步留下什么余地。⑲由此,撒切尔夫人极力主张:已经没有什么好谈,谈判必须终止。但她并没有终止。黑格告诉她,他会公开表示自己将暂停外交努力,明确指出这是由于阿根廷不让步,但如果他这么做,别有用心的人可能会插手。后来撒切尔夫人写道:"对此我有强烈的意识,还感觉公共舆论会要求我们暂时不放弃谈判。"⑳黑格同意继续努力,迅速返回了华盛顿,随后带着最新的建议飞往布宜诺斯艾利斯。前一个周末,安东尼·帕森斯在首相别墅所讲的观点让撒切尔夫人印象犹深,他谈到在联合国填补外交真空的重要性,否则会让"反殖民主义"联盟占据,用来抵制英国。要尽力拖延进程,维持502号决议的立场。[1]

撒切尔夫人还被阿根廷入侵以来越来越多的国际支持所感动。首先秘密表示支持的是智利,智利与阿根廷在比格尔海峡划界问题上有争端,便对阿根廷的侵略行为非常敏感。甚至在入侵行动尚未结束,智利便向英国提出,允许英国使用自己的港口。从那时起,双方的情报和后勤合作非常频繁。截至4月6日,智利已经提供了空军和海军的支持,均由独裁者奥古斯托·皮诺切特将军[2]授权。大部分英联邦国家,尤其是老英联邦国家迅

---

[1] 帕森斯喜欢的叙述方式是使用"一方面"和"另一方面",这令撒切尔夫人抓狂。"托尼,我真的很开心不属于你的类型。"她说。"哪种类型,首相?""就是不能明确做决定的那种。"(私人信息)但事实上她非常佩服帕森斯把握局面的能力,对她发来的电报也很赞许。他是她最钟爱的外交部人士。

[2] 奥古斯托·皮诺切特(1915—2006),1973年,智利军队总司令;1973年9月,他领导了反对总统萨尔瓦多·阿连德的政变;1974—1990年任智利总统;很多人诟病他的人权记录。然而,皮诺切特还因为恢复国家秩序和繁荣而获得声誉。1988年,他开始逐渐恢复民主。1998年,由于面临诸如采用酷刑和谋杀等指控,当时在伦敦就医时被当地警方拘留,然后由一名西班牙法官尝试引渡。撒切尔夫人竭尽全力抵制对他的处理。最后,由于身体不适不适宜接受审判而被释放,并返回智利被软禁。数年后去世。

速表示支持英国。新西兰首相罗伯特·马尔登在第一个周六就提供了热情支持，还有澳大利亚总理马尔科姆·弗雷泽。随后，在密特朗打过电话之后，赫尔穆特·施密特也谨慎地表示支持。让撒切尔夫人惊喜的是，4月10日欧共体投票，在四个星期内禁止进口阿根廷的商品，从4月17日起正式生效。她意识到，这种好意是无需猜疑的。在国内，她开始明白，在特遣舰队到达其目的地之前，持续的外交过程至关重要。即使该过程完全不可能产生可接受的结果，但至少可以用来抚慰党内"湿派"成员，堵住反对派的嘴，同时也不会激怒自己原有的支持者。约翰·诺特总结了黑格的角色：他彬彬有礼、有魅力，是一个可怕的麻烦人物，但他填补了这个巨大的漫长真空。[181]

第二天是4月14日，从英国人的角度看，黑格成了个令人无比反感的角色。《华盛顿邮报》头版以"美国在大西洋大力协助英国舰队"为大标题，报道了美国对英国提供卫星和情报支持，并且在阿松森岛提供燃油。阿根廷立即以此作为拒绝进一步谈判的理由，随后黑格打电话给撒切尔夫人说，他建议发表声明否定这篇报道，并认为这对英国毫无帮助，因为"这超越了传统的合作模式……英国使用英属阿松森岛的设施一直受到相应的限制。"撒切尔夫人表示说："啊，那可具有点毁灭性了。下院将会深感失望，"她接着说，"因为民主与独裁之间的差异没有区别对待，而是受到一视同仁的对待。"[182]当天晚些时候，两人又进行了一次交谈，她指出黑格提议的声明自相矛盾——如果没有搞什么特别合作，他为什么会撤退？她颇显唐突地总结说："阿尔，我所说的是为皮特考虑，把使用阿松森岛一事从你的声明中删掉，因为那是我们属下的岛屿，我们不会侵犯自己的领土。""当然不会，"黑格恭顺地说，"我把它删去。"[183]

撒切尔夫人本人只是部分意识到《华盛顿邮报》的那篇报道的真实性。几乎从第一天开始，美国就通过五角大楼的良好办公效率向英国提供了秘密帮助。[1] 温伯格自信上司会给予支持，最初的行动并未直接向总统

---

1 两国军方关系非常亲密，从冲突一开始，美国官方就在没有征求上级许可的情况下保证满足英国的需求。双方接近最高指挥系统的人常常记不清楚美国为对方提供了多少帮助。

9. 福克兰群岛遭入侵
"我人生中最糟糕的时刻"

通报。危机爆发几天后，英国的请求开始变得愈发关系重大时，他私下会见了里根。总统的反应明确而简单："为玛吉提供她需要的一切，帮她渡过难关。"[185]美国人破解了阿根廷的军事密码："国家安全局从阿根廷的军事交谈中破解了其密码，他们会在适当的时候将数据传给英国，所以他们甚至比福克兰群岛上的人得到的信息都早。不久，此事泄露，阿根廷改变了密码。但国家安全局没出24小时就再次破解。"[185][1]同样的合作还扩展到了武器装备。五角大楼负责此事的杜夫·扎克海姆说："温伯格希望保证英国获得他们需要的一切……他想知道每一项请求的进展如何。我们满足他们了吗？如果没有，为什么？"[186]这样一来，在没有正式授权的情况下，温伯格可能已经违反了法律，但是谁也没有为此指控他。早在黑格的外交斡旋失败之前，美国已经正式开始对英国进行军事援助了。例如，4月19日，美国已经得到总统授权向英国提供六台地对空导弹发射装置和十二枚导弹。[187]在福克兰群岛事件中，温伯格的行动让他成了撒切尔夫人毕生心目中的一个英雄。

4月14日，撒切尔夫人向内阁全体成员公布了黑格的建议书，并解释说黑格本人并不知道自己的提议是否会得到布宜诺斯艾利斯认可。阿根廷坚持派出阿根廷总督，将阿根廷国旗插上该群岛，如果谈判，不能谈阿根廷对这个群岛的主权（这是撒切尔夫人对科斯塔·蒙德兹第五条要求的解释）。她说，这"完全无法接受"。据罗伯特·阿姆斯特朗的记录，她接着指出，"如果我们能让对方撤退，恢复执行与立法委员会，那将是一大收获"。她补充说，"绝对的关键是要以岛民的愿望为最高权威"。在接下来的讨论中，皮姆和杰弗里·豪称，必须做出让步，恢复原状是不可能了。奈杰尔·劳森和黑尔什姆勋爵持相反观点，指出黑格提出的解决方法已经让侵略得到了奖赏。撒切尔夫人对待黑格尽管表现得非常好斗，在内阁中却处在"骑墙"位置。她在答复黑尔什姆的问题时说："要求阿根廷撤退的人数占了委员会的三分之一。"[188]这时候，她的内心不断地前后碰撞，既对做出任何让步感到本能的愤怒；又出于精明而感到不情愿。事实上，"战时内阁"已经在她的批准下做出了某些让步，

---

1 令撒切尔夫人愤怒的是，前工党大臣泰德·罗兰兹披露了在4月3日议会第一次辩论中读过的阿根廷电报内容。

让黑格利用授权。当天的议会上,她尽可能坦率地解释了黑格任务的整个过程,称英国正在谈判。她用了"最高权威"这个字眼强调岛民意愿的重要性。[189]

4月15日,阿尔·黑格离开华盛顿再次启程前往布宜诺斯艾利斯。出于对阿根廷态度的悲观预期,他给总统发了电报提醒他"我们要开始准备做最坏的打算",并请他考虑能否推动撒切尔夫人采取更大的让步,或者是否应该停止整个外交使命。"你需要认真考虑是否或者能否促使撒切尔夫人接受痛苦的结果,其中包含了对她有意义的种种方面,包含了我们两国之间的关系,还有我们自己的原则等。但他们无论如何不能阻挡历史的进程,他们现在正在为英国以前在主权问题上的踌躇而付出代价。"[190]同一天,里根总统与加尔铁里将军礼节性地通了电话,在交谈中并未涉及实质性内容。里根对加尔铁里说:"我认为在这个半球的两个西方国家间发生一场战争实在不可思议,你们都是美国的友好邻邦。"而加尔铁里一再重复强调自己对英国舰队迫近的担心。[191]然后,里根给撒切尔夫人发去信息,介绍了与加尔铁里的谈话内容,对那位将军的话没有表示赞同或反对。次日,首相做了回复,语锋猛烈地抨击了加尔铁里的建议,称任凭侵略者占有掠夺的赃物,是"严重的谬误……自由世界赖以立足的基本原则将因此遭到粉碎。[192]第二天里根给她打电话,向她做出一些保证。里根在日记里写道:"阿尔·黑格去了那里(布宜诺斯艾利斯),到了中午,形势看来毫无希望。我打电话给玛格丽特·撒切尔,告诉她说,如果阿根廷不改变立场,将发电报召回黑格。"[193]撒切尔夫人对此的说法是:"我说我们不能再让步,里根总统表示认同,认为没有理由让我们进一步退让。"[194]1

黑格的确想得到阿根廷的某种文本再离开,他到布宜诺斯艾利斯机场后,上次发生的一幕再现了。科斯塔·蒙德兹递给他一个信封,内容依然是愿意做适当让步,并坚持要在1982年12月31日前确认阿根廷对该岛的主

---

1 在抵制美国调停建议过程中,撒切尔夫人强化立场的一个因素是美国并不愿为解决方案做出保证。英国一直要美国准备提供武装力量,监督谈判的过渡性协议,但美国担心难以得到国会批准,从未明确承诺。

9. 福克兰群岛遭入侵
"我人生中最糟糕的时刻"

权,而这是一切谈判的必要条件。在这种环境下,看来没必要去伦敦了。黑格发电报给皮姆,没有告诉他科斯塔·蒙德兹的想法,只传给他一份阿根廷文件,并没有试图做任何解释:"我对这份文件非常失望,无论如何都无法再试图影响你……弗兰西斯,我不知道能否逼阿根廷人做出更多让步。这里似乎能行使否决权的人多达50人,其中还包括了军队的司令官,并不清楚到底是谁在掌权。在外交方面我已经无能为力。"⑩"战时内阁"意识到英国不会受到指责,愉快而迅速地拒绝接受阿根廷的文本,相信这场漫长的游戏现在终于结束了。

不过,人们对如何更好地应对黑格使命的失败,意见却并不一致。弗兰西斯·皮姆建议,由英国推动联合国安理会重新做一个决议。撒切尔夫人感到强烈怀疑,担心其他国家提出一份阻止使用武力的修正案。她打电话给纽约的安东尼·帕森斯谈了此事,她说,这事"完全令人震惊",似乎显示英国对岛民置之不顾了,"我看了一眼就说,看来这是外交部干的"但是外交部向她证实,这是帕森斯的主意。然后她才打了这通电话。帕森斯保证说自己非常反对一项新决议,但是英国应该准备一个新决议草案,万一美国和珍妮·科克帕特里克有意外变故就会有所准备。两人以友好的语气结束通话时,撒切尔夫人带有一丝凄凉地说:"我在这里没有自己的部门,我真需要一个自己的部门。因为没有,就不得不依靠传闻,我不喜欢这样。"⑩

这番话反映出,在福克兰群岛战争期间,她受孤立的程度简直令人惊讶。她在所有长期进行的经济战斗中,不管是面对开支部门还是"湿派",她都能与财政部团队密切合作,但是在福克兰群岛危机中,她却无法与任何一位大臣或部门密切配合。卡灵顿离去后由皮姆接任,她对外交部几乎没什么信心。约翰·诺特在下院第一次露面辩论的表现让她深感战栗,她还注意到,诺特"常处于一种相当狂热的状态"。⑩虽然她认为诺特并没有政治方面的敌意,但克莱夫·惠特莫尔说,首相开始特别怀疑诺特了。⑱面对冲突时,"首相希望听特里·勒温的意见,而不是他的意见"。诺特的私人秘书大卫·奥曼德承认了这一点。⑲威利·怀特劳虽然具备政治敏感和战争经验,但并未深入参与处理危机的事务。西塞尔·帕金森等"战时内阁"其他成员也不能参与。帕金森在政治上对撒切尔夫人忠诚,在电视上有上佳表现,但是在五位大臣中他的资历最浅,在军队方面的经验只限于在皇家空军服过兵役。检察长迈克尔·哈弗斯能够在交战规则方面提供重要的法律建议，在精神上与首相意气相投，但他是个没有政治立场的人。或许她最亲密的政治搭档就是伊恩·高。此人忠心耿耿，能够抓住局势中的要害。[20]在特遣舰队起航后不久，他呈交给撒切尔夫人一封亲笔信，谈到"你在任务中的孤独"，并表示，"无论未来如何变化，我们中的许多人将永远心存感激，因为有机会尽心竭力帮助最好心的首长，最坚决而又目光长远的领袖，也是最善良、最体贴的朋友，任何人都希望为这样的人效劳"。[21]伊恩·高不遗余力地在下院确保她的地位安全，这给了她极大的安慰；但他却没有任何发号施令或者制定政策的权力。

撒切尔夫人还有为她服务的克莱夫·惠特莫尔和约翰·科尔斯等私人秘书。她还向具有国防部工作背景的惠特莫尔咨询。她确实没有通过他们执行政策，但她后来却通过科尔斯的继任者查尔斯·鲍威尔执行政策。因此，面对突如其来的危机，她向惠特莫尔承认说，对这个问题知之甚少，[22]或多或少都靠自己。毫不奇怪，她不但要向专家求教，还要向海军和军事指挥官寻求精神支持。她尤其佩服舰队总司令约翰·菲尔德豪斯，最主要的还是勒温。据约翰·科尔斯说，勒温身上散发着平静、自信、老到和迷人的气质，让她感到着迷。[23]惠特莫尔说："她十分睿智，意识到自己有很多东西需要学习。"[24]而勒温是她理想的老师，不仅因为他是一名海员，[1]还由于他本人的品格。撒切尔夫人每天都要在战时内阁见到他，更多倚重他的判断而不是别人的意见。结果，虽然她在做外交决定方面花的时间比咨询军方多，但是在她眼中，军方的需求处于首要地位。丹尼斯告诫她，成功的关键是"找到关键人物，告诉他们明确的目标，避免给人家掣肘"。[25]

尽管黑格已经筋疲力尽，却不甘心与阿根廷的谈判彻底崩溃，让自己的努力完全终结。其实，他没有坐下来冷静分析局势。罗宾·伦威克对他作了这样的评价："黑格这个人意图令人尊敬，却没有基辛格的智力，他

---

1 这是一个机会：在通常却并非不变的轮值中，国防参谋长在三个部门中崭露头角了。在福克兰群岛战争中，国防参谋长第一次高于其他军种的司令官。在旧体制下，三个军种的将领地位平等，不过这次国防参谋长居于首位，尽管大家都要出席"战时内阁"的会议。新的制度作了简化，若不是勒温十分老练圆滑，本来可能比较糟糕，让皇家空军和陆军有受冷落的感觉。

9. 福克兰群岛遭入侵
"我人生中最糟糕的时刻"

不明白自己想要在一道无法逾越的鸿沟上搭一座桥。他的气质极度活跃，似乎也在做严肃的努力……令人不安的是，发现我们正在打交道的美国国务卿在压力下面部开始抽搐，让人联想到科幻影片《奇爱博士》的主角。"㉖4月20日黑格见到里根时，提出一个新想法。他不打算再搞斡旋，而打算抛开之前的草案，向双方提出自己的建议。里根在同一天的日记里写道："我认为不该再要求玛格丽特·撒切尔做让步。"但他赞同黑格对这个问题的请求。㉗黑格邀请皮姆在4月22—23日之间到华盛顿访问，进行最后一轮的讨论。撒切尔夫人早在该建议之前就对黑格产生了怀疑。她4月18日与皮姆通电话时说："我极度怀疑，在他（黑格）看来，除了妥协还有什么办法。"㉘但是她感觉自己无法拒绝这一请求。"战时内阁"认为皮姆应该去，如果谈的还是阿根廷上次提出的条件，可以像以前一样拒绝。

黑格穿梭外交过程中，特遣舰队正在稳速前进。"战时内阁"会议也多以军情为讨论议题。4月15日，在国防部举行的一次会议上，高级军官对整个战争可能的进程做了一次非常完整的策划，按照建议，谈判失败后就封锁福克兰群岛；到这时，凡是有人对谈判还怀有奢望，也很快就要抛弃这种念头了。㉙军方向政客们发出种种警告：战斗机会有损失，在波涛汹涌的海面上维护装备会遇到困难；为了登陆时尽可能减少伤亡，5月份只有两到三周的"窗口期"；另外还需要更多的装备和人员："战争打响后不能给敌人喘息的机会"——"最初的特遣舰队看起来好像挺大，但是随后需要无敌舰队般的大规模后续舰队跟进。"㉚撒切尔夫人回忆起政界同僚对全局进行阐述时的情景："我看看军官，看看委员会成员，他们要承担的工作实在太多了，我意识到他们有些不知所措……记得我当时说，大家离去时一定要显得信心十足。"㉛[1]次日，"战时内阁"就是否轰炸阿根廷内地的军用飞机展开辩论。国防部的会议记录显示："我们其实不打算袭击阿

---

1 对这次会议的日期有一些争议。根据撒切尔夫人在个人回忆录中和私人手稿里的描述，日期是4月15日，而不是弗里德曼提到的4月16日——她做了确认。弗里德曼认为她实际上指的是4月25日周日在首相别墅举行的"战时内阁"会议（见弗里德曼著：《福克兰群岛战争的官方历史》，第二卷：战争与外交，第206页），但是这和撒切尔夫人的回忆不符，她记得会议地点是国防部。她的日记记载的开会时间地点是上午9:30在国防部。

根廷大陆，但是我们担心他们会凭借那里的军事优势。"⑫会议同意夺回南乔治亚岛，并在战争中运用相应的交战规则。撒切尔夫人回忆说，这是"我们大家首次承担庄严的责任，要确保向我们的部队发出正确指令"。⑬夺回南乔治亚岛并非军事需要，而是政治要求。撒切尔夫人不顾菲尔德豪斯的反对，敦促执行这一任务，勒温没有表示反对。⑭夺回南乔治亚岛可以对阿根廷首先挑起的冲突做出惩罚，这次战斗将远在准备好发动福克兰群岛战争之前，展示出英国真正准备登陆，夺回自己的领土。4月19日，"战时内阁"决定，撇开黑格搞的不确定外交活动，准备攻击南乔治亚岛。

这项军事行动计划当然是保密的，但决定向黑格通报。尼克·亨德森向国务卿转达这一决定后，有些沮丧地给伦敦发回电报。黑格首先想要英国推迟行动，先由他、皮姆、即将抵达华盛顿的科斯塔·蒙德兹举行三方会晤。亨德森写道："我说……我认为这是完全不可能的。"⑮进一步探讨之后，亨德森再次发了电报。黑格称，阿根廷人会认为攻打南乔治亚岛是美英合谋的结果，他应该"提前将我们的意图通报给阿根廷军政府"。⑯亨德森说他对此表示"强烈反对"，黑格软化了，称那他将公开批评英国诉诸武力的行动，这恐怕比提前通报阿根廷人好不了多少。⑰亨德森回应说，那就会引起英国极大的愤慨。同一天，弗朗西斯·皮姆在下院回答有关可能对阿根廷采取军事行动的问题："只要谈判还在进行，我将拒绝考虑此提议。"⑱这偏离了既定政策，皮姆随后回到会议室，迅速纠正自己刚才的话。在不断升级的紧张不安背景下，弗朗西斯·皮姆飞抵华盛顿，攻打南乔治亚岛的计划虽然还是个秘密，但已经箭在弦上。

4月24日周六上午，皮姆回到伦敦，一副困倦模样。撒切尔夫人在第二年就此写道："那是福克兰群岛问题上最具决定性意义的一天，对我个人也至关重要。"⑲皮姆一到就径直去见她，陪同会见的还有外交部副次官朱利安·布拉德[1]，布拉德是由撒切尔夫人为了支持安东尼·阿克兰而提拔的。虽然皮姆承认自己没有获得英国想要的东西，但他认为自己可以推

---

[1] 朱利安·布拉德（1928—2006），毕业于拉格比学校和牛津大学莫德林学院；1950—1957年任牛津大学万灵学院研究员；1953年加入外交和联邦事务部；1979—1984年任副次官（1982—1984年间还担任政治事务主任）；1984—1988年任英国驻西德大使；1982年受封骑士头衔。

荐一项交易。撒切尔夫人却不以为然："他带回来的文件是彻头彻尾的背叛，跟布宜诺斯艾利斯提出的文本没什么差别。"[20]她在美国人拟的草案原件上写道：导致"（福克兰群岛）与阿根廷合并"，只提到"要考虑岛民的权利"而不是以他们的意愿为最高权威，要签署这样的文件，就"排除了（他们）与我们在一起的可能性"。[21]撒切尔夫人的分析是正确的。事后黑格向自己的美国同事承认："我们的提议等于是假装移交主权。"[22]美国方面的记录透露，皮姆很担心这份草案的缺陷，在谈判结束后他曾直白地告诉黑格，他们讨论的这份文本是奖励阿根廷的侵略行为。[23]皮姆为此表现出要辞职的意愿。撒切尔夫人不准，她认为皮姆太软弱："黑格明显表现出了带有敌意的亲密……他是一个有力的说客，谈判桌上另一方的任何人都必须支持他，不给人留任何余地。"[24]她认为，黑格已经"摸准了他"，还威胁他说，如果我们不同意该文本，他（黑格）将会把自己的文本交给阿根廷，"那就随我们的便了"。据撒切尔夫人说，交谈结束前，"我反复告诉弗兰西斯我们不接受（黑格的条款）。他说他认为我们应该接受，我们僵持不下"。[25]"如果你希望避免一场战争，"皮姆后来回忆道，"就不得不付出这种代价。"[26]布拉德勇敢地对撒切尔夫人说："我认为外交工作的任务是尽量带来和平。"对此，撒切尔夫人未予回答。[27]在回忆录里，她将皮姆的建议评价为"有条件的投降"。[28]

当天傍晚6∶15，"战时内阁"开会讨论黑格—皮姆文件。撒切尔夫人以她典型的彻底精神，为会议及预料中的战争做好了准备："在当天剩下的时间，我对比了谈判中考虑过的这四个文本，这些文本显示出，我们的立场已经受到严重腐蚀，福克兰群岛岛民正遭到我们背叛。"她拜访迈克尔·哈弗斯征求意见，他"只是证实了我的最大担忧"。尽管她表示反对，"弗兰西斯已经把文件呈给了委员会（指'战时内阁'），建议接受黑格的主张……一位英国前国防大臣和现任外交大臣建议付出代价换取和平。如果委员会通过了，我就不会留下"。她决定在会议开始前阻止皮姆："下午六点前不久，人们开始在内阁会议室外聚集。弗兰西斯试图得到大家的支持，我要威利·怀特劳过来见我（在她的书房）并告诉他不要接受这些主张，并提出了我的理由。他一如既往地支持我的判断。"[29]会上，皮姆阐述了自己的想法，但是撒切尔夫人逐字逐句念出草案，还对比了不同文本。她获得了会议室里大部分人的支持，当然没必要直接以多数票击败皮姆。"约翰·诺特发现整个过程是一种程序化的方式……他的建议是我们不应该就黑格最近的草案做任何评论，告诉黑格将草案交给阿根廷人。""战时内阁"认识到这是一场冒险，但认为阿根廷根本不可能同意撤兵。[20]一旦布宜诺斯艾利斯拒绝黑格的提议，美国将不得不回到英国一边。当时的会议记录简单记载了大家的一致立场，黑格—皮姆建议书应当首先看阿根廷方面的想法。这掩盖了首相和外交大臣之间严重的情感分歧，当然，撒切尔夫人在会上也没有以辞职相威胁。她在个人回忆录中写过这么一句威胁的话，不过后来在出版前删掉了。"危机过去了，英国荣誉的危机结束了。"[20][1]

撒切尔夫人到底为什么对弗兰西斯·皮姆从华盛顿带回的文本如此怒气冲冲？在她的回忆录中，她指出，该文本和较早的计划之间有诸多差异——例如，有个条款规定，协议签字七日内，英国海军部队要在福克兰群岛200英里外待命，然后过半阿根廷部队离开群岛。这一规定就不如之前的提议。皮姆确实未能让美国担保所提计划的可行性，而这是"战时内阁"想要的。这增强了撒切尔夫人对大多数协议固有的恐惧感，丹尼斯·撒切尔形容说，"让它们摆脱困境，随后就会卷土重来。"[29]更重要的是，皮姆接受的关于长期谈判的措辞，根本排除了恢复原状的可能性。同时让阿根廷人有机会在最终解决方案推出之前改变群岛属性。撒切尔夫人注定感到不满意。但她以前对让步曾表现出理解，而且在未来的谈判中，她仍准备赞同进一步妥协，妥协的内容像现在皮姆提议的内容一样具有破坏性。黑格—皮姆计划的内容没有全面解释出她做出反应的强烈程度，而她当时的反应为她的个人回忆录提供了最辉煌的篇章。

部分原因是协议是外交大臣单独与国外谈定的。前面曾提到，撒切尔夫人恼火是因为没有一个恰当的部门由首相掌管。她为不能掌握全部信息感到恼火，有时候怀疑自己正在受骗。比如在欧共体谈判预算问题时，只有一名大臣身负重要使命出国谈判。每逢这种情况，她往往变得非常紧张。在所有高层官员中，她最不信任皮姆，他出国对付不可靠的黑格（她这样认为）时，她便感到无比恐惧。虽然她绝对不会多谈这种感受，但一个

---

[1] 撒切尔夫人的谨慎是其典型特征，在写个人回忆录时，她需要大量的说服工作，才愿意明确谈到这样引人注目的日子。她担心自己对皮姆不公平，甚至或许是在诽谤他。她还处于一种持续焦虑的状态，毕竟是披露了非常私人的交谈信息。（THCR4/3）

9. 福克兰群岛遭入侵
"我人生中最糟糕的时刻"

政治对手带着一份"和平"交易回来，她还是感到害怕，这种交易把她踩在脚下，丢掉福克兰群岛，他本人却会崭露头角。按皮姆的私人秘书布赖恩·福尔判断，看到皮姆带着虚假的胜利回国，撒切尔夫人不禁联想到另一番景象："她不希望看到一份类似慕尼黑协定的文书。"[23]

但撒切尔夫人情绪如此激烈背后有更重要的理由。4月22日星期四皮姆正在华盛顿时，她得知另一件事，这事让周六晚上要做的决定深深触动了她的感情。[24]勒温和诺特为此事去见她。英国特种部队已经在南乔治亚岛的一个冰川上登陆侦察："狂风卷着冰川的暴雪袭来，他们无法凿开一条道路，也无法取暖。"[25]他们发出一条求救信息。两架直升机前去营救，结果在令人心惊胆战的恶劣天气中摔得粉碎。"我们不知道是否所有人都已丧生，对这场战争来说，这真是个糟糕的开端。这种天气会摧毁我们的信心和勇气。"布赖恩·福尔回忆说。[26]他们得到消息时，勒温和诺特不知道身处绝境的17个人是否还活着。约翰·科尔斯目睹了撒切尔夫人对这一经历的紧张。当诺特把消息带给她时，她哭了。克莱夫·惠特莫尔轻声告诉她："这种事未来还会发生更多。"[27]撒切尔夫人回忆说："我的心情很沉重，换衣服准备去市政大厦用晚餐时……我不知道怎么才能掩饰自己的感情，不知道这是不是个凶兆，预兆着未来会发生更糟的事情。难道我们不可能完成这次任务吗？"她继续说："就在我走到楼梯间下面时，克莱夫冲出办公室。"他向撒切尔夫人通报说，第三架直升机已经救回所有人员。"我走出去恍若漫步空中，世界上什么事都不重要，只要这些人都安然无恙就行。"[28]

多年后，撒切尔夫人描述那天在南乔治亚岛营救的事，说那是她记忆中最恐怖的事情之一。[29]因为这是战争中的第一次军事冒险，是她第一次经历把人送往可能送命的地方。她本能的母性同情心油然而生，还有对英国军人安危的关注，使她比普通的男性政治领袖对此事更为敏感。她还敏锐地意识到了政治风险：如果由她发起的第一次大胆的打击行动以惨败悲剧性收场，公众对她的支持能维持多久？有那么几个小时，她唯恐悲剧已经发生了。两天后，这次冒险已经克服，但并未有效夺回南乔治亚岛，撒切尔夫人对外交努力比以往更缺乏耐心了。有一种想法尤其让她感到恐惧：军队在夺回英国领地过程中，政府有可能取消他们的行动。她发出命令：不准向"战时内阁"全面通报南乔治亚岛近乎灾难性的消息，因此她心中翻腾着强烈的情感时，弗兰西斯·皮姆并不清楚原因。

第二天，4月25日星期天，夺回南乔治亚岛的行动过程中，"战时内阁"

在首相别墅开会。下午晚些时候，撒切尔夫人得到前方消息，英国军队已经夺回南乔治亚岛。在格雷特维根，他们发现阿根廷"圣达菲号"潜艇浮出水面，捕获了它。撒切尔夫人在回忆录中写道："那天晚上在温莎宫安排了觐见女王。我很高兴亲自给她带去这一消息，她的岛屿之一已经回归了。"[240]她的私人回忆录则传达了更强烈的快乐心情："我……前往温莎宫去觐见女王，能够亲自给她带去这个消息感觉太好了。"[241]后来她回到唐宁街，琢磨如何最好地宣布这一成功消息。"我感觉约翰·诺特应当有权宣布它，因此叫他到唐宁街10号来。"[242]首相和国防大臣同时在前门露面，诺特发表了声明。他大声宣读了皇家军舰"安特里姆号"发回的胜利消息："很高兴向女王陛下报告，皇家海军军旗与英国国旗已经飘扬在南乔治亚岛的格雷特维根上空。上帝保佑女王。"媒体试图向诺特提问。撒切尔夫人介入了："为这条消息感到欣喜，向我们的军队和海军祝贺。"接着记者们转向了她，有人高声提问："我们要跟阿根廷人交战吗，撒切尔夫人？"此时她和诺特正转身面向前门。"祝贺。"她又说了一遍，[243]说完走进大门。后来，她的话让记者们整理虚构，变成了："祝贺！祝贺！"成了向失败者大肆夸耀的典型。在1983年大选运动中，丹尼斯·希利重提这个时刻，将撒切尔夫人当时的举止描述成"杀戮者的荣耀"。事实上，夺回南乔治亚岛过程中，双方并无生命损失。撒切尔夫人认为，这事值得祝贺。另外，星期四的形势显得扑朔迷离，但运气现在青睐英国人了："这的确是个多事的周末，让人从几乎绝望跃升到重振信心。"[244]

10.

胜利
"除了你谁也做不到"

成功 夺回南乔治亚岛自然巩固了撒切尔夫人的地位,她本人也坚定了信心,打消了一些军事上的疑虑。英国军队凭借勇气、本领和好运气,抓到180个俘虏,向世界表明,英国不是口头说说而已。《经济学家》杂志的一项民意调查显示,两周内,公众对政府掌控局势的满意度从60%蹿升至76%。1982年4月28日美国哈里斯民意调查显示有60%的美国人支持英国,对阿根廷的支持率只有18%。尼克·亨德森给约翰·诺特发来热情洋溢的贺电:他刚刚见过温伯格将军,将军对收复南乔治亚岛兴奋不已,并且一直在考虑,"当谈判破裂时"如何为英国提供更多帮助。"温伯格刚刚与两名国会议员共进早餐,这两人都穿着印有'我力挺英国'字样的衣服。"①[1] 军方的推动势头变得更加强劲。4月26日,也就是夺取南乔治亚岛获胜后第二天,"战时内阁"通过了一份协议,将在周末正式宣布,环福克兰群岛划定一个绝对禁区,禁止飞机、航船驶入。目的是将英国军队在该区域内的所有攻击行动合法化,或许用另外一个说法更贴切:封锁。绝对禁区的首要目标是封锁斯坦利港机场。

战事进展也使驾驭谈判变得微妙。就在这时候,撒切尔夫人注意到"我们的后座议员中产生了不安,担心以前我们在谈判中放弃了太多。"②她当晚在电视节目《全景》中露面,指出谈判的时机非常有限,因为"我必须时刻想着我们小伙子们的利益。"③前一周,"战时内阁"已经对时机有限

---

[1] 英国的事业在美国受欢迎,亨德森本人功不可没。他不断地出现在美国电视屏幕上,且一直大获成功。一位评论家亲切地评论说,长相有点像波西米亚人的亨德森就像古老英国乡间斑驳的老屋。

的说法出现过争论。约翰·诺特认为，舰队不该向福克兰群岛推进，而应该在阿松森岛待命，等到皮姆在华盛顿与黑格讨论回来后再行动。对此，诺特的立场和部队军官们出现了分歧，后来再也未能完全达成一致。这种行为导致撒切尔夫人开口了："他要么是块纯金，要么纯粹是一堆垃圾。"④诺特后来为消除人们的敌意，承认说："我完全弄错了。"⑤发生这种争论并不是当时特有的情况，这话题时常被讨论。假如军事行动能够推翻谈判的成果，那谈判又该如何取得成功？另一方面，为什么军事需要和军人的性命就该受到外交需求的损害？

南乔治亚岛事件过后，反对派更加倾向于支持谈判。首相4月26日在议会声明中提到，黑格的使命陷入僵局，迈克尔·富特抓住这一点，着力强调由新任联合国秘书长哈维尔·佩雷斯·德奎利亚尔介入调停。富特要求撒切尔夫人，未来一段时间不采取进一步的军事行动，如果她不对佩雷斯·德奎利亚尔做出"恰当回应"，就将"对我们的国家事业造成严重打击"。⑥撒切尔夫人则更明显地偏向另一边："我必须一次又一次在议院强调，军事行动不能因谈判而受阻。永远不能。"⑦后来我们看到，实际情况并非从来如此，[1]但有一点可以确定，随着交战迫近，撒切尔夫人越来越多地将谈判视为与英国利益相悖的拖延战术，而不是进行实质性讨论的过程。

另外，撒切尔夫人认为，夺回南乔治亚岛让英国得到谈判的更大优势。4月26日，她发电报给阿尔·黑格，建议了一种"更简单的方法"。⑧迫使阿根廷同意502决议的前两点：停止敌对，迅速撤退；然后可安下心来讨论第三点：在此基础上寻求外交解决方案。美国能够做出军事保证，撒切尔夫人也承诺自己愿意暂停特遣舰队的推进。但当时已经没有机会了。夺回南乔治亚岛已经惹怒了阿根廷人。特别值得一提的是，这招致了拉丁美洲人对美国的怒火，而这是黑格等人一直担心的。

实际上，在许多拉丁美洲国家，对美国的愤怒此时胜过对英国的憎恶。阿根廷怀疑英国和美国在南乔治亚岛事件中相互勾结，因此取消了原定科斯塔·蒙德兹与黑格的谈判。4月27日，黑格在华盛顿的美洲国家组织上

---

[1] 因外交压力不采取行动是有先例的。据海军上将亨利·利奇爵士说，军方击沉"5月25日号"航母的要求遭到拒绝，因为这会妨碍黑格的穿梭斡旋进程（采访亨利·利奇将军）。

10. 胜利
"除了你谁也做不到"

强调,自己受到了冷冰冰的接待。[1]这意味着他不需要飞往布宜诺斯艾利斯,英国人或许对此感到庆幸。最后,他于4月27日上午经由美国大使向阿根廷递交了建议书,要求在布宜诺斯艾利斯时间午夜前给予明确答复,但直到第二天依然没有回音,最终不了了之。英国政府变得极度紧张。就连希望获得解决方案的弗兰西斯·皮姆也通过给亨德森的电报提醒黑格,如果阿根廷接受,"这里的政治形势将变得极难处理,我们需要时间……"⑨4月29日上午,全体内阁开会时,黑格仍旧允许阿根廷延迟回复。内阁的情绪弥漫着不快,皮姆对同僚们说:"令人担心的是,黑格的解决方案本意是站在我们这边,现在看起来有些矛盾。"⑩没有美国的"庇护"或阿根廷的答复,英国要单方面发布对这份文件的反对观点吗?哈弗斯提醒说,黑格文件的第七段包括了致命言论,就是要取消福克兰群岛作为英国自治领地的地位。黑尔什姆勋爵传递一些小道消息说:"艾雯夫人(苏伊士危机期间担任英国首相的安东尼·艾登的遗孀)说,(亨利)基辛格告诉她,英国人没有意识到阿根廷社会主义政府的危险性。"黑尔什姆强调:"美国人必须理解,他们冒着破坏美英关系的危险……这份文件证明他们现在的作为与当年在苏伊士事件中做的如出一辙。"诺特敦促内阁不要拒绝建议书,要继续谈判,就像他之前建议的,要将球踢到阿根廷的前场——让他们拒绝。内阁同意由首相在不公开拒绝建议书的情况下,以非正式的方式告诉里根总统,他们不接受此文件,而阿根廷在截止日期前未予答复也意味着他们实际上已经拒绝了。

撒切尔夫人就此致函里根。她提醒总统他的政府承诺公开支持英国,接着说:"假如在此环境下美国现在不向我们提供全面支持,我无法向你隐瞒自己和同僚们的失望情绪……应该让世界看到,美国和英国明确站在同一边,忠实坚守西方生活方式赖以存在的价值观。"⑪

在美国政府内部,此时普遍认为黑格的斡旋应该停止。参议院对英国

---

[1] 然而,在英国看来,美洲国家组织会议传来的并非都是坏消息。只有尼加拉瓜和危地马拉两个国家支持阿根廷入侵福克兰群岛,皮诺切特将军命令智利代表,对任何动议都投弃权票,因为他确信,加尔铁里的日子屈指可数了。(约翰·希思,英国大使,从圣地亚哥发给外交部的电报,1982年4月28日,首相资料,阿根廷:福克兰群岛中的地位,文件保存在内阁办公室。)

的支持也占压倒性优势,以79票对1票(杰西·赫尔姆斯投了反对票)通过一项决议,呼吁实施502决议,"实现阿根廷部队全部从福克兰群岛撤出"。里根总统知道舆论的倾向,也担心英国议会不断增加对美国的敌意,特别考虑到他要在6月份前往英国进行国事访问。他认为现在该向英国履行自己的承诺了。在回复撒切尔夫人的信之前,他终于得知,不出诺特所料,阿根廷拒绝了黑格建议的条件。里根在信中告诉了撒切尔夫人这一消息,并表示:

> 我相信你同意,我们应该向全世界表明,我们做的全部努力都是为了获得公正和平的解决方案。我们向阿根廷政府提供了选择:要么接受解决方案;要么进一步敌对。因此我们要向公众全面介绍我们做过的努力。对美国提出的建议,可以泛泛而谈,我们不准备全部公开,免得给贵国造成困难。我承认,你看到建议书中有根本性障碍,却没有表示拒绝。我们毫不怀疑,女王陛下的政府与我们有真诚的互信,我们已别无选择,只能在行使自卫权的基础上推进军事行动。⑫

撒切尔夫人在个人回忆录中引用了这段话,并且在自己的手稿里写道:"总统、阿尔·黑格和我们都相信温伯格先生非常杰出……从那时候起,黑格和温伯格都不遗余力地帮助我们。"⑬无论是手稿,还是回忆录,她都没有引用里根信中的如下内容:"我们要坚持协商解决的立场,这一点一如既往十分重要。虽然有可能强行赶出阿根廷部队,但是如果找不到双方都能接受的和平框架,未来会面临不稳定、仇恨和不安全等重重困难。因而,我们应该继续为公正的和平而努力。在我们看来,我们明确支持双方本着这一目标而努力……"⑭这是一个很明显的信号,传递的信息是谈判未必已经结束,美国支持英国并不意味着默认英国使用武力。这个想法并不受撒切尔夫人欢迎,所以她当时试图将这个想法从脑海中抹去,后来,更希望从记忆中抹去。

4月30日,也就是里根写信后第二天,国家安全委员会开会,讨论美国应当向英国做多大程度的倾斜,以及如何公布此事。这次讨论十分谨慎。虽然阿根廷不妥协,但黑格坚持认为"我们不想关闭外交大

10. 胜利
"除了你谁也做不到"

门。"⑮他认为，现在的困难是支持英国的压力越来越大，还不能完全疏远阿根廷。他既担心阿根廷左翼势力和庇隆主义政权崛起，又担心阿根廷国内对生活在阿根廷的美国人进行报复。"因此，国务卿表示，我们需要认真把握倾斜度。"⑯撒切尔夫人"想要的多于我们能给的"，他警告说，然后以错误的乐观主义补充了一句："但是她理解协商解决的必要性。"⑰[1]

在国家安全委员会的这次会议上，里根几乎没有开口，但认可了大家提议的谨慎倾斜。当天晚些时候，黑格公开宣布，给予英国实际支持，并通过经济措施反对阿根廷，其中包括暂停向阿根廷输出所有军用品。有一点黑格没有公布：官员们已经收到指示，"对阿根廷的警告措施并不包括全面经济制裁，美国将根据情况决定是否实施。"⑱美国制裁措施的严厉程度明显不及欧共体对阿根廷的制裁。据一份国家安全委员会简报记载："我们应该承认，虽然这些行动是我们支持英国的立场所必需，但其中没有一项能够对阿根廷产生实质性影响。"⑲里根也公开支持倾斜，但在此过程中说了一句话，表示出对整个事件的明确态度。总统对记者说："我们必须记住，在那个冰冷小群岛的主权纠纷中，侵略者是阿根廷。"⑳他非常担心失去与拉丁美洲人的友谊，于是在5月2日发给许多美洲国家组织领导人一条消息，表达了对阿根廷宣称福克兰群岛主权的同情，同时也对它"长年以来谈判无果后的沮丧"表示理解。他说，"所有美洲人都不相信，欧洲殖民力量在这个半球会被接受。"㉑这番话使撒切尔夫人愤怒不已，就在第二个周末邀请美国大使在首相别墅共进午餐，她扯下收到电报中的相关内容页，塞到对方手里。㉒

阿根廷拒绝和谈，美国立场发生转变，这让撒切尔夫人大大松了一口气。西塞尔·帕金森回忆说："黑格的建议遭到阿根廷拒绝后，我与玛格丽特聊了一次，她说，'我将永远永远也不会有那样的机会了。那些提议对我们来说完全不能接受，一旦阿根廷人表示认可，我们将身陷地狱，乱

---

[1] 还有一个盲目乐观主义的例子，珍妮·科克帕特里克预言说："或许就到周末前，阿根廷将在一些论坛上通过体面的方式来找到避免战争之道。"（国家安全委员会会议记录，1982年4月30日，NSC00048，编号91284，Exec Sec，NSC：NSC会议资料，里根图书馆，加州西米谷。）

成一锅粥。'这是一场真刀真枪的赌博。"㉓后来，撒切尔夫人在未来数周内得到一些同样重要的机会。

  撒切尔夫人计划在1982年4月30日开始的那个周末待在米尔顿宅子。这是位于彼得伯勒郊外费兹威廉家族的豪宅，属于黑斯廷斯女士所有。黑斯廷斯女士的丈夫斯蒂芬是议会议员，也是她在中贝德福德郡选区最有力的支持者。福克兰群岛危机使她无法安度整个周末，但她在遵守约定方面从来一丝不苟，仍按计划在黑斯廷斯女士的选区参加了聚会，然后留在米尔顿过夜。阿根廷拒绝协议条款，美国向英国倾斜后，撒切尔夫人感觉摆脱了束缚。她对一大批支持者（"我从未见过这么大的场面"）做了一次演讲，㉘语气中表现出帝王般的威严。她引用了自己喜爱的作家吉卜林的话，还引用了她在校期间纪念吉卜林1936年去世写过的散文内容，谈到"能力、权利和威严"。她盛赞英国的君主政体，宣称："我们仍然拥有权利，在力量方面我们照样强盛。"福克兰群岛事件证明，"意外情况总会发生"，"国家的自豪感"必然在其中再现。她追溯了英国"历史的伟大传统脉络"，提到丘吉尔、迪斯雷利、皮尔等伟人。美国前国务卿迪恩·艾奇逊曾一再重复说，英国已经失去了帝国地位，而且找不到自己合适的角色定位。对此她做出回答："我相信英国现在已经找到了自己的角色，就是本着国际法，教导世界各国如何生活。"㉕这简直是近乎傲慢的高调演讲，[1]但适合当时观众的情绪和她自己内心的感受："我受到的接待让我感动，而且远不止此，那是让人非常激动的时刻，英国正在接受考验，天气和距离的不确定性很难克服，即便如此，也没有一个人怀疑我们能够获胜，而且必将大获全胜。我们肩负的责任巨大。"㉖就像撒切尔夫人自己所说，她知道下一轮军事冒险就要到来。她写下"距离……不确定性"这句话时，脑子里特别想到了从阿松森岛飞往福克兰群岛过程中的重重困难。

  皇家空军决定采取危险的空中加油措施战胜这些困难。4月30日晚上，空军派出两架火神式轰炸机，前往轰炸斯坦利港的飞机跑道，其中一架不得不中途折返。五架空中加油机向轰炸机提供了支持，这是英国首次

---

[1] 或许意识到了这一点，加尔铁里将军在第二天向全国发表广播演说，其中提到"英帝国"，还无意中流露出称赞口吻，抗议"侵略者难以置信的胆量。"

10. 胜利
"除了你谁也做不到"

攻击福克兰群岛。皇家海军派出九架海鹞式战斗机去攻击其他目标。同一天，阿根廷也对英国舰船发动了一次重要攻击。撒切尔夫人在米尔顿用过晚餐后睡下，"家乡那所最漂亮的豪宅"满足了她的浪漫情怀。㉗[1]第二天早上，在大型正式早餐会上，有人请她离开餐桌去接电话。她回来后，黑斯廷斯女士有点唐突地问道："一切都好吗，首相？"㉘撒切尔夫人回答："……我不能告诉当地的主人。"㉙早餐过后，她驱车前往首相别墅，午后不久，确认火神式轰炸机已经安全返回阿松森岛，"海鹞式"战机也安全返回。在一次成了准确性和好消息的象征的广播节目中，英国广播公司的布赖恩·汉拉恩报道说："我数着飞机一架架起飞，又数着它们悉数降落。"结果是，皇家空军对斯坦利港机场的第一次轰炸最为成功。后来的几轮袭击未能造成严重破坏。[2]英国战机飞临福克兰群岛并成功返回的消息成为宣传热点，其军事意义也非同一般。

从5月1日晚上到5月2日，军方成功窃听到了阿根廷的海军计划。一份情报送到特遣舰队："据信，阿根廷计划于5月2日发动一场重要袭击。'贝尔格拉诺号'正部署到南纬54度，西经60度，准备伺机袭击福克兰群岛南面的目标。"㉚"赫尔墨斯号"航空母舰甲板上的特遣舰队指挥官、海军少将约翰·桑迪·伍德沃德十分惊慌。他知道由阿根廷唯一的航空母舰"5月25日号"带领的一支阿根廷舰队正伺机攻击英国舰队，或许在黎明时分动手。他还担心由几艘携带法国提供的飞鱼导弹的驱逐舰护航的"贝尔格拉诺号"巡洋舰，准备造成夹击之势，"在去年的演习中，伍德沃德已经展示过，完全有可能让一艘驱逐舰非常靠近一艘有充分准备的美国航母，并向航母发射四枚飞鱼导弹。他不希望自己的航母遭受同样的命运。"㉛英国参战的主要指挥官都认为，发起攻击前就在冲突中失

---

1 丹尼斯当时陪着自己的妻子前往米尔顿，相对而言，他并未显得意乱神迷。在欣赏一幅斯塔布斯所做的豹幼崽油画时，他轻描淡写地评论说："看来它好像需要清洁一下。"（与菲利普·内勒—雷兰德爵士交谈）

2 在政治冲突中私下会见时，因诺克·鲍威尔向撒切尔夫人警告称，空袭很少能像报道得那么成功。她想要听他说出自己的想法，当然，她并不担心他会夺走自己的职位。她说："你是我能够交谈的唯一一个人。"（采访帕姆·鲍威尔夫人）

去两艘航母，甚至仅仅失去一艘，特遣舰队就丧失必要的空中掩护，对英国的目标构成致命威胁。㉜因此，防止这种袭击是头等大事。4月30日"战时内阁"做完决定后，交战规则已经改为允许特遣舰队袭击阿根廷航母，即便它在绝对禁区之外也要执行：因为航母一天能够行驶500英里，其所载航空器可以飞行500多英里，它的护航舰会装载飞鱼导弹。鉴于特遣舰队面临的危险，英国需要尽早依据联合国宪章第51条关于自卫权的规定，采取袭击"5月25日号"的行动。然而，迄今为止，航母一直成功逃避了侦查。另一方面，潜艇"征服者号"成功跟踪了"贝尔格拉诺号"巡洋舰。但伍德沃德遇到一个问题：针对航母对交战规则所做的变化并不适用于"贝尔格拉诺号"。然而，这艘巡洋舰的位置在绝对禁区之外，应该免受攻击。他一直未能找到挫败阿根廷夹击行动的办法，这让他感到沮丧。5月2日星期天早上，伍德沃德故意忽视交战规则，下令"征服者"击沉"贝尔格拉诺号"巡洋舰。伍德沃德没有为此得到授权，不出他所料，在诺思伍德的联合指挥部撤消了他的命令。但他采取行动的效果却将问题迅速摆在参谋长们面前。参谋长们果然让伍德沃德如愿了，立即同意向"战时内阁"提出紧急请求，将交战规则扩大至所有阿根廷船只、潜艇以及绝对禁区外围的附属物。

那天上午撒切尔夫人待在首相别墅。勒温和菲尔德豪斯带着这个请求前去征求她的意见。按照惯例，"战时内阁"原本要在下午才开会，撒切尔夫人迅速召集所有成员——包括怀特劳、诺特、帕金森、哈弗斯和安东尼·阿克兰（弗兰西斯·皮姆在华盛顿），另外还有两位海军上将——到白色小客厅碰头。[1]由于形势危急，这天会议的"气氛非常紧张"，㉝并未遭遇犹豫不决或争议不断的情况。克莱夫·惠特莫尔参加了这次关键性的会议，记得这是非常简短的一次讨论，"相关问题被鲜明而直截了当地提了出来"。㉞撒切尔夫人无意否定海军上将们的意见。她认为情报无疑显示出，"'贝尔格拉诺号'巡洋舰是个威胁"。㉟就连外交大臣也通过阿克兰传递了自己的看法，称"如果它不想被击沉，就不该出现在那里。"㊱大家没有分歧。撒切尔夫人从来非常在意做一件事的合法性。哈弗斯向她保证，扩展

---

[1] 亨利·利奇当时也在首相别墅，他不是"战时内阁"成员，未能受邀参加会议，这令他感觉愤怒。他不得不待在大会议厅与卡罗尔·撒切尔喝酒。（采访亨利·利奇爵士）

10. 胜利
"除了你谁也做不到"

交战规则是合法的，不过他建议袭击不应该扩展至附属物，还指出目标离绝对禁区越远，就越难为袭击正名。㊲没出20分钟问题就解决了：交战规则应当扩展，同时就袭击目标达成了普遍共识，允许英国舰队在自卫中自由采取行动，另外还确定了一个具体而直接的目标：允许"征服者号"攻击"贝尔格拉诺号"。数年后，撒切尔夫人在一次交谈中提到："你不能等它们靠近你的舰队。"㊳在下午的正式会议上，提出了特遣舰队面临威胁的更多信息。撒切尔夫人记得："令我们非常担忧的是，我们仍然未能找到敌方航母。我们确信，敌方海军已经隐蔽起来，蓄谋针对特遣舰队发动一次主要攻击。"㊴

那天晚上，"征服者号"发射鱼雷袭击"贝尔格拉诺号"。在格林威治时间上午8：11，"贝尔格拉诺号"调头向西行驶，因为阿根廷指挥官阿里亚拉推断，在没有风的情况下他的航母很难发射"大鹰"战机攻击英国部队。阿根廷方面也找不到英国航母的位置。为了保护自己的舰队避免潜艇袭击，阿里亚拉认为较安全的办法是将舰队撤至浅水区。伍德沃德猜到了这一点，但并不十分有把握。无论如何，改变方向绝对不会影响他的意图。一艘船这天离开自己的视线，可以预料它第二天还会出现。格林威治时间晚上18：57，"征服者号"发动进攻，击中目标两次后迅速撤离以躲避反击。敌舰约200人在一次爆炸袭击中死亡，另有850人上了救生筏。阿根廷并未立即派船营救他们。在撒切尔夫人的个人回忆录里，她评论说，"征服者号"撤退，为的是不给阿根廷几艘赶来营救的驱逐舰制造麻烦，[1]他们"救起自己幸存者的速度很慢。"㊵她是在暗示说，对方不够在意自己的官兵。事实或许并非如此。可能的解释是，直到午夜过后，他们才意识到"贝尔格拉诺号"已经沉没。㊶船上总共有321人丧生。

《逮到你啦！》次日的《太阳报》大标题仿佛在咆哮，虽然后来这被当成冷酷和武力外交的典型，却反映了当时广泛流行的情绪。公共舆论强

---

[1] 打击"贝尔格拉诺号"之后，英国方面不袭击阿根廷其他驱逐舰的决定曾让伍德沃德感到不快："它们中的每一艘都有可能带着四枚飞鱼导弹回来。"他给菲尔德豪斯发电报称，"……我早就请政界认识到这本来是平息战事的机会。"（劳伦斯·弗里德曼著：《福克兰群岛战争的官方历史》，第二卷，劳特里奇出版社出版，2005年，第二章："战争与外交"，第302页。）

烈意识到英国军人的生命同样面临危险，因此威胁消除后也相应感觉到释然。当时的大标题见报时，只是获悉鱼雷袭击成功的消息，并不知道众多阿根廷人丧失了生命。很少有人感觉这是一次过度行为。直到第二天晚上，约翰·诺特向媒体的声明才提到炸沉敌舰和伤亡的消息。次日的下院，诺特说"贝尔格拉诺号"非常靠近绝对禁区，"并且正在迫近我们的特遣舰队，只有几个小时的行程。"㊷后来，人们发现这消息有误，当时"贝尔格拉诺号"其实已经在离开绝对禁区，英国国内的政敌开始怀疑军方有隐瞒。

"贝尔格拉诺号"被击沉事件后来让反战者炒作得沸沸扬扬，甚至变成常挂在嘴上的口头禅。他们声称，击沉那艘军舰为的是破坏美国—秘鲁的"和平建议"，但这一说法受到反驳，弗里德曼尤其矢口否认：㊸"战时内阁"决定允许击沉"贝尔格拉诺号"时，并不知道秘鲁的提议。军方的目的是防止阿根廷舰队攻打特遣舰队，防止其在战争开始后闯入绝对禁区。但产生的直接政治效果是改变了国际舆论。爱尔兰称感到"极为震惊"，呼吁欧共体结束对阿根廷的制裁，并呼吁联合国安理会开会要求停火。有一些非常不利的反应甚至来自更多欧共体内的支持国家，包括德国、荷兰和法国。阿根廷立即认定，英国之所以能够打击"贝尔格拉诺号"，是因为美国的卫星情报，因而对美国大为光火。此前，全世界看待福克兰群岛危机就像观看一出闹剧，但众多生命丧失令人惊骇。罗纳德·里根在日记里写道："我们正试图带来和平，但流血事件还是发生了。"㊹那天是撒切尔夫人大选胜出的第三个周年纪念日。[1]

阿尔·黑格的反应比任何人都愤怒。就在决定击沉"贝尔格拉诺号"当天，他和皮姆在华盛顿会见（之前两个人都不知道此事）。黑格对皮姆说，他认为强行划定绝对禁区排除了发动一场进攻的必要，同时还概述了自己"源于秘鲁倡议"的最新想法。㊺皮姆在华盛顿的一场新闻发布会上表示，"除了确保绝对禁区内安全之外，不会采取其他军事行动"。㊻撒切尔夫人在关于此事的副本侧栏潦草地划了一道曲线以示不认同。当"贝

---

1 那一周，《旁观者》杂志的政治专栏作家费迪南德·芒特撰文指出，"贝尔格拉诺号"沉没事件使呼吁停火显得至关重要。在当时的环境下，他发表这种言论着实需要勇气，因为他刚刚接受了一项任命，要前往唐宁街10号接替约翰·霍斯金斯担任政策组组长。撒切尔夫人并未抨击芒特的文章，他也如约就任新职。

10. 胜利
"除了你谁也做不到"

尔格拉诺号"的消息传到黑格耳中时，他更加努力地推进自己的七点建议，利用秘鲁总统贝朗德作为与阿根廷的联系人，同时也作为一种手段，使这些建议看起来不太像他个人提出的。当时他还与亨德森进行了对话，这位英国大使称他的内容是"一种极其活跃的想法"。[47]亨德森向国内发电报说："他认为没有什么能阻挡我们炸沉整个阿根廷舰队。"随后布宜诺斯艾利斯会崩溃，拉丁美洲会疏远美国。黑格说，英国应该计划停火。亨德森写道："我告诉他，在等了三周后，阿根廷人强化了对岛屿的控制，我们无意尽快休战的原因是阿根廷不放手。"[48]黑格在同一天给亨德森打了三次电话，提到贝朗德"强烈抱怨说，英国的行动已经破坏了和平的机会。"[49]并敦促双方立足于他的建议书尽快找到解决方案。后来黑格在这段时期一直保持着非常敏感的态度："我自己没有施加任何压力，一点儿都没有。你最好向皮姆先生询问，他是一个非常活跃的人。我确实没有给英国施加任何压力。玛格丽特知道的。"[50]撒切尔夫人在回忆录中的说法则截然不同："黑格先生再次给我们带来外交压力。"[51]1她私下的说法更加刻薄："阿尔·黑格！那个魔鬼！"她对他的"慷慨外交"深恶痛绝。[52]慷慨要由胜利者表现，但英国尚未获胜。美国政府内部发生了分歧。卡斯帕·温伯格选择5月3日作为向英国表现慷慨的时刻，结果导致一场尴尬：他提出提供一艘航母，用作特遣舰队的机动跑道，[53]2英国对此表示感激，但谢绝了。

5月4日，在议会下院，丹尼斯·希利站在反对党工党的立场上，强烈呼吁达成和平协议。他使用的语言令撒切尔夫人颇为不快。弗兰西斯·皮姆回应说："我同意……最后，终归要有一个协商解决的办法。这一天越快来到越好。"[54]

当晚临近11：00，约翰·诺特不得不前往下院。他向议会议员们通报说，

---

1 这使黑格在愤怒中几乎没有静下来思考。他确信撒切尔夫人在回忆录里写到关于自己的事情都是错误的："我想是因为她自己太忙而找人代笔，又受到身边一群不明究里者的误导。"（采访亚历山大·黑格）

2 美国应皇家海军请求，提前开始租赁航母的应急计划。美国方面考虑出租"硫磺岛号"航母，建议由一个承建商和退伍美国海军人员组成的团队训练到来的英国船员。（采访约翰·雷曼）

这天早些时候皇家海军42型驱逐舰"谢菲尔德号"被一枚飞鱼导弹击中。"谢菲尔德号"是"空中防御屏障"的一部分,用以保护特遣舰队不受飞鱼导弹袭击,布置在斯坦利港东南方向50多英里处,遭受到悲惨打击后,它继续发挥着自己的功能,直到最后一刻。战舰多处起火并迅速蔓延开来。最后,船长命令弃船。在281名船员中,根据后来的统计,有20人死亡、26人受伤。"凶猛的火力的确让我们恐惧……很多人遭受了严重烧伤",撒切尔夫人在私人回忆录里记载,同时感觉不安,"我们从来没有学习过如何宣布这种噩耗。"㊺在这种情况下,她决定在通知遇难者家属之前向全世界通报"谢菲尔德号"的损失。她虽然不愿意,但考虑到此举总比让人们一直疑惑不安要好,尤其是阿根廷方面经常释放虚假声明,引起很多未得到平息的惊慌。首相很难接受这个消息。诺特在下院做完声明之后,她和威利·怀特劳坐在自己办公室里,她流下了眼泪。怀特劳走出门外,对守卫在门口的侦探巴利·斯特雷文斯说:"不要让任何人进来,她想独自待着。"㊽

"谢菲尔德号"的损失暴露出参加过"二战"的人和新生代之间的代沟。参加过"二战"的人比较理解,战争中这种损失在所难免,他们认为这种损失的影响会让公共舆论更坚强,更加坚定地支持特遣舰队。至于年轻一代,尤其是媒体中的一些年轻人,他们感到的主要是震惊,觉得这会导致计划被全盘取消。在整个危机过程中,克莱夫·惠特莫尔认为自己有责任提醒撒切尔夫人,她个人需要做一些预计,虽然这很冷酷,但还是要明白政府能够承受的英国人死亡人数是多少。撒切尔夫人拒绝用数字回答这个问题,但对他给出的回答很感兴趣。他告诉她上限是一千。㊼"谢菲尔德号"遭重创的新闻发出后,撒切尔夫人非常清楚一点:公众需要她的重新保证。勒温勋爵后来回忆说:

> 西塞尔·帕金森表示,他将在电视午餐时间节目露面,解释战争中伤亡是不可避免的,但撒切尔夫人说:"不,不,人们绝对不会相信政治家的话,这事必须由国防参谋长来做。"因此我被派往诺思伍德,表面上看是一次例行访问,实际上是要与约翰·菲尔德豪斯讨论要事。我们从指挥中心一出来,就被电视记者团团围住,我简单说了和自己职责相关的内容。这是福克兰群岛事件期间,我唯一一次在电视上露面。㊾

中央情报局评论称，这场危机“从闹剧发展成了残酷厮杀”。(59)这加深了华盛顿的绝望感。撒切尔夫人很快便发现，自己受到的最大压力来自美国，所谓“秘鲁计划”这时也开始浮出水面。罗纳德·里根私下写道：“他们现在都愿意给和平一次机会吗？”(60)吉姆·伦奇勒在个人日记里形象地记载了国家安全委员会的看法：

> 冲突双方的架势越来越像两个冲动的街头斗殴者，个个因流血而盲目愤怒，双方死打烂缠，相互施暴，事态升级，局面堪忧。我的拉美裔同伴罗杰·方丹和我连忙合写了一份备忘录给威廉姆·克拉克法官……“‘贝尔格拉诺号’和‘谢菲尔德号’沉没将南大西洋冲突带入令人惊恐甚至绝望的新阶段，随着敌意继续加深，美国被迫遭遇日益强烈的负面战略因素……”(61)

他们拟定的这份备忘录提议，英国现在应该在军事层面上宣告胜利，而美国应当通过美洲国家组织发出新的和平倡议。“既然我们已经站到了英国一边，”伦奇勒—方丹备忘录继续写道，“我们对撒切尔夫人的杠杆作用将大大提升；我们实际上成了一个企业中合伙人的关系，可以利用这一位置推动我们的自身利益，可以否认我们以前扮演的‘诚实掮客’角色。”(62)

黑格尽其所能努力推动工作。他几乎是以绝望的口气给弗兰西斯写信。弗兰西斯在华盛顿期间，黑格向他通报了秘鲁计划内容，他指出其症结所在：“我不得不以最亲密盟友间的坦白告诉你，你转达的想法只能得到一个结果：阿根廷拒绝……”(63)但是，美国驻伦敦使馆承认，皮姆并非关键人物。5月4日，一份发华盛顿的回复电报称，一位“消息灵通的外交和联邦事务部人士”向使馆官员表示，外交和联邦事务部更加顾虑一种陷阱，就是赢得军事战争的同时却在政治战场上落败，因此最近几天对盟友的观点变化很敏感。他说，现在的问题是要让撒切尔信服。(64)

根据这个看法，他们说服里根总统，该以个人名义介入，说服撒切尔夫人。这次他没有使用电话，担心她抓住其中的一些细节于己不利，他批准了如下信函内容：

亲爱的玛格丽特：

上周五我做出的决定（倾斜方案）目的是尽可能将你置于最强有力的地位，便于按照我们共同承诺的基本原则与价值观取得和平解决。我相信，现在有个实现此目标的机会，我们必须在损失更多生命之前抓住它。

里根重申，皮姆对黑格"构想"的回复不适用于布宜诺斯艾利斯。他接着写道：

我敦促你尽快同意由我们和秘鲁提出的建议。我承认要让秘鲁提出的协议成为我们的共识是困难的，要让它得到阿根廷人的接受就更加困难，但我相信，这是我们目前最好的希望。

真诚的罗 ⑯

5月5日上午，撒切尔夫人召集内阁全体成员开了个紧急会议，这是4月2日以来第一次内阁全体会议。她向同僚们阐述了美—秘建议。皮姆在内阁表达了自己的观点，认为阿根廷可能仍不接受，但如果他们接受，"我们是可以接受的"。他承认该计划中关于地方政府性质等内容有争议："我承认这是胡说八道。"⑯随后大臣们开始进行漫长的辩论。奈杰尔·劳森担心，一旦陷入对话的泥潭，英国就难以脱身再战。帕特里克·詹金提出不同意见，"发生昨天的事情后"（"谢菲尔德号"沉没），英国不得不停火。另外几个人不同意。基思·约瑟夫说，"谢菲尔德号"事件不应当成为改变政府计划的理由，而首席党鞭迈克尔·乔普林警告说，议会的保守党议员会将英国谈判的尝试看作"谢菲尔德号"损失后的退却。社会服务部国务大臣诺曼·富勒[1]说："我们正在放弃众多权利：自决权就是其中之一。"

---

1 诺曼·富勒（1938—），毕业于切尔福斯德的爱德华国王四校和剑桥大学三一学院；1970—1974年任南诺丁汉选区保守党在议会的议员；1974年2月—2001年任萨顿科尔菲尔德选区议员；1979—1981年任交通部大臣；1981—1987年任社会服务部国务大臣；1987—1990年任就业部大臣；1992—1994年任保守党主席；2001年受封富勒男爵。

10. 胜利
"除了你谁也做不到"

而迈克尔·赫塞尔廷宣称："我认为摆在我们面前的这些条款是要让我们放弃打算追求的东西。"威利·怀特劳的想法是基于另外一个角度，他认为内阁不应该拒绝这些提议，否则"我们将失去美国，"甚至失去整个下院的支持。他建议做出一些"无关紧要的修改"之后便接受，当然修改内容是要提高英国的地位。

最后，首相本人出面敦促大家接受。她承认，秘鲁计划是基于"妥协性原则"，但英国不能将自己想要的全部内容都写进计划："我恐怕我们不能满足人民的愿望和自决权……如果就地方政府问题得到不同的结果，但得到美国的保证，那还是有价值的。当然南乔治亚岛除外（政府渴望将夺回的南乔治亚岛规定为"附属领地"，不包括在福克兰群岛协议框架下）。"随后皮姆对撒切尔夫人说，她不要再坚持与"人民选出的代表们进行磋商"。讨论中，乔普林警告说，要谨防泄密危险，毕竟这是一个分裂的内阁。不！撒切尔夫人表示反对。杰弗里·豪支持她的意见，认为这"不是个从根本上分裂的内阁"。为了反驳她最担忧的那股暗流，她补充说："'谢菲尔德号'事件并非致命时刻。"⑲内阁官方会议记录记载了集体的意见，认为一些表面上的理由要求接受这份计划："如果人们认为是英国拒绝的，英国将遭到已经开始背离英国的国际舆论谴责。"㉑比美—秘建议搁浅更糟糕的是，"贝尔格拉诺号"沉没事件将产生负面影响，随着"谢菲尔德号"的损失，撒切尔夫人被迫表现出接受这些建议。

以内阁的名义发函后，首相给美国总统复函。里根的信是公函性质，口吻稍有些冷淡，她的信则是个人之间亲切友好的口吻："我另外给你写这封信，因为我认为只有你才能理解我这番话的意义。"她说，她一直努力"保持对美国的忠实"；两国之间的友谊"对自由世界的未来至关重要"。而阿根廷却并不尊重基本原则。她担心，按照美国的建议，"我们将发现，在谈判过程中，福克兰群岛岛民的民主和自由将遭到出卖。"现在提议的解决方案并未明白提出自决权，因为阿根廷会反对，黑格便拒绝添加任何自决条款。因此，"我试着对阿尔·黑格的最新建议稍做调整，建议临时过渡机构至少要与地方选出的代表们磋商。这并非过分要求——我认为你不会拒绝。"㉒简言之，她采纳了威利·怀特劳的建议，虽然在做这些的同时抱怨不止，她还是答应了里根的要求，只是做了一些"无关紧要的修改"。克拉克法官就撒切尔夫人的答复向总统提交的评论中写道："一句话，玛吉接受了提议。"㉓

撒切尔夫人在个人回忆录里说，她对美—秘建议深为不满，暗示出皮姆在此问题上比自己软弱，"但我们不得不做出回应"。经内阁同意，并与里根交谈后，她对建议书做了许多修改。她认为自己最初写给里根的信必须重拟，因为信中或许暴露了自己太多的挫败感。㉑这是真的，但是还严重低估了事实。提到里根的那句话"只有你才能理解我这番话的意义"，保留在最终的版本中，但或多或少失去了起初流露出的强烈意思。这封信的第一份草稿由她本人亲自执笔，是玛格丽特给里根的私人信件，其中一半是请求，一半是挑衅——为受伤的友谊哭泣。信中，她坦率拒绝了里根的一个说法："忠于我们必须保护的基本原则"——"哼，他们并不忠于这个原则。"她说，黑格对皮姆说过，阿根廷不会接受福克兰群岛岛民的自决权，"因此我们的原则不再是我们的信仰，也不是我们当选时发誓捍卫的原则，成了独裁者愿意接受的东西。"并且，建议书中关于临时过渡机构的内容授予阿根廷比入侵前更多的权力——"那么，阻止一种入侵行为要实现什么其他目标？"撒切尔夫人继续说："发动侵略前，福克兰群岛是一个民主的地方，拥有自由和公正的法律。而按照目前提出的解决方案，他们唯一不再拥有的就是自己想要的生活方式。或许你现在不明白我为何对此耿耿于怀。那是我们的传统友谊，我为此仍然忠实坚守，正是这种友谊让我和我代表的人们投身到这场为根本民主原则而战的冲突中，你觉得这听起来不可能，毕竟你在白宫，而我在唐宁街10号。"㉒她所释放的信息是，里根提出的与阿根廷达成的协议背叛了他们共同的信念和友谊。如果她发出的是最初的文本，将迫使总统做出非此即彼的选择。最终她没敢这么做。

撒切尔夫人在个人回忆录里作了暗示，却不愿正面表示作为首相不得不批准这个让她讨厌的计划。她接受了黑格4月份提出的那套想法，原来她并不接受，弗兰西斯·皮姆发出的倡议受到她严厉责难。在她的回忆录中，她选择了掩盖内阁决定接受并全力支持她给里根的信函内容。在她个人的记录中，5月5日至12日这段日子干脆就没有记载。这显示出她对这个问题感到内疚。毕竟，皮姆试图让政府接受黑格4月份的提议，她认为这一行为危害了英国的荣誉。她自己也承认，秘鲁的提议是剥夺了福克兰群岛岛民的自治权和自决权，并且剥夺了英国对这个群岛的管辖权。英国人已经为此付出鲜血代价后，这样做光彩吗？

在此过程中，大部分与撒切尔夫人亲密的人往往用不同解释为她的

10. 胜利
"除了你谁也做不到"

行为开脱。安东尼·阿克兰认为，"她虽然不情愿，却觉得秘鲁的提议能够满足岛民的愿望。"[73]约翰·科尔斯和克莱夫·惠特莫尔都认为，她有十足的信心，确信阿根廷会拒绝。她坚信，阿根廷接受撤离福克兰群岛的计划是不可思议的。[74]但美—秘计划必须进一步探究，才能维持英国的利益。[75]西塞尔·帕金斯认为，接受此计划涉及的风险她只要闪一个念头就能想到，因为情况无比明显，阿根廷肯定会拒绝。[76]在场的人们提出的证据需要仔细权衡。他们指出，撒切尔夫人向来对阿根廷愿意达成一份真正协议的愿望持高度怀疑态度，正是出于这个判断，她才容易做出明显让步。然而，同样明显的是，她的确接受放弃福克兰群岛岛民的权利，其实也是英国的权利，但她对此从来公开表示反对。如今表示接受不但是出于精明，也是出于绝望。"贝尔格拉诺号"沉没后，甚至在"谢菲尔德号"沉没后，国际对英国的同情发生了引人瞩目的不利变化，国内的情绪则变得越来越狂热。最严重的是，美国的压力骤然增加。黑格的干预对她造成更强的压力，里根也出面干预，她深信，除非做出某些让步，否则便不能再依靠他们的支持。于是她做出了让步。她在写给里根的信中明确表达了感激，并谈到阿根廷接受计划的可能性。信的结尾写道："假如阿根廷人接受它们（黑格的建议），在随后的谈判中，我们将不得不为福克兰群岛岛民的权利进行强烈抗争，他们从来如此忠诚于你我坚信的原则。"[77]在她最后发出的信中，内容好像里根和她串通好了一样——我会假装接受，你也假装认可我接受，而且确保我不会在实践中遵守它。这是她口吻中的暗示，但并无证据证明她从里根那里得到过任何保证。5月6日，英厄姆告诉她说，媒体报道了"新一轮强力外交活动下英国显然在撤退问题上发生立场变化，这是停火的先决条件"。[78]她在这句话旁边划了表示不赞同的曲线，但报道并非不准确。真实的情况是她身处困境，放弃了太多自己想要的目标。她的行动或许在战术上是正确的，只是让自己感到良心不安。

像以前一样，这次又是加尔铁里将军把撒切尔夫人直接带出了困境。据报道，阿根廷曾表示愿意接受黑格—贝朗德的想法，但5月5日周三晚上，加尔铁里告诉贝朗德，阿根廷拒绝了建议，要转而向联合国求助，相信世界舆论现在正转而变得对他们有利。黑格对亨德森说，布宜诺斯艾利斯的人简直是一帮土匪。[79]他说，联合国只能做个姿态，最后会把问题推给美国去解决，因此对于在联合国的策略，英美之间保持亲密接触相当重要。然而，英国在联合国有麻烦，因为美国的代表是亨德森形容为"不可理喻的科克帕特里克"。⑧⁰阿根廷称，已经全盘接受了联合国秘书长哈维尔·佩雷斯·德奎利亚尔的建议（事实并非如此），正致力于寻求联合国采取行动，实现不撤退而停火。现在大家的注意力都集中在了佩雷斯·德奎利亚尔身上。

安东尼·帕森斯足智多谋，已经做好了准备。早在5月3日，他便调整了自己的想法，英国并不欢迎联合国秘书长介入，黑格无疑也不欢迎，他不希望别人夺去和平缔造者的荣誉。帕森斯预料黑格的美—秘倡议会破产，他给皮姆发去电报说，有必要尽快填补外交真空。他提议对佩雷斯·德奎利亚尔上周的备忘录做出回应，请他完善自己的想法。⑧¹果然不出所料，"贝尔格拉诺号"沉没事件和阿根廷拒绝黑格的七点建议后，主动提出帮助的声音潮水般涌来，大部分是不受欢迎的。西班牙国王呼吁停火，向联合国秘书长提出由自己出面斡旋。墨西哥总统向撒切尔夫人建议，愿意为她和加尔铁里安排一次会晤。国内，红衣主教霍姆和格雷分别是罗马天主教会在英格兰和苏格兰的领袖，他们写信向撒切尔夫人询问，在福克兰群岛冲突中对于结果和采取的方式之间各有多大把握。⑧²这使得撒切尔夫人比平时更加焦虑，因为红衣主教要前往罗马讨论约翰·保罗二世教皇访问英国事宜，这将是历史上教皇首次访问英国，初步计划的时间是月底，但现在因为战争而暂时搁置。撒切尔夫人热切盼望这次访问成行，假如取消，潜在的宣传影响会让她非常沮丧。英国的问题依旧棘手。[1]

帕森斯已经做出了正确的估计，只要英国迅速应付佩雷斯·德奎利亚尔，这位联合国秘书长就能说服爱尔兰人不提交其停火决议草案。他在电报中表示，佩雷斯·德奎利亚尔的"表现非常好。"⑧³帕森斯的意思是说，联合国秘书长告诉他阿根廷要做什么。阿根廷正在试图迫

---

[1] 在这个时候，撒切尔夫人的经济顾问艾伦·沃尔特斯对福克兰群岛问题提出一个不受欢迎的解决方案。他呈交给首相一份备忘录，建议在福克兰群岛进行全民投票，如果赞成由阿根廷管辖，就奖赏每人5万镑，如果赞成维持由英国管辖就不给钱。撒切尔夫人回忆道，这是"一只老鼠的出路"。（THCR 4/3）

10. 胜利
"除了你谁也做不到"

使英国中断与联合国的磋商，因此最好的反应就是保持磋商拖延时间。多种建议文本来回传递。撒切尔夫人在复杂的谈判中承受压力时，就像以前一样会给在纽约的安东尼·帕森斯打电话，说："我感觉有点迷惘。"她在是否邀请佩雷斯·德奎利亚尔的问题上征求帕森斯的意见，她认为联合国秘书长拥有惊人的公正心。谈到"贝尔格拉诺号"沉船事件，她感觉"或许……上周末我们没有给别人留下很好的印象"，现在则希望尽可能表现出善意。她说："我认为他（德奎利亚尔）一定会前往布宜诺斯艾利斯。但在我的思想深处，他可能是唯一能在我们之间有所作为的人。你明白我的意思吗？"[84]换言之，她仍旧在苦苦思考与阿根廷签署协议的可能性。帕森斯稍微偏离了会晤的想法，为首相扮演起了温柔的忏悔者或理疗师的角色。撒切尔夫人继续说道："你知道，最后我们或许不得不进入……我只是感触很深……首先，在这个事态发生之前，我们在那里的人们生活在民族自决的自由状态中，人们不能降低他们的自由程度。其次，如果我们确实必须武力夺回这些岛屿，将会造成年轻生命最可怕的损失。"有个支离破碎的句子充分表现出她的忧虑，她请帕森斯告诉佩雷斯·德奎利亚尔，"我将尽力……去弄清楚我们是否能够遵守国际法规则并坚持自由与公正，我笃信这些法则，也希望竭尽全力让我们的百姓看到我们是否能够因此停止一场最终的决战。"[85]十年后撰写自己的回忆录时，撒切尔夫人曾与自己的助手们讨论，"年轻生命最可怕的损失"这句话是否应被删掉，以防引起那些死者的家人的伤心。[86]但是实际上，她的言辞表明，她经常感受到这种人性的焦虑，尽管她的政敌总是指责她缺乏人性。最后，她放弃了修改，这些词语保留了下来。

5月9日，阿根廷外交部长科斯塔·蒙德兹在哥伦比亚广播公司新闻中宣布，承认阿根廷对于福克兰群岛的主权并非谈判的先决条件。这种变化后来被证明太过短暂：仅仅一周后，阿根廷撤回这一新说法。但是，至少有那么几天，阿根廷似乎正在考虑一种新的开端。从战争的头条新闻看，英国毫不让步时下看起来属于冒险。帕森斯指出："现在突然变成了一种游戏，就是在谈判破裂时，看谁更能使另一方猝不及防。"[87]科克帕特里克夫人热切希望里根总统关注主权问题上的明显转变，她相信这是阿根廷方面做出的关键性让步。通过与克拉克法官的接触，以及请佩雷斯·德奎利亚尔对总统直接干预，她推动里根与撒切尔夫人通话并敦促后者妥协。同时，巴西总统菲格雷罗前往华盛顿，对里根说，他认为英国正处在要打击阿根廷内陆的危险边缘，并提醒里根警惕。⑧这些压力结合在一起，迫使里根给撒切尔夫人打了电话。

电话打来时，正值撒切尔夫人感觉情绪特别低落之时。头一天她刚刚拒绝外交部的一份要她给美国总统一条信息的草案，内容是希望在阿根廷撤退和临时过渡机构主事期间由美国提供军事保证。她不喜欢其中的腔调。她在草案上潦草批注："这种信对他没有吸引力，也不是我写信的风格，这种立意是要我对自己并不满意的协议感到满足。我的立场是要保持强硬，因为我们的人民根本不能接受太多妥协性文本内容。"⑧5月6日地方选举产生了有利的结果，使撒切尔夫人感觉自己的强硬路线是正确的。在新闻摘要里，伯纳德·英厄姆向她归纳了报纸观点："保守党看来已经在地方选举中获得了重要胜利，比期望的要好。"⑩截至5月13日周四她接到里根电话时为止，撒切尔夫人已经浏览了晨间各大媒体的报道，大家都越来越担心英国正在做出太多让步。英厄姆向她汇报："一些'通俗小报'……感觉空气中有一股慕尼黑的气息。"⑨《每日电讯报》的头条新闻标题是"危险时刻"，抨击了皮姆和外交部的建议，"将士们沉入海底，外交家们却平安上床睡觉，这种想法会引发众怒。"⑩当天，下院也感觉心神不宁。因为皮姆提到阿根廷有单纯的谈判意愿，这令许多人沮丧，当他提出英国政府对于主权问题持"开放思想"时，⑩人们感到更加失望。因诺克·鲍威尔几天前私下会见撒切尔夫人讨论战事，对皮姆提出了谴责。撒切尔夫人则以更加强健的风格回答了"首相问答"环节中的问题。她记得自己说过："弗兰西斯和我之间……在方法上有明显不同。我不喜欢他的软弱路线。"⑭

因此里根在电话中关于和解的开场白没有让撒切尔夫人感到安慰。总统说他理解首相在议会做的回答，认为她或许喜欢倾听一种友好的声音。首相说议会显得相当焦躁不安。她说现在已经有六份和平计划，她对阿根廷的博弈伎俩感到厌倦。双方现在并未走得更近，并未就临时过渡机构达成共识，也没有就南乔治亚岛事宜形成一致意见，英国坚持该岛应当独立于福克兰群岛协议之外。总统向撒切尔夫人传达了他与巴西方面的交谈，说巴西现在要与加尔铁里对话，然后向她报告结果。在此期间，她是否愿意推迟军事行动？里根正在试图建立起非正式的秘密谈判。撒切尔夫人表示英国不会推迟，因为已经耗时太久。里根回答说，自己担心英国看待世

10. 胜利
"除了你谁也做不到"

界就像歌利亚对视阿根廷的大卫，[1]但英国距离那里有8,000英里远，撒切尔夫人打断了他的话嚷起来，还说："总统并不希望自己的百姓生活在那种体制下吧。"后来，里根对她说，自己有一种印象，就是阿根廷方面已经在主要观点上让步了（他没有透露这是珍妮·科克帕特里克通报的消息）。撒切尔夫人口吻尖刻地说，事实并非如此，要让岛民接受阿根廷的统治就太过分了，他们是忠诚、淳朴而节俭的民族，想要过自己的生活……两个最大的民主国家必须切实保护他们的愿望。里根回答说，他不能反对这些论点。[95]他挂上电话时颇感难受。随后在日记里写道："我和玛格丽特谈过话，但并未说服她放弃进一步的军事行动。"[96]撒切尔夫人觉得自己知道该归咎于何人："科克帕特里克夫人的行为着实令人烦恼，是彻头彻尾的反英分子。"[97]

伍德沃德将军曾说："我们的时间表很残酷。"[98]撒切尔夫人对此非常在意，事实是南大西洋的冬天将会使皇家海军无法采取行动。考虑到特遣舰队要做好准备从5月16日起尝试在福克兰群岛登陆，撒切尔夫人现在不得不平衡一下国际舆论的需要。帕森斯对她说，英国拒绝联合国参与将导致在纽约有人提出不合时宜的建议，并说服她克服本能想法，尽量达成一份最终妥协的谈判一揽子方案，这样既不妨碍特遣舰队，也能使得英国的行动在世界眼中具有合理性。要延迟英国就不同草案对佩雷斯·德奎利亚尔做出回应，撒切尔夫人重新召集帕森斯和亨德森探讨。

5月15日周六，英国特种部队成功袭击了福克兰群岛中的佩布尔岛，摧毁11架阿根廷飞机和一个临时军火供应站。第二天，"战时内阁"在首相别墅开会，帕森斯和亨德森均在场。会议从当天上午10点持续到下午4：30，现场几乎能闻到火药味。撒切尔夫人全程参与了会议，制定出英国基于"行动或撤退"理念，要提交给阿根廷的最终谈判立场，但是对不得不通过这样一份文件心含愤懑，在同僚面前也流露出了这种情绪。尼克·亨德森在个人日记中记录道："问题在于首相自始至终倾向于不妥协，我们便不断遭到抨击，外交和联邦事务部的与会人员尤其被抨击为太'湿'、打

---

1 这句话源自《圣经·撒母耳记》第17章。非利士要攻打以色列，派出本国大力士歌利亚，以色列派出看似文弱的青年大卫应战，双方力量对比悬殊。因此，这里是比喻英国以强凌弱。——译者注

算背叛、不支持英国利益，等等。"⑨英国驻联合国外交官帕森斯首当其冲受到她的抨击。然而，他以自信和幽默感战胜了首相："他在椅子下蜷起双腿，对她说，'我在躲避，看样子你打算踢我了。'"⑩[1]

　　内阁全体围坐在大会客厅的椭圆形会议桌旁，帕森斯、亨德森和撒切尔夫人领导起草工作。外交部这两位男士在说服撒切尔夫人方面堪称超一流，他们劝说她，再试一套解决方案，因为"我们必须在世界的眼中表现得通情达理。"⑩一年后回顾起那一天，撒切尔夫人忘记了当时的摩擦，会议达成了一致，"安东尼·帕森斯将把整个文本作为我们的最终谈判立场递交过去，请联合国秘书长交给阿根廷。我们要求在周三（5月19日）之前答复。"⑩选择周三是因为预料到对方会拒绝，允许在英国登陆群岛之前给阿根廷充足的时间——这样一来，谈判失败后会继续袭击行动，又不会遭到指控。弗兰西斯·皮姆提议，如果阿根廷拒绝了这份文件，英国应该公开，以凸显其内容的温和中立："这是个好主意。"⑩

　　该文本同意英国在一些方面的妥协，撒切尔夫人更喜欢把它看作一种非常合理的"报价"。⑩虽然在附件里将南乔治亚岛和其他相关领土排除在了协议之外，但也放弃了恢复福克兰群岛上英国政府机构的承诺，为的是支持联合国派出一名代表监督双方撤退。这名代表随后将主持与岛民代表机构进行磋商，这些机构也包括阿根廷人（尽管生活在福克兰群岛上的阿根廷人极少）。其中没有提及自决权问题，不过这涵盖在联合国宪章第73条的相关内容中，该条提到"推动自我治理"。按照英国方面的计划，联合国将就主权问题推进后续谈判，考虑到阿根廷方面不妥协，就不可能采取英国建议的方式。会议结束时，帕森斯感到其中所做出的让步太多，有必要再次确认撒切尔夫人真正理解其中的内容：

> 我将首相拉到一边……只有我们两个人。我对她说……"听我说，我们现在已经讨论了好几个钟头，仔细琢磨了所有细节。以这么小的视角查验微观细节，会不会失去对整体的

---

[1] 帕森斯属于官员中为数不多几位能够勇敢面对撒切尔夫人的人。有一次，首相征求帕森斯的看法，但是很快打断了他的话："首先，你必须闭嘴。"帕森斯回敬道："然后你必须认真听，接着你必须对我说的话提出一些想法。"（亨利·布兰登未公开的日记，1983年3月26日，第11栏，亨利·布兰登的文件，议会图书馆，华盛顿DC。）

10. 胜利
"除了你谁也做不到"

宏观看法呢？你意识到整个方案对我们意味着什么吗？在让步方面，我们已经远远偏离了最初的谈判立场。你本人对我要带回纽约的内容满意吗？"她说："是的，我满意。我理解这份文本的全部含义。你接着做你的工作吧。"[105]

按照撒切尔夫人私下的说法，她等于是确认了这样的说法：她不指望（也不希望）达成协议，"但我们认为阿根廷有可能接受，毕竟他们这样做是非常明智的。要是他们接受，全世界都会祝贺他们，认为他们有政治才能，然后迫使我们就主权问题与他们谈判。"[106] "战时内阁"已经尽其所能做了该做的工作，甚至超越了自己的本份。[1]第二天，帕森斯将草案提交给佩雷斯·德奎利亚尔，他说，这个草案不能做实质性改动，因为"这份草案已经很难顶住议会的压力。"[107]诚然，当时的与会者并未产生这种感觉，但那天在首相别墅，人们却见证了首相做出罕见的妥协，内阁成功达成了共识。撒切尔夫人后来写下的内容也许是对的："我很高兴首相别墅在福克兰群岛事件中扮演了十分重要的角色。温斯顿'二战'期间曾多次利用这所别墅，这里的氛围有助于大家团结一致。这次会议是一个精彩的范例，它证明，只要政界和军方目标一致、精诚合作，许多纠葛都能化解。"[108]

就这样，英国的一揽子方案次日提交给了佩雷斯·德奎利亚尔，"战时内阁"不得不考虑道德层面受到的另一个威胁。据悉，（未经宣战的）战争要全面爆发的消息阻碍了罗马教皇访问英国。这着实令撒切尔夫人非常不安，"罗马天主教一致热切盼望，还作了种种准备，许多人都衷心盼望见到这个好人。他是如此勇敢的一位领袖，我非常希望这次访问能够成行。"[109]最后，根据报道中梵蒂冈的态度，她找到了解决方案，就是访问议程不与政治因素挂钩："我建议所有内阁大臣都不参与"，访问安排纯粹是教会性质的。这个方案最终被接受了。1982年5月28日，教皇按照每到一

---

1 值得一提的是，接替罗伯特·韦德—盖里担任"战时内阁"秘书的大卫·古道尔，在5月17日第一天上班时，立即得到一种印象："我们并不期望做出承诺的让步"（采访大卫·古道尔爵士）。

个新国家时的惯例,亲吻了英国的土地。

英国表现出的意愿的确有助于外交。欧共体投票决定扩大制裁范围,不过也允许像爱尔兰这样的反对国不参与制裁。佩雷斯·德奎利亚尔称,自己非常高兴看到英国为最后方案所做的准备和推进工作,并将方案转交给阿根廷。在布宜诺斯艾利斯做出回应前的这段空档期,"战时内阁"于5月18日上午开会要做关键决定——是否授权军方收复福克兰群岛。"这或许是生死攸关的时刻,"撒切尔夫人回忆说。[110]初步简报文件中记载了她的话:"如果不授权,狭窄的窗口期就会擦肩而过。"[111]有人建议她明确所有参谋长和大臣的立场,尤其重要的是得到军官们的明确想法,因为5月14日星期五菲尔德豪斯将军向"战时内阁"呈交登陆计划时,他们并不在场。另外,只有他们谈论各自负责的工作才最有权威。她敦促记下他们各自的报告,这在内阁和内阁委员会的会议记录方面是个不同寻常的做法。内阁办公室的简报称:如果最终伤亡人数"高得备受争议,或者行动失败,谁也不能辩称,军官们是受到政客胁迫违背自己的判断采取行动,也不能声称他们被迫接受政治限制去做军事冒险。"[112]她的简报还建议,她要军官们提出可能伤亡人数的估计。她接受这些要求时,感到"颇为难堪",因为"大家只能猜测。"[113]

开会时,海军上将勒温概述了舰队司令的登陆计划,请大家发表看法。参谋长们有一些不同意见。利奇一直极力鼓动作战,他说,虽然空中威胁不容小觑,但部队必须向前推进,因为按兵不动有士气耗竭的危险,"英国的国家地位会受到侵蚀"。总参谋长布拉莫尔从来是这批官员中最缺乏乐观态度的人,他警告说,空中优势是"现代战争的原则之一;我们现在还没有掌握空中优势"。[114]他"真的非常担心登陆可能不成功。"[115]不过他支持这个计划。所有与会者都表现出明显的焦虑:"我们登陆时很容易受到攻击。我们有足够的空中掩护吗(没有用问号),英国舰队处在敌方射程范围,敌方已经知道我们的舰船位置。"[116]会议最后同意,两天后充分讨论来自空中的危险。大家还同意,登陆如果没有造成阿根廷占领军立即崩溃,不能在原地等待,要夺取福克兰群岛的全部控制权。一旦部队登陆,将受到停火的巨大外交压力,因此迫切需要在政治和外交遭遇困境前占领整个福克兰群岛。登陆攻击要在夜间发动,"在周四深夜才能停止。"[117]具体作战时间安排由舰队司令确定。

5月19日凌晨2点,撒切尔夫人上床睡觉;6:30起床;7:30外交

10. 胜利
"除了你谁也做不到"

部每日"情况报告"向她通报,特遣舰队各部队已得到动员。帕森斯发来的电报报告说,阿根廷方面已经拒绝了英国的最终方案,对此佩雷斯·德奎利亚尔也表示承认。[1] 8:30,撒切尔夫人如约与自己的医生约翰·亨德森见面。9:30,她参加"战时内阁"会议,会议同意由她第二天向议会提交英国那份草案。接下来,她要在广播二台的《吉米·杨秀》节目中出场,与卡灵顿勋爵夫妇喝酒,然后与罗伯特·穆加贝共进午餐。穆加贝当时已经成为津巴布韦总统,颇受国际认可和尊敬。下午,她在议会就欧共体针对农产品物价的投票事宜发表看法,一些国家试图利用这一尴尬时机在该问题上孤立英国。在议院撒切尔夫人自己的办公室,她接待了自由党党魁大卫·斯蒂尔和社会民主党的大卫·欧文,依枢密院条款讨论福克兰群岛局势。[2]然后她返回唐宁街,但是要在7点钟重返议会参加投票。晚上,她会见了十分支持英国的新西兰总理罗伯特·马尔登,为对方以及肯特公爵夫妇举行了盛大晚宴,并发表讲话。[3] 随后,她要花五个小时准备第二天的下院演讲稿。撒切尔夫人的首席私人秘书伊恩·高当天接受电视采访谈到她的工作习惯时说:"唔,我都不知道她是否需要睡眠。她确实睡得很少。但是我想,她真是精神胜过肉体的典范。"[118]

5月19日周三,撒切尔夫人还与佩雷斯·德奎利亚尔通了电话。联合国秘书长在阿根廷拒绝英国方案之后和加尔铁里通了电话。他觉得加尔铁里当时正处于醉酒状态,[119]但仍表达了持续谈判的一般性意愿。秘书长向撒切尔夫人通报了这种意愿,她说,不要指望从阿根廷那里得到有决定性

---

1 阿根廷的否定答复于5月18日到了帕森斯手里。帕森斯后来回忆说:"他们甚至没有提到我们的建议,只是一种文字上的强词夺理。我记得当时对佩雷斯·德奎利亚尔说,他们这种回应的结果是,双方许多今天还生龙活虎的年轻人,数周后将死去。"(采访安东尼·帕森斯,唐宁街年鉴〈英国广播公司〉,1993。)

2 枢密院成员来自各个党派,他们讨论"枢密院议题"时必须遵守保密条件。

3 《每日电讯报》编辑比尔·迪兹当时也在晚宴现场,和马尔登以及撒切尔夫人坐在一起。他记得,马尔登告诉撒切尔夫人,爱尔兰总理查尔斯·豪非常不希望投票结束对阿根廷的制裁,但是"他的人民想要这样。"迪兹评论说:"首相显出难以描述的鄙视。"(迪兹勋爵的日记〈未公开〉,1982年5月19日。)

的东西,这个过程毫无意义。不幸的是,撒切尔夫人礼节性地对佩雷斯·德奎利亚尔表达感谢时,随口说了句她愿意看到任何"全新建议案"。[120]帕森斯当天晚些时候给她发来电报说:"秘书长已经抛掷了一枚极其令人尴尬的重磅炸弹。"德奎利亚尔过度解释了撒切尔夫人愿意谈判的话,自行拟定了一份新文件,并对这份文件作了公开暗示。[121]佩雷斯·德奎利亚尔虽然出于好心,却让英国政府第二天在下院的辩论冒着陷入混乱的风险,同时也会破坏军方的时间表。[1]

果然,黑格向尼克·亨德森通报说,这是一份英国可以接受的计划。弗兰西斯·皮姆的想法也一样,并建议接受以促进美国对福克兰群岛事宜做出保证。[122]但是,5月20日的"战时内阁"开会时决定,军事行动将如期进行。阿根廷拒绝英国方案的消息将于午饭时间公布于众,帕森斯已经向佩雷斯·德奎利亚尔确认,虽然英国不拒绝秘书长的建议,但是也不希望在该阶段做进一步的讨论。联合国的努力可谓步履蹒跚,这提醒了美国政府内部的阿根廷朋友,他们认为总统现在应当公开呼吁停火。期间的一项内部备忘录显示:"现在,作为美国工作的一部分,当务之急是防止双方有更大损失,并避免对整个自由世界造成灾难性后果。"此外,还建议克拉克法官在紧急关头以个人名义发起和平倡议。[123]对撒切尔夫人来说,幸运的是,这些想法均不了了之。"战时内阁"会议后,全体内阁收到了撒切尔夫人的信,信中通报了阿根廷全盘拒绝英国最终方案的情况,[124]以及两天前做出登陆行动的授权。她还告诉同僚,联合国秘书长的提议"简单又模糊不清,要我们再次回到原点……毫无疑问,这是要延迟我们的军事时间表,这对我们的军队是致命的。"[125]所有人都认为英国已仁至义尽,并且没有一个人对登陆计划犹豫不定。黑尔什姆勋爵不失时机地说:"我们正处在一直期待的时刻,那就是军事行动。"阿姆斯特朗记录了当时撒切尔夫人的总结:"一致同意。这是我们面对过的最艰难时刻。我们要精诚团结,鼓舞士气,确保特遣舰队的全部信心和每一份美好愿望。"[126]

当天下午,撒切尔夫人在议会下院汇报了阿根廷的回应,解释说,

---

1 在个人回忆录里,撒切尔夫人没有提到由于她意外鼓动,导致佩雷斯·德奎利亚尔采取了新行动。

10. 胜利
"除了你谁也做不到"

作为其拒绝行为的后果之一，他们再也不能坐到谈判桌旁。这已经是第七轮建议案，而阿根廷方面很明显根本没有重视其中任何一个文本。福克兰群岛危机已经进入一个全新的、甚至更重要的阶段。她谈及佩雷斯·德奎利亚尔的建议，说那不过是徒增一些公式，增加一个建议的数目。公开英国建议案的战术奏效了。那些辩称需要协商解决的人现在被迫承认英国方面建议的合理性，而那些希望英国让步的人现在感到了释然，因为这种做法被阿根廷人自己拒绝了，建议根本就没有摆上谈判桌。迈克尔·富特要撒切尔夫人通过联合国秘书长继续保持磋商，而反战者塔姆·戴利埃尔警告说，要当心发生"让人震惊的军事失败"，但是在说服下院方面她并未遇到困难。她没有说英国即将登陆，但大家都能理解原因。她还避免谈及细节。她只是说："艰难岁月在即，但我们的事业是公正的"。[127]

当天晚上，佩雷斯·德奎利亚尔还未收到阿根廷对其备忘录的任何答复，他决定告诉安理会主席自己的和平努力已然失败。甚至珍妮·科克帕特里克在回顾过去时也认为阿根廷是罪魁祸首："我认为错误一方自始至终都是阿根廷。当他们处于危险，我曾努力说服它们不要陷进去。他们所做的一切就是要沉没，并且自掘坟墓，越掘越深。"[128]

1982年5月21日，英国部队开始在圣卡洛斯湾登陆。

登陆选择了这个意想不到的地点。圣卡洛斯湾位于东福克兰岛主岛，但距离斯坦利港相当远，有50英里，要越过海洋并穿越没有道路的地域的确非常困难。布拉莫尔将军等人认为，[129]这是个主要不利因素。尽管有不利因素，但选择这个登陆点是对的。如果靠近斯坦利港，就有逆风作战的危险，死伤会惨重得多；最重要的是防止阿根廷海军发动攻击，并将空袭危险降低到最小限度。阿根廷地面部队只有约10,000人，圣卡洛斯湾太偏僻，多少人登陆都难以防范，此外，军方认为，这个登陆地点能对上述双重威胁形成保护。一旦进入其高地圈，舰队就能得到有效保护：潜艇难以发动袭击，飞鱼导弹也无法攻击。敌机要瞄准只有很短的时间。不过，高级军官们相互警告并警告大臣们，无法提前获得空中优势。登陆部队指挥官朱利安·汤普森准将早先已经强调过，（后来一再重复）说："政治家们应当非常清楚，如果在没有空军和海军优势的情况下命令我们登陆，我们将冒着非常惨重的伤亡风险，甚至在登陆前就会有惨重伤亡。比方说，假如"堪培拉号"(一艘白色大型商船,被征用为运兵船,承载着1,500多人)被击沉,就不可能有登陆行动了。"[131]另外还有一个精心设计出的"跳板"问题——登陆时从一艘船到另外一艘船转运士兵和装备。伍德沃德写道:"我知道,1982年5月21日早上,皇家海军奉命发动'二战'以来的首次重要军事行动。"[131]

撒切尔夫人和汤普森一样清楚风险所在,同样为之感到苦恼。就像收复南乔治亚岛一样,战斗一旦打响,她的各种要求和极度忧虑便纯属多余。登陆当天是星期五,她如约在自己的芬奇利选区参加了一系列活动。1,200人和一个军乐队聚在一起观看她为格森斯仓储公司分部揭牌并发表讲话:

> 此刻,我只能说,8,000英里其实仅仅在咫尺开外——对我们的所有人民都是一样……这关乎我们的自豪、自尊、自信、自由,这些因素意味着我们必须收复福克兰群岛……总之,我视察了一切,乘坐叉车,在一座巨大的仓库里吃午餐,然后跑回办公室有没有新闻——还没有。当然,那里有很多事情要做,顾不上告诉我们发生了什么情况。[132]

在自己的选区办公室,撒切尔夫人通过"暗语"了解到,"事情已经发生,但没有更多消息……随后,撒切尔夫人在电视上露面,在伍德豪斯学校受款待表现出激动,那个晚上洋溢着激越心情。英国国旗飘扬在了圣卡洛斯湾上空。我们已经重返福克兰群岛。我的心充满激动,但是极其担心发生伤亡。在那样一个冬夜,我们在敌方海岸线上登陆,载满士兵和装备的舰队难道不会被侦查到吗。"[133]她返回唐宁街,与聚集在那里的人们欢庆。在那里,约翰·诺特向她报告,登陆过程中没有任何人员伤亡,但是白天的情势极其糟糕。皇家舰艇"阿尔戈号"和"光辉号"在敌方空袭中遭重创,护卫舰"热情号"失踪,22名士兵阵亡。伍德沃德计算了一下,以这样的消耗率,他的驱逐舰和护卫舰力量将在未来两天内被消灭殆尽。幸运的是,他还计算了一下对手的实力,阿根廷的空军武装同样不能支撑其损失。[134]格林威治时间20:25后,诺特发表声明说:"英军已经在福克兰群岛建立起一个固若金汤的桥头堡。"5,000人已经登陆。伍德沃德将军写道,这是"战争史上最成功的登陆行动之一"。[135]

情况的确如此。但登陆过程中下船卸货拖延很长时间,让阿根廷得到

10. 胜利
"除了你谁也做不到"

很多攻击机会。撒切尔夫人焦急万分，却无能为力。她接受了伯纳德·英厄姆的建议，决定在事态没有更加明朗前不举行新闻发布会。她还记得汤普森发出的警告，尤其担心"堪培拉号"的命运。就在这艘船正在卸载时，撒切尔夫人等不及了，"你不能找点事让我做做决定吗？"她问韦德—盖里，"我觉得这么干等着非常难熬。"㉞5月22日星期六，撒切尔夫人去伦敦诺思伍德了解事态进展。尽管海军上将菲尔德豪斯与首相的私交甚笃，但他仍感到不快，对韦德—盖里说："让那个女人离远点，我有一场战争要打。"㉞在诺思伍德，撒切尔夫人对阿根廷的空袭行动深感担忧，就问菲尔德豪斯："我们能打赢吗？"㉞在撰写个人回忆录时，她不想留下这么一个表达强烈怀疑的记录，换了一种说法："这种磨难我们还要承受多久？"㉞

借助晴好的天气，勇敢娴熟的阿根廷空军飞行员开始大量空袭英国部队，在5月24—25日之间空袭密度达到了最高。伍德沃德将军储存了许多长剑导弹，但在运输过程中遭碰撞损毁，大多数不能发射。海鹞式战机对抗阿根廷空袭的负担陡然加重。得多谢温伯格，海鹞式战机是由美国提供的，这种战机大大提高了技术灵活性，可发射响尾蛇导弹。[1]撒切尔夫人写道，如果没有响尾蛇导弹，"我们就不能收复福克兰群岛"。㉞

5月25日是阿根廷独立日，[2]阿根廷空军部队选择发动这次战争中最成功也是最冒险的袭击行动。首相当晚正在下院办公室里工作，约翰·诺特进来告诉她，皇家舰艇"考文垂号"驱逐舰被阿根廷战斗机炸沉了。随后证实有19人阵亡。由于细节不很确定，直到第二天才决定公开披露舰名，但是当晚还宣布，另一艘舰船遭到打击，尚未确定其名称。"我不知道决定是对还是错，结果是每一名海军士兵的家庭都身处忧患中，"撒切尔夫人回忆说。㉞当天深夜，唐宁街10号当班职员向撒切尔夫人汇报说，"大西

---

[1] 4月30日美国官方决定向英国倾斜后，美国明显增加了武器和物资供应。其中不仅包括响尾蛇导弹，还有直升机引擎、数以千万吨计的飞机跑道钢垫、毒刺式地对空导弹，还协助船只维修，做大量其他工作。理查德·珀尔回忆说："我想我们提供的全部帮助根本没有完整的证明文件。物质支持是大规模的。"（采访理查德·珀尔）这些物资运送到阿松森岛和英国内陆，然后英国再运输到南大西洋。

[2] 里根总统试图与阿根廷维持友好关系，结果徒劳。他还向加尔铁里发去一份独立日庆祝贺电。加尔铁里不快，似乎感觉伪善。此举也触怒了撒切尔夫人。

洋号"运输船遭到打击,船上载着19架鹞式轰炸机和直升机,这些直升机原计划将部队跨越福克兰群岛运输到斯坦利港。还有一则阿根廷的虚假报道称,"无敌号"被炸。那天晚上,丹尼斯·撒切尔走进卧室,见妻子坐在床尾啜泣:"哦,不;哦,天哪!又一艘船!我那些年轻人!"他坐在她身边说:"这就是战争,亲爱的。我参加过一次,我知道。"[142]第二天一早,撒切尔夫人得到消息,两艘被毁船只上的船员大部分获救,八架鹞式轰炸机失踪;直升机此前已经转送至"赫尔墨斯号"和"无敌号",而"无敌号"被炸的消息不实。但是前一天晚上她睡觉时对此一无所知,担心了一整夜。"'伊丽莎白二世女王号'[1]正向福克兰群岛东部某处运输3,500名士兵","这可能是最糟糕的不眠之夜……我们深深体会到了战争带来的悲伤。"[143]

在撒切尔夫人内心,深深的悲伤只会增强她斗争的决心。她一再感到一种冲动,觉得英国应当攻打阿根廷海域的船只,甚至攻击阿根廷内陆,因为它们袭击了英国海域的部队。总检察长迈克尔·哈弗斯虽然"不同意她的意见时面露不安",[144]但还是告诫她说这有悖国际法,这一想法便没有继续讨论。撒切尔夫人写道:"我们的潜艇只会沿着战线前后徘徊,非常沮丧。"[145]

国际舆论对发动陆地战的反应很负面。安东尼·帕森斯汇报说,从联合国到纽约,"我们的支持者,甚至我们最亲密的朋友(老联邦国家除外),正在变得稀少。"[146]第二周将访问英国的教皇约翰·保罗二世当时还悬而未决,但是英国人一登陆,他就发给英国和阿根廷一条信息,表示"深感痛苦",呼吁停火,希望"宽宏大量地接受合理放弃"。[147]当天撒切尔夫人做了回复,说他的痛苦"立刻在伦敦得到了共鸣",但冲突源自阿根廷的错误。[148][2]德国总理施密特开始公开抨击英国。5月24日,阿尔·黑格召见亨德森和罗宾·伦威克,担心会给苏联和古巴创造机会,于是试

---

1 当时做的一个决定引发了争议:征用英国最大的游轮"伊丽莎白二世女王号"运送增援部队。

2 5月27日,梵蒂冈最后决定,教皇如期访问英国。

3 另一方面,新西兰提供了新西兰皇家海军舰艇"坎特伯雷号"护卫舰的使用权,英方接受了。

10. 胜利
"除了你谁也做不到"

图施加影响并鼓动双方"大度"。但是伦威克事先已经大致了解到黑格的立场，因此两个英国人接受召见时有备而来。"丘吉尔是在获胜之后才谈及宽宏大度的，"亨德森对黑格说。"……根据他（黑格）的军事记录，他当然理解，我们不能要求冒着生命危险在岛屿上厮杀的军人在取胜在即时停止行动。"[148]亨德森也提出了敏感的争辩："我提醒黑格，他已经多次向我保证，这次不会是又一次苏伊士事件。如果美国政府现在采取行动，试图让我们的部队完不成自己的使命便休战，那我将以又一场苏伊士危机为由提出指控。假如古巴占领了波多黎各岛，而我们说，作为解决方案的一部分你们必须和古巴人一起撤兵，你感觉如何？"[149]然而，这些反对言论并未让黑格消停。5月25日，他给皮姆发电，请对方说服内阁找到一种公平而合理的解决方案，同时，他第一次提出，美国拟派一个营的部队（在巴西帮助下）保证岛上临时性过渡机构的权威。

黑格的最新主张包括了国际维和部队介入，以及由英国、美国、巴西、阿根廷组成的联络小组。弗兰西斯·皮姆及其外交部仍旧坚持"无法恢复福克兰群岛原有状态"的想法，[150]在他们看来，黑格的主张有一些亮点。黑格这样认为，他们也推想，一旦阿根廷失去福克兰群岛，很可能会持续作战，或者采取其他形式报复。撒切尔夫人感觉必须对美国人的想法以礼相待，但是，既然英国部队已经登陆，便不希望做任何实质性让步。按照罗伯特·阿姆斯特朗的说法，她决心斗争到底。她不打算向华盛顿或企图减少英国对福克兰群岛主权的任何力量妥协。[151]亨德森对她的反应很担忧，担心惹怒美国人，反复给私人秘书打电话要他们去安抚她的情绪。[152]在亨德森传来的黑格的每一份建议书上，撒切尔夫人都潦草重复批注"不"。亨德森在个人日记中写道："撒夫人还没有把我束之高阁，据称在内阁会议期间浏览我的电报时，她威胁性的音量已经降低了两个分贝。在我们攻破阿根廷的防线之前，如果我在信息中提到黑格的所有请求，希望她表现出大度，不知她的耐性会降低多少，暴怒会上涨到什么程度？"[154]

5月26日，皮姆向黑格确认，随着部队登陆，英国议会和公共舆论发生了大的变化。之前他与黑格讨论过成立临时过渡性机构或双方撤退的想法，现在看来都不现实："现在，他们都不是政治新手了。"[155]黑格开始向现实屈服，一改之前的尝试思路。他意识到，只要敌意犹存，英国就不同意谈判。当天他向总统做了尽可能详细的汇报。"我们犯的一个主要错误是在这点上一味对英国施压，"他写信给里根说，"鉴于伦敦的情绪，美国人的压力显得徒劳；我们应该保持对撒切尔夫人的影响力，利用英国有效收复福克兰群岛等时机，用于产生种种结果。"[156]但美国政府中并非每个人都将阿根廷战败视作必然结果。珍妮·科克帕特里克就认为，英国在战场的胜利并不能归功于撒切尔夫人强硬好胜的个性，[157]她继续在联合国和白宫对英国施压。[1]里根总统身边的人们也担心，战争会影响他预定对英国的访问。美国媒体的这种担忧开始增加。里根的办公室副主任迈克·迪弗告诉亨德森，如果访问期间战事仍然严重，宴会期间不要摄像，总统陪女王骑马或许也得取消。[158]战场上血流成河，总统却去访英访欧，显然时机不当，"美国国会中期选举在即，迪弗的团队关心的是展示里根总统和平缔造者的形象。"[159]在克拉克和里根团队的支持下，科克帕特里克提出，总统应该以和平的名义与撒切尔夫人通电话。5月31日星期一，英国时间晚上11点，他给撒切尔夫人打去电话。

　　总统一开始以恭维的方式提出了自己的观点："你的军事进展令人钦佩，或许因此可改变外交选择……"[160]但撒切尔夫人没有给他太多机会。她说英军收复失地只走完三分之一的路。她不愿支持里根基于巴西倡议的和平计划，同样不愿接受任何尚不成熟的解决方案，"这是我们实行民主的岛屿，对民主而言最糟糕的事情就是我们此时战败……我不能在停火的口号下失去我最好的舰船和最优秀的人们。"里根不断被撒切尔夫人打断，结果他能插嘴说的话只有："是的"，"好吧……"或者"玛格丽特，我……"。她问，"假如阿拉斯加遭到入侵"，总统将做何感想？里根表示这种情况或许并不完全相似。"或多或少是一样的"，她穷追猛打。"罗，我不能拱手相让……我不能在我们的士兵付出鲜血和生命代价后，把这个群岛拱手让给某个联络（小组），你当然不能说，阿根廷撤军后，我们的部队和政府就立即变得无所事事了吧？我得跨越遥远的距离，动员我们国家的一半力

1　对于黑格早先呼吁宽宏大度之举，科克帕特里克一直认为他过于支持英国。黑格建议美国应该在战争升级时减轻对撒切尔夫人的压力，这激怒了科克帕特里克。《新闻周刊》报道称，她认为黑格及其副手们是披着美国外衣的英国人……对（拉丁）文化全然不敏感……据说，科克帕特里克称，黑格对英国的支持属于'男孩俱乐部'般的帮派忠诚——为什么不干脆解散国务院，让英国外交部替我们制定外交政策？（《新闻周刊》，1982年6月7日）

10. 胜利
"除了你谁也做不到"

量。"撒切尔夫人坚持说,英国是单独作战,因此能充分掌控下一步的计划。鉴于美国给予了大规模的物质和情报支持,里根或许讨厌英国这种1940年式的孤军作战说法,但是他没有反驳。"好吧,玛格丽特,我知道自己打扰你了",他说,"并且我知道如何……"撒切尔夫人又一次打断他说:"你丝毫没有打扰,我很高兴你打来电话",她说。⑯

不过,在白宫有一种沮丧情绪。国家安全委员会团队的吉姆·伦奇勒当时也在听电话。他在个人日记中称之为"与首相的一次灾难般的电话交谈。"谁也没有向国家安全委员会核对,总统的话是否作了恰当的摘要记录,以便避免使他听起来比吉米·卡特还懦弱。⑯伦奇勒回忆说:"这次与英国首相电话交谈的人,是西奥多·罗斯福以来最强有力的美国领导人。他努力简洁明了地讲明自己的观点,而对方只是反复说'听着,罗。他们是侵略者。他们要的就是这个。我们给了他们一切撤退的机会,他们却不撤退。对不起。我们不打算在即将大获全胜时停止这场军事行动。'里根会尽量插话说,'是的,玛格丽特,啊……呃,呃,呃……是的,是的,是呀……'撒切尔只是一直告诉他要干什么。"⑯黑格也对这次电话表示出极大的烦躁。就在几天前,他刚刚反对进一步对伦敦施压,现在便回归到之前的风格,打电话给亨德森,警告他"往后我们的关系会遇到巨大困难……你必须帮助阿根廷找到一条出路,以免它被全面羞辱。"⑯克拉克法官会见亨德森时表示,里根已经被撒切尔夫人的话搞烦了,她说英国的行动完全靠自己。

撒切尔夫人也对里根的介入表示愤怒,抱怨说白宫没有在总统打电话前提醒他要讨论的内容。出于这一原因,她在个人回忆录中写道:"我或许太强势,不够友好。"⑯那次电话后不久她又通过开放线路给亨德森打电话,说自己看到里根的态度后感到很沮丧,并且极其不安,希望亨德森把她的感觉告诉总统。她说:"那纯粹是黑格主义。"亨德森记录说:"这个字眼是用极具讽刺性的口吻说的,毫无疑问讲话者没有意识到这是开放线路。""我们已经流了很多鲜血,"她继续说,"而且是最美好的鲜血。"⑯撒切尔夫人似乎在蓄意倾吐自己的愤恨。这次电话并未太多改变她对总统的态度。惠特莫尔说:"在我记忆中,她从未在个人层面对里根表达过那么大的愤怒。她知道里根在根本上是同情英国的……但他毕竟还管理着一个政府,政治正在把他拽往不同方向。"⑯与里根的那次电话交谈三天后,撒切尔夫人在接受《华盛顿邮报》的采访时称,里根总统关于侵略行为可以不付出代价的观点"绝对令人吃惊。"[168]私下里她从自己的信仰中获取信心，认为只要站稳个人立场，"美国政府相当大程度上会站在英国背后，而她归根结底可以依靠美国的支持。"[169]从某种意义上讲，她是正确的，但美国人没有放弃自己的要求：在关键时刻让阿根廷挽回面子。现在的外交舞台移到了联合国和凡尔赛，G7领导人将于6月4日在那里齐聚一堂。

考虑到特遣舰队登陆后十天来的作战历程，撒切尔夫人对任何与阿根廷相关的协议都持强硬态度就不足为奇了。惨痛的损失和军事的成功交织在一起，燃起了她的激情。她遵循着弗朗西斯·德雷克爵士祈求的精神：追求"伟大的事业"直至"彻底完成"，使之"结出真正荣耀的果实。"她对整个福克兰群岛行动有一种负疚感，既因为她对政策的失败要负根本责任，毕竟由于政策失败才导致了阿根廷的入侵；还因为给士兵们带来了直接危险。她在个人回忆录中写道："在唐宁街10号，我受到安全保护，但对这样的舒适生活会感到愧疚。"[170]撒切尔夫人比以往更强烈地相信，想要成为和平缔造者，就必须理解，谁也不该对特遣舰队取得的成功存有偏见，任何事情都不能毫无必要地危及军人的生命。她认为这个概念不仅适用于外交家，也适用于外国领导人，同样还适用于媒体。随着登陆圣卡洛斯湾的日程迫近，特遣舰队中弥漫着愤怒情绪，因为英国广播公司对外广播称，"战斗队"和"两栖作战队"已经投入战斗。稍后英国军队正准备攻打阿根廷位于古斯格林的部队时，英国广播公司公布了一个情况：伞兵团第二营抵达了达尔文港附近5英里处。在古斯格林负责袭击行动的陆军指挥官琼斯中尉对战友们说，他要为此起诉英国广播公司。"士兵中间有一种说法——英国广播公司理事长应当以叛国罪受指控。"[172]撒切尔夫人完全站在特遣舰队一边反对媒体。她写道："许多公众（包括我们）不喜欢媒体的态度，特别是英国广播公司……我关心的一直都是我们部队的安全，而他们考虑的只有新闻。"[173]尤其是英国广播公司，好像在英国和阿根廷之间处于中立地位，对此，她不止一次地在下院加以抨击。关于达尔文港的报道，她写道："有没有一支军队专门与做这样报道的媒体做斗争？"[174]虽然在福克兰群岛危机中，撒切尔夫人历来深谙利用媒体之道，但她对媒体行为的厌恶可能使战争期间政府控制信息的任务变得更为艰巨。伯纳德·英厄姆抱怨说公关部的角色正在被忽视。[175]有时候需要隐瞒一些或许对敌人有用的信息，这是可以理解的，但偶尔也会导致公众需要知道的信息被隐瞒，

10. 胜利
"除了你谁也做不到"

并造成对潜在损失不必要的担忧。对于撒切尔夫人而言，幸运的是，舰队街的大部分媒体对她的事业还是极其支持的。

特遣舰队一登陆，撒切尔夫人便感觉自己能够回到公共空间，增强自己广泛的道德感和政治说服力。阿根廷独立日第二天，撒切尔夫人在向保守党妇女大会讲话时，引用了哈里·杜鲁门的一句话，也是她后来重复用于"冷战"冲突的一句名言——她想要的不仅仅是和平，而是伴随着自由与公正的和平。⑯她引用新西兰总理罗伯特·马尔登的话来强调古老的帝国关系："我们与福克兰群岛人民同属一个大家庭。"她还援引了莎士比亚（在《约翰王》中）的话："只要英格兰对她自己尽忠，天大的灾祸都不能震撼我们的心胸。"[1] 几天后接受《华盛顿邮报》采访时，她从福克兰群岛经验中吸取到了关于英国人性格的全新见解："如果你问这里的一个人，提到英国的时候会想到什么，他不会谈到福利国家或者任何形式的利益或行话……他会说'我们是一个自由的国家。'"⑰

撒切尔夫人向保守党妇女大会发表演说时，说的话暴露出自己心中存在的问题。她说，根本不存在"促使指挥官过早行动的问题"。⑱但从某种意义上讲，这种问题是存在的。当时发生了两件事：第一件是偏离直接军事需要的政治要求，英国政府最大的恐惧不再是协商解决，而是国际上难以抵御的停火压力。刚刚在岛上有了个立脚点，却不得不停战，这是英国无法忍受的。正因为此，对特遣舰队来讲，至关重要的是尽快收复尽量多的地盘，使所有停火说法随着英国政府在斯坦利港的恢复管辖而烟消云散。不幸的是，登陆计划必须小心谨慎，收复斯坦利港的计划显得渺茫，令人吃惊。第二，要考虑大后方。"战时内阁"认为，假如给人造成英国军队悬在圣卡洛斯湾无所事事的感觉，或者让人感到不能有所突破，便会引发国内舆论的灰心失望。因此，政府迫切希望推进，即便不可能立即迫近斯坦利港，也要有一个明显可见的胜利。袭击阿根廷在古斯格林驻军的行动看来恰好符合这些要求。

5月26日周三，撒切尔夫人在妇女大会上讲话当天，菲尔德豪斯发给

---

[1] 这里指的是英格兰而非英国，而这句话引起了议会中一名苏格兰民族主义议员戈登·威尔逊的反感。撒切尔夫人以虚假的温柔回答他说："如果因为我引用莎士比亚的话冒犯了你，对不起。"（英国议会议事录，HC Deb 1982年5月27日。）

汤普森准将一个信号，使冒险停火的政治维度显得清晰了，他命令"心里记住这一点，你要尽可能成功拿下达尔文港和古斯格林，让人们看到英国国旗飘扬在达尔文港上空。"[179]在与汤普森的一次无线电话交谈中，菲尔德豪斯明确了一点，如果汤普森不能攻占古斯格林，他将另选高明。[180]但是，从原则上讲，汤普森并不希望做任何时机尚不成熟的事情，英国部队将不得不提前徒步前往斯坦利港。他希望找到一个合适的位置来恰当地执行此计划："我不希望在口袋里只有一块三明治的时候发起冲锋。"[181]他担心移走建立在滩头堡上空的空军保护伞，感觉诺思伍德根本无法理解自己的后勤困境。汤普森一直考虑的是特遣舰队要孤注一掷，这里不像1944年的诺曼底，那里当时有充足的后援，能够使得一场大挫败发生逆转。如果他的部队遭受一场重创，就彻底失败了。

通信和指挥方面也很混乱。汤普森身为准将，虽然受人尊敬，但相对级别偏低。他的上司杰里米·莫尔将军当时与菲尔德豪斯一起在伦敦的诺思伍德，在执行任务中"共同"指挥，这使海陆军平衡大大倾向海军。当晚，莫尔前往福克兰群岛接替汤普森，他大部分时候待在"伊丽莎白二世女王号"上，结果证明不可能保持恰当、正确的通信和交谈。因此，莫尔在6月1日前不能全面控制地面战，到这时，高级官员为这种拖延心生担忧，对他没有很大信心。而诺思伍德方面对于桑迪·伍德沃德也感觉不十分满意，认为他在自己的位置上肩负重任，却没有严肃地推动地面战。没有一位运筹帷幄的指挥官。可怜的汤普森不得不承担重压。撒切尔夫人回忆说："他被孤零零扔在那里，确实感觉相当痛苦。"[182]政客们要求宣传胜利，而将军们坚持军事优先，这种矛盾并非特例。西塞尔·帕金森回忆说，当时有一种感觉，就是朱利安·汤普森最好打一场浴血之战，但这不是政客们的说法，而是军方的想法。[183]汤普森接到诺思伍德的艰难命令后确认了这一点，他从未感觉到撒切尔夫人试图给将士们指过军事方向。[184]要弥补前线与伦敦之间的差异，尚有太多事情要做。撒切尔夫人无法体会军方日益严重的艰苦条件，但她只是不顾一切地推进工作，并将自己的信心放在勒温和菲尔德豪斯身上。当时做"战时内阁"会议记录的大卫·古道尔关注着她："我非常佩服她处事的方式。战事变得迟缓，勒温每天上午都向我们解释。她明显渴望进展，却从不强迫他这么做……我从未看到任何证据证明她以政治理由推动军事行动。"[185]后来美国电视台追问英国没有攻打斯坦利港的原因，撒切尔夫

10. 胜利
"除了你谁也做不到"

人回应说:"你不能围着一个内阁办公桌发动一场战争。"⑱或许是她对战争无知让她学会了必要的谦卑。1982年5月27日的"战时内阁"会议记录记载撒切尔夫人表达了一个人人皆知的普遍命题:首要的是尽早取得陆地战的突破。⑲而正是那些高级军官们将她的意见转化成了具体行动,他们决定着古斯格林的战局。

指挥第二伞兵团的陆军上校H·琼斯在执行过程中发现,任务比预料得更艰巨,但他决定按计划进攻。古斯格林之战爆发于5月27日夜间,战斗非常激烈,需要在强大火力掩护下夺取狭窄的关隘。琼斯向汤普森请求提供四部轻装甲坦克,但遭到拒绝。黎明渐至,战事对阿根廷方面将变得有利,琼斯决定亲自带队打开缺口,他在这次战斗中牺牲。作战时间比英国起初预计的长很多,最后阿根廷投降了。阿根廷有45人阵亡,英国方面的损失包括琼斯在内共16人。英国捕获了961名俘虏,解放了112名岛民,他们在当地社区会堂被关押了将近一个月。据后来的分析,古斯格林战役不能逃避一个问题:是否有必要。例如,丹尼斯·撒切尔就相信:"琼斯上校根本不该牺牲。"⑱琼斯的死让撒切尔夫人深受打击。不止如此,罗伯特·阿姆斯特朗认为,这比战争中的其他灾难都更严重,甚至超过了失去"谢菲尔德号"。⑲不过按照弗里德曼的说法,严格地讲这不对,"他失去了生命,但他的勇敢正是战争的转折点。"她以思考来平复自己。⑳实际上,打败阿根廷并非要直接依靠古斯格林战役。另一方面,这场胜利又无可厚非,树立起了H·琼斯这样一个英雄主义的榜样,后来向他追授了维多利亚十字勋章。陆军少将克里斯·基布尔接替琼斯担任指挥官,在向他表示祝贺时,菲尔德豪斯说:"你已经在陆地战中点燃战火,最后要在斯坦利港树起英国国旗。"㉑此时看来,英国赢得战争已不容置疑。

现在保存有一份关于凡尔赛G7经济峰会的外交记录,从记录中发现,当时碰巧也是联合国安理会针对停火决议辩论的日子。应里根总统请求,撒切尔夫人于峰会开幕前在美国驻巴黎使馆与他会面。阿尔·黑格认为,里根在没有官员陪同的情况下发出这种会见请求是个严重错误,而克拉克法官对他作了怀特劳式的反驳,说总统发出邀请或许是个错误,但即便如此,他也有权这么做!㉒诚然,只有两位领导人在场会让撒切尔夫人感觉更轻松,她对细节的理解比里根好得多。这或许也卸下了里根的一个重担,离开华盛顿之前,他曾拒绝给撒切尔夫人发出由国务院起草的相关信息,内容涉及呼吁在没有全面投降的情况下停火,以及剥夺了岛民决定自己未来的权利。[198][1]或许他不希望官员们目睹他在不情愿的情况下直面撒切尔夫人。

不过，里根事先准备了谈话要点。协助起草谈话要点的是伦奇勒，他在个人日记中记录了那些谈话要点："现在的关键是让'铁娘子'意识到，我们不能接受南大西洋永远处于战争状态。"[194]谈话要点中，对撒切尔夫人本人的勇气、决断力以及英国的军事成功表达热情的祝贺。但表示，美国及其他因素在福克兰群岛的存在有助于推进协商解决而不是长期诉诸战争，"一个不争的事实就是，美国在本半球已经冒了巨大的风险，甚至还可能冒更多风险。"因此应当避免长期军事占有。在讨论过程中，撒切尔夫人不承认这一点，但是她不再有巨大压力。总统在抵达巴黎之前已经表示过公开支持英国，并表示下一步取决于布宜诺斯艾利斯。亨德森认为，里根在即将开始的对英正式访问中有一个任务："不发表任何有损访问的言论。"[195]在双方的单独会谈中，撒切尔夫人请求里根在联合国安理会给予支持：没有迹象表明他不愿意。事实在于，不管其政府感受如何，里根都不希望再就福克兰群岛问题挑战撒切尔夫人。他理解英国的处境，并且希望避免与她出现口舌之争。在接下来的一个星期，黑格在凡尔赛与亨德森作了仔细讨论。"说我们正在迅速失去国际支持"，亨德森回来后说起他，"我问他，在上周五巴黎的私人交谈中，总统是否已经向撒切尔夫人明确表示过此事。他为自己不清楚这事感到遗憾。假

---

1 一位杰出人士试图在最后时刻提出一份协议草案，这个人就是亨利·基辛格博士。此前，他在冲突期间曾让撒切尔夫人感到不快，当时他拜会撒切尔夫人，问起各种协商解决方案中，她支持哪一种，"让皮姆幸运的是，她认为我已经持有这些想法。于是她发作了：'我的老朋友，我们对话已经将近十年了，你怎么能这样？'……我没有说这些并不是我的想法，而是她的外交大臣提出的。"（采访亨利·基辛格博士。）6月2日，基辛格送给克拉克法官一份备忘录，其中详细描述了他与阿根廷驻联合国全权代表米雷特将军的交谈内容。还提议变更四国管理、停火和双边撤兵等主题。基辛格评论里根说，虽然美国对英国抵抗阿根廷武装有兴趣，但"我们两国对其他方面的兴趣并不对等：使阿根廷在其政治目标中蒙羞；导致其国内政策的大逆转；瓦解美洲国家间体制，现在所有这些都正在发生，而我们正处于这些事态带来的严重危险之中。"（基辛格给克拉克的信，1982年6月2日，福克兰群岛战争〈UN/科克帕特里克/黑格〉〈05/13/82—06/04/1982〉，第三栏，威廉·克拉克档案，里根图书馆。）

10. 胜利
"除了你谁也做不到"

如总统与首相在长时间的私下交谈中没有谈及此事，要让我告诉撒切尔夫人，说美国政府强烈感觉英国有必要向阿根廷人表现出宽宏大度，这是毫无希望的……"⑯¹

里根接受英国的立场鼓励了凡尔赛峰会各国接受同样的立场。G7峰会东道主密特朗总统是一贯支持英国的外国领导人。他在峰会结束时宣称："我希望再次确认一点，就是我们要与英国精诚团结，英国的国家利益和荣誉受到了挑衅，因此这种团结是自然而然的事情。英国的权利必须受到保护，我们应该竭尽所能来确保这一点。这些权利获得承认，就能证明和平比战争更强大。"⑰换言之，不再需要说服英国达成协议并放弃攻克斯坦利港。用撒切尔夫人最喜欢的一句话来说，密特朗一直非常坚定。据时任密特朗办公室主任的休伯特·韦德林说，冲突发生初期，总统亲自支持向英国提供帮助，化解来自飞鱼导弹的威胁，而飞鱼导弹是法国卖给阿根廷的。⑱英国因此能够干扰导弹，后来，当阿根廷在世界范围内寻求更多飞鱼导弹时，密特朗推说因"技术问题"延迟向秘鲁提供新导弹，当时他怀疑秘鲁要将这些导弹转卖给阿根廷。²密特朗的语气和态度使撒切尔夫人很开心："他将她视为一个伟大国度的伟大领导人。"⑲撒切尔夫人认为，"他自始至终都是最理解我们的人，也最热心。"⑳³

---

1 6月8日，罗伯特·阿姆斯特朗写信给约翰·科尔斯，称美国的支持并不像撒切尔夫人对她官员说得那么绝对，尤其是里根总统本人的支持不像撒切尔夫人在凡尔赛报告中说得那么绝对。美国的支持只限于完全停止敌对状态，对英国的下一步打算则并未认可。惠特莫尔就此写道："罗伯特·阿姆斯特朗爵士和我倾向于不把该信息透露给首相。"（阿姆斯特朗给科尔斯的信，1982年6月8日，首相资料，阿根廷：福克兰群岛位置；内阁办公室存档。）

2 虽然密特朗坚持强硬立场，但一家主要由法国政府拥有的国防公司在战争中仍在阿根廷保留着一支技术团队，至少帮助维修了三枚有技术故障的飞鱼导弹，用于对抗英国部队。（资料，英国广播公司广播4频道，2012年3月5日。）

3 在私人层面，他们的关系中常常有一种调情的元素，对此，撒切尔夫人既承认也感到享受。1981年9月，罗伯特·阿姆斯特朗在密特朗访英之后说："啊，首相，一切相当顺利。""是的，我想的确如此，"她回答道，停顿片刻又说，"你知道，他喜欢女人。"（采访伊尔敏斯特的阿姆斯特朗勋爵）

361

联合国的气氛则不及峰会上的友好。安东尼·帕森斯曾警告过，英国没有机会赢得对停火决议的否决，因此将被迫使用常任理事国可动用的否决权。问题在于美国是否也愿意否决。6月4日开始投票，这天也是凡尔赛峰会开始第一天。压力来自珍妮·科克帕特里克的抵抗，恩德斯表示弃权，黑格本来发出指令要美国在该环节支持英国，但是在最后一刻，他改变了想法，命令弃权。这一改变太迟了。科克帕特里克已经代表自己国家加入帕森斯一边否决了决议。按照帕森斯的记录，随后她令人吃惊地陈述说，她得到自己政府的指示，如果有可能改变投票，美国将把否决票改为弃权。[211]她大声朗读了一首由阿根廷作家豪尔赫·路易斯·博尔赫斯写的描述战争恐怖的诗。科克帕特里克认为黑格延迟发出指令应该是故意为之，以显示对英国和阿根廷双方均支持，但这样的拙劣之举让她在此过程中颜面尽失。帕森斯十分兴奋，趁理事会不注意溜出会场，躲避媒体采访。虽然英国从美国奇怪的做法中已经受益，但是英国对美国的行为还是大为光火。第二天皮姆发电报给撒切尔夫人及其团队：《她（科克帕特里克）的表现主要让媒体感到兴奋，并没有对否决产生影响。》[212]

第二天，凡尔赛峰会的东道主在凡尔赛宫为各国领导人举行正式午宴，众多电视摄像机在开始前就架设起来。一名记者就联合国投票事宜向里根提问。撒切尔夫人在一旁注视着：《可怜的罗，他对此竟毫不知情，让我感到惊异。他只是说'抱歉，你这可把我难住了……'》随后，这位记者向撒切尔夫人提出同一个问题。《我不打算跟媒体发生争执，因此只说了句'午餐时间我不接受采访！'但这传到了世界各国的电视机上，造成很不好的印象。》[213]1在峰会结束后的一场新闻发布会上，撒切尔夫人轻描淡写地谈到美国代表投票的变化：《假如那是唯一需要我操心的事，我就是个非常幸运的女人。》[214]撒切尔夫人没等歌剧和焰火表演开始，就离开了峰会，《现在参加这样的狂欢宴会中实属不当，我的全部心思都在考虑南大西洋发生的事情。到这时，莫尔将军已经在圣卡洛斯湾指挥，他的问题是

---

1 黑格责备里根的无知，他关注着总统与克拉克法官在联合国投票中的表现，以便使自己活动空间最大化。（见艾伦·格森著《科克帕特里克的使命：外交无道歉》，自由出版社，1991年，第131页）

10. 胜利
"除了你谁也做不到"

在最后进攻斯坦利港前获得充足的装备和弹药。"㉕

6月7日星期一，里根正式开始访问英国。双方丝毫没有谈起在福克兰群岛问题上的分歧。总统在议会大厦的皇家画廊向议会议员和政要发表了演讲。这是一场经过精心布置的大型演讲，当时，苏联迫使波兰在前一年12月实施戒严法，在此背景下，里根明确表示，坚信西方能够而且应当打赢"冷战"。他宣称，自由必将获胜。他在讲稿中亲自撰写的一段话与国务院的建议相悖，他将福克兰群岛事件视为更广泛主题的一部分：

> 远在南大西洋的群岛上，年轻人正在为英国而战。不错，一直有人抗议他们为如此遥远的礁石和泥土做出牺牲。但这些年轻人为之斗争的不仅仅是土地，他们是在为一项事业而斗争，为一个信念而斗争：绝不允许武装侵略得逞；人民必须参与政府的依法决策。大约45年前，假如这一原则得到更加坚定的支持，我们这一代人或许本来用不着遭受"二战"的流血牺牲。㉖

在他的演讲中，只有这段话引起了掌声。英军为最后的进攻整装待发时，撒切尔夫人不可能得到比这更加明确的公开支持了。

里根发表演讲当天，撒切尔夫人收到一条坏消息。必不可少的增援部队第五步兵旅不得不登陆，围绕登陆方式、时间和地点发生了争议。莫尔将军想要尽快采取行动。此前，海军上将菲尔德豪斯出于政治考虑渴望推进，如今确信应该放缓速度："首相坚决要求获胜而不是停火。"㉗他认为推迟夺取斯坦利不再会构成政治灾难，他真心害怕"海上作战造成大量人员伤亡"，结果让舆论破坏这次行动。㉘因此他要求莫尔放弃让部队在断崖湾和菲兹罗伊登陆。然而，最终大家同意了修改后的计划。6月8日，威尔士卫队乘坐"拉哈德爵士号"和"崔斯特瑞姆爵士号"两艘船抵达菲兹罗伊。由于局面混乱，指挥不一致，两艘船没有迅速卸载。两艘船当天晚些时候遭到阿根廷空军袭击，总共有49人丧生，其中包括39名威尔士卫队的士兵。撒切尔夫人写道："在我的余生中充满各种'要是……有多好'的想法，要是这些人员登陆后立刻分散，伤亡就不会那么严重。莫尔将军悲痛欲绝。一天后我前往诺思伍德，我们感到，不知还要死多少人。"[209]政府做出冷静的决定，除通知家属外暂不公布伤亡细节，目的是让阿根廷以为造成的损失比实际情况更严重，误以为攻打斯坦利港将严重受阻。约翰·诺特和菲尔德豪斯将军就此发生激烈争吵，两人的争论变成关乎信任的问题[210]。撒切尔夫人不情愿地站在海军上将一边，尽管对唐宁街10号的媒体工作心有忧虑，但还是支持掩盖信息，认为在接下来攻打郎登山、双姊妹峰、无线岭等环斯坦利山麓行动中，"突袭至关重要。"[211]

英国部队开始为收复斯坦利港徒步艰苦跋涉穿过东福克兰岛，撒切尔夫人又一次无法插手了。她以自己典型的惯例忙于准备女王寿辰游行（皇家卫队阅兵仪式）的细节，其中还包括亲自准备食物，供私人宾朋在仪式结束后享用。[1]事先准备阶段，围绕是否为福克兰群岛牺牲者鸣号致敬作了讨论，女王认为这样做或许会引发人们歇斯底里。她建议在仪式开始时默哀致敬，对此撒切尔夫人表示同意。[212]6月12日周六，也就是阅兵仪式当天一大早，撒切尔夫人从唐宁街10号值班员手里收到一份备忘录。她几乎是迫不及待地从他手里夺过来，期待进攻开始的消息。[213]结果是一条坏消息：皇家舰艇"格拉摩根号"被一枚陆基飞鱼导弹击中，13人阵亡。撒切尔夫人归纳这种挫折经历的记忆说："那个时期的深刻感受简直无法言表，跟我经历过的任何事截然不同。在为自由而战时，我们失去了最勇敢和优秀的士兵。这多么不公平，令人心碎。如今我们明白了上一代人为我们作出的牺牲……那天，在阅兵仪式上，皇家军队在大雨中为庆贺女王寿辰挺进，虽然卫兵们感到不快，但似乎适合当时的大环境。我穿着黑色礼服——有那么多人该为之哀悼。"将近一点钟回到室内时，"我们得知所有目标已经实现。"[214]

两天后，福克兰群岛完全收复了。6月14日，斯坦利港的最后一场小战役于格林威治时间15：45正式打响，下午5点之前，攻克了斯坦利港前面最后一道屏障鲷鱼山。幸好阿根廷抵抗崩溃了，这意味着毋需攻打首府。

---

1 撒切尔夫人关注官员们的个人事务。尽管是在福克兰群岛危机的紧要关头，但她得知安东尼·阿克兰的妻子罹患严重癌症，便从首相别墅向医院送去一大束玫瑰，并附上了一张亲手写的卡片："来自英国乡村花园的玫瑰芳香，专门为你呈上祝福。"安东尼·阿克兰回忆起来心存感激。（采访安东尼·阿克兰爵士）

10. 胜利
"除了你谁也做不到"

这时，最终的投降谈判已经开始，汤普森命令推进到前面的第二伞兵团在跑马场就地停止前进。记者马克思·黑斯廷斯[1]只身走进了高地鹅酒吧，这是特遣舰队进入斯坦利的第一站。大批阿根廷士兵放下了武器，但并未立即投降。加尔铁里总统打电话命令福克兰群岛上的阿根廷指挥官梅内德斯将军，要他想尽一切办法、不惜一切手段坚持战斗。梅内德斯将军回答说，他已经没有办法，没有部队，没有据点，没有弹药。[215]加尔铁里这才允许他开始谈判。谈判由英国第22空军特勤团的迈克尔·罗斯中校[2]主持，撒切尔夫人认为，在谈判方面罗斯比他的上司莫尔将军更优秀。[216]她这么说或许是表达对莫尔所做决定的不满，之前莫尔曾单独与梅内德斯将军会面，独自出面谈判。莫尔担心，如果不给阿根廷留下一点面子，可能会留下无穷后患，导致平民伤亡事件发生，因此，应梅内德斯要求，他删除了投降文书中的"无条件"一词。然而，投降是无条件的。格林威治时间6月15日凌晨2：00，莫尔向伦敦发回信号："梅内德斯将军已经向我投降，其中包括福克兰群岛东西部的所有阿根廷军队以及他们的附属机构……如福克兰群岛居民所愿，他们再次回到了英国政府管辖之下。上帝保佑女王。"[217]英国现在不得不处理超过11,000名阿根廷俘虏。这场战争中，255名英国士兵阵亡，649名阿根廷士兵[3]和3名福克兰岛民丧生。

那天晚上，海军收复总督府，迈克尔·罗斯在突击搜查酒馆后，发现这里完全处于无序状态。一片狼藉中，他注意到加尔铁里和梅内德斯当初夺取福克兰群岛时授予的奖品，他们在奖品上的亲笔题词依然清晰，如今

---

1 马克思·黑斯廷斯（1945—），毕业于卡尔特豪斯公学和牛津大学的大学学院；记者、战地通讯员、历史学家；1986—1995年任《每日电讯报》编辑；1995—2002年任《标准晚报》编辑；他是《福克兰群岛战争》一书的作者（与西蒙·詹金斯合著于1983年）；其他著作还有：《轰炸机司令部》（1979年）；《霸主领地》（1984年）；《末日决战》（2004年）。2002年受封骑士头衔。

2 迈克尔·罗斯（1940—），毕业于切尔滕纳姆学校和牛津大学圣埃德蒙学院和英国军事参谋学院；皇家国防学院研究员；曾在德国、亚丁湾和北爱尔兰冷溪卫队服役；1979—1982年任第22空军特勤团指挥官；1988—1989年任特种部队司令；1994—1995年任波斯尼亚—黑塞哥维亚联合国卫队指挥；1994年受封骑士头衔。

3 阿根廷的准确阵亡人数存有争议。

却丢在地板上。他走过去捡起来交给第22空军特勤团指挥官梅斯。后来，阿根廷要求收回，但遭到撒切尔夫人拒绝。[28]

撒切尔夫人出于本能的谨慎，本来要等对方正式签署投降书后再发表公开声明。然而，阿根廷防线崩溃的新闻充斥着各个媒体，全国上下洋溢着兴高采烈的气氛。人们聚集在唐宁街上。首相如同整个危机期间惯常的表现一样，在发表电视讲话前要一丝不苟确认所有信息。晚上10∶14，她前往下院通报说，昨晚发动成功袭击后，莫尔将军决定乘胜追击，阿根廷人溃退了。我们的部队到达了斯坦利港郊区。大批阿根廷士兵放下了手中的武器。据报道，整个斯坦利港飘满了他们举起的白旗。[29]¹她解释说，投降谈判正在进行中，并承诺第二天向下院汇报。当时参加会议的艾伦·克拉克说:"她使用的一个词非常重要:'……投降（而非停火）谈判'。相信她，她自始至终领导着前线的战斗。"[20]²撒切尔夫人回忆说:"下院爆发出欢呼。"[21]随后她在下院自己的办公室里与同僚们聚在一起，威利·怀特劳提议为她干杯。"我认为除了你谁也做不到"，他说。当时在场的安东尼·阿克兰记得:"她哭了，那是毫无掩饰的释放。丹尼斯伸出手臂搂住她:'干得好！要干一杯。'"[22]午夜时分，她回到家中，周围的人群都在唱"不列颠，万岁"，她跟人们融合在一起:

> 唐宁街挤满了人，到处是年轻人。这是他们的时代，是他们取得的胜利。当今的英雄们，英国仍然在培育他们……那天晚上我上床睡觉时已经很晚了，感觉肩上卸下一副巨大的重担。比起那些年轻的生命，想起过去11个星期中为我们浴血奋战牺牲的人们，对未来的忧虑微不足道。这是拥有非凡品格的普通人创造的一个奇迹。他们永远英勇，永远勇敢，永远值得纪念。[23]

---

1 实际上，阿根廷的投降旗好像不太可能这样飘扬，不过迈克尔·罗斯爵士记得看到过。（采访迈克尔·罗斯爵士）众所周知的是，当天举白旗的只有一位市民，他出于担心以此表明英国无须再进攻。（见弗里德曼著《福克兰群岛战争官方历史》，第二卷，第650页。）

2 第二天加尔铁里将军向全国发表广播讲话时，发誓阿根廷要取得最终胜利，而并未用到"投降"这个字眼。

10. 胜利
"除了你谁也做不到"

第二天，投降协议签订后，内阁召开会议。大法官黑尔什姆勋爵向撒切尔夫人表示祝贺，称赞她的勇气和领导能力，称正是这些品格使英国军队大放异彩，并唤醒了人民的灵魂。[23]他引用亨利五世在阿金库尔战役胜利后的话说："Non nobis, Domine, Non nobis……"（"不要归于我们，主啊，不要归于我们……"他没有引用的下文是："而要荣耀你的圣名"）。撒切尔夫人不太懂拉丁文，显得有些困惑。[24]

在两天后的"首相问答"环节，因诺克·鲍威尔重提危机开始前问撒切尔夫人是什么金属制造的："尊贵的夫人是否关注到公共分析师对一种特定物质的分析报告？经检测，该物质由最高品质的亚铁性物质构成，具有特殊的抗拉强度，极其耐磨耐损耐压，拥有实现全国各种目标所需的优势。"[25]这个笑话有点拙笨，但蕴含的恭维还是让撒切尔夫人倍感开心。伊恩·高将英国议会议事录中鲍威尔"之前"和"之后"的金属语录抄下来装框挂在唐宁街10号。大部分人认为，鲍威尔的结论与事实相符。她确实证明自己是一位"铁娘子"。

由于取得了彻底的军事胜利，而且撒切尔夫人认为是出于正义事业，她此时感觉无须授予福克兰群岛新的宪法地位。在1982年6月9日的内阁会议上，她乐于讨论这些问题，其中还包括当时美国吹捧的完全自治建议。但斯坦利沦陷后，她当时没有一点儿兴趣。"当时要做任何谈判都毫无前景，"她6月14日曾对佩雷斯·德奎利亚尔这么说，还表示任何时候都不愿再谈。[27]当时外交部曾不断敦促接受某种阿根廷政府会接受的解决方案，尤其是迈克尔·帕里泽，他当时负责展望长远关系。6月21日，他向撒切尔夫人呈递了一份文件，称："我最后一次使你感觉痛苦。"他在文件中主张向阿根廷提议，根据英国的情况将福克兰群岛主权问题提交国际法庭仲裁。他的核心理由是，如果英国不能与阿根廷达成共识，福克兰群岛将一直是一种不安定因素。撒切尔夫人在帕里泽的文件上批注道："我对其中解决问题的基本方式深表不赞同，但可以讨论。"[28]她的方法是实施沙克尔顿报告的精神，而不必寻求国际帮助。

后来，在福克兰群岛部署了多达3000人的卫戍部队，还修建了新的机场跑道。外交部一直设法避免实施"福克兰群岛壁垒"政策。阿根廷从未放弃过对其主权的主张，但亦未制造太多麻烦，至少在21世纪石油开发引起能源争端前相安无事。随着福克兰群岛之战失败，加尔铁里政府垮台，阿根廷最终重返民主法制。

7月6日，撒切尔夫人宣布，按照危机发生初期所做承诺，对福克兰群岛侵略的累积效应进行调查，由最伟大的"显赫要人"弗兰克斯勋爵指挥。

撒切尔夫人在福克兰群岛战争中的胜利产生了诸多后果。最明显的是她自己政治命运的转变。在阿根廷入侵前，她经历了最不受欢迎的低谷，当时只有不多几个富有远见的支持者曾想象过她可能在下次大选中胜出。经济新闻依旧冷酷，失业人口仍在攀升。社会民主党作为一个新政党看来似乎要打破英国政局的两党模式。在撒切尔夫人自己的党内，她的政敌们坚持认为她不能胜出。伊恩·吉尔摩和克里斯多夫·索姆斯等许多人认为，福克兰群岛事件会像苏伊士事件一样把她拉下马。现实情况截然相反，福克兰群岛成就了撒切尔夫人在政治掌控方面的自我超越，使人们相信她有领导人的天赋异禀。[1]过去11周的独自指挥经历使她在未来的领导能力显得更加不容置疑。

"除了她谁也做不到"并非仅仅是句奉承话，人们普遍相信这话不假，也许还真是事实。比方说，军队内部几乎从一开始就有一种感觉，认为战后英国力量将面临衰落，但这次事件之后一切都变得不同了。朱利安·汤普森认为自己的军事生涯让一群政客掩盖得黯然失色，而"政客们应对女王的敌人时并不坚强"，后来他感觉到"撒切尔夫人是个截然不同的人，因此我一直认为（一旦阿根廷来犯）必将发生战争"。[28]约翰·科尔斯在进入她的私人办公室之初，怀有些许反撒切尔的偏见，如今"因为她非同寻常的勇气和果敢，科尔斯变成她非常坚定的仰慕者"。[29]在这一点上，他是撒切尔夫人身边工作人员中的一个典型。以头脑冷静著称的克莱夫·惠特莫尔从未在政治上看好过自己的上司，现在认为她"表现出了平衡而明晰的思想，并且善于倾听，你想她有多优秀她就有多优秀。"[30]

---

[1] 随着战争的进展，《丹尼斯期待谁？》节目的制片人终止了这档节目。该剧是一部基于私家侦探虚构小说《亲爱的比尔》改变的讽刺现实作品，以讽喻"西方终结"，有人推测作者是丹尼斯。

10. 胜利
"除了你谁也做不到"

　　福克兰群岛战争彰显了撒切尔夫人的最佳品格——不仅仅是众所周知的勇敢、信念和决心，而且还有细微之处不为人注意的谨慎与细究。她不允许自己对战争的渴望压倒务实的外交需要。她一直小心翼翼做准备，为的是把握准确时机。因为在危机爆发前她对战争一无所知，所以一直在这个问题上保持着谦虚态度。那些当时和她密切配合工作的人注意到，她讲话仿佛天马行空，往往有说教倾向，这种情况在其他场合司空见惯。她对军队抱有极大的敬意和热爱，对指挥官和普通士兵都一样，都给以充分的信任。甚至在她反感的外交部，她也承认尼克·亨德森和安东尼·帕森斯等人的个人才能，并充分倚重他们。自始至终，她都理解这场危机关乎个人政治生存和国家荣誉，唯有胜利能够确保二者兼得。战争同样证明了她的真诚与单纯。在演讲、写作和个人交谈等私下或公开场合，她都满怀热情地关注相关事件和人物。在这方面，她的性别显得很重要。她是自伊丽莎白一世以来在英伦三岛拥有行政权力的第一位女性战争领袖，也是民主时代以来第一位女性领袖。她对自己送上战场的战士们心怀母爱，那种感情近乎浪漫主义，而他们则报以骑士风度般的奉献精神，渴望像保护女人和民族精神的化身一样保护她。福克兰群岛战争是一个伟大的时刻，她选择了挺身而出。

　　撒切尔夫人意识到了这一点，不过她在做自我分析时历来非常谨慎，哪怕是在私人场合也一样。罗伯特·阿姆斯特朗说，福克兰群岛危机是她生命中最为紧张的时间段。[22]她从中获得了自信，而以前她在这方面有一定程度的不足。1940年英国的孤独成就了温斯顿·丘吉尔的神话；福克兰群岛灾祸突然降临时，撒切尔夫人孤独挑起领导重担恰恰成了她能动性的法宝。在她内心中，孤独有助于她迸发出自己最擅长付诸实施的冒险想法，而且坚定了她内心的信念：扭转国家的命运、实现人民的愿望、坚定民族的性格。她在个人回忆录中表达出她典型的观点："公众的坚定一如既往。"民意调查似乎也证明了她的判断力。战争结束前，新西兰总理罗伯特·马尔登曾写信表示钦佩，称她是英联邦军团的拓荒者。她在回信中表示："这个国家乃至整个联邦，尤其是新西兰人民的响应，使我相信爱国主义是一株强壮的植物……和平得到维持之日，便是它绽放鲜花之时。"[23]七月初，她在一次保守党集会上谈到取得的成就，不仅表达了对国家的真实信念，而且还有点夸耀，这也许是情有可原的：

我们不再是个退避的国家。我们已经重新建立起了信心——既在国内的经济战斗中建立起了信心,也在8,000英里外经受住了考验,得到了证明……今天我们能够为福克兰群岛之战的成功而喜悦,能够为特遣舰队取得成就的人们感到自豪。但是我们的做为并非维持一个终将熄灭的摇曳火焰,不是的,我们为英国激情的复苏而欢欣,英国的激情已经激发过很多代人,如今要像以前一样明亮地燃烧。英国在南大西洋重新找到了自己的定位,不会在赢得胜利后走回头路。[24]

撒切尔夫人对已取得成就的想法符合她不同寻常的心态:既保守,又富于革命性。她认为自己在恢复英国传统的荣耀,由于帝国的衰落,这种荣耀此前已不幸失落了。同时,她认为自己在为这个国家带来巨大变化。

从福克兰群岛事件中,她建立起一种判断人的标准,任何在战争中坚定忠诚的人都是她此后的正面教材。除了军队之外,她的英雄人物列表中有(稍有些摇摆的)罗纳德·里根和卡斯帕·温伯格、密特朗总统、皮诺切特总统、新西兰总理罗伯特·马尔登、约旦国王侯赛因、福克兰群岛总督雷克斯·亨特、社会民主党的大卫·欧文等。在地形地貌方面向她提供建议的英国南极勘查局如今变得炙手可热,不仅确保能获得更多的政府资金,而且她还愿意听取他们的意见,数年后他们警告说,污染导致了臭氧层的破坏,这获得了撒切尔夫人的认同。[25]撒切尔夫人甚至认为迈克尔·富特基本上是一名爱国者。在战争中的"恶棍"名单上列出的有爱尔兰、联合国(不过没有佩雷斯·德奎利亚尔本人)、弗兰西斯·皮姆、珍妮·科克帕特里克和丹尼斯·希利。

国际上也相应改写了对她的评价。所有那些担心福克兰群岛冲突会影响自身在拉丁美洲地位的美国人,如今都对撒切尔夫人取得的成就肃然起敬。当阿根廷人在斯坦利港投降时,国家安全委员会成员及白宫相关办公室的人士爆发出欢呼。[26]"冷战"期间,在福克兰之战胜利时,她呼吁自由人民抵抗侵略的演说在美国人民心中产生了共鸣。她发兵越过半个地球取得的成功迫使苏联改变对西方国家意志和能力的估计。[27]

美国政府的态度中掺杂着恼怒与钦佩。1982年6月23日,刚刚获胜的撒切尔夫人前往华盛顿,里根在工作人员促请下,敦促她为了福克兰群岛的长远未来与阿根廷方面达成某种形式的妥协。然而,撒切尔夫人在抵达

10. 胜利
"除了你谁也做不到"

华盛顿前已经得知这个计划的内容，做好了挫败它的准备。她对身边的官员们说："他想要我在胜利时表现出大度，我不打算这么做。"[28]两人会晤时为里根准备的讲稿有这样的内容："我要表达自己的观点：正义的战争要求公正的和平，我们应当努力在南太平洋找到解决方案，带来持久的和解和稳定。"[29]不过后来的讲话中没有这个内容。仅仅在会晤数小时前，一名手忙脚乱的职员在这个讲稿上潦草写道："今晨，撒切尔在通讯中把这个立场驳得体无完肤。"[1]结果，里根和撒切尔坐下来谈话时，首相不允许讨论转向妥协的话题。尼克·亨德森在个人日记中写道："只要总统一开始谈到福克兰群岛，撒夫人就会打断他，说希望向他提供一些现状的描述。她描述了阿根廷战俘的状态：营养不良、脚冻伤、痢疾。我方也无一幸免。"撒切尔夫人还呼吁里根帮助清理由阿根廷埋设的数千枚地雷。里根评论说，过去曾放开骡子任其在雷区撒欢儿，但后来证明骡子太"精明"，通常不去引爆地雷。"撒切尔夫人大笑，说她可以用福克兰绵羊排雷。"[40]撒切尔夫人提出一个又一个问题，里根几乎没机会讲出自己的官员敦促他强调的严肃话题。结果，在随后的新闻发布会上，记者问撒切尔夫人，总统是否敦促她对福克兰群岛主权采取更加灵活的态度，她回答说："没有。"这话绝对诚实。[41]

玛格丽特·撒切尔如今成了个全世界的传奇人物、铁腕领导的化身，或许比同时代任何政治领袖更加声名显赫。

福克兰战争获胜当天，艾伦·克拉克在下院碰到了伊恩·高。伊恩·高看上去像只饱食奶油的猫。"我说：'如今首相可以自由采取任何行动了。自从丘吉尔以来，任何领导人都没有享受过这种自由，其实丘吉尔本人的自由也没维持多久。'我猜他认为我指的是人事任命上的自由，其实我不是这意思，我指的是内政、外交、国防政策等领域的施政自由。"[42]克拉克是对的。在英国现代史上，从未有过比这次更快速全面的转型。如今，她对全局拥有了指挥权。

撒切尔夫人出于对军队深深的感激，也出于敬畏感和浪漫情结，认为应当为胜利举行一场感恩仪式或其他形式的公共庆祝活动。在这个问题上，

---

1 里根对"公正的和平"的呼吁只是作为私人信件送给了撒切尔夫人。

她面临着两个困难：第一个困难是有些人出于政治或宗教理由，反对为一场战争的胜利举行感恩仪式，因为他们认为根本就不该打这场战争，教会尤其表示反对；第二个困难是撒切尔夫人担心自己被指控为胜利主义者或狂妄自大者。

她对后面这一点异常敏感。虽然她对自己取得的成就感到自豪，但真心不愿意为此抛头露面。她很高兴凌驾于政治对手之上，又讨厌撇开军队或君主政体自己出风头。例如，人们讨论在拟议的仪式上由谁做主旨演讲时，撒切尔夫人写信给约翰·科尔斯："由国防参谋长或舰队总司令宣读更合适。如果由我做，会让人误解，产生不好的影响。我认为不该由政治家做演讲！"[23]另外有人建议，女王在仪式结束后离开圣保罗大教堂时，撒切尔夫人应该在西门正式送别女王。撒切尔夫人对此质疑："我是合适做此事的人吗？我不喜欢任何政治元素介入该仪式。"[24]

对仪式本身的讨论颇令人担忧。撒切尔夫人写道："这个（仪式）的困难在于它的普世性质。大教堂前不允许游行活动；祭坛上不能挂国旗。我们只能尽量说服教会，允许参加过福克兰群岛战争的人参加此次活动……"[25]

果然不出所料。罗马天主教会的红衣主教巴兹尔·霍姆反对为福克兰群岛"解放"举行庆祝仪式，不同意军方人士做主旨演讲；肯尼思·格里特博士则代表自由教会联盟委员会，反对战争，因此反对以任何形式庆祝战争胜利的活动；左翼的圣保罗大教堂主教，艾伦·韦伯斯特博士反对任何带有"感恩"字眼的仪式，而希望代之以"和解"，并主张以西班牙语宣读主祷文。这些态度让国防部感到沮丧，国防部自然希望仪式突出军方的地位。有些神职人员表示，如果由军方来做主旨演讲，他们就不参加此次活动。撒切尔夫人勃然大怒，威胁要把这些告知议会并公诸于众。[26]伦敦的保守派主教格雷厄姆·伦纳德博士私下告诉她，即便活动形式获得批准，但亦无法保证圣保罗主教照办。根据过去的惯例，他很可能会在最后时刻进行修改和补充。[27]由此建议她寻求坎特伯雷大主教（甚至是女王）的帮助，来阻止这种事情发生。

撒切尔夫人被这些神职人员的态度激怒了。当有人告诉她，主持牧师打算以西班牙语宣读主祷文时，她瞪大了双眼，其中充满憎恶。[28]而乍一听到对方建议应该举行一场和解而非感恩的仪式，她猛地捶打桌子轻蔑地大喊："和解的仪式！""所有基督徒都躲得远远的，"克莱夫·惠特

10. 胜利
"除了你谁也做不到"

莫尔对正试图与罗马天主教进行协调的大卫·古道尔低声耳语道。[248]她非常愤怒,在海外和国防委员会相关会议上,下令将自己要公布神职人员态度的威胁立场写入会议记录。在提交上来的建议文本中,有一处提出进行一个祷告,请求按照上帝意志建立起针对贫穷、饥饿和疾病的防范体系而不是彼此相争,浏览至此处,她在下面画上了表示反对的曲线。[250]最后,各方达成了必要的妥协,军方还宣读了一些《圣经》中的内容。但是,唐宁街和神职人员之间严重缺乏信任,在仪式内容校样中,一名排版工出了个错,缩小了"感恩"的字体(因为改做一个段落的开始,不是标题的一部分),协调安排的国防部官员不得不去请求主持牧师作个人担保做出纠正。[251]

在7月底举行的仪式上,撒切尔夫人露面时"看上去简直像一团积雨云,"[252]按照她事先的要求,在一个非常普通的位置就座。第二天,媒体广泛报道称,她被坎特伯雷大主教郎西博士的讲道激怒了,因为他在讲道中呼吁和解。但事实并非如此。伦斯勋爵回忆道:"她抓住我的手,称'说得好。'"[253]当时撒切尔夫人最担心军方没有得到恰当的感恩和精神慰藉。事实上,是女王在仪式中介入该问题才挽回了局面,她对大主教说:"我认为你不该在基督教仪式后留下悲哀的感觉。由于这个原因,这次仪式的安排做得不够好。"[254]最后撒切尔夫人自己总结道:"最终,感恩的部分几乎完全从仪式中排除掉。女王和全体皇室成员出现,盛况空前的军乐队高奏凯歌,仪式便让失去亲人的家属感到了极大的安慰,这比任何其他事情都重要。"[255]

世俗的庆祝会就不那么令人尴尬了。10月12日,特遣舰队的1,250名代表游行至伦敦市政厅,同一时间,空中直升机和战斗机方阵呼啸而过。随后,在市政厅内举行了午餐会。首相和市长等高层人士在贵宾席落座,官员和其他相关人士则坐在普通桌。当时,撒切尔夫人起身正要开口讲话,忽然在小伙子们带领下,全场起立,长时间向她鼓掌致敬。其他政客们简直无法相信眼前发生的一切。撒切尔夫人终于让大家安静下来,说:"应该由我到你们中间去,向你们致谢。"[256]前一天晚上,撒切尔夫人在唐宁街10号宴请伦敦市长和大约120名参加福克兰群岛战争庆功会的主要人士。晚宴后的致辞中,她引用了威灵顿公爵的话:"大国没有小战争。"她谈到了"福克兰精神",然后接着说,"在历史上的艰难岁月中,支撑我们经受住种种考验的难道不正是英国精神吗？"[27]"她的口吻活像伊丽莎白一世女王，"大卫·古道尔回忆说，"她看上去完全像是伊丽莎白一世女王！"[28]

应邀出席晚宴的人太多了，餐桌旁没有足够多的位置给宾客的配偶，只好请她们到会客厅和休息室就餐。由于福克兰群岛战争的主要参与者清一色都是男士，撒切尔夫人成为宴会中唯一的女性。她致辞并祝酒后，勒温勋爵致了答谢词。然后首相再次起身说："先生们，我可以去加入女士们的行列了吗？"[29]这很可能是她一生中最幸福的时刻。

注 释

第一章 1979年5月

①戴维·巴特勒采访嘉文·达维斯，1979年5月31日，戴维·巴特勒档案，牛津大学纳菲尔德学院。②伯纳德·多诺休著，《唐宁街日记》，两卷本，乔纳森·凯普出版社，2005年，2008年，第二卷：与詹姆斯·卡拉汉同在10号院，1978年9月7日，第359页。③采访多布斯勋爵。④采访巴尔内斯的帕滕勋爵。⑤多诺休著，《唐宁街日记》，第二卷，1978年10月3日，第370页。⑥私人信息。⑦采访爱德华·希思爵士。⑧私人信息。⑨同前。⑩《泰晤士报》，1978年10月23日。⑪迪兹勋爵日记（未经公开出版），1978年10月4日。⑫《今夜时分》（英国广播公司1），1978年10月10日。⑬在保守党大会上的演讲，1978年10月13日 (http://www.margaretthatcher.org/document/103764)。⑭多诺休著，《唐宁街日记》，第二卷，1978年10月27日，第381页。⑮《标准晚报》，1978年10月27日。⑯采访温瑟姆的瑞德勋爵。⑰多诺休著，《唐宁街日记》，第二卷，1978年12月14日，第402页。⑱同前，第403页。⑲迪兹勋爵记录（未经公开出版），1979年5月31日。⑳多诺休著，《唐宁街日记》，第二卷，1979年1月3日，第413页。㉑《周末世界》（LWT），1979年1月7日 (http://www.margaretthatcher.org/document/103807)。㉒写给休·托马斯的信，1979年1月10日，撒切尔资料库，剑桥大学丘吉尔学院，THCR 2/6/1/230。㉓多诺休著，《唐宁街日记》，第二卷，1979年1月16日，第424页。㉔见英国议会议事录，HC Deb 1979年1月16日 (http://www.margaret thatcher.org/document/103924)。㉕采访贝尔勋爵。㉖采访戈登·里斯爵士。㉗见玛格丽特·撒切尔著，《通往权力之路》，哈伯柯林斯出版，1995年，第427—430页。㉘采访贝尔勋爵。㉙党政广播，1979年1月17日 (http://www.margaretthatcher.org/

document/103926)。㉚多诺休著,《唐宁街日记》,第二卷,1979年1月18日,第425页。㉛同前,1979年1月19日,第427页。㉜ THCR 2/6/1/233。㉝吉米青年项目(英国广播公司广播2),1979年1月31日(克里斯多夫·柯林斯编辑,玛格丽特·撒切尔在1945—1990年间在CD—ROM上的公开声明集锦,牛津大学出版社,1998/2000)。㉞英国议会议事录,HC Deb 1979年3月28日(http://www.margaretthatcher.org/document/103983)。㉟多诺休著,《唐宁街日记》,第二卷,1979年3月28日,第471页。㊱私人信息。㊲多诺休著,《唐宁街日记》,第二卷,1979年3月28日,第471页。㊳同前,第472页。㊴同前。㊵同前,1979年4月8日,第480页。㊶采访戈登·里斯爵士。㊷戴维·巴特勒采访桑尼克罗夫特勋爵,1979年5月31日,戴维·巴特勒档案。㊸采访贝尔勋爵和戈登·里斯爵士。㊹采访戈登·里斯爵士。㊺采访贝尔勋爵。㊻写给大卫·考克斯的信,伦敦周末电视台,1979年4月3日,THCR 2/7/1/32。㊼多诺休著,《唐宁街日记》,第二卷,1979年4月4日,第477页。㊽戴维·巴特勒采访戈登·里斯,1979年5月8日,戴维·巴特勒档案。㊾ THCR 2/7/1/5。㊿同前。(51)采访亚当·里德利爵士。(52)多诺休著,《唐宁街日记》,第二卷,1979年4月5日,第478页。(53)关于此事要了解得更全面,见马修·帕里斯著,《偶然见证:政坛中的局外人生活》,维京出版社,2002年,第199—200页,第233—238页。(54)英国广播公司新闻,1979年3月30日(http://www.margaretthatcher.org/document/103837)。(55)英国议会议事录,HC Deb 1979年4月2日(http://www.margaretthatcher.org/document/103992)。(56)采访西格林的麦卡尔平勋爵。(57)见罗纳德·米勒著,《两翼视点》,韦登菲尔德 & 尼克尔森,1989年,第247—248页。(58)《每日快报》,1979年4月12日(柯林斯教育,公开声明全集)。(59)大选新闻发布会,1979年4月11日(http://www.margaret thatcher.org/document/104000)。(60)芬奇利采纳会议上的讲话,1979年4月11日(http://www.margaretthatcher.org/document/104002)。(61)在卡迪夫保守党集会上的讲话,1979年4月16日(http://www.margaretthatcher.org/document/104011)。(62)同前。(63)在伯明翰保守党集会上的讲话,1979年4月19日(http://www.margaretthatcher.org/document/104026)。(64)采访西格林的麦卡尔平勋爵。(65)《每日电讯报》,1979年4月20日。(66)《竞选'79》(英国广播公司1),1979年5月2日(柯林斯教育,公开声明全集)。(67)同前。(68)多诺休著,《唐宁街日记》,第二卷,1979年4月8日,第480页。(69)同前,1979年4月11日,第843页。(70)采访迈克尔·波蒂略。(71) 71. 见撒切尔著,《通往权力之路》,第451页。(72)采访多布斯勋爵。(73)戴维·巴特勒采访克里斯·帕滕,1979年5月24日,戴维·巴特勒档案。(74)伯纳德·多诺休著,

《首相：詹姆斯·卡拉汉与哈罗德·威尔逊治下的政策部署》，乔纳森·凯普出版社，1987年，第191页。㊵戴维·巴特勒采访嘉文·戴维斯，1979年5月31日，戴维·巴特勒档案。㊶《太阳报》，1979年5月2日(http://www.margaretthatcher.org/document/104066)。㊷政党竞选广播，1979年4月30日(http://www.margaretthatcher.org/document/104055)。㊸多诺休著，《唐宁街日记》，第二卷，1979年4月30日，第495页。㊹在博尔顿保守党集会上的讲话，1979年5月1日(http://www.margaretthatcher.org/document/104065)。㊺大选新闻发布会，1979年5月2日(http://www.margaretthatcher.org/document/104069)。㊻戴维·巴特勒采访奈杰尔·劳森，1979年6月13日，戴维·巴特勒档案。㊼戴维·巴特勒采访布莱恩·威尔登，1979年6月6日，戴维·巴特勒档案。㊽采访多布斯勋爵。㊾在芬奇利民选前夕集会上的讲话，1979年5月2日(http://www.margaretthatcher.org/document/104072)。㊿多诺休著，《唐宁街日记》，第二卷，1979年5月3日，第499页。㊱采访多布斯勋爵。㊲采访西格林的麦卡尔平勋爵。

第二章 唐宁街

①采访辛西娅·克劳福德。②采访肯尼思·斯托爵士。③采访温瑟姆的赖德勋爵。④采访多布斯勋爵。⑤玛格丽特·撒切尔著，《唐宁街岁月》，哈伯柯林斯出版社，1993年，第19页。⑥采访多布斯勋爵。⑦采访肯尼思·斯托爵士。⑧迪兹勋爵日记（未经公开出版），1977年10月17日。⑨采访肯尼思·斯托爵士。⑩采访迈克尔·帕蒂森。⑪采访布赖恩·卡特利奇爵士。⑫采访温瑟姆的赖德勋爵。⑬同前。⑭采访蒂姆·兰科斯特爵士。⑮采访尼克·桑德斯。⑯采访约翰·霍斯金斯爵士。⑰采访克莱夫·惠特莫尔爵士。⑱卡特利奇写给威尔登的信，"施密特总理之访，5月10日/11日：简报"，1979年5月18日，国家档案馆（TNA）：公共记录办公室（PRO）外交和联邦事务部28/3677。⑲采访尼克·桑德斯。⑳采访威廉姆·里克特。㉑同前。㉒同前。㉓与撒切尔夫人的交流。㉔采访梅休勋爵。㉕采访普赖尔勋爵和尼克·桑德斯。㉖采访亚当·里德利爵士。㉗采访温瑟姆的赖德勋爵。㉘采访亚当·里德利爵士。㉙私人信息。㉚采访约翰·霍斯金斯爵士。㉛见戴维·巴特勒对克里斯·帕滕的采访选集，1978年7月22日，戴维·巴特勒档案，牛津大学纳菲尔德学院。㉜采访蒂姆·兰科斯特爵士。㉝采访肯尼思·贝利尔爵士。㉞采访约翰·阿什沃斯爵士。㉟采访肯尼思·贝利尔爵士。㊱采访约翰·阿什沃斯爵士。㊲来自约翰·霍斯

377

金斯的信。㊳采访敦菲尔的莱恩勋爵。㊴采访乔普林勋爵，而这些是怀特劳勋爵告诉他的。㊵采访亚当·里德利爵士。㊶采访克莱夫·惠特莫尔爵士。㊷采访比芬勋爵。㊸采访撒切尔夫人。㊹采访唐沃思的亨特勋爵。㊺布热津斯基写给卡特的信，"撒切尔思想：保守党胜利的外交政策影响"，RAC NLC—6—77—2—8—1，亚特兰大 GA 卡特图书馆。㊻撒切尔资料库，剑桥大学丘吉尔学院，THCR 2/6/2/118。㊼采访迈克尔·帕蒂森。㊽采访巴利·斯特雷文斯。㊾采访撒切尔夫人。㊿对此要有全面了解，见约翰·坎贝尔著，《爱德华·希思：传记人生》，乔纳森·凯普出版社，1993年，第713—715页。51采访卡灵顿勋爵。52采访提摩西·吉特森爵士。53采访乔普林勋爵。54采访辛西娅·克劳福德。55见撒切尔著，《唐宁街岁月》，第21页。56采访丹尼斯·撒切尔。57与 T.E. 厄特利的交流。58与丹尼斯·撒切尔的交流。59采访谢利·华纳。60采访温瑟姆的赖德夫人。61采访谢利·华纳。62采访桑宁代尔的沃尔福森勋爵。63采访特萨·盖斯曼。64采访约翰·克勒斯爵士，英国外交口述史项目，剑桥大学丘吉尔学院。65采访温瑟姆的赖德夫人。66采访琼·帕森斯。67采访温瑟姆的赖德夫人。68同前。69采访特萨·盖斯曼。70采访布赖恩·卡特利奇爵士。71私人信息。72采访迈克尔·帕蒂森。73采访温瑟姆的赖德夫人。74采访特萨·盖斯曼。75采访科林·彼得森。76采访约翰·阿什沃斯爵士。77采访亚伯利昂的豪勋爵。78采访迈克尔·斯科勒爵士。79采访尼克·桑德斯。80采访温瑟姆的赖德勋爵。81采访特萨·盖斯曼。82采访迈克尔·帕蒂森。83采访温瑟姆的赖德夫人。84采访克莱夫·惠特莫尔爵士。85采访查尔斯·安森。86采访温瑟姆的赖德勋爵。87里斯写给赖德的信，1979年5月9日，THCR 2/6/2/134。88采访伯纳德·英厄姆爵士。89英厄姆写给首相，1979年10月29日，THCR 2/6/2/2。90同前。91同前。92采访查尔斯·安森。93采访伯纳德·英厄姆爵士。94伦齐勒写给布热津斯基，1979年5月4日，CO167，WHCF—项目档案，卡特图书馆。95汉纳福德写给豪，178，第6文件夹，第5格，迪弗和汉纳福德的资料，胡佛研究所档案馆，斯坦福 CA。96采访理查德·艾伦。97彼得·汉纳福德著，《里根：政治画像》，考沃德—迈克卡恩出版，1983年，第188页。98"多面手 II"，里根电台播出，1979年5月29日，科龙 K. 斯金纳著，安娜丽丝·安德森和马丁·安德森，eds，里根，在他的《独自面对：罗纳德·里根针对美国的改革版本作品》，试金石出版社，2002年，第47页。99采访奇思维可的汉内勋爵。100采访唐沃思的亨特勋爵。这种印象对应了 CIA 所采取的观点，见国家情报日志，1979年5月17日，CREST 数据库，美国国家档案馆和记录管理局（NARA）。101采访布赖恩·卡特利奇爵士。102在西德总理午餐会上的讲话，1979年5月10日 (http://www.margaretthatcher.org/document/104080)。

⑬与西德总理的联合新闻发布会，1979年5月11日 (http://www.margaretthatcher.org/document/104081)。⑭在欧洲青年联合会上的讲话，NEC 伯明翰，1979年6月2日 (http://www.margaretthatcher.org/document/104088)。⑮采访布赖恩·卡特利奇爵士。⑯同前。⑰与撒切尔夫人的交流。⑱采访瓦雷里·吉斯卡德·德斯坦。⑲与吉斯卡德总统的会晤记录，1979年6月5日，TNA:PRO PREM19/27。⑩采访克莱夫·惠特莫尔爵士。⑪采访瓦雷里·吉斯卡德·德斯坦。⑫采访布赖恩·卡特利奇爵士。⑬采访瓦雷里·吉斯卡德·德斯坦。⑭同前。⑮与吉斯卡德总统会晤记录，1979年6月5日，TNA:PRO PREM19/27。⑯采访布赖恩·卡特利奇爵士。⑰ E.A. 迪沃斯女士给掌玺大臣私人秘书的信，1979年5月21日，TNA:PRO PREM19/27。⑱撒切尔著，《唐宁街岁月》，第66页。⑲采访克莱夫·惠特莫尔爵士。⑳采访布赖恩·卡特利奇爵士。㉑同前。㉒同前。㉓采访鲍勃·霍马茨。㉔采访记录，英国广播公司世界频道，1979年6月25日（克里斯多夫·柯林斯编辑，玛格丽特·撒切尔在1945—1990年间在 CD—ROM 上的公开声明集锦，牛津大学出版社，1998/2000）。㉕赤坂宫公开声明记录，1979年6月28日/29日，TNA:PRO PREM19/28。㉖布热津斯基写给卡特，"NSC 每周报告，#96"，1979年5月12日，布热津斯基贡献资料，卡特图书馆。㉗见吉米·卡特，《坚守信仰：总统回忆录》，班特姆出版社，1982年，第113页。㉘撒切尔著，《唐宁街岁月》，第68页。㉙采访瓦雷里·吉斯卡德·德斯坦。㉚与雷蒙德·塞茨的通信。㉛采访卡灵顿勋爵。㉜《时代》，1979年5月14日（柯林斯教育，公开声明全集）。㉝布热津斯基写给卡特，"撒切尔思想：保守党胜利的外交影响"，RAC NLC—6—77—2—8—1，卡特图书馆。㉞采访迪克·莫斯。㉟英国议会议事录，HC Deb 1979年5月15日 (http://www.margaretthatcher.org/document/104083)。㊱采访卡灵顿勋爵。㊲采访伦威克勋爵。㊳与卡灵顿勋爵的交流。㊴撒切尔首相在唐宁街10号的会议记录，1979年7月12日，第13号档案，第8格，S—0987，联合国档案库。㊵采访布赖恩·卡特利奇爵士。㊶采访卡灵顿勋爵。㊷英国议会议事录，HC Deb 1979年7月25日 (http://www.margaretthatcher.org/document/104122)。㊸私人信息。㊹采访布赖恩·卡特利奇爵士。㊺卡灵顿勋爵著，《反思往事：卡灵顿勋爵回忆录》，柯林斯出版社，1988年，第277页。㊻采访布赖恩·卡特利奇爵士。㊼采访丹尼斯·撒切尔爵士。㊽采访克莱夫·惠特莫尔爵士。㊾采访克里夫顿的伦威克勋爵。㊿卡洛琳·斯蒂芬斯未经公开出版的记录（赖德夫人），写于1979年8月7日。㈤采访卡灵顿勋爵。㈥在《唐宁街岁月》中采访安东尼·帕森斯爵士（英国广播公司1），1993年。

在诉诸媒体之时，所引用的一些政府文件已依照30年规定转至国家档案馆，其

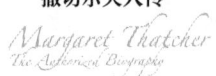

他一部分则没有照此办理。国家档案馆在处理资料时尽可能遵循法律规定。有些文件尚未披露，就使用内阁办公室的资料。在一些案例中，有些文件要么在转往国家档案馆的过程中被毁坏了，要么被置放于无法找到之处，就向内阁办公室咨询。在此为第3—10章中所有相关内容一并说明。

第三章 削 减

①亨特给首相的信，1979年5月4日，国家档案馆（TNA）：公共记录办公室（PRO）PREM19/24。②CPRS资料，1979年5月1—8日，TNA:PRO PREM 19/37。③采访蒂姆·兰克斯特爵士。④亨特给首相的内容，1979年5月4日，TNA:PRO PREM19/24。⑤亨特给首相的备忘录，1979年5月4日，TNA:PRO PREM19/24。⑥亨特给首相的文件，1979年5月16日，TNA:PRO PREM19/186。⑦克莱格委员会在亨特文件上的备注，1979年5月9日，TNA:PRO PREM19/186。⑧议会回答草案备注，1979年5月9日，TNA:PRO PREM19/186。⑨就业部秘书备忘录，"薪资前进之路"，1979年5月15日，首相资料，经济政策：经济战略：薪资和物价（文件咨询于内阁办公室）。⑩给E委员会的财政大臣草案，1979年5月24日，首相资料，经济政策：经济战略：薪资和物价（文件咨询于内阁办公室）。⑪同前。⑫备注，1979年5月25日，TNA:PRO PREM19/24。⑬兰克斯特写给法尔，1979年6月1日，首相资料，经济政策：经济战略：薪资和物价（文件咨询于内阁办公室）。⑭备注，1979年5月8日，TNA:PRO PREM19/35。⑮玛格丽特·撒切尔著，《唐宁街岁月》，哈伯柯林斯出版社，1993年，第40—41页。⑯英国议会议事录，HC Deb 1979年5月15日 (http://www.margaretthatcher.org/document/104083)。⑰同前。⑱豪写给首相的信, 1979年6月6日，TNA: PRO PREM 19/33。⑲采访亚当·里德利爵士。⑳兰克斯特写给首相的备忘录，1979年11月22日，TNA: PRO PREM 19/34。㉑采访敦菲尔的莱恩勋爵。㉒采访约翰·阿什沃斯爵士。㉓采访戈登·派博。㉔兰克斯特写给巴蒂希尔的信，1979年6月7日，TNA: PRO PREM19/33。㉕豪写给首相的备忘录，1979年6月11日，TNA: PRO PREM 19/33。㉖首相写给豪的信，1979年6月24日，TNA: PRO PREM 19/33。㉗英国议会议事录，HC Deb 1979年7月24日 (http://www.margaretthatcher.org/document/104121)。㉘记载备注，1979年5月16日，TNA: PRO PREM 19/29。㉙同前。㉚杰弗里·豪著，《忠诚的冲突》，麦克米伦出版社，1994年，第130页。㉛兰克斯特写给巴蒂希尔，1979年

5月22日，TNA: PRO PREM 19/29。㉜豪写给首相，1979年5月23日，TNA:PRO PREM19/29。㉝在 CPC 暑期学校的讲话，剑桥，1979年7月6日 (http://www.margaretthatcher.org/document/104107)。㉞霍尔写给兰克斯特，1979年7月10日，首相资料，经济政策：向 IMF 咨询（文件咨询于内阁办公室）。㉟詹姆斯·普赖尔著，《权力的平衡》，汉密士·汉密尔顿，1986年，第119页。㊱采访布洛克威尔的巴特勒勋爵。㊵采访约翰·霍斯金斯爵士。㊶霍斯金斯在政府战略方面的文件，1979年6月12日，TNA: PRO PREM 19/24。㊷约翰·霍斯金斯著，《正逢其时：撒切尔变革内幕》，奥拉姆出版社，2000年，第111页。㊸约翰·霍斯金斯关于政府战略的文件，1979年6月12日，首相资料，经济政策：经济战略：薪资和物价（文件咨询于内阁办公室）。㊹同前。㊺约翰·霍斯金斯"长征"资料，1979年12月14日，TNA: PRO PREM 19/171。㊻采访温瑟姆的赖德勋爵。㊼采访约翰·霍斯金斯爵士。㊽迈克尔·赫塞尔廷著，《丛林生活：我的自传》，霍德 & 斯托顿出版社，2000年，第182页。㊾记载备注，1979年5月25日，首相资料，住房政策：住房法令（文件咨询于内阁办公室）。㊿英国议会议事录，HC Deb 1979年5月15日 (http://www.margaretthatcher.org/document/104083)。㉛CPRS 资料，1979年5月22日，首相资料，住房政策：住房法令（文件咨询于内阁办公室）。㉜劳森写给西斯廷的内容，1979年5月17日，首相资料，住房政策：公屋销售（文件咨询于内阁办公室）。㉝采访约翰·斯坦利爵士。㉞给帕蒂森的备忘录，1980年1月7日，首相资料，住房政策：住房法令（文件咨询于内阁办公室）。㉟兰克斯特写给维金斯的信，1981年6月18日，首相资料，住房政策：住房法令（文件咨询于内阁办公室）。㊱撒切尔备忘录，1979年5月11日，TNA:PRO PREM 19/18。㊲内阁会议记录，1979年5月17日，TNA: PRO CAB 128/66/2。㊳内阁会议记录，1979年5月31日，TNA: PRO CAB 128/66/4。㊴豪写给首相，1979年7月5日，TNA: PRO PREM 19/19。⑩采访科林·彼得森。㉑亨特写给首相，1979年7月11日，TNA: PRO PREM 19/19。㉒约瑟夫写给首相，1979年7月11日，TNA: PRO PREM 19/19。㉓约翰·亨特爵士，内阁秘书的笔记簿，1979年7月12日。㉔同前。㉕内阁会议记录，1979年7月12日，TNA: PRO CAB 128/66/9。㉖约翰·亨特爵士，内阁秘书的笔记簿，1979年7月12日。㉗同前。㉘内阁会议记录，1979年7月12日，TNA: PRO CAB128/66/9。㉙记载备注，1979年7月16日，TNA: PRO PREM 19/19。⑩豪和比芬给内阁的备忘录，1979年9月7日，TNA: PRO PREM 129/207/5。㉑亨特备忘录录，1979年7月16日，TNA: PRO PREM 19/19。㉒E 委员会会议记录，1979年9月17日，首相资料，经济政策：公共开支与现金限制（文件咨询于内阁办公室）。㉓西斯廷写给比芬的备忘录，1979年9月6日，TNA: PRO PREM 19/21。㉗内阁会议记录，1979年10月18日，TNA: PRO CAB 128/66/17。㉕亨特写给首相，1979年10月24日，TNA: PRO PREM 19/23。㉖豪给E委员会的备忘录备注，1979年9月14日，TNA: PRO PREM 19/21。㉗兰克斯特写给皮里，1979年10月26日，TNA:PRO PREM 19/23。㉘比芬写给首相的内容，1979年10月30日，TNA: PRO PREM19/23。㉙英国议会议事录，HC Deb 1979年11月1日 (http://www.margaretthatcher.org/document/104161)。㉚惠特莫尔写给常务董事的信，1979年11月2日，英国国家档案，第17格，IMF档案馆。㉛在保守党大会上的演讲，1979年10月12日 (http://www.margaretthatcher.org/document/104147)。㉜采访彼得·米德尔顿爵士。㉝兰克斯特写给霍尔，1979年9月24日，首相资料，经济政策：外汇汇率：外汇控制政策，第一部分，TNA: PRO PREM 19/437。㉞豪著，《忠诚的冲突》，第142页。㉟在市长宴会上的演讲，1979年11月12日 (http://www.margaret thatcher.org/document/104167)。㊱豪著，《忠诚的冲突》，第151页。㊲兰克斯特的记载备注，1979年11月5日，TNA: PRO PREM 19/171。㊳同前。㊴罗伯特·阿姆斯特朗爵士，内阁秘书的笔记簿，1979年10月23日—1979年12月13日。㊵豪备忘录，1979年12月6日，TNA: PRO PREM 19/171。㊶采访R.W.阿波尔，《纽约时报》，1979年11月9日登载，出版于1979年11月12日（克里斯多夫·柯林斯编辑，玛格丽特·撒切尔在1945—1990年间在CD—ROM上的公开声明集锦，牛津大学出版社，1998/2000）。

第四章　疑惑足以败事

①在黑潭保守党大会上的演讲，1979年10月12日 (http://www.margaretthatcher.org/document/104147)。②采访迈克尔·罗斯爵士。③要了解关于事件后果的全面信息，见米兰达·卡特著，《安东尼·布兰特：他的生活》，麦克米伦出版社，2001年，第18章。④克里斯多夫·安德鲁著，《捍卫王土：MI5的授权历史》，艾伦·兰恩出版社，2009年，第438页。⑤采访伊尔敏斯特的阿姆斯特朗勋爵。⑥同前。⑦采访撒切尔夫人。⑧采访里斯—莫各勋爵。⑨英国议会议事录，HC Deb 1979年11月21日 (http://www.margaret thatcher.org/document/104175)。⑩卡特，安东尼·布兰特，第473页。⑪英国议会议事录，HC Deb 1979年11月21日 (http://www.margaretthatcher.org/document/104175)。⑫写给布赖恩·卡特利奇的信，1979年9月23日。⑬亨特写给首相，1979年5月4日，国家档

案馆（TNA）：公共记载办公室（PRO）PREM 19/53。⑭卡灵顿写给首相的备忘录，1979年6月8日，TNA: PRO PREM19/53。⑮詹金斯与撒切尔会面记录摘要，1979年10月22日，TNA: PRO PREM 19/54。⑯英厄姆给桑德斯的信，1979年11月26日，TNA: PRO PREM 19/52。⑰在"当机立断！"接受采访，1979年9月30日（克里斯多夫·柯林斯编辑，玛格丽特·撒切尔在1945—1990年间在CD—ROM上的公开声明集锦，牛津大学出版社，1998/2000）。⑱在卢森堡的温斯顿·丘吉尔纪念演讲，1979年10月18日(http://www.margaretthatcher.org/document/789104149)。⑲同前。⑳接受卢森堡电视—电台采访，1979年10月19日。㉑采访迈克尔·詹金斯爵士。㉒同前。㉓同前。㉔采访迈克尔·帕里泽爵士。㉕同前。㉖采访伯纳德·英厄姆爵士。㉗兰克斯特关于豪和首相会面的记录，1979年11月22日，TNA: PRO PREM 19/171。㉘见迈克尔·巴特勒著，《欧洲：不只是一个大陆》，海涅曼出版社，1986年，第92—93页。㉙与西德总理的联合新闻发布会，伯恩，1979年10月31日(http://www.margaretthatcher.org/document/104159)。㉚与瓦雷里·吉斯卡德·德斯坦的联合新闻发布会，伦敦，1979年11月20日(http://www.margaretthatcher.org/document/104174)。㉛在梅特兰给卡灵顿的信上的备注，1979年10月31日，TNA: PRO PREM 19/55。㉜采访迈克尔·巴特勒爵士。㉝撒切尔与施密特讨论纪要，1979年10月31日，TNA: PRO PREM 19/55。㉞豪写给首相的信，1979年11月21日，TNA : PRO PREM 19/55。㉟索姆斯写给首相的信，1979年11月28日，TNA: PRO PREM 19/52。㊱撒切尔与詹金斯之间会议纪要，1979年11月26日，TNA: PRO PREM 19/55。㊲罗伊·詹金斯著，《聚焦一生》，麦克米伦出版社，1993年，第498页。㊳采访瓦雷里·吉斯卡德·德斯坦。㊴采访卡灵顿勋爵。㊵采访瓦雷里·吉斯卡德·德斯坦。㊶ MS 备注，1979年11月，TNA: PRO PREM 19/52。㊷玛格丽特·撒切尔著，《唐宁街岁月》，哈伯柯林斯出版社，1993年，第81页。㊸英国议会议事录，HC Deb 1979年12月3日(http://www.margaretthatcher.org/document/104183)。㊹都柏林峰会末的新闻发布会，1979年11月30日(http://www.margaretthatcher.org/document/104180)。㊺采访迈克尔·巴特勒爵士。㊻采访卡灵顿勋爵。㊼阿姆斯特朗写给首相的信，1979年12月7日，TNA: PRO PREM 19/222。㊽声明草案备注，1980年2月14日，TNA: PRO PREM 19/223。㊾采访瓦雷里·吉斯卡德·德斯坦。㊿同前。㊼沃纳写给吉尔摩的信，1980年4月17日，TNA: PRO PREM 19/225。㊽吉斯卡德·德斯坦与撒切尔之间的电话交流记录，1980年4月24日，TNA: PRO PREM 19/225。㊾内阁讨论，1980年4月24日，TNA: PRO CAB 128/67/17。㊿卡灵顿写给首相的信，1980

年5月1日，TNA: PRO PREM 19/226。㊿采访克莱夫·惠特莫尔爵士。㊾卡灵顿给首相的电报，1980年5月30日，TNA: PRO PREM 19/226。㊿希伯特给外交和联邦事务部的电报，1980年5月30日，TNA: PRO PREM 19/226。㊿采访卡灵顿勋爵。㊿内阁讨论，1980年6月2日，TNA: PRO CAB128/67/21。㊿罗伯特·阿姆斯特朗爵士，内阁秘书的笔记簿，1980年6月2日。㊿阿姆斯特朗写给首相的信，1980年7月9日，TNA: PRO PREM 19/227。㊿维金斯给亚历山大的备忘录，1980年7月15日，TNA: PRO PREM 19/227。㊿豪写给首相的信，1980年9月12日，TNA: PRO PREM 19/227。㊿诺特给首相的信，1980年10月10日，首相资料：欧洲政策：针对欧共体的未来政策，欧共体预算（文件咨询于内阁办公室）。㊿布热津斯基写给总统的信，"撒切尔夫人来访"，1979年7月31日，"8/2/79"，第141格，团队秘书文件库，卡特图书馆，亚特兰大GA。㊿"OECD国家间正在变化的力量关系"，CIA：国家外交评估中心，1979年10月22日，RAC NLC—7—16—14—1，卡特图书馆。㊿采访吉姆·伦奇勒。㊿万斯给卡特的信，"英国首相撒切尔来访"，1979年12月8日，由美国国务院FOIA Case#200502415披露。㊿亚历山大给莱佛的信，"首相访问美国"，1979年10月24日，TNA: PRO外交和联邦事务部82/989。㊿尼古拉斯·亨德森著，《曼德琳：大使日记（1969—1982年）》，韦登菲尔德&尼克尔森出版社，1994年，第316页。㊿在白宫接待仪式上的讲话，1979年12月17日(http://www.margaretthatcher.org/document/104194)。㊿亚历山大给威尔登的信，"首相的美国之访"，1979年12月19日，TNA: PRO外交和联邦事务部82/991。㊿与卡特总统会晤后的评论(http://www.margaretthatcher.org/document/104195)。㊿《每日电讯报》，1979年12月18日。㊿采访兹比格纽·布热津斯基。㊿SCC会议记录，1979年12月18日，NLC—25—98—20—4—1，卡特图书馆。㊿《纽约时报》，1979年12月18日。㊿亨德森，曼德琳，第320页。㊿在外交政策协会上的讲话，1979年12月18日(http://www.margaretthatcher.org/document/104199)。㊿布赖恩·厄克特爵士著，《和平与战时人生》，韦登菲尔德&尼克尔森出版社，1987年，第307页。㊿采访吉姆·伦奇勒。㊿采访伦威克勋爵。㊿采访迈克尔·亚历山大爵士，1998年11月25日，英国外交口述历史项目，剑桥大学丘吉尔学院。㊿141435z，1979年9月，"兰克斯特住房会议"，1979年9月14日，由美国国务院FOIA Case #200502415披露。㊿采访约翰·卡伯格。㊿同前。㊿塞露斯·万斯著，《艰难抉择：美国外交政策批判岁月》，西蒙&斯库斯特出版社，1983年，第300页。㊿采访约翰·卡伯格。㊿采访卡灵顿勋爵。㊿采访查尔斯·德·查西伦。㊿采访欧文勋爵。㊿采访克莱夫·惠特莫尔爵士。㊿丹尼斯·希利，府邸演讲，1978

年10月19日，《泰晤士报》报道，1978年10月20日。㉔采访彼得·米德尔顿爵士。㉕同前。㉖《泰晤士报》，1978年9月14日。㉗采访亚伯拉昂的豪勋爵。㉘采访伯恩斯勋爵。㉙见奈杰尔·劳森著，《来自11号院的视角》，班特姆，1992年，第67页。⑩杰弗里·豪著，《忠诚的冲突》，麦克米伦出版社，1994年，第171页。⑪豪写给首相的信，1980年2月29日，TNA: PRO PREM 19/176。⑫罗伯特·阿姆斯特朗爵士，内阁秘书的笔记簿，1980年3月13日。⑬兰克斯特写给首相的信，1979年11月2日，TNA: PRO PREM 19/171。⑭阿姆斯特朗写给首相的信，1979年12月6日，TNA: PRO PREM 19/164。⑮同前。⑯阿姆斯特朗写给首相的信，1980年3月4日，TNA: PRO PREM 19/166。⑰惠特莫尔写给阿姆斯特朗的信，1980年6月11日，TNA: PRO PREM 19/166。⑱霍斯金斯写给首相的信，1980年3月12日，TNA: PRO PREM19/166。⑲劳森著，《来自11号院的视角》，第50页。⑳豪写给首相的信，1980年2月29日。TNA: PRO PREM 19/165。㉑同前。㉒黑格资料，1980年6月6日，TNA: PRO PREM 19/166。㉓普赖尔写给首相的信，1979年5月14日，TNA: PRO PREM19/70。㉔普赖尔，"劳资关系处理之道"，E委员会资料，1979年6月15日，首相资料，工业政策：劳资关系法律（文件咨询于内阁办公室）。㉕采访高里勋爵。㉖霍斯金斯写给首相的信，1980年1月28日，TNA: PRO PREM 19/261。㉗普赖尔写给首相的信，1980年2月1日，TNA: PRO PREM 19/261。㉘周末世界（英国广播公司电台4），1980年2月3日。㉙豪写给首相的信，1980年2月4日，TNA: PRO PREM19/262，丹尼斯·希利说（英国议会议事录，HC Deb 1978年6月14日）被杰弗里·豪攻击就像是"被一只死绵羊狂咬"。㉚采访敦菲尔的莱恩勋爵。㉛莱恩写给首相的信，1980年2月6日，TNA: PRO PREM19/262。㉜采访敦菲尔的莱恩勋爵。㉝首相写给莱恩的信，1980年2月11日，TNA: PRO PREM 19/262。㉞E委员会会议记录，1980年2月13日，首相资料，工业政策：劳资关系法律（文件咨询于内阁办公室）。㉟英厄姆摘要，1980年3月11日，撒切尔资料，剑桥大学丘吉尔学院，THCR 3/5/1。㊱采访普赖尔勋爵。㊲同前。㊳此处以及所有这里的引用. 随后段落都来自电话交流的摘要，1980年2月17日，TNA: PRO PREM19/263。㊴全景图（英国广播公司1），1980年2月25日（柯林斯教育，公共声明全集）。㊵在《每日邮报》接受采访，编辑于1980年5月1日，出版于1980年5月3日（柯林斯教育，公共声明全集）。㊶采访迈克尔·爱德华兹。㊷采访罗宾·伊布斯爵士。㊸霍斯金斯写给首相的信，1979年9月18日，THCR 1/15/2。㊹备注，1979年10月26日，TNA: PRO PREM 19/71。㊺霍斯金斯写给约瑟夫的信，1979年11月15日，TNA: PRO PREM 19/71。㊻霍斯金斯，首相简报，1980年5月20日，THCR 1/15/2。㊼采访迈克尔·爱德华兹爵士。⑱见迈克尔·爱德华兹著,《撤离边缘》,威廉·柯林斯出版社,1983年,第227页。⑲此处以及随后引用都来自兰克斯特写给艾莉森的信,1980年5月22日,首相资料,工业政策:英国利兰公司的未来(文件咨询于内阁办公室)。⑩采访迈克尔·爱德华兹爵士。⑪同前。⑫约瑟夫给E委员会的信,1980年5月15日,首相资料,工业政策:英国利兰公司的未来(文件咨询于内阁办公室)。⑬约瑟夫给首相的信,1980年12月10日,首相资料,工业政策:英国利兰公司的未来(文件咨询于内阁办公室)。⑭诺特给首相的信,1981年1月4日,首相资料,工业政策:英国利兰公司的未来(文件咨询于内阁办公室)。⑮采访特比特勋爵。⑯兰克斯特给艾莉森的信,1981年1月13日,首相资料,工业政策:英国利兰公司的未来(文件咨询于内阁办公室)。⑰采访特比特勋爵。⑱爱德华兹写给约瑟夫的信,1981年1月21日,首相资料,工业政策:英国利兰公司的未来(文件咨询于内阁办公室)。⑲阿姆斯特朗写给首相的信,1981年1月21日,首相资料,工业政策:英国利兰公司的未来(文件咨询于内阁办公室)。⑳约瑟夫的声明草案,1981年1月22日,首相资料,工业政策:英国利兰公司的未来(文件咨询于内阁办公室)。㉑采访阿尔弗雷德·谢尔曼爵士。

第五章 不支持转弯

①霍斯金斯给首相的信,1980年6月19日,国家档案馆(TNA):公共记录办公室(PRO)PREM 19/172。②采访克莱夫·普利斯特里。③同前。④见玛格丽特·撒切尔著,《唐宁街岁月》,哈伯柯林斯出版社,1993年,第90页。⑤采访约翰·奇尔科特爵士。⑥采访彼得·德·拉·毕雷丽。⑦采访克莱夫·普利斯特里。⑧同前。⑨私人信息。⑩撒切尔著,《唐宁街岁月》,第48页。⑪采访罗宾·伊布斯。⑫采访伊尔敏斯特的阿姆斯特朗勋爵。⑬采访克莱夫·普利斯特里。⑭同前。⑮伊恩·吉尔摩著,《与教条共舞:撒切尔主义治下的英国》,西蒙&斯库斯特出版社,1992年,第21页。⑯同前。⑰罗宾日,全景图(英国广播公司1),1980年2月25日(克里斯多夫·柯林斯编辑,玛格丽特·撒切尔在1945—1990年间在CD—ROM上的公开声明集锦,牛津大学出版社,1998/2000)。⑱罗伯特·阿姆斯特朗爵士,内阁秘书的笔记簿,1980年3月13日。⑲采访吉米青年项目(英国广播公司电台2),1980年4月30日(柯林斯教育,公开声明全集)。⑳劳森给首相的信,1980年2月22日,首相资料,首相与米尔顿·弗里德曼教授在1980年2月27日的会面(文件咨询于内阁办

公室）。㉑私人信息。㉒米尔顿·弗里德曼给财政部特别委员会的文本证据，就像《观察家》刊载的一样，1980年7月6日。㉓首相与戈登·佩珀开会纪要，1979年5月18日，TNA: PRO PREM 19/33。㉔罗伯特·阿姆斯特朗爵士，内阁秘书的笔记簿，1980年3月26日。㉕采访佛利斯特法奇的格里菲斯勋爵。㉖CSO月度经济简报，1980年7月31日，TNA: PRO PREM 19/173。㉗在记者协会年度午餐会上的讲话，1980年6月11日（http://www.margaretthatcher.org/document/104377）。㉘约翰·霍斯金斯著，《正逢其时：撒切尔变革内幕》，奥鲁姆出版社，2000年，第187页。㉙罗伯特·阿姆斯特朗爵士，内阁秘书笔记簿，1980年6月17日。㉚同前。㉛采访梅休勋爵。㉜同前。㉝阿姆斯特朗写给沃思的信，1980年4月25日，TNA: PRO PREM19/172。㉞阿姆斯特朗写给首相的信，1980年5月2日，TNA: PRO PREM 19/172。㉟霍斯金斯著，《正逢其时》，第200页。㊱采访道格拉斯·沃思爵士。㊲采访伯恩斯勋爵。㊳同前。㊴所有上文引述都来自罗伯特·阿姆斯特朗爵士，内阁秘书笔记簿，1980年7月3日。㊵同前，1980年7月10日。㊶杨著，雨果·杨资料：《英国政治三十年——非正式的》，艾伦·莱恩出版，2008年，第152页。㊷采访伯恩斯勋爵。㊸《星期日泰晤士报》，1980年8月1日（http://www.margaretthatcher.org/document/104214）。㊹采访《人民周刊》，1980年7月30日。㊺麦克米伦写给首相的信，1980年8月20日，TNA:PRO PREM 19/173。㊻采访维克汉姆夫人。㊼采访玛丽·莫里森夫人。㊽采访高里勋爵。㊾采访理查德和维罗妮卡·包德乐—雷纳。㊿私人信息。㊿帕蒂森给首相的信，1980年9月2日，TNA: PRO PREM 19/173。㊿采访伯恩斯勋爵。㊿同前。㊿同前。㊿霍斯金斯著，《正逢其时》，第228页。㊿同前，第230页。㊿同前。㊿同前，第231页。㊿在布莱顿保守党大会上的演讲，1980年10月10日（http://www.margaretthatcher.org/document/104431）。㊿霍斯金斯著，《正逢其时》，第231页。㊿在布莱顿保守党大会上的演讲，1980年10月10日（http://www.margaretthatcher.org/document/104431）。㊿霍斯金斯写给首相的信，1980年10月24日，TNA: PRO PREM 19/174。㊿首相写给兰克斯特的信，1980年10月24日，TNA: PRO PREM 19/174。㊿兰克斯特写给财政大臣私人办公室的信，1980年11月13日，TNA: PRO PREM 19/174。㊿同前。㊿同前。㊿杨著，雨果·杨资料，第157页。㊿罗伯特·阿姆斯特朗爵士，内阁秘书笔记簿，1980年10月30日。69. 采访约翰·霍斯金斯爵士。㊿罗伯特·阿姆斯特朗爵士，内阁秘书笔记簿，1980年11月13日。㊿同前。㊿同前。㊿《卫报》1980年11月19日。㊿杰弗里·豪著，《忠诚的冲突》，麦克米伦出版社，1994年，第190页。㊿撒切尔著，《唐宁街岁月》，第129页。㊿W.F.迪兹日记（未经公开出版）。1980年12月23

日。⑦豪写给首相的信，1980年12月31日，TNA: PRO PREM19/174。⑧英厄姆新闻摘要，1980年12月29日，撒切尔资料，剑桥大学丘吉尔学院，THCR 3/5/2。⑨采访《人民周刊》，1980年7月30日（柯林斯教育，公开声明全集）。⑩英厄姆写给皮姆的信，1981年1月26日，首相资料，经济政策：经济战略：薪资和物价（文件咨询于内阁办公室）。⑪采访罗伯特·韦德—盖里爵士。⑫同前。⑬维金斯写给惠特莫尔的信，1980年4月25日，TNA: PRO PREM 19/181。（文件咨询于内阁办公室）。⑭秘书团给E委员会的备忘录，1980年6月12日，TNA: PRO PREM 19/181（文件咨询于内阁办公室）。⑮同前。⑯豪威尔著，《E委员会的煤炭战略》，1980年9月10日，首相资料，煤炭业的财政定位：矿工的薪资（文件咨询于内阁办公室）。⑰英厄姆新闻摘要，1980年11月13日，THCR 3/5/2。⑱与首相和埃兹拉会谈纪要，1981年1月29日，首相资料，煤炭业的财政定位：矿工的薪资（文件咨询于内阁办公室）。⑲英厄姆写给首相的信，1981年2月13日，首相资料，煤炭业的财政定位：矿工的薪资（文件咨询于内阁办公室）。⑳采访吉尔福德的豪威尔勋爵和迈克尔·波蒂略。㉑采访吉尔福德的豪威尔勋爵。㉒英厄姆写给首相的信，1981年2月19日，首相资料，煤炭业的财政定位：矿工的薪资（文件咨询于内阁办公室）。㉓英厄姆新闻摘要，1981年2月19日，THCR3/5/3。㉔兰克斯特给维斯特的信，1981年2月20日，首相资料，煤炭业的财政定位：矿工的薪资（文件咨询于内阁办公室）。㉕《每日电讯报》，1981年2月20日。㉖采访理查德·艾伦。㉗里根与撒切尔的电话交流，1981年1月21日，首相资料，美国：英美关系（文件咨询于内阁办公室）。㉘托马斯写给首相的信，1981年1月26日，首相资料，美国：英美关系（文件咨询于内阁办公室）。㉙托马斯写给柏少德的信，1980年7月24日，TNA: PRO 外交和联邦事务部 82/1017。㉚在伦敦朝圣者晚餐会上的演讲，1981年1月29日 (http://www.margaretthatcher.org/document/104557)。㉛里根写给撒切尔的信，1981年2月2日，英国：首相撒切尔电报【1】，第34格，Exec Sec，NSC：国家首脑资料，里根图书馆，西米谷CA。㉜采访理查德·艾伦。㉝黑格给总统的信，"首相撒切尔之访"，5.英国首相撒切尔的正式工作访问02/26/1981 (6 of 8)。第4格，查尔斯·泰森资料，里根图书馆。㉞艾伦写给里根的信，"你与首相撒切尔的会面（周四，2月26日）"，吉姆·伦奇勒资料。㉟安森给兰克斯特的信，1981年1月21日，首相资料，美国：英美关系（文件咨询于内阁办公室）。㊱赫伯特·斯特恩著，总统经济：从罗斯福到克林顿的经济政策制定过程，3rd rev. Edn，AEI出版社，1994年，第233页。㊲采访詹姆斯·贝克。㊳撒切尔著，《唐宁街岁月》，第158页。㊴采访伯纳德·英厄姆爵士。㊵采访保罗·沃尔克。㊶斯普林科尔写给里根的信，1981年2月24日，第185

格，里根资料，议会图书馆，华盛顿DC。⑫"英国国内经济政策"，国家简报部，1981年2月17日，由美国国务院档案馆 FOIA Case#200505131披露。⑬采访哈维·托马斯。⑭采访保罗·沃尔克。⑮来自理查德 V. 艾伦给总统的备忘录，1981年2月24日，吉姆·伦奇勒资料。⑯《泰晤士报》，1981年2月26日。⑰《纽约时报》，1981年2月27日。⑱到达白宫述评，1981年2月26日 (http://www.margaretthatcher.org/document/104576)。⑲罗纳德·里根著，里根日记，哈伯柯林斯出版，2007年，1981年2月26日，第5页。⑳《金融时报》，1981年2月27日。㉑华盛顿媒体俱乐部会议，1981年2月26日 (http://www.margaret thatcher.org/document/104578)。㉒里根著，里根日记，1981年2月27日，第5页。㉓采访吉姆·伦奇勒。㉔同前。㉕见尼古拉斯·亨德森著，《曼德琳：一个大使的日记（1969—1982年）》，韦登菲尔德 & 尼克尔森出版社，1994年，第383页。㉖英国使馆为总统里根的午餐会上的讲话，1981年2月27日 (http://www.margaretthatcher.org/document/104581)。㉗同前，里根的回应。㉘里根著，《里根日记》，1981年2月27日，第5页。㉙亨德森著，《曼德琳》，第338页。㉚同前。㉛同前。㉜采访尼古拉斯·亨德森爵士。㉝采访肯尼思·阿德尔曼。㉞里根著，《里根日记》，1981年2月27日，第5页。㉟首相给亨德森的信，1981年3月5日，TNA: PRO PREM19/600。㊱采访布洛克威尔的巴特勒勋爵。㊲采访卡灵顿勋爵。㊳撒切尔写给里根的信，1981年5月5日，英国：首相撒切尔，第35格，Exec Sec，NSC：国家首脑档案，里根图书馆。㊴霍斯金斯给首相的信，1980年11月11日，TNA: PRO PREM 19/174。㊵霍斯金斯给首相的信，1980年11月20日，TNA: PRO PREM 19/174。㊶《泰晤士报》，1981年1月26日。㊷采访欧文勋爵。㊸同前。㊹采访罗宾·伊布斯爵士。㊺采访安德鲁·杜吉德。㊻采访约翰·霍斯金斯爵士。㊼奈杰尔·劳森著，《来自11号院的视角》，班特姆出版社，1992年，第64页。㊽同前，第65页。㊾奈杰尔·劳森，在佐利克经济协会上的发言，1981年1月14日。㊿霍斯金斯著，《正逢其时》，第260页。51同前。

第六章 俄国……里根

①里弗给卡特利奇的信，1979年5月8日，首相资料，苏联：杂项（文件咨询于内阁办公室）。②采访卡灵顿勋爵。③首相给康奎斯特的信，1979年6月6日，撒切尔资料，剑桥大学丘吉尔学院，THCR 2/6/2/38。④首相给康奎斯特的信，1978年6月26日，THCR 2/6/2/38。⑤罗伯特·康奎斯特著，《危险在即：针

对一项外交政策》，胡佛研究所出版社，1979年。⑥采访罗伯特·康奎斯特。⑦康奎斯特给首相的信，1979年7月30日，THCR 2/6/2/38。⑧康奎斯特给首相的信，1979年8月28日，THCR 2/6/2/38。⑨康奎斯特给首相的信，1979年12月12日，THCR 2/6/2/38。⑩托马斯给首相的信，"首相办公室：历史记录"，1980年10月，THCR 2/6/1/254。⑪康奎斯特给高的信，1983年4月12日，THCR 2/6/2/38。⑫采访罗伯特·康奎斯特。⑬赖德给首相的信，1979年10月3日，THCR 2/6/2/38。⑭采访克莱夫·惠特莫尔爵士。⑮采访迈克尔·亚历山大爵士，1998年11月25日，英国外交口述历史项目，剑桥大学丘吉尔学院。⑯采访卡灵顿勋爵。⑰采访罗德里克·布瑞特维特。⑱罗德里克·布瑞特维特著，《跨过莫斯科河：天翻地覆的世界》，耶鲁大学出版社，2002年，第51—52页。⑲采访温瑟姆的赖德勋爵。⑳马拉比给吉尔摩的信，"武器控制谈判中的力量定位"，1979年12月6日，TNA: PRO 外交和联邦事务部 28/3865。㉑采访约翰·科尔斯爵士。㉒181220z，1979年7月，RAC NLC—31—145—7—2—8，卡特图书馆，亚特兰大GA。㉓采访卡灵顿勋爵。㉔布热津斯基写给总统的信，"撒切尔思想：保守党胜利的外交政策影响"，RAC NLC—6—77—2—8—1，卡特图书馆。㉕卡特给撒切尔的信，1979年5月11日，国家档案馆（TNA）：公开记录办公室（PRO）外交和联邦事务部82/978—980。㉖采访克莱夫·惠特莫尔爵士。㉗撒切尔写给卡特的信，1979年6月15日，TNA: PRO 外交和联邦事务部 82/978—980。㉘撒切尔与施密特讨论的部分记录，1979年5月11日，TNA:PRO PREM 19/15。㉙卡特利奇写给里弗的信，1979年6月13日，TNA: PRO PREM19/15。㉚吉斯卡德·德斯坦与撒切尔会见记录，1979年11月19日，TNA: PRO PREM 19/15。㉛卡特利奇写给里弗的信，1979年7月25日，TNA: PRO PREM 19/15。㉜撒切尔给卡特的信，1979年7月28日，TNA: PRO PREM 19/15。㉝在保守党大会上的讲话，1979年10月12日 (http://www.margaretthatcher.org/document/104147)。㉞卢森堡温斯顿·丘吉尔纪念演讲，1979年10月18日 (http://www.margaretthatcher.org/document/104149)。㉟采访帕金森勋爵。㊱卡特利奇写给FOC的信，1979年6月27日，TNA:PRO PREM 19/124。㊲《每日电讯报》，1979年7月4日。㊳班德给福尔的信，"柯西金给首相的邀请"，1979年7月6日，TNA: PRO 外交和联邦事务部 28/3880。㊴班德给福尔的信，"给首相的邀请函"，1979年8月3日，TNA: PRO 外交和联邦事务部28/3865。㊵卡特与撒切尔会见记录摘要，1979年12月17日，TNA: PRO PREM 19/134。㊶撒切尔给勃列日涅夫的信，1979年12月29日，TNA: PRO PREM 19/134。㊷康奎斯特给赖德的信，1980年1月4日，THCR 2/6/2/35。㊸记录备注，与伦科夫会见,1980年1月3日,TNA: PRO PREM 19/134。㊹采访迈克尔·亚历山大爵士,1998年11月25日,英国外交口述历史项目,剑桥大学丘吉尔学院。㊺卡灵顿给首相的信,1980年1月2日,TNA: PRO PREM 19/134。㊻亚历山大写给威尔登的信,1980年1月3日,TNA:PRO PREM 19/134。㊼亚历山大写给莱恩的信,1980年1月8日,TNA: PRO PREM 19/135。㊽OD 会议记录,1980年1月22日,首相资料,阿富汗:内部局势:苏联军事干预(文件咨询于内阁办公室)。㊾布热津斯基写给卡特的信,1980年1月29日,普通文件夹2,卡特图书馆。㊿采访兹比格纽·布热津斯基。㉛英国议会议事录,HC Deb 1980年1月28日 (http://www.margaretthatcher.org/document/104298)。㉜布热津斯基写给亨德森的信,1980年2月11日,CO65,CO167,WHCF—项目文件,卡特图书馆。㉝《时代》,1980年1月4日。㉞首相给随从们的话,1980年2月19日,TNA: PRO PREM 19/374。㉟首相给爱丁堡亲王的信,1980年4月30日,TNA: PRO PREM 19/375。㊱卡灵顿前往土耳其.巴基思坦等地的差旅报告备忘录,1980年1月19日,TNA: PRO PREM 19/135。㊲撒切尔与施密特之间的交流记录,1980年2月25日,TNA: PRO PREM 19/136。㊳撒切尔与施密特之间的交谈记录,1980年3月8日,TNA: PRO PREM 19/137。㊴吉斯卡德·德斯坦写给撒切尔的信,1980年6月26日,首相资料,阿富汗:内部局势:苏联军事干预(文件咨询于内阁办公室)。㊵在党大会上的讲话,1980年10月10日,(http://www.margaretthatcher.org/document/104431)。㊶托马斯C.里德著,《悬崖边上:"冷战"历史局中人》,普雷西迪奥出版社,2004年,第234—235页。㊷采访克里斯多夫·马拉比爵士。㊸采访卡灵顿勋爵。㊹采访埃德温·米斯。㊺罗纳德·里根,1981年1月29日,总统新闻发布会,总统公开资料库,美国总统项目,加利福尼亚大学。㊻驻伦敦的美国记者协会,1981年2月16日(http://www.margaretthatcher.org/document/104570)。㊼詹姆斯·伦奇勒,《早上起床的一个理由:一名冰冷战士的记忆",未经出版的回忆录,第578页。㊽总统与首相撒切尔会见摘要,1981年2月26日,里根谈话记录(2),第48格,Exec sec NSC:项目文件,里根图书馆。㊾同前。㊿多诺万奖领奖致辞,纽约,1981年2月28日 (http://www.margaretthatcher.org/document/104584)。㊶采访卡灵顿勋爵。㊷多诺万奖领奖致辞,1981年2月28日 (http://www.margaretthatcher.org/document/104584)。㊳亚历山大写给威尔登的信,1981年3月9日,首相资料,苏联:英苏关系(文件咨询于内阁办公室)。㊴威尔登写给亚历山大的信,1981年1月30日,首相资料,苏联:英苏关系(文件咨询于内阁办公室)。㊵威尔登写给亚历山大的信,1981年3月18日,首相资料,苏联:英苏关系(文件咨询于内阁办公室)。㊶采访莫杜·麦克莱恩。⑦采访理查德·珀尔。⑧采访理查德·艾伦。⑨"东—西关系",1981年2月11日,国家简报文件部,由美国国务院FOIA Case#200505131披露。⑩采访亚历山大·黑格将军。㉛"安全／武装控制议题",1981年2月17日,国家简报文件部,由美国国务院FOIA Case#200505131披露。㉜采访吉姆·伦奇勒。同见伦奇勒写给艾伦的信,"撒切尔出访:针对媒体谈话要点",1981年2月20日,英国:首相撒切尔访问,02／25／1981–02／28／1981 (1)RAC Box1,Exec Sec,NSC:VIP访问,里根图书馆,西米谷CA。㉝采访吉姆·伦奇勒。㉞黑格写给里根的信,"大西洋联盟",1981年4月29日,NSC 00008,1981年4月30日(3／3),Exec Sec,NSC:NSC会议文件,Box91282,里根图书馆。㉟采访理查德·珀尔。㊱英国议会议事录,HC Deb 1981年11月19日,(http://www.margaretthatcher.org/document/104745)。㊲同前,1982年3月18日(http://www.margaretthatcher.org/document/104896)。㊳玛格丽特·撒切尔著,《唐宁街岁月》,哈伯柯林斯出版社,1993年,第472页。㊴采访肯·阿德尔曼。㊵采访理查德·艾伦。㊶罗纳德·里根,《一个美国人的生活:自传》,西蒙&斯库斯特出版社,1990年,第550页。㊷采访大卫·艾伦。㊸撒切尔著,《唐宁街岁月》,第245—246页。㊹采访卡灵顿勋爵和迈克尔·帕里泽爵士。㊺采访吉姆·汤姆森。㊻Sec.Def.与英国MOD约翰·诺特的会见,1981年3月11日,1981年3月20日,1981年 UK1,,Box666,卡斯帕·温伯格资料,议会图书馆。㊼采访约翰·诺特爵士。㊽采访布洛克威尔的巴特勒勋爵。㊾"记录摘要,PM+S／S防务",1981年2月10日,TNA: PRO PREM 19／417。㊿同前。(101)珀尔写给温伯格的信,国防项目美英联合评论,1981年10月13日,1981UK7,Box666,卡斯帕·温伯格资料。(102)采访理查德·珀尔。(103)采访理查德·艾伦。(104)撒切尔著,《唐宁街岁月》,第248页。(105)110900z1982年3月,"来自首相给总统里根的消息",1982年3月11日,英国:首相撒切尔,Box 36,Exec Sec,NSC:国家元首档案,里根图书馆。(106)首相与瓦尔德海姆之间交流纪要,1980年5月20日,首相资料,阿富汗:内部局势:苏联军事干预(文件咨询于内阁办公室)。(107)撒切尔与吉赛尔之间的交流纪要,1980年12月9日,首相资料,波兰:局势与关系(文件咨询于内阁办公室)。(108)同前。(109)撒切尔写给卡特的信,1980年12月8日,首相资料,波兰:局势与关系(文件咨询于内阁办公室)。(110)撒切尔与黑格之间的交流纪要,1981年4月10日,首相资料,美国:英美关系(文件咨询于内阁办公室)。(111)理查兹写给亚历山大的信,1981年11月13日,首相资料,首相时间:建议首相在1982年访问波兰(文件咨询于内阁办公室)。(112)里根给撒切尔的信,1981年12月19日,首相资料,波兰:局势与关系(文件咨询于内阁办公室)。(113)卡灵顿与首相之间的交流纪要,

1981年12月20日，首相资料，波兰：局势与关系（文件咨询于内阁办公室）。⑭撒切尔写给里根的信，1981年12月22日，英国：首相撒切尔，Box 35，Exec Sec，NSC：国家元首档案，里根图书馆。⑮国家安全委员会会议记录，1981年7月6日，NSC00016，Exec Sec，NSC:NSC会议文件，Box91282，里根图书馆。⑯国家安全委员会会议记录，1981年12月22日，NSC00034，Exec Sec，NSC:NSC会议文件，Box91283，里根图书馆。⑰撒切尔答复里根信函草稿，1981年12月24日，首相资料，波兰：局势与关系（文件咨询于内阁办公室）。⑱撒切尔写给里根的信，1982年1月8日，首相资料，波兰：局势与关系（文件咨询于内阁办公室）。⑲撒切尔与黑格交流纪要，1982年1月29日，首相资料，波兰：局势与关系（文件咨询于内阁办公室）。⑳黑格写给里根的信，1982年1月29日，英国：首相撒切尔，Box35，Exec Sec，NSC：国家元首文件，波兰：局势与关系（文件咨询于内阁办公室）。㉑撒切尔写给里根的信，1982年1月29日，首相资料，波兰：局势与关系（文件咨询于内阁办公室）。㉒罗纳德·里根著，《里根日记》，哈伯柯林斯出版社，2007年，1982年1月30日，第66页。㉓"在苏联制裁方面涉及高级别USG欧洲任务的条款"，1982年2月26日，NSC 00043 02/26/83，Box 91283，Exec Sec，NSC: NSC会议文件，里根图书馆。㉔里德著，《悬崖边上》，第227页。㉕ NSDD 32，1982年5月20日，引用彼得·施魏策尔著，《里根的战争：他针对共产主义40年的斗争以及最终获胜的史诗故事》，道布尔迪出版社，2002年，第154—155页。㉖采访罗杰·罗宾逊。㉗科尔斯写给首相的信，1982年2月12日，首相资料，美国：美国总统访问英国（文件咨询于内阁办公室）。㉘同前。㉙惠特莫尔写给福尔的信，1982年3月11日，首相资料，美国：美国总统访问英国（文件咨询于内阁办公室）。㉚惠特莫尔写给哈利迪的信，1982年3月15日，首相资料，美国：美国总统访问英国（文件咨询于内阁办公室）。㉛221706z，1982年3月，"总统访问伦敦：撒切尔的演讲决定"，1982年3月22日，英国 (09/01/1981–03/31/1982) [4]，Box 20，Exec Sec，NSC：国家档案，里根图书馆。㉜亨德森的第948号电报，1982年3月18日，首相资料，美国：美国总统访问英国（文件咨询于内阁办公室）。㉝里根著，《里根日记》，1982年5月24日，第86页。㉞采访吉姆·胡利。㉟罗纳德·里根：向英国议会成员所做演讲，1982年6月8日，总统公开资料，美国总统项目，加利福尼亚大学。㊱为美国总统所举办午餐会上的演讲，1982年6月8日，(http://www.margaretthatcher.org/document/104957)。㊲为美国总统所举办午餐会上的演讲文稿，1982年6月8日，首相资料，美国：美国总统访问英国（文件咨询于内阁办公室）。㊳黑格写给里根的信，1982年6月8日，UK (04/01/1982–07/31/1982) [6]，Box 20，Exec Sec，

NSC：国家档案，里根图书馆。⑬撒切尔著，《唐宁街岁月》，第244页。⑭采访克莱夫·惠特莫尔爵士。⑭250049z，1982年6月，"官方非正式：撒切尔访问"，1982年6月25日，由美国国务院FOIA Case#200600789披露。⑭采访威廉·克拉克法官。⑭采访托马斯·尼尔斯。⑭采访巴德·麦克法兰。⑭采访克莱夫·惠特莫尔爵士。⑭见英国议会议事录，HC Deb 1982年7月1日 (http://www.margaret thatcher.org/document/104986)。⑭撒切尔写给里根的信，1982年7月30日，英国：撒切尔首相，Box 35，Exec Sec，NSC：国家元首档案，里根图书馆。⑭采访罗杰·罗宾逊。⑭采访乔治·舒尔茨。⑮同前。⑮乔治·舒尔茨著，《骚乱与获胜：我担任国务卿的那些年》，查尔斯·斯克里布纳儿子们的出版社，1993年，第141页。⑮采访罗德里克·布瑞斯维特。⑮撒切尔写给里根的信，1982年11月12日，THCR 3/1/26。154. 哀悼信草稿，1982年11月10日，首相资料，死亡：苏联勃列日涅夫之死（文件咨询于内阁办公室）。

第七章 爱尔兰绝食事件

①资料涉及对撒切尔夫人回忆录的编辑，撒切尔资料，剑桥大学丘吉尔学院，THCR 4/3。②同前。③采访科恩布鲁克夫人。④采访高里勋爵。⑤采访伊尔敏斯特的阿姆斯特朗勋爵。⑥ THCR4/3。⑦同前。⑧通勤啊。⑨私人信息。⑩备注，1979年6月8日，国家档案馆（TNA）：公共记录办公室（PRO）PREM 19/80。⑪亨特写给首相的信，1979年5月4日，TNA: PRO PREM 19/80。⑫卡特利奇写给里弗的信，1979年5月10日，TNA: PRO PREM 19/79。⑬欧内尔写给卡特的信，1979年6月22日，UK 3–7/79, Box 77, NSA：英国国家档案，卡特图书馆，亚特兰大GA。⑭亚历山大写给威尔登的信，"首相访问美国"，1979年12月19日，TNA: PRO 外交和联邦事务部 82/991。⑮阿特金斯与首相之间的交流纪要，1979年8月23日，TNA: PRO PREM 19/80。⑯佩斯雷写给首相的信，1979年6月11日，TNA:PRO PREM 19/80。⑰采访肯尼思·斯托爵士。⑱讨论纪要，1979年8月28日，TNA: PRO PREM 19/81。⑲帕蒂森写给皮领的信，1979年8月28日，TNA: PRO PREM 19/79。⑳阿特金斯写给首相的信，1979年8月31日，TNA: PROPREM 19/79。㉑撒切尔与林奇之间的会谈纪要，1979年9月5日，TNA: PRO PREM 19/79。㉒全体会议上的记录，1979年9月5日，TNA: PRO PREM 19/79。㉓采访德莫特·纳利。㉔亨特写给首相的信，1979年10月16日，TNA: PRO PREM

19/82。㉕高写给首相的信，1979年11月27日，TNA: PRO PREM19/83。㉖伊恩·高，在厄特利备忘录上的备注，1979年11月（日期不详），THCR 2/6/2/116。㉗采访肯尼思·斯托爵士。㉘斯托与鲍威尔会谈记录，1980年4月15日，TNA: PRO PREM 19/280。㉙采访肯尼思·斯托爵士。㉚怀特劳写给首相的信，1980年4月30日，TNA: PRO PREM 19/280。㉛采访肯尼思·斯托爵士。㉜里弗写给亚历山大的信，1980年4月1日，TNA: PRO PREM 19/283。㉝采访肖恩·艾尔沃德。㉞弗兰克·邓洛普著，《诚然，爱尔兰总理》，企鹅出版社，2004年，第209页。㉟采访诺尔·多尔。㊱采访德莫特·纳利。㊲海登电报，1980年5月27日，TNA: PRO PREM 19/283。㊳采访高里勋爵。㊴ THCR 4/3。㊵怀特劳写给首相的备忘录，1980年6月5日，TNA: PRO PREM 19/280。㊶同前。㊷ OD 会议记录，1980年6月10日，首相资料，爱尔兰：北爱尔兰局势（文件咨询于内阁办公室）。㊸同前。㊹斯托写给桑德斯的信，1980年8月12日，首相资料，爱尔兰：北爱尔兰局势（文件咨询于内阁办公室）。㊺豪写给首相的信，1980年10月23日，首相资料，爱尔兰：梅兹监狱的绝食抗议活动（文件咨询于内阁办公室）。㊻罗伯特·阿姆斯特朗爵士，内阁秘书笔记簿，1980年10月23日。㊼阿姆斯特朗写给首相的信，1980年11月7日，TNA: PRO PREM 19/282。㊽同前。㊾阿姆斯特朗写给亚历山大的信，1980年11月24日，TNA: PRO PREM19/282。㊿豪与撒切尔会谈，1980年12月1日，首相资料，爱尔兰：与爱尔兰共和国总理会谈（文件咨询于内阁办公室）。51豪与撒切尔之间的交流纪要，1980年12月8日，首相资料，爱尔兰：与爱尔兰共和国总理会谈（文件咨询于内阁办公室）。52下文信息除非特别说明，都是基于私人信息。53采访肯尼思·斯托爵士。54同前。55 THCR 4/3。56采访肯尼思·斯托爵士。57采访西恩·欧·卡拉汉。58 THCR 4/3。59采访西恩·艾尔沃德。60英国目标简报，1980年11月25日，首相资料，爱尔兰：与爱尔兰共和国总理会谈（文件咨询于内阁办公室）。61豪与撒切尔之间的交流纪要，1980年12月8日，首相资料，爱尔兰：与爱尔兰共和国总理的会谈（文件咨询于内阁办公室）。62菲格写给亚历山大的信，1980年12月9日，首相资料，爱尔兰：与爱尔兰共和国总理的会谈（文件咨询于内阁办公室）。63邓洛普著，《诚然，爱尔兰总理》，第216页。64菲格写给亚历山大的信，1980年12月9日，首相资料，爱尔兰：与爱尔兰共和国总理会谈（文件咨询于内阁办公室）。65 THCR 4/3。66《爱尔兰时报》，1980年12月13日。67亚历山大写给林恩的信，1981年3月，首相资料，爱尔兰：与爱尔兰共和国总理会谈（文件咨询于内阁办公室）。68采访德莫特·纳利。69阿姆斯特朗写给首相的信，1980年12月18日，首相资料，爱尔兰：与爱尔兰共和国总理会谈（文件咨询于内阁办公室）。

⑩同前。⑪惠特莫尔写给首相的信，1980年12月19日，首相资料，爱尔兰：与爱尔兰共和国总理会谈（文件咨询于内阁办公室）。⑫采访伊恩敏斯特的阿姆斯特朗勋爵。⑬采访肯尼思·斯托爵士。⑭采访罗伯特·韦德—盖里爵士。⑮同前。⑯相关条款联合研究，1981年1月27日，首相资料，爱尔兰：与爱尔兰共和国总理会谈（文件咨询于内阁办公室）。⑰高所做鲍威尔与首相会见的备忘录，1981年2月10日，THCR2/6/2/116。⑱韦德—盖里写给阿姆斯特朗的信，1981年3月12日，首相资料，爱尔兰：梅兹监狱爵士抗议活动（文件咨询于内阁办公室）。⑲亚历山大写给威尔登的信，1981年3月19日，首相资料，爱尔兰：梅兹监狱爵士抗议活动（文件咨询于内阁办公室）。⑳首相备忘录，1981年5月3日，涉及1981年4月28日的联合研究草案，首相文件，爱尔兰：梅兹监狱的绝食抗议活动（文件咨询于内阁办公室）。㉑阿特金斯写给首相的信，1981年2月23日，首相资料，爱尔兰：梅兹监狱绝食抗议活动（文件咨询于内阁办公室。）㉒采访西恩·欧·卡拉汉。㉓在贝尔法斯特的讲话，1981年3月5日 (http://www.margaretthatcher.org/document/104589)。㉔阿姆斯特朗写给桑德斯的信，1981年4月22日，首相资料，爱尔兰：梅兹监狱绝食抗议活动（文件咨询于内阁办公室）。㉕同前。㉖阿特金斯与首相的电话交流，1981年4月25日，首相资料，爱尔兰：梅兹监狱的绝食抗议活动（文件咨询于内阁办公室）。㉗霍姆与首相之间的会谈纪要，1981年5月13日，首相资料，爱尔兰：梅兹监狱的绝食抗议活动（文件咨询于内阁办公室）。㉘富特与首相会谈纪要，1981年5月14日，首相资料，爱尔兰：梅兹监狱绝食抗议活动（文件咨询于内阁办公室）。㉙B.英厄姆写给C.惠特莫尔的信，1981年5月19日，首相资料，爱尔兰：梅兹监狱的绝食抗议活动（文件咨询于内阁办公室）。㉚采访罗伯特·韦德—盖里。㉛阿姆斯特朗写给首相的信，1981年5月19日，爱尔兰：梅兹监狱的绝食抗议活动（文件咨询于内阁办公室）。㉜亚历山大写给博伊斯·史密斯的信，1981年5月27日，首相资料，爱尔兰：梅兹监狱的绝食抗议活动（文件咨询于内阁办公室）。㉝阿特金斯，"北爱尔兰：运动的必要性"，1981年6月12日，首相资料，爱尔兰：北爱尔兰局势（文件咨询于内阁办公室）。㉞阿姆斯特朗写给首相的信，1981年6月17日，首相资料，爱尔兰：梅兹监狱的绝食抗议活动（文件咨询于内阁办公室）。㉟来自比克给布罗尼（亚当斯）的通信，1981年6月29日，引用自大卫·贝雷斯福德著，《十人死亡：1981年爱尔兰绝食抗议活动事件》，哈伯柯林斯出版社，1987年，第272—273页。㊱共和军内部在这方面发生的最为激烈的纷争：见《爱尔兰时报》，2011年12月31日，以及《贝尔法斯特电讯报》，2012年1月3日。㊲里克特写给博伊斯·史密斯的信，1981年7月3日，首相资料，爱尔兰：梅兹监狱的绝食抗议活动（文件咨询于

内阁办公室）。⑱同前。⑲要了解关于此处的全部内容，见派德瑞格·欧'麦里著，《坟墓中的吞噬：爱尔兰绝食抗议活动以及绝望政治》，灯塔出版社，1990年，第90—91页。⑩艾莉森与首相之间电话交流记录，1981年7月4日，首相资料，爱尔兰：梅兹监狱的绝食抗议活动（文件咨询于内阁办公室）。⑩欧'麦里著，《坟墓中的吞噬》，第93页。⑩《星期日泰晤士报》，2009年4月5日。⑩电话交流记录，1981年7月6日，首相资料，爱尔兰：梅兹监狱的绝食抗议活动（文件咨询于内阁办公室）。⑩信息经由通道送达，1981年7月6日，首相资料，爱尔兰：梅兹监狱的绝食抗议活动（文件咨询于内阁办公室）。⑩里克特写给博伊斯·史密斯的信，1981年7月7日，首相资料，爱尔兰：梅兹监狱的绝食抗议活动（文件咨询于内阁办公室）。⑩惠特莫尔写给博伊斯·史密斯的信，1981年7月8日，首相资料，爱尔兰：梅兹监狱的绝食抗议活动（文件咨询于内阁办公室）。⑩来自比克给布罗尼的信，1981年7月7日，见贝雷斯福德著，《十人死亡》，第295—296页。⑩采访西恩·欧'卡拉汉。⑩同前。⑩亚历山大写给博伊斯·史密斯的信，1981年7月14日，首相资料，爱尔兰：梅兹监狱绝食抗议活动（文件咨询于内阁办公室）。⑪THCR 4/3。⑫记录备注，1981年7月18日，首相资料，爱尔兰：梅兹监狱的绝食抗议活动（文件咨询于内阁办公室）。⑬同前。⑭博伊斯·史密斯写给亚历山大的信，1981年7月21日，首相资料，爱尔兰：梅兹监狱绝食抗议活动（文件咨询于内阁办公室）。⑮采访德莫特·纳利。⑯采访斯蒂芬·博伊斯·史密斯。⑰采访西恩·欧'卡拉汉。⑱采访普赖尔勋爵。⑲同前。⑳《爱尔兰时报》，2011年12月30日。㉑高写给首相的信，1981年10月6日，首相资料，爱尔兰：梅兹监狱的绝食抗议活动（文件咨询于内阁办公室）。㉒同前。㉓同前。㉔采访普赖尔勋爵。㉕采访西恩·欧'卡拉汉。㉖THCR 4/3。㉗同前。㉘同前。㉙阿姆斯特朗写给亚历山大的信，1981年11月4日，首相资料，爱尔兰：与爱尔兰共和国总理会谈（文件咨询于内阁办公室）。㉚亚历山大写给首相的信，1981年11月4日，首相资料，爱尔兰：与爱尔兰共和国总理会谈（文件咨询于内阁办公室）。㉛采访大卫·古道尔。㉜采访卜腊柏的劳森勋爵。㉝高写给首相的信，1981年10月29日，THCR 2/6/2/115。㉞见格雷特·菲兹杰拉尔德著，《终其一生》，麦克米伦出版社，1991年，第382页。㉟英国议会议事录，HC Deb 1981年11月10日(http://hansard.millbanksystems.com/commons/1981/nov/10/anglo—irish—bilateral—talks)。㊱高写给首相的信，1981年11月16日，首相资料，爱尔兰：北爱尔兰局势（文件咨询于内阁办公室）。㊲普赖尔写给首相的信，1981年12月21日，首相资料，爱尔兰：北爱尔兰局势（文件咨询于内阁办公室）。㊳高写给首相的信，1982年2月15日，首相资料，爱尔兰：北爱尔兰局势（文件咨询于内阁办公室）。⑬高写给首相的信，1982年3月23日，首相资料，爱尔兰：北爱尔兰局势（文件咨询于内阁办公室）。⑭阿姆斯特朗写给首相的信，1982年3月24日，首相资料，爱尔兰：北爱尔兰局势（文件咨询于内阁办公室）。⑭罗伯特·阿姆斯特朗爵士，内阁秘书笔记簿，1982年4月1日。⑫高写给首相的信，1982年4月2日，THCR 2/6/2/117。⑬采访普赖尔勋爵。⑭采访西恩·艾尔沃德。⑮艾尔沃德，1982年5月26日，首相资料，爱尔兰：与爱尔兰共和国总理会谈（文件咨询于内阁办公室）。⑭英国议会议事录，HC Deb 1982年7月29日 (http://www.margaret thatcher.org/document/105009)。⑰阿姆斯特朗写给科尔斯的信，1982年8月6日，首相资料，爱尔兰：与爱尔兰共和国总理的会谈（文件咨询于内阁办公室）。⑱高写给首相的信，1982年11月15日，THCR2/6/2/117。⑮采访大卫·古道尔爵士。

第八章　1981年预算案及影响

①采访伯恩斯勋爵。②约翰·霍斯金斯著，《正逢其时：撒切尔变革内幕》，奥鲁姆出版社，2000年，第270页。③沃尔特斯写给首相的信，1981年2月10日，撒切尔资料，剑桥大学丘吉尔学院，THCR 1/5/13。④霍斯金斯著，《正逢其时》，第272页。⑤采访大卫·威尔里茨。⑥霍斯金斯著，《正逢其时》，第269页。⑦采访道格拉斯·沃思爵士。⑧采访桑宁代尔的沃尔夫森勋爵。⑨玛格丽特·撒切尔著，《唐宁街岁月》，哈伯柯林斯出版社，1993年，第135页。⑩采访艾伦·沃尔特斯爵士。⑪同前。⑫霍斯金斯著，《正逢其时》，第273页。⑬同前，第276页。⑭同前，第276—277页。⑮HM 财政部资料，PDF 档案51：预算演讲草案，1981年2月24日(http://hm—treasury.gov.uk/d/foi_51draftsbudgetsp 欧共体 h_c.pdf)。⑯采访艾伦·沃尔特斯爵士。⑰霍斯金斯著，《正逢其时》，第279页。⑱采访道格拉斯·沃思爵士。⑲见杰弗里·豪著，《忠诚的冲突》，麦克米伦出版社，1994年，第202页。⑳采访亚当·里德利爵士。㉑同前。㉒采访彼得·米德尔顿爵士。㉓采访伯恩斯勋爵。㉔采访安德鲁·杜吉德。㉕采访伯恩斯勋爵。㉖采访大卫·威尔里茨。㉗采访克莱夫·惠特莫尔爵士。㉘采访普赖尔勋爵。㉙采访沃尔克勋爵。㉚采访克雷格米勒的吉尔摩勋爵。㉛采访普赖尔勋爵。㉜所有引用来自罗伯特·阿姆斯特朗爵士，内阁秘书笔记簿，1981年3月10日。㉝英厄姆新闻摘要，1981年3月11日，THCR 3/5/4。㉞卫报青年商人年会上的演讲，1981年3月11日 (http://www.margaret thatcher.org/document/104594)。㉟英厄姆新闻摘要，1981年3月12日，

THCR 3/5/4。㊱英厄姆新闻摘要，1981年3月13日，THCR 3/5/4。㊲霍斯金斯著，《正逢其时》，第288页。㊳英厄姆新闻摘要，1981年3月30日，THCR 3/5/4。㊴同前。㊵采访彼得·米德尔顿爵士。㊶奈杰尔·劳森著，《来自11号院的视角》，班特姆出版社，1992年，第98页。㊷采访彼得·米德尔顿爵士。㊸见艾伦·沃尔特斯著，《英国的经济复兴》，牛津大学出版社，1986年，第157页。㊹采访道格拉斯·沃思爵士。㊺英厄姆新闻摘要，1981年4月14日，THCR 3/5/5。㊻采访ITN，1981年4月13日(http://www.margaret thatcher.org/document/104617)。㊼约翰·霍斯金斯日记（未经公开出版），1981年5月18日记录。㊽豪写给首相的信，1981年4月8日，首相资料，经济政策：经济战略：薪资与物价（文件咨询于内阁办公室）。㊾阿姆斯特朗写给首相的信，1981年6月16日，首相资料，经济政策：经济战略：薪资与物价（文件咨询于内阁办公室）。㊿罗伯特·阿姆斯特朗爵士，内阁秘书笔记簿，1981年6月17日。㊷党政广播，1981年7月8日(http://www.margaretthatcher.org/document/104679)。㊳雨果·杨著，《我们中的一个》，麦克米伦出版社，1989年。㊴英厄姆写给皮姆的信，1981年7月8日，首相资料：经济政策：经济战略：薪资与物价（文件咨询于内阁办公室）。㊵所有引用都来自罗伯特·阿姆斯特朗爵士，内阁秘书笔记簿，1981年7月16日，THCR 3/5/8。㊶英厄姆新闻摘要，1981年7月14日，THCR 3/5/8。㊷英厄姆新闻摘要，1981年7月16日。㊸里根与撒切尔之间的会议纪要，1981年7月20日，首相资料，经济政策：渥太华经济峰会（文件咨询于内阁办公室）。㊹采访迈克·迪弗。㊺理查德·阿尔杜斯著，《里根与撒切尔：困难关系》，W.W.诺顿，2012年，第50页。㊻采访肯尼思1杜波斯顿。㊼《纽约时报》，1981年7月23日。㊽罗纳德·里根著，《里根日记》，哈伯柯林斯出版社，2007年，1981年7月20—21日，第32页。㊾所有引用都来自罗伯特·阿姆斯特朗爵士，内阁秘书笔记簿，1981年7月23日。㊿同前。㊶英厄姆新闻摘要，1981年7月24日，THCR 3/5/8。㊷采访蒂姆·兰克斯特爵士。㊸路易斯写给国务卿的信，1981年7月31日，UK(01/20/1981–08/13/1981) [5], Box 20, Exec Sec, NSC：国家档案，里根图书馆，西米谷CA。㊹英厄姆新闻摘要，1981年7月30日，THCR 3/5/8。㊺英厄姆写给皮姆的信，1981年7月31日，首相资料，经济政策：经济战略：薪资与物价（文件咨询于内阁办公室）。㊻《泰晤士报》，1981年8月3日。㊼《太阳报》，1981年8月6日。㊽詹姆斯·普赖尔著，《权力的平衡》，汉密士·汉密尔顿出版社，1986年，第132页。㊾采访迈克尔·斯科勒爵士。㊿采访乔普林勋爵。㊶查尔斯·道格拉斯—霍姆写给首相的信，1981年8月18日，THCR 1/3/6。㊷采访迈克尔·斯科勒爵士。㊸采访克莱夫·惠特莫尔爵士。㊹同前。㊺采访金洛查德的科尔勋爵。㊻采访乔普林勋爵。㉒约翰·霍斯金斯爵士与本书作者之间的通信。㉓同前。㉔所有引用来自"你的政治生存",霍斯金斯写给首相的信,1981年8月20日,文件由约翰·霍斯金斯爵士拥有。㉕霍斯金斯著,《正逢其时》,第327—328页。㉖同前,第327页。㉗见斯坦利·克鲁克斯,彼得·桑尼克罗夫特,乔治·曼恩,2007年,第277页。㉘与约翰·霍斯金斯爵士的通信。㉙见霍斯金斯著,《正逢其时》,第332—333页。㉚《每日邮报》,1981年8月27日。㉛记录备注,1981年9月2日,首相资料,经济政策:劳资关系立法(文件咨询于内阁办公室)。㉜吉尔摩写给首相的信,1981年9月14日 (http://www.margaretthatcher.org/document/104704)。㉝英厄姆新闻摘要,1981年9月15日,THCR 3/5/9。㉞ D.K. 布里托写给 D. 豪的信,1981年10月1日,THCR 2/6/2/135第一部分。㉟希思在保守党学生联合会上的演讲,曼彻斯特,《泰晤士报》,1981年10月7日。㊱在莫纳什大学的演讲,墨尔本,1981年10月6日 (http://www.margaretthatcher.org/document/104712)。㊲采访伯恩斯的帕滕勋爵。㊳同前。㊴采访北山的维尔德格雷夫勋爵。㊵豪写给首相的信,1981年10月9日,首相资料,经济政策:经济战略:薪资与物价(文件咨询于内阁办公室)。㊶霍斯金斯著,《正逢其时》,第338页。㊷大会演讲纪要,1981年10月16日,THCR 5/1/4/24。㊸霍斯金斯,第339页。㊹在保守党大会上的演讲,1981年10月16日 (http://www.margaretthatcher.org/document/104717)。㊺英厄姆新闻摘要,1981年10月17日,THCR 3/5/9。㊻罗伯特·阿姆斯特朗爵士,内阁秘书笔记簿,1981年10月20日。㊼同前。㊽英厄姆新闻摘要,1981年10月29日,THCR 3/5/9。㊾罗伯特·阿姆斯特朗爵士,内阁秘书笔记簿,1981年10月29日。㊿采访普赖尔勋爵。○111采访金洛查德的科尔勋爵。○112豪著,《忠诚的冲突》,第233页。○113在市场宴会上的演讲,1981年11月16日 (http://www.margaretthatcher.org/document/104741)。○114采访迈克尔·斯科勒爵士。○115同前。○116罗伯特·阿姆斯特朗爵士,内阁秘书笔记簿,1981年11月26日。○117 M. 乔普林写给首相的信,1981年12月4日,THCR 2/6/2/49。○118《卫报》,1981年12月3日。○119英厄姆新闻摘要,1981年12月6日,THCR 3/5/11。○120《每日电讯报》,1981年11月9日。○121见英厄姆新闻摘要,1981年12月9日,THCR 3/5/11。○122伊恩·高写给首相的信,1981年12月29日,THCR 1/3/6。○123采访马克·撒切尔爵士。○124英厄姆新闻摘要,1982年1月14日,THCR 3/5/12。○125采访迈克尔·斯科勒。○126《太阳报》,1982年1月14日。○127《每日快报》,1982年1月14日。○128采访敦菲尔的莱恩勋爵。○129采访迈克尔·斯科勒爵士。○130科尔斯写给撒切尔的信,1982年2月12日,TNA: PRO PREM 19/893。○131英厄姆新闻摘要,1982年1月15日,THCR 3/5/12。○132罗伯特·阿姆斯特朗爵士,内阁秘书笔记簿,1982年1月28日。

第九章 福克兰群岛遭入侵

①卢斯勋爵，私人回忆录。卢斯勋爵还出版了一本回忆录，《变革之响》（迈克尔·拉塞尔，2007年），其中谈到了他的福克兰群岛经历。尽管他更早的回忆录在大部分点上已经阐述的足够全面，然而，这里还是引用的素材。②卡灵顿写给OD的信，1979年10月12日，首相资料，阿根廷：福克兰群岛地位（文件咨询于内阁办公室）。③卡灵顿写给首相的信，1979年9月20日，首相资料，阿根廷：阿根廷关系（在福克兰群岛调查期间，文件要求由首相过目）。④由卡灵顿撰写的OD备忘录，1979年10月12日，首相资料，阿根廷：福克兰群岛定位（文件咨询于内阁办公室）。⑤英—阿根廷在福克兰群岛问题上的记载，纽约，1980年4月28—29日，首相资料，阿根廷：福克兰群岛定位（文件咨询于内阁办公室）。⑥此处和随后的引用都来自罗伯特·阿姆斯特朗爵士，内阁秘书笔记簿，1980年11月7日。⑦资料涉及对撒切尔夫人回忆录的编辑，撒切尔资料，剑桥大学丘吉尔学院，THCR 4/3。⑧见劳伦斯·弗里德曼著，《福克兰群岛战争的官方历史》，两卷本，鲁特里奇出版社，2005年，第一卷：福克兰群岛战争起源，第127页。⑨罗伯特·阿姆斯特朗爵士，内阁秘书笔记簿，1980年11月7日。⑩同前，1980年12月3日。⑪"卡尔顿花园1号举行的会议纪要"，1981年6月30日，外交和联邦事务部档案(http://www.margaretthatcher.org/document/118468)。⑫联合情报委员会，1981年7月，JIC(81)(N)34，首相资料，阿根廷：福克兰群岛定位（文件咨询于内阁办公室）。⑬采访布拉莫尔勋爵。⑭采访大卫·奥曼德爵士。⑮卢斯，个人回忆录。⑯亨特写给卡灵顿的信，1982年1月19日，首相资料，阿根廷：福克兰群岛定位（文件咨询于内阁办公室）。⑰见弗里德曼著，《福克兰群岛战争的官方历史》，第一卷，第154页。⑱卢斯，个人回忆录。⑲见弗里德曼，《福克兰群岛战争的官方历史》，第一卷，第158页。⑳同前，第160页。㉑电报，"助理秘书恩德斯差旅"，1982年3月3日，FOI电子阅览室，美国国务院(http://foia.state.gov/documents/argentina/0000AF2F.pdf)。㉒卢斯，个人回忆录。㉓见弗里德曼著，《福克兰群岛战争的官方历史》，第一卷，第167页。㉔艾伦·克拉克日记：进入政坛，韦登菲尔德&尼克尔森出版社，2000年，1982年3月22日，第305页。㉕威廉姆斯写给外交部的信，1982年3月27日，首相资料，阿根廷：福克兰群岛定位（文件咨询于内阁办公室）。㉖所有引述都来自罗伯特·阿姆斯特朗爵士，内阁秘书笔记簿，1982年3月25日。㉗首相资料，内阁结论，1982年3月25日（文件咨询于内阁办公室）。㉘卢斯，个人回忆录。㉙福克兰群岛评估委员会：首相口述证据副本，1982年10月25

日，TNA: PRO CAB 292/47。㉚同前。㉛采访约翰·科尔斯爵士。㉜卢斯，个人回忆录。㉝同前。㉞见弗里德曼著，《福克兰群岛战争的官方历史》，第一卷，第84页。㉟同前，第206页。㊱卢斯，个人回忆录；"雷克斯·亨特爵士"，《每日电讯报》讣文，2012年11月12日。㊲弗里德曼著，《福克兰群岛战争的官方历史》，第一卷，第207页。㊳采访约翰·诺特爵士。㊴卢斯，个人回忆录。㊵采访约翰·科尔斯爵士。㊶采访亨利·利奇爵士。㊷同前。㊸同前。㊹同前㊺采访约翰·科尔斯爵士。㊻采访亨利·利奇爵士。㊼同前。㊽采访克莱夫·惠特莫尔爵士。㊾采访约翰·诺特爵士。㊿采访大卫·奥曼德爵士。(51)罗伯特·阿姆斯特朗爵士，内阁秘书笔记簿，1982年4月1日。(52)同前。(53)卢斯，个人回忆录。(54)采访丹尼斯·布莱尔。(55)采访威廉·克拉克法官。(56)亚历山大·黑格著，《警惕：现实主义，里根和外交政策》，麦克米伦出版社，1984年，第264—265页。(57)采访吉姆·伦奇勒。(58)采访罗杰·方泰安。(59)克里夫顿的伦威克勋爵，未经公开出版的副本。(60)卢斯，个人回忆录。(61)同前。(62)同前。(63)罗伯特·阿姆斯特朗爵士，内阁秘书笔记簿，1982年4月2日。(64)同前。(65)福克兰群岛评估委员会：首相口述证据副本，1982年10月25日，TNA: PRO CAB 292/47。(66)私人信息。(67)罗伯特·阿姆斯特朗爵士，内阁秘书笔记簿，1982年4月2日。(68)采访亨利·利奇爵士。(69)卢斯，个人回忆录。70. 韦斯顿写给科尔斯的信，1982年4月2日，首相资料，阿根廷：福克兰群岛定位（文件咨询于内阁办公室）。(71)玛格丽特·撒切尔著，《唐宁街岁月》，哈伯柯林斯出版社，1993年，第181页。(72)卢斯，个人回忆录。(73)采访克莱夫·惠特莫尔爵士。(74)采访约翰·科尔斯爵士。(75)采访金洛查德的科尔勋爵。(76)克拉克日记：进入政坛，1982年4月3日，第312页。(77)英国议会议事录，HC Deb 1982年4月3日 (http://www.margaretthatcher.org/document/104910)。(78)同前。(79)英国议会议事录，HC Deb 1982年4月3日。(80)克拉克日记：进入政坛，1982年6月15日，第333页。(81)采访约翰·科尔斯爵士。(82)克拉克日记：进入政坛，1982年4月3日，第313页。(83)采访大卫·奥曼德爵士。(84) THCR4/3。(85)见约翰·诺特著，《今日在此，明天即逝》，政客的出版社，2002年，ch.8。(86)采访克莱夫·惠特莫尔爵士。(87)采访乔普林勋爵。(88)同前。(89)采访安东尼·阿克兰爵士。(90)采访帕金森勋爵。(91)采访迈克尔·帕里泽爵士。(92)玛格丽特·撒切尔的事件副本，THCR 1/20/3/1。(93)采访卢斯勋爵。(94)采访卡灵顿勋爵。(95) THCR 4/3。(96)采访布赖恩·福尔爵士。(97)采访迈克尔·帕里泽爵士。(98)同前。(99)采访安东尼·阿克兰爵士。(100)同前。(101)迪兹勋爵日记（未经公开出版），1982年4月5日。(102)撒切尔著，《唐宁街岁月》，第181页。(103)采访乔普林勋爵。(104) ITN 新闻，1982年4月5日，(http://www.margaretthatcher.

org/document/104913)。⑩THCR 1/20/3/1。⑩雅克·亚特利著，《咬文嚼字》，第一卷：1981—1986年，菲亚出版社，1993年，1982年4月5日，第201页。⑩帕蒂森写给科尔斯的信，1982年4月3日，首相资料，阿根廷：福克兰群岛定位（文件咨询于内阁办公室）。⑩采访休伯特·韦德林。⑩卢斯，个人回忆录。⑩与侯赛因国王的电话交谈，1982年4月3日，首相资料，阿根廷：福克兰群岛定位（文件咨询于内阁办公室）。⑪THCR 4/3。⑫见弗里德曼著，《福克兰群岛战争的官方历史》第二卷：战争与外交，第21页。⑬采访约翰·科尔斯爵士。⑭同前。⑮THCR 1/20/3/1。⑯采访金洛查德的科尔勋爵。⑰采访约翰·科尔斯爵士。⑱采访约翰·诺特爵士。⑲见约翰·坎贝尔著，《玛格丽特·撒切尔》，两卷本，乔纳森·凯普出版社，2000年，2003年，第二卷：铁娘子，第141页，n.38。⑳采访丹尼斯·撒切尔爵士。㉑采访约翰·科尔斯爵士。㉒采访大卫·奥曼德爵士。㉓同前。㉔采访菲利普·古德哈特爵士。㉕THCR1/20/3/1。㉖英国议会议事录，HC Deb 1982年4月7日(http://www.margaretthatcher.org/document/104916)。㉗THCR 4/3。㉘THCR 1/20/3/1。㉙采访克莱夫·惠特莫尔爵士。㉚采访约翰·科尔斯爵士。㉛采访多弗·扎克黑姆。㉜采访大卫·格姆波特。㉝采访巴德·麦克法兰。㉞罗纳德·里根，"就国内外政策答记者问环节"，1982年4月5日，总统公开资料，美国总统项目，加利福尼亚大学。㉟罗伯特·阿姆斯特朗爵士，内阁秘书的笔记簿，1982年4月6日。㊱亨德森写给FO的电报，1982年4月7日，首相资料，阿根廷：福克兰群岛定位（文件咨询于内阁办公室）。㊲采访吉姆·伦奇勒。㊳采访罗杰·方泰安。㊴采访吉姆·伦奇勒。㊵同前。㊶同前。㊷同前。㊸THCR 1/20/3/1。㊹"福克兰群岛危机"，1982年4月7日，1982年，电子简报室#375，国家安全档案，华盛顿DC。㊺亨德森写给FO的电报，1982年4月6日，首相资料，阿根廷：福克兰群岛定位（文件咨询于内阁办公室）。㊻同前。㊼擦蓼昂爱德华·斯特里特。㊽吉姆·伦奇勒日记（未经公开出版），1982年4月8日。㊾与黑格的交谈纪要，1982年4月8日，首相资料，阿根廷：福克兰群岛定位（文件咨询于内阁办公室）。㊿同前。㊿伦奇勒日记，1982年4月8日。㊿采访亚历山大·黑格。㊿采访大卫·格姆波特。㊿采访亚历山大·黑格。㊿采访克莱夫·惠特莫尔。㊿"拟采取的路线草案"，1982年4月11日，首相资料，阿根廷：福克兰群岛定位（文件咨询于内阁办公室）。㊿黑格写给里根的信，"在伦敦讨论"，1982年4月9日，福克兰群岛战争(04/09/1982-04/15/1982), Box 30, Exec Sec, NSC：国家档案，里根图书馆，西米谷CA。㊿见黑格，《警惕》，第273页。㊿"对话要点：加尔铁里"，1982年4月9日，英国-1982 (03/01/1982-04/30/1982), Box 90233，丹尼斯·布莱尔文件，里根图书馆。⑯黑格写给里根的信,"在伦敦讨论",1982年4月9日,福克兰群岛战争(04/09/1982–04/15/1982),Box 30,Exec Sec,NSC:国家档案,里根图书馆。⑯黑格写给里根的信,091120z Apr 82,"总统备忘录",1982年4月9日,由美国国务院FOIA Case#200600788披露。⑯乔治·布什写给克拉克法官的信,1982年4月7日,UK(1982),唐纳德·格雷格文件,国家安全事务办公室,副总统记录,布什图书馆,TX大学城。⑯采访威廉·克拉克法官。⑯《洛杉矶时报》,1982年4月16日,电话的副本全文,被一部业余电台操控员拦截,然后交给了安德森,相关信息可见于安德森的档案文件:"福克兰群岛危机",第7文件夹,第293格,子系列1,系列4,杰克·安德森文件,特别收藏研究中心,华盛顿DC的乔治·华盛顿大学。⑯ THCR 4/3。⑯采访克莱夫·惠特莫尔爵士。⑯黑格写给里根的信,引用于伦奇勒日记,1982年4月11日。⑯见弗里德曼著,《福克兰群岛战争的官方历史》,第二卷,第146页。⑯采访罗伯特·韦德—盖里爵士。⑰黑格与撒切尔会谈纪要,1982年4月12日,首相资料,阿根廷:福克兰群岛定位(文件咨询于内阁办公室)。⑰ THCR1/20/3/1。⑰讨论美国草案协议会议纪要,1982年4月12日,首相资料,阿根廷:福克兰群岛定位(文件咨询于内阁办公室)。THCR 1/20/3/1。⑰与撒切尔首相的远程电话会议,1982年4月13日,下午1:20—1:24,由美国国务院FOIA Case#200600788. 披露。⑰ THCR 1/20/3/1。⑰见撒切尔著,《唐宁街岁月》,第198页。⑰ THCR 1/20/3/1。⑰撒切尔著,《唐宁街岁月》,第198页。178. 采访约翰·韦斯顿爵士。⑰伦奇勒日记,1982年4月13日。⑱撒切尔著,《唐宁街岁月》,第198页。⑱采访约翰·诺特爵士。⑱黑格给撒切尔的电话备忘录,1982年4月14日,首相资料,阿根廷:福克兰群岛定位(文件咨询于内阁办公室)。⑱黑格给撒切尔的电话记录,第二次交谈,2000小时,1982年4月14日,首相资料,阿根廷:福克兰群岛定位(文件咨询于内阁办公室)。⑱约翰·雷曼,专题演讲,"福克兰群岛战争三十多年",2012年5月19—20日,皇家海军国家博物馆,朴次茅斯。还见于温伯格的福克兰群岛圆桌会议,2003年5月5日,米勒中心,维吉尼亚大学。⑱采访吉姆·伦奇勒。⑱采访杜夫·扎克黑姆。⑱采访吉姆·伦奇勒。⑱采访杜夫·扎克黑姆。⑱见弗里德曼著,《福克兰群岛战争的官方历史》,第二卷,第380页。⑱罗伯特·阿姆斯特朗爵士,内阁秘书笔记簿,1982年4月14日。⑱英国议会议事录,HC Deb 1982年4月14日(http://www.margaretthatcher.org/document/104918)。⑲黑格写给里根的信,引用自伦奇勒日记,1982年4月15日。⑲160512z Apr 82,"总统与加尔铁里总统通电话过程中黑格秘书的通话记录",1982年4月16日,1982年福克兰群岛危机,Box 90224,丹尼斯·布莱尔文档,里根图书馆。⑲撒切尔给里根的信，1982年4月16日，首相资料，阿根廷：福克兰群岛定位（文件咨询于内阁办公室）。⑬罗纳德·里根著，《里根日记》，哈伯柯林斯出版社，2007年，1982年4月17日，第80页。⑭ THCR 1/20/3/1。⑮黑格写给皮姆的信，1982年4月19日，福克兰群岛战争(04/19/1982–04/21/1982)，Box 30，Exec Sec，NSC：国家档案，里根图书馆。⑯首相与帕森斯的会议纪要，1982年4月18日，首相资料，阿根廷：福克兰群岛定位（文件咨询于内阁办公室）。⑰采访克莱夫·惠特莫尔爵士。⑱同前。⑲采访大卫·奥曼德爵士。⑳采访约翰·科尔斯爵士。㉑高写给首相的信，1982年4月8日，THCR 1/20/3/5。㉒采访克莱夫·惠特莫尔爵士。㉓采访约翰·科尔斯爵士。㉔采访克莱夫·惠特莫尔爵士。㉕采访马克·撒切尔爵士。㉖伦威克手稿副本。㉗里根著，《里根日记》，1982年4月19日，第80页。㉘首相与皮姆之间的电话交谈，1982年4月18日，首相资料，阿根廷：福克兰群岛定位（文件咨询于内阁办公室）。㉙ THCR 1/20/3/1。㉚同前。㉛同前。㉜ OD(SA) 会议记录，1982年4月16日，首相资料，阿根廷：处理福克兰群岛侵略（文件咨询于内阁办公室）。㉝ THCR 1/20/3/1。㉞采访亨利·利奇爵士。㉟亨德森写给 FO 的电报1376，1982年4月21日，首相资料，阿根廷：福克兰群岛定位（文件咨询于内阁办公室）。㊱亨德森写给 FO 的电报1381，1982年4月21日，首相资料，阿根廷：福克兰群岛定位（文件咨询于内阁办公室）。㊲同前。㊳英国议会议事录，HC Deb 1982年4月21日。㊴ THCR 1/20/3/1。㊵同前。㊶美国草案复本，1982年4月23日，首相资料，阿根廷：福克兰群岛定位（文件咨询于内阁办公室）。㊷国家安全委员会会议记录，1982年4月30日，NSC00048，Box 91284，Exec Sec，NSC: NSC 会议文件，里根图书馆。㊸会议纪要，"福克兰群岛框架"，1982年4月23日，由美国国务院 FOIA Case #200600788披露。㊹ THCR 1/20/3/1。㊺同前。㊻采访弗兰西斯·皮姆，《唐宁街岁月（英国广播公司）》，1993年。㊼采访约翰·科尔斯爵士。㊽撒切尔著，《唐宁街岁月》，第205页。㊾ THCR 1/20/3/1。㊿同前。㉛同前。㉜采访丹尼斯·撒切尔爵士。㉝采访布赖恩·福尔爵士。㉞ THCR 1/20/3/1。㉟同前。㊱同前。㊲采访约翰·科尔斯爵士。㊳ THCR1/20/3/1。㊴ THCR 4/3。㊵撒切尔著，《唐宁街岁月》，第208页。㊶ THCR 1/20/3/1。㊷同前。㊸英国广播公司电台新闻，1982年4月25日 (http://www.margaretthatcher.org/document/104923)。㊹ THCR 1/20/3/1。

第十章 胜 利

①亨德森写给黑格的电报，1982年4月27日，首相资料，阿根廷：福克兰群岛定位（文件咨询于内阁办公室）。②玛格丽特·撒切尔关于此事的手稿副本，撒切尔资料，剑桥大学丘吉尔学院，THCR 1/20/3/1。③"全景"栏目（英国广播公司1），1982年4月26日（克里斯多夫·柯林斯编辑，玛格丽特·撒切尔在1945—1990年间在CD—ROM上的公开声明集锦，牛津大学出版社，1998/2000）。④采访帕金森勋爵。⑤采访约翰·诺特爵士。⑥英国议会议事录，HC Deb1982年4月27日(http://www.margaretthatcher.org/document/104925)。⑦THCR 1/20/3/1。⑧撒切尔写给黑格的信，1982年4月26日，首相资料，阿根廷：福克兰群岛定位（文件咨询于内阁办公室）。⑨皮姆写给亨德森的信，1982年4月28日，首相资料，阿根廷：福克兰群岛定位（文件咨询于内阁办公室）。⑩所有引用都来自罗伯特·阿姆斯特朗爵士，内阁秘书的笔记簿，1982年4月29日。⑪撒切尔写给里根的信，1982年4月29日，首相资料，阿根廷：福克兰群岛定位（文件咨询于内阁办公室）。⑫里根写给撒切尔的信，1982年4月29日，首相资料，阿根廷：福克兰群岛定位（文件咨询于内阁办公室）。⑬THCR 1/20/3/1。⑭里根写给撒切尔的信，1982年4月29日，首相资料，阿根廷：福克兰群岛定位（文件咨询于内阁办公室）。⑮国家安全委员会会议记录，1982年4月30日，NSC 00048，Box 91284，Exec Sec，NSC：NSC 会议文件，里根图书馆，西米谷 CA。⑯同前。⑰同前。⑱NSDD 34，1982年5月14日。NSC：NSDDs，里根图书馆。⑲"福克兰群岛下一步"，1982年4月29日，NSC00048 04/30/1982［福克兰群岛］，Exec Sec，NSC：NSC 会议文件，Box 91284，里根图书馆。⑳里根，与来自中西各州编辑·电台记者们的问答互动以及评论环节，1982年4月30日，总统公开资料，美国总统项目，加利福尼亚大学。㉑见劳伦斯·弗里德曼著，《福克兰群岛战争的官方历史》，两卷本，鲁特里奇出版社，2005年，第二卷：战争与外交，第359页。㉒同前。㉓采访帕金森勋爵。㉔THCR 1/20/3/1。㉕在贝德福德郡中部保守党的讲话，沙特尔沃思农业学院，1982年4月30日(http://www.margaretthatcher.org/document/104929)。㉖THCR 1/20/3/1。㉗同前。㉘同前。㉙同前。㉚引用自弗里德曼著，《福克兰群岛战争的官方历史》，第二卷，第285页，本书第21章包含了关于"贝尔格拉诺号"事件的全部内容，得益于官方文件。㉛同前，第287页。㉜采访布拉莫尔勋爵和亨利·利奇爵士。㉝采访约翰·科尔斯爵士。㉞采访克莱夫·惠特莫尔爵士。㉟THCR 1/20/3/1。㊱采访安东尼·阿克兰爵士。㊲见弗里德曼著，《福克兰群岛战争的官

方历史》,第二卷,第288页。㊳文件涉及对撒切尔夫人回忆录的编辑,THCR 4/3。㊴THCR 1/20/3/1。㊵同前。㊶见弗里德曼著,《福克兰群岛战争的官方历史》,第二卷,第293页。㊷英国议会议事录,HC Deb 1982年5月4日。㊸见弗里德曼著,《福克兰群岛战争的官方历史》,第二卷,ch.21。㊹罗纳德·里根,未经删节的完整版里根日记,两卷本,哈伯柯林斯出版社,2009年,第一卷:1981年1月—1985年10月,第129页。㊺亨德森写给FO的电报,1982年5月2日,首相资料,阿根廷:福克兰群岛定位(文件咨询于内阁办公室)。㊻皮姆在华盛顿新闻发布会上的手稿副本,1982年5月2日,首相资料,阿根廷:福克兰群岛定位(文件咨询于内阁办公室)。㊼亨德森写给皮姆的电报1575,1982年5月3日,首相资料,阿根廷:福克兰群岛定位(文件咨询于内阁办公室)。㊽同前。㊾亨德森写给皮姆的电报1574,1982年5月3日,首相资料,阿根廷:福克兰群岛定位(文件咨询于内阁办公室)。㊿采访亚历山大·黑格。㉛玛格丽特·撒切尔著,《唐宁街岁月》,哈伯柯林斯出版社,993年,第216页。㉜THCR 4/3。㉝亨德森写给皮姆的电报1572,1982年5月3日,首相资料,阿根廷:福克兰群岛定位(文件咨询于内阁办公室)。㉞英国议会议事录,HC Deb 1982年5月4日。㉟THCR 1/20/3/1。㊱采访巴利·斯特文思。㊲采访克莱夫·惠特莫尔爵士。㊳莱文勋爵,引自理查德·黑尔著,《格林威治的莱文》,卡塞尔出版社,2000年,第370页。㊴阿特基森给DCI的信,"福克兰群岛的下一步将如何?",1982年5月7日,GREST数据库,美国国家档案馆和记录管理局(NARA)。㊵里根著,未经删节的完整版里根日记,第一卷,第129页。㊶吉姆·伦奇勒日记(未经公开出版),1982年5月4日。㊷同前。㊸引用自弗里德曼著,《福克兰群岛战争的官方历史》,第二卷,第326页。㊹041130z1982年5月,"福克兰群岛纷争:英国审视下一步行动时的参与规则未变化",1982年5月4日,UK(04/01/1982–07/31/1982)[6],Box 20,Exec Sec,NSC:国家档案,里根图书馆。㊺里根写给撒切尔的信,1982年5月5日,THCR 3/1/21。㊻所有引用都来自罗伯特·阿姆斯特朗爵士,内阁秘书的笔记簿。㊼同前。㊽首相资料,内阁会议记录,1982年5月5日(文件咨询于内阁办公室)。㊾撒切尔写给里根的信,1982年5月5日,首相资料,阿根廷:福克兰群岛定位(文件咨询于内阁办公室)。㊿克拉克写给里根的信,"首相撒切尔依据你的福克兰群岛行动新方针所做答复",1982年5月5日,"福克兰群岛战争(英国/科克帕特里克/黑格)05/13/1982–06/04/1982',Box 3,威廉·克拉克档案,里根图书馆。㉛撒切尔著,《唐宁街岁月》,第217页。㉜撒切尔写给里根的信草稿,1982年5月5日,THCR 1/20/3/11。㉝采访安东尼·阿克兰爵士。㉞采访约翰·科尔斯爵士。㉟采访克莱夫·惠特莫尔爵士。㊱采访帕金森勋爵。㊲撒切尔写给里根的信,1982年5

月5日，首相资料，阿根廷：福克兰群岛定位（文件咨询于内阁办公室）。㉘英厄姆新闻摘要，1982年5月6日，THCR 3/5/14。㉙亨德森写给皮姆的电报，1982年5月6日，首相资料，阿根廷：福克兰群岛定位（文件咨询于内阁办公室）。㉚亨德森写给皮姆的电报，1982年5月8日，首相资料，阿根廷：福克兰群岛定位（文件咨询于内阁办公室）。㉛帕森斯写给皮姆的电报，1982年5月3日，首相资料，阿根廷：福克兰群岛定位（文件咨询于内阁办公室）。㉜来自红衣主教霍姆和格雷写给首相的信，1982年5月8日，首相资料，阿根廷：福克兰群岛定位（文件咨询于内阁办公室）。㉝帕森斯写给皮姆的电报，686号电报，1982年5月8日，首相资料，阿根廷：福克兰群岛定位（文件咨询于内阁办公室）。㉞首相与帕森斯之间的电话交谈，1982年5月8日，首相资料，阿根廷：福克兰群岛定位（文件咨询于内阁办公室）。㉟同前。㊱THCR4/3。㊲帕森斯写给皮姆的电报，1982年5月10日，首相资料，阿根廷：福克兰群岛定位（文件咨询于内阁办公室）。㊳罗纳德·里根著，《里根日记》，哈伯柯林斯出版社，2007年，1982年5月12日，第84页。㊴来自撒切尔写给里根的信息草稿，1982年5月12日，首相资料，阿根廷：福克兰群岛定位（文件咨询于内阁办公室）。㊵英厄姆新闻摘要，1982年5月8日，THCR 3/5/14。㊶同前，1982年5月13日。㊷《每日电讯报》，1982年5月13日。㊸英国议会议事录，HC Deb 1982年5月13日。㊹THCR 1/20/3/1。㊺撒切尔与里根之间的电话交谈，1982年5月13日，首相资料，阿根廷：福克兰群岛定位（文件咨询于内阁办公室）。㊻里根著，《里根日记》，1982年5月13日，第84页。㊼THCR 1/20/3/1。㊽海军上将桑迪·伍德沃德著，《一百天》哈伯柯林斯出版社，1992年，第230页。㊾尼古拉斯·亨德森著，《曼德琳：一名大使的日记（1969—1982年）》，韦登菲尔德&尼克尔森出版社，1994年，1982年5月17日，第461—462页。㊿采访罗伯特·韦德—盖里爵士。(101)同前。(102)THCR 1/20/3/1。(103)同前。(104)撒切尔著，《唐宁街岁月》，第222页。(105)采访安东尼·帕森斯爵士，唐宁街岁月（英国广播公司），1993年。(106)THCR 1/20/3/1。(107)帕森斯写给皮姆的电报，1982年5月17日，首相资料，阿根廷：福克兰群岛定位（文件咨询于内阁办公室）。(108)THCR 1/20/3/1。(109)同前。(110)撒切尔著，《唐宁街岁月》，第223页。(111)韦德—盖里写给首相的信，1982年5月17日，首相资料，阿根廷：应对福克兰群岛侵略（文件咨询于内阁办公室）。(112)同前。(113)THCR 4/3。(114)OD（SA）会议记录，1982年5月18日，首相资料，阿根廷：应对福克兰群岛侵略（文件咨询于内阁办公室）。(115)采访迈克尔·帕里泽爵士。(116)THCR 1/20/3/1。(117)同前。(118)ITN新闻，1982年5月19日。(119)见弗里德曼著，《福克兰群岛战争的官方历史》，第二卷，第372页。(120)同前。(121)帕森斯电报，1982年5月19日，首相资料，阿根廷：福克兰群岛定位（文件咨询于内阁办公室）。⑫见弗里德曼著，《福克兰群岛战争的官方历史》，第二卷，第373—374页。⑫"英国—阿根廷战争"，英国—1982年 (05/01/1982–07/31/1982), Box 90223。丹尼斯·布莱尔文档，里根图书馆。⑫罗伯特·阿姆斯特朗爵士，内阁秘书笔记簿，1982年5月20日。⑫ THCR 1/20/3/1。⑫ 同前。⑫ 英国议会议事录，HC Deb 1982年5月20日 (http://www.margaretthatcher.org/document/104943)。⑫采访珍妮·科克帕特里克。⑫采访布拉莫尔勋爵。⑬引用自弗里德曼著，《福克兰群岛战争的官方历史》，第二卷，第429页。⑬伍德沃德著，《一百天》，第250页。⑬ THCR 1/20/3/1。⑬同前。⑬见伍德沃德著，《一百天》，第269—270页。⑬同前。第263页。⑬采访罗伯特·韦德—盖里爵士。⑬同前。138.THCR 4/3。⑬撒切尔著，《唐宁街岁月》，第226页。⑭同前。⑭ THCR 1/20/3/1。⑭采访丹尼斯·撒切尔爵士。⑭ THCR 1/20/3/1。⑭采访大卫·古道尔爵士。⑭ THCR 1/20/3/1。⑭ FO 军情报告，1982年5月24日，首相资料，阿根廷：福克兰群岛定位（文件咨询于内阁办公室）。⑭罗马教皇约翰·保罗二世写给撒切尔的电报，1982年5月22日，首相资料，阿根廷：福克兰群岛定位（文件咨询于内阁办公室）。⑭撒切尔写给罗马教皇约翰·保罗二世的信，1982年5月22日，首相资料，阿根廷：福克兰群岛定位（文件咨询于内阁办公室）。⑭采访克里夫顿的伦威克勋爵。⑮亨德森电报，1982年5月24日，首相资料，阿根廷：福克兰群岛定位（文件咨询于内阁办公室）。⑮皮姆写给首相的信，1982年5月25日，首相资料，阿根廷：福克兰群岛定位（文件咨询于内阁办公室）⑮采访伊尔敏斯特的阿姆斯特朗勋爵。⑮采访布赖恩·福尔爵士。⑮亨德森著，《曼德琳》，1982年5月30—31日，第465—466页。⑮皮姆写给黑格的信，1982年5月26日，由美国国务院 FOIA Case #200600788 披露。⑮黑格写给总统的信，"福克兰群岛危机"，1982年5月26日，1982年福克兰群岛危机，Box 90224, 丹尼斯·布莱尔文档，里根图书馆。⑮采访珍妮·科克帕特里克。⑮亨德森电报，1982年5月24日，首相资料，阿根廷：福克兰群岛定位（文件咨询于内阁办公室）。⑮采访吉姆·伦奇勒。⑯关于此次交谈的记录数年后泄露出去，其中的要点出现在1992年3月8日的《星期日泰晤士报》上。然而，这件事使得美国官方副本现在可以在里根图书馆中使用（电话交谈，里根/撒切尔，1982年5月31日，）UK (04/26/1982–09/29/1982), Box 20, Exec Sec, NSC：国家文件，里根图书馆）。⑯同前。⑯伦奇勒日记，1982年6月3日。⑯采访吉姆·伦奇勒。⑯亨德森著，《曼德琳》，1982年5月31日，第467—468页。⑯撒切尔著，《唐宁街岁月》，第230页。⑯亨德森著，《曼德琳》，1982年5月31日，第466—467页。⑯采访克莱夫·惠特莫尔爵士。⑯《华盛顿邮报》，1982年6月3日，这是6月2日该报一次采访中后见报的两个设置议题之一。⑯采访克莱夫·惠特莫尔爵士。⑰同前。⑰ THCR 1/20/3/1。⑫伍德沃德著，《一百天》，第239页。⑰ THCR 1/20/3/1。⑭同前。⑮首相资料，阿根廷：福克兰群岛定位，1982年5月10日（文件咨询于内阁办公室）。⑯在伦敦保守党妇女大会上的演讲，1982年5月26日(http://www.margaretthatcher.org/document/104948)。⑰《华盛顿邮报》，1982年6月4日。⑱ 在保守党妇女大会上的演讲，1982年5月26日 (http://www.margaretthatcher.org/document/104948)。⑰见弗里德曼著，《福克兰群岛战争的官方历史》，第二卷，第557页。⑱采访布拉莫尔勋爵。⑱采访少将朱利安·桑普森。⑱ THCR 4/3。⑱采访帕金森勋爵。⑱采访少将朱利安·桑普森。⑱采访大卫·古道尔爵士。⑱采访汤姆·布罗考，NBC新闻，1982年6月9日（柯林斯教育，公开声明全集）。⑱ OD(SA)会议记录，第45次会议，1982年5月27日，首相资料，阿根廷：应对福克兰群岛侵略（文件咨询于内阁办公室）。⑱采访丹尼斯·撒切尔爵士。⑱采访伊尔敏斯特的阿姆斯特朗勋爵。⑲ THCR 1/20/3/1。⑲见弗里德曼著，《福克兰群岛战争的官方历史》，第二卷，第576页。⑲伦奇勒日记，1982年6月4日。⑬里根写给撒切尔的信息草稿，1982年6月2日，差旅：总统前往欧洲：1982年6月（2），Box 7，威廉·克拉克档案，里根图书馆。⑲伦奇勒日记，1982年6月3日。⑮采访尼古拉斯·亨德森爵士。⑲亨德森著，《曼德琳》，1982年6月8日，第471—472页。⑰密特朗总统在凡尔赛峰会总结陈述中所做的媒体声明 (http://www.g7.utoronto.ca/summit/1982versailles/statement_english.html)。⑱采访休伯特·万德林。⑲同前。⑳ THCR 1/20/3/1。⑳帕森斯电报，1982年6月4日，首相资料，阿根廷：福克兰群岛定位（文件咨询于内阁办公室）。⑫皮姆在凡尔赛给英国代表团的文件，1982年6月5日，首相资料，阿根廷：福克兰群岛定位（文件咨询于内阁办公室）。⑬ THCR 1/20/3/1。⑭凡尔赛峰会后的新闻发布会，1982年6月6日 (http://www.margaretthatcher.org/document/104955)。⑮ THCR 1/20/3/1。⑯罗纳德·里根，针对英国议会会员所做的发言，1982年7月8日，总统公开资料，美国总统项目，加利福尼亚大学。⑰弗里德曼著，《福克兰群岛战争的官方历史》，第二卷，第597页。⑱同前。⑲ THCR 1/20/3/1。事实上，撒切尔夫人在周末访问了诺思伍德，时间是12—13日，而不是发动袭击后随即而来的星期四。⑳帕蒂森写给首相的信，1982年6月10日，首相资料，阿根廷：福克兰群岛定位（文件咨询于内阁办公室）。㉑斯科勒写给惠特莫尔的信，1982年6月19日，首相资料，阿根廷：福克兰群岛定位（文件咨询于内阁办公室）。⑫ THCR 1/20/3/1。⑬同前。⑭同前。⑮弗里德曼著，《福克兰群岛战争的官方历史》，第二卷，第650页。⑯ THCR 4/3。⑰弗里德曼著，《福克兰群岛战争的官方历史》，第二卷，第652页。(218)采访迈克尔·罗斯爵士.将军。(219)英国议会议事录，HC Deb 1982年6月14日 (http://www.margaretthatcher.org/document/104967)。(220)艾伦·克拉克日记：进入政坛。韦登菲尔德 & 尼克尔森出版社，2000年，1982年6月15日，第332页。(221) THCR 1/20/3/1。(222)采访安东尼·阿克兰爵士。(223) THCR 1/20/3/1。(224)罗伯特·阿姆斯特朗爵士，内阁秘书笔记簿，1982年6月15日。(225)采访大卫·古道尔爵士。(226)英国议会议事录，HC Deb 1982年6月17日 (http://www.margaretthatcher.org/document/104970)。(227)在秘书长和首相撒切尔之间的会谈纪要，1982年6月14日，S—1043—0002—05，联合国档案。(228)帕里泽写给首相的信，"重夺福克兰群岛"，1982年6月21日，首相资料，阿根廷：福克兰群岛定位（文件咨询于内阁办公室）。(229)擦勠昂少将朱利安·桑普森。(230)采访约翰·科尔斯爵士。(231)采访克莱夫·惠特莫尔爵士。(232)采访伊尔敏斯特的阿姆斯特朗勋爵。(233)撒切尔写给马尔登的信，1982年6月11日，首相资料，阿根廷：福克兰群岛定位（文件咨询于内阁办公室）。(234)在切尔滕纳姆保守党集会上的讲话，1982年7月3日 (http://www.margaretthatcher.org/document/104989)。(235) THCR4/3。(236)采访克里夫顿的伦威克勋爵。(237)见撒切尔著，《唐宁街岁月》，第173—174页。(238)采访大卫·吉尔莫尔爵士，1996年3月17日，英国外交口述历史项目，剑桥大学丘吉尔学院。(239)1982年6月23日与英国首相撒切尔会见结束时的总统评述草稿；吉姆·伦奇勒文件。(240)"总统与英国首相玛格丽特·撒切尔的会晤"，1982年6月23日，UK (04/26/1982–09/29/1982)，Box 20，Exec Sec，NSC: 国家档案，里根图书馆。(241)亨德森著，《曼德琳》，1982年6月20—27日，第480页。(242)克拉克日记：进入政坛，1982年6月15日，第336页。(243)科尔斯写给惠特莫尔的信，1982年7月2日，首相资料，阿根廷：福克兰群岛感恩仪式（文件咨询于内阁办公室）。(244)里德利写给斯蒂芬斯的信，1982年7月15日，首相资料，阿根廷：福克兰群岛感恩仪式（文件咨询于内阁办公室）。(245) THCR 1/20/3/1。(246)同前。(247)科尔斯写给惠特莫尔的信，1982年7月14日，首相资料，阿根廷：福克兰群岛感恩仪式（文件咨询于内阁办公室）。(248)采访大卫·古道尔爵士。(249)同前。(250) OD(SA)，秘书们的记录，1982年7月9日，首相资料，阿根廷：福克兰群岛感恩仪式（文件咨询于内阁办公室）。(251)里德利写给科尔斯的信，1982年7月16日，首相资料，阿根廷：福克兰群岛感恩仪式（文件咨询于内阁办公室）。(252)采访大卫·古道尔爵士。(253)采访卡德斯登的伦斯勋爵。(254)同前。(255) THCR 1/20/3/1。(256)采访少将朱利安·桑普森。(257)福克兰群岛午餐会演讲文稿，1982年10月11日，THCR 1/20/3/29B。(258)采访大卫·古道尔爵士。(259)采访布拉莫尔勋爵。